警察法學與案例研究

許福生/主編

五南圖書出版公司 印行

劉嘉發、蔡庭榕、蔡震榮、鄭善印、李錫棟
洪文玲、黃清德、鄧學仁、傅美惠、許福生/等著

李序

  經許多人的長期努力，我國警察法學所內含的行政、刑事、民事等領域，大多已能順暢的從相依相生的憲法及其他專業法域取得源頭活水，甚至能與國際規範接軌，與時俱進的有機成長後，已可擺脫其偏屬執法技術層次下游法域的刻板印象，並揮別長期位處法律學術邊陲的處境。上述警察法學新定位的認知，從本書各章主題與內容應可獲得充分的佐證。

  本書所聚焦的「警察行政法學」，有幸拜民主轉型之賜，從威權政治警察權限無所不包的「警察國家時代」轉化至「行政脫警察化時代」，馴至鞏固民主而適應權力分立相互制衡與人權保障的「現代警察行政法時代」。而本書作者也大都親身見證翻轉「治安重於人權」與「人民是為國家存在」價值之一步一腳印艱辛過程，甚至曾扮演推手的角色。讀者亦可從各章的內容與見解中，細究凡走過必留下的痕跡，窺見「警察行政法」蓬勃發展的多元風貌，凡此，皆是得來不易且值得珍惜的成果。

  本書內容除學理論述外尚輔以案例研究，此種兼顧理論與實務的研究取徑，既能融合演繹與歸納法的長處，且可避免陷入法條釋義的偏執窠臼中，更重要的是，使可能成為或已是執法者的讀者，得從個案中吸收前人經驗及記取寶貴的教訓，不再重蹈覆轍且開展新視野。

  不論警察法的理論或實務，皆以保障人權為核心目的，惟當今民主鞏固的進程面臨停滯、逆流或失靈的危機與挑戰，自由與安全的關係再度來到緊張的關卡，國際之間以自由之矛攻自由之盾的專制威權政體，有捲土重來之勢，本書因緣際會的在此關鍵轉折時刻面世，相信對整體警察法學的研究發展及維持自由、民主、法治、人權生活方式，應有積極正面的意義，故樂為之序，並誠摯的向讀者推薦本書。

司法院前大法官

李震山 謹序

2020年1月1日

許序

現代警察法學的主要內容，在體系上可分為警察任務、組織、人事、作用、救濟及國家賠償等，其中較值得一提是「警察任務法」與「警察作用法」兩者。就前者而言，係將警察組織法中有關權限或管轄部分劃出，依據民主憲政秩序下之法治國理念加以檢證，確定警察在國家行政中任務與角色定位；另就後者而言，由於警察同時被賦予危害防止與犯行追緝雙重任務，從而有警察行政與刑事兩大作用。因而如何強化「警察任務法」與「警察作用法」之研究便成為警察法學研究之重點所在。

中央警察大學法律學系為加強警察法學研究，提升警察法律素養，增進警察執法品質及維護治安功能，於2019年11月舉辦「警察法學與案例研究學術研討會」，針對警察日常活動與人民及自身密切關連之法令，如警察法、警察職權行使法、行政執行法、公務人員行政中立法、行政罰法、集會遊行法、社會秩序維護法、警械使用條例、家庭暴力防治法、性騷擾防治法及性侵害犯罪防治法等法令，進行相關法制與案例之研討。

此次研討會除邀請李震山前大法官主題演講「評釋幾則與警察行政法學發展有關的司法院大法官解釋」外，各場次主持人、發表人及評論人皆是長期在警察法學之翹楚，探討的主題也是警察實務最常使用的法令。研討會論文發表後，立即受到各界肯定並來電索取，本系為與讀者共享，徵求所有發表老師同意，重新檢視修正每篇文章，彙集成書，名為「警察法學與案例研究」，並承五南圖書出版股份有限公司慨然付梓出版。

本書共分為十一章，分別為第一章警察法與案例研究由劉嘉發副教授撰寫；第二章警察職權行使法與案例研究由蔡庭榕副教授撰寫；第三章行政執行法與案例研究由蔡震榮教授撰寫；第四章公務人員行政中立法與案例研究由劉嘉發副教授撰寫；第五章行政罰法與案例研究由鄭善印教授撰寫；第六章集會遊行法與案例研究由李錫棟教授撰寫；第七章社會秩序維護法與案例研究由洪文玲教授撰寫；第八章警械使用條例與案例研究由黃清德副教授撰寫；第九章家庭暴力防治法與案例研究由鄧學仁教授撰寫；第十章性騷擾防治法與案例研究由傅美惠副教授撰寫；第十一章性侵害犯罪防治法與案例研究由許福生教授撰寫。每章體例大致依循該法立法目的

與沿革、主要內容與該法之爭議問題，最後輔以實務案例研究，以期達到理論與實務並重。

　　本書的完成與出版，要感謝的人很多，特別是中華警政研究學會林德華理事長及刑事警察局黃明昭局長的大力支持。書中所述，或有不周，或有謬誤，尚請各界先進及讀者不吝指正，作者今後也將爲本書之完善持續努力，希望本書的出版，能對國內警察法學的研究有所助益。最後，謹以本書獻給最摯愛的母校—中央警察大學，因爲有母校的孕育，本書才得以完成。

中央警察大學法律學系教授兼系主任

許福生　謹誌

2020年1月1日於警大

目錄

第一章
警察法與案例研究

劉嘉發

第一節　本法之立法目的與沿革

壹、本法之立法目的

　　我國於1953年6月15日制定公布施行之警察法（以下簡稱本法），一般又稱爲「形式意義」之警察法，即「實定法上」或「制定法上」之警察法。本法第1條即明文規定其法源依據，係依憲法第108條第1項第17款制定之，內政部並依據本法第19條之授權發布「警察法施行細則」。故警察法全文雖未明定其立法目的爲何，惟就其立法之法源依據來看，主要即在詮釋並落實憲法第108條第1項第17款所稱之「警察制度」而制定。所謂警察制度，至少包括警察官制、官規、教育、服制、勤務制度及其他全國性警察法制。

　　綜觀警察法全文內容，其不僅規定了警察須依法維持公共秩序，保護社會安全，防止一切危害，促進人民福利等四大任務，並且對於中央警察與地方警察之權限分配、指揮監督關係、警政署掌理之全國性警察業務、地方警察機關之設置、警察職權、警察人員之官職分立制、警察教育機關之設立、地方警察機關之預算標準與補助程序、各級警察機關之設備標準與武器彈藥等事項，皆有原則性之規定。而其他相關之警察法制，如警察組織法或作用法領域中諸多法規，基本上大多係依警察法授權或依其原則性規定而分別立法之。例如：警察人員人事條例、警察教育條例、警察勤務條例等，即明文規定係以警察法爲母法而制定之；其他如中央各級警察機關之組織法、警察服制條例、警械使用條例、社會秩序維護法、集會遊行法、道路交通管理處罰條例等，實質上亦多屬全國性警察法制之一。依警察法暨其施行細則規定，係由中央立法並執行，或交由地方執行之。由此可見，警察法實具有警察法制基準（本）法之地位[1]，而爲各種警察法規之「母法」、「主法」[2]，亦爲警察行政法中具有代表性的上位實定

---

[1] 李震山，警察行政法論—自由與秩序之折衝，元照出版公司，初版一刷，2007年9月，頁10。

[2] 劉嘉發，警察法，收錄於李震山主編，警察人員法律須知（二），永然文化出版股份有限公司，四版，2002年1月，頁190-191。

法[3]，故如謂「狹義之警察法」乃警察法規之「憲法」亦不爲過[4]。

貳、本法之立法沿革

　　警察法自1953年6月15日公布施行，迄今已屆滿66載。現行條文共計20條，其中包括：警察法源、警察任務、中央與地方之警察權限、警察組織、警察職權、警察行政救濟、警察人員、警察教育、警察經理等原則性之規定，而爲各種警察法制之「母法」、「基本法[5]」。其間共歷經4次修正，如於1986年將第15條修正增列「警察專科學校」；1997年再於第15條將「中央警官學校」配合改制，修正爲「中央警察大學」；2002年配合政府精省政策，修正第3條、第4條、第15條、第16條及刪除第7條；同年又配合行政程序法第174條之1規定，於本法第18條授權訂定各級警察機關或警察教育機關之武器彈藥調配辦法，以符合規定。以下茲將警察法歷次修正沿革，詳述如次。

一、第一次修正（1986年）

　　警察法第一次修正主要係針對第15條有關警察教育體制部分，按警察法第15條原條文規定：「中央設警官學校，爲高級警察教育機關，各省（直轄市）設警察學校，爲初級警察教育機關。」但因政府播遷來臺，整體警察教育體制，已不能適應時代要求。爲因應現況需要，行政院乃提案修法增列警察專科學校。爰將第15條修正爲：「中央設警官學校，各省（直轄市）設警察專科學校或警察學校。」又按當時臺灣省警察學校，實際上爲臺灣省、臺北市、高雄市及金馬地區中央與地方警察各省機關培養警佐二階以上基層人員（巡佐、小隊長、警員、隊員）之警察學校。上開臺灣省警察學校，實爲臺灣地區警察學校，因此於第15條增列第2項規定：「前項警察專科學校、警察學校，必要時得由中央設置或由省（直

3　李震山，警察法論—警察任務編，正典出版文化有限公司，初版，2002年10月，頁28。
4　洪文玲等著，警察法規，國立空中大學，初版三刷，2008年8月，頁64-65。
5　劉嘉發，同註2，頁191。

轄市）聯合設置之」，以符實際[6]。本案經送請立法院審議，最後通過第15條條文則略修正為：「中央設警官學校，各省（市）設警察專科學校或警察學校。前項警察專科學校或警察學校，必要時得由中央設置或由省（市）聯合設置之。」

二、第二次修正（1997年）

警察法第二次修正主要係因中央警官學校係依據內政部組織法第8條而設立，茲因該條文業於1995年1月28日公布修正為：「內政部設警政大學，以研究高深警察學術，培養專門警察人才為宗旨，其組織以法律定之。」當時修法主要理由有二：其一，原內政部組織法第8條規定：「內政部設中央警官學校，辦理警官教育，研究警察學術；其組織以法律定之。」但實際上中央警官學校早已具備大學規模，畢業生頒發大學學士學位，且設研究所，在國際頗著聲譽。其二，培養基層警員既有「警察專科學校」，培養較高領導幹部學府應順理成章正名為「警政大學」，避免兩者外文名稱混淆，也能銜接警察教育。

故為配合上開內政部組織法設警政大學之規定，乃通盤檢討修正「中央警官學校組織條例」、「警察教育條例」及「警察法」等三法案。其中有關警察法第15條第1項規定：「中央設警官學校，各省（市）設警察專科學校或警察學校。」因內政部組織法第8條已將中央警官學校修正為警政大學，爰予配合將警察法第15條第1項條文修正為：「中央設警政大學，各省（市）設警察專科學校或警察學校[7]。」惟本次修正案於送請立法院審議，最後通過第15條第1項條文則修正為：「中央設警察大學，各省（市）設警察專科學校或警察學校。」亦即將中央警官學校更名為中央「警察大學」而非「警政大學」，嗣後又於1999年7月14日反饋修正內政部組織法第8條規定，其條文修改為：「內政部設中央警察大學，以研

---

[6] 立法院第1屆第77會期第24次會議議案關係文書，院總第4號／政府提案第2961號，1986年5月14日印發。

[7] 立法院第2屆第6會期第7次會議議案關係文書，院總第487號／政府提案第5355號，1995年10月14日印發。

究高深警察學術，培養警察專門人才爲宗旨；其組織以法律定之。」

三、第三次修正（2002年5月）

警察法第三次修正主要係爲配合臺灣省政府功能與業務調整，將警察法中有關「省」之規定予以刪除或修正，其修正要點如次[8]：

（一）將現行中央交由省、縣執行警察官制、官規、教育、服制、勤務制度及全國性警察法規之制定，修正爲交由直轄市、縣（市）執行之，並刪除由省立法、執行省警政實施事項之規定（修正條文第3條）。

（二）將內政部警政署指導監督各省（直轄市）警政之實施規定，修正爲指導監督各直轄市警政、警衛及縣（市）警衛之實施事項（修正條文第4條）。

（三）刪除現行條文第7條有關省政府設警政廳（處科）及其掌理事項之規定。

（四）刪除省設置或聯合直轄市設置警察專科學校或警察學校之規定（修正條文第15條）。

（五）將警察機關經費在省（直轄市）由中央補助，縣（市）由省補助之規定，修正爲均得提請中央補助（修正條文第16條）。

四、第四次修正（2002年6月）

警察法第四次修正主要係爲配合行政程序法之施行，因行政院先前曾擬具「警察法」第12條、第13條、第18條修正草案函請立法院審議。惟因立法院職權行使法第13條有關屆期不續審之規定視同廢棄，立法院並另於修正通過行政程序法第174條之1修正案時，作成附帶決議要求行政院送請立法院審查配合行政程序法修正之法律案，應單純以提升位階或明確規定授權依據者爲限，爰依該附帶決議擬具「警察法」第18條修正草案。其修正主要係爲使現行「警察機關武器彈藥調配保管辦法」具有法律授權依據，明定各級警察機關、警察大學、警察專科學校之武器彈藥，其統籌調

8　立法院第5屆第1會期第7次會議議案關係文書，院總第447號／政府提案第8466號，2002年3月30日印發。

配辦法，由內政部定之[9]。

第二節 本法主要規範內容及爭議問題

壹、警察之概念

警察法所稱之「警察」，依本法施行細則第10條第1項規定：「本法第九條所稱依法行使職權之警察，為警察機關與警察人員之總稱。」在此定義下乃指何種意義之警察概念，容有探究之必要。一般而言，在學說上探究警察之意義，大都從廣義與狹義、實質與形式、功能（或作用）與組織、學理與實定法等對立概念之比較上著手。究其實，廣義的警察意義，所指者即為實質上、功能上、學理上或作用法上之警察意義。狹義的警察意義，則係指形式上、組織上或實（制）定法上之警察意義[10]。茲論述如下：

一、廣義之警察意義

廣義之警察，即指「實質意義」、「功能上」、「學理上」或「作用法上」之警察概念。傳統從學理上詮釋警察之意義者，係將凡具有以維持社會公共安寧秩序或公共利益為目的，並以命令強制（干預、取締）為手段等特質之國家行政作用或國家行政主體，概稱之為警察。中外許多警政學者，賦予警察定義，皆屬學理上之警察意義，又稱為廣義警察或實質的、功能的警察意義（materieller, funktioneller Polizeibegriff）。其中，有些學者認為警察為作用之主體；有些學者則主張警察為作用之本身。

9　立法院第5屆第1會期第7次會議議案關係文書，院總第932號／政府提案第8467號，2002年3月30日印發。

10　陳立中，警察法規，臺灣警察專科學校印行，修訂十二版，2008年8月，頁8-12；李震山，同註1，頁5-8；李震山，同註3，頁5-11；梁添盛，警察法專題研究，作者自印，二版一刷，2006年8月20日，頁141-143；劉嘉發，同註2，頁216-218。

　　依學者陳立中教授之研究，以警察爲作用之主體者，其代表性的看法爲：「國家爲保護公益，以強制力限制人民之自由，而行使其行政行爲者爲警察，如無強制之必要，則不得謂爲警察。」或「限制人民之身體財產，以防止國家及人民安全幸福之危害爲目的之行爲者，即爲警察。」易言之，警察是某種實質行政作用主體之象徵，其得以自然人或法人，個人或機關形式表現之。以警察爲作用之本身者，如美濃部達吉氏謂：「警察者，以維持社會安寧，保全公共利益爲直接目的，基於國家一般統治權，命令或強制人民之作用。」林紀東氏謂：「警察者，以保護公共利益，爲其直接目的，基於國家之統治權，以命令強制人民之作用[11]。」梅可望氏則稱：「警察是依據法律，以維持公共秩序，保護社會安全，防止一切危害，促進人民福利爲目的，並以指導、服務、強制爲手段的行政作用[12]。」德國學者Vogel教授認爲：「警察係防止公共安全與公共秩序危害任務之謂[13]。」以上各氏認爲，警察即是某種實質行政作用。

　　學理上之警察究係一種功能作用，或係功能作用之主體，本屬見仁見智，惟若從警察任務觀點言，似以「具有實質警察作用之行政主體（Verwaltungsträger）之總稱」來詮釋學理上之警察爲宜。因之，舉凡行政機關中以維持社會公共安寧秩序或公共利益爲目的，且不排除使用干預、取締之手段者皆屬之。除一般所理解之警察機關及其人員外，治安行政之情報、海巡、移民機關，法務行政中具有刑事訴訟法上司法警察身分之調查局人員與廉政署人員、檢察事務官，以及行政執行官、監獄官等，甚至立法行政中之駐衛警、司法行政中之法警皆屬之。除此之外，普通行政之建管、環保、衛生、交通、消防、戶政……等秩序機關及其人員，甚至有可能行使強制干預權力之社政、醫政機關及其人員。最後，受託行使公權力之私人（包括自然人、法人與非法人團體）亦應包括在內[14]。

　　學理上的警察，將行使所謂廣義警察權（Polizeigewalt）者皆納入，

11　陳立中，警察行政法，作者自印，增訂版，19991年1月，頁42-46。
12　梅可望，警察學原理，中央警察大學印行，四版三刷，2002年9月，頁20。
13　Drews/Wacke/Vogel/Martens, Gefahrenabwehr, 9. Aufl., 1986, S. 33.
14　李震山，同註1，頁5-6。

涵蓋面極廣，頗足以闡明國家行政中警察作用之特質。然本書所欲探討者，並非學理上之警察，而係下述組織意義上之警察，合先敘明。

二、狹義之警察意義

　　狹義之警察，係指「形式意義」、「組織法上」或「實定法上」意義之警察。實定法上所用警察一語，應可從組織法觀點詮釋之，不論從內涵或形式上，組織法應可再類分為組織及人員兩部分。因此，以警察機關及其人員，合稱為警察，是所謂狹義警察，或形式上、組織（機構）上之警察意義（formeller, institutioneller Polizeibegriff）。換言之，是以警察組織形式，賦予警察定義，而不再以警察之任務或作用為界定警察之標準。警察法施行細則第10條第1項即規定：「本法第九條所稱依法行使職權之警察，為警察機關與警察人員之總稱。」警察職權行使法第2條第1項亦採之：「本法所稱警察，係指警察機關與警察人員之總稱。」基此，組織意義上之警察，包括「警察機關」與「警察人員」。依警察法明文規定之警察機關者有，內政部警政署（第5條）、直轄市警察局（第8條）、縣市警察局（第8條）等。其他各種專業警察機關，則依各該警察業務定其名稱，如刑事警察局、航空警察局、國道公路警察局、鐵路警察局、各保安警察總隊、各港務警察總隊等。

　　依警察法施行細則第10條第1項第1款之規定，警察命令得由內政部、直轄市、縣（市）政府發布。有職權發布警察命令者，依警察法第9條第1款之規定為警察。基此，內政部、直轄市政府，或縣（市）政府是否屬於「組織意義上之警察」，值得一提。若持肯定見解，則與一般認知有所差距。以內政部為例，其掌理全國警察行政，並指導監督各直轄市、縣、市警政之實施，其下設警政署。警政署執行全國警察行政事務，掌理全國性警察業務，並統一指揮監督全國警察機關執行警察任務。從而，內政部對警察具有指揮監督權，但並非因此就被稱為警察機關，充其量，依法令文義解釋，內政部僅於其「發布警察命令」時，視為行使警察機關之職權。因此，各級行政首長雖對警察機關與其人員，具有指揮監督之

權，或爲「學理意義上之警察」，但不宜視爲「組織意義上之警察[15]」。同理，各事業主管機關，對各相關專業警察機關就其主管業務，雖有指揮監督之權，例如：經濟部對保安警察第二總隊、財政部對保安警察第三總隊、交通部對航空警察局、國道公路警察局、鐵路警察局等雖有專業指揮監督之權，但亦不能將之視爲組織意義上之警察[16]。由此可見，警察法及警察職權行使法所規定之「警察」，乃包含警察機關與警察人員之總稱，而爲狹義「警察」之概念，亦爲一般所理解之「警察」。

三、小結

此外，尚有所謂「司法警察」，係指前述廣義之警察概念中得行使犯罪偵查權者。此如前述狹義之警察、憲兵、調查局之調查人員、海岸巡防人員、移民署人員及廉政署人員等，依刑事訴訟法[17]、調度司法警察條例、法務部調查局組織法[18]、海岸巡防法[19]、入出國及移民法[20]、法務部廉

---

[15] 司法院大法官於釋字第570號解釋，論及玩具槍管理規則及內政部公告之管制規定是否違憲時，於其解釋理由書中曾指出：「內政部爲中央警察主管機關，依警察法第二條暨第九條第一款規定，固得依法行使職權發布警察命令。然警察命令內容涉及人民自由權利者，亦應受前開法律保留原則之拘束。警察法第二條規定，警察任務爲依法維持公共秩序，保護社會安全，防止一切危害，促進人民福利；同法第九條第一款規定，警察有依法發布警察命令之職權，僅具組織法之劃定職權與管轄事務之性質，欠缺行爲法之功能，不足以作爲發布限制人民自由與權利之警察命令之授權依據。」故內政部雖爲中央警察主管機關，但仍不宜將之視爲「組織意義上之警察」。

[16] 李震山，警察法論——警察任務編，正典出版文化有限公司，初版，2002年10月，頁8-9。

[17] 警察及憲兵係依據刑事訴訟法第229條至第231條規定，明文賦予其具有司法警察（官）之地位。

[18] 依法務部調查局組織法第14條規定：「本局局長、副局長及薦任職以上人員，於執行犯罪調查職務時，視同刑事訴訟法第二百二十九條之司法警察官（第1項）。本局所屬省（市）縣（市）調查處、站之調查處處長、調查站主任、工作站主任及薦任職以上人員，於執行犯罪調查職務時，分別視同刑事訴訟法第二百二十九條、第二百三十條之司法警察官（第2項）。本局及所屬機關委任職人員，於執行犯罪調查職務時，視同刑事訴訟法第二百三十一條之司法警察（第3項）。」

[19] 海岸巡防法第10條規定：「巡防機關主管業務之簡任職、上校、警監、關務監以上人員，執行第四條所定犯罪調查職務時，視同刑事訴訟法第二百二十九條之司法警察官（第1項）。前項以外巡防機關主管業務之薦任職、上尉、警正、高級關務員以上人員，執行第四條所定犯罪調查職務時，視同刑事訴訟法第二百三十條之司法警察官（第2項）。巡防機關前二項以外之人員，執行第四條所定犯罪調查職務時，視同刑事訴訟法第二百三十一條之司法警察（第3項）。」

[20] 入出國及移民法第89條規定：「入出國及移民署所屬辦理入出國及移民業務之薦任職或相

政署組織法等相關法律規定[21]，均具有司法警察（官）之地位。故彼等人員均得行使協助檢察官偵查犯罪，執行搜索、扣押、拘提及逮捕等司法警察之職權。

上述有關廣義與狹義警察概念之區分，應可從下述司法院大法官釋字第588號解釋文暨其理由書中獲得確立。按大法官在釋字第588號解釋，論及行政執行法規定拘提、管收，交由行政執行處之執行員爲之是否違憲乙案時，於該號解釋理由書中指出：「『警察』係指以維持社會秩序或增進公共利益爲目的，而具強制（干預、取締）手段特質之國家行政作用或國家行政主體，概念上原屬多義之用語，有廣、狹即實質、形式兩義之分。其採廣義、即實質之意義者，乃就其『功能』予以觀察，凡具有上述『警察』意義之作用、即行使此一意義之權限者，均屬之；其取狹義、即形式之意義者，則就組織上予以著眼，而將之限於警察組織之形式—警察法，於此法律所明文規定之機關及人員始足當之，其僅具警察之作用或負警察之任務者，不與焉。上述行政執行法既已就管收、拘提爲明文之規定，並須經法院之裁定，亦即必須先經司法審查之准許，則其『執行』自非不得由該主管機關、即行政執行處之人員爲之（司法院釋字第五五九號解釋參照）。是憲法第八條第一項所稱『非經司法或警察機關依法定程序，不得逮捕、拘禁』之『警察機關』，乃採廣義，凡功能上具有前述『警察』之意義、即法律規定以維持社會秩序或增進公共利益爲目的，賦予其機關或人員得使用干預、取締之手段者，概屬相當，並非僅指組織法上之形式『警察』之意。是以行政執行法第十九條第一項關於拘提、管收交由行政執行處派執行員執行之規定，核與憲法前開規定之意旨尚無違背。」

綜合分析上開解釋意旨，約有下列數點頗值吾人理解與省思：

當薦任職以上人員，於執行非法入出國及移民犯罪調查職務時，分別視同刑事訴訟法第二百二十九條、第二百三十條之司法警察官。其委任職或相當委任職人員，視同刑事訴訟法第二百三十一條之司法警察。」

[21] 法務部廉政署於2011年7月20日正式成立，專責於國家廉政政策規劃，執行防貪、反貪及肅貪業務。依法務部廉政署組織法第2條第2項規定：「本署執行前項第四款所定貪瀆或相關犯罪調查職務之人員，其爲薦任職以上人員者，視同刑事訴訟法第二百二十九條、第二百三十條之司法警察官；其爲委任職人員者，視同刑事訴訟法第二百三十一條之司法警察。」

（一）大法官已將警察之概念區爲二：即採廣義與狹義或實質與形式之二分法。

（二）行政執行處之執行員即屬廣義之警察，凡是以維持社會秩序或增進公共利益爲目的，而具強制（干預、取締）手段特質者，均有可能爲廣義之警察，亦即與前述學理上之警察概念相當。

（三）行政執行法之管收、拘提，須經法院之裁定，亦即必須先經司法審查之准許，其「執行」方得交由行政執行處之人員爲之。

（四）憲法第8條第1項所稱「非經司法或警察機關依法定程序，不得逮捕、拘禁」之「警察機關」，係指廣義的警察，並非僅指組織法上之形式「警察」之意。

（五）未來學理上（廣義）之警察概念，將更加擴充確立。

因此，其他具有強制、干預、取締手段特質之行政機關與公務員，實應本於其機關之職權發動廣義之「警察權」來執行公權力，而不必凡事再仰賴警察協助爲之。因爲代表國家行使公權力，並非狹義警察的「專利」或「特權」，亦非由警察機關所「獨占」。其他具有強制、干預、取締手段特質之行政機關與公務員，均得代表國家行使公權力。值是之故，所謂的「環保警察」、「電信警察」、「衛生警察」、「森林警察」等廣義之警察，實應回歸各目的事業主管機關自行爲之。若僅謂其欠缺強制力、執行力，恐多爲卸責之詞；或稱其辦理各該主管行政刑罰案件，因不具司法警察（官）地位，則可考量於其目的事業主管法律或組織法中，如森林法、明文賦予其司法警察之權限，問題自可迎刃而解。如此一來，警察的「雜務」當可隨之銳減，而專心致力於維護治安及交通執法之工作[22]。

貳、警察法之法律性質

就警察法整體條文觀之，除第1條爲制定之依據（法源），第19條授權內政部訂頒施行細則，以及第20條爲施行日期之規定外，主要可歸納

---

[22] 蔡震榮主編，劉嘉發等著，警察法總論，一品文化出版社，三版，2015年10月，頁11。

如下：警察任務（第2條）、中央與地方之警察權限（第3條）、警察機
關（第4-8條）、警察職權（第9條）、警察行政救濟（第10條）、警察人
員（第11-14條）、警察教育（第15條）、警察經費與設備（第16-18條）
等，其就各種警察制度與警政事務均有原則性之規定[23]。故本文認爲警察
法僅具組織法、內部法、實體法與狹義警察法之性質，茲分述如次。

一、組織法之性質

警察法規乃關於警察組織及其作用與行政救濟之法規，而警察法則
僅具組織法之性質[24]，並無作用法與救濟法之性質。此一論點主要係因大
法官釋字第570號解釋理由書中指出：「依警察法第二條暨第九條第一款
規定，固得依法行使職權發布警察命令。然警察命令內容涉及人民自由權
利者，亦應受前開法律保留原則之拘束。警察法第二條規定，警察任務爲
依法維持公共秩序，保護社會安全，防止一切危害，促進人民福利；同法
第九條第一款規定，警察有依法發布警察命令之職權，僅具組織法之劃定
職權與管轄事務之性質，欠缺行爲法之功能，不足以作爲發布限制人民自
由及權利之警察命令之授權依據[25]。」再者，警察法第10條雖明文規定：
「警察所爲之命令或處分，如有違法或不當時，人民得依法訴請行政救
濟。」然其具體的行政救濟程序尚須循訴願法或行政訴訟法爲之，甚至依
國家賠償法請求賠害賠償，或者依有關法律規定請求損失補償。故學界通
說並未因該條文之規定，即認定警察法具有救濟法之性質[26]。因此，警察
法乃被定位爲僅具組織法之性質，而無作用法之功能，亦無救濟法之性
質。

---

[23] 陳立中編著，曾英哲修訂，警察法規（一），臺灣警察專科學校印行，六版二刷，2017年1
月，頁3；邱華君編著，警察法規，中央警察大學印行，六版一刷，2016年5月，頁34。

[24] 梁添盛，警察權限法，作者自印，初版一刷，1999年8月，頁280；陳立中編著，曾英哲修
訂，同註23，頁2。

[25] 司法院公報，第46卷第2期，頁7-21。

[26] 陳立中，同註11，頁66-67；陳立中編著，曾英哲修訂，同註23，頁3-4；劉嘉發，同註5，頁
224-227。劉嘉發，警察法概要及案例研究，收錄於警察法學概要，中央警察大學，2012年12
月，頁372。

二、內部法之性質

　　學者有謂警察行政組織法規，並非僅指警察機關組織法規，乃指廣義之警察行政組織法規，亦即對內行政管理法規，包括警察機關組織法規、警察人員教育與警察人員管理（人事）法規、警察財務與警察事務法規等[27]。綜觀警察法多數條文主要乃在規範警察機關、警察人員、警察教育、警察經費與設備等。縱使第9條有警察職權種類之規定，然並無法因而直接對外發生法律效果，亦不得據此對人民產生具體之行政作用，尚有賴其他職權法令規定方能為之，故警察法無疑屬內部法之性質。

三、實體法之性質

　　就法律內容的體制而論，即法規範內容之性質，可分為實體法與程序法。凡規定事項為法律關係之實體，即有關權利義務實體及其性質範圍之法律為實體法亦稱主法。凡規定如行使權利義務手續之法律為程序法。警察法所規定之警察任務、警察職權等，均為警察權之本體及其性質與範圍，且整部法律亦欠缺程序性之規範。即使第9條有關警察職權之規定，其職權行使如違警處分、警械使用等，仍須依據其他相關法令規定之程序為之，故警察法乃屬實體法之性質[28]。

四、狹義警察法之性質

　　最廣義之警察法，係指警察機關與警察人員為達成警察任務，行使警察職權，於執行職務時所依據或執行的一切法規範之總稱，主要即指警察行政法與警察刑事法兩大領域。廣義之警察法，或謂「實質意義」之警察法，主要係指「警察行政法」而言，基本上並不包括警察刑事法領域。狹義之警察法，又稱「形式意義」之警察法，即「實定法上」或「制定法上」之警察法，係專指於1953年6月15日制定公布，法律名稱定為「警察法」者[29]。

27　陳立中，同註11，頁66。

28　劉嘉發，同註5，頁197；邱華君編著，警察法規，頁48。

29　陳立中編著，曾英哲修訂，同註23，頁2-5；李震山，同註1，頁9-10；蔡震榮主編，劉嘉發
　　等著，同註22，頁12-18。

參、警察任務

警察法第2條規定：「警察任務為依法維持公共秩序，保護社會安全，防止一切危害，促進人民福利」。並在警察法施行細則第2條規定，前三者為警察主要任務，促進人民福利為警察輔助任務。然而，各國警察任務之法律規定方式並不相同，大體上可分為概括與列舉方式。我國上述警察任務規範之概括條款納入不確定法律概念，如「公共秩序」、「社會安全」、「危害」及「福利」等均屬之，是否適當仍有疑慮[30]。一般而言，在探討警察任務時大多分從學理上及實定法上之警察任務加以區分，茲述如下：

一、學理上之警察任務[31]

（一）保障人權之任務

人權之保障源自憲法之規定，為國家機關不可規避的責任。憲法主要的目的之一即在保障基本人權，國家機關的組織及職權應是為配合保障基本人權而存在。警察既為國家行政組織之一環，自然責無旁貸。

（二）維護治安之任務

警察維護治安之任務又可分為危害防止與犯行追緝兩部分：

1.危害防止任務

警察首要任務為危害防止，係警察基於治安目的之單純行政作用，與協助檢察官偵查犯罪之司法行政作用或類似司法作用之性質不同，警察危害防止任務已概括規定於警察法第2條及其施行細則第2條中。此項任務又可分為：

(1)公共性危害：警察危害防止之任務主要即在於防止公共性危害之發生與抑制該種危害之情形，故應與「公共秩序」或「社會安全」有關者

---

30 李震山，同註22，頁35。氏認：由於任務條款性質上屬組織法中之權限規定，僅具宣示性質，不得作為警察行使干預權之依據，且以概括條款立法作為規範方式亦屢見不鮮，並不違反法律明確性原則。

31 李震山，警察任務法論，登文書局，增訂二版，1993年9月，頁12以下。

為限。

(2)私權危害：警察於特殊情形下，如為免急迫狀態中自助行為之產生及保障人民財產權，且在合乎嚴格要件，方得例外介入私權危害之防止。

2. 犯行追緝任務

警察依法有協助檢察官偵查犯罪，並以犯行追緝為主要工作內容。此在警察法及其施行細則中不乏相關規定，其主要為協助偵查犯罪，執行搜索、扣押、拘提及逮捕等職權，並依據刑事訴訟法及調度司法警察條例之規定行之，屬輔助刑事司法作用之性質。

二、實（制）定法上之警察任務

實（制）定法上之警察任務，即警察法第2條及其施行細則第2條所規定之警察任務。其內涵可分為二項加以說明：

（一）**主要任務**：依法維持公共秩序、保護社會安全、防止一切危害等三大任務。

（二）**輔助任務**：依法促進人民福利為警察之輔助任務。

三、小結

由於警察法第2條規定之警察任務，僅係概括性、宣示性、抽象性之規範條文。而警察依法執行任務，必須有個別的法律授權明定，即應合乎可預見性及明確性，方是法治國立法之要求。因此，以此宣示性之任務概括規定，可否直接作為警察活動之依據，其情形有二：

（一）如作為警察干預性之處分（強制手段），關係人民權利義務者，即宜另有法律明文之授權，方可據以執行；若欠缺具體明文規定，尚不得引本條文直接作為警察活動之依據。

（二）若作為警察非干預性之處分（任意手段），不涉及人民權利義務者。如給付（福利）性質之措施，或基於防止一切危害所採取之任意性手段，則可作為警察活動之依據。

綜上所述，我國警察法規定警察四大任務範圍，固然符合「警察公

共性」原則，或亦含有「警察補充性」原則[32]，在任務規範下予以較一般
行政機關擴大與概括授權，基於較高執行力與廣泛分布警力之特性，得以
補充其他行政機關或私權危害之公權力迫切協助之必要。然而，與其他各
國警察任務規範比較，仍顯得太過於廣泛，規定太過於概括而不具體，甚
至幾乎將整體國家任務均歸諸為警察任務[33]，恐有「警察國家」之諷寓。
由於機關「任務」範圍，將影響管轄權之界限，亦為業務規劃與勤務執行
範圍之基礎，若因太過於概括其任務範圍，易造成相關機關間管轄之「積
極競合」或「消極競合」問題。特別是警察有較強執行力，加上我國法定
警察任務太概括，以致一般行政機關動輒將原屬其可自行完成之工作，要
求警察協辦，最後甚至成為警察主辦任務。因此，配合現行我國政府機關
組織改造之時機，允宜考量我國特性，參酌各國對警察任務之相關具體規
定，進一步劃分與各相關機關之任務分配，明確律定「警察任務」之具體
內容與範圍，應具意義。

肆、中央與地方警察權限之分配

　　中央與地方之警察權限，即關於中央與地方警察立法事項、執行事項
之劃分。換言之，警察事務何者屬於中央立法並執行之，或交由地方執行
之？何者屬於地方立法並執行之？凡此，為研究警察制度之起點。我國警
察制度中央與地方——直轄市、縣（市）均享有適當之警察立法事項與執
行事項。其權限劃分之法源，為憲法第十章「中央與地方之權限」中有關
條款之規定。

　　憲法是警察權發動之基礎，關於警察事權之劃分，憲法雖已規定中央
與地方之警察權限，但所謂「警察制度」、「省警政之實施」、「縣警衛
之實施」各項事權，尚未列舉規定。警察法即依憲法第108條第1項第17款
規定，警察制度由中央立法而制定。因此，凡警察法所規定者，均為警察

---

32 詹鎮榮，補充性原則，月旦法學教室，第12期，2003年10月，頁34-37。
33 中華民國憲法前言明指國家之創設目的在於「……奠定社會安寧，增進人民福利，制定本憲法」。

制度之範疇。警察法施行細則又是依警察法而制定之行政命令，以補充母
法規範不足之處。所以，綜合警察法及其施行細則所列舉之有關規定，我
國中央與地方警察權限之分配，即中央與地方警察立法權與執行權之劃分
情形如下[34]：

一、中央立法權與執行權之事項

（一）警察制度：警察官制、官規、教育、服制、勤務制度及其他全
國性警察法制，由中央立法並執行之（第3條）。此項警察制度依警察法
施行細則規定如下：

1. 警察官制，乃指中央與地方警察機關之組織編制等事項。例如內政
部警政署組織法、內政部警政署刑事警察局組織規程、中央警察大學組織
條例等。

2. 警察官規，乃指中央與地方各級警察人員之官等、俸給、職務等階
及官職之任免、遷調、服務、請假、獎懲、考績、退休、撫卹等事項。例
如警察人員人事條例。

3. 警察教育制度，乃指警察教育之種類階段，及師資教材之標準等事
項。例如警察教育條例。

4. 警察服制，乃指各級警察人員平日集會，及執行職務時著用服式等
事項。例如警察服制條例。

5. 警察勤務制度，乃指警察勤務之單位組合勤務方式之基本原則事
項。例如警察勤務條例。警察勤務乃警察機關為達成警察任務，對所屬人
員作有效編組與工作分配，並運用工作方式，執行各種警察業務之活動。

6. 其他全國性警察法制，乃指有關全國性警察業務之保安、正俗、交
通、衛生、消防、救災、營業建築、市容整理、戶口查察、外事處理及上
列五款以外之有全國一致性之法制。例如社會秩序維護法、自衛槍枝管理

---

[34] 此種劃分係以警察法及其施行細則現行規定之內容為主，惟亦可將立法權分為：中央專屬立
法權與地方專屬立法權；執行權則有：中央專屬執行權、地方專屬執行權及競合執行權等情
形。詳參劉嘉發，從我國憲法探討中央與地方警察權限之分配，中央警官學校警政研究所碩
士論文，1992年6月，頁133以下。

條例、槍砲彈藥刀械管制條例、集會遊行法、道路交通管理處罰條例、保全業法等。凡屬警察作用之法定工作事務，均爲警察業務。

（二）內政部：掌理全國警察行政，並指導監督各直轄市警政、警衛及縣（市）警衛之實施（第4條）。

（三）警政署：執行全國警察行政事務，並掌理全國性之保安、外事、國境、刑事、水上、專業等警察業務（第5條）。

（四）警員制之施行程序（第12條）。

（五）警察行政人員之任用程序（第13條）。

（六）設中央警察大學、警察專科學校（第15條）。

（七）規劃地方警察機關預算標準，及必要時對地方經費之補助（第16條）。

（八）訂定各級警察機關之設備標準（第17條）。

（九）統籌調配各級警察機關、警察大學、警察專科學校之武器彈藥（第18條）。

（十）訂定警察法施行細則（第19條）。

二、直轄市立法權與執行權之事項：直轄市警政之實施

直轄市立法並執行事項依警察法第3條第2項規定，直轄市警政、警衛之實施，由直轄市立法並執行。地方制度法第18條第11款第1目規定，市警政、警衛之實施事項爲市自治事項。依警察法施行細則第6條規定，由直轄市立法事項如下：

（一）關於警察勤務機構設置、裁併及勤務之實施事項。

（二）關於警察常年訓練之實施事項。

（三）關於直轄市警察業務之實施事項。

（四）關於直轄市義勇警察、駐衛警察之組設、編練、派遣、管理等事項。

（五）其他關於直轄市警政及警衛之實施事項。

三、縣（市）立法權與執行權之事項：縣（市）警衛之實施

縣（市）立法並執行事項依警察法第3條第2項規定，縣（市）警衛

之實施，由縣（市）立法並執行。地方制度法第19條第11款第1目規定，縣（市）警衛之實施事項為縣（市）自治事項。依警察法施行細則第5條規定，由縣（市）立法事項如下：

（一）關於警察勤務機構設置、裁併及勤務之實施事項。

（二）關於警察常年訓練之實施事項。

（三）關於縣（市）警察業務之實施事項。

（四）關於縣（市）義勇警察、駐衛警察之組設、編練、派遣、管理等事項。

（五）其他關於縣（市）警衛之實施事項。

伍、警察機關與警察人員

一、警察機關

理論上警察機關組織乃多數公務人員為達成警察任務而組成之結合體，就是指組織內各部門及相互關係，造成一個有機能的整體。警察機關組織屬於行政機關組織之一，其構成要素，必須以組織法規定之[35]。

依警察法之發展，警察目的主要是基於國家統治權之關係，以維持公共秩序、防止危害事件發生，並採取處分、強制、制裁等方式為其手段，以達成其法定任務，即為廣義警察機關之功能。早期警察機關之任務，涵蓋範圍極廣；因國家之任務與角色轉變，現今國家除維持秩序外，另外對於各種給付性質之行政事務，已設有專門之機關執行；另一方面，基於保障人民基本權利之要求，警察權之行使範圍，不得無限擴張、濫用，以確保人民自由權利，不受到不必要之干預與限制。對此，我國近年來警察機關之發展，亦朝向專業分工方向邁進。如戶政機關、消防署、海岸巡防署、入出國及移民署等機關，已從警察機關分立，獨自成為一個專業之行政或治安機關。

目前法定之警察機關，在中央警察機關方面，設有內政部警政署及隸

---

[35] 陳立中編著，曾英哲修訂，同註23，頁240。

屬於警政署之各專業與專屬警察機關。如刑事警察局、國道公路警察局、鐵路警察局、航空警察局、各港務警察總隊、各保安警察總隊等。另有隸屬於警政署之各專業警察機構,如臺灣警察專科學校、警察通訊所、民防防情指揮管制所、警察機械修理廠及警察廣播電台等機構[36]。此外,為統一全國警官教育,由內政部設立中央警察大學,辦理警官教育。

另依憲法之地方自治精神,我國地方之警察機關,隸屬於各地方政府。依警察法之規定,內政部指導直轄市與縣市之警政與警衛之實施[37];為執行全國警察行政,內政部設警政署並指揮全國警察行政之執行[38]。地方警察局,有直轄市政府警察局與縣(市)政府警察局,其組織規程由地方政府依照中央所定標準訂定之[39]。

易言之,警察機關包括中央與地方各級警察機關,其名稱依警察法明文規定者有內政部警政署(司)、直轄市警察局、縣市警察局(科)等。其他各種專業警察機關,則依各該警察專屬業務定其名稱,如刑事警察局、航空警察局、鐵路警察局、國道公路警察局、各保安警察總隊及港務警察總隊等[40]。中央警察大學與臺灣警察專科學校,則可謂警察「教育」機關。至於地方警察分局,原則上係屬警察局(機關)之內部單位[41]。但

---

36 參見內政部警政署組織法第2條及第6條之規定。
37 依警察法第4條規定:內政部掌理全國警察行政,並指導監督各直轄市警政、警衛及縣(市)警衛之實施。
38 依警察法第5條規定:內政部設警政署(司),執行全國警察行政事務,並掌理左列全國性警察業務……。
39 主要係依據「地方行政機關組織準則」與「地方警察機關員額設置參考基準」訂定之。
40 內政部、直轄市政府、縣(市)政府是否為「組織意義上之警察」?學者以為該等機關僅於「發佈警察命令」時,可視為行使警察職權之機關,但並非組織法上之警察機關。因此,各該級行政首長,雖對警察機關與警察人員具有指揮監督之權,或可視為「學理意義上之警察」,但不宜視為「組織意義上之警察」。此時,惟有可議者,為警察法第9條及其施行細則第10條之用語爾。參見李震山,同註31,頁8。
41 行政法上區分行政機關與內部單位,主要有三項判斷指標:有無獨立之組織法規、有無獨立之預算與編制、有無對外行文權(是否有印信)。如三者均俱備者,即為機關;如缺其一者,則為單位。參見吳庚,行政法之理論與實務,三民書局,增訂九版二刷,2005年10月,頁178。

於處理集會遊行案件[42]，行使違反社會秩序維護法案件之處分[43]，以及辦理慢車、行人、道路障礙等交通違規裁罰業務時[44]，則例外擁有機關之地位。

二、警察人員

廣義而言，警察人員係指警察機關組織編制內之人員，包括服務於警察機關內之主計、人事、文書、庶務及其他非執行警察勤務，而依各警察機關組織法規所定簡、薦、委任官（職）等人員、技正、技士、技佐等技術人員，以及受僱擔任普通勞務之雇員（書記）等。但得行使警察法第9條「警察職權」之警察人員，係指依警察人員人事條例及有關法規遴選任用或遴派之警察官，及支警佐待遇之警察基層人員，可稱「狹義」警察人員。故若以行使警察法第9條之警察職權言，警察人員應限於狹義；若以警察任務之執行言，警察人員之定義宜採廣義。

換言之，真正之警察人員乃警察人員人事條例第3條規定：「本條例所稱警察人員，指依本條例任官授階執行警察任務之人員。」亦即依該條例相關規定考試銓敘合格，並被任命為「警察官[45]」，授予警監、警正或

---

[42] 集會遊行法第3條規定：「本法所稱主管機關，係指集會、遊行所在地之警察分局。集會、遊行所在地跨越二個以上警察分局之轄區者，其主管機關為直轄市、縣（市）警察局。」故警察分局在處理集會遊行事件時，具有機關之地位。得以警察分局之名義，直接受理集會遊行之申請，單獨決定是否准許集會遊行，並得於執行過程中決定採取警告、制止或命令解散之措施，此乃依警察作用法而特別例外賦予其機關之地位。

[43] 社會秩序維護法第35條規定：「警察局及其分局，就該管區域內之違反本法案件有管轄權。」故警察分局得就警察機關負責管轄裁罰之違序案件，以分局名義逕行作成違序處分書，通知受處分人。

[44] 道路交通管理處罰條例第8條規定：「第六十九條至第八十四條由警察機關處罰。」即慢車、行人、道路障礙之違規，係由警察機關負責處罰。另依違反道路交通管理事件統一裁罰基準及處理細則第8條規定：「依本條例第三章至第五章及第九十條之一各條款規定舉發之違反道路交通管理事件，由警察機關處罰，其於直轄市或縣（市），由直轄市、縣（市）警察局或委任所屬分局或經授予違反社會秩序維護法處罰權之分駐（派出）所處理。直轄市、縣（市）警察局處理計程車駕駛人有本條例第三十六條或第三十七條之情形，應廢止其執業登記或吊扣執業登記證之案件，得比照前項規定辦理。」故警察分局通常設有交通組，辦理上開交通違規案件之裁罰業務，並得以分局名義製作裁決書，直接對外行文給受處分人。

[45] 所謂「警察官」，係指依警察人員人事條例任用之公務人員，其官等分為警監、警正及警佐者，主要為警察機關中狹義之警察人員均屬之。惟目前海岸巡防人員及消防專業人員，有部分係參加警察人員特種考試及格後，仍依警察人員人事條例規定任命為「警察官」，而被分發派任至海岸巡防機關或消防機關任職，雖其屬警察官，但已非屬狹義之警察人員矣！

警佐各「官階」，而負責執行警察任務之人員，方屬此所稱「狹義」之警察人員。故並非凡是服務於警察機關之公務員或其他人員，即得謂其為「警察人員」。同時，即使為狹義之警察人員，亦非均得行使警察法或警察職權行使法中所定之「一切」警察職權。尚須注意警察機關組織法規或各機關辦事細則中，對其內部單位業務職掌之劃分規定，甚至於須遵守警察作用法中對各警察機關職權之賦予或限制。

例如警察局交通（大）隊之交通警察人員是否能辦理刑案？警察局刑事警察大隊或警察分局偵查隊之刑事偵查人員能否執行交通違規之取締業務？專業警察機關如內政部警政署各保安警察總隊（保一、保四、保五、保六總隊等）之警察人員得否辦理刑事案件、取締交通違規、辦理違序案件之裁罰？警察教育機關中如警大或警專學生總隊之隊長、訓導、區隊長等人員，能否行使犯罪偵查權？或在校園內舉發交通違規案件？凡此均須依各該警察機關組織法規或辦事細則中，對各機關與單位業務職掌細部之分配規定為之，而不得任意擴大行使其職權。否則，若謂「凡是警察人員即得行使一切警察職權」，則警察組織法甚或警察作用上有關各警察機關之權限分配，以及對其內部各業務單位職掌之劃分，將形同具文，而失其意義。

陸、警察職權

一、警察職權之意義

所謂警察職權是國家基於統治權之立法作用，賦予警察之職責，為警察作用之實質，亦為警察達成任務的具體職責與權力。

二、警察職權之種類

依警察法第9條及其施行細則第10條規定，警察依法行使下列職權：

（一）發布警察命令：中央由內政部；直轄市、縣（市）分別由直轄市及縣（市）政府為之。此乃各級主管警察行政機關，為達成警察任務之行政立法作用，依其法定職權或基於法律授權，所訂定具有強制力之公

的思意表示行為，實即警察行政命令，屬抽象之「法規命令」或「行政規則」之性質，而非具體的「下令處分」行為，如警察法施行細則等。

（二）違警處分：違警處分之行使，依警察法令規定之程序為之[46]。

（三）協助偵查犯罪：偵查犯罪為檢察官之職權（主角），警察則為協助性質（配角）。本款賦予警察具有司法警察之身分，有協助檢察官偵查犯罪之職權，並受當地檢察官之指揮監督。其協助之法律依據為刑事訴訟法及調度司法警察條例。因此，警察「協助」偵查犯罪，其性質屬協助刑事司法的輔助作用。

（四）執行搜索、扣押、拘提及逮捕：警察依法行使協助偵查犯罪，執行搜索、扣押、拘提及逮捕等職權，係依據刑事訴訟法及調度司法警察條例之規定行之，均屬協助刑事司法的輔助作用之範圍。

（五）行政執行：警察行使行政執行之職權，依行政執行法之規定行之。

（六）使用警械：為達成警察任務，保障人民生命、身體、自由、財產之安全，特賦予警察人員有使用警械之職權，警察人員使用警械須依據警械使用條例之規定行之。

（七）有關警察業務之保安、正俗、交通、衛生、消防、救災、營業、建築、市容整理、戶口查察、外事處理等事項。執行有關警察業務之項目，包括保安、正俗、交通、衛生、消防、救災、營業、建築、市容整理、戶口查察、外事處理等11項有關警察之業務而言，且須以警察組織法令規定之職掌為主。

（八）其他應執行法令事項：指概括規定本法施行細則第10條第1項第1款至第6款以外，屬各款未盡列舉之有關警察業務及其他法令規定得由警察協助之行政事項。

---

46 本款原係指依違警罰法規定之程序為之，自社會秩序維護法公布施行取代違警罰法後，此所謂「違警處分」，應指違反警察行政義務之處分，屬「警察罰」之性質。諸如社會秩序維護法、道路交通管理處罰條例、自衛槍枝管理條例、集會遊行法等均有處警察罰之規定，其處分權之行使，則各依該相關法令規定之程序為之。

三、學理上警察職權之種類

一般而言，從學理上分析警察職權之性質，約可歸納為下列兩種：

（一）基於行政權作用之警察行政行為：又可分為下列兩種警察行為

1.抽象之警察行為

發布警察命令，中央由內政部、直轄市由直轄市政府、縣（市）由縣（市）政府為之。此乃各級主管警察行政機關，為達成警察任務之行政立法作用，依其法定職權或基於法律授權，所訂定具有強制力之公的思意表示行為，實即「警察行政命令」，屬抽象之「法規命令」或「行政規則」性質，而非具體的「下令處分」行為。如警察法施行細則、治安顧慮人口查訪辦法、偶發性及緊急性集會遊行處理原則等是。

2.具體之警察行為

係指依據警察有關法令，並基於警察機關本身之職權，針對特定之具體事件所為發生公法上效果之警察行政行為。除下述輔助刑事司法作用之職權外，均為廣義之警察處分，屬行政作用之行政處分，又可分為下列三種情形：

(1)違警處分：係科處警察罰之裁決，乃對行政客體（人民）過去違反警察義務之制裁。如違反社會秩序維護法行為之處分，道路交通管理處罰條例之舉發裁處等是。

(2)行政執行與警械使用：乃對行政客體將來實現警察義務之強制或排除目前急迫之危害，為維護人民生命、身體、自由、財產及公共秩序與社會安全所採取之手段（措施）。

(3)各種警察業務之作為：乃為達成警察任務，對人、事、物、地、時，實施保護與管理之活動。警察機關與警察人員一方面有單純之事實行為，如分析交通事故、犯罪預防宣導、防颱救災等，對人民不直接發生法律拘束力之行為；另一方面對於行政客體應遵守法規所定事項，又有警察行政處分權——警察下令、許可、禁止……等，如指揮交通、集會遊行之解散命令、核發自衛槍枝執照等，對人民直接發生法律拘束力之行為。

（二）基於輔助刑事司法權作用之輔助刑事司法行為

係指警察協助檢察官偵查犯罪，執行搜索、扣押、拘提及逮捕等職權，主要依據刑事訴訟法及調度司法警察條例之規定行之，屬輔助刑事司法作用之行為，而非基於行政權作用之警察行政行為。

柒、警察教育

我國警察教育機構，最初係採取兩級制，即中央警官學校隸屬於內政部，掌管全國警官教育及研究警察專門學術；各省市地方設警察學校，隸屬於各該省市警察最高主管機關，以統一辦理各該省市警員警長養成及特種教育[47]。

1953年6月15日警察法公布，明定中央設警官學校為高級警察教育機關，各省（直轄市）設警察學校，為初級警察教育機關。行政院於1954年7月22日第352次會議決議：「中央警官學校准予恢復設立」，即於10月16日在臺北市廣州街復校，暫就臺灣警官訓練班原有組織為基礎。復校後之學則、教育計畫、課程計畫均經精密規劃，改行學分制。

中央警官學校正科21期為在大陸所辦理最後一批正科學生，對於復校第一批新生的招生，當時有二種意見，一是對外招收高中畢業學生，予以2年至3年養成教育的正科學制，以及對內招收現職警察，予以1年教育的特科學制，但復校希望避免正科與特科之分歧，乃決定只用正科；又顧及基層同仁升遷機會，對外招生先緩，復校後首批正科22期確立對內招收兩年制新生200名[48]。1956年1月，內政部為加強警官教育，正科24期對外招收高中畢業生，為3年制（僅辦一期）；1957年初中央警官學校擬將正科3年制教育改為具大學水準之4年教育，1957年夏季奉准招收4年制大學部學生（正科26期），但法制作業尚未完備。

警察教育條例自1960年11月10日總統公布施行後，依該條例第3條規

---

47 李宗勳、陳宜安、吳斯茜，臺灣警政發展史—警察教育發展史篇，中央警察大學出版社，2013年10月，頁82。
48 梅可望，復校十二年來本校教育的回顧，警察學術季刊，1966年9月，頁4。

定，中央警官學校爲高級警察教育機關；又依該條例第5條、第9條第1款之規定，高級警察教育，可設本科、修業4年、畢業授予學士學位；研究所碩士班修業2年至4年、博士班修業2年至6年，分別授予碩、博士學位；得設專修科修業2年、畢業授予專科學位；高級警察教育之辦理，依大學法有關之規定，兼受教育部之指導。因而確定中央警官學校爲大專學校，自此警察教育終於獲得教育部認可，進入學位授予時代，展開我國警察教育之新頁，此後中央警官學校之學制再向上延伸，於1970年7月招考碩士班，對於警察學術之發展有重大的功能，1994年警政研究所犯罪防治組獲准招收博士生，使警察最高學府的中央警官學校學制提升至博士學位。1995年12月20日更名爲中央警察大學。

臺灣警察專科學校前身爲臺灣省警察訓練所，創設於1945年10月27日，1948年4月1日改制爲臺灣省警察學校，辦理初級警察教育。1982年6月9日警察教育條例修正公布施行，增設專科警員班；同年7月招考第一期學生。1986年7月1日再度改制爲臺灣警察學校，改隸於內政部警政署，辦理全國警察基層幹部教育。1988年4月16日「臺灣警察專科學校組織條例」經立法院第81會期三讀通過，同月29日總統明令公布施行。1988年6月15日升格爲「臺灣警察專科學校」[49]。

依警察法第3條規定：「警察官制、官規、教育、服制、勤務制度及其他全國性警察法制，由中央立法並執行之，或交由直轄市、縣（市）執行之。」明定警察教育爲中央立法事項；警察法第15條：「中央設警察大學、警察專科學校辦理警察教育。」警察法施行細則第3條第3款：「警察教育制度，指警察教育之種類階段及師資教材之標準等事項。」警察教育條例第2條第1項：「警察教育分養成教育、進修教育、深造教育；分別由警察學校、警察專科學校、警察大學辦理。」

故我國警察教育依據警察教育條例規定，分爲養成教育、進修教育、深造教育，分別由臺灣警察專科學校、中央警察大學辦理；此外，並明定各級警察機關應實施警察常年訓練，以維護警察紀律、鍛鍊員警體能

---

[49] 參照臺灣警察專科學校網站，本校概況，本校沿革，頁1。

及充實實務知能，有效遂行警察職務。

捌、警察罰

所謂「警察罰」，乃「警察行政罰」之簡稱，屬行政秩序罰之一[50]。係指國家爲維持社會安寧秩序，對於一般人民命其作爲或不作爲之警察行政義務，未能遵守時所科之處罰。亦即警察機關對於違反警察法義務之行爲人，所科之處罰（制裁），故又稱「違警罰」[51]。

警察罰通常係屬「裁罰性」之不利益行政處分，係對於違反警察法令之義務人課予一定之制裁。故警察罰乃屬行政罰（秩序罰）之性質，過去係以「違警罰法」爲主，現已改爲社會秩序維護法。依警察法第9條規定之警察職權，其中第2款稱「違警處分」，基本上即指「警察罰」而言，係指針對違反警察法令義務者所課予之處分。舊警察法施行細則第10條第2款原本規定：「違警處分權之行使，依照違警罰法規定之程序爲之。」在社會秩序維護法取代違警罰法後，該條款已修正改爲：「違警處分權之行使，依警察法令規定之程序爲之。」如此規定，更加契合「警察罰」之概念，因爲警察罰之處分，並非僅限於社會秩序維護法，其他諸如道路交通管理處罰條例、集會遊行法、保全業法、槍砲彈藥刀械管制條例等，均有警察罰之規定。只要人民違反該等警察法規之義務者，其實均有科處警察罰之可能。故有關警察罰處分權之行使，自應依各該警察法令規定之程序爲之。

依行政罰法第1條暨第2條規定，一般行政罰之種類可區分爲三大類：1.罰鍰；2.沒入；3.其他種類行政罰等三種。其中所謂「其他種類行政罰」又可再別爲四種：1.限制或禁止行爲之處分；2.剝奪或消滅資格、權利之處分；3.影響名譽之處分；4.警告性處分等。而依該法第1條但書規定：「但其他法律有特別規定者，從其規定。」此項但書規定之適例，如社會秩序維護法及2009年1月廢止前之檢肅流氓條例，其中有關「拘留」

50　陳立中編著，警察法規（一），臺灣警察專科學校印行，增修訂九版，2006年8月，頁197。
51　陳立中，同註11，頁452。

之裁罰，即屬之。因此，如參照現行相關警察法令之規定，警察罰之種類基本上應可別為四種：1.拘留；2.罰鍰；3.沒入；4.其他種類之警察罰。茲分述如下：

一、拘留

按拘留乃「人身自由罰」（或稱自由罰）之性質，係指針對違反警察法令義務者，剝奪行為人一定期間之人身自由，將之拘禁於拘留所內之制裁或處罰之謂[52]。由於拘留之處罰係拘束人民之人身自由權，依憲法第8條規定，理應由司法機關裁定之，而不宜由警察機關逕行加以處罰。曩昔，在違警罰法時代，拘留係由警察機關逕行裁罰，且最重尚可拘留至14日之久。嗣後經司法院大法官分別於1980與1990年作成釋字第166號及第251號解釋其違憲在案。以往警察法規中列有科處「拘留」罰者，主要見於社會秩序維護法及檢肅流氓條例中。但檢肅流氓條例業已於2009年1月21日經總統明令公布廢止，故現行警察法規中有關拘留罰之處罰者，僅見於社會秩序維護法中。

二、罰鍰

罰鍰乃行政機關在法律授權範圍內，依其立法目的，針對行政不法行為所作具有經濟性之制裁，本質上係屬「財產罰」之性質。罰鍰必表明特定之金額，乃最核心之行政罰，也是運用得最廣泛及最簡便的處罰手段[53]，為各種警察罰中最主要、最常見的處罰類型之一。人民因違反警察法上之義務而科處罰鍰之處罰者，見諸社會秩序維護法、集會遊行法、槍砲彈藥刀械管制條例、道路交通管理處罰條例等眾多條款中。警察罰之罰鍰，基於「處罰法定主義」與「明確性原則」，其處罰金額之規定約有下列數種方式：

（一）規定某最高額度以下者

如集會遊行法第27條規定：「經許可集會、遊行之負責人或代理人

---

[52] 曾英哲，社會秩序維護法實用，臺灣警察專科學校印行，初版，2003年9月，頁85。
[53] 李惠宗，行政罰法之理論與案例，元照出版公司，初版一刷，2005年6月，頁19。

違反第十八條規定者，處新臺幣三萬元以下罰鍰。」槍砲彈藥刀械管制條例第20條之1第3項規定：「製造、販賣、運輸或轉讓第一項公告查禁之模擬槍者，處新臺幣五十萬元以下罰鍰。」故主管機關就此等行為之處罰，不得逾越該最高金額，而其最低金額並未明定，通常係指1元以上。

（二）規定一定額度上下限者

如集會遊行法第28條規定：「集會、遊行，經該管主管機關命令解散而不解散者，處集會、遊行負責人或其代理人或主持人新臺幣三萬元以上十五萬元以下罰鍰。」道路交通管理處罰條例第12條第1項規定：「汽車未領用牌照行駛，處汽車所有人新臺幣三千六百元以上一萬零八百元以下罰鍰。」此外，違反社會秩序維護法分則條款之違序行為，其罰鍰額度雖均規定在某特定之最高金額以下，似屬前述（一）之類型，但因該法第19條規定：「罰鍰：新臺幣三百元以上，三萬元以下；遇有依法加重時，合計不得逾新臺幣六萬元。」可見違序罰罰鍰之法定罰最低金額為新臺幣300元，最高額則依分則各條款所定之額度，故實際上亦屬有規定一定額度上下限者。裁罰機關就此等行為，得按其違規情節之輕重程度，在法定金額上下限內，自行「選擇裁量」處以適當之罰鍰金額，而為「裁量行政」之範疇。

（三）規定單一額度者

如道路交通管理處罰條例第31條第1項規定：「汽車行駛於道路上，其駕駛人或前座乘客未繫安全帶者，處駕駛人新臺幣一千五百元罰鍰。」第6項規定：「機器腳踏車駕駛人或附載座人未依規定戴安全帽者，處駕駛人新臺幣五百元罰鍰。」又如同法第35條第4項規定：「汽車駕駛人拒絕接受第一項測試之檢定者，處新臺幣六萬元罰鍰。」等均屬之。裁罰機關就此等違規行為，並無處罰其他金額之裁量權，僅得科處該單一金額之罰鍰，而屬「羈束行政」（或稱羈束裁量）之性質[54]。

---

54 李震山，行政法導論，三民書局，修訂五版一刷，2003年10月，頁72-73。

三、沒入

沒入，亦屬「財產罰」之性質，與刑法之「沒收」相當，係一種對「物」之處分，其兼具懲罰與保安多重效果之措施[55]。由於沒入係一種財產權之剝奪，不但解除所有權人之占有，亦剝奪其所有權，沒入決定之本身，即屬行政處分的一種。沒入基本上係屬從屬性處罰，但如果法規僅規定沒入一種，則屬「從罰主罰化」，在行政法上並無不可[56]。在相關警察罰中，沒入處罰之規定亦為數不少。例如：警械使用條例第14條規定：「警械非經內政部或其授權之警察機關許可，不得定製、售賣或持有，違者由警察機關沒入。」又如道路交通管理處罰條例第12條第2項規定：「前項第一款中屬未依公路法規定取得安全審驗合格證明，及第二款、第九款之車輛並沒入之。」第16條第2項後段規定：「第五款除應依最高額處罰外，該高音量喇叭或噪音器物並應沒入。」第43條第4項後段規定：「經受吊扣牌照之汽車再次提供為違反第一項第一款或前項行為者，沒入該汽車。」第70條規定：「慢車經依規定淘汰並公告禁止行駛後仍行駛者，沒入後銷毀之。」第82條第2項後段規定：「第十款之攤棚、攤架得沒入之。」

四、其他種類警察罰

依行政罰法第2條規定，所謂「其他種類行政罰」主要有：1.限制或禁止行為之處分；2.剝奪或消滅資格、權利之處分；3.影響名譽之處分；4.警告性處分等四大類型。從本條各款所例示的手段來看，應以「剝奪或消滅資格、權利之處分」為最重，其次為「限制或禁止行為之處分」，再其次分別為「影響名譽之處分」、「警告性處分[57]」。故本文亦以此分類論述「其他種類警察罰」如下：

---

[55] 蔡震榮、鄭善印著，行政罰法逐條釋義，新學林出版股份有限公司，初版一刷，2006年1月，頁116。
[56] 李惠宗，同註53，頁23。
[57] 李惠宗，同註53，頁54。

（一）限制或禁止行為之處分

包括限制或停止營業、吊扣證照、命令停工或停止使用、禁止行駛、禁止出入港口、機場或特定場所、禁止製造、販賣、輸出入、禁止申請或其他限制或禁止為一定行為之處分。

上述限制或禁止行為之處分，屬「行政強制處分」，其中有些僅屬單純「限制或禁止」之行為，例如：禁止行駛、禁止出入港口、機場或特定場所、禁止製造、販賣、輸出入、禁止申請或其他限制或禁止為一定行為之處分。此等行為皆可歸屬於「行政上之強制執行」，而屬行政執行法之範疇。但亦有部分處分除具有「行政強制處分」性質外，尚涉及當事人其他的「權利與利益」，例如：限制或停止營業、吊扣證照、命令停工等均涉及當事人之營業權或資格的限制，實兼具有「行政罰處分」之性質，而為資格罰的性質，此部分應可認為係具有從罰性質之資格罰。

至於停止營業、吊扣證照、命令停工等性質確屬行政罰者，其中「停止營業」之處分，見諸警察罰如社會秩序維護法規定，停止營業之期間為1日以上，20日以下，且不得加重其處罰。可見停止營業，係指暫時於一定之期間內剝奪被處罰人合法之營業權利，在期間過後即主動恢復原營業權利之處罰或制裁，屬營業罰之一[58]。此外，如槍砲彈藥刀械管制條例第20條之1亦規定，對於製造、販賣、運輸或轉讓第1項公告查禁之模擬槍而其情節重大者，得併命其停止營業。惟此項停止營業之處罰，並未明文規定停業期間之上下限，亦未明定得準用社維法之期間，故得由該條例之主管機關依其職權裁量決定之。

另「吊扣證照」之處分，見諸道路交通秩序罰中，如吊扣汽車牌照（第17條、第18條）、吊扣駕駛執照（第23條、第24條、第29條、第35條）等處分，即屬之。均係於一定期間限制或「暫時性」保管其牌照或駕照之處分，從而在吊扣期間限制受處分人使用該車輛或限制其駕車行為，在期限屆滿後即回復其原有權利之措施。同時吊扣證照之處分，如於一定期間內再有特定之違規行為者，尚有可能加重變成「吊銷證照」之處分。

---

[58] 曾英哲，同註52，頁86。

例如道路交通管理處罰條例第18條規定：「汽車車身、引擎、底盤、電系等重要設備變更或調換，或因交通事故遭受重大損壞修復後，不申請公路主管機關施行臨時檢驗而行駛者，汽車所有人在一年內違反此項規定二次以上者，並吊扣牌照三個月；三年內經吊扣牌照二次，再違反此項規定者，吊銷牌照。」又如第35條第3項規定：「汽車駕駛人經依第一項規定吊扣駕駛執照，並於吊扣期間再有第一項情形者，處新臺幣六萬元罰鍰，並當場移置保管該汽車及吊銷其駕駛執照；如肇事致人重傷或死亡者，吊銷其駕駛執照，並不得再考領。」第63條第3項規定：「汽車駕駛人在六個月內，違規記點共達六點以上者，吊扣駕駛執照一個月；一年內經吊扣駕駛執照二次，再違反第一項各款所列條款之一者，吊銷其駕駛執照。」上述條款均係由吊扣證照之處分，如於一定期間內再有特定之違規行為者，尚有可能加重變成「吊銷證照」之處分。

（二）剝奪或消滅資格、權利之處分

包括命令歇業、命令解散、撤銷或廢止許可或登記、吊銷證照、強制拆除或其他剝奪或消滅一定資格或權利之處分。此類型之處分，如命令歇業、命令解散、吊銷證照等涉及資格、權利之剝奪或消滅，因此兼具「下命處分」、「行政強制處分」與「行政罰」之性質。

其中「命令歇業」之處分見諸警察罰，如社會秩序維護法規定「勒令歇業」之處分，雖二者用語略有不同，但其實質處分內容與效果並無差別。不論「命令歇業」或「勒令歇業」之處分，均係指勒令完全歇閉其營業，永久剝奪其營業權利，不許其經營之處罰或制裁，屬營業罰之一。另如槍砲彈藥刀械管制條例第20條之1規定，對於製造、販賣、運輸或轉讓第1項公告查禁之模擬槍而其情節重大者，亦得併命其勒令歇業。

其次，「命令解散」之處分如集會遊行法第25條規定，對於應經許可之集會、遊行未經許可或其許可經撤銷、廢止而擅自舉行者等行為，該管警察機關得予警告、制止或「命令解散」。惟有學者主張本條規定之「命令解散」，因與行政罰之裁罰性不符，非屬裁罰性之不利處分，應無

行政罰法之適用[59]。但本文認為警察機關依本條規定，下令某一違法集會遊行之團體解散，該解散命令乃屬「一般處分」之性質，為行政處分之一[60]。此種解散命令之作成，通常係因該團體未經許可而擅自舉行，或有其他違反法令之行為，警察機關乃決定命其解散，從而「剝奪」或「消滅」其繼續舉行集會遊行之權利。故該解散命令之處分，應為行政罰法第2條所稱「其他不利益之裁罰性處分」，而屬「警察罰」之性質。

再者，「撤銷或廢止許可或登記」之處分，例如警械許可定製售賣持有管理辦法第13條規定：「違反第三條第六項、第四條至第六條、第八條、第九條或第十一條，經通知限期改善，逾期仍未改善者，廢止其許可，並註銷警械執照。」同辦法第10條第2項規定：「經許可後，發現有前項所列情形之一者，得撤銷或廢止其許可。」又如依槍砲彈藥刀械管制條例第5條之2規定，依本條例許可之槍砲、彈藥、刀械，有許可原因消滅等九種情形之一者，由主管機關撤銷或廢止其許可，均屬「撤銷或廢止許可」之警察罰處分。

此外，「吊銷證照」之處分，見諸道路交通秩序罰中，如吊銷汽車牌照（第12條、第18條）、吊銷駕駛執照（第21條、第27條、第29條、第30條、第35條）等處分，即屬之。此種「吊銷證照」之處分，係針對交通違規者之證照為「永久性」之剝奪，不再返還其原有之證照，從而剝奪受處分人車輛使用（行駛）權或其繼續駕車之資格。但受處人得在經過一定期間後，重新請領牌照或重新申請考領駕駛執照。

（三）影響名譽之處分

即公布姓名或名稱、公布照片或其他相類似之處分[61]。此種影響名譽

---

[59] 陳立中編著，同註50，頁198-199。

[60] 吳庚、盛子龍，行政法之理論與實用，三民書局，增訂十五版四刷，2019年4月，頁296。

[61] 有論者認為影響名譽之處分，並未涉及財產上之不利或資格、權利之限制或剝奪，其應僅是對當事人一種「不利處分」而已，並非資格罰（執照之限制或剝奪）以及其他權利之限制或剝奪之一部。即使公布姓名對其造成個人名譽之損害，但此種損害在行政法上並無一定之法效果，並無裁罰制裁之性質，僅是間接對其不利而已，故而建議不應認定為行政罰。因影響名譽之處分應屬單純之不利處分，故宜回歸適用行政程序法相關之規定。參見蔡震榮、鄭善印，行政罰法逐條釋義，新學林出版股份有限公司，初版一刷，2006年1月，頁127。

之處分，見諸警察罰如道路交通管理處罰條例第43條規定：未滿18歲之人駕駛汽車，若有違反第1項（如1.在道路上蛇行或以其他危險方式駕車；2.行車速度超過規定之最高時速60公里以上；3.拆除消音器或以其他方式造成噪音危險駕車）及第3項（如二輛以上之汽車共同違反第1項規定，或在道路上競駛、競技者），行為人與法定代理人或監護人除依第21條規定應同時施以道路交通安全講習外，並得由警察機關公布其法定代理人或監護人姓名。

（四）警告性處分

包括警告、告誡、記點、記次、講習、輔導教育或其他相類似之處分。

「記點」處分，如道路交通管理處罰條例第63條規定，汽車駕駛人若有該條各款所列之違規行為者，除依原條款處罰鍰外，並按其違規行為分別予記1至3點。如已受吊扣或吊銷駕駛執照處分者，則不予記點。且汽車駕駛人在6個月內，違規記點共達6點以上者，須吊扣駕駛執照1個月；1年內經吊扣駕駛執照二次，再違反本條第1項各款所列條款之一者，吊銷其駕駛執照。

「記次」處分，如道路交通管理處罰條例第21條第5項規定：「汽車所有人允許第一項第一款至第五款之違規駕駛人駕駛其汽車者，除依第一項規定之罰鍰處罰外，並記該汽車違規紀錄一次。」第63條之1：「汽車依本條例規定記違規紀錄於三個月內共達三次以上者，吊扣其汽車牌照一個月。」此項「記汽車違規紀錄一次」，即屬「記次」處分之一種類型，乃針對「汽車所有人」所為之處罰，與前述「記點」處分以「駕駛人」為處罰對象有所別。此種記次處分，係因汽車所有人違反對其車輛或駕車者之注意義務，而在處罰鍰後另予「合併處罰」之一種手段。

「講習」處分，如道路交通管理處罰條例規定之「道路交通安全講習」處分屬之。例如：該條例第21條規定，未滿18歲之人，如有無照駕駛之行為時，則行為人及其法定代理人或監護人，應同時施以道路交通安全講習。又如第31條第4項規定：「汽車駕駛人對於六歲以下或需要特別看

護之兒童，單獨留置於車內者，處駕駛人新臺幣三千元罰鍰，並施以四小時道路交通安全講習。」第90條之1規定：「慢車駕駛人、行人不依規定接受道路交通安全講習者，處新臺幣六百元以上一千二百元以下罰鍰。」

　　至於其他相類似之警告性處分，如社會秩序維護法規定之「申誡」處分即屬之。該法第19條明定申誡係違序罰處罰種類之一，得由裁處機關以書面或言詞為之。如不服申誡之裁處，得依同法第55條或第58條之規定，分別提出「聲明異議」或「抗告」之救濟。故社維法規定之「申誡」處分，其性質並非「觀念通知」或「事實行為」，而係一種不利益之「行政處分」，且其處分本身具有裁罰性，應屬「行政罰」之一，殆無疑義。

玖、警察預算

　　依警察機關之組織隸屬關係，屬於中央之警察機關，其預算編列，自為中央之權責。如屬於地方之直轄市政府、縣（市）政府所屬之警察機關者，其預算之編列，理當由地方政府負責。按警察法第16條規定：「地方警察機關預算標準，由中央按各該地區情形分別規劃之。前項警察機關經費，如確屬不足時，得陳請中央補助。」又警察法施行細則第13條規定：「本法第十六條地方警察機關預算標準，由內政部報請行政院核定施行，地方警察機關經費不足時，得陳請補助之程序；直轄市報由內政部轉請行政院核定；縣（市）報由內政部警政署轉請內政部核定。」

　　因此，有關中央與地方警察經費之編列原則，即中央警察機關之經費，由中央編列；有關執行中央立法並執行之事務經費，由中央統一編列，地方警察機關無需重複編列；而屬於地方警政與警衛之事項經費，由地方依法定程序編列。如因地方預算經費不足，可呈請中央補助。對此，並有司法院大法官作出釋字第307號解釋[62]，闡明此預算編列之原則。

62　司法院大法官釋字第307號解釋文：「警察制度，依憲法第一百零八條第一項第十七款規定，由中央立法並執行之或交由省縣執行之，中央就其交由省縣執行之事項，自得依法定程序編列預算，省縣無須重複編列。但省警政及縣警衛之實施，依憲法第一百零九條第一項第十款、第一百一十條第一項第九款規定，則屬省縣之權限，省縣得就其業務所需經費依法定程序編列預算，如確屬不足時，得依警察法第十六條第二項規定呈請補助，省（直轄市）由中央補助，縣（市）由省補助。」

　　預算經費與人事權，在警察制度上實屬重要，此亦涉及中央與地方之權限關係。即原則上地方之警察預算，由地方政府編列及負擔；而有關警察人事權，如警察局長、分局長之派任，依現行做法由中央統一作業。為此，實務上亦產生一些人事權派任爭議之案件。依地方制度法第55條及第56條規定[63]，有關地方警察一級主管之派任，由地方首長依「專屬人事管理法律任免」。此規定再結合警察人員人事條例第21條規定[64]，警監警察官職務均由中央遴任，而警正、警佐警察官職務之遴任，則由內政部遴任或交由直轄市政府遴任。故在解釋上，警正、警佐警察官職務之遴任即有可能產生究竟係由中央主導或直轄市首長主導問題。對此，應考量憲法精神與警察指揮監督上之特殊性，在警察法中明文規定為宜。

　　地方警察機關，在組織上雖隸屬於地方政府，但其所執行之任務，亦包括司法警察權限，即為偵查與逮捕犯罪嫌疑人等事項。有謂因地方之警察預算，須經過地方議會審議通過，因此，警察可能受地方議員之牽制，無法有效執法；遂建議將警察預算統一由中央編列之建議。惟如警察經費改成統一由中央編列[65]，地方警察之實質關係，恐便將改朝向中央機關。對於有執行強制力、維護地方治安之機關，如果與地方脫離關係，不受地方民意監督，將會違背憲法之地方制度精神，地方政府依法自得提起救濟[66]。

---

[63] 依地方制度法第55條第2項：「直轄市政府置秘書長一人，由市長依公務人員任用法任免；其所屬一級機關首長除主計、人事、警察及政風首長，依專屬人事管理法律任免外，其餘職務均比照簡任第十三職等，由市長任免之。」又同法第56條第2項：「縣（市）政府置秘書長一人，由縣（市）長依公務人員任用法任免；其一級單位主管及所屬一級機關首長，除主計、人事、警察、稅捐及政風之主管或首長，依專屬人事管理法律任免，其總數二分之一得列政務職，其職務比照簡任第十二職等，其餘均由縣（市）長依法任免之。」

[64] 依警察人員人事條例第21條：「警察職務之遴任權限，劃分如左：一、警監職務，由內政部遴任或報請行政院遴任。二、警正、警佐職務，由內政部遴任或交由直轄市政府遴任。」

[65] 何達仁，論警察經費之支出責任，植根雜誌，第21卷第11期，2005年11月，頁1-26。

[66] 李惠宗，德國地方自治法上機關爭訟制度之研究，收錄於當代公法新論（下），翁岳生教授七秩誕辰祝壽論文集，元照出版公司，2002年5月，頁217。

拾、警察行政救濟

　　警察法第10條規定：「警察所爲之命令或處分，如有違法或不當時，人民得依法訴請行政救濟。」故人民針對警察機關或警察人員所爲之命令或處分，如認其有違法或不當時，即得依法訴請行政救濟。

　　法制上有關警察處分之救濟程序，可區分爲普通（一般）救濟程序與特別（特殊）救濟程序兩大類。前者之普通救濟程序，係指依訴願法及行政訴訟法所提出之訴願與行政訴訟之救濟程序；後者之特別救濟程序，則係指依其他特別法律規定，不採訴願及行政訴訟程序，而循特別法律規定之程序而爲救濟也。在各類警察罰中，主要包括社會秩序維護法規定之「聲明異議」程序，以及道路交通管理處罰條例2011年修正前規定之「聲明異議」與「抗告」救濟程序，茲分述如下：

一、普通救濟程序

　　警察機關行使公權力之行爲，可區分爲以「事實行爲」行使公權力以及以「法律行爲」行使公權力兩種。如採事實行爲行使公權力，其救濟途徑則爲一般給付之訴、確認之訴和國家賠償；如以法律行爲行使公權力之行政處分，則其救濟途徑爲訴願、行政訴訟以及國家賠償等，警察罰主要係指後者之行政處分而言。故人民提起撤銷之訴與課予義務之訴均需要訴願先行，就是先經由警察機關自我省察的功能，再提起行政訴訟；而一般的給付之訴和確認之訴，則不須經由訴願即得提起行政訴訟。故警察罰之普通救濟程序，乃指依訴願法及行政訴訟法提出訴願與行政訴訟之一般救濟程序，且主要係針對撤銷訴訟而言，其他訴訟種類通常並不適用於警察罰之救濟。例如：警察機關依集會遊行法或槍砲彈藥刀械管制條例所科處之罰鍰，或依警械使用條例規定沒入違法定製、售買、持有之警械，諸如此類之警察處分如受處人不服，應提起訴願、行政訴訟（撤銷訴訟）以爲救濟，即屬之。

二、特別救濟程序

　　警察處分之特別救濟程序，係指不循訴願法及行政訴訟法規定提出

訴願與行政訴訟之救濟途徑，而依其他特別法律規定之特別程序進行救濟
也。在各類警察罰中，主要包括社會秩序維護法之「聲明異議」與「抗告」
救濟程序，以及道路交通管理處罰條例規定不經訴願，逕提行政訴訟之制
度屬之。

（一）社會秩序維護法之救濟程序

依社會秩序維護法第55條規定：「被處罰人不服警察機關之處分
者，得於處分書送達之翌日起五日內聲明異議。聲明異議，應以書狀敘明
理由，經由原處分之警察機關向簡易庭為之。」同法第58條規定：「受
裁定人或原移送之警察機關對於簡易庭就第四十五條移送之案件所為之裁
定，有不服者，得向同法院普通庭提起抗告；對於普通庭之裁定，不得再
行抗告。」故真正屬於警察機關裁處之違序罰，其救濟係指第55條規定
之「聲明異議」程序而言，同時針對簡易庭所為「聲明異議」之裁定，不
得提起「抗告」；至於第58條規定之「抗告」救濟程序，則係專指由地方
法院簡易庭裁定之違序罰案件，而向普通庭提起之救濟，同時針對普通庭
所為「抗告」之裁定，不得「再行抗告」。又針對簡易庭「聲明異議」之
裁定，或普通庭「抗告」之裁定如有不服者，亦不得再提起訴願或行政訴
訟。故人民不服違序罰之裁處，其救濟基本上不採訴願及行政訴訟程序，
而係依社會秩序維護法規定之「聲明異議」與「抗告」特別救濟程序為
之。

（二）道路交通管理處罰條例之救濟程序

此外，道路交通管理處罰條例於2011年11月23日修正前原第87條舊條
文規定：「受處分人，不服第八條主管機關所為之處罰，得於接到裁決書
之翌日起二十日內，向管轄地方法院聲明異議。法院受理前項異議，以裁
定為之。不服前項裁定，受處分人或原處分機關得為抗告。但對抗告之裁
定不得再為抗告。」故人民對於道路交通秩序罰之處分如有不服，依舊制
係向管轄之地方法院或其分院交通法庭提起「聲明異議」以為救濟。且就
地方法院交通法庭所為之聲明異議裁定，如仍有不服者，尚得向高等法院
提起「抗告」。而對於高等法院抗告之裁定，即不得再為抗告。由此可

見，人民不服道路交通秩序罰案件之救濟，係交由普通法院之交通法庭負責審理，而非如一般行政爭訟事件循訴願及行政訴訟程序，請求救濟。且法院在受理有關交通事件時，係準用刑事訴訟法之規定爲之（舊法第89條）。

然事實上，有關違反道路交通管理處罰條例之案件，本質上係屬典型的公法事件，理論上原應劃歸行政法院管轄。但已往道路交通秩序罰之救濟案件，卻交由普通法院設置交通法庭負責審理，並依刑事訴訟法之程序處理此類案件。考諸本條例立法之初，或因當時行政救濟法制尚欠完備，訴願法、行政訴訟法規範有欠周詳。且斯時行政法院僅有一家，行政法院之法官人力不足，交通案件之救濟如交由其管轄，恐無法負荷眾多交通異議案件之審理等因素所致。

時至今日，我國訴願法及行政訴訟法制已燦然大備之際，行政機關對訴願案件之處理已日趨嫻熟，行政法院之法官人力亦已日增。道路交通秩序罰之救濟案件是否應回歸正途，交由行政法院管轄審理；在審判程序上，有無必要再依刑事訴訟法規定之程序，來處理本質上原爲行政救濟之交通異議案件，均有重新檢討評估之必要[67]。

基於上開各項配套法制日趨成熟，並因應行政訴訟法之修正，道路交通管理處罰條例乃於2011年11月23日新修正公布第87條規定，條文改爲：「受處分人不服第八條或第三十七條第五項處罰之裁決者，應以原處分機關爲被告，逕向管轄之地方法院行政訴訟庭提起訴訟；其中撤銷訴訟之提起，應於裁決書送達後三十日之不變期間內爲之[68]。」同時刪除原第89條準用刑事訴訟法之規定，在救濟程序上完全準用行政訴訟法相關之程

---

[67] 劉嘉發，道路交通秩序罰回歸行政訴訟救濟制度之研究，收錄於行政訴訟制度相關論文彙編，第5輯，司法院行政訴訟及懲戒廳編輯，司法院印行，2007年12月，頁135。

[68] 本條修正主要係爲因應司法院於2011年在地方法院設置行政訴訟庭，將交通裁決事件之救濟程序，原由普通法院交通法庭依聲明異議方式，準用刑事訴訟法審理，改依行政救濟程序處理。並配合行政訴訟法部分條文修正，明定交通違規之受處分人不服第8條或第37條第5項之裁決者，應以原處分機關爲被告，逕向管轄之地方法院行政訴訟庭提起訴訟；其中撤銷訴訟之提起，應於裁決書送達後30日之不變期間內爲之，俾法律關係早日確定。至如提起確認訴訟，或合併提起給付訴訟，則無起訴期間之限制。參見立法院第7屆第6會期第8次會議議案關係文書，院總第756號；政府提案第12346號，2010年11月10日印發。

序[69]。

至於行政訴訟法則同步於2011年11月23日修正公布相關條文規定，將我國行政訴訟制度改採三級二審制。依該法第3條之1規定：「辦理行政訴訟之地方法院行政訴訟庭，亦為本法所稱之行政法院。」並增設第三章專章規範「交通裁決事件訴訟程序」，其中所謂「交通裁決事件」，係指：1.不服道路交通管理處罰條例第8條及第37條第5項之裁決，而提起之撤銷訴訟、確認訴訟；2.合併請求返還與前款裁決相關之已繳納罰鍰或已繳送之駕駛執照、計程車駕駛人執業登記證、汽車牌照（第237條之1第1項）。又合併提起前項以外之訴訟者，應適用簡易訴訟程序或通常訴訟程序之規定（第237條之1第2項）。本次修法就交通裁決事件重要相關規定如下：

1.在訴訟管轄審級劃分方面

該法第237條之2規定：「交通裁決事件，得由原告住所地、居所地、所在地或違規行為地之地方法院行政訴訟庭管轄。」第237條之9規定：「交通裁決事件，除本章別有規定外，準用簡易訴訟程序之規定。」故交通裁決事件訴訟程序，本質上即為簡易訴訟程序之一，由地方法院行政訴訟庭為第一審管轄法院，可謂「特別簡易訴訟程序」。

如此修正主要係有鑑於以往行政訴訟採行二級二審，第一審行政法院即高等行政法院僅設在臺北、臺中及高雄三地，民眾提起行政訴訟並不便利，且相關的行政訴訟法令宣導及訴訟輔導無法普及。司法院乃規劃將行政訴訟改為三級二審，於各地方法院設置行政訴訟庭，除辦理行政訴訟簡易事件外，並受理交通裁決事件，使交通裁決之救濟回歸行政訴訟程序，符合事件之本質，更能保障民眾權益。且雖改由行政訴訟程序救濟，但仍由各地方法院辦理，亦能使民眾訴訟有其便利性，不致影響其提起救濟之

---

[69] 為因應司法院於2011年在地方法院設置行政訴訟庭，並修正行政訴訟法，增訂「交通裁決事件訴訟程序」專章，將違反道路交通事件之救濟程序，改依行政救濟程序處理。法院受理此類行政訴訟事件，其審理自當依行政訴訟法之規定，爰刪除本條條文。參見立法院第7屆第6會期第8次會議議案關係文書，院總第756號；政府提案第12346號，2010年11月10日印發。

意願[70]。

又同條第2項規定：「交通裁決事件之上訴，準用第二百三十五條、第二百三十五條之一、第二百三十六條之一、第二百三十六條之二第一項至第三項及第二百三十七條之八規定。」而該法第235條規定：「對於簡易訴訟程序之裁判不服者，除本法別有規定外，得上訴或抗告於管轄之高等行政法院。前項上訴或抗告，非以原裁判違背法令為理由，不得為之。對於簡易訴訟程序之第二審裁判，不得上訴或抗告。」

故如不服地方法院行政訴訟庭有關交通裁決事件之裁判者，可上訴或抗告於管轄之高等行政法院[71]。至於對第二審高等行政法院之裁判，則不得再向最高行政法院提起上訴或抗告。簡言之，交通裁決事件採二審終結，由地方法院行政訴訟庭為第一審法院，高等行政法院為第二審終審法院。

2.在案件起訴程序方面

如前所述，交通裁決事件訴訟之提起，應以原處分機關為被告，逕向管轄之地方法院行政訴訟庭為之。而依行政訴訟法第237條之4規定，地方法院行政訴訟庭於收受被處分人（即原告）之起訴狀後，應將起訴狀繕本送達原處分機關（即被告）。被告在收受起訴狀繕本後，應於20日內重新審查原裁決是否合法妥當，並分別為如下之處置：

(1)原告提起撤銷之訴，被告認原裁決違法或不當者，應自行撤銷或變更原裁決。但不得為更不利益之處分。

(2)原告提起確認之訴，被告認原裁決無效或違法者，應為確認。

(3)原告合併提起給付之訴，被告認原告請求有理由者，應即返還。

(4)被告重新審查後，不依原告之請求處置者，應附具答辯狀，並將

---

[70] 立法院公報，第100卷第19期，委員會紀錄，2011年4月7日，頁393-394。

[71] 通常不服法院就「程序性」問題所為之「裁定」而提起之救濟，謂之「抗告」；如為「實體性」問題所為之「判決」而提起之救濟，則稱為「上訴」。此如行政訴訟法第328條規定：「對於高等行政法院之終局判決，除本法或其他法律別有規定外，得上訴於最高行政法院。」而同法第264條規定：「對於裁定得為抗告。」又抗告之期間通常為10日；上訴期間則為20日（行政訴訟法第241條及第268條參照）。

重新審查之紀錄及其他必要之關係文件，一併提出於管轄之地方法院行政
訴訟庭。

　　同時如被告依前項第1款至第3款規定為處置者，應即陳報管轄之地
方法院行政訴訟庭；被告於第一審終局裁判生效前已完全依原告之請求處
置者，以其陳報管轄之地方法院行政訴訟庭時，視為原告撤回起訴。

3.在裁判費用徵收方面

　　交通裁決事件，不論是向地方法院行政訴訟庭起訴，或向高等行政法
院上訴及抗告，均須徵收裁判費用。此一費用徵收制度，主要寓有避免人
民濫行訴訟之旨趣。按行政訴訟法第237條之5規定：「交通裁決事件之裁
判費用其徵收標準如下：一、起訴，按件徵收新臺幣三百元。二、上訴，
按件徵收新臺幣七百五十元。三、抗告，徵收新臺幣三百元。四、再審之
訴，按起訴法院之審級，依第一款、第二款徵收裁判費；對於確定之裁定
聲請再審者，徵收新臺幣三百元。五、第九十八條之五各款聲請，徵收新
臺幣三百元。依前條第三項規定，視為撤回起訴者，法院應依職權退還已
繳之裁判費。」

　　至此道路交通秩序罰救濟法制，已捨棄原須向地方法院交通法庭提
起聲明異議，再向高等法院抗告之舊制。同時亦不採行政救濟通常程序須
經原處分機關向其上級機關提起訴願之途，而由受處分人逕向地方法院行
政訴訟庭提起訴訟，如有不服得上訴至高等行政法院。具體而言，道路交
通秩序罰之救濟管轄已回歸到行政法院體系之下，不再採聲明異議、抗告
之特別救濟程序，但卻捨訴願前置程序，賦予受處人得逕行提起行政訴
訟，在我國目前行政救濟法制中可謂「獨樹一幟」。如此一制度確實有效
可性，則未來是否應一併檢討社會秩序維護法聲明異議、抗告之特別救濟
程序，廢除地方法院簡易庭及普通庭，全部準用道路交通秩序罰之救濟新
制，使警察罰之救濟制度能更趨一致性，避免混亂之現制，亦為今後警察
救濟法制應積極檢討因應之課題。

第三節　警察法實務案例研究

壹、警察預算爭議案——釋字第307號解釋

一、釋憲源起

本件釋憲緣起係因行政院於1991年2月13日以台（80）忠授一字第01701號函訂「財政收支劃分法部分條文修正草案」之附帶措施中有關：「臺灣省及各縣市之警政支出，除人事費外，其餘業務、旅運、設備等，均由內政部警政署編列預算予以補助。另臺北市及高雄市政府部分並比照上項規定辦理。」導致臺北市議會及基隆市議會在審議其81年度地方總預算時，認為上開函釋做法有違法、違憲之虞。

其中臺北市議會認為依據行政院前函，關於81年度臺北市地方總預算警政預算資本門及部分經常門由中央直接編列，是否違憲、違法，該議會於審議81年度臺北市地方總預算案時，適用憲法及警察法發生疑義，爰函請司法院解釋，以杜爭議。另基隆市議會則認為依據行政院前函規定臺灣省及各縣市警政支出除人事費外均由內政部警政署編列預算予以補助，是否違背憲法、預算法、財政支出劃分法、中央法規標準法等相關法文規定，亦呈請司法院解釋。司法院乃於1992年10月30日作成釋字第307號解釋在案。

二、解釋文

警察制度，依憲法第108條第1項第17款規定，由中央立法並執行之或交由省縣執行之，中央就其交由省縣執行之事項，自得依法定程序編列預算，省縣無須重複編列。但省警政及縣警衛之實施，依憲法第109條第1項第10款、第110條第1項第9款規定，則屬省縣之權限，省縣得就其業務所需經費依法定程序編列預算，如確屬不足時，得依警察法第16條第2項規定呈請補助，省（直轄市）由中央補助，縣（市）由省補助。

三、解釋理由書

本件係屬憲法第108條至第110條列舉事項權限爭議之解釋，非關違憲

審查問題，合先說明。

　　警察制度，依憲法第108條第1項第17款規定，由中央立法並執行之或交由省縣執行之，中央就其交由省縣執行之事項，自得依法定程序編列預算支付之，省縣無須重複編列。

　　憲法第109條第1項第10款規定「省警政之實施」，由省立法並執行之或交由縣執行之；第110條第1項第9款規定「縣警衛之實施」，由縣立法並執行之。省警政及縣警衛之實施事項，既屬省縣之權限，省縣自得就其業務所需經費，依法定程序編列預算。惟省警政及縣警衛之實施，其中有須全國一致或涉及中央權限者，因此，中央依憲法第108條第1項第17款制定之警察法第16條第1項規定：「地方警察機關預算標準，由中央按各該地區情形分別規劃之。」省警政及縣警衛之實施，其所需經費之預算，須依上述標準編列，如確屬不足時，得依同條第2項規定呈請補助，省（直轄市）由中央補助，縣（市）由省補助。地方對於此項補助，雖不得變更其用途，省（直轄市）縣（市）議會仍得依法監督其執行。

四、解釋評析

（一）解釋要旨

　　綜觀本號解釋文及解釋理由書，大法官針對中央與地方警察預算爭議問題指出其要點約有下列數項。

　　1.本件係屬憲法第108條至第110條列舉事項權限爭議之解釋，非關違憲審查問題。

　　2.警察制度，由中央立法並執行之或交由省縣執行之，中央就其交由省縣執行之事項，自得依法定程序編列預算支付之，省縣無須重複編列。

　　3.省警政及縣警衛之實施事項，既屬省縣之權限，省縣自得就其業務所需經費，依法定程序編列預算。其所需經費之預算，須依中央所訂「地方警察機關預算標準」編列之。

　　4.省警政及縣警衛之實施，其所需經費之預算，如確屬不足時，得依規定呈請補助，省（直轄市）由中央補助，縣（市）由省補助。

　　5.地方對於中央補助之經費，雖不得變更其用途，但省（直轄市）縣

（市）議會仍得依法監督其執行。

（二）「聲請利益」問題

　　按中央或地方機關聲請解釋憲法，必須於其行使職權，適用憲法發生疑義，或因行使職權與其他機關之職權，發生適用憲法之爭議，或適用法律與命令，發生有牴觸憲法之疑義者，始得爲之。易言之，大法官會議依上述規定解釋憲法，必須有「疑義」或「爭議」之情形存在，始得行使其釋憲之職權。若並無「疑義」或「爭議」，仍得依聲請解釋憲法，殊非憲法設大法官釋憲制度之本旨。上述「疑義」或「爭議」之存在，就程序法之觀點言，乃爲「聲請利益」問題，而此項「聲請利益」之存在，依程序法上之原則，不僅須於聲請時具備，在該聲請事件終結前，如因情事變更已失其「聲請利益」時，仍應以其「疑義」或「爭議」已不存在，認其不合首開規定，從程序上不予受理。

　　從本件聲請釋憲時程上來分析，臺北市與基隆市議會等以行政院1991年2月13日以台（80）忠授一字第01701號函訂「財政收支劃分法部分條文修正草案」之附帶措施中有關：「臺灣省及各縣市之警政支出，除人事費外，其餘業務、旅運、設備等，均由內政部警政署編列預算予以補助。另臺北市及高雄市政府部分並比照上項規定辦理。」是否違憲、違法請求解釋。惟查上述附帶措施，業經行政院於1992年1月10日以台（81）忠授字第00365號另函規定：「八十二年度起，中央對地方警政預算之編列，以專業性、敏感性及全國一致之經費爲原則，地方政府不再重複編列。至其餘一般經常性經費如辦公用具、公務車及土地購置等經費，則均由地方政府自行籌應，中央不再補助。」

　　可見系爭之行政院前函附帶措施之規定，既經後函予以變更，是否仍有解釋之必要與利益，即生疑義。其後經司法院函請聲請人說明有解釋必要之理由見復，雖依臺北市議會於1992年9月4日函復仍請惠予解釋，但並未具體說明當時尚有何疑義或爭議存在，而有解釋之必要與利益。故有大法官楊建華提出「不同意見書」，認爲本案應認其聲請在程序上有所欠缺，依前開說明，恐不應再予以受理。

（三）未具體解釋聲請人所提問題

本件聲請人等本係以行政院行政院1991年2月13日以台（80）忠授一字第01701號函內容為聲請解釋對象，嗣上開函件內容已經變更，縱令如多數大法官之意見，本件係屬權限之爭議，但其權限之爭議，係因上述函件而起，自應以上開函示內容或變更後函示之內容為解釋對象。亦即應當針對行政院上述函件內容加以解釋說明，中央究竟可否為地方政府編列警察預算？但多數大法官意見通過之解釋，就上開聲請人聲請解釋之行政院函卻未置一詞，僅就憲法及警察法上條文在形式上作概括說明，亦未見其憲法解釋之價值，其解釋之實益，亦值商榷[72]。

（四）未再區分自治事項與委辦事項經費如何編列

依地方制度法第14條規定：「……地方自治團體，依本法辦理自治事項，並執行上級政府委辦事項。」亦即地方自治團體所辦理之事項可區分為：1.自治事項；2.委辦事項。而所謂「自治事項」，係指地方自治團體依憲法或本法規定，得自為立法並執行，或法律規定應由該團體辦理之事務，而負其政策規劃及行政執行責任之事項。至於「委辦事項」，則指地方自治團體依法律、上級法規或規章規定，在上級政府指揮監督下，執行上級政府交付辦理之非屬該團體事務，而負其行政執行責任之事項。

依本號解釋文暨其理由書中所言：「省警政及縣警衛之實施事項，既屬省縣之權限，省縣自得就其業務所需經費，依法定程序編列預算」，此當係指「自治事項」。而「警察制度，由中央立法並執行之或交由省縣執行之，中央就其交由省縣執行之事項，自得依法定程序編列預算支付之，省縣無須重複編列」，此則屬「委辦事項」。然大法官卻未再進一步說明行政院系爭函中央為地方編列警政預算部分，究係屬自治事項或委辦事項？或者實為中央對地方政府的補助款性質，均未能再加以陳明，實有不足。

---

[72] 參見楊建華大法官不同意見書。

貳、發布警察命令案——釋字第570號解釋

一、釋憲源起

本件聲請人安○國際股份有限公司代表人周○○經營進出口貿易，1997年2月擬進口日本製造之玩具槍，依玩具槍管理規則第4條規定，向內政部警政署申請輸入許可。惟警政署以該型號塑膠玩具槍乃屬內政部1993年1月15日台（82）內警字第8270020號公告查禁之類似真槍之玩具槍而否准所請。聲請人不服，循序提起訴願、再訴願均遭決定駁回，復經行政法院88年度判字第2014號判決駁回確定。聲請人認為確定終局判決適用之玩具槍管理規則（2002年5月8日公告廢止）第8條之1規定、內政部1993年1月15日台（82）內警字第8270020號公告（2002年5月10日起停止適用），侵害聲請人受憲法第15條所保障之權利，違反憲法第23條規定之法律保留原則，爰聲請大法官解釋。大法官乃於2003年12月26日作成本號解釋在案。

二、解釋文

人民自由及權利之限制，依憲法第23條規定，應以法律定之。其得由法律授權以命令為補充規定者，則授權之目的、內容及範圍應具體明確，始得據以發布命令。

中華民國81年12月18日經濟部及內政部會銜修正發布之玩具槍管理規則（已廢止），其第8條之1規定：「玩具槍類似真槍而有危害治安之虞者，由內政部公告禁止之。」內政部乃於82年1月15日發布台（82）內警字第8270020號公告（已停止適用）：「一、為維護公共秩序，確保社會安寧，保障人民生命財產安全，自公告日起，未經許可不得製造、運輸、販賣、攜帶或公然陳列類似真槍之玩具槍枝，如有違反者，依社會秩序維護法有關條文處罰。」均係主管機關基於職權所發布之命令，固有其實際需要，惟禁止製造、運輸、販賣、攜帶或公然陳列類似真槍之玩具槍枝，並對違反者予以處罰，涉及人民自由權利之限制，應由法律或經法律明確授權之命令規定。上開職權命令未經法律授權，限制人民之自由權利，其

影響又非屬輕微，與憲法第23條規定之法律保留原則不符，均應不予適用。

三、解釋理由書

　　人民自由及權利之限制，依憲法第23條規定，應以法律定之。得由法律授權以命令為補充規定者，其授權之目的、內容及範圍應具體明確，始得據以發布命令，以符合憲法保障人民自由權利之本旨。

　　內政部為中央警察主管機關，依警察法第2條暨第9條第1款規定，固得依法行使職權發布警察命令。然警察命令內容涉及人民自由權利者，亦應受前開法律保留原則之拘束。警察法第2條規定，警察任務為依法維持公共秩序，保護社會安全，防止一切危害，促進人民福利；同法第9條第1款規定，警察有依法發布警察命令之職權，僅具組織法之劃定職權與管轄事務之性質，欠缺行為法之功能，不足以作為發布限制人民自由及權利之警察命令之授權依據。

　　行政機關之公告行為，如對人民之自由權利有所限制時，應以法律就該公告行為之要件及標準，具體明確規定，本院釋字第564號解釋足資參照。社會秩序維護法第63條第1項第8款固規定，製造、運輸、販賣、攜帶或公然陳列經主管機關公告查禁之器械者，處3日以下拘留或新臺幣3萬元以下罰鍰。惟該條款所謂「經主管機關公告」，係指主管機關，依據對該公告行為之要件及標準為具體明確規定之法律，所為適法之公告而言，尚不得以該條款規定，作為發布限制人民自由權利公告之授權依據。

　　中華民國81年12月18日經濟部經（81）商字第235625號、內政部台（81）內警字第8190093號令會銜修正發布玩具槍管理規則（91年5月8日經經濟部經商字第09002269260號與內政部台內警字第0910075697號令會銜發布廢止），其第8條之1規定：「玩具槍類似真槍而有危害治安之虞者，由內政部公告禁止之。」內政部乃於82年1月15日依據警察法第2條及第9條第1款、玩具槍管理規則第8條之1，發布台（82）內警字第8270020號公告（自91年5月10日起停止適用）：「一、為維護公共秩序，確保社會安寧，保障人民生命財產安全，自公告日起，未經許可不得製造、運

輸、販賣、攜帶或公然陳列類似眞槍之玩具槍枝，如有違反者，依社會秩序維護法有關條文處罰。」係主管機關爲維護社會治安，於法制未臻完備之際，基於警察職權所發布之命令，固有其實際需要，惟禁止製造、運輸、販賣、攜帶或公然陳列類似眞槍之玩具槍枝，並對違反者予以處罰，涉及人民自由權利之限制，且其影響非屬輕微，應由法律或經法律授權之命令規定，始得爲之。警察法第2條及第9條第1款、社會秩序維護法第63條第1項第8款規定，均不足以作爲上開職權命令之授權依據，已如前述。又89年12月27日增訂、90年12月28日修正公布之行政程序法第174條之1規定，乃基於法安定性原則所訂定之過渡條款，縱可作爲該法施行前須以法律規定或以法律明列其授權依據訂定之事項，行政機關以職權命令訂定者，於該法施行後2年內繼續有效之法律依據，惟此一不涉及適法與否之效力存續規定，尚不得作爲相關職權命令之概括授權法律，且本件行爲時及裁判時，行政程序法尚未公布施行，故不發生該法第174條之1規定，對於系爭玩具槍管理規則及內政部台（82）內警字第8270020號公告之效力有何影響之問題。綜上所述，上開職權命令未經法律授權，限制人民之自由權利，其影響又非屬輕微，與憲法第23條規定之法律保留原則不符，均應不予適用。

四、解釋評析

本號解釋指出有關人民自由及權利之限制，依憲法第23條規定，應以法律定之。得由法律授權以命令爲補充規定者，其授權之目的、內容及範圍應具體明確，始得據以發布命令。除再次揭櫫憲法第23法律保留原則外，更就法律授權明確性原則之概念予以闡明，自有其憲法解釋之價值。

惟大法官於2003年12月26日作成本號解釋時，釋憲聲請人所系爭的玩具槍管理規則第8條之1已於2002年5月8日廢止，另內政部1993年1月15日台（82）內警字第8270020號公告亦已於2002年5月10日起停止適用。如此一來又產生如前述釋字第307號解釋所述「聲請利益」問題，當然本案因尚有具體處分存在，並非單純法規或函文廢止問題，故仍有其「聲請利益」，然而大法官的解釋卻已經遲來了。

此外，大法官並未解釋警察法第9條所稱警察命令，究係具體性的下令處分或僅屬抽象性的行政命令？亦未參酌警察法施行細則第10條規定，發布警察命令，中央由內政部、直轄市由直轄市政府、縣（市）由縣（市）政府為之。針對警察法第9條第1款規定，得依法行使職權發布警察命令之主體，僅限於內政部、直轄市政府、縣（市）政府方得為之是否妥適？亦即警察法第9條所稱依法行使職權之警察，為警察機關與警察人員之總稱。既然如此，那何以發布警察命令之主體，卻又改由內政部、直轄市政府、縣（市）政府為之，尚有疑義，凡此均屬本號解釋未論及之處，不免有憾！

第四節 警察法之前瞻──代結論

我國警察法自1953年公布施行迄今已超過一甲子，其間雖有4次修正，但卻無關宏旨。眼看近30年來臺灣地區警察組織逐漸「分散化」，戶政、消防、海巡、移民事務陸續從原有的警察機關中分離而出，出現所謂「脫警察化」之趨勢。但警察法中諸多相關條文卻未隨之修改，導致目前相關機關組織任務與警察法之規定格格不入，事權管轄亦因此而屢生疑義。復因警察職權行使法已於2003年12月1日公布施行，該法若稍加增補得否全面取代警察法？又警察法既然僅作「原則性」規範，若其他「細節性」相關警察法制均已燦然大備，則廢除警察法是否亦無妨[73]？或者另可思考將現行警察法制中相關重要規範全面檢討修正，妥適整建一套警察權限法制[74]？抑或仿大陸地區人民警察法之立法模式，重新建構一部較為完備且屬「綜合性」的警察法？凡此議題皆有待深入探究。

---

[73] 據悉內政部警政署於2017年4月召開修訂警察法的會議，與會學者多有認為可以廢除警察法之議，因為各項警察執行法規皆已具備。朱愛群，警察對社會安全的責任：從場論與歷史結構辯證談我國警察的核心功能，2017年警政與警察法學學術研討會論文集，2017年5月16日，頁1。

[74] 梁添盛，同註24，頁279以下。

　　吾人建議警察法未來在修法程序上，或可在內政部或警政署層級成立「警察法研修小組」，遴聘相關學者專家、警察機關代表、外部人民團體代表共同組成，進行警察法制之研擬與評析。並在研擬完成草案後，即對外公告30日以上，廣徵各界意見，藉以提升立法品質；至於在實質修法方向上，不外乎有三：1.廢法；2.小修；3.大修，而此三方向其理由各有不同，均應詳加討論研議。

　　本文認為警察法既屬警察法制體系之基本法，其他相關警察法規亦大多依其授權而訂定之。諸如警察勤務條例、警察人員人事條例、警察教育條例、警察法施行細則等，均明文規定係以警察法為其制定之法源依據。其他如警察服制條例、各級警察機關之組織法規等，實質上亦係依警察法第3條之規定而展開其立法，故警察法之規範顯有其重要性。再者，比較其他國家或地區之警察法制，多數均有「警察法」存在。如日本警察法與臺灣較為相似，要屬組織法性質；德國警察法則較趨近於行為法性質；大陸則屬組織法兼行為法性質。故即使臺灣的警察法僅作「原則性」規定，而其他「細節性」相關警察法制皆已完備，但吾人認為警察法仍有其存在之價值，實不宜輕言廢法。

　　至於修法則要考慮小修或大修，「小修」者也，其一，有關警察任務中所謂防止一切危害與促進人民福利等任務宜加以調整，如修正為防止危害或預防危害任務，促進人民福利任務則可考慮刪除。其二，有關警察職權部分，因警察職權行使法亦有警察職權之規定，但兩者之性質暨其內涵顯然不同，未來如何整併或區隔均有待檢討，倘認警察法之職權係屬組織法範疇，則宜再將內政部警政署組織法第2條相關規定一併納入警察法之職權類型中。其三，有關警察組織與警察業務方面，因消防、海巡、移民機關陸續成立，相關業務自應劃歸該等機關管轄，而現行警察法第5條規定內政部警政署執行第3款關於管理出入國境……之國境警察業務，以及第5款關於防護連跨數省河湖及警衛領海之水上警察業務，早已不符現況，故均應加以調整剔除之。另第9條規定：警察依法行使職權尚包括有關衛生、消防、救災、營業建築等事項，亦須加以檢討修正之。

　　至若警察法要採「大修」方向，則須考量其法律性質定位問題，目

前該法雖僅具組織法、內部法、實體法與狹義警察法之性質，但如修法擴充其規範內容，將警械使用條例、警察職權行使法相關規定納入，自然有可能變更爲組織法兼行爲法之性質。故一部法律之性質爲何，實繫於其規範之內涵而定。另如擬倣效大陸地區人民警察法之立法模式，另行大修整建爲一部「綜合性」的警察法，恐須審愼評估。事實上，臺灣地區拜自由化、民主化之賜，方從警察國家的「大一統」法制逐漸脫離，進而將刑事法與行政法分流，再將行政部分精緻化爲行政法各論，分別皆受自由民主憲政秩序與理念支配，總體警察法制可謂「警察行政法」，而屬行政法各論之一[75]。目前警察法只作原則性規定，其他相關警察法制則依授權或另定法律規範並執行之。諸如在警察組織法層次，警察官制事項依中央與地方各警察機關之組織法規，警察官規事項乃依警察人員人事條例之規定，警察教育、警察服制與警察勤務等事項，則分別各依警察教育條例、警察服制條例與警察勤務條例之規定。而在警察作用法方面，如行政執行依行政執行法之規定行之，使用警械依警械使用條例之規定行之，交通取締舉發依道路交通管理處罰條例之規定，警察職權之行使依警察職權行使法規定爲之。至於在警察救濟法層面，則依訴願法、行政訴訟法、國家賠償法等規定爲之。此種立法規範模式由上至下、井然有序，並各依其專業性與特殊性定其所需條文及內容，自有其優點。未來警察法如大修改爲綜合性的法律，勢必牽動其他警察組織法與行爲法之變動，影響整體警察法制之架構與內容配置，修法工程浩大且不易，其必要性與可行性容待商榷。

吾人深知一步到位的法制建設，本非易事。關鍵在於能否發掘問題所在，正確判斷分析問題，並找到解決問題的良策。目前主管機關內政部警政署已有重新規劃修改警察法之議，未來其修法方向、修法範圍如何？宜再比較研究其他國家警察法制之優劣得失，以最符臺灣地區社會與治安環境者爲依歸，凡此皆有賴主管機關與有志之士共同參與之[76]。事實上，除

---

[75] 李震山，警察行政法論—自由與秩序之折衝，頁20-22。蔡震榮主編，劉嘉發等著，同註22，頁14。

[76] 兩岸警察法之比較研究—以大陸地區人民警察法修訂草案稿爲例，警學叢刊，第48卷第2期（總第234期），中央警察大學印行，2017年10月，頁72-74。

官方警政署已啓動修改警察法之程序外，亦有民間團體召集相關學者、專家研議警察法修法草案，其修法總說明即指出[77]：

警察法，乃爲確立我國全國一致性之警察制度，根據憲法第108條第1項第17款所制定。其內容規定警察任務、中央與地方警察事權分配、中央與地方警察組織、警察與其他機關關係、警察職權與救濟、警察人事制度、警察經費與預算編列、設備標準與武器彈藥調配等制度事項，作爲依序展開之各種警察組織法與作用法之基本法。本法自1953年6月15日公布施行以來，其間曾於1986年、1997年、2002年5月及6月進行4次修正，主要係針對警察教育機關中央化，以及配合精省而廢除省級警察機關。至於其他條文六十餘年來未曾調整，而廣受批評者，諸如：第2條任務規定如同國家任務般寬泛，造成警察事務管轄界限不明，難以發揮治安專業功能；第5條警政署掌理事項、第9條警察職權規定範圍，均與現況不符；第6條及第14條警察機關與其他無隸屬機關間之關係，究爲職務協助補充關係，抑或指揮監督關係，定位不明；此外有應規定卻未明確規定，致長期紛擾不斷的制度性爭議，例如地方警察首長以及重要警職人事任命權、地方警察人事設備經費之編列支應、偵查犯罪權責與經費歸屬等問題。

20世紀末，臺灣政經情勢及社會環境已發生明顯變化，舉凡如：行政組織大幅改造、新機關紛紛設立；戶政、消防、海巡及移民等業務陸續由警察業務中移出；地方行政區域重新整併，六都成立，中央與地方警察組織法配合因應而不斷修正，調整職掌管轄；跨境犯罪遽增，國際警務合作益顯重要；犯罪科技化、複雜化，執法教育訓練質量亟需提升；解嚴後回歸憲政，警察制度應以民主法治與執法效能爲基礎，貫徹行政中立，警察執行職務須強化組織內部與外部監督機制，以確保公正執法，保障人權。是以，2017年8月12日總統府司法改革國是會議總結會議決議：「爲能合理化警察績效制度，提升執法效能，以維護社會安全，應儘速研修『警察法』等相關任務條款、業務法規，以因應時代之變遷。」

---

[77] 中華警政研究學會，警察法修正條文草案總說明，警察法修正草案討論會（第二場）會議資料，臺大校友會館，2019年11月15日，頁1。

　　基此，爰擬具警察法修正草案，分為七章，共計23條。其要點如下[78]：

　　（一）第1條至第4條為總則，含立法依據、警察任務及警察制度之價值目標。

　　（二）第5條至第6條為職權，含警察職權項目、範圍及職務協助之界限。

　　（三）第7條至第12條為組織，含中央與地方警察權限劃分、中央警察組織（含內政部、警政署）及地方政府警察局之權限、各級警察機關間之互助關係、警察與非警察機關間之合作關係、民力協勤之法律關係，以及跨境犯罪之警政合作關係。

　　（四）第13條至第17條為人事與經費，含警察官職分立制度及警察官之任用資格、警察預算標準規劃與編列、警察設備標準與武器彈藥之統籌調配。

　　（五）第18條為教育訓練，含警察教育訓練制度之主辦機關與項目。

　　（六）第19條至第21條為倫理與監督，含警察倫理規範、督導考核與投訴處理、對警察不法行為之法律救濟。

　　（七）第22條至第23條為附則，含施行細則與公布日。

　　惟針對上開修法草案之立法架構與條文重點，有學者指出：如何將上述星羅棋布的龐雜內容體系化並要旨化，以收綱舉目張之效，是首要的考驗。因此，建議參考行政法學已體系化的成例，依總則（立法依據、任務）、組織（機關／構、設備、經費預算）、人員（教育、訓練、人事）、作用（職權）及救濟之順序鋪排，使前後貫串、井然有序[79]。本文乃參酌其觀點提出未來警察法修法之立法框架建議如下供參。

　　第一章　總則

　　1.立法依據

78　中華警政研究學會，警察法修正條文草案總說明，警察法修正草案討論會（第二場）會議資料，臺大校友會館，2019年11月15日，頁1-2。
79　李震山，警察法修正草案第二場討論會發言稿，2019年11月15日，頁1。

2.警察任務

3.中央與地方權限分配

第二章　警察組織

1.警察組織（機關／構）

2.警察人員（教育、訓練、人事）

3.警察設備／經費預算

第三章　警察作用／警察職權

1.警察立法行為（發布警察行政命令）

2.警察處分（含警察罰／下令處分）

3.警察行政強制

4.警察行政契約

5.輔助刑事司法行為（檢警關係）

6.其他職權

第四章　警察救濟

1.警察行政救濟

2.警察賠償與補償

第五章　附則

第二章

警察職權行使法與
案例研究

蔡庭榕

第一節　本法之立法目的與沿革

壹、本法之立法目的

警察職權行使法[1]（以下簡稱「本法」）旨在將警察「臨檢」及其他相關執法職權，依據司法院大法官釋字第535號意旨，予以明確規定其「查證身分之要件、程序及救濟」，亦進而前瞻性立法明定其他相關職權的法律授權，例如本法的第9條至第18條的資料蒐集措施，以使警察執法發動時，具有符合「法律保留」與「明確性」原則之法律授權規定，使之更符合本法第1條之立法目的：「規範警察依法行使職權，保障人民權益」，來達到警察法第2條之「維持公共秩序，保護社會安全」的警察任務，以期政府職權（Government Powers）與人民權利（Individual Rights）得以衡平。再者，本法之立法目的旨在「一、促使警察權行使遵守依法行政原則；二、集中立法優於分散立法；三、莫再等司法院大法官作成違憲解釋才被動修法[2]」。特別是在警察執行職務行使職權時，亦提供「查證身分與蒐集資料」及「即時強制」之干預性措施所需使用之判斷基準。警察執法應基於「事出有因」與「師出有名」之法定正當合理之「因」與「名」（亦即與涉及違反法律規定義務之構成要件的可能程度，例如本法第6條之判斷要件即屬之），並以「整體考量」（The Totality of Circumstances）法則[3]進行實際判斷，以涵攝法定之違法構成要件考量是

---

[1] 內政部警政署委託李震山教授（前大法官）為研究召集人，於1998年10月起進行研擬「警察職權行使法草案」，研究人員包括鄭善印、許文義、蔡庭榕、簡建章、許義寶、李泰澄等齊心協力完成。警察職權行使法（以下簡稱警職法）立法研擬過程，依時序推移可分為以下五個階段：一、學者研究階段（1998年10月～1999年6月）；二、警政署研擬階段（2000年1月～2001年1月）；三、內政部法規會審查階段（2001年2月～2002年4月）；四、行政院審查階段（2002年4月～2002年12月）；五、立法審查階段（2003年3月～2003年6月5日）。參考：李震山、蔡庭榕、簡建章、李錫棟、許義寶等合著，警察職權行使法逐條釋論，五南圖書，二版，2018年12月，頁1。

[2] 李震山、蔡庭榕、簡建章、李錫棟、許義寶等合著，同註1，頁3-5。

[3] 美國警察執法係以此「整體考量」法則為判斷案件可確證之「心證程度」，例如，是否執法者是否具有「合理懷疑」及「相當理由」等。亦參考：元照書局出版之「英美法詞典」係以「總體情況標準」譯之，並以「美國刑事訴訟中據以確定傳聞（hearsay）證據的可靠性是否

否符合本法明文授權之警察職權行使基礎。警察執法常需在急迫情況中且極爲短暫之時間內作成決定，故如何明確相關法令授權規定，使警察執法之「判斷」與「裁量」能更易於操作之原則或判準，且更有助於兼顧執法公益與私權保障。再者，透過事實判斷與處分裁量過程，警察執法人員亦常需考量「比例原則」之個案適用，使立法目的之人權保障與公權力之警察執法作爲得以衡平。

另一方面，本法規範尙兼顧警察執法安全，配合大法官釋字第535號解釋文最後二句話：「參酌社會實際狀況，賦予警察人員執行勤務時應付突發事故之權限，俾對人民自由與警察自身安全之維護兼籌並顧。」故本法除規範臨檢所衍生之查證身分等職權內容以保障人權外，並有兼顧警察值勤安全之授權。更有進者，本法當時採前瞻立法，對於資料蒐集方式（如公共活動之攝錄影、監視器、跟監、警察線民、通知，與治安顧慮人口之查訪等治安資料蒐集作爲），以及蒐集後之資料傳遞、利用，與註銷或銷毀，均於本法逐條規範之。本法更將屬於警察常用之「即時強制」方式進一步明確規定之。再者，對於警察職權行使所可能造成人民權利受影響，亦於本法規定得提起之救濟方式，如當場異議、訴願、訴訟、國家賠償或損失補償等。基於警察依法執法及規範明確性的民主法治國要求，本法制定施行迄今近20年以來，確實已經對警察執法遵守法律之實質與程序正當程序有顯著進步，逐漸達成本法之規範目的。

貳、本法之立法沿革

本法在司法院於2001年12月14日公布大法官釋字第535號解釋文最後一段指出：「警察執行職務法規有欠完備，有關機關應於本解釋公布之日起二年內依解釋意旨，且參酌社會實際狀況，賦予警察人員執行勤務時應付突發事故之權限，俾對人民自由與警察自身安全之維護兼籌並顧，

足以使逮捕證或搜查證的簽發存在可成立理由（probable cause）的標準。依據該標準，傳聞證據的可靠性要根據可成立理由宣誓書中陳述的全部情況來判斷，而不是僅僅考慮其中某一特定因素。

通盤檢討訂定，併此指明。」因此，雖該解釋文出爐當時，本法草案已經在內政部法規委員會召開第五次委員會審查，但在此號解釋之推波助瀾下，更加速完成相關立法進度，終於在符合該號解釋應在解釋公布後2年之最後期限內，於2003年6月25日完成立法程序，以總統華總一義字第09200116580號令制定公布全文32條，並於本法第32條明定於2003年12月1日正式施行，也在時限內回應了該號解釋文第一段最後之意旨：「實施臨檢之要件、程序及對違法臨檢行為之救濟，均應有法律之明確規範，方符憲法保障人民自由權利之意旨。」

本法自制定公布後迄今僅修正過一次，係為因應配合「檢肅流氓條例」廢止，於2011年4月27日總統華總一義字第10000079361號令修正公布第15條條文，除刪除該條第1項之「常業竊盜」，將「妨害性侵害」修正為「妨害性自主」，並新增「竊盜、詐欺、妨害自由」之罪外，主要是刪除該條第1項第3款及第2項有關「流氓」列為「治安顧慮人口」之規定。

第二節　本法之規範性質與執法原則

壹、本法之規範性質

本法性質上主要屬授權警察職權作為之「行政作用法」，屬於警察干預性勤務措施之要件、程序，並進而教示性的規定了救濟規範（如：當場異議、訴願、訴訟、國家賠償或損失補償）。警察法規體系由警察依法所擔負的「行政危害防止」與「刑事犯罪偵查」之雙重任務所形成，依據我國警察法第2條（任務）與第9條（職權）規定，警察任務有行政危害防止（含犯罪預防）與刑事犯罪偵查作用，乃形成警察具有行政與刑事雙重任務。基於上述任務之不同在法規體系亦殊其適用。警察法屬於「組織法」之性質；「作用法」尚可類分為「制裁、程序及執行法」之類型，除個別立法已經有其規定外，有共通性質或規定不足者，可由屬於集中式立法之普通法補充其適用。依據其法規條文中，規定有違反法定義務之構成要件

及其法律效果，而屬於「制裁法」性質者，有：社會秩序維護法、集會遊行法、槍砲彈藥刀械管制條例；屬於「職權或程序法」性質者有警察職權行使法、警械使用條例；屬於「執行法」性質者為行政執行法，其實兼有分散式立法之個別法與集中式立法之普通法性質，另爭訟法則有分散於個別法中之救濟規定與普通法性質之訴願法與行政訴訟法。至於刑事罰體系以行政刑罰（集會遊行法第29-31條）、類似特別刑罰之「槍砲彈藥刀械管制條例」或一般刑罰之刑法總則為主，其程序適用「刑事訴訟法」，其執行與爭訟更有刑事法之特別規定。除此之外，尚有部分法規範之特殊規定者，如社會秩序維護法之拘留、勒令歇業、停止營業由法院簡易庭裁定之特別處分與程序等。

　　大法官釋字第535號及第570號解釋，打破了「有組織法，即有行為法授權」之迷思。一般而言，有任務不能推論為有職權，有職權應可推論為有任務[4]。警察在任務領域內，若經干預之授權，則得行使其職權。若非經干預之授權，在任務範圍內，警察對人民僅得採行非強制力之措施。經由其同意或承諾採行干預性措施，固非法所不許，但難免會對相對人造成心理困擾，立法論上，仍以制定法加以規範為宜。規範警察任務與職權法制，性質上區分為「組織法」與「行為法」。

　　司法院大法官釋字第535號解釋絕未禁止警察「臨檢」，而是禁止「全面、任意」之臨檢。「臨檢」一詞雖出現在「警察勤務條例」上，但一直是「有名詞無定義」，更無要件與程序。然釋字第535號對警察「臨檢」解釋指明：「臨檢實施之手段：檢查、路檢、取締或盤查等不問其名稱為何，均屬對人或物之查驗、干預，影響人民行動自由、財產權及隱私權等甚鉅，應恪遵法治國家警察執勤之原則。實施臨檢之要件、程序及對違法臨檢行為之救濟，均應有法律之明確規範，方符憲法保障人民自由權利之意旨。」故「臨檢」之要件、程序、相關權措施、及救濟方式均律定於「警察職權行使法」中，使警察執行職務，行使職權法制化，以符合依法行政「法律保留」原則。

---

[4] 李震山、蔡庭榕、簡建章、李錫棟、許義寶等合著，同註1，頁56。

　　警察採行干預人民自由權利之措施，應符合法律保留原則及明確性原則，而且須合比例的授權基礎。只要警察的行為，會妨礙到人民自由權利的行使、限制或剝奪，或會危及到自由權利的狀態，不論是事實上的行為或法律上的行為，直接或間接的行為，抑且不論是否具有強制性，均係屬於自由權利的干預，應有憲法第23條之適用。本法第2條第2項有關「警察職權」之界定內涵，包括警察對人、對物、對處所，及對其他之職權措施之授權（如圖2-1），更特別的是為符合法律明確性之法治原則，配合於本法之第二章查證身分與蒐集資料及第三章即時強制對各項警察職權措施之一般要件或特別要件予以詳細明確規定之。比較本法制定前，僅有以「警察勤務條例」之概括性授權警察「臨檢」作為，故被大法官釋字第535號解釋指明欠缺要件、程序、與救濟，顯已有大幅改善。

警察職權 →

一、對人：查證身分（§6-8）、鑑識身分、蒐集資料（§9-13）、通知（§14）、管束（§19-20）、驅離（§27）、直接強制

二、對物：扣留（§21）、保管（§22）、變賣、拍賣、銷毀（§23-24）、使用、處置、限制其使用（§25）

三、對處所：進入（§26）

四、對其他：定期查訪（§15）、資料傳遞（§16）、資料利用（§17）、註銷或銷毀（§18）、概括規定（§28）

圖2-1　「警察職權」措施

貳、本法之相關執法原則

　　警察行使本法職權有關執法原則之遵守，應注意：一、本法第4條第1項之規定行使職權必須**「表明身分並告知事由」**。否則，人民得拒絕之（本法第4條第2項）。本法相關預防性之犯行抗制措施（如跟監、遴選第三人蒐證等），本質上多屬隱匿性而不為當事人所察覺。因此，本法第4

條第1項應有除外規定，以符合實際。採行上開措施不適用前揭規定，是事務本質所致（如予以事先告知，將無法達成其授權目的），惟爲貫徹前揭規定意旨，措施結束後，警察應有告知之義務；二、**比例原則考量**：職權行使必須合適而不過度（本法第3條第1項）；遵守適時結束之原則（本法第3條第2項）；三、**誠信原則考量**：禁止引誘教唆違法手段（本法第3條第3項之規定）。一般係以執行對象原有無犯意區分爲「誘捕偵查」與「陷害教唆」；論者認前者係對原有犯意者之「提供機會型」，實務上認爲係屬執法技巧，並非法所不許；後者係對於原無犯意之人民「構陷」（Entrapment）入罪之「創造犯意型」，應屬不法。因此，考量上，只要被誘使人並未因此淪爲國家行爲之客體的情況下，爲誘使行爲應是被允許的。至於何種情況構成所謂國家行爲之客體，則要在個案上考量被誘使人的既有嫌疑程度，誘使行爲的影響方式、強度及目的，被誘使人對自我行爲之決定能力等狀況，綜合判斷後方能決定；四、履行救助救護之義務（本法第5條）。

由於警察執法係「判斷」與「裁量」的連結過程。經由警察執法人員之五官六覺的判斷事實是否違反法律規定之義務（構成要件該當否），再據以進行「決定裁量」（ob或if；即是否採取執法作爲）與「選擇裁量」（wie或how；即採取何種執法措施）。從「判斷」事實上是否已發生危害或犯罪、即將發生危害或犯罪，到「決定」是否採取執法作爲及採取何種執法措施（含採取正當措施及適當處分），乃是一連串之判斷與裁量過程。特別是警察維護治安任務常兼有行政危害防止及刑事犯罪偵查之雙重特性；警察任務在於達到保障人權與維護治安之雙重目的，而維護治安任務又可分爲犯行追緝之刑事作爲及危害防止之行政措施。再者，警察任務之達成除須賴警察業務之縝密規劃，更重要的是有效的警察勤務作爲，亦常難以避免有使用干預性職權作爲之需要。又警察實施臨檢、路檢、取締、盤查措施，從人、車攔停措施到開槍進行致命性射擊之各種職權行使，必須有其職權之法律授權始得爲之。然而，警察執法規範之構成要件（執法判準）常有「不確定法律概念」或「概括條款」，加上違規與犯罪事實亦常非客觀確定之情況。是以，警察執法過程中，常須將抽象法律條

文內容涵攝於個案事實上，遵守法律及一般法律原則。不論是事實判斷上之正當合理性（Justification）考量，以使警察強制力得合宜地適用於執法客體，抑或經證據（Evidence）蒐集後之法律效果裁量，均無不植基於「比例原則」之適用。然而，「比例原則並非一範圍廣泛之『裁量權』，而是執法者『法益衡量』應遵循之『義務』，……行使時又必須『合義務性』，如行政裁量違反比例原則，則屬裁量濫權而違法。[5]」另一方面，亦可能有「裁量權萎縮至零」之情形，如行政裁量在某些特殊情況下，被限縮到只能作成某一決定，也只有該決定才會被認為是無裁量瑕疵之決定是[6]。易言之，不僅於立法者制頒一般抽象規定須依其適宜性、必要性、狹義比例性原則的適用，行政機關在個別具體案件中，亦須注意比例原則。因此，警察執法作為上當然有其適用，並有進一步加以研析其於執法判斷與裁量過程中，如何有效運用「比例原則」，使治安維護之公益與人民自由權利保障得以達到最佳衡平。

第三節 警察職權規範之主要內涵

本法規範內容主要區分為五章凡32條文，第一章總則（第1-5條），將本法之立法目的、名詞解釋、執法原則、告知程序及救助救護分別規範，主要重點在於第二章身分查證與蒐集資料（第6-18條）及第三章即時強制（第19-28條）職權作為，以及第四章救濟（第29-31條）之內容，以下分別闡述探討之。

壹、查證身分

本法第6條及第7條規定以防止危害及預防犯罪之治安目的，或是本法第8條規定之以維護交通秩序及預防交通秩序危害為目的；兩者均以攔

---

[5] 李震山，行政法導論，三民書局，2019年2月，修訂十一版一刷，頁291-292。
[6] 李震山，同註5，頁288-289。

停措施爲開始，亦均以公共安全與秩序受到損害之威脅，而進行危害之防制爲職權啓動基礎。固然本法各種職權行使之要件，對於所要保護之法益、危害之程度及損害發生可能性之等級，各有不同之要求。但必須有危害之存在，警察方有依本法行使職權之可能。

以本法第6條規定爲例，各款規定授權之法理基礎，即有不同。例如，損害未發生前，採取措施，旨在預防「潛在性或抽象性危害」（如§6-I-4-5-6）或「具體危害」（如§6-I-1-2-3）。若損害已形成，但未全然完成或結束，則屬正發生實害中，則有滋擾之制止與排除之問題，得依據個別法規範要件與程序處置之。警察在日常勤務運作中，執行臨檢、盤查人民身分之情形相當頻繁，因涉及人民自由權利，其公權力發動要件及時機，允宜法律明確授權，爰於本法第6條第1項明定，共分六款規定得以查證身分之要件（事由），以作爲實施第7條查證身分措施之判斷基礎，亦即得作爲警察攔停之授權。第6款則授權由「警察機關主管長官」依據實際情況，爲防止犯罪，或處理重大公共安全或社會秩序事件而有必要者，得指定公共場所、路段及管制站，對行經者實施臨檢。然亦有論者認爲該第6款之概括規定，未能以「合理懷疑」爲其前提要件，顯然不當。惟值得注意的是第6款之合理正當性基礎與本條前述各款規定有所不同，第6款係得以進行「全面性」之集體攔檢之依據，並非如前述規定，必然須經由現場員警個別判斷是否有危害或犯罪之虞，而是授權由警察主管機關以本條第2項之要件判斷，於事前即下令爲之，故對於受檢者而言，或許並無受警察合理懷疑或有任何事實足以引起警察懷疑，僅係基於時間性及空間性的合致，依法必須接受攔檢。此時警察攔檢之合理正當性基礎係以抽象或潛在危害爲考量，但警察機關主管長官必須合於第6條第2項之要件規定，始得指定公共場所、路段或管制站，而非第一線個別員警依據現場之情況所爲之判斷而採行攔停之職權措施。茲就本法授權第6條身分查證之要件與第7條身分查證措施，分別說明之。

一、查證身分之要件（本法第6條）

查證身分之正當合理性事由，亦即本條規定得以進行查證身分之要

件，以作爲執法判斷之基礎，有些要件內容屬於不確定法律概念之抽象性規定，更應注意以「整體事實狀況」（Totality of Circumstances）依法判斷之，茲將本法第6條各要件分述如下：

（一）**合理懷疑其有犯罪之嫌疑或有犯罪之虞者**：由於「合理懷疑」係一種作爲得否進行本條規定查證身分之判斷基準，係不確定之法律概念，必須依據個案之整體事實狀況判斷決定之。例如，在2017年3月在臺北市京站轉運站的臺北市警局保大執法攔檢李○得先生一案，衍生出是否符合「合理懷疑」而得否依法攔檢市民之爭議案件[7]，亦屬於警察干預性執法之「心證程度」（Level of Proof）之具備問題。按警政署頒「警察職權行使法逐條釋義」釋明「合理懷疑」係指「必須有客觀之事實作爲判斷基礎，根據當時的事實，依據專業（警察執法）經驗，所作成的合理推論或推理，而非單純的臆測」。並進一步例示說明：「合理懷疑之事實基礎有：1.情報判斷之合理懷疑；2.由現場觀察之合理懷疑；3.由環境與其他狀況綜合研判之合理懷疑；4.由可疑行爲判斷之合理懷疑。」提供員警參酌，值得肯定。惟以上僅是例示而非列舉，仍有不勝枚舉之情形，爲合理懷疑之判斷基礎，必須依據員警之經驗，現場之狀況，其他相關異常或可疑現象作爲綜合判斷基礎。例如，美國United States v. Arvizu（2002）一案，聯邦最高法院認爲警察之合理懷疑之基礎係源於其經驗認知「整體狀況」（The Totality of the Circumstances）法則，而非個別單一因素之考量。美國聯邦最高法院亦以判例形成對警察執法基於「合理懷疑」的心證要求，而得以實施對人及交通工具之攔停（Stop）及安全保護性之檢查（Protective Frisk）。例如，美國聯邦最高法院Terry v. Ohio 392 U.S. 1（1968）及Minnesota v. Dickerson 508 U.S. 366（1993）二案例，供作員警執法判斷之參考。再者，Black's Law Dictionary對「合理懷疑」原則之解釋爲：「警察因美國憲法第四增補案之目的於公共場所攔停被告之正當性，在於執法員警之懷疑的認知程度總量，已足使一位普通的謹愼小心之

---

7 http://news.ltn.com.tw/news/society/paper/1087588，最後瀏覽日期：2019年12月12日；亦參考：穿夾腳拖像壞人？李永得遭警盤查！臨檢爭議？警察國家侵犯人權？刁民太多治安難好？http://talk.news.pts.org.tw/show/14677，最後瀏覽日期：2019年12月12日。

人在該情形下亦相信犯罪行爲即將發生。」至於「犯罪之嫌疑」應是已有犯罪發生，某人被警察合理懷疑係其所爲，而成爲犯罪嫌疑人，爲預防犯罪，而得以查證其身分。另對於「有犯罪之虞者」，指犯罪雖未發生，然基於警察合理懷疑即將有犯罪之可能時，得以防止犯罪之理由，對之進行查證身分。例如，見警即逃，是否構成合理懷疑程度，而可以進行攔停措施？美國聯邦最高法院表示，是否有合理懷疑，應依人類之行爲習慣，進行合乎一般常理之推論判斷之。因此，行爲人之緊張與逃避行爲，得作爲判斷是否具有合理懷疑之相關因素之一，因爲合理懷疑是由「整體考量」形成之心證程度。故聯邦最高法院於Illinois v. Wardlow（2000）即作出與州最高法院不同之判決，而於該案支持見警即逃已經足以構成「合理懷疑」其有危害或犯罪之虞，得進行攔停等相關查證身分之措施。

（二）**有事實足認其對已發生之犯罪或即將發生之犯罪知情者**：本法第6條第1項第2款所稱「有事實足認……」與同項第1款之「合理懷疑」同屬於抽象規範，必須藉由行使職權之執法人員依據事實狀況做出判斷，認知其合理性之程度，以決定是否採取何種公權力措施。「有實際根據者」不待事件發生，即可採取措施。由於「合理懷疑」及「有事實足認」均於同一條文相同項次中規範，其心證程度應屬相近不遠，然均無須高於刑事訴訟法中得以對第三人進行搜索「相當理由」門檻。例如，得以依據本法進行查證身分措施之本款規定之相關事實，如其他單位提供之消息（或勤務指揮中心之無線電通知）、查緝專刊、民眾舉報、執法者親自觀察等。本款之規定，從積極性而言，旨在以法律明定課以人民對於治安工作有協力或負擔之提供治安情報義務者之身分確證，並進一步研判其與案件之關聯性。

（三）**有事實足認爲防止其本人或他人生命、身體之具體危害，有查證其身分之必要者**：此爲本法第6條第1項第3款規定之要件，係參考德國「聯邦與各邦統一警察法標準草案」第9條第1項第1款：「爲防止危害，警察得查證身分。」而來，其係指對於肇致危害之人得行使盤查權，該危害則僅限於「具體危害」，不得任意擴張。「具體危害」係指「在具體案件中之行爲或狀況，依一般生活經驗客觀判斷，預料短期間內極可能形成

傷害的一種狀況」。因此，案件必須具體，危害發生需有不可遲延性、可能性及傷害性，具體危害要件方能構成，警察盤查權之發動才有依據。

（四）**滯留於有事實足認有陰謀、預備、著手實施重大犯罪或有人犯藏匿之處所者**：本款規定之目的，在於防止潛在危害。對滯留於有事實足認有陰謀、預備、著手實施重大犯罪或有人犯藏匿之處所者，係屬滯留於「易生危害地點」之人，雖其未必然為肇致「具體危害」之人，但基於該地點產生危害可能性極高，警察權若不能適時介入，恐貽誤事機，事後再處理，事倍功半。故為預防危害發生，乃授權得進行查證身分措施。上述規定之彈性極大，對警察打擊犯罪，防止危害實務工作而言，有其正面意義，相對的警察宜自我節制，避免濫權。盤查之對象不僅及於肇致危害之有責任人，尚且及於無責任人，若欲要求無責任人作為或不作為時，應充分顧及警察法上之比例性、適當性及必要性等原則。所以除非在無法提出證明或拒絕陳述之例外情形下，才得將無責任人帶往警所，在這之前，必要性原則更應充分受到考量。

（五）**滯留於應有停（居）留許可之處所，而無停（居）留許可者**：本條款規定亦係為防止潛在危害，而針對易生危害之處所，對於未經主管機關許可而進入停留或居留者，得進行身分查證。然而，筆者認為並非僅指對於外國人或大陸地區人民等之無停、居留許可之情形，而是指廣義的應經許可，始得停、居留之處所，而滯留於該處所未取得許可者，均屬於本款之適用範圍。例如，機場之管制區、國營事業之油庫、電廠、海岸或山地管制區等，若任意滯留於該處所，本法授權得對之進行查證身分措施。

（六）**行經指定公共場所、路段及管制站者**：本款規定可作為必要時「全面攔檢」之依據，然而其攔停查證身分之合理性基礎，以非如前述要件，由值勤員警依據個案判斷之心證程度為原則，而是將之提前至攔檢勤務出發或進行前，其地點（如公共場所、路段、及管制站）由「警察機關主管長官」指定之。然而，第6條第1項第6款之指定要件，於同條第2項明定以防止犯罪，或處理重大公共安全或社會秩序事件而有必要者為限。故依此規定，指定時除要件合致外，尚須考慮比例原則之適用。因此，警察

機關依據本法固可實施全面攔停進行治安檢查，但必須其決定地點之程序與要件均需受到本款之拘束；否則，不問時間、地點或對象之設置管制站作全面攔檢，或不加判斷其合理性要件之任意或隨機攔檢，均非合法，亦為司法院大法官第535號解釋所無法肯認。因此，在設置管制站進行攔檢時，「合理懷疑」之檢視時點，應往前拉至「設置時」，如果設置時有其合法性，例如，有情報來源指出有大範圍之具體危害（如飆車、集體械鬥等）可能發生時，則得依據本款指定地點對所有人車進行攔阻檢查，惟仍應注意必要性與比例原則之遵守。

二、查證身分之措施

本法第7條明定查證身分之各種干預措施其要件與程序，明顯將過去「警察勤務條例」之「臨檢」予以法律明確化與具體化，以符合法治國之法律保留與明確性原則。茲先就本法所定警察查證身分之職權措施析論如下：

（一）**攔停（Stop）**：指依據本法第7條第1項第1款規定，警察「將行進中之人、車、船及其他交通工具，加以攔阻，使其停止行進；或使非行進中之人，停止其動作而言」。攔停措施為查證身分首先採取之必要步驟。攔停（Stop）並非逮捕（Arrest），需有合理懷疑受攔停人有本法第6條第1項各款情形之一者，得對之進行攔停。因非逮捕，其對於人權之侵擾極為輕微，故無須達於「相當理由」之程度，亦無須申請令狀及法官介入，惟須依法為之，即得依據本法第7條規定，對之施行攔停作為，人民有配合及忍受之義務。

（二）**詢問（Questioning）**：指對於依法攔停人、車、船或航空器之後，立即依據實際狀況進行詢問依法應受查證身分之人。詢問之範圍則依據本法第7條第1項第2款規定，警察為查證身分而攔停之人，僅得加以詢問其姓名、出生年月日、出生地、國籍、住居所及身分證統一編號等。人民經依法攔停之後，基於人別之瞭解，有查證身分之必要，故得進一步詢問被攔停人之基本身分識別資料，若不為答覆或為不實答覆，將可依據「社會秩序維護法」第67條第1項第2款規定處罰之。

亦即，於行政調查時，受調查人不得保持緘默而拒絕陳述其姓名及住居所，或為不實陳述，否則將有該條款之適用。按詢問（Questioning）尚非訊問（Interrogation），故詢問無須先行給予「米蘭達警告」（Miranda Warning），訊問則可問及案情，除應給予「米蘭達警告」之外，受訊問者並得有保持緘默權。本條規定屬於一般攔停後之詢問，因尚非有單一具體犯罪個案之涉嫌，且多僅是查證身分及現場釋疑之一般詢問。

（三）**令出示身分證明文件（Identification）**：警察依法查證身分得令關係人交付其應攜帶之證件，或要求其他資料比對或求證方式，使警察得以辨識其真實身分。參考美國實例，若行為人已有違法之事實，經警察要求提出相關證明文件，卻拒絕或無法提供，將形成警察裁量是否逮捕因素之一。例如，Atwater et al. v. City of Lago Vista etal.一案，被告未繫安全帶駕車，致違反交通規則，經警要求駕照及保險資料，Atwater無法提供，而被警察逮捕。

（四）**檢查（Frisk）**：依據本法第7條第1項第4款規定，警察為查證身分而攔停之人，若有明顯事實足認其有攜帶足以自殺、自傷或傷害他人生命或身體之物者，得檢查其身體及所攜帶之物。此檢查並非搜索（Search），係類似於美國法規範警察之「拍搜」（Frisk），乃是為安全之保護性（Protection）目的而進行衣服外部或受檢者身體周遭隨手可及範圍內之物件，授權得進行外部拍觸措施，以查察是否攜有危險物品。其檢查行為係以雙手作衣服外部由上而下之拍搜；對於所攜帶之物件之檢查，僅及於給拍搜者立即可觸及範圍內之物為限，並不及於其所有物。而且檢查之深度，亦不得如刑事訴訟法所授權「搜索」的徹底搜查之程度。另須注意拍觸檢查亦有別於一般為取得犯罪證據或基於證據保全目的之傳統搜索，亦非逮捕後之附帶搜索，因此不得擴大其所允許之目的範圍，而為證物之搜尋。

（五）**帶往勤務處所（Taken to Police Station）**：本法第7條第2項規定，在經過警察以詢問或令其出示證件，表明身分方式，仍顯然無法查證其身分時，可將之帶往警察勤務機構，以進一步進行查證，亦即一般所稱之「同行」。惟應注意自攔停時起，不得逾3小時，除非遇有抗拒，否

則，不得使用強制力，且應報告勤務指揮中心，並通知其指定之親友或律師。帶往警所若仍無法查證其身分者，則應注意避免逾越其時效。原則上，同行必須先有依法得進行查證身分之要件為前提，始得為之。

三、攔停交通工具之要件與措施

本法第8條已明文規定攔檢之要件，係以「已發生危害或依客觀合理判斷易生危害」之「交通工具」，作為判斷準據。則昔日全面或任意攔檢之做法，顯已不符規範之要求，自應予以避免。而是應依據本條要件與客觀之具體事實現象涵攝判斷，合義務性裁量決定是否或如何採取職權措施。有關本條授權攔檢交通工具之措施有六種：1.攔停交通工具：「攔停」係指將行進中之車輛加以攔阻，使其停止行進；2.要求駕駛人或乘客出示證件或查證身分：本條第1項第1款規定：「要求駕駛人或乘客出示相關證件或查證其身分。」查證身分得採行之措施為何，法無明文。詢問或審驗其交付之證明文件，應受允許。拒絕出示駕、行照，法無明文得採行進一步之強制措施，應不得以實力強制其出示。但可依事實狀況，援引道路交通管理處罰條例第14條第3款、第25條第3款或第60條第2項第1款規定，予以開單舉發；3.檢查引擎、車身號碼或其他足資識別之特徵：本條第1項第2款規定攔停後，得採行「檢查引擎、車身號碼或其他足資識別之特徵」之措施，其若為了查贓或治安目的，與本條之交通秩序規範目的並不完全相符，則以規定於本法第6條之要件為宜；4.要求駕駛人接受酒精濃度測試之檢定：本條第1項第3款規定：「要求駕駛人接受酒精濃度測試之檢定。」因此，對於取締酒後駕車者，必先符合本條第1項規定之攔停要件後為之。

再者，本條第2項前段有「強制離車」之授權規定。明定以駕駛人或乘客有異常舉動而合理懷疑其將有危害行為時，得強制其離車。如此規定，主要在於避免車內人員危及執法人員之安全，故只要客觀上其有異常舉動而致執法人員主觀上合理懷疑其將有危害行為時，即為已足。其離車之後，若有本法第6條所定要件之一者，亦得對之進行本法第7條所規定之查證身分職權措施。再者，為使執勤員警有更明確之執法依據，內政部警

政署特訂定取締酒醉駕車之解釋性或裁量性行政規則，以供遵循。例如，103年2月19日警署交字第1030060261號函修正之「警察人員對酒後駕車當事人實施強制作為應注意事項」。6.檢查交通工具：本法第8條第2項後段規定：「有事實足認其有犯罪之虞者，並得檢查交通工具。」此「檢查」與刑事訴訟法規定之「搜索」不同，亦與本法第7條對於攔停之人身或其所攜帶之物進行之「檢查」及第19條第3項規定對於受管束人之身體及其所攜帶之物件所為之檢查，均有差異。刑事訴訟法之搜索，除緊急搜索外，應依據該法第122條之要件規定，並應依法聲請搜索令狀。至於本法第7條所規定之檢查係指為避免危及安全所為衣服外部或所攜帶物件之拍觸（Frisk），不得進行深入性搜索。至於對管束人之身體及其所攜帶物件之檢查，係為避免管束人之自殺或自傷之危險而為之。本條之「檢查」交通工具之要件為「有事實足認其有犯罪之虞者」經合義務性裁量為之。因此，依此規定從事檢查交通工具之置物箱或後車箱，必須合於前述要件，始得為之。例如，依法攔停時，以一目了然法則發現車內有注射針筒，經詢問而無正當理由時，因而有事實足認其用來施打毒品，而得以進一步檢查交通工具，要求其開啓置物箱（含後車箱）接受檢查，但不得達搜索之程度。又如發現車內有血跡，經詢問駕駛人卻無正當理由足以說明其來源時，得進一步檢查其交通工具是。

貳、資料蒐集與處理

一、對集會遊行或公共活動之蒐證

本法第9條明定對集會遊行及其他公共活動之蒐證措施、要件與程序。其蒐證措施係「得予攝影、錄音或以其他科技工具，蒐集參與者現場活動資料」，惟蒐集之活動範圍僅限於危害者在其所參與公共活動之現場活動資料。而且，實施該蒐證措施之要件則是：「警察依事實足認集會遊行或其他公共活動參與者之行為，對公共安全或秩序有危害之虞時，於該活動期間」時，始得為之。又依本條之規定，係限於以攝影、錄音或其他科技器材作為工具。至於可否及於用於蒐集郵電、通訊秘密之科技工具，

法雖無明文，但參諸立法參考之德國法制，則應採否定之見解。再者，依
該條規定執行蒐證程序之應注意事項有三：（一）資料蒐集無法避免涉及
第三人者，得及於第三人；（二）依規定蒐集之資料，於集會遊行或其他
公共活動結束後，應即銷毀之。但為調查犯罪或其他違法行為，而有保存
之必要者，不在此限；（三）為調查犯罪或其他違法行為，而有保存之必
要資料，除經起訴且審判程序尚未終結或違反組織犯罪防制條例案件者
外，至遲應於資料製作完成時起1年內銷毀之。

二、以監視器蒐集治安資料

本法第10條係有關對於監視器設置措施、要件與程序規定。本條授
權得採取之措施為「得協調相關機關（構）裝設監視器，或以現有之攝影
或其他科技工具蒐集資料。」其據以「蒐集之資料，除因調查犯罪嫌疑或
其他違法行為，有保存之必要者外，至遲應於資料製作完成時起一年內銷
毀之。」又其授權設置之實體要件有：「1.須於公共場所或公眾得出入之
場所為之；2.須於經常發生或經合理判斷可能發生犯罪案件之場所為之；
3.須為維護治安而有必要時。」本條僅以現有攝影或其他科技工具為之，
其對人民資訊干預的型態，從受立法目的拘束之解釋上，僅可及於單純的
影像觀看或監視過程的錄影，其他可能或將來科技可能產生的新干預型
態，尚不在本條授權之範圍。警察若無法律的另外授權，作出觀看與錄
影以外之處理措施，或利用新興科技技術，任意逾越上開資訊處理之授
權型態，去干預人民資訊隱私，皆已構成不法，應予注意避免。為使裝
設錄影監視系統能更嚴謹使用，內政部已於2003年5月22日以台內警字第
092002756942號函各直轄市、縣（市）政府，要求其針對公共場所裝置
錄影監視系統訂定加強管理措施，內容包括律定各目的事業主管機關管理
權責、明定規範標的之範圍、明定規範標的之設置程序、明定申請設置之
應備文件、明定主管機關查核、調閱、明定檔案保存期限等，避免觸犯刑
法妨害秘密罪章及電腦處理個人資料保護法等相關法律規定。因此，本條
性質上僅屬於中央政府之框架指導性規範，而由許多直轄市或縣市政府即
自行訂定有關管理自治條例，例如，以臺北市政府所訂定之「臺北市錄影

監視系統設置管理自治條例」即屬之，然各自治條例應注意不得本條之授權範圍。[8]

三、跟監以蒐集重罪虞犯資料

本法第11條規定係以跟監方式蒐集重罪虞犯資料之規定，授權得採取之措施為「以目視或科技工具，進行觀察及動態掌握等資料蒐集活動」；其實體要件為：1.須為防止犯罪而有必要時：此係以特定之犯罪為限，並非對所有的犯罪，均得採行此種預防性的抗制措施。其一，係指最輕本刑5年以上有期徒刑之罪；其二，係指職業性、習慣性、集團性或組織性之犯罪；2.須係蒐集虞犯有隱私或秘密合理期待之資料：本條賦予警察得採行監視措施，蒐集個人資訊隱私資料，仍應以該個人對其資訊隱私具有隱私或秘密合理期待者，警察之監視措施，始受本條要件與程序之拘束。如果個人對該資訊隱私，並無隱私或秘密之合理期待，則不受本條之保護，警察只要在任務範圍內，即可為之，並不需要特別的職權法依據。至於「隱私或秘密之合理期待」，究竟為何義？本條並無明文定義。論者認為其所使用之文字，乃仿效美國聯邦最高法院判決對其憲法增修條文第4條「禁止不合理搜索」的詮釋。美國初期對於隱私的保護，採用「物理侵入」法則，認為未侵入住宅之行為，並不構成隱私之侵害。1967年時，美國聯邦最高法院在Katz案[9]，推翻過去「物理侵入」法則，認為憲法所保障為人，而非地方，雖無物理上的侵入，即使在公共場所，只要人民欲保有其隱私，仍受憲法的保障；3.須係對有參與職業性、習慣性、集團性或組織性犯罪之虞犯行為或生活情形進行觀察或動態掌握：警察之監視措施，固係有計畫的鎖定一個人，在一定時期內加以監視。依本條文義，即係對其行為或生活情形，為靜態觀察或動態的掌握。是以，上開之電信、郵件、書信、言論及談話內容之監察或錄音錄影等紀錄措施，應均非屬「觀察及動態掌握」之方式，更不是「觀察及動態掌握」之標的；4.須以目視或科技工具為之：以肉眼的方式進行觀察，是監視的基本態樣。但因

8　李震山、蔡庭榕、簡建章、李錫棟、許義寶等合著，同註1，頁288-292。
9　Katz v. United States, 389 U.S. 347 (1967).

肉眼受限於距離之遠近及物理上的障礙，自然不能有效的觀察與掌握個人的活動。因此，法條特別規定可以藉助科技工具，以為輔助。

另外，本條規範之程序上應注意：1.對於執行「以目視或科技工具，進行觀察及動態掌握等資料蒐集活動」之跟監行為，「得經由警察局長書面同意後，於一定期間內」為之；2.前述跟監蒐集資料之期間每次不得逾1年，如有必要得延長之，並以一次為限。已無蒐集必要者，應即停止之；3.所蒐集之資料，於達成目的後，除為調查犯罪行為，而有保存之必要者外，應即銷毀之。

四、遴選第三人蒐集個人資料

本法第12條及第13條規範警察遴選第三人以蒐集相關治安資料之措施、要件與程序。本法第12條授權之措施為「得遴選第三人秘密蒐集其相關資料」。相關實體要件有：1.須係為防止危害或犯罪：防止危害與犯行追緝，是警察的兩大任務。因此，本條第1項第一句開宗名義，以防止危害與犯罪，作為警察得以運用第三人蒐集資料之要件，其控制的密度不大，充其量僅是重申警察法第2條之警察任務而已；2.須認為特定個人將有危害行為或有觸犯刑事法律之虞時：若非因個人行為將肇致危害或有犯罪之虞，即與法定要件不符，自不得作為採行運用第三人之依據；3.第三人須非警察人員：警察活動若無國民之協助，實難完全克盡職責。情報蒐集活動和一般警察活動相同，須考量在法律容許的範圍內得到國民協助。特別是情報蒐集對象為非公開之組織，警察蒐集情報自有其界限。本條第3項明文規定，警察運用第三人蒐集資料，其第三人必須不具有警察人員身分。如係警察人員經由核備的化名，偵查犯罪活動，則屬另一特別的資料蒐集措施，稱之為臥底警探；4.第三人工作須經警察特別委託：第3項「經警察遴選，志願與警察合作」及第1項警察得「遴選第三人秘密蒐集其相關資料」之規定，自可得知，此處第三人之工作，應非自發性，而係經由警察之特別委託蒐集資料；5.第三人與警察合作必須出於志願：本條第三項明文規定，第三人是經警察遴選，志願與警察合作之第三人。是以，第三人與警察之合作必須出於志願。如果警察利用其弱點掌握，或支

付實際工作費用作超出社會通念所能接受之範圍者，均有可能被評價爲是約束其自由意志，自非法定要件之所謂的志願。

本條執行上應注意：1.資料之蒐集，必要時，得及於與蒐集對象接觸及隨行之人；2.經遴選爲第三人者，除得支給實際需要工作費用外，不給予任何名義及證明文件，亦不具本法或其他法規賦予警察之職權；3.其從事秘密蒐集資料，不得有違反法規之行爲；4.另由內政部依本條就第三人之遴選、聯繫運用、訓練考核、資料評鑑及其他應遵行事項，另行訂定授權之法規命令，亦即「警察遴選第三人蒐集資料辦法」是。再者，本法第13條亦明定相關注意事項有：1.警察依本條規定遴選第三人秘密蒐集特定人相關資料，應敘明原因事實，經該管警察局長或警察分局長核准後實施；2.蒐集工作結束後，警察應與第三人終止合作關係。但新發生前條第1項原因事實，而有繼續進行蒐集必要且經核准者，得繼續合作關係；3.所蒐集關於涉案對象及待查事實之資料，如於相關法律程序中作爲證據使用時，應依相關訴訟法之規定。該第三人爲證人者，適用關於證人保護法之規定。

五、以通知方式蒐集資料

本法第14條規定以通知方式以蒐集資料。警察爲完成其法定任務，在依法行政原則的拘束下，自得運用一切闡明事實所必要以及可獲致的事實材料，以認定眞正的事實。通知某人到場，目的既然是在要求其提供資料或執行鑑識措施，從資訊隱私的保護，及個人對於自己的資訊得以自我掌控，不容任意侵犯的角度來看，通知某人到場，要求其提供資料或執行鑑識措施，已干預到個人資訊自決權，自須要有一合乎規範明確性要求之法律依據。因此，本條規定之相關實體要件與程序有：1.以通知方式要求提供資料之要件：(1)須有事實足認被通知者能提供有關資料：本條第1項第1款即規定對於此等知悉或掌握有關資料之人民，警察得以通知之方式，要求其到場；(2)被通知者提供之資料須係爲達成警察防止具體危害任務所必要：警察以通知方式要求人民到場提供資料，本條第1項第1款明文要求，此項資料必須有助於警察達成其防止具體危害任務所必要者，

始得為之。換言之，警察之通知，必須與一特定具體案件相關聯。此為立法比例原則之具體展現，主要目的應在排除警察以一般性探詢或探聽消息為目的之通知，值得肯定；2.以通知方式執行非侵入性鑑識措施之要件，須有事實足認被通知者應受非侵入性鑑識措施之執行。另在程序上須注意「經通知到場者，應即時調查或執行鑑識措施。」

六、治安顧慮人口定期查訪

本法第15條規定警察得對治安顧慮人口實施定期查訪措施，其實施對象主要係針對重罪及槍毒犯罪者經執行完畢或假釋出獄者，以避免再犯。其符合查訪要件之對象有：1.曾犯殺人、強盜、搶奪、放火、妨害性自主、恐嚇取財、擄人勒贖、竊盜、詐欺、妨害自由、組織犯罪之罪，經執行完畢或假釋出獄者；2.受毒品戒治人或曾犯製造、運輸、販賣、持有毒品或槍砲彈藥之罪，經執行完畢或假釋出獄者。至於本條原定有「經列入輔導或感訓處分執行完畢之流氓」乃配合「檢肅流氓條例」之廢止，於2011年修正刪除之。本條之實施在程序上應注意：1.查訪期間，以刑執行完畢或假釋出獄後3年內為限。但假釋經撤銷者，其假釋期間不列入計算；2.治安顧慮人口查訪項目、方式及其他應遵行事項之辦法，由內政部訂定「治安顧慮人口查訪辦法」之法規命令，以為因應。

警察在執行時，雖不具有法律上強制力，但於查訪時得為行政指導，即在其職權或所掌事務範圍內，為實現一定之行政目的，以輔導、協助、勸告、建議或其他不具法律上強制力之方法，促請特定人為一定作為或不作為之行為。此等行政指導之行為，雖不具法律上強制力，卻能發揮維護治安之功能，達到警察行政之目的。故其在預防犯罪之效果上，至少有以下三種效果，其一，對於已犯過罪之人而言，定期查訪本身將是一種威嚇。其二，對於想要犯罪的人而言，定期查訪則是制止的力量。因為接受查訪之後，可能與警察認識，使原來想做的犯罪行為因而被迫放棄。其三，可以直接掌握舉發犯罪之線索。鑑於目前社會上大部分之犯罪，係由少數職業慣犯所為，尤其影響民心至深且鉅之竊盜、強盜、搶奪、性侵害及毒品等犯罪，絕大多數均為累犯所為，造成社會不安，基於維護治安及

使社會大眾有免於恐懼之自由，乃由警察對於社會危害較大之治安顧慮人口，定期實施查訪，以防制其再犯，故有本法第15條關於治安顧慮人口定期查訪之規定，並依據本條訂定「治安顧慮人口查訪辦法」，以明確其要件與程序。

七、資料傳遞、利用與註銷或銷毀

本法第16條至第18條係有關警察治安維護之執法資料傳遞、利用與註銷或銷毀之規定，其要件與程序亦明文規定之。

（一）資料傳遞

行政機關之間本著行政一體之理念，應相互合作，在合於各機關間之資料蒐集目的、範圍內，資料可提供其他需要之機關。傳遞機關，對該資料之正確性，並應自行負責。行政機關間之傳送個人資料，亦會干預個人之資訊自決權，非有法律授權，不得任意為之。本條規定警察須在「行使職權之目的、範圍內」，於必要時傳送個人資料給其他機關，自須遵守一定之法律要件。本法第16條規定有關資料傳遞，第17條規定資料利用之要件與程序。有關第16條資料傳遞之實體要件為：1.特定「目的範圍內」：本條規定須於警察行使職權之目的範圍內，必要時，得傳遞與個人有關資料給其他行政機關。此「目的範圍」之意義甚為概括，須予界定。解釋上須從法律授權目的與人民資訊自決權之保護觀點，予以明確界定。其範圍必須與維護治安之任務有關，即對於維持公共安全、社會秩序有幫助之目的為限；2.相互傳遞：「其他機關」應指行政機關而言，包括中央與地方之各級行政機關。其他機關亦得傳遞資料予警察機關，「亦得」有裁量之意，其他機關仍須依法決定，是否合於法律之規定，再予傳遞。如無違背法律之精神、法律無禁止或特別保護之規定，依行政一體之原則，應相互協助傳遞資料；3.「資料之正確性」：資料之傳遞，應由傳送之機關負相關之責任。即應過濾資料之正確性、可信性。包括經過輸入、保存、更新、重製等，皆應確保該資料之正確，方不致於侵害當事人之權利。

（二）資料利用

本法第17條規定對個人資料之利用，應在其職掌範圍內，並適用

「目的拘束」原則。警察機關使用個人資料應於法令職掌之必要範圍內為之，並應與蒐集之特定目的相符。人民資料由警察所保管，對於將造成人民權利干預之資料傳送，自應遵守一定之信賴保護原則，不應任意將未有法律授權之資料，傳送給其他機關。本條之實體要件包括：1.符合法令職掌範圍：依本法所蒐集之資料，其利用必須符合「法令職掌」之範圍，並與蒐集目的相符。如對明知非屬警察主管業務之案件調查，而有其他不符合目的性之蒐集、利用資料措施；2.法律特別規定：法律有特別規定者，即因特殊目的，由其他法律中予以特別規定，則可例外的使用該項資料。如警察於查證身分中，發現有犯罪行為，該查證身分所得之資料，可於刑事訴訟程序中，依法使用。在程序上應注意到所利用之程序應明確規範，以及警察職權行使法中雖未規定人民有請求資訊公開之權利，但依「行政程序法」、「行政資訊公開辦法」之相關規定，應可推知人民得請求警察公開、更正有關之個人資料。

（三）資料註銷或銷毀

本法第18條之實體要件包括：1.任務已完成之資料或不再有幫助之資料，應予註銷或銷毀。應銷毀之資料，應無後續利用價值或法律為保護個人權利，限定於蒐集使用後，即應註銷。因該資料已對警察任務不再有幫助，亦不得再傳遞給其他機關，或另為不利於被蒐集對象之使用。如民事上使用、提供其他行政機關之目的外使用等；2.危及被保護對象之利益，則暫不註銷或銷毀。如該資料之註銷危及被保護對象值得保護之利益，則不在此限。如該資料有利於當事人之證明合法資料、有利於當事人之主張權利資料。原則上違法蒐集之資料應予消除，例外情形，為防止危害之任務，在資料蒐集時，已就保護遭侵害權利與其他遭威脅之法益（例如生命、健康）間之法益衡量，運用此違法所得之資料必要時，則此利用應認為是正當。

另一方面，若有理由認為，當事人值得保護之利益被侵害，或該資料為提出證據需要不可或缺時，或資料為科學上目的所必須的，則得不消除與銷毀。在時間考量上，則有：1.5年內註銷：警察為維護治安、調查

違序所蒐集之個人資料，一般保存之期間至長以5年為限，本條明定5年旨在避免個人之資料受到沒有目的長久的保存，產生其他可能之危險性。本條規定至長5年之時間，並非指資料之保存，一律須等到5年期滿，才予註銷。如警察所保存之資料，已完成警察任務或不再有利益於任務之達成，即可予以註銷。另有較短期間之規定者，應優先從其規定。如警職法第9條、第10條規定，對一般公共活動之蒐證、監視、錄影資料，原則上應於1年期間內銷毀之；2.法律另有規定：此處應考慮的方向有二：一者，從當事人立場言，雖然符合上述可以註銷之要件，但從當事人之權利觀點，註銷將損害當事人之合法權利時，則不在此限。二為，從機關之任務與資料保存之必要性言，雖該資料有續予保存之價值，衡量個人權益與公共利益之間，法律有特別規定得以保存，得為例外之不予註銷。如有關刑事案件資料、個人戶籍資料，則分別依刑事訴訟法、戶籍法之特別規定辦理。

參、即時強制

一、對人管束與因而得使用警銬或戒具之情形

（一）對人之管束

本法第19條規定「得為」管束，警察執法若符合急迫且可能發生危險程度，得以決定實施管束。亦即依具體情況判斷，若執法相對人有立即發生危害之虞，警察如不即時實施管束或採取適當措施，該當事人有即遭受危害之虞時，則應實施「管束」。「管束」為警察之法定職權，如警察放任危害發生，不予必要之保護或管束，則構成違法之責任。本條授權警察得為管束之具體法律要件：1.瘋狂或酒醉者；2.自殺或傷害他人者；3.暴行或鬥毆者；4.其他情形等，非管束不足以救護。依第4款概括規定之管束事由，須有類似上述三款所規定之要件，始得為之。例如，遭遇山難之人、走失之兒童、受傷者、離家之人等情形，警察必須依具體情況判斷是否屬緊急迫切之情況，以決定是否採取必要之管束措施。警察採取之管束，因限制人民之人身自由，其「實施方式」與該「具體危害狀況」之間，必須符合適當性、必要性及相當性原則。在程序要件上應注意：1.管

束時間：管束有一定的時間限制，雖然本法規定最長不得超過24小時，但在實施管束過程中，如危險或危害已經結束，必須即時終止；2.通知親友：實施管束時，警察應即時通知、連絡其家人、親屬、關係人或有關機關為後續之保護；3.通知相關機關。例如，精神病患之保護機關、兒童保護機關等是。

（二）得使用警銬或戒具之情形

警察依法留置、管束人民，於必要時，得對其使用警銬或其他經核定之戒具，因其攸關人民自由權利，應受法律保留原則之限制。對於被管束或留置之人，有暴行或精神錯亂行為，在帶往警察勤務處所或醫院途中，如有必要得對行為人使用警銬等「戒具」，以避免危害發生。依照具體狀況在警察保護室內亦得使用警銬。警察之管束或保護，為該人依具體情況屬於緊急須予救護之情形，並限於此目的內之作為，而非為犯罪預防與偵查目的。因此，在做法上與實施過程中，須注意其適當性。本法第20條所規定得使用警銬之實體要件，為對於被留置或管束之人民，於必要時得使用警銬等戒具。其使用之要件，依第1款規定，為抗拒留置、管束者。第2款規定，為攻擊警察或他人者，或有攻擊之虞者。第3款規定，為自殺、自傷或有此之虞者。此處「之虞」，表示依客觀事實，很有可能發生該危害行為之謂。「必要時」，指未即時制止，該當事人或第三人即有可能即受到危害之謂。「抗拒留置」之意，如消極不配合管束之措施、有欲逃逸跡象、抵抗警察對其施以管束等。使用警銬，須符合本條規定之要件；如尚不符合本條規定，任意對人使用警銬，則有妨害自由之刑責問題。第2款「攻擊警察或他人」之意，其前提為該被管束人，已由警察介入管束中；或依法被留置之人，在實施留置中。該行為人如有意識不清、心神喪失或危害他人等情形；或行為人對於警察、第三人、公物、他人物品有攻擊或破壞之動作或行為之謂。對於人身自由之拘束，依憲法原理必須經過法院之許可，方符合令狀主義及憲法第8條之人權保障法制。但遇有特殊情況，如仍依一般程序申請，等待法院決定方為執行管束或使用警銬，則危害已經造成，不符合國家防止危害、保護人民權利之目的。

二、物之扣留與處理

本法第21條明定扣留物之範圍，警察對「軍器、凶器或其他危險物品，為預防危害之必要，得扣留之」。警察為維持公共秩序，保護人民生命、身體安全，對可能造成危害之物品，得予事先扣留。警察一般依法所扣留之物，有危險物、違禁物或查禁物等，其處理程序各依有關法律，如刑事訴訟法、社會秩序維護法、行政執行法等之規定程序。可扣留物品之種類，有現在之危險物，如狂犬；有抽象之危險物，如槍砲；有具體之危險物，如酒醉駕車者之車輛。不論該物是否已造成危害發生，依法均得扣留。警察法之扣留物以有危害迫切或預見危害情形為限。扣留物之處理並依照一定法律程序，如「扣留物」留作公用，為依警察特別法之授權訂定內部處理扣留物品之規定。一般警察機關之扣留物，均不作此項留作公用的建議或處理。對於違法、違規之物品，警察得扣留，扣留時須發給所有人或保管人收據，機關首長並應署名，並將所查扣物品，移送相關負責單位處理。

三、物之使用、處置與限制使用

本法第25條規定，警察對於因天災、事變或交通上或公共安全上之危害情形而威脅人民生命、身體、財產安全時，必須採取必要之措施，以維護社會公益，爰仿行政執行法第39條規定，予以明定。即時強制乃因時間上有急迫情形，無法以其他行政處分為代替之最後手段；如果時間上允許，則可使用其他間接強制或代履行之方式，此從對人民權利之保障與警察權力之必要性觀點上言，都應如此。依本法第25條規定，警察在遇有天災、事變等緊急危害情形，得使用人民之物品。此項職權類似刑法上之緊急避難行為，但本條之規定屬警察之公法義務與職權。警察法之行為責任人，依法有防止危害之作為義務；一般警察職權行使之對象，以警察責任人為原則。對物之使用或制止範圍，原則上並以違反警察法之物為執行之對象。但在遇有緊急危險情形，經常現場並無警察責任人，為防止危害所必要之配備、工具、物品經常不足。因此，為防止危害之目的，由法律授權警察有直接使用第三人物品之職權。警察實施即時強制原因，一般約

有二種：1.為排除目前急迫危害之緊急必要，無暇命相對人一定之義務；2.依原來之處分，命相對人為作為義務，亦無法達成目的。即時強制之案例，有依消防法之規定，為救災目的而使用土地、進入住宅、其他即時處分等；另為預防傳染病及對傳染病患者醫療之有關法律規定，亦得實施對相關處所的交通管制、封閉等職權。警察使用第三人土地、物品範圍，限於第三人之土地、住宅、建築物或物品。在法益衡量上，因維護重大公益，而必須使用第三人之物品，此屬為公益而犧牲一部分私人之權利。警察使用或限制人民使用物品之程度，亦應考量限於「一般社會通念」所認同之範圍內為宜。如果因實際之必要，警察使用物品之限度，超過此範圍，則國家應予以必要之補償。

四、住宅、建築物或其他處所之進入

人民之生命、身體、財產遭受到急迫危害，依警職法所賦予警察之職權，除第19條之對人管束、第20條之扣留危險物外，另亦需要有進入住宅等處所之職權。本法第26條乃賦予警察之此項職權，以為實施救護、制止。對於住宅等處所之進入，行政執行法第40條原已有規定，本條規定與其相同。本條文之以緊急救護為目的之進入住宅，其法定要件述之如下：1.「生命、身體、財產」之法益：所危害之法益必須是人民之「生命、身體、財產」受到危害。至於其他之個人名譽、人格、信用，受到損害則不得為之。區分保護之法益，旨在表示其保護之必要性、急迫性。即此等法益之受到危害，如不即時救護，事後將難以回復或將造成重大之損害；2.迫切危害：個人之法益受侵害之狀態，有各種類型。如一有個人法益受侵害之虞，即容許警察進入住宅救護，可能在「執行必要方法」與所保護「法益」之間，無法取得平衡。即採取以侵入住宅之方法，為不得已措施，其所救護之法益受侵害程度，應限於緊急情形，始得為之。以避免濫用本項職權，造成侵害人民住居之權利。其實施之前提，必須上述受保護之法益，已受到「迫切危害」始可適用。所謂「迫切危害」為該危害即將發生或正在發生，如不即時採取對應之救護，無法制止、救護、保護之意。

五、驅離與禁止進入相關處所

　　警察執行震災、火災、槍戰或其他刑案等現場勤務時，為排除危害，達成任務，有時必須驅離可能遭受危害與阻礙職務執行之人、車；因此等措施限制人民之自由權利，故基於依法行政之民主法治國原則，須有法律對之賦予職權，以為準據，乃於本法第27條規定：「警察行使職權時，為排除危害，得將妨礙之人、車暫時驅離或禁止進入。」蓋倘警察依本法行使職權時，對行使職權現場之人、車，如有可能遭受危害與阻礙職務執行，而不賦予暫時驅離或禁止進入之職權，反而可能造成更大之損害或妨礙任務之執行，故本法於立法時，乃參考日本「警察官職務執行法」第4條及德國「聯邦與各邦統一警察法標準草案」第12條規定，予以明定警察為了排除危害，得將妨礙之人、車暫時驅離或禁止進入，以符合法律保留原則。

六、警察職權之概括條款

　　除警察法第2條之任務概括條款外，警察為達成法令所賦予的任務，除在組織法上揭示其權限或管轄外，尚以職權法授予具體職權，譬如：盤查權、管束、扣留……等，此等以權力行使為基礎，經類型化的職權，在法治主義原則下，其構成要件與行使程序皆應十分明確且具可預見性。但具體規定難免產生疏漏，尚需一般性職權條款彌補之，此種一般性職權條款通稱為警察職權之「概括條款」。質言之，警察職權概括條款，係以概括地對警察授予職權為目的之規定，其預先承認警察機關在無個別的法律授權下，亦得獨立地採取行動，包括干預人民權利之行為。再者，由於社會政經文化等之變遷快速，法律一時難以因應，若出現新興危害而不予處理，即無從維護公共安全與秩序，個人生命、身體、自由、名譽與財產，亦無法受到應有之保障。此時若要求警察出面處理，自亦應賦予其相應之職權。是以，警察職權概括條款之所以存在，也是因為立法機關無法事先預設所有警察權發動之事態，並以法律規定其要件，乃有本法第28條職權概括條款之規定。

肆、對警察職權行使不服之救濟

一、當場異議、訴願與行政訴訟

法諺有云：有權利即有救濟，有權利而沒有救濟，該權利不是一項真正的權利。本法第29條之規定為對警察職權行使之行政救濟方式。義務人或利害關係人，對警察行使職權之方法、應遵守之程序，認為有違法、不當或侵害其利益之情事，得於警察行使職權時，當場陳述理由，表示異議。本項之規定，乃參照大法官釋字第535號解釋文，認為警察之查證身分，為具有一定法效果之「其他公權力措施」。當事人有不服時，自得對此公權力之措施，提起異議。在程序上，異議之提起，係以口頭方式當場對執法警察人員表示其不同意見。因本項「異議」僅是顧及即時、意思表示之一種方法，並未規定當事人一定要異議。因此，異議之正面意義可表示執行程序兼顧當事人之「異議權」，並提醒執行人員須遵守法律要件及程序。當事人提出異議之行政救濟程序，為當場被查證身分等措施時，義務人（受查證人）或利害關係人（營業負責人、受雇人），得當場提出異議。警察執行人員，認異議有理由者，應立即停止或修正其執行方式。如認為異議無理由，可續為執行，經請求時應將附有異議理由之紀錄，交付該請求人。本項當場表示「異議」與一般所謂之訴願先行程序，仍有不同。一般之訴願先行程序，為法律所規定必須履行此項先行程序（書面方式），經原處分機關或其上級機關審查後，如為駁回或請求人對先行程序（如聲明異議）之決定有所不服時，得提起訴願。本法規定之「異議」，僅為現場一種簡易救濟之意思表示，其有無表示異議，並不影響事後提起訴願之權利。再者，本條第2項規定：「前項異議，警察認為有理由者，應立即停止或更正執行行為；認為無理由者，得繼續執行，經義務人或利害關係人請求時，應將異議之理由製作紀錄交付之。」同條第3項規定：「義務人或利害關係人因警察行使職權有違法或不當情事，致損害其權益者，得依法提起訴願及行政訴訟。」

二、損害賠償

本法第30條之規定：「警察違法行使職權，有國家賠償法所定國家負賠償責任之情事者，人民得依法請求損害賠償。」本條內容屬於教示規定，亦即警察人員實施其職權時，係以公務員之身分行使國家所賦予之公權力，如有國家賠償法所定國家賠償責任之違法情事者，受損害人即得依該法向國家請求賠償，無待明文。

三、損失補償

本法第31條第1項前段規定：「警察依法行使職權，因人民特別犧牲，致其生命、身體或財產遭受損失時，人民得請求補償。」按行政上之損失補償與賠償有別，損失補償係基於公務機關或人員在依法實施公權力之前提下，仍導致人民之生命、身體或財產遭受特別損失或犧牲，而由國家予以適當金錢上補償之制度。一般而言，損失補償之要件有：1.合法行為造成之損害；2.法律之特別規定；3.補償特別之損失。損失補償法理，不是因為國家合法的行為而給予補償，而是國家為了維護或促進公共利益，難免要限制或侵害個人權利，此種限制或侵害雖然被正當化，而不屬於違法行為。然而特定個人之遭受特別損失，卻是為了公共利益所生，是一種為促進整體利益或是減輕整體不利益的「特別犧牲」，基於負擔平等原理，公眾應分擔此一特別犧牲，因而產生國家應予填補義務。在程序上，補償須在法定期間內提出。依本法第31條規定之特別犧牲，人民合於一定要件，得請求補償。對警察機關所為損失補償決定不服者，可提起訴願、行政訴訟，以為救濟。提起之期間，以知有損失2年內；或發生時起5年之內為限。再者，因警察職權造成人民之權利特別損失者，受損害人民可提起「損失補償」。可提起請求之人，除一般無警察責任之第三人外，尚包括「警察責任人」，即造成危害原因之人。在此主要考慮社會風險之平均分擔、使當事人之損失不致過度，而由國家給予補償。為此，本條文中規定：「人民有歸責事由，得減免其金額。」國家補償之方式，應以金錢為之。補償之範圍，包括對人民生命、身體、財產所造成之損失。補償之限度，以特別犧牲之部分為限，以符合社會公平及分擔社會之風險。

第四節 本法之爭議問題

壹、本法屬「行政法」或「刑事法」性質及其適用範圍之問題？

依據本法第29條第3項規定：「義務人或利害關係人因警察行使職權有違法或不當情事，致損害其權益者，得依法提起訴願及行政訴訟。」可知本法係屬於行政法之性質。然而，由於刑事訴訟法並未規定警察對於犯罪偵查之搜索、扣押、拘提、逮捕之前置程序，例如攔停或盤查之要件與程序，然於司法實務上將本法適用於「刑事案件」遠大於「行政案件」上。再者，依據本法第2條規定：「本法所稱警察，係指警察機關與警察人員之總稱。」因此，本法之適用範圍應僅止於「狹義」之警察，而不及於非組織法上之警察機關才是，然在司法之判決實務上亦將此用以檢證法務部調查局或海洋委員會海巡署等執法職權行使。因此，從以上二爭議問題可知，刑事犯行追緝亦有如德國刑事訴訟法明定警察偵查職權之必要；而各執法機關只要有依法須行使干預、限制或剝奪人民自由權利之物理力作為時，應有如本法授權之相關職權賦予，使符合積極依法行政之「法律保留」原則。警察任務可類分為危害防止之行政任務與犯罪偵查之刑事司法任務[10]，而本法主要係屬於危害防止之行政任務之警察職權行使規範，應屬於「行政作用法」，此由對於本法職權行使之救濟程序，應循由訴願、行政訴訟方式可知，係屬於依據本法之警察職權行使之行政權作用。警察執行職務時，如發現犯罪事實或犯罪嫌疑，則進入「犯行追緝」階段，應依刑事訴訟法相關規定辦理。本法所規範者，為預防犯罪之「危害防止」階段，為警察執行警察法所定警察危害防止任務範圍內之執行職務行使職權時，涉及人民自由權利一些典型化干預性措施之要件、程序及救濟等；其規範屬性，係屬行政法中具有干預型職權措施之作用規範性質。

---

10 梁添盛，行政警察活動與司法警察活動，收錄於氏著，警察法專題研究（二），自印，2004年9月，初版一刷，頁25-71。

除其他警察之個別職權法律規定可資適用外，本法具有補充法之功能。

在警察偵（調）查過程中，可能有「危害防止」之行政上作為與「犯行追緝」之刑事司法上作為兩者之同時競合或前後之轉換關係，如從行政之預防轉為具體之刑事犯罪偵查，則其程序法亦應轉換適用刑事訴訟法之規定。更何況我國目前之法律規範中，具有附屬刑法（或稱「行政刑法」）之行政法規範並不在少數，警察公權力作為常有適用介乎行政之預防或制止危害與追訴犯罪與逮捕人犯之刑事司法功能的可能。而屬於大陸法系之我國在行政法中亦授權行政機關有極強之行政制裁權限，其行政處罰規範落實，亦有賴行政調查之實施，然在行政調查時，特別是警察行政法之職權授予上，並不排除使用強制力之可能。故本文認為警察之犯罪偵查與行政危害防止之職權作為與程序規範有差異，執法員警必須注意及之。[11]雖然從案件初始即要求第一線員警明白區辨其案件性質屬於行政法或刑事法而適用截然不同之程序規定，實有困難，特別是在警察勤務實施中尚無具體違犯法律之事實，或許尚有從「抽象（潛在）危害」到「具體危害」，再到「實害」之過程中，除了實害可能明確判斷其違犯法律性質係屬於行政法或刑事法性質，而異其法律程序適用外，在實害之前的尚無具體個案偵查必要之抽象或具體危害預防，應仍屬於行政危害或犯罪預防措施，而適用本法之規定。

貳、誘捕偵查與陷害教唆之區分問題

本法第3條第3項規定：「禁止引誘或教唆人民犯罪或其他違法之手段為之。」而該條之立法條文說明為：「警察實務上所使用類似『釣魚』之偵查方法，常引發爭議，爰參酌美國、日本及我國司法實務上之判例、判決見解，於第3項明定警察行使職權，不得以引誘、教唆等違法（即對

---

11 蔡庭榕，論警察暫時拘束人身自由—以「警職法規定將人民帶往勤務處所查證身分」為中心，收錄於「公法學與政治理論」吳庚大法官榮退論文集，元照出版公司，2004年10月，頁675-679。

原無犯意之人民實施『誘捕』行為）之手段為之[12]。」有關其適用，一般論者將之區分為「誘捕偵查」與「陷害教唆」兩類型，實務上肯認不得「陷害教唆」，但得對原有犯罪者實施「誘捕偵查」；學術論者，則有不同見解，認兩者均有違誠信原則。

　　本項之適用，實務上即參考美、日之實務運作方式，以人民原有無犯意區分為「誘捕偵查」或「陷害教唆」二種，前者為「提供機會型」，亦即行為人原就有犯罪之意思，執法人員僅提供機會讓其犯罪；後者為「創造犯意型」，係指行為人原無犯罪之意思，因受執法者之引誘或教唆，始萌生犯意，而著手實施犯罪者而言。[13]申言之，因「陷害教唆」係司法警察以引誘或教唆犯罪之不正當手段，使原無犯罪故意之人因而萌生犯意而實施犯罪，再進而蒐集其犯罪之證據或予以逮捕偵辦；縱其目的係在於查緝犯罪，但其手段顯然違反憲法對於基本人權之保障，且已逾越偵查犯罪之必要程度，對於公共利益之維護並無意義，其因此等違反法定程序所取得之證據資料，應不具有證據能力。又「陷害教唆」與警方對於原已具有犯罪故意並已實施犯罪行為之人，以所謂「釣魚」之偵查技巧蒐集其犯罪證據之情形有別，自不得混為一談。乃原判決理由竟續謂：「況於此類犯罪中（指『陷害教唆』犯罪之情形），犯罪嫌疑人均本即具有販賣毒品之犯意，初非警調人員所造意。」[14]另有最高法院相關判決亦支持執法人員基於辦案之必要性，得進行對原有犯意者之提供機會型的「誘捕偵查」，而非創造犯意型之「陷害教唆」[15]。然而，誘捕偵查仍須不違背法定程序，始為法之所許，否則仍將受到刑事訴訟法第158條之4證據排除法則之適用，而致不具證據能力。[16]

　　陳瑞仁氏指出：「觀其立法意旨，可能想引進美國法中有關『陷害教唆』之法理，但此條文規定易讓人解讀為所有之『引誘』均為非法手段，

---

[12] 吳宗順主編，警察職權行使法逐條釋義，內政部警政署常訓教材，2003年8月，頁15。

[13] 林俊益，陷害教唆與釣魚偵查，月旦法學教室，第22期，2004年8月，頁26-27。

[14] 92年度台上字第4558號對於違反毒品危害防制條例案由裁判，2003年8月21日。

[15] 最高法院93年度台上字第1939號及最高法院93年度台上字第1704號判決、最高法院108年度台上字第2916號刑事判決，2019年9月26日。

[16] 林俊益，同註13，頁26-27。

如此將有矯枉過正之嫌。未來法官裁判時，實應參考立法理由中的特別規定，即將該項限制僅適用於『原無犯意之人民』，並能形成判例，方能在保障人權的同時，有效兼顧打擊犯罪之需。陷害教唆在美國是州法發展出的一種『積極抗辯』，指警方對原無犯意之人，鼓動或引誘其犯罪，再加以逮捕之謂，屬陪審團得判被告無罪之法定原因之一，其與誘捕不同，後者是警方對於原已有犯意之人，提供再次犯案之機會，然後再加以逮捕。」[17]例如，在毒品買賣、網路援交與機車搶劫等，均屬於原有犯意之人，執法之警察人員得以相關辦案手段誘捕之。警察於逮捕吸毒者之後，利用該吸毒者為誘餌，電洽供應者並佯為購毒要約，警方並在約定交易地點當場逮捕供應者，依前揭實務見解，似即屬於最高法院所謂之「釣魚偵查」，應認係屬適法之偵查手段之行使。再者，本條第3項規定，除上述禁止以引誘、教唆人民犯罪之手段行使職權外，亦不得以其他違法之手段為之。此所稱「其他違法手段」係概括規定，包含不合法定職權要件之作為或非法律所許可干預性職權措施，如不符合「通訊保障及監察法」規定而實施監聽是。

參、合理懷疑與相當理由之區分問題

美國聯邦最高法院在Terry v. Ohio（1968）一案，將攔停與拍搜之程序要求標準與搜索與扣押做不同規範，然亦要求應遵守憲法第四增補條款

---

17 陳瑞仁，誘捕違法辦案，得等到有人受害？2003年6月6日，聯合報。陳氏指出：我國警察現今實務上較常使用「誘捕」之案型，是在毒品買賣、網路援交與機車搶劫。在販毒案中，小盤毒販經警破獲後為求減刑，即配合警方佯為再次交易，等上游毒販現身後再行逮捕，此種情形，上游之犯意是「本來就存在」。其次在網路援交，如果行為人是自己先上網廣告，警方依其提供之聯絡方法佯為召妓而逮捕之，該行為人之犯意亦是本來就有。另外在機車搶劫案型中，女警佯裝為柔弱婦女，故意在搶犯經常出沒之處單獨夜行，「引誘」搶犯現身行搶，再由埋伏在旁之同仁加以逮捕，行為人之犯意亦是本來就有。這些破案手段，倘依前述之條文文義，警察均不得為之，非但有違社會大眾之法律感情，且與法理似有不合。據上，前述條文實應修改為：「警察行使職權，不得以引誘、教唆原無犯意之人民犯罪，或其他違法之手段為之。」較能符合實務與法理，否則一切犯罪都要消極等到有真正的被害人出現再緝捕，豈不成了以人民之「第一滴血」來作為破案契機？如今三讀通過之條文僅以「立法理由」的方式納入此法理，實「美中不足」，未來仍待執法機關加強宣導，及裁判機關進一步以判決宣示，以達保障人權及打擊犯罪雙贏的目標。

之禁止不合理搜索與扣押之原則。該案並不排除上訴人走在街上，其受有憲法第四增補條款之保護的權利，然在此情況下，警察在處理急速展開且常屬危險的街頭情況，依其所得之情況多寡，常需要逐漸升高的一連串有彈性之反應。因而必須強調「攔阻」與「逮捕」，及「拍搜」與「搜索」之間應加以區分。因此，Terry原則認爲：「警察可攔阻某人並加以短暫留置，以詢問該人之涉嫌。基於該人可能攜帶凶器而危及執法人，警察應有權拍搜該人衣服外部，以查察危險武器。如因攔阻與拍搜而致有相當理由可信爲該嫌疑人犯罪，警察即可加以逮捕之。逮捕之後，可有全面搜索該人之權。此權利之正當化基礎在於：攔阻與拍搜不過是『略微不便與輕微侮辱』，爲了有效的執法，可基於警官的合理懷疑，妥當的加諸人民此種不便與侮辱。」憲法第四增補條款之中心在於嚴格要求凡屬侵害憲法所保護之人身安全者，必須有特定的相當理由，以及一個高度發展的由司法控制之制度，以對聯邦官員強制執行該憲法要求。自始以來，不得採用違反憲法第四增補條款所取得之證據的規定，向來被認爲係阻止不法的警察行爲之主要方法。

　　搜索、扣押、逮捕必須有「相當理由」始得爲之。然而，較重要的是如何區分「合理懷疑」與「相當理由」？「相當理由」是指具有事實資訊使一個和現場執法之警察有相同訓練及經歷之合理謹慎的人相信將被逮捕之人有罪，始得逮捕之。然而，警察並無須去證實「罪證確鑿」（Beyond Reasonable Doubt），亦不限於僅可被使用之證據，而是可以「整體情況」考量之，必須有客觀事實指出確有犯罪存在。因此，警察不僅以事實考量，亦參酌其知識、訓練、專業、經驗及觀察等，甚至他人（如線民、一般人民、其他警察等）所提供之訊息亦可，只要在將嫌犯加以拘禁、逮捕時具有相當理由即可。然而，當對受調查而暫時留置之身體加以抑制、銬上手銬，或拔出槍枝等作爲常被視爲已達逮捕之程度。至於所謂「合理懷疑」必須有客觀之事實作判斷基礎，而非警察主觀上的「單純的臆測」或第六感，必須依據現場之事實情況，即使一位謹愼小心之平常人，亦將形成合理懷疑有不法情事發生，並可能與之有關連。例如，在Terry案，警察發現Terry在某商店前反覆徘徊，對內張望，並與第三者交

談算計，警察依其經驗判斷，懷疑他們正打算搶劫該商店，乃予以攔停、詢問，二人未能清楚回答，警察感到渠等可能攜帶危險武器，而危及其安全，乃觸摸Terry之衣服外部，覺得有槍，乃予取出並逮捕之。聯邦最高法院認為該基於合理懷疑之攔停與拍搜作為，並未違背憲法第四增補條款之規定。

因此，「合理懷疑」與「相當理由」只是程度之差異，在本質上並無不同[18]。相當理由（Probable Cause）與合理性（Reasonableness）之區別更為清楚，美國法學者將對事實之認知確定力與證據力及司法得採取之措施列表[19]分析如表2-1，使運用者易於理解、使用。

表2-1　證據力的程度及偵查權起始之階段比較

證據確定力之程度	確定力之百分比	司法程序的起始階段
絕對確定（Absolute Certainty）	100%	啟動司法程序，不必須達此程度。
毋庸置疑（Guilty Beyond Reasonable Doubt）	95%	有罪的判定，證明犯罪行為。
罪證確鑿（Clear and Convincing Evidence）	80%	某些州的保釋拒卻，及被告主張智力不足的條件。
相當理由（Probable Cause）	超過50%	各種令狀之簽發，無令狀之逮捕，搜索及扣押，起訴的依據，及民眾的自力逮捕。

---

[18] 「合理懷疑」與「相當理由」在隱私權侵犯程度、搜索方式與強制力之行使、犯罪嚴重性、事實證據之確定性、急迫性等有不同程度的考量。警察對於事實情況產生「合理懷疑」，常基於自己之觀察、民眾舉報、其他單位之提供訊息或行為人自首等情形，而得以為初步之偵查或調查，常因合理懷疑有違法情事，而加以攔停、詢問、拍搜，而發現有更具體之違法犯罪之情事，乃轉而具有「相當理由」得以逮捕、搜索、扣押之。Gerald D Robin, Introduction to The Criminal Justice System, NY; Harper & Row Pub. 2nd. ed. 1984. at 179.

[19] Rolando V. del Carmen, Criminal Procedure Law and Practice, 4th. ed. Wadsworth Publishing Company, US, 2004, at 72；亦參考蔡庭榕譯，相當理由與合理懷疑，收錄於李政峰等合譯，美國刑事偵查法制與實務，五南圖書，2006年，頁85-115。

表2-1 證據力的程度及偵查權起始之階段比較（續）

證據確定力之程度	確定力之百分比	司法程序的起始階段
優勢證據（Preponderance of the Evidence）	超過50%	可在民事訴訟中獲勝，或在某些刑事訴訟中主張爲有力之證據。
合理懷疑（Reasonable Suspicion）	20%	警察可進行攔阻或盤查。
懷疑（Suspicion）	10%	警察可開始偵查，或大陪審團可開始調查。
疑慮（Reasonable Doubt）	5%	必須無條件將嫌犯釋回。
微兆（Hunch）	0%	不可進行任何法律程序。
無證據（No Information）	0%	不可進行任何法律程序。

第五節 實務案例研究

壹、「個別」與「集體」攔檢之差異

本法第6條規定，警察於公共場所或合法進入之場所，得基於法定之六種合理性事由，進行查證身分。亦即，只要警察於依法執行職務，基於本法第6條所定之六種查證身分要件之一，即得依法進行相關查證身分之職權措施。只要法定要件符合，任何人均有配合警察執法之查證身分措施，即使享有外交豁免權之特殊身分者，亦得出示其特殊身分證明文件，所不同者乃在於身分辨識之後，有關進一步查證身分措施之差異而已。由於查證身分措施之執行客體得分爲特定個體或集體進行，而可區分爲「個別盤查」與「集體盤查」中之場所臨檢。「個別盤查」是指警方針對某特定之人或車進行盤查，此時警方有無跨過警察盤查之法定門檻即「合理懷疑」，較易判斷（例如該車有無蛇行、大燈不亮、車窗破裂等異狀）。而

「集體盤查」是指警方對某處所之所有在場人進行盤查，或設置管制站對所有過往之人車進行盤查。依據本法第6條第1項第6款之指定要件，於同條第2項明定以防止犯罪，或處理重大公共安全或社會秩序事件而有必要者爲限。故依此規定，警察機關主管長官指定公共場所、路段及管制站者，除必須有「防止犯罪，或處理重大公共安全或社會秩序事件」之要件合致外，尚須考慮比例原則之適用。因此，警察機關依據本法固可實施全面攔停進行治安檢查，但必須其決定地點之程序與要件均需受到本款之拘束，否則，不問時間、地點，或對象之設置管制站作全面攔檢，或不加判斷其合理性要件之任意或隨機攔檢，均非合法，亦爲司法院大法官第535號解釋所無法肯認。

因此，在設置管制站進行攔檢時，「合理懷疑」之檢視時點，應往前拉至「設置時」，如果設置時有其合法性，例如，有情報來源指出有大範圍之具體危害（如飆車、集體械鬥等）可能發生時，則得依據本款指定地點對所有人車進行攔阻檢查，惟仍應注意必要性與比例原則之遵守。例如，美國聯邦最高法院在Michigan Department of State Police v. Sitz一案，認爲在道路上設置檢查點，進行全面攔檢駕駛人是否酒醉駕車，即使對個別駕駛人沒有「合理懷疑」，仍不違憲，然警察若要進一步對駕駛人作酒精測試，則需有「合理懷疑」作爲基礎要件。又United States v. Martinez-Fuerte一案中，美國最高法院判定警察爲了抓偷渡客，在離邊境不遠之主要道路設置永久性的檢查哨，對所有過往車輛攔車盤問是合憲的，其合理性基礎係因國境檢查較爲寬鬆，且有合理懷疑偷渡客經常使用該道路。另在Delaware v. Prouse一案中，判定警察不得在無合理懷疑下任意或隨機路檢攔車查驗駕照，然如有合理懷疑無照駕駛、無車籍登記、或其觸犯交通法規時，得以攔檢，亦不排斥各州政府自行規範定點阻路攔車（Road Block-Type）之方式路檢（Spot Check）。對於以輕微侵擾（Less Intrusion），非恣意性之選擇或任意、隨機攔檢，是可受允許的。

貳、警勤區訪查與治安顧慮人口查訪之職權分析

　　警察執法任務多需蒐集資料與作成處分或強制性措施等，特別是以五官六覺之「判斷」和法律與事實「涵攝」後之「裁量」。然在進行蒐集資料時，而本條例第11條所規定之「勤區查察」即是進行蒐集影響治安資料的方式之一。如今，本條例修正後規定，勤區查察以「警勤區訪查」[20]方式進行，惟並未規定其性質係「強制」或「任意」性，故其進行方式究係「先訪後查」或「只訪不查」或「強制查察」，並不明確。按「訪」則客體得自我決定是否受訪，故其性質屬「行政指導」；若是「查」則帶有「行政調查」（或有稱之為「行政檢查」）或「犯罪偵查」之可能，此處規定應非「犯罪偵查」之授權，或有可能者為「行政調查」。值得進一步關注者，此若為行政調查，是否屬於強制調查？按行政調查之分類，可分為無具體對象之一般性與有具體目標之特別性調查。依據勤務條例第11條第1款規定，「家戶訪查」之目的在於擔任「犯罪預防、為民服務及社會治安調查」等任務。從「為民服務」而言，當屬任意性作為，既無處罰亦無強制規定，或可認屬「行政指導」；至於為達「犯罪預防」及「社會治安調查」任務之登門訪查行為，是否屬於「行政調查」或「行政指導」？其雖無規定處罰或得以強制授權，然以進入住宅之「家戶訪查」來進行「社會治安調查」任務，其已明示屬「調查」性質，目的在蒐集影響社會治安情報，並且予以記錄儲存，作為日後治安維護之參考。因其並無特定目的對象，僅為一般性質之訪查，故可認其係「一般性行政調查」（或稱「規劃性調查」）；若有特定目的對象之訪查，藉以蒐集資料，則或可視之為「個別性行政調查」（或稱「規制性調查」），其已較類似於警職法第15條規定之「治安顧慮人口查訪」之性質。再者，受訪查者對於是否

20　「警察勤務區訪查辦法」（修正前之原名稱：「警察勤務區家戶訪查辦法」），2018年4月11日內政部台內警字第10708709563號令修正發布名稱及全文計11條；並自發布日施行。然而，本辦法所依據之「警察勤務條例」第11條第1項第1款內容：「一、勤區查察：於警勤區內，由警勤區員警執行之，以家戶訪查方式，擔任犯罪預防、為民服務及社會治安調查等任務；其家戶訪查辦法，由內政部定之。」仍未配合修正，而仍為「家戶訪查辦法」，在法律規範體例與執法之人權保障上，不無可議。

許可進入住宅之決定，或將產生若拒絕是否將有負面影響的壓力，因而在「人性尊嚴」或「人格發展」上，可能受到些許影響。惟觀之美國與日本在不同文化因素下，則有截然不同之方式。美國既無身分證與戶口資料，亦無戶口查察或家戶訪查之情形，若欲施行，恐將無法獲得人民之同意；在日本則以任意性勤務之「巡迴連絡」方式為之，值得參考。

「治安顧慮人口查訪」係指警察為維護社會治安，防制治安顧慮人口再犯，所為之定期查訪。因社會上大部分之犯罪，係由少數職業慣犯所為，特別是竊盜、強盜、搶奪、性侵害及毒品等重罪，多數為累犯所為，其造成社會嚴重不安。基於維護治安目的，防止其再犯，乃由警察對之依一定程序實施定期查訪。然而，其查訪行為屬純粹的任意性措施，並無課予受查訪人接受查訪義務與處罰。警察在執行時，雖不具有法律上強制力，但於查訪時得為「行政指導」，即在其職權或所掌事務範圍內，為實現一定之行政目的，以輔導、協助、勸告、建議或其他不具法律上強制力之方法，促請特定人為一定作為或不作為之行為。故其在預防犯罪之效果上，至少有以下三種效果，其一，對於已犯過罪之人而言，定期查訪本身將是一種威嚇。其二，對於想要犯罪的人而言，定期查訪則是制止的力量。因為接受查訪之後，可能與警察認識，使原來想做的犯罪行為因而被迫放棄。其三，可以直接掌握舉發犯罪之線索。然此「治安顧慮人口查訪」作為，因無處罰以為間接性強制期接受查訪，而被認係屬「行政指導」。按「治安顧慮人口查訪」已經明定其查訪對象，在實施訪查時已有具體範圍及訪查目的，又基於其訪查授權之合理性與必要性考量，實已屬「個別性行政調查」性質，論者亦認為影響或干預受查訪者之基本權利，允宜有良好的法制配套明確規範之。因此，本文認為依據警職法之「治安顧慮人口查訪」與勤務條例之「家戶訪查」並不相同，猶如「家戶訪查辦法」第2條明訂二者不得混淆適用。前者之性質，可認係「個別性行政調查」，是否立法增定其罰則，尚宜深入探討之。

參、警察勤務條例與本法之關係

「警察勤務條例」第11條規定之「臨檢」含括範圍極廣，係指「於公共場所或指定處所、路段，由服勤人員擔任臨場檢查或路檢，執行取締、盤查及有關法令賦予之勤務」。然而，無論「檢查、路檢、取締、盤查」其目的在於預防危害或偵查犯罪，首先必須先進行身分確認，並以確認身分作爲資料蒐集[21]，亦得據以進行相關資料比對。因而本法第6條及第7條分別規定查證身分之要件與措施，亦即查證身分將會有一連串之公權力措施，如第7條規定之攔停、詢問、令出示身分證件，甚至檢查或合於要件時將之帶往勤務處所等干預、限制或剝奪相對人權利之作爲，故基於依法行政原則，乃於本法明確規範之。

司法院大法官釋字第535號解釋文指出：「實施臨檢之要件、程序及對違法臨檢行爲之救濟，均應有法律之明確規範，方符憲法保障人民自由權利之意旨。」然而，臨檢之內涵爲何？及臨檢措施爲何？從警察勤務條例或相關警察法規中並無法明確瞭解臨檢含有哪些干預性職權措施，將足以影響人民權益，而大法官並未加以說明，致有學者即指出，警察勤務條例之「臨檢」規定，是「有名詞無定義」、「有菜單無食譜」[22]。而今，警察職權行使法對於菜單上「臨檢」這一道菜中之「查證身分」之內容所含括各項要件與措施，分別於本法第6條及第7條中規定。對於查證身分之措施又分爲：「攔停、詢問、令交付證件、檢查、帶往勤務處所」（第7條）。然而，欲進行第7條之職權措施，從個別攔檢（個案判斷）到集體盤查（警察機關主管長官指定處所），必須先有第6條各款要件之一，而執行各項措施時，尚須遵守相關程序規定。

警察任務之達成，除一般意思表示之行政處分方式外，在勤務作爲中，常有賴物理力行爲竟其功。然警察物理力措施多可能限制或干預人民

---

[21] Scholler/Schloer合著，李震山譯，德國警察與秩序法原理，中譯二版，登文書局，1995年11月，頁113-114。

[22] 林鈺雄（發言內容），警察臨檢行爲法制化（釋字第五三五號解釋座談會紀錄），月旦法學雜誌，第81期，2002年2月，頁39。

之自由或權利，故需有法律明確規範之。本條第1項規定係警察在合乎第6條要件之情況下，得以進行查證身分之措施，如攔停、詢問、令出示證件、檢查、帶往勤務處所等干預人民基本權之職權作為，特以法律明確規範，以符合依法行政之「法律保留」原則。民主法治國家對於限制或剝奪人民基本權之干預性職權措施，應有法律明確規範，迭經司法院大法官解釋在案。例如，大法官釋字第445號及第491號指出「法律明確性」必須在立法使用抽象概念者，苟其意義非難以理解，且為受規範者所得預見，並可經由司法審查加以確認，始足當之。然由於本法施行前之警察臨檢，係依據警察勤務條例第11條規定之勤務方式為之，對於臨檢之要件、程序與救濟均無明確規定，逐由大法官第535號解釋認應於解釋發布後2年內改善。從本法第6條之要件內容及本條第1項之各項職權措施規定可知，本條之目的旨在規範以治安維護目的所需之查證身分措施，與本法第8條以規範交通秩序所需職權措施之要件、措施及程序，有立法目的上之差異，應予分辨。

肆、攔停與拍搜之合法合憲性考量

依據本法第7條第1項第4款規定，警察為查證身分而攔停之人，若有明顯事實足認其有攜帶足以自殺、自傷或傷害他人生命或身體之物者，得檢查其身體及所攜帶之物。此處所稱之「檢查」[23]應是僅止於美國法規範

---

23 內政部警政署於2003年8月頒行之「警察職權行使法逐條釋義」，頁30-31釋明：本條第1項第3款所定之「檢查」界限為：
　一、本法所定之「檢查」為警察基於行政權之作用，有別於「行政搜索」（海關緝私條例參照）及「司法搜索」（刑事訴訟法參照）。因此，檢查時尚不得有侵入性（例如以手觸摸身體衣服內部或未得當事人同意逕行取出其所攜帶之物品）而涉及搜索之行為。
　二、檢查的態樣可概分為：
　（一）由當事人身體外部及所攜帶物品的外部觀察，並對其內容進行盤問—即一般學理上所稱的「目視檢查」，僅能就目視所及範圍加以檢視。
　（二）要求當事人任意提示，並對其提示物品的內容進行盤問—相當於「目視檢查」的範圍。
　（三）未得當事人同意，即以手觸摸其身體衣服及所攜帶物品外部—相當於美國警察實務上所稱的「拍搜檢查」。
　三、警察在一般臨檢盤查時，僅得實施「目視檢查」；惟如有本條第1項第4款所定要件，即

警察之「拍搜」，因執法者恐受檢查者攜有刀、槍或其他危險物，足以自殺、自傷或傷害他人生命、身體之物者為合理依據，其檢查行為係以雙手作衣服外部由上而下之拍搜；對於所攜帶之物件之檢查，僅及於給拍搜者立即可觸及範圍內之物為限，並不及於其所有物。而且檢查之深度，亦不得如刑事訴訟法所授權「搜索」的徹底搜查之程度。至於「檢查」與「搜索」之區隔及其進行時所需之合理性程度差異，應依據所建立之身分查證措施之合理性基礎為之。美國授權警察之拍搜檢查，是基於維護執法者之安全，在Terry案中所允許的範圍僅限於衣服外表輕拍，除非合理的感覺到衣服內部藏有武器，始得以伸入衣服內部將其取出，但若盤查時事先已知道武器藏匿之詳細位置則可直接取出，未必需要先作衣服外部搜身。另外須注意的是搜身有別於一般為取得犯罪證據或基於證據保全目的之傳統搜索，亦非逮捕後之附帶搜索[24]，因此不得擴大其所允許之目的範圍，而為證物之搜尋。由於檢查時所面臨之客觀環境互為差異，唯有由執法者遵守上述之原則，根據事實作判斷，以決定是否行使搜身之職權，而不可假程序之便，恣意濫權，侵犯人民之權益，損及整體利益之均衡性。而判例之態度，乃法律詮釋之容許標準，執法者唯能確切掌握其精神，才能適當的行使其職權，提高效率並維護憲法所保護之權利[25]。

第六節　結語

警察職權行使應基於「事出有因」及「師出有名」之法定正當合理之

有明顯事實足認當事人有攜帶足以自殺、自傷或傷害他人生命或身體之物者，亦得實施「拍搜檢查」，以符合比例原則。

[24] 依刑事訴訟法第130條規定「司法警察或司法警察官逮捕被告或執行拘提、羈押時，雖無搜索票，得逕行搜索其身體」。一般稱之為「附帶搜索」，以避免上述之人抗拒逮捕或毀滅、隱匿證據。參見王兆鵬，論附帶搜索，收錄於氏著，搜索扣押與刑事被告的憲法權利，國立臺灣大學法學叢書編輯委員會，2000年9月，頁167-168。

[25] 蔡庭榕，論警察職權行使規範，收錄於中央警察大學教授合著，各國警察臨檢制度比較，五南圖書，2002年8月，初版，頁23。

「因」與「名」，並以整體考量法則進行判斷，以形諸裁量是否採取攔停與檢查措施之基礎。本法所定警察攔停可區分為第6條及第7條所規範之治安攔停與第8條所規範之交通攔停，且治安攔停尚可進一步分為刑事攔停與行政攔停。攔停之後，可運用一目了然（Plain View）法則，進行執法判斷，並確切瞭解法定攔停與檢查要件之抽象危害、具體危害或實害為授權基礎，將抽象且具有不確定之法律概念予以正確地適用於實務執法上。至於警察「檢查」則可依其性質區分為維護人身安全之檢查，亦可進一步區分為：攔停後之身體與所攜帶物件檢查（第7條第1項第4款）及管束之附帶檢查（第19條第3項）。另一種為交通工具檢查，其亦可區分為車籍稽查（第8條第1項第2款）及蒐證檢查（第8條第2項）。關於警察檢查，雖本法在行政危害或犯罪預防之運用時，在案件性質上究屬行政或刑事攔檢常無法明確區分，故僅須依據其比例性考量執法強度並釐清行政與刑事作為應有之判斷基準與法律不同規範，若已達「相當理由」符合刑事訴訟法得以進行犯罪偵查時，即應轉而適用該法程序；若警察有需至法院作證時，應有本法與刑事訴訟法之區分與連結之清楚理念與合理邏輯，引具法律正當授權之執行基礎，條理分明地說明判斷與裁量要件與過程，將可形成精緻且專業化之警察形象。

　　法隨時轉則治，而民主法治國要求「依法行政」。因此，大法官釋字第535號解釋未禁止警察「臨檢」，而是禁止「任意、隨機臨檢」或無合理性基礎之全面臨檢，使本法在1998年起草時即採超前立法方式，除第一章總則（第1-5條），將本法之立法目的、名詞解釋、執法原則、告知程序及救助救護分別規範，主要重點在於第二章之授權警察得依法查證身分（第6-8條）之臨檢職權予以立法規範外，亦進而前瞻地擴大對於警察蒐集資料（第9-18條）、即時強制之職權（第19-28條）及救濟措施（第29-31條）等加以明定。

　　因此，除警械使用條例原已經有法律明定且長期適用，故決定不予納入本法外，其他警察職權行使之要件、程序與救濟等則於本法明確規定之。本法之制定施行後，已使警察執行職務，行使職權，從不明確到明確安全，減少任意全面、隨機臨檢，提高自主判斷，並強化情報能力與巡邏

動態攔檢、盤查。最後，徒法不足以自行，尚有賴全體警察同仁瞭解規範，並藉由教育訓練，以民主法治理念，明確執法規範、達成共知共識，因勢專業利導，精緻執法判斷、貫徹實施法治，形成全民遵守警察執法措施之共知共識，一體遵行，依法行政，以充分保障人權與維護良好社會治安之雙贏局面。

第三章

行政執行法與案例研究

蔡震榮

第一節　本法立法目的與沿革

　　行政執行法，自1932年制定通過以來，期間雖經1943年與1947年兩次修正，但其僅對第5條稍作修正，其內容及其基本精神卻仍未作改變。修正前行政執行法的種種缺失，行政院早在1967年7月即成立「行政院法規整理委員會」，由該會司法行政組負責行政執行法之修正工作。其間經過多次討論研議，於1986年擬具「行政執行法修正草案」，函請立法院審議。立法委員以該草案第1條未明定該法為各行政執行法規之基本法，建議行政院重行檢討該修正案。行政院爰依建議另行研議「行政執行法重行修正草案」，再度函請立法院審議。1992年該案於一讀後，交付立法院司法、法制委員會審查。該法於1998年11月11日正式公布，此乃為我國歷經幾十年修正暫時劃下句點。2000年6月21日再修正有關條文[1]。

　　釋字第588號解釋也針對行政強制執行與人權保障間如何權衡，如拘提管收也作出了解釋，該號解釋後，2005年6月22日總統修正公布了第17條及第19條之規定，並於同年7月28日施行。2007年3月21日公布修正第7條增加執行期間計算的規定，並於同年5月10日施行。2010年2月3日公布第17條（同年5月10日施行），第17條之1禁奢條款（同年6月3日施行）。2012年12月26日行政執行處改名為行政執行分署，本法相關用語於102年1月1日更正為行政執行分署。

第二節　該法之主要內涵

壹、行政執行之特質與意義

　　行政法上經常會要求人民履行一定行政法上之義務，如服兵役、納

---

[1]　2005年6月22日配合釋字第588號解釋公布修正第17條及第19條，2007年3月21日公布修正第7條。

稅、禁建或金錢給付等，這些義務通常會透過行政處分表現出來，此即所謂的「下命或禁止之處分」。此種行政處分之頒布，屬行政程序法規範之範圍，但也是所謂的可以作為強制執行之基礎處分。行政機關對於不遵守此種下命行政處分對不遵守者，應掌有貫徹其意志之可能性，亦即，透過告誡限期履行，對未依限履行者，採取強制手段，此即產生了行政執行之概念[2]。

所謂行政執行，係指行政機關或受其委託之高權主體，對於不履行行政法上具體義務之人民或其他主體，本於以自己本身的行政強制權及法定程序，不必向法院申請，以強制手段強制地要求其履行公法上義務，或達成義務已予履行之相同狀態。因此，行政執行通常是行政處分的執行，亦即，行政機關以下命處分作為執行名義，所採取的強制執行程序稱之。

一、狹義行政執行（行政處分之執行）

狹義行政執行之執行對象僅限於違反行政法上義務者，其是指行政執行機關對不履行行政義務之人民，施予強制手段，以達履行義務之狀態稱之。其包括了公法上金錢給付義務之執行以及行為、不行為義務之執行，後者採取之手段，包括了代履行與怠金（間接強制）以及直接強制等強制方式，是屬行政處分的強制執行。

二、廣義行政執行（包括即時強制）

廣義行政執行，除上述狹義行政執行外，尚包括所謂的不以義務違反為前提的「即時強制」在內。所謂「即時強制」，是指行政機關為即時除去目前急迫危害之必要，無暇課以義務時，或依其性質，若課以義務恐難達成目的時，直接對人民之身體或財產加諸實力，達成行政上之必要狀態。因此，廣義行政執行是指行政機關，對於不履行義務者，以自身之手段強制其履行義務或達成履行義務之相同狀態，或為排除急迫危害之必要，直接對人民之身體或財產加諸實力，以達成行政上之必要狀態稱之。

---

2 只有下令處分才可以作為執行名義，形成處分與確認處分無待執行即發生法律上效力，故無強制執行之必要。

行政執行法所稱之行政執行，即採廣義行政執行之概念，吾人可從行政執行法第2條所稱：「本法所稱行政執行，指公法上金錢給付義務、行為或不行為義務之強制執行及即時強制。」即可得知[3]。

三、基礎處分與執行處分（行政法法上機金錢給付義務之執行）

狹義的行政執行主要是指行政處分之執行，因此，必須先有可以執行之行政處分之存在，此種行政處分吾人稱其為「基礎處分」，以此作為強制執行名義之基礎。例如以公法上金錢給付義務，必須某人先有欠稅或未支付罰鍰之事實，經主管機關通知其繳納之行政處分之存在。

若其未依期限繳納，則產生另一與原來行政處分分開的執行處分之開始，此即所謂的「行政執行」處分。執行處分以公法上金錢給付義務為例，通常程序為，主管機關定期間告誡，逾期不履行時，則由原處分機關移送行政執行分署，採取強制執行之手段，如行政執行第11條所規定般。

因此，基礎處分與執行處分是有先後時間的不同，例如先有違法事實之處理，如開罰單、繳稅通知書等基礎處分，而後仍不履行義務時，所採取之執行處分措施。對於基礎處分不服時，則依一般訴願或行政訴訟程序，對執行措施不服時，依行政執行法第9條的聲明異議。

四、行為或不行為義務之執行與即時強制

問題：士林文林苑之強制拆除程序為何？

行為或不行為義務之執行，對於違反行為或不行為，通常程序為主管機關書面告誡或限期履行，逾期不履行，由執行機關依間接或直接強制方法執行之（行政執行法第27條）。此種執行之性質，為行政處分的執行。

行為或不行為義務之執行通常會分成三階段，而展現出來的行政處分或是只有一行政處分或分成兩行政處分的情形。第一階段為下列或禁止的行政處分，例如，公告在此禁止設攤，或警察下令圍觀群眾離開。第一階段所展現的是行政處分，但仍非行政強制執行之處分。

---

3 廖義男，行政執行法簡介，台灣本土法學，第8期，2000年3月，頁2。

對於第二階段則是，告誡之內容包括執行方法（如代履行費用預估、怠金之數額、直接強制之手段）以及限期履行，如行政執行法第27條所稱的「書面限定相當期間期履行」，經由此告誡，將原來的下令或禁止的行政處分轉變為強制執行處分，因此，有人將告誡性質視為行政處分，即是因為經由告誡後，才可以此作為執行名義強制執行，如違章建築下列拆除前，主管機關命義務人限期拆除，若命他人代為履行時，則在限期履行為文書中，預估費用命義務人繳納；又如，士林文林苑拆除事件，必須先有事先限期拆除之下令處分，亦屬之，由於士林文林苑之強制拆除，是由臺北市政府直接為之，因此屬直接強制處分。第三階段為強制執行之實施，此為行政事實行為，如前述文林苑執行強制拆除之行為。

告誡之救濟有稱依行政執行法第9條聲明異議[4]，行政執行法第29條規定代履行執行費用之預估及繳納係在執行程序終結前所為之執行行為，義務人對該執行方法如有不服，應依行政執行法第9條規定之特別救濟程序聲明異議[5]。唯獨李建良教授分析高雄高等行政法院98年度訴字第150號判決，而指出該法院，認為應依法提起訴願[6]，系將基礎處分與執行處分混為一談。

反觀即時強制，因情況急迫而有即時處置之必要所採取之措施，因此，並無預為告誡或限期履行之程序行為，亦即，並無前後階段式行為，而直接採取強制措施，為干預性質的行政事實行為，而非行政處分。

貳、行政法上金錢給付義務[7]

一、定義

行政法上金錢給付義務係指人民依法令或本於法令之行政處分或法院

4　姚其聖，論行政執行之告誡，司法周刊，第1715期，2014年9月26日，頁3。
5　陳雅萍，論代履行費用之救濟—以廢棄物清理法為例，全國律師，2018年5月號，頁52。
6　李建良，論行政強制執行之權利救濟體系與保障內涵—以行為、不行為或容忍義務之執行為探討重心，中研院法學期刊，第14期，2014年3月，頁57以下。
7　不用公法上而採用行政法上金錢給付義務之執行，在於概念內涵的精確性，而與其他公法上如憲法作區隔。

之裁定，負有行政法上金錢給付義務，在一定條件下，逾期不履行，經主管機關移送，由法務部行政執行署所轄各行政執行處就其財產執行之謂。

除上述情形外，行政執行法第11條第2項規定：「法院依法律規定就行政法上金錢給付義務為假扣押、假處分之裁定經主管機關移送者，亦同。」

依該條之規定，吾人可得知，行政法上金錢給付義務基本上須具備下述之要件，始得為之：

（一）須人民有行政法上金錢給付之義務。

（二）須具備執行名義：此為行政執行法第11條第1項之規定，其稱：「義務人依法令或本於法令之行政處分或法院裁定，負有行政法上金錢給付義務，有下列情形之一，逾期不履行，經主管機關移送者，由行政強制執行處就義務人之財產執行之：一、處分文書或裁定書定有履行期間或有法定履行期間者。二、處分文書或裁定書未定有履行期間，經以書面限期催告履行者。三、法令負有義務，經以書面通知限期履行者。」

（三）須經主管機關移送者：行政執行法第13條之規定而稱：「移送機關於移送行政執行分署執行時，應檢附下列文件：一、移送書。二、處分文書、裁定書或義務人依法令負有義務之證明文件。三、義務人之財產目錄。但移送機關不知悉義務人之財產者，免予檢附。四、義務人經限期履行而逾期仍不履行之證明文件。五、其他相關文件。前項第一款移送書應載明義務人姓名、年齡、性別、職業、住居所，如係法人或其他設有管理人或代表人之團體，其名稱、事務所或營業所，及管理人或代表人之姓名、性別、年齡、職業、住居所；義務發生之原因及日期；應納金額。」

參、行為或不行為義務之執行

一、執行基礎

行政執行法第27條規定：「依法令或本於法令之行政處分，負有行為或不行為義務，經以處分書或另以書面限定相當期間履行，逾期仍不履

行者，由執行機關依間接強制或直接強制方法執行之。前項文書，應載明不依限履行時將予強制執行之意旨。」本條之規定，係除上述行政法上金錢給付義務執行外的另一種重要強制手段之發動。其要件如下：

（一）依法令或本於法令之行政處分

行政強制執行是一種對義務人權益影響甚重之執行，為期尊重義務人之權利，並使法律明確性與具有可預測性以及可預見性，通常要求以行政處分為原則。只有在緊急情形，來不及告誡，才得無行政處分而直接以依法令為之，此種情形，吾人稱之為即時強制。義務人行為或不行為義務之執行，本法共有「依法令」以及「本於法令之行政處分」兩種情形。其中較具有爭議的為所謂「依法令」之執行。此種規定係延續原舊有行政執行法第3條及第4條規定而來。於此次修正時，已將即時強制排除於行為或不行為之外，因此，本法第27條所稱的「依法令」，仍必須踐行階段式之程序，亦即須以書面為告誡，非指即時強制至為明確。此種直接以「依法令」作為強制執行基礎，似乎事實上並不存在，因為法規通常屬抽象之規定，而行政上之強制，應屬具體個別之情形，事先應有一具體處分為基礎，以表現其強制性，如此，始可為執行之發動。吾人若觀之，德國聯邦行政執行法第6條第1項即可得知，踐行階段式之執行程序，係以行政處分為執行基礎，該行政處分之內容應足夠明確，且具有可執行性，亦即，非屬形成或確認處分，而屬下命或禁止之處分。如下令拆除違建之處分，因為直接賦予義務人拆除義務，因此具有可執行性。此外，該行政處分，在法救濟上已具有不可撤銷之情形[8]。由上述德國法令之分析情形觀之，我國所謂「依法令」之規定，可能係立法上之疏忽，似乎無存在之必要[9]。最近一次行政執行法修正草案，將「依法令或本於法令之行政處分」修改為「依行政處分或法院之裁定」，以規避上述本條文之錯誤。

---

[8] Brunn, a.a.O., S.39f.
[9] 學者李建良亦持此觀點，參閱李建良，行政強制執行，收錄於翁岳生編，行政法下冊，1998年，頁913以下。

（二）負有行為或不行為義務

　　義務人負有行為或不行為義務，但是否包括除此之外也忍受之義務，本條並無規定。是否本規定，屬列舉或例示規定，宜進一步探討。吾人若從行政強制執行分署分屬下命或禁止處分觀之，若欲將忍受義務之處分都包括在內，似乎本條規定應是屬例示規定，亦即，忍受之義務亦應包括之。行為義務例如，有拆除違建屋之義務、營業登記之義務、參加交通講習之義務及接種疫苗之義務等。不行為義務，如被勒令歇業仍從事之、禁止駕駛之義務、從事被禁止之活動如，私娼等。忍受之義務如，營業所有忍受檢查或調查之義務，如稅捐機關資料之調查或警察機關之臨檢、盤查等。例如公司法第21條第1項規定：「主管機關得會同目的事業主管機關，隨時派員檢查公司業務及財務狀況，公司負責人不得妨礙或拒絕[10]。」行為義務，有可能包括可由他人替代，如拆除違建，與不可替代，如參加交通講習之義務。又如對違章建築的拆除、依法令之物的扣留與搜身等措施之忍受，進入場所之檢查等，所有權人皆有忍受之義務。但不行為與忍受義務依其本質則屬不可替代之行為[11]。

　　但上述有關調查或警察之臨檢行為，若認為該行為是行政處分的話，充其量其應也僅是下命的行政處分，對此下命受檢查之人，有忍受之義務，但若其不從，才有強制執行發動之可能。若依此觀點，受檢查人應有忍受臨檢之義務，對此不從，則可採強制執行臨檢之手段，而將本條文概念擴充至人民負有忍受的義務上，對人民權利保障恐較為不周。吾人認為，宜維持現行法「負有行為或不行為」作為發動之要件，似不宜包括「忍受義務」在內[12]。

10　此為典型忍受義務之強制執行，該條第2項規定：「公司負責人妨礙或拒絕前項檢查者，各處新臺幣九千元以上六萬元以下罰鍰；連續妨礙或拒絕者，並得按次連續各處新臺幣一萬八千元以上十二萬元以下罰鍰。」

11　App, Verwaltungsvollstreckungsrecht, 1989, §48, Rdnr. 753.

12　吾人若觀之上述公司法第21條規定，若不遵守忍受檢查之義務時，僅得處以罰鍰，而非即時採取強制執行之手段，且諸多忍受義務，係發生在即時強制上，如人的管束、物的扣留或住所之侵入等，並非是此處所稱的直接或間接強制處分，故本文建議，仍不宜擴充「行為或不行為」概念之內涵為宜。但如法律明定則不在此限，如警察職權行使法第7條第2項規定：「無法查證身分時，警察得將該人民帶往勤務處所查證；帶往時非遇抗拒不得使用強制

上述這些行為，必須義務人自己本身可依其意志為之，而非屬法律上或事實上不能之情形。例如，要求某甲拆除之房子，卻屬多人共有，某甲不能單獨為之，即屬不得依其自由意志為之的情形。

（三）經以處分書或另以書面限定相當期間履行，逾期仍不履行者

本規定係參考德國聯邦行政強制執行法第13條第2項規定而來[13]。本規定即屬所謂的「告誡」，其包括在處分書直接告誡之情形，亦即，處分書同時載有履行期限者，於其所定期限屆滿仍不履行，以及於處分書外，另以書面限定相當期間告誡其履行之情形，係針對無處分書依法令之行為。

此外，為使義務人明瞭處分書或限期履行書之法律效果，並得以為適當準備，確實尊重義務人之權益，依本法第27條第2項規定，此項文書，應載明不依限履行時將予強制執行之意旨。

本款「告誡」規定之意旨在於，強調法律之明確性，提高執行效率，使義務人重視處分書或限期履行書之法律效力。告誡為行政強制執行之核心，不管於處分書內或獨立告誡之情形，其內容應足夠明確。執行機關應告知採取何種方法，怠金、代履行或直接強制等，直接強制應告知採取何種型態為之，怠金應告知確定怠金之數額，不得僅以最高數額為上限，而不告知確定金額，代履行應告知預估代履行費用。告誡所定限期，應合宜考量義務人之狀況，以及有足夠時間來履行義務，應合乎比例原則[14]。告誡書應送達義務人。

怠金之告誡性質與代履行以及直接強制等告誡之性質不同，怠金以告誡為主要，透過告誡而產生另一新的義務，亦即怠金清償之壓力，併存於原來應履行之義務。反之，代履行以及直接強制之告誡，並非主要目的，其主要目的在於原來義務之履行，因此重點在於確定與執行之程序[15]。

力……。」即是規定不遵受忍受義務，得使用強制力之規定。因此，法律明定為例外規定，而行政執行法本身，仍不宜擴張，對人民權利較有保障。

[13] 該法第13條第2項第1句規定：「告誡與課以作為、忍受、不作為之行政處分得同時為之。」

[14] App, Verwaltungsvollstreckungsrecht, 1989, § 54, Rdnr. 811ff.

[15] Hanns Engelhardt/Michael App, Verwaltungsvollstreckungsgesetz, Verwaltungszustellungsgesetz, 1996, S. 110.

（四）強制方法

義務人經由告誡屆滿，亦即，逾期仍不履行，則由執行機關採取強制手段執行之。

其可分為間接強制與直接強制。而間接強制依本法第28條規定，包括代履行與怠金兩種。強制方法可反覆為之，甚至可轉換，如行政執行法第32條由間接強制方法轉換成直接強制即為其例。

肆、即時強制

一、概念及其相關法理之探討

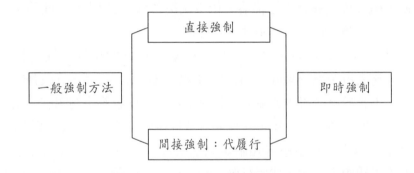

（一）意義

為阻止犯罪、危害之發生或避免急迫危險時，若仍循先為告誡等法定執行程序，恐緩不濟急。爰例外允許行政機關於特殊情形下，無須先為法定執行程序，而直接採取必要之強制措施，謂之「即時強制」。

早期學說上稱「即時強制」為直接強制，指不以義務為前提且不須經由告誡而直接執行的強制措施，然而此種措施，因係屬於無預先告誡[16]之強制措施，若逕命名為「直接強制」，恐與須踐行法定程序之「直接

---

16 之所以允許無預先告誡而使用強制方法之原因在於，某些緊急狀態或急迫事件發生時，若不即時處置，可能因人民不遵守強制行為，而危害公共利益及私人利益（生命、財產），故而基於此種概念，因容許行政機關有例外處理之權限。詳見蔡震榮，行政執行法，2002年，頁200。

強制」概念產生混淆，因此德國後來的學說則提倡改以「即時強制」稱之[17]。我國行政執行法於1998年修正以前，即將第6條至第10條之「即時強制」誤稱為「直接強制處分」。行政執行法在1998年修正時，於第36條第1項明文規定「即時強制」之要件而稱：「行政機關為阻止犯罪、危害之發生或避免急迫危險，而有即時處置之必要時，得為即時強制。」

換言之，即時強制與直接強制之差異在於：即時強制並不以人民有違反行政法上義務為前提，此亦為即時強制與一般強制方法主要區別之所在。其次，即時強制不須踐行告誡，但行為或不行為義務之執行（包括直接與間接強制），原則上仍應踐行告誡程序。

（二）即時強制之要件

1.須為阻止犯罪、危害之發生或避免急迫危險

(1) 阻止犯罪之發生

此指阻止即將或剛開始著手犯罪構成要件之發生，阻止犯罪之發生，係指使即將著手之犯罪行為不能進行，使已經著手之犯罪行為不再繼續，或使其結果不發生[18]。但是若該犯罪行為業已該當不法構成要件時，即屬於刑法上所責難之對象，非本要件射程之所及。

阻止犯罪之發生例如集會遊行法第33條對「非法物品之扣留」，即屬之[19]。

(2) 阻止危害之發生

行政機關就具體狀況依其客觀上之認知，若毫無阻礙地容任某一行為（狀態）繼續發展，則極有可能導致對公共安全與公共秩序之損害，亦即，造成警察所保護之法益的損害，如僅憑其個人主觀所判斷之危險則非屬之[20]。在此必須說明二個概念：

---

[17] 蔡震榮，同註16，頁197-198。

[18] 陳敏，行政法總論，2007年，頁884。

[19] 有人認為「阻止犯罪之發生」，屬刑事訴訟法上之問題，不應規定於該條文中而應刪除。吾人認為有些行為若不事先制止，極有可能形成犯罪之行為，如上述對集會遊行者危險物品的扣留，或對於飆車青少年危險物品的扣留等，以阻止犯罪發生之可能，因此，本項規定仍有其必要。

[20] Sadler, Verwaltungsvollsreckungsgesetz, 1992, §6, Rdnr. 141f.

①危害的判斷時點：行政機關如何判斷某一行為（狀態）將有損害公共利益之「危害」，尚須經由「預估」之程序使得為之。然預估的時點為何？解釋上應認為行政機關依「當時」之客觀情況判斷，認為將可能發生實害結果時即可，縱使事後該情況並未發生，該「預估」仍屬合法。

②法益：此指法益，係為法律上所保護之利益[21]，並不包括事實上的利益。

(3) 避免急迫危險

所謂避免急迫危險是指，危險迫在眉睫應及時介入，在程度上似乎比阻止危害之發生的危險度更高，且在時間上更急迫，危險即將發生或已開始發生，不及時處理，恐釀成更大危害。

2. 須有即時處置之必要

審查有無即時處置之必要，應就時間是否急迫來考量。若有足夠時間，確定危險源以及下令除去危險之措施，亦即，足以實施一般的強制程序時，則不允許採取即時強制。也有人認為行政執行法第36條第1項之「必要」，包含「必須」與「唯一」二種概念，即行政機關僅在「必須」且「唯一」之情況下，才能為即時強制之措施，而倘有其他替代方法而得達到同一目的時，即不得為即時強制[22]。

為確保必要性事後之舉證，行政機關應即時作好證據之蒐集，如現場照相、拍錄影帶、取得證人之證詞或註記於公文書中等。此如行政罰法第34條第1項第1款所稱之「即時制止其行為」以及第3款之「保全證據措施」，即屬即時強制措施。

但我國之即時強制非以義務違反為前提，因此即時強制之對象包括

---

[21] 司法院釋字第469號解釋即提出新保護規範理論而擴大權利範圍而認為，法律保護公益，兼具保護特定人，行政機關未履行公法上義務致人民權利受損，亦屬之，對此人民及可基此提起訴訟以為救濟。

[22] 此種說法，將即時強制手段視為最後手段性，亦即求他法而不可得者，方得為即時強制措施，此說應是直接在內涵上，繫以必要性原則的檢驗，使得在性質上即具有比例原則的功能，而不需另援引行政執行法第3條之比例原則予以檢視，詳見林素鳳，警察扣車行為之性質與爭頌，月旦法學教室公法學篇，2011年別冊，頁188。另外，陳敏認為其係即時強制亦有「最後手段性」之性質，但仍必須繫以比例原則予以檢視，請參見陳敏，同註18，頁885。

違反義務人如違反行政罰之即時處置，違規停車當事人不在之強制拖吊，或其他無責任之人，如地震後房子有倒塌之危險，而進入住宅內立即拆除等。

3.須於法定職權範圍內為之

基於法定職權是指，行政機關之發動是基於法令規定而來，亦即，行政機關對此事物（務）有權制定行政處分，且擁有行政強制權，吾人稱此為行政機關的事物（務）管轄權。

即時強制因其不以行政處分為前提，原則上諸多情形屬依法令之行為。至於先行頒布行政處分，要求其改善，而後因情況緊急有立即執行之必要，而為之即時處置之行為，是否亦屬我國所稱之即時強制，則有探討之必要。例如，限期拆除之房屋，因暴風雨後或地震後，依照建築法第82條有立即拆除之需要，所為之拆除行為，德國法上承認此種情形為即時強制，我國建築法雖無明文規定為即時強制，但其性質應屬相同。因此，我國籍時強制可分為兩種，其一為與亦誤無關即時處制之措施，如人的管束、建築物之進入，另依為先有下令行政處分之存在，因時間急迫有立即處置之必要，所採取之急速措施。

即時強制所採取方法之類型有兩種：有直接強制方法與代履行之方法兩種。例如，油罐車之翻覆，警察機關可自行去除油污（直接強制）或請他人排除（代履行）等兩種方法[23]。

三、即時強制與一般強制手段採取之程序差異

（一）一般強制方法之先行程序

一般強制方法區分為直接強制以及間接強制，學說上認為其通常必須履行一定之程序[24]，始得為之：

---

[23] 即時強制之方法，若稱直接強制方法或間接強制方法恐又與一般強制方法之概念相互混淆，而一概認為直接強制（方法）與間接強制（方法）皆為即時強制之方法。

[24] 有學者認為，在為一般強制方法前，行政機關通常必須履行之程序為：1.行政處分；2.告誡；3.執行，參見林素鳳，同註22，頁188。

1.告誡

首先須踐行以書面為告誡程序。依照行政執行法第27條規定，對於依法令或本於法令之行政處分，負有行為或不行為義務，經於處分書或另以書面限定相當期間履行（文書中應載明不依限履行時將予強制執行之意旨），逾期仍不履行者，由執行機關依間接強制或直接強制方法執行之。但實務上，在警察行使職權時，告誡亦得以口頭為之，如集會遊行中，警察先舉牌3次告知當事人自動解散，否則將採取直接強制為驅散行為，此種方法即屬口頭告誡。

有疑問者在於，告誡期間內是否容許違法狀況之繼續存在呢？例如，違章建築之拆除即屬如此，但若屬一定之不作為，如禁止排廢水或污染空氣之改善，改善期內，是否可罰，通常對於輕微之違反，暫時可以容許的。

2.強制方法之確定

係指執行機關於告誡後，義務人如未依限履行其義務時，主管機關得以決定採取強制方法之時點。

3.強制方法之實施

係指執行機關依所確定之強制方法，實施強制執行措施，如代履行（屬於間接強制）以及直接強制。

（二）即時強制之執行程序

即時強制並不如一般強制方法須踐行法定程序，已如前述。相反地，即時強制是來不及告誡，而馬上即時處置之緊急行為，因此也有人稱即時強制是將前述三階段的程序，合而為一的強制執行。而通常此種即時強制得選擇自己來執行（直接強制），以及委託第三人代為執行之代履行（間接強制）。

吾人舉例說明，某人違規停車，警察於現場先用麥克風廣播，請該車車主駛離的告誡，若車主未於廣播後駛離時，警察請拖吊業者進行拖吊。此種強制措施因有履行告誡之程序，行為態樣為間接強制之代履行，此種代履行通常被視為行政處分。但若警察並未履行告誡程序，則此時行為態

樣爲即時強制，此時其可以選擇直接由交通警察（直接強制）或請拖吊業者進行拖吊（間接強制之代履行）。

（三）性質

如果進一步分析直接強制或間接強制等強制方法，若從其行爲階段進行檢視，可發現其行爲階段可以分爲兩階段：前階段爲告誡行爲，例如某甲違規營業，主管機關告知限期改善否則斷水電，此種限期改善之告知，屬行政處分之性質，但某甲未能於期限內改善，則主管機關採取斷水電措施，則是履行前述告誡之內容，屬事實行爲中的執行行爲（強制行爲）[25]。此種方法，目的在行爲人違反義務之強制執行。

至於即時強制，其行爲並無階段性，早期學說認爲其與一般強制方法一樣，皆爲強制手段，而爲事實行爲中的執行行爲（強制行爲）[26]。而因爲即時強制，其集告誡、強制方法之確定及實施之前提要件於一身，因此亦有學者認爲其性質實際上應屬於行政處分。不過反對論者認爲，即時強制並無特定之相對人可資告知，而有無意思表示，是作爲判斷行政處分之要件之一[27]，因此現今通說採事實行爲說。

四、即時強制之具體措施

行政執行法與警察職權行使法都規定了即時強制措施，觀兩者內容大致上所規定之要件相去不遠，因此在警察職權行使法於立法階段，有學者質疑是否有重複立法之必要[28]；不過，除行政執行法所列舉之要件以外，警察職權行使法增列了較詳細之規定，如對人之管束部分，警察職權行使法第20條，有使用警銬或其他經核定戒具之規定，此爲行政執行法所無，其稱：「警察依法留置、管束人民，有下列情形之一者，於必要時，得對其使用警銬或其他經核定之戒具：一、抗拒留置、管束措施時。二、攻擊警察或他人，毀損執行人員或他人物品，或有攻擊、毀損行爲之虞時。

---

25 有學說認爲，直接強制因爲相對人有忍受的義務，而其性質應屬行政處分。詳細的學理介紹，蔡震榮主編，警察法總論，2009年，頁346。
26 吳庚，行政法之理論與實用，2011年，頁448。
27 詳細的學理介紹，請參見陳敏，同註18，頁883；蔡震榮主編，同註25，頁347-348。
28 蔡震榮主編，同註25，頁352。

三、自殺、自傷或有自殺、自傷之虞時。警察對人民實施查證身分或其他
詢問，不得依管束之規定，令其供述。」

除此之外，警察行使職權時，有維持現場秩序之權限（第27條）以
及第28條採取之必要措施之權限。

但將兩者規定之要件加以比對，其不難發現其要件內容，並無太大差
異，因此，也有認為是否刪除行政執行法即時強制之規定，但多數學者認
為，因為只有警察人員或警察機關才適用警察職權行使法，行政機關僅能
依行政執行法之規定採取強制方法，若冒然將其刪除，將會形成行政機關
無法處理緊急情況事件之情形，兩法併存有其必要[29]。

五、即時強制之救濟

若依通說即時強制屬於事實行為，一般皆認為其不得提起行政爭
訟，也有認為執行方法若係為事實行為時，則可能因為通常已無恢復原狀
之可能性，若提起行政訴訟，恐缺乏訴之利益及適當之訴訟類型，而僅得
依行政執行法第10條請求國家賠償[30]。此種見解有質疑之處，若事實行為
違法，且衍生其他費用（如拖吊費、保管費），仍應許其行政爭訟，較為
合理。

而行政執行法研修小組，認為針對「即時強制之執行原因消滅」
時，義務人、受執行人或利害關係人可提起本法之聲明異議。

若即時強制屬警察職權行使法所適用之範圍，依照該法第2條第2項
規定：「本法所稱警察職權，係指警察為達成其法定任務，於執行職務
時，依法採取查證身分、鑑識身分、蒐集資料、通知、管束、驅離、直接
強制、物之扣留、保管、變賣、拍賣、銷毀、使用、處置、限制使用、進
入住宅、建築物、公共場所、公眾得出入場所或其他必要之公權力之具體
措施。」又同法第29條第3項規定：「義務人或利害關係人因警察行使職
權有違法或不當情事，致損害其權益者，得依法提起訴願及行政訴訟。」

---

[29] 法務部委託東吳大學舉辦集時強制存廢研討會，所有學者皆贊成有存在必要，但內容應增加
一些如傳染病之防治、動物之保護等規範。

[30] 吳志光，不服行政執行機關執行行為之法律救濟，月旦法學教室公法學篇，2011年別冊，頁
256。

在特別法之範疇下，即時強制就算是事實行為，亦得提起爭訟。若是如此，上述區分即時強制之性質究竟係為事實行為或行政處分之爭論，恐怕僅流於學理意義，在實務上並無區分實益[31]。

六、即時強制之損失補償

（一）定義

行政上之損失補償，乃行政機關基於公益之目的適法的實施行政權所為之補償，與國家賠償法係對於違法之侵害不同。人民對於國家社會原負有相當的社會義務，行政機關基於公共利益，合法的實施即時強制，致人民生命、身體或財產遭受損失時，如係在其社會義務範圍內者，負有忍受之義務，不予補償；必須超過其應盡之社會義務範圍，始得就其個別所遭受之特別損失或特別犧牲，酌予公平合理之補償[32]。

在此所稱的「社會義務範圍」，是強調個人的所有權並非絕對，所有權應對社會盡一定之義務，因此而受到某些程度之限制稱之。一般而言，社會義務範圍之界定，為求明確，應由法律定之，但在司法以及行政個案中，亦可能產生對「社會義務範圍」之界定。在此，作為衡量之標準為所謂的「公共福祉」，以「公共福祉」來限制私人的所有權。吾人應注意的是，不得主張一切皆以公益為優先，而恣意地將私益置之不顧，而應就具體個案中，詳加考量，以比例原則確定「社會義務範圍」。

超出「社會義務範圍」，始得就其個別所遭受之特別損失或特別犧牲，請求補償誠如上述，本文以下就兩者之意義與性質，有進一步的分析：

1.特別損失

行政執行法第41條第1項前段規定：「人民因執行機關依法實施即時強制，致其生命、身體或財產遭受特別損失時[33]，得請求補償。」此為特

---

31 蔡震榮，同註16，頁229。

32 李震山，警察行政法論—自由與秩序的折衝，2007年，頁455。

33 現行條文第1項明定限於生命、身體或財產遭受特別損失時，得請求補償，惟生命、身體無遭受特別損失之概念，宜解為生命、身體遭受侵害，即得請求補償，財產部分仍以遭受特

別損失補償請求權之依據。

所謂「特別損失」，是指基於國家此種合法的即時強制，而導致所涉及的個人或群體，若與其他人或其他群體比較，遭致不平等的損失，而受不可期待的犧牲稱之。

通常，衡量特別損失，應以事件嚴重性與不可期待性為標準，亦即，與一般大眾比較，當事人或群體所遭遇的，是屬嚴重非社會義務所忍受之範圍，且此種損失屬當事人或群體所不可期待的忍受。亦即，不得責望當事人或群體忍受此種損失。「特別損失」屬不確定法律概念，是否符合「特別損失」之要件，應就具體狀況判斷來決定，是否當事人之損失已超出「社會義務範圍」。

例如，警察為救助車禍受傷之人，而要求當時在場之私人車輛運送，則此時受命令之人，應屬所謂「社會義務範圍」，不能要求損失補償之權。但若消防隊依其專業判斷，在救火之際，預估大火可能延燒之範圍，而事先拆除未燃燒之房舍，屋主因此所受之損失，當然屬在此所稱「特別損失」。但上述之損失補償，僅以不可歸責該人民之事由為限，始得請求，因此，本條第1項但書即稱：「但因可歸責於該人民之事由者，不在此限。」[34]

2.特別犧牲

所謂特別犧牲，是指國家基於公益理由合法行使公權力，對人民生命、身體、財產等權利所生之損害已逾越「社會義務範圍」，且不可期待當事人無償地承受該項損失時，基於人民基本權保障之理由，為衡平公益及私益，以全體人民共同分擔，給予其合理之補償[35]。

亦即，若特定人因國家合法之公權力，而遭受之損失逾越其本身之「社會義務範圍」，係基於平等原則，應將該項損失分配至全體人民分

別損失始得請求補償。另參照司法院釋字第400號解釋意旨將「特別損失」修正為「特別犧牲」。為配合第1項之修正，爰將現行條文第2項修正規定為以補償生命、身體遭受侵害所致損失或財產實際所受之「特別犧牲」為限，取代原條文的「特別損失」。

[34] 特別損失的概念模糊，且參考警察職權行使法第31條之規定，也只稱「遭受損失」，並無「特別損失」之規定，未來修法時建議刪除「特別」二字。

[35] 李震山，同註32，頁454。

擔。反之，若該項損失係為「社會義務範圍」內或一般人所能容許之範圍內時，則並不構成特別犧牲。如警察職權行使法第31條第1項：「警察依法行使職權，因人民特別犧牲，致其生命、身體或財產遭受損失時，人民得請求補償。但人民有可歸責之事由時，法院得減免其金額。」強調「特別犧牲」所造成之損失而取代行政執行法「特別損失」之概念。

（二）要件

基於上述意義，損失補償大致可分為下列數項要件，分述之：

1. 公權力的措施

在此包括行政處分與事實行為在內，當時也包括行政機關的函釋。

2. 個人法律地位之侵害

具有現時法律上具有財產上或非財產上（如生命、身體或行動自由等）之利益的侵害，不包括經濟上利益以及將來期待之利益等。

學說上有認為此個人法律地位，應以財產權為限[36]但應賦予非財產法益之犧牲請求權[37]

3. 侵害的直接性

因公權力措施，而在結果上直接對當事人的所有權產生侵害。

4. 特別犧牲

必須在社會容許義務範圍與特別犧牲間作評斷，關於犧牲界限，則依一般社會通念，就具體狀況，公正理性的判斷之。

但是此種基於特別損失或特別犧牲而為之損失補償制度，有提出不同看法，而指出不論是基於國家責任或特別犧牲理論所導引出的損失補償，皆無法跳脫出繼受侵權行為法的「魅影」（強調國家行為或狀態的可歸責性、因果關係、損失分配），而不足以處理複雜的災害後損失補償問題[38]。

---

36 葉百修，行政上損失補償之意義，收錄於當代公法新論（下）翁岳生教授七秩誕辰祝壽論文集，元照出版公司，2002年7月，頁308。
37 採相同見解者，例如：陳敏，同註18，頁1184；吳庚，同註26，頁746。
38 廖元豪，災害救助與現代型損失補償—憲法與政策層次之檢討，收錄於損失補償、行政程序法，2005年，頁196-207。

第三節 行政執行法上爭議問題之探討

壹、行政執行作爲基本法規定之缺失

行政執行法第1條規定：「行政執行，依本法之規定；本法未規定者，適用其他法律之規定。」本法有關行政執行適用範圍之規定，係採取「基本法」之立法例。

行政機關遇有行政強制執行事務時，如本法及其他行政法規均有規定，且其規定「不同」時，則應優先適用本法有關行政執行之規定。如二者規定均「相同」時，則適用任何一者結果均無差異，故即無疑義矣。可見行政執行法乃屬行政強制執行之基本法，各行政機關處理有關行政強制事項時，應優先適用本法之規定。

行政法規中，仍存在著諸多有關執行方法與程序之特別規定，如海關法、海關緝私條例、建築法以及各類之警察法規等（集會遊行法、道路交通管理處罰條例、社會秩序維護法等）。依本法第1條之精神觀之，本法爲基準法之規定，若本法已有執行方法與程序之規定，則其他法規縱有不同之規定，則仍應適用本法之規定。例如本法規定，有關「罰鍰」是屬於「公法上金錢給付義務之執行」，最後應移由行政執行處強制執行，但對此「罰鍰」不繳之情形，警察卻另有其他處置的措施，如社會秩序維護法第45條「易以拘留之處理程序」以及道路交通管理處罰條例第65條「不依裁決繳照繳款之處理」，其皆於原處分機關自行以「強制手段」解決「罰鍰」未依限繳納之情形。對於上述情形，是否意味著，本法實施後，各該法律之特別規定，即將被排除適用，則有探討之空間。因此，如何去解釋本條之涵義，事關特別規定能否適用之問題。

目前，法務部行政執行法修法小組，爲避免減少爭端以及適用上的彈性，傾向廢除本法第1條規定，亦即，容許行政執行的特別規定，只有在其他法律無特別規定時，才有本法的適用。

貳、行政執行之期間

行政執行法第7條第1項規定：「行政執行，自處分、裁定確定之日或其他依法令負有義務經通知限期履行之文書所定期間屆滿之日起，五年內未經執行者，不再執行；其於五年期間屆滿前已開始執行者，仍得繼續執行。但自五年期間屆滿之日起已逾五年尚未執行終結者，不得再執行。」

問題：本項規定是屬於何種性質，是請求權性質的消滅時效或形成權的除斥期間？

對此，法務部委託張文郁教授作成「行政執行法執行期間與消滅時效法制之關係」研究案，該研究於2015年5月23日作成報告總結而提出，我國行政法學說所謂，僅具財產權性質之公法上請求權始有消滅時效規定之適用之主張。文獻上幾乎絕大部分見解皆認為高權之干涉（處分）權之實現並非請求權，而無消滅時效之適用，但可適用除斥期間。

若認為執行期間係屬時效之性質，則在行政程序法已設有消滅時效之一般規定，如其規範有遺漏，應在行政程序法進行修正，不應在行政執行法重複設消滅時效期間。

如果觀察該研究案之內容其認為，本法應區分公法上金錢給付義務之執行與行為不行為義務之執行，前者應屬請求權得適用消滅時效之規定，因此，不再適用第7條第1項有關執行時效之規定，而後者屬處分機關之下令處分，仍可以適用該條除斥期間，因期間經過而產生失權之規定[39]。

本文贊同研究結論，因為行為不行為部分屬行政機關本身頒布下令或禁止的高權措施權時，即不能適用「消滅時效」的規定，而應適用「除斥期間」或其他失效的原則規定。因此，條文第7條的規定，因為與行政程序法第131條規定的「公法上請求權時效」性質不同，對於該行為不行為下命處分部分，仍有保留之必要。至於行政法上金錢給付義務部分，可回歸行政程序法第131條消滅時效之規定。

---

[39] 「行政執行法執行期間與消滅時效法制之關係」法務部委託研究案成果報告書，計畫主持人：張文郁教授，共同主持人：陳愛娥副教授，2015年5月23日，頁41以下。

參、現行公法上金錢給付義務限制出境法規範之探討

一、行政執行法第17條第1項限制住居規定之檢討

　　行政執行法第17條第1項規定以「相同實質構成要件」，卻給予行政執行分署得採取「命提供擔保，限期履行，並得限制住居」等不同手段。限制住居對當事人之限制，顯然要比「命提供擔保，限期履行」則與財產權有關處分性質來得重，三者規定在同一實質構成要件下，任由行政執行分署選擇裁量，是相當有爭議的。吾人認為，既然拘提管收另有實質要件之規定，限制住居之要件，似應重新考量修正，或者，法規也可修正將「命提供擔保，或限期履行」其中之一作為限制住居前階段要件，在其不履行前階段情形下，才得以作出限制出境處分之規定。

二、以一定金額作為限制出境依據之疑慮

　　目前稅捐稽徵法第24條第3項規定，個人欠稅在100萬元以下、營利事業負責人在200萬元以下；在行政救濟程序終結前，個人欠稅150萬元以下，營利業負責人在300萬元以下，不得限制出境。此種以數額，而不考量個案情形之限制出境規定，本有爭議，可惜的是行政執行法第17條第2項第1款，卻另有10萬元以上得限制出境之規定[40]。當然行政執行處所執行之公法上金錢給付義務，並不只有稅款，尚包括其他如罰鍰、執行費用、公課等，範圍與目的並不相同，但本款規定不以個案情形作為審酌，只以數額作唯一限制出境之理由，且數額有如此低，如此規定似有只重視國家公共利益，而忽視人民個別之利益之嫌。

　　本文建議數額之規定應是基本要求，執行人員仍應審酌，當事人是否符合行政執行法第17條第1項各款之情形之一者，才得依本款採取限制出境之手段。

---

[40] 行政執行處限制出境之目的在於實現金錢債權，與稅捐機關之保全稅捐債權不同，因此，兩者之限制出境金額不必一致，但規定一定數額後，反而使執行人員以數額作為裁決標準，而忽略以具體個案情形加以審酌，將失其公平，對當事人更為不利；參閱，姚其聖，行政執行法拘提管收與限制出境之研究，翰蘆圖書出版，2007年11月，頁142。

肆、怠金與連續處罰問題之提出

一、概念之解釋與比較

（一）怠金

一般認為怠金屬於間接強制中之執行措施，而非處罰，怠金是義務人違反作為、不作為義務時，主管機關命其一定期限改善，否則處以一定之怠金稱之。怠金的程序是先予以告誡，在告誡期限內，主管機關容許義務人違法狀態，但等到告誡期間一過，義務人的違法狀態若仍未改善，而符合法律所規定之違法情形，主管機關即得針對此違法，處以先前所告誡之金額而徵收，這是我國目前行政執行法所稱的怠金程序，因此怠金歸屬於所謂的執行措施，應是指督促將來改善之告誡期間容許義務人違法而言，例如某工廠違法排放廢水於海洋中，主管機關發覺該工廠違法，除針對已經違法之情事處秩序罰外，另在一處分書或另一處分書中，命該工廠負責人於2個月內改善違法情況，在這2個月內主管機關不再去檢查，容許在改善期間內違法狀態繼續存在，但改善期一過，即回復原來可以處罰之狀態。

怠金制度在德國之所以稱之為執行措施，其執行程序與我國略有些許之差異，一般而言，怠金執行程序為：「限期改善之告誡→違反義務之確定→強制徵收」，在德國法上之怠金徵收程序較為寬鬆，怠金執行程序可以容許多次違規而累計，以前例為例，對該工廠第一次限期改善，未能於期限內改善，所處以怠金，並未馬上確定而徵收，而繼續進行第二次限期改善，並將怠金額度提高，亦即將第一次之怠金算入第二次之額度內，如第一次1萬元之怠金，則第二次提高至2萬元或3萬元等，直到義務人改善為止，因此德國法上之怠金主觀針對義務人改善之行為，若主管機關認為義務人仍有能力完成改善，並不強調未完成改善即時確定與徵收。因此，第一次違法，若在第二次限期改善期間內完成改善，則連第一次之怠金因尚未確定，也不必再徵收。因此德國法上並不強調在怠金徵收上，德國法比較屬於執行罰，**強調以怠金金額來督促義務人改善之行為**，並未著重於怠金之徵收上，「**限期改善之告誡（容許多次告誡）→違反義務之確定**

（強制徵收怠金之確定）→強制徵收（事實行為）」，德國聯邦行政強制執行法第13條第6項規定：「強制手段得與刑罰或罰鍰併科，並得重複或提高數額或轉換手段，直到義務人履行義務為止。若所告誡之方法無效果時，始得為新的告誡。」

而所謂無效果是指義務人對此怠金的「告誡」，只要在限期內毫無反應，如置之不理無所動作即屬之，並不將重點擺在確定與徵收上，因此，無須等徵收完成後，始得進行下一步的重新告誡[41]，德國似乎仍以逾期不履行為準[42]。重新告誡後，產生前後兩個告誡，例如前一怠金告誡處以新臺幣1萬元，而後新的告誡卻處以2萬元，新的告誡發生後，是否舊的告誡已經消失，而無須加以徵收。依目前德國之通說，係採新的告誡發生而舊的告誡已不存在之說，亦即，第一次之告誡，因第二次告誡已吸收前次之告誡，而被視為無效果。反之，我國法上之怠金，係以督促義務人將來履行義務為目的之一種行政強制執行方法，義務人經告誡仍不履行義務，執行機關得連續處以怠金（行政執行法第31條第1項規定參照）而與我國一次怠金則徵收一次有所區別。

（二）連續處罰

連續處罰在我國法規中，存在甚多，有按日、按次、按月之連續處罰等，此種連續處罰制度在怠金引進之前即已存在，吾人舉環保法規所稱的按日連續處罰為例，以前例，主管機關發覺違法後，先處以一秩序罰鍰在先，並命一定期間之改善，對於未能於期間內改善，則主管機關得按日連續處罰。此種模式，與前述所稱之「怠金」之執行程序相當類似，唯一不同的是，每次處予怠金，必須先經由告誡之程序，一次告誡一次怠金，而連續處罰是以一次告誡，而可以多次處罰，直到義務人改善為止。因此若連續處罰屬於行政執行法第31條第2項但書所稱之例外情形，即表示連續處罰也屬於執行措施之性質。

---

[41] Hanns-Engelhardt/Michael App, Verwaltungsvollstreckungsgesetz, Verwaltungs-zustellungsgesetz, 1996, S. 110.

[42] 在此，吾人以德國一實際有關吊扣駕照案例的處分書說明之：1.針對當事人違規行為處以怠金1,000歐元；2.若當事人未在本處分送達後一星期內，交出駕駛執照，則將進一步告誡處以怠金2,000歐元；3.本處分之費用為200歐元附加11歐元規費，共計211歐元。

二、秩序罰與執行手段之區分

按秩序罰係對於過去違反行政法上義務所為之裁罰性不利處分，須具備**過去違反行政法上義務**、主管機關之措施具「**裁罰性**」及「**不利處分**」之要件。所謂「**裁罰性**」是指對**過去違反行政法上義務**之行為，作出非難之譴責，以警告違法者未來不得再犯所作出不利處分之制裁[43]。

執行措施（怠金或執行罰） 係著重督促義務人將來履行義務為目的，以一定金額作為履行之督促所採之一種行政間接強制執行方法，義務人經告誡仍不履行義務，得連續科處怠金之設計（行政執行法第31條），或轉換為其他強制手段如行政執行法第32條：「經間接強制不能達成執行目的，或因情況急迫，如不及時執行，顯難達成執行目的時，執行機關得依直接強制方法執行之。」怠金並非以非難過去違法行為為目的（與秩序罰不同），而係著重義務人未來改善之義務上，並事先科處一定怠金（而非事後處罰）作為督促與威嚇義務人遵守義務之履行。因此，怠金是以一定期間改善之**告誡**，**督促其將來改善**，對未能期限內改善者，則可以**再次告誡**或**轉換為其他強制手段**的一間接強制措施。怠金之強制徵收，是否具「**裁罰性**」，吾人若從上述之定義觀之，它並非針對過去違法行為，而是針對期限內未能完成**改善之行為**，並非具「**裁罰性質**」。因此，怠金應屬執行措施而非裁罰性處分。

而連續處罰中的按日連續處罰之性質為何，比較有值得探討之處[44]，吾人觀之按日連續處罰，通常是在義務人違法後，為促其將來改善，主管機關先為限期改善的告誡，此種告誡係以將來改善為目的，因此，是具執行手段之性質，但對於未能期限內完成改善時，主管機關得按日連續處罰並徵收按日連續處罰之金額，此種性質對未能期限內改善之行為，每日處罰對義務人而言，已非僅是執行措施而已，似具有非難譴責之「**裁罰性質**」。

---

[43] 蔡震榮、鄭善印，行政罰法逐條釋義，修訂二版，2008年5月，頁153以下。

[44] 其他的按月或按次連續處罰，在釋字第604號解釋後可以以主管機關之舉發作為行為數之分割，而被視為行政罰爭議較少。

三、按日連續處罰之性質

按日連續處罰之性質究竟是秩序罰或執行罰，在學界與實務界意見相當不一致。

（一）秩序罰說

學者吳庚認為，連續處予怠金是執行罰最明顯的特徵，執行罰得連續處罰，本無待法律規定，秩序罰欲連續處罰，必須法有明文規定，只要法律條文有連續處罰規定，應視為秩序罰而非執行罰[45]。

陳敏教授著重於未改善後的「連續處罰」，而認為此種連續處罰之罰鍰，應解為「秩序罰」之性質，以免破壞法律制度，蓋行政法規既明定為「罰鍰」，即應依行政秩序罰罰鍰之原理運作，不宜再視為「執行罰」[46]。

法務部針對水污染防治法第52條規定之「通知限期改善」、「按日連續處罰」之性質所作成的法律字第0950012743號函釋（2006年6月20日），也採秩序罰說而認為：「……每次主管機關依法律所課予之限期改善義務，均屬一項獨立義務，對違反義務者，均得單獨裁處秩序罰；法律規定『按日連續處罰』，當係指主管機關得每日課予限期改善義務並就違反義務之行為處罰而言。是故，上開法律規定之『按日連續處罰』之性質，當係『秩序罰』，而非行政執行之方法（執行罰）。」

（二）行政上強制執行方法（執行罰）說

連續處罰之目的在督促行為人排除因其違規行為所造成污染環境之現狀，以便將來實現履行義務之合法狀態，係促使行為人完成改善之手段，類似強制執行之一種手段，具有行政執行罰性質[47]。最高行政法院99年度判字第802號判決採原審法院意見認為：「本件首次具有怠金性質之裁罰

---

[45] 吳庚，同註26，頁508。最高行政法院92年度判字第381號判決亦採行政罰說。

[46] 陳敏，行政法總論，三版，1999年12月，頁828-829。

[47] 最高行政法院94年度判字第00847號判決、92年度判字第1282號判決、高雄高等行政法院94年度訴字第344號判決。李建良，水污染防治法有關按日連續處罰規定之適用問題，台灣本土法學，第7期，2002年，頁24-25。最高行政法院90年高等行政法院法律座談會第四號討論意見，也採按日連續處罰性質為行政執行罰。

業經被上訴人以95年7月26日函附處分書送達上訴人，海洋污染防治法第49條『按日連續處罰』之規定即屬行政執行法第31條第2項但書所指之特別規定，被上訴人於首次怠金裁罰處分送達後，對於上訴人屆期仍未改善之行為，自95年11月23日起，作成……50件連續裁罰處分，於法有據。」該號判決也承認按日連續處罰屬行政執行法第31條第2項但書所指之特別規定，而歸屬執行罰。最高行政法院98年度判字第1473號判決也採執行罰[48]。

（三）秩序罰兼具執行罰說

有謂：「水污染防治法的連續處罰主要係針對『繼續態樣』的行政不法行為所設計，而此種連續處罰制度可切割為幾個階段，企圖藉由此不斷增加之處罰，達到逼使行為人改善之目的。故除有過去義務違反之處罰性質外，更兼具有促使行為人未來履行其義務[49]。」

學者洪家殷認為「連續處罰」兼具有行政秩序罰與行政上強制執行之性質[50]，但其質疑實務做法上，似將其視為行政秩序罰，以規避行政強制執行之適用。另學者陳新民認為，「連續處罰」性質上是併用秩序罰及執行罰，尤其是在第二次處分以後都利用秩序罰的外衣，達到執行罰之效果，其乃著眼於連續處罰具有濃厚的逼迫性，正屬於執行罰，而非秩序罰的特色[51]。

本文認為，執行罰或秩序罰之認定，應就整體程序觀之，從限期改善之告誡，一直到未依限改善之連續處罰。按日連續處罰之**限期改善**是督促義務人未來完成改善之行為，以連續處罰作為威嚇造成心理上之強制，具執行罰性質。但針對後階段未改善行為的**「連續」**處罰，且有強制徵收之必要，是有非難其未能改善之行為，以**連續處罰**作為警告義務人下次不得

---

48 該號判決稱：「……按日連續處罰至遵行改善為止，係作為督促行為人完善改善之手段，形式上雖為處罰，實質上乃非行政執行罰之性質，並非秩序罰……。」
49 蔡震榮，論按日連續處罰與怠金，法學講座，第28期，2004年7月，頁33。
50 洪家殷，我國現行法上連續處罰性質之探討，月旦法學雜誌，第33期，1998年2月，頁75、76。
51 陳新民，行政法學總論，修訂七版，2000年8月，頁404-405。

再犯，是具有裁罰性質，應屬秩序罰之性質。

四、按次連續處罰與按月連續處罰應屬秩序罰

（一）按次連續處罰與按月連續屬秩序罰或執行罰

2001年修正之商業登記法第32條第2項以及第33條第2項有按月連續處罰之規定，究竟其屬秩序罰或怠金有所爭議，經濟部乃請求法務部解釋，法務部於民國90年12月5日法90律字第043577號函釋以及91年9月12日法律字第0910033713號函皆採模稜兩可而稱：「按行政執行法（以下簡稱本法）第30條及第31條所稱之『怠金』，係對違反『依法令或本於法令之行政處分』所發生之行政法上不行為義務或不可代替之行為義務者，經行政機關於處分書或另以書面限定相當期間履行，逾期仍不履行者，處以一定數額之金錢，使其心理上發生強制作用，而督促其履行義務之行政上強制執行方法。至於商業登記法第32條第2項及第33條第2項有關按月連續處罰之規定[52]，其性質究屬行政上強制執行方法或行政秩序罰，尚有爭議，如將此種規定解釋為行政秩序罰，則其與本法第30條及第31條間無選擇適用之問題；如將此種規定解釋為行政上強制執行方法，則與本法上開條文發生法條競合關係。茲考量商業登記法第32條與第33條之特別立法目的與內容，並避免同一法條不同項次間之割裂適用，宜解為應適用商業登記法按月連續處罰之規定。」

但經濟部91年10月4日經商字第09102227190號函稱：「按商業登記法第32條及第33條之立法沿革及立法本旨而論，上開條文性質上為**行政秩序罰……。**」

（二）司法院釋字第604號解釋

司法院釋字第604號解釋理由書稱：「……主管機關得以強制執行之

---

[52] 商業登記法第32條規定：「違反第三條規定，未經登記即行開業者，其行為人各處新臺幣一萬元以上三萬元以下罰鍰，並由主管機關命令停業。經主管機關依前項規定處分後仍拒不停業者，得按月連續處罰。」商業登記法第33條規定：「違反第八條第三項規定者，其商業負責人處新臺幣一萬元以上三萬元以下罰鍰，並由主管機關命令停止其經營登記範圍外之業務。經主管機關依前項規定處分後，仍不停止經營登記範圍外之業務者，得按月連續處罰。」

方法及時除去該違規事實外，並得藉舉發其違規事實之次數，作為認定其違規行為之次數，即每舉發一次，即認定有一次違反行政法上義務之行為發生而有一次違規行為，因而對於違規事實繼續之行為，為連續舉發者，即認定有多次違反行政法上義務之行為發生而有多次違規行為，從而對此多次違規行為得予以多次處罰，並不生一行為二罰之問題，故與法治國家一行為不二罰之原則，並無牴觸。」此號解釋開啟了以舉發中斷行為數，針對持續違規行為創造出可以多次處罰的例子，因此，法規中按次連續處罰與按月連續處罰，應可被解視為秩序罰毫無疑問。

（三）最高行政法院98年11月份第2次庭長法官聯席會議

最高行政法院98年11月份第2次庭長法官聯席會議決議針對郵政法第40條第1款之按次連續處罰認為其為秩序罰性質：「……故行為人如有違反郵政法第6條第1項之行為，而依同法第40條第1款規定接獲多次罰鍰處分者，即有發生多次繳納罰鍰或可能受多次裁決罰鍰之結果。……對於違規事實持續之行為，為按次連續處罰者，即認定有多次違反行政法上義務之行為發生而有多次違規行為，從而對此多次違規行為得予以多次處罰，並不生一行為二罰之問題，與法治國家一行為不二罰之原則，並無牴觸。惟以按次連續處罰之方式，對違規事實持續之違規行為，評價及計算其法律上之違規次數，並予以多次處罰，其每次處罰既然各別構成一次違規行為，則按次連續處罰之間隔期間是否過密，以致多次處罰是否過當，仍須審酌是否符合憲法上之比例原則，司法院釋字第604號解釋足資參照。」

五、小結

連續處罰係針對持續性之行為，通常會有限期改善機制之設計，而後對未能遵守設有連續處罰之規定，就前階段限期改善，是督促行為人改善，屬於執行罰之性質。但對未能遵守所科處之連續處罰的連續性觀之，卻隱含裁罰性質，且自從司法院釋字第604號解釋後，按次或按月之連續處罰因為有行政機關之裁處時間之間隔，屬秩序罰應毫無問題。

但按日「連續處罰」，究竟是秩序罰或執行罰實務見解仍未一致，如果視為秩序罰時（目前也是多數見解採此見解），是否應考慮主管機關

裁處時，應先確認當日是否有違規事實之存在才可處罰。亦即，吾人分割前後階段，限期改善屬執行罰（改善期間內容許違法狀態），改善期間後之連續處罰若是秩序罰，是否也應考慮扣除停工之日，無違規事實不能處罰，乃屬當然。但若將之視爲執行罰，則應考慮違規義務完全履行時，是否應終止「連續處罰」之執行。

第四節 案例解析

壹、公法上金錢給付義務與限制出境

案例：某甲有乙、丙、丁共四兄弟居住於臺北市，2004年4月共同繼承遺產，遺產稅共600萬元，每人各分擔四分之一，某甲已於2006年4月就該負責部分150萬元繳清，但於2008年4月中欲出國，卻仍受臺北行政執行處（分署）函送移民署限制出境之處分，試問某甲對此措施應如何對應？

一、主管機關之確定

（一）財政部國稅局之權限

本案屬遺產稅，因此依遺產及贈與稅法第41條之1規定：「繼承人爲二人以上時，經部分繼承人按其法定應繼分繳納部分遺產稅款、罰鍰及加徵之滯納金、利息後，爲辦理不動產之公同共有繼承登記，得申請主管稽徵機關核發同意移轉證明書；該登記爲公同共有之不動產，在全部應納款項未繳清前，不得辦理遺產分割登記或就公同共有之不動產權利爲處分、變更及設定負擔登記。」本條規定只侷限在不動產之變更登記，至於限制住居部分，財政部86年9月27日台財稅第861912388號函釋規定，可免爲限制出境之處分。本案某甲遺產繼承人已按其法定應繳納遺產稅者，財政部不得移送入出國及移民署限制其住居。

本案發生之際，稅捐稽徵法第24條第6項尚未通過，因此，稅捐稽徵機關報請財政部函請內政部移民署限制出境期間並無5年之限制。但國稅局可將本案在5年內移送行政執行處繼續強制執行，由行政執行處繼續執行，而達到限制出境之目的。

（二）行政執行分署之權限

依行政執行法第7條規定，行政執行處最長可有10年之長的執行權時效，因此，本案若於2008年2月，國稅局將案件移送行政執行處繼續執行時，在當時行政執行法第17條尚無第2項有關滯欠金額數額以及法定應繼分繳納遺產稅款之規定，但行政執行處（分署）仍得依行政執行法第17條第1項之要件，對某甲作成限制本案出境之處分。本案行政執行處（分署）確實也因其他繼承人尚未繳清遺產稅，而對包括某甲在內的4位繼承人，作成限制出境之處分。

二、某甲之因應措施

因為本案已移送行政執行處管轄，財政部所頒86年9月27日台財稅第861912388號之函釋規定當然不能適用。因此，某甲只能針對行政執行處之限制出境處分，依據行政執行法第9條規定向執行機關臺北行政執行處聲明異議。當然，若本案救濟期間時，行政執行法第17條已經增列第2項第2款之規定時，某甲即有可能被解除限制出境，而得以出境。

貳、按日連續處罰秩序罰或執行罰

案例：評最高行政法院99年度判字第939號判決

一、本案事實

上訴人某飼料股份有限公司於該廠區周界外採集異味污染物樣品，經檢驗結果異味污染物濃度17，超過該區法定排放標準所定限值10，違反空氣污染防制法第20條第1項規定。被上訴人（某縣環保局）遂依同法第56條第1項規定裁處上訴人新臺幣（下同）10萬元罰鍰，並限期於2007年10

月1日前完成改善。惟上訴人因不及改善，於同年9月18日申請延長改善期限至同年12月1日，被上訴人允其所請。嗣上訴人於同年11月20日提出改善完成檢測報告書，因資料內容不符規定，經被上訴人命補正，上訴人分別於同年12月3日及17日提出補正。被上訴人遂再派員於2007年12月28日執行複查與採樣，並進行檢驗分析，結果周界異味污染物濃度為19.33，仍超過排放標準所定限值，被上訴人乃針對複查結果依空氣污染防制法第56條第2項及「違反空氣污染防制法按日連續處罰執行準則」規定，自2007年12月28日起執行按日連續處罰，至上訴人於2008年1月9日申請停工改善暫停按日連罰。期間共13日，每日裁罰10萬元，合計裁罰130萬元。上訴人不服，提起訴願遭決定駁回，遂循序提起本件行政訴訟。

二、本案爭議問題之探討

按日連續處罰若屬秩序罰，是否應扣除例假日或停工日？

三、本案評析

本案最高行政法院認為：「行政罰係行政機關為增進公共利益，維持行政上之秩序或保護特定法益以達成國家行政目的，對於違反行政上作為義務者，所為之制裁，……而對於不履行作為或不作為義務者，自亦得以按日連續處罰鍰、命停工、停業、歇業、廢止許可證之方式使義務人屈服，以達到將來履行義務之效果。上開空氣污染防制法第56條第1項之規定，即在對違反空氣污染防制規定者加予處罰；同條第2項則係對違反第1項規定未能補正或限期改善完成者加予處罰，其處罰之方式為按日連續處罰；情節重大者，得命其停工或停業，必要時，並得廢止其操作許可證或令其歇業。如前所述，其『按日連續處罰』之目的，乃在藉由不斷的處罰，促使行為人履行其公法上義務，是其規範目的並非在過去義務違反之制裁，而是針對將來義務履行所採取之督促方法。故依上述規定為『按日連續處罰』，主管機關自毋庸再逐日檢驗以確認行為人是否仍有原違章行為存在。再按日連續處罰既旨在促使行為人履行義務，是於假日或工廠休息日，縱無實際污染問題，亦無予以扣除之必要。故環保署依空氣污染防制法第71條第2項之授權所訂定之『違反空氣污染防制法按日連續處罰執

行準則』第8條：『本法按日連續處罰之執行不扣除例假日、停工及停業日。』之規定，尚與母法規定『按日連續處罰』之本旨無違，亦未超出母法授權之範圍，自難謂違背法律保留原則。」

本文認為，本案最高行政法院之見解有矛盾之處，一方面認為按日連續處罰屬於**行政罰**，另一方面又按日連續處罰藉由不斷的處罰，促使行為人履行其公法上義務，是其規範目的並非在過去義務違反之制裁，而是針對將來義務履行所採取之督促方法（**執行罰**），主管機關自毋庸再逐日檢驗以確認行為人是否仍有原違章行為存在。是於假日或工廠休息日，縱無實際污染問題，亦無予以扣除之必要。**在此又認為其屬督促將來改善之執行罰。**

吾人認為，按日連續處罰本身具裁罰性，應視為行政罰，因此，實際上應扣除停工日較為恰當，此其一也。

另一，被上訴人遂再派員於2007年12月28日執行複查與採樣，並進行檢驗分析，最後也以當日查驗結果作為按日處罰之開始起算，一直到2008年1月9日為止。此種僅過去一次檢查，作為未來未完成改善來違規之依據，未再踐行任何採樣檢測之調查證據程序，也不合行政罰必須要有違規事實才得處罰之規定，自有可議。本案除應證明處罰之日確有違規事實存在外，且應逐日開具處分書，並「按日」送達舉發通知書或處分書，以符連續處罰促使行為人及早改善違規行為之目的。

四、結論

按日連續處罰是否屬於行政執行法第31條第2項但書所稱之例外情形，目前法院之見解並非一致。但按日連續處罰在結果上，卻比行政執行法之怠金更為激烈之手段，雖然最高行政法院見解比較傾向執行罰說，但本文認為，此種一次告誡多次之連續處罰，對當事人而言，已屬裁罰性質的不利處分，而與一次告誡處予一次的**怠金**應有所區別。吾人認為，為免制度上之混淆，行政執行法第31條第2項但書所稱之例外情形應刪除之比較適宜。但若認為按日連續處罰在行政法規中仍有存在之必要，行政主管機關必須經調查與審酌，按日處罰之際應先確定該日有實際違規事實之存

在，因此，必須扣除停工日或未營業之日，且應逐日開具處分書，並「按日」送達，如此才符合有違規才有處罰之裁罰原則。

參、下命處分與執行處分

> **案例**：評最高行政法院最高行政法院101年度裁字第1895號裁定

一、本案事實

甲所有之「鐵架造開放空間構造物」坐落於臺北市，經臺北市政府都市發展局（下稱發展局）勘查認定其係未經申請許可而擅自建造之建築構造物，違反建築法第25條、第86條規定，乃於2011年3月22日以第一次函告知甲，系爭構造物違法，且不得補辦手續，依法應予拆除。

嗣發展局又以2011年8月19日函通知抗告人應於2011年9月13日前自行配合改善拆除，逾期相對人將於2011年9月14日上午9時30分起會同警察局強制拆除。針對第二次函甲不服，提起聲明異議，經臺北市政府為異議無理由之決定，抗告人提起訴願，亦遭訴願機關內政部為訴願不受理之決定，遂提起行政訴訟，並經裁定確定在案。

二、本案爭點

（一）第一次函是否直接可以作為強制執行名義？（二）第二次函是否增加第一次函所無之新的義務？（三）甲可否針對第二次函提起行政救濟？

本案第一次函之下命處分，僅告知甲有拆除義務，**但卻未告知應拆除之期限以及不履行拆除義務時**，行政機關會**採取何種強制措施**。

第二次函則告知甲拆除期限以及未於期限內拆除時，行政機關將採強制執行之意志。本案應探討第二次函之性質，是否增加第一次函所無新的義務內容，亦即，其性質，究竟為行政處分或觀念通知。

（一）行政處分之概念及要件

行政處分之定義分別規定在行政程序法第92條以及訴願法第3條上，行政處分之概念要素可大致如下：

1.須為行政機關之行為。

2.須為行政機關之公法行為。

3.須針對具體事件之行政行為。

4.須為行政機關之單方規制決定或公權力措施之行為。

5.須對外直接發生法律效果之行為。

與觀念通知區別在於4.以及5.之要件，即是，是否對個案產生規制作用並對外直接發生法律效果之行為。

（二）觀念通知

觀念通知是指，行政機關對於一定事件，所為之單方意思表示，僅是事實之敘述，並未產生個案規制作用以及發生任何法律上之效果。此類行政行為雖含有「知之表示」要素，但因不具有個案規制作用而無法律效果，故非行政處分，最典型之例子是行政機關對於人民請求釋示法令疑義所表示之意見；又如行政機關將某一事件之真相及處理經過通知當事人，如未損及其權益並無規制之作用，僅為觀念通知，而非行政處分。

（三）下命行政處分可否即是執行處分

下命處分是指行政處分之內容是要求人民為一定之行為，或禁止人民為一定之行為，或要求人民容忍行政機關之某項行政措施。

依行政執行法第27條規定：「依法令或本於法令之行政處分，負有行為或不行為義務，經於處分書或另以書面限定相當期間履行，逾期仍不履行者，由執行機關依間接強制或直接強制方法執行之。前項文書，應載明不依限履行時將予強制執行之意旨。」行為不行為義務之強制執行，仍須履行期間之告誡，透過告誡之程序以及告誡期滿，始得強制執行。因此，依現行法制有關行為不行為義務之下命處分，仍須透過告誡，才轉為執行處分，不能單獨以下命處分直接作為強制執行之依據。

（四）告誡之性質

行為、不行為之告誡是在義務人應依限履行，否則將採取一定之強制措施。告誡之內容應足夠明確告知義務人履行期限以及強制執行方式，如禁止營業僅於營業場所貼封條或封閉出入口，尚非明確是否依此即可以

採取強制措施。所告誡之期限，應符合期待可能性，亦即，應符合比例原則。告誡應告知將採取一定之強制手段，如怠金、代履行、直接強制等。此外，怠金要有一定金額之告誡，而代履行則應有預估之費用等[53]。

三、本案解析

本案最高行政法院裁定認為，發展局2011年3月22日函之下命處分，甲於收受該函後即負有拆除之義務，其既未為拆除，發展局再以第二次函文通知甲限期拆除，否則其將進行拆除，核屬接續第一次函之行為，並未另外課予甲一定作為義務而產生另一法律效果。其見解似認為第一次函之下命處分為行政處分，既有命甲拆除之義務，即屬兼具有執行處分之性質。2011年8月19日第二次函核屬接續其2011年3月22日函之行為，並未另外課予甲一定作為義務而產生另一法律效果，最高法院裁定認為，原裁定（高等行政法院）認系爭函文非屬行政處分，亦無違誤。

對此見解本文不表贊成，如前所述，本案屬行為不行為之強制執行，執行前應先為告誡，此種告誡，行政機關應明確表明履行期限，以及未於期限內履行，將採取何種強制執行方式，如同行政執行法第27條規定般，這涉及所規定之履行期限，是否符合比例原則以及期待可能性等。但第一次函僅告知依法應予拆除，並無明確告知將採取之手段，也無定履行期限，反而第二次函卻有明確告知上述事項，此種行為不行為之告誡符合第27條規定，具有規制作用且命當事人履行期限，為第一次函所無，產生新的義務，應屬另一行政處分，某甲對此告誡應可提起救濟。本案裁定，將B函視為觀念通知，恐有錯誤。

四、有關違章建築下令與執行處分後續發展

針對違章建築實務處理上會出現前後三種函令，首先，主管機關會命違規者限期補正程序（程序違建），第二張函令，因違規者未逾期補正，確認違規並告知應執行拆除（實質違建），第三張函令，則為告知特定時間執行拆除的通知書（行政處分或觀念通知）。

---

[53] Michael APP/Wettlaufer, Verwaltungs-vollstreckungsrescht, 4 Auflage, 2005, §37, Rdnr. 4.

　　針對第一張與第二張函令之性質，最高行政法院107年7月份第1次庭長聯席會議（2018年7月10日）決議文稱：「違章建築補辦手續通知單（下稱補辦通知單）僅係確認B所有之甲房屋為程序違建及通知其補辦建造執照，並未命B拆除其所有之甲房屋，尚難以此作為執行拆除之名義。而違章建築拆除通知單（下稱拆除通知單）雖係接續補辦通知單的行政行為，但其內容既係認定B逾期未補辦申請建造執照手續，構成拆除要件，並表示『依違章建築處理辦法第5條規定應執行拆除』係屬違章建築之甲房屋，即含有命B自行拆除，否則逕為強制執行之意思，自應認該拆除通知單屬於確認及下命性質之行政處分。」

　　該決議文認為第一張（程序違建）與第二張函令（實質違建）皆屬行政處分。

　　臺中高等行政法院107年度訴字第224號行政判決就第三章函令也認為是觀念通知，該判決稱：「……上開違章建築係經被告查報認定為實質違建，不得補辦建造執照，又上開違章建築認定通知書內已記載法令依據為違章建築處理辦法第5條，亦即一經認定為實質違建，即構成拆除要件應予拆除，並不得緩拆或免拆。是被告於作成105年2月5日中市都違字第1050019397號及105年3月15日中市都違字第1050031368號違章建築認定通知書送達時，對該違章建築即已直接發生違章建築處理辦法第5條前段所定「應即拆除」之法律效果，即含有命違建人自行拆除，否則逕為強制執行之意思（最高行政法院107年7月份第1次庭長法官聯席會議決議意旨參照）。其後被告以105年9月19日中市都違字第1050159829號、第1050159832號違章建築拆除時間通知單、105年12月6日中市都違字第1050209154號函及106年12月27日中市都違字第1060226504號函之拆除通知，均係被告認定系爭建物為實質違建後之接續執行行為，僅為一觀念通知，並非發生另一法律效果之行政處分。原告主張106年12月27日中市都違字第1060226504號函為行政處分，即非可採。……」

五、結論

　　本案最高行政法院裁定以及綜合最近司法實務發展，將限期拆除通知

書，認爲限期改善以及採取強制拆除之意圖，並未增加抗告人新的義務，見解不妥。本文認爲，未來相關實務，應將第一次函之下命處分，藉由行政執行法第27條規定，在該處分書內，以書面限定相當期間履行，並載明不依限履行時將予強制執行之意旨，將此種告誡之方式轉化爲一種可爲執行之處分（名義），才可爲行政強制執行之標的。如此，才可以將上述拆除時間通知單視爲前述函（實質違建確認）之接續行爲，而屬觀念通知。

肆、即時強制

> **案例**：最高行政法院裁定94年度裁字第00652號

一、本案事實

　　本件抗告人於2002年2月6日14時15分許，將其所有車號V○-○○○8自用小客車，違規停放於高雄市○○路前劃有黃線禁止停車標線處，案經相對人查獲，乃依違反道路交通管理處罰條例第56條第1項第4款規定予以舉發，然因舉發時抗告人不在車內，乃委託輔助執行拖吊業務之人維企業有限公司拖吊車，將系爭車輛移置至東區某拖吊車輛放置場保管。抗告人雖於同日前往拖吊車輛放置場繳畢交通違規罰鍰新臺幣（下同）900元及車輛拖運費1,000元與保管費200元，並分別取得相對人所屬交通大隊開立之○○號代收交通違規罰鍰收據及由人維公司開立同日051640號保管費及拖吊費收據後領取車輛，惟對於罰鍰及拖吊仍表不服，本案拖吊時，抗告人當場即向執勤警員表明車主身分，請求自行排除障礙，如有違規可開單告發，但該警員仍執意強行拖吊，抗告人認爲拖吊行爲違反行政程序法之比例原則，應選擇對人民權益損害最少者（違規告發即可），因而提起訴願，經高雄市政府以2002年4月9日高市府訴四字第15693號訴願決定以相對人未盡查明之責任，乃決定「原處分於車輛拖吊及保管部分撤銷，由原處分機關於2個月內另爲處分。其餘部分之訴願不受理」。惟撤銷部分嗣經相對人查證後仍維持原處分，抗告人猶表不服，提起訴願，亦遭駁回，乃提起本件訴訟。

二、最高行政法院之判決

最高行政法院判決認為，原裁定既認汽車駕駛人違規停車後離去，因該車輛嚴重妨礙交通，執行勤務警察使用民間車輛，依道路交通管理處罰條例第56條第2項將車輛移置適當處所，並對駕駛人收取移置費、保管費，即屬行政執行法所稱之「代履行」（間接強制執行之方法）乙節，亦即認該行為係警察行使職權。參照警察職權行使法第2條及第29條規定之立法意旨，人民若因警察行使職權有違法或不當情事，致損害其權益者，得依法提起訴願及行政訴訟；並未將警察行使職權之事實行為排除於行政訴訟救濟之外。原審未予以詳究，遽爾謂抗告人違規停車，而將其汽車拖吊及收取移置費之行為，既非行政處分，自不得為行政爭訟之對象，容有未洽。另原裁定謂依行政程序法第174條前段規定，抗告人如認為相對人之拖吊行為不當，亦僅得於向管轄地方法院聲明異議時，一併聲明不服乙節，將裁罰處分之行政程序與原裁定所認「代履行」（間接強制執行之方法）之行政執行程序混淆，亦有未洽。綜上所述，原裁定尚有未洽，抗告意旨據以指摘，求為廢棄，為有理由，爰將原裁定廢棄，並發回原法院。

三、本案評析

本案違規停車之事實，為當事人不爭執，但對於警察實行強制之手段，使第三人代履行執行拖吊之行為，造成原告需多繳納車輛拖運費1,000元與保管費200元有所不服，故對於警察施行即時強制的事實行為提出爭訟。在此，與本文中所要探討的是對於即時強制措施之救濟，亦即對此種事實行為是否有其救濟途徑，其詳述如下：

（一）即時強制之救濟

依本案之強行拖吊，屬於「即時強制」，但因委託第三人為之而採所謂「代履行」之手段，有人稱其為「即時代履行」。針對此種即時強制，是否可依照警察職權行使法第29條第3項之規定，針對原告受有車輛託運費及保管費之損失，得提起訴願，高雄高等法院與最高行政法院見解不一。高雄高等法院認為，警察強制拖吊之性質屬於事實行為，並非行政處分，對於已經執行完畢之警察行為，應不得提起訴願。但最高行政法院卻

引用警察職權行使法第29條第3項之規定，主張針對拖吊行為仍可提起行政爭訟。

　　本文比較贊同最高行政法院之見解，但針對警察職權行使法第29條第3項之適用，提出兩種看法，其一，狹義說見解，第29條第3項在解釋上必須先有該條第1項以及第2項情形後，才有第3項之適用，若是如此，則因有當場異議，並依第2項要求交付異議理由書，而具備行政處分之要素，當然可以提起行政爭訟，若屬已執行完畢之行政處分，則可依行政訴訟法第6條第1項後段提起確認訴訟。

　　若非如此，則採另一廣義說見解，亦即，本條第3項之適用，不受該條前二項之拘束，而得適用所有的警察職權包括即時強制在內，如本案針對此種執行之事實行為，有可能造成使抗告人受有損害違法之後果，該違法狀態繼續存在，有回復原狀之可能，亦即，因執行拖吊所產生的執行費用，對此執行所產生的不利結果，有請求除去之權利，故抗告人應得依行政訴訟法第8條第1項之規定，提起一般給付之訴。

　　最高行政法院之見解，應是採上述之廣義說，主張針對事實行為仍得提起行政訴訟。但如詳就本案之救濟處理程序，卻會得出不同結果，本案拖吊時，抗告人當場即向執勤警員表明車主身分，請求自行排除障礙，如有違規可開單告發，但該警員仍執意強行拖吊，雖經當場異議，員警並未開立異議理由書，但本案經抗告人提起訴願，訴願機關也受理，訴願機關似也將拖吊經由抗議，視為行政處分處理，故本案可提起之訴訟類型應屬於行政訴訟法第6條第1項後段提起確認訴訟。

　　綜上分析，即時強制之性質，是否為行政處分或事實行為，反而不重要，因為，只要是警察職權之行為，不論其行為性質為何，都可依法提起行政爭訟。透過本案裁定，使得警察職權行使法第29條第3項所稱救濟，擴充了及於事實行為，只要符合警察職權行使法第2條之警察職權皆可提起行政救濟之途徑。

（二）代履行費用收取之爭議與救濟

　　若原告針對拖吊而衍生的拖運費與保管費等財產上之支出有所不服

時，這些費用之收取，應是指執行拖吊而產生的代履行費用，其雖由上述之私人拖吊公司所開立之處分書，但此種費用之通知屬於行政法上金錢給付義務之範圍，而屬公權力行使，為行政處分書。本案原告針對繳交拖運費與保管費開立與收取行為不服，係針對代履行費用收取之行為不服，則可依行政訴訟法第4條提起撤銷開立與收取之處分行為，並依行政訴訟法第196條於撤銷判決中請求回復原狀返還已繳納之費用[54]。

原告可要求返還已付之執行費用，但此項請求仍繫於拖吊行為是否合法，兩者有先後必然關係，拖吊行為如屬合法，就不得主張返還費用。因此，針對執行費用請求返還之問題，不必單獨提出，合併提出即可。

四、小結

本案之拖吊行為，屬於即時強制之事實行為，針對已經執行完畢的事實行為，若未經訴願程序，當事人如認為該拖吊違法，可依行政訴訟法第8條提起一般給付之訴。但若經警察職權行使法提起訴願後，則依行政訴訟法第6條提起違法確認訴訟。

案例：最高行政法院99年度判字第641號

一、本案事實

被上訴人經濟部水利署為辦理「基隆河員山子分洪工程」（下稱系爭工程），於2002年5月27日與日商○○營造股份有限公司臺灣分公司簽訂工程契約。上訴人長堡營造有限公司（下稱長堡公司）為報經被上訴人同意分包系爭工程○○○區○道開挖工程之廠商。嗣長堡公司為施作上揭隧道工程，曾於2002年12月21日起向上訴人雷全工程有限公司（下稱雷全公司）租借鐵板。2004年9月11日及同年10月25日因海馬、納坦颱風來襲，被上訴人考量北部地區基隆河水位暴漲，顧及下游數萬戶居民安全，乃將

基隆河破堤後引水進入尚未完工之員山子分洪隧道，造成長堡公司放置於工地現場之機具、材料、諸多設備以及向雷全公司租借之鐵板，均因此而沖毀流失。長堡公司及雷全公司依災害防救法第33條第1項規定，分別向被上訴人請求補償新臺幣（下同）6,655,878元、2,558,640元之損失補償，及自2004年11月1日起按年息5%計算之利息，被上訴人以96年12月13日經水工字第09651279780號及第09653153660號函予以否准。上訴人等不服，分別提起訴願，均遭訴願機關以非訴願範疇，而為不受理決定，上訴人等仍未甘服，遂提起本件行政訴訟，經原審法院判決駁回後，提起上訴。

二、本案評析

（一）最高行政法院判決重點

原判決以「經濟部水利署淡水河流域防洪指揮中心」，係經濟部水利署為辦理淡水河流域臺北市○○○○段防汛業務，所成立之任務編組，其作業程序悉依「經濟部水利署淡水河流域防洪指揮中心作業要點」辦理，而「中央災害應變中心」係依災害防救法第6條、第7條、第13條、第28條及第29條規定所成立，是二者係完全不同之組織，淡水河流域防洪指揮中心之召集人並無災害防救法所定災害應變中心指揮官之權限。本件既非屬中央災害應變中心指揮官，於災害應變必要範圍內之處置所致。自無災害防救法第33條第1項損失補償規定之適用，而駁回當事人之請求。

最高行政法院駁斥原審法院見解，而認為只要政府採取即時強制措施，因而使人民受有損失，人民即可依行政執行法即時強制規定，請求損失補償，其認為：「行政機關本於法定職權，為了阻止犯罪或危害之發生，或避免急迫危險等公共利益之需要，得不依一般行政程序，而對人、物或處逕為緊急措施，或為其他基於法定職權之必要處置。但其緊急處置結果，如造成人民之生命、身體或財產之損失，而已超過人民之社會義務容忍之範圍，構成特別犧牲時，即應予補償。查水、旱災之防救為被上訴人之職掌，已如前述。為執行上開職掌，被上訴人成立淡水河流域防洪指揮中心，該中心於颱風侵襲期間，為維護河岸居民安全，避免緊急危險，

引水進入尚未完工之分洪隧道，係其法定職權之行使，此一即時強制措施符合行政執行法第36條之規定，其因而致上訴人財產發生特別損失，行政執行法第41條規定應亦得爲請求補償之基礎。」

又因本件關於法律關係之基礎既有闡明之必要，且有關時效、救濟程序等問題，行政執行法第41條均有特別規定，而上訴人等主張其置於隧道內之鐵板及設備等遭沖毀流失，此部分事證尚有未明，均有由原審法院再爲調查審認之必要，本院無從自爲判決；故將原審判決廢棄，發回原審法院重爲調查審認後，依本院上開見解另爲適法之裁判。

（二）評析

從上述判決中可得知，最高行政法院判決，駁斥臺中高等行政法院拘泥在是否符合災害防救法上，而否決當事人損失補償要求，是不當之決定，而應著重在政府之即時強制措施是否已經造成人民之特別損失上，若因行政機關所爲之即時強制，符合行政執行法第36條即時強制之規定，並造成人民之特別損失時，人民即可依行政執行法第41條請求損失補償。從權利之保障觀點上，本文贊同最高行政法院之見解。

本案上訴人因行政機關（經濟部水利署）爲考量水災可能發生所爲之行爲，造成上訴人放置於工地現場之機具、材料、諸多設備的損壞，上訴人自然得以依法向行政機關要求補償其損失，其要件如下：

1. 即時強制行爲須合法

如同行政上損失補償之法理，本項補償規定之適用，以合法之即時強制爲前提。如是違法之即時強制，則屬於國家賠償法之適用範圍。於本案中行政機關係依災害防救法第31條規定採取強制之措施，尚難謂非法。

2. 以生命、身體或財產之特別損失爲限

於本案中因行政機關將基隆河水引進尚未完工之員山子分洪隧道，造成長堡公司放置於工地現場之機具、材料、諸多設備以及向雷全公司租借之鐵板，均而沖毀流失，是爲財產上之損害，又此種損失已非一般人能容忍之程度而超出社會義務，構成特別損失，應得依行政執行法第41條要求賠償。

3.受損失人須非可歸責

如是「因可歸責於該人民之事由」而發生即時強制之原因或發生特別損失，均不得請求補償，以示公允。本案中上訴人受到特別損失之原因是被上訴人為因應水災所為之行為，即非可歸責於上訴人之事由致上訴人受有損害，無違背此要件。

三、結論

本案被上訴人成立「淡水河流域防洪指揮中心」主要任務應是屬於防災項目，該任務編組是否符合災害防救法之規定，而得申請損失補償，原審法院與最高行政法院見解不同，本文認為原審法院拘泥於概念之解釋，而忽略人民受損失得請求之權利，本案最高行政法院對災害防救之概念採廣義之解釋，只要政府措施符合災害防救之概念，雖不合於災害防救法之規定，仍得依行政執行法相關規定請求損失補償，吾人贊同本案之決定。就此而言，行政執行法即時強制之規定，可以補充其他特別法規定不足之處，仍有其存在之必要，不應輕言廢除。

第四章

公務人員行政中立法與案例研究

劉嘉發

第一節 本法之立法目的與沿革

壹、本法之立法目的

　　公務人員行政中立法（以下簡稱本法或中立法）第1條即明文規定：為確保公務人員依法行政、執行公正、政治中立，並適度規範公務人員參與政治活動，特制定本法。（第1項）公務人員行政中立之規範，依本法之規定；本法未規定或其他法律另有嚴格規定者，適用其他有關之法律。（第2項）本條條文不僅規範了中立法之立法目的，亦同時指出中立法與其他法律間之適用關係。故其立法目的應有四項：1.確保公務人員依法行政；2.確保公務人員執行公正；3.確保公務人員政治中立；4.適度規範公務人員參與政治活動。由於行政中立之目的主要在於落實民主政治，促進良性政黨競爭，保障公務人員權益，提高行政效能。法之制定，旨在建立公務人員共同遵守的行政中立法制，確立常任文官政治活動界限，以建立優質文官體制，並確保下列目的：

一、依法行政

　　就依法行政來說，中立法第3條規定：「公務人員應嚴守行政中立，依據法令執行職務，忠實推行政府政策，服務人民。」我國在步入民主化後，依法行政的概念早為國人所接受與認同，並落實在公法領域內，其目的在要求國家、政府及公務人員的作為必須知法和守法。依法行政是法治國家最根本的原則，但「依法行政」未必等同行政中立，依法行政是從民主「法治原則」（rule of law）下所導引的結論，也是支配法治國家立法權與行政權關係的基本原則，依法行政強調「依照民主過程所制定的法律來行政」，此係實踐民主政治的必然結果，即公務人員公權力之行使，應以「合法」（legality）為前提。但行政中立的理念層次更高，它是當代民主政治（即政黨政治）的政治環境下，為了促進民主精神及實現民意政治的重要因素，故行政中立是攸關政黨競爭是否公平、政府能否向人民負責並使民意付諸實現等，與政權「正當性」（legitimacy）有關的問題。

二、執行公正

由於行政事務日益複雜化，立法機關不可能就行政事務做出完整的規定，而法律條文通常只作原則性的規範，並賦予行政機關視實際狀況或需要應有彈性運作的空間，也就是所謂的行政裁量權。執行公正便是要求公務人員在行使裁量權時必須秉持的態度，裁量權的行使涉及行政行為及政府資源的分配，關係到行為是否公正及資源分配是否合理。中立法第4條規定：「公務人員應依法公正執行職務，不得對任何團體或個人予以差別待遇。」第12條規定：「公務人員於職務上掌管之行政資源，受理或不受理政黨、其他政治團體或公職候選人依法申請之事項，其裁量應秉持公正、公平之立場處理，不得有差別待遇。」這兩條條文宣示「平等原則」是執行公正的基本態度。

三、政治中立

政治中立指的是對於公務人員的政治行為予以適度規範，惟非指公務人員不得參與政治活動，其目的係為使公務人員免受政黨因素左右，獨立公平執行職務，乃透過對特定政治行為的限制，以促使公務人員秉持中立及公正的做法，實現公部門專業、公正、效率的價值。因此限制公務人員政治活動的條文規範較為細密，中立法第5條至第10條都是規範公務人員的政治活動，其主要內容概分為三類：一是不得在特定時間、場所從事特定行為；二是不得積極參與政黨或政治團體的運作及競選活動；三是不得利用職務上之權力、機會或方法從事特定行為[1]。

綜合上開說明，吾人可知中立法之立法目的乃為使公務人員有關行政中立之行為分際、權利義務等事項有明確之法律依據可資遵循，俾使其於執行職務時，能做到依法行政、公正執法，政治中立，不偏袒任何政黨、團體或個人，不介入政治紛爭，並適度規範公務人員參與政治活動之權利，期使公務人員能為全國人民服務，並有助於提升政府效率與效能，進而健全文官體制。

---

[1] 國家文官學院編印，107年公務人員行政中立法實務案例高階主管研討班研討資料，2018年5月，頁4-5。

貳、本法之立法沿革

早期我國在戒嚴時期並未定有「公務人員行政中立法」之專屬法制，有關公務人員行政中立之事項，均係由各主管機關訂定內部行政規則加以規範之。且如從政治現實面加以觀察，任何的執政黨都不太希望公務人員行政中立法完成立法；而在野黨則多半期待本法能儘速通過立法施行。

事實上，我國有關公務人員行政中立法制之奠基工作，始自1993年10月間開啓。當時銓敘部以「如何建立行政中立法制案」為中心議題，經提全國人事主管會報研討獲致共識後，旋即研擬公務人員行政中立法草案初稿，並於1994年11月報請考試院審議。案經考試院第8屆第203次會議審議通過後，隨即於同年12月函請立法院審議[2]。惟其間因朝野立法委員各有選情與政治利益考量，以及法案名稱是否應更名為「政治中立法草案」，立法過程與進度並不順遂[3]。

迨至2002年1月4日立法院三讀通過制定「公務人員訓練進修法」[4]，並經總統於同年1月30日公布施行。該法第5條明定：「為確保公務人員嚴守行政中立，貫徹依法行政、執法公正、不介入黨派紛爭，由公務人員保障暨培訓委員會辦理行政中立訓練及有關訓練，或於各機關學校辦理各項訓練時，列入公務人員行政中立相關課程；其訓練辦法，由考試院定之。」主管機關考試院乃依該法之授權，於2002年6月13日發布「公務人員行政中立訓練辦法」，依據該訓練辦法執行全國各機關公務人員行政中立之訓練講習。惟真正規範公務人員行政中立之專屬「法律」，則遲遲未

2　劉昊洲，行政中立專題，商鼎文化出版社，2005年9月，初版，頁220。

3　而學界則多主張宜採「行政中立法」之用語，並呼籲儘速立法，俾使公務人員之行政中立事項能早日法制化。參見蔡良文，比較行政中立相關法制分析，中國文化大學行政管理學報，第2期，1999年6月，頁57以下；黃臺生，公務人員行政中立法制化的省思，考銓季刊，第27期，2001年7月，頁82以下；劉昊洲，論行政中立，人力發展月刊，第43期；蔡良文，論行政中立法制建立應思考的問題，人事月刊，第19卷第2期，1994年，頁38；盧俊宏，警察行政中立—以資訊公開、程序透明的政策課責觀點與個案檢證，國立東華大學公共行政研究所碩士論文，2005年6月，頁151；黃昭欽，警察行政中立之研究—第十一任總統副總統選舉個案，國立中山大學政治學研究所碩士論文，2004年7月，頁151-152。

4　立法院公報，第91卷第5期上冊，2002年1月16日。

能立法通過。

事實上，有關公務人員行政中立法草案，考試院曾於1994年12月30日、2003年9月19日及2005年10月13日三度函請立法院審議，均因未能在立法院第4屆、第5屆及第6屆立法委員任期前完成立法程序。依立法院職權行使法第13條有關每屆立法委員任期屆滿時，尚未議決之議案，下屆不予繼續審議之規定，考試院乃於2008年12月30日第四度函請立法院重新審議本法[5]。

直至2009年5月19日，我國第一部「公務人員行政中立法」方完成立法程序[6]，並由總統明令公布自同年6月10日施行。本法之制定、施行，今後可使公務人員有關行政中立之行為分際、權利義務等事項有明確之法律依據可資遵循，俾使其於執行職務時，能做到依法行政、公正執法，政治中立，不偏袒任何黨派，不介入政治紛爭，以為全國人民服務，且有助於提升政府效率與效能，進而健全文官體制，助益尤多[7]。而在同年11月13日「公務人員行政中立法施行細則」（以下簡稱施行細則），亦經考試院訂定完成並發布適用。至此，我國公務人員行政中立之相關法制終於立法完成，各級行政機關及其所屬公務人員即應依本法及其施行細則相關之規定，確實遵守並加以落實各項行政中立之要求。

又中立法自2009年6月公布施行以來，屢有立法委員認為本法準用之對象仍有疑慮，公務人員之親屬為公職候選人時，僅限於配偶或一親等直系血親方得公開為之站台、遊行或拜票，且站台又不能助講，凡此規定實過於嚴苛，有悖夫妻情感及家人親情倫理，乃陸續於2012年間主動提案修正中立法第5條、第9條及第17條等3條條文。經2012年6月7日及同年11月12日立法院司法及法制委員會2次全體委員會議審查完竣[8]，2013年1月

5　立法院公報，第98卷第14期下冊，2009年4月17日，頁276；立法院第7屆第2會期第17次會議議案關係文書，院總第1549號，政府提案第11532號，2009年1月7日印發。

6　銓敘部主編，公務人員行政中立法專輯（續編二），2010年7月，頁250。立法院公報，第98卷第31期，2009年5月26日，頁142-143。

7　銓敘部編印，公務人員行政中立法Q&A專輯，2018年5月，頁1；立法院第7屆第2會期第17次會議議案關係文書，院總第1549號，政府提案第11532號，2009年1月7日印發。

8　參見立法院第8屆第1會期第7次會議議案關係文書，院總第1549號，委員提案第13144號，

9日、2014年10月29日朝野黨團二度協商。適逢2014年底九合一選舉，臺北市有某公立醫院醫師為其配偶公開站台助講之情形，乃加速推動了本法第一次修法[9]，終在2014年11月26日完成修法並經總統明令公布第5條、第9條、第17條條文。考試院亦配合於2015年2月9日修正發布中立法施行細則第6條及第9條規定；另配合政黨法於2017年12月6日總統令制定公布，考試院爰於2018年5月7日修正發布中立法施行細則第2條第1項規定。有關公務人員行政中立法制之建構與沿革，茲簡要整理如下表4-1。

表4-1　公務人員行政中立法制之建構與沿革一覽表

時間	相關中立法制	備註
2002.01.04	公務人員訓練進修法	第5條明定：為確保公務人員嚴守行政中立，貫徹依法行政、執法公正、不介入黨派紛爭，由公務人員保障暨培訓委員會辦理行政中立訓練及有關訓練。
2002.06.13	公務人員行政中立訓練辦法	依據公務人員訓練進修法第5條授權，由考試院發布訓練辦法，明確規範有關公務人員行政中立訓練之事宜。
2009.06.10	公務人員行政中立法	第一部規範公務人員行政中立之基本法。
2009.11.13	公務人員行政中立施行細則	依據中立法第19條授權，由考試院發布，規範行政中立法解釋性、細節性事項。
2014.11.26	公務人員行政中立法	第1次修正第5、9、17條條文。
2015.02.09	公務人員行政中立施行細則	第1次修正：配合中立法第1次修正，修正發布第6、9條條文。
2018.05.07	公務人員行政中立施行細則	第2次修正：配合政黨法於2017年12月6日制定公布，修正發布施行細則第2條第1項條文。

2012年4月11日印發：立法院第8屆第2會期第6次會議議案關係文書，院總第1549號，委員提案第14126號，2012年10月24日印發：立法院第8屆第2會期第7次會議議案關係文書，院總第1549號，委員提案第14121號，2012年10月31印發。

[9] 陳佩琪條款三讀，公務員可替配偶站台，聯合晚報，A8版，2014年11月11日。

第二節 本法主要規範內容及爭議問題

壹、中立法規範之對象

按公務人員行政中立法第2條規定：「本法所稱公務人員，指法定機關依法任用、派用之有給專任人員及公立學校依法任用之職員。」又同法第17條規定：「下列人員準用本法之規定：一、公立學校校長及公立學校兼任行政職務之教師。二、教育人員任用條例公布施行前已進用未納入銓敘之公立學校職員及私立學校改制為公立學校未具任用資格之留用職員。三、公立社會教育機構專業人員及公立學術研究機構兼任行政職務之研究人員。四、各級行政機關具軍職身分之人員及各級教育行政主管機關軍訓單位或各級學校之軍訓教官。五、各機關及公立學校依法聘用、僱用人員。六、公營事業對經營政策負有主要決策責任之人員。七、經正式任用為公務人員前，實施學習或訓練人員。八、行政法人有給專任人員。九、代表政府或公股出任私法人之董事及監察人。」第18條則規定：「憲法或法律規定須超出黨派以外，依法獨立行使職權之政務人員，準用本法之規定。」

另依公務人員行政中立訓練辦法第3條規定：「本辦法以公務人員行政中立法第二條所稱之公務人員為適用對象。」同辦法第14條亦規定：「本辦法以公務人員行政中立法第十七條及第十八條所定之人員為準用對象。」因此，中立法第2條適用人員，以及第17條、第18條準用人員，均應依公務人員行政中立訓練辦法有關規定，接受行政中立之訓練。

同時，在中立法以外的其他現行法令亦有明定須準用中立法之規定者。例如「各機關學校團體駐衛警察設置管理辦法」第19條之1規定：「各機關及公立學校駐衛警察行政中立事項，準用公務人員行政中立法規定。」又如農田水利會組織通則第23條規定：「農田水利會之各級專任職員及會長，……準用公務人員行政中立法，應嚴守行政中立，依據法令執行職務，忠實推行政府政策。」因此，受本法規範須行政中立之對象，可區分為「適用」人員及「準用」人員兩大類，茲論述說明如下。

一、適用人員

（一）法定機關依法任用之有給專任人員

本法所稱「依法任用」者，係指依相關公務人員任用法律任用，經銓敘部機關銓敘審定者而言。亦即行政中立法規範之對象主要適用於常任文官，即一般所謂「事務官」。舉凡法定機關中，依「公務人員任用法」任用之簡、薦、委任人員，均為行政中立法適用之對象。此外，依該法第32條、第33條規定，授權另以特別法律定其任用之司法人員、審計人員、主計人員、關務人員、稅務人員、海巡人員、外交領事人員、警察人員、醫事人員、交通事業人員，以及依第34條規定專門職業及技術人員轉任公務人員條例轉任之人員等，均屬依相關公務人員任用法律任用之人員。只要彼等人員領有俸（薪）給，且有專任職位者，均為本法之適用對象範圍。

此外，依公務人員任用法第11條規定：「各機關辦理機要職務之人員，得不受第九條任用資格之限制。前項人員，機關長官得隨時免職。機關長官離職時應同時離職。」第11條之1規定：「各機關辦理進用機要人員時，應注意其公平性、正當性及其條件與所任職務間之適當性。各機關機要人員進用時，其員額、所任職務範圍及各職務應具之條件等規範，由考試院定之。」考試院乃基此授權訂頒「各機關機要人員進用辦法」以茲適用。故機要人員雖不受公務人員任用法第9條任用資格之限制，惟仍係屬依公務人員任用法授權訂頒之「各機關機要人員進用辦法」進用人員，且亦依公務人員俸給法規定受有俸給，故為中立法第2條所稱依法任用之有給專任人員，應屬中立法之適用對象[10]。

另如縣（市）改制為直轄市，其以機要人員方式進用之直轄市「區長」，是否為公務人員行政中立法之適用對象？亦有探究之必要。按地方制度法（以下簡稱地制法）第3條、第5條及第58條規定，區為直轄市之組織體系；直轄市之區設區公所；直轄市之區公所，置區長1人，承市長之命綜理區政，並指揮監督所屬人員。復依內政部99年10月20日台內民字第0990208515號函釋，機要區長之待遇，參照簡任第十職等本俸五級之標準

---

[10] 銓敘部98年11月18日部法一字第0983122019號電子郵件。

支給。準此，區公所既為法定機關，且機要區長亦握有行政權力與行政資源，以及享有政府職銜名器，並為有給專任之職務，故中立法第2條規定所稱之「法定機關依法任用之有給專任人員」，自應包括機要區長，始符該法之制定目的。另地制法第58條第1項及第2項規定，縣（市）改制為直轄市者，其區長之進用雖有依公務人員任用法任用，以及以機要人員方式進用2種方式，惟所職掌之事項及權責並無不同。因此，渠等於行使職權及運用行政資源等之行為分際亦應相同，從而機要區長自應與常任區長同受中立法之規範，始屬衡平。綜上，就中立法之立法沿革、制定目的及機要區長之職掌事項觀之，機要區長應為中立法第2條所稱之公務人員，而為該法之適用對象[11]。

至於警察人員之任用係依公務人員任用法第32條規定，另以「警察人員人事條例」之特別法律為任用依據。故依該條例任官授階執行警察任務之警察人員，其所任官等包括警監、警正及警佐警察官，其職務上至警政署長下至基層警員，皆屬公務人員行政中立法第2條所稱「依法任用」之人員，均為行政中立法之適用對象，自無疑問。至於警察機關中有部分未經考試銓敘合格，未依法任官授階而比照暫支「警佐待遇人員」，是否為公務人員行政中立法適用或準用之對象，則仍待進一步釐清。

查警察機關中現有所謂「警佐待遇人員」，其係指分派至警察機關服務，但卻未通過警察特考，依法取得合格警察官任官資格之警大與警專畢業生，而暫時比照「警佐」警察官待遇支領俸給之人員[12]。該等人員雖未通過國家考試，正式銓敘合格任用為警察官，但因基於信賴保護原則，以及歷史背景因素下，目前彼等人員主要係依「警察機關暫支領警佐待遇人員管理辦法」相關規定，加以派用。且其執行職務時，均依警察服制條例

---

11 銓敘部100年5月30日部法二字第1003341597號書函。
12 按警察人員人事條例第40條之1規定：「中華民國八十七年以前入學之警察大學、警官學校學生，或中華民國八十八年以前入學之警察專科學校、警察學校學生，畢業後未取得任官資格者，得暫支領警佐待遇，於警察官監督下，協助執行勤務。前項暫支領警佐待遇人員之勤務、任免遷調、獎懲考成、薪給、退休撫卹及其他相關事項之辦法，由內政部定之。本條例中華民國九十六年六月十五日修正之條文施行前，經依有關法令進用之其他現職警佐待遇人員，準用前項辦法。」

規定穿著警察制服，並於合格警察官監督下，協助執行警察勤務。

此外，依其管理辦法規定，暫支領警佐待遇人員之任免及遷調事項，係「比照」警佐人員辦理。又其考成、退休、撫卹、薪給及其他給與事項，除該辦法另有規定外，乃「準用」公務人員考績法、公務人員退休法、公務人員撫卹法、警察人員人事條例及其有關規定。再者，暫支領警佐待遇人員之保險，則完全「適用」公教人員保險法規定[13]。故警佐待遇人員雖非正式合格之警察人員，惟因其法定身分與地位特殊，自非「義勇警察」、「駐衛警察」或「警察役役男」可資比擬，「實質上」已等同於合格之警察人員。故彼等人員在執行職務時，亦應受到公務人員行政中立法之拘束，實宜比照合格之警察官，將其視為本法「適用」對象之一，方為妥適。

（二）法定機關依法派用之有給專任人員

本法所稱「依法派用」者，係指依「派用人員派用條例」派用之人員。依該條例第2條規定：「派用人員之設置，以臨時機關或有期限之臨時專任職務為限，其性質、期限、職稱及員額，臨時機關應於法定組織中規定；有期限之臨時專任職務，應列入預算。」又派用人員可分為簡派、薦派、委派三等；其職務等級表，準用公務人員任用法第2條之規定。且派用人員，除具有簡任、薦任、委任任用資格者外，不得兼任簡任、薦任、委任之職務。

然而派用人員派用條例已於2015年6月17日經總統公布廢止，其施行細則亦於同年8月24日經考試院發布廢止。其廢止主因乃在於：派用條例前於1969年4月28日制定公布，是時為配合推動國家建設等重大政策，利於機關及時遴補所需專業人力，爰明定臨時機關與有期限之臨時專任職務，得以學、經歷進用派用人員，對早期發展國家重大建設著有成效。惟隨時空環境變遷，派用人員久任偏離立法原意，並與考試用人精神未符，且其派用官等資格條件過為寬鬆，與考試任用之人員亦有失衡平[14]。故為

---

13 警察機關暫支領警佐待遇人員管理辦法第3條、第6條、第7條參照。
14 參見立法院第8屆第7會期司法及法制委員會第16次全體委員會議紀錄，立法院公報，第104

落實憲法考試用人精神，爰予廢止。

同時，為配合派用條例之廢止，除併同刪除派用條例於任用法第36條之法源依據外，為避免現職派用人員之派用失所附麗，參考原技術人員任用條例廢止時之做法，配合於任用法增訂第36條之1，作為現有派用人員繼續任職之法源依據。並規定於9年過渡期間內，得繼續適用原派用條例辦理，過渡期滿後，留任原職稱原官等職務至離職時為止，以適度維護是類人員之權益[15]。

（三）公立學校依法任用之職員

本法所稱公立學校「依法任用」之「職員」，主要係指依「教育人員任用條例」任用之各級公立學校職員。上至各公立大學，下至國民小學之「職員」，均屬之。按該條例第21條規定：「學校職員之任用，依其職務類別，分別適用公務人員任用法或技術人員任用條例之規定，並辦理銓敘審查。……學校人事人員及主計人員之任用，分別依照各該有關法律規定辦理。」故在各級公立學校服務而屬一般行政職系、人事行政職系及主計人員職系，且依各該相關法律任用之職員，均為本法適用之對象。

惟本項所稱依法任用之職員，並未包含各級公立學校依法聘任之專任「教師」。蓋公立學校教師係從事教學、研究工作，並享有憲法保障之言論、講學等自由，且教師法公布施行後，教師與公務人員已分途管理，而教師之權利義務亦於教師法中加以規範，故如要求其行政中立，宜因其職務特性而於教師法中明定[16]。至於以專任「教師」身分兼任學校行政職務者，則可能有本法之準用餘地，詳參後述。

卷第43期，2015年5月28日，頁72-73；立法院第8屆第7會期第9次會議議案關係文書，院總第1628號，政府提案第15251號，2015年4月12日印發；立法院第8屆第7會期第14次會議議案關係文書，院總第1628號，政府提案第15251號之2，2015年5月27日印發。

[15] 立法院第8屆第7會期司法及法制委員會第16次全體委員會議紀錄，立法院公報，第104卷第43期，2015年5月28日，頁73-74。

[16] 銓敘部主編，公務人員行政中立法草案逐條說明，公務人員行政中立法專輯（續編二），2010年7月，頁224。

二、準用人員

（一）公立學校校長及公立學校兼任行政職務之教師

　　公立學校校長、兼任行政職務之教師同於公立學校服務，從事行政工作；司法院大法官釋字第308號解釋明文略以：兼任學校行政職務之教師，就其兼任之行政職務，則有公務員服務法之適用，況校長及兼任行政職務之教師掌有學校資源分配權利，可能動用行政資源從事政治活動，影響行政層面亦廣，本法將之納入準用自有其必要性。但如公立學校教師未兼任行政職務時，即無本法準用之餘地。

　　惟中央警察大學（以下簡稱警大）及臺灣警察專科學校（以下簡稱警專）校長，亦屬公立學校之校長。兩校校長是否為本法「準用」之對象？或應為本法「適用」之對象？仍須進一步解析。查中央警察大學組織條例第5條規定：「本大學置校長一人，綜理校務；副校長一人承校長之命，襄理校務；均警監。」又依臺灣警察專科學校組織條例第5條規定：「本校置校長一人，綜理校務，警監；教育長一人，承校長之命襄理校務，警監或警正。」因此，依上開兩校組織條例規定，警大校長及警專校長均為「警監」官等之警察官，而屬依警察人員人事條例任用之警察人員，故應為前述本法「適用」之對象，而非本項「準用」之對象，允宜留意。

　　此外，服務於警大及警專之專任教師與專任教官，是否為公務人員行政中立法適用或準用之對象？亦有探討之必要。查中央警察大學組織條例第6條第2項規定：「本大學置教官二十人至四十人，警正，其中十五人，得列警監。教官員額在前項教師員額總數之內。」而臺灣警察專科學校組織條例第6條則規定：「本校置教授、副教授、講師、助教二十人至四十六人，均依教育人員任用條例之規定聘任；教官四十人至九十四人，其中一人得列警正或警監，九人至二十二人，得列警正，十三人至三十一人，得列警佐或警正；餘警佐。」故依兩校組織條例觀之，警大及警專之「專任教官」其身分實係「警察官」，與一般警察人員無異，同屬依法「任用」之有給專任人員，故完全為本法所「適用」規範之對象。至於兩校之專任教師，如教授、副教授、助理教授、講師等教育人員，是否為本

法適用或準用之對象，則須從下列兩個面向加以分析。

1. 兼任行政職務之專任教師

兩校專任教師如兼任學校行政職務者，例如兼任系、所、科、中心主任、教務長、學務長、總務長等職務時，即應「準用」公務人員行政中立法而受到本法之規範。其主要係依司法院大法官釋字第308號解釋意旨指出：「公立學校兼任學校行政職務之教師，就其兼任之行政職務，則有公務員服務法之適用。」因此，公立學校兼任行政職務之教師，其行為義務本即受公務人員相關法令之規範，復以其兼任行政職務，亦掌有行政權限或行政資源，為避免有不當動用之可能，爰於本法第17條第1款明定其為準用對象。

2. 未兼任行政職務之教師

至於兩校之專任教師若未兼任學校行政職務者，則非本法適用或準用之對象。蓋因教師係從事教學、研究工作，並享有憲法保障之言論、講學等自由，且教師法公布施行後，教師與公務人員已分途管理，而教師之權利義務亦於教師法中加以規範，故如要求其行政中立，宜因其職務特性，於教師法、教育基本法或其他相關教育法令中加以明定[17]。故銓敘部即曾函示：「中立法第2條規定，其適用對象，係指法定機關依法任用、派用之有給專任人員及公立學校依法任用之職員，亦即以常任文官為適用對象。又同法第17條及第18條規定所列舉之準用對象，亦未包括國立大學未兼任行政職務之教授。因此，國立大學未兼任行政職務之教授並非中立法適用或準用對象，是以，渠等得否具名推薦候選人，或具名擔任相關活動發起人，尚非中立法規範範圍[18]。」

---

[17] 依2013年12月11日修正公布之教育基本法第6條規定：「教育應本中立原則。學校不得為特定政治團體從事宣傳或活動。主管教育行政機關及學校亦不得強迫學校行政人員、教師及學生參加任何政治團體或活動。」其修法主要理由乃在於：原條文將政治及宗教中立有關規定同列一項，然因政治與宗教性質本有不同，政治中立與宗教中立內涵亦有不同，為體現個別教育政策意涵，爰修正移列於第2項至第4項分別規範，以避免滋生疑義。另以政治中立原則於公立及私立學校一體適用，爰明定於第2項。

[18] 銓敘部98年12月10日部法一字第0983119221號書函。

（二）教育人員任用條例公布施行前已進用未納入銓敘之公立學校職員及私立學校改制為公立學校未具任用資格之留用職員

教育人員任用條例於1985年5月1日制定公布施行後，有關各級公立學校職員之任用，應適用公務人員任用法之規定，並辦理銓敘審查，其經銓敘審查合格者，即屬依法任用之人員，屬適用公務人員行政中立法之人員；而在該條例修正公布以前已進用之不具任用資格之職員，因未能改任換敘，屬未經銓敘審查合格之教育人員。渠等人員與私立學校捐贈改制為公立學校[19]，其留用之職員，資格條件有類同之處，同在公立學校服務，予列為準用之對象。

（三）公立社會教育機構專業人員及公立學術研究機構兼任行政職務之研究人員

公立社會教育機構專業人員及公立學術研究機構研究人員，舊法原規定不論是否兼任行政職務均有本法之準用。因其屬性與公立學校職員與兼任學校行政職務之教師頗為相同，是以納入本法準用對象。此如中央研究院之研究人員，與公立學校之教師性質相近，如其兼任行政職務者，亦有不當動用行政資源之可能，故將其列入本法準用對象之一。惟如中央研究院未兼任行政職務之研究人員，其不當動用行政資源之可能性較低，且基於學術研究自由之保障，是否一律將之列入本法準用之對象，恐有待商榷。此項條文規定，有認為宜回歸考試院當初所提草案，僅限於公立學術研究機構「兼任行政職務」之研究人員，如院長、副院長、所長、主任等為準用對象，方屬合理[20]。

由於公立社會教育機構及公立學術研究機構中，未兼任行政職務之專業人員或研究人員，並無實質決策動用或分配行政資源用以從事支持或反

---

[19] 如原私立「聯合工商專科學校」於1995年7月1日改制為「國立聯合工商專科學校」，1999年8月1日改制為「國立聯合技術學院」，2003年8月1日更名為「國立聯合大學」，改隸高等教育體系。又如私立「勤益工商專科學校」於1992年7月1日改制為「國立勤益工商專科學校」，1999年7月1日改制為「國立勤益技術學院」，2007年2月1日正式更名為「國立勤益科技大學」。參見兩校簡介，http://www.nuu.edu.tw/UIPWeb/wSite/ct?xItem=138387&ctNode=13426&mp=2；http://web2.ncut.edu.tw/files/11-1000-16-1.php。

[20] 銓敘部主編，公務人員行政中立法專輯（續編二），2010年7月，頁234。

對特定政黨或政治團體活動之權限，不應納入中立法準用範圍。因此，為避免過度限制上開機構未兼任行政職務人員之基本權利，新法乃增訂限於「兼任行政職務」者，始有本法之準用[21]。且本款係指公立社會教育機構及公立學術研究機構中，「兼任行政職務」之專業人員或研究人員，方有本法之準用。至於未兼任行政職務之專業人員或研究人員，則非屬本法準用之對象[22]。

　　事實上，中立法於考試院及銓敘部研議過程中，歷來均參酌相關學者專家所提學術研究人員實際上並不負行政事務工作等意見，而僅將公立學術研究機構兼任行政職務之研究人員列為準用對象。惟2009年3月18日中立法在立法院審查時，部分立法委員提議將中立法第17條第3款「公立學術研究機構兼任行政職務之研究人員」中之「兼任行政職務之」等文字刪除，致使所有公立學術研究機構研究人員均納入規範，是時提案機關考量因屬立法委員審議法案職權，爰予尊重。嗣2011年間，立法委員就上開公立學術研究機構研究人員為中立法準用對象部分主動提案修正，經2012年6月7日及同年11月12日立法院司法及法制委員會2次全體委員會議審查完竣、2013年1月9日、2014年10月29日朝野黨團二度協商後，終於2014年11月26日完成修法並經總統明令公布，僅將公立學術研究機構「兼任行政職務」之研究人員納入規範[23]。

（四）各級行政機關具軍職身分之人員及各級教育行政主管機關軍訓單位或各級學校之軍訓教官

　　各級行政機關具軍職身分之人員及軍訓教官等，均非任職於軍事機關或部隊，而係分別任職於行政機關（如總統府、國家安全會議、國家安全

---

[21] 立法院第8屆第2會期第6次會議議案關係文書，院總第1549號，委員提案第14126號，2012年10月24日印發。

[22] 本款於立法院修法審查時，有立法委員質詢提及公立社會教育機構之專業人員，是否全部均有本法之準用？或僅限於有兼任行政職務之專業人員？當時銓敘部張哲琛部長答詢謂：僅限於兼行政職務之專業人員。參見立法院公報，第101卷第74期第2冊，2012年12月6日，頁383-384。

[23] 銓敘部編印，公務人員行政中立Q&A專輯，2018年5月，頁5。

局、海巡署[24]、國防部及其所屬機關等）、各級教育行政主管機關軍訓單位或各級公、私立學校，均可能接觸行政機關人員及學校學生等，爲免其不當動用行政資源違反行政中立，實有加以規範之必要，爰納爲本法準用對象[25]。因此，如教育部或地方政府教育局所屬軍訓室，以及高中（職）以上無論是公立或私立學校之軍訓教官，均屬本法準用之人員。

（五）各機關及公立學校依法聘用、僱用人員

依法聘用、僱用人員，主要係指「聘用人員」與「約僱人員」兩者而言，「依法」則係指有法律或法律授之法規命令或行政契約作依據爲要件。其中所謂「聘用人員」，係指依「聘用人員聘用條例」聘用之人員[26]。

而所稱「僱用人員」，係指依「行政院與所屬中央及地方各機關約僱人員僱用辦法」進用之約僱人員[27]。查該辦法原名稱爲「行政院暨所屬機關約僱人員僱用辦法」，然因該辦法除適用於行政院及所屬各機關外，亦適用於地方各機關，爲明確界定該辦法之適用範圍，爰參酌行政院與所屬中央及地方各機關聘僱人員給假辦法之立法例修正該辦法名稱，行政院業已於2019年10月1日發布修正法規名稱及部分條文內容。依該該辦法第2條規定：其所稱「約僱人員」，指各機關以行政契約定期僱用，辦理事務性、簡易性等行政或技術工作之人員。另第5條規定：約僱人員之僱用期間，以1年爲限。但業務完成之期限在1年以內者，應按實際所需時間僱用

---

[24] 行政院海岸巡防署業已於2018年4月28日正式改制爲行政院海洋委員會，下設海巡署及海洋保育署兩個次級機關。其中海巡署仍負責規劃與執行海域及海岸巡防事項，亦即將原海岸巡防總局所屬軍職人員與海洋巡防總局人員合併納入之，再設「各地區分署」與「偵防分署」。詳參海洋委員會組織法第5條、海洋委員會海巡署組織法第5條。

[25] 銓敘部主編，公務人員行政中立法專輯（續編二），2010年7月，頁235。

[26] 依該條例所稱聘用人員，指各機關以契約定期聘用之專業或技術人員。其職稱、員額、期限及報酬，應詳列預算，並冊列送銓敘部登記備查；解聘時亦同。

[27] 依該僱用辦法規定：約僱人員之僱用以所任工作係相當分類職位公務人員第五職等以下之臨時性工作，而本機關確無適當人員可資擔任者爲限。約僱人員之僱用應訂立契約，僱用期間，以1年爲限，但業務完成之期限在1年以內者，應按實際所需時間僱用之。其完成期限需要超過1年時，得依原業務計畫預定完成之時間，繼續每年約僱一次，至計畫完成時爲止；其約僱期限超過5年者，應定期檢討該計畫之存廢。約僱人員僱用期滿，或屆滿65歲，應即無條件解僱。

之，其完成期限需要超過1年時，得依原業務計畫預定完成之時間，繼續每年約僱一次，至計畫完成時為止；其約僱期限超過5年時，應定期檢討該計畫之存廢。約僱人員僱用期滿，或僱用至屆滿65歲之當月末日為止，應即終止契約。

　　由於各機關公立學校之聘僱人員，雖係政府機關及公立學校以契約進用之人員，惟該等人員之人事管理與公務人員大致相同，亦有不當動用行政資源，或違反行政中立之可能，爰將各機關及公立學校依法聘用、僱用人員均納入本法準用對象。

（六）公營事業對經營政策負有主要決策責任之人員

　　所謂公營事業，係指各級政府對公眾服務，或提供物資，以收取費用為手段，並以私經濟經營方式所設置之組織體，其通常係依公司法成立，採公司之組織型態[28]。例外亦有採非公司型態之組織者，如交通部臺灣鐵路管理局、財政部印刷廠、中央銀行之中央造幣廠與中央印製廠等。

　　按公營事業移轉民營條例第3條規定，其所稱公營事業，係指下列各款之事業：1.各級政府獨資或合營者；2.政府與人民合資經營，且政府資本超過50%者；3.政府與前二款公營事業或前二款公營事業投資於其他事業，其投資之資本合計超過該投資事業資本50%者。另依國營事業管理法第3條規定，其所稱國營事業如下：1.政府獨資經營者；2.依事業組織特別法之規定，由政府與人民合資經營者；3.依公司法之規定，由政府與人民合資經營，政府資本超過50%者。故公營事業機構之種類，如以其所屬行政主體劃分，可分為國營（中央）與地方自治團體所經營之公營事業；如以其組織型態區分，可別為公司型態與非公司型態之公營事業；再用是否以營利為目的，又可分為營利性與非營利性之公營事業。

　　由於公營事業人員多係屬企業經營體系成員，其機關之組織型態不一，參照司法院釋字第305號解釋意旨略以：其依公司法有關法令規定設立者，性質上已為私法人，其所屬人員與公營事業機構之關係，應為私法上契約關係，惟其如公務人員任用或事業人員相關任用法律如交通事業人

---

28 李震山，行政法導論，三民書局，頁75。

員任用條例任用，則仍為具公法關係之人員，其雖非掌有行政權力或資源，但又被要求違反行政中立之可能，是以納本法準用對象之列。且公營事業擁有豐厚資源，一向為執政黨，利用作為選舉資源最佳工具，尤其主管人員可利用之資源及關係更多，絕不亞於一般公務人員。僅限制其主要決策負責人員，實無法有效禁止其他人進行輔選、助選之行為，是以所有公營事業機構從業人員均宜納入準用對象。故中立法最初立法通過時，第17條第6款即明定所有公營事業機構人員，均為本法準用對象。惟施行細則第9條第1項卻規定：「本法第十七條第六款所稱公營事業機構人員，不包括公營事業機構之純勞工。」主要乃考量公營事業機構之純勞工，係依相關勞動法規而進用，要屬私法上契約關係，且無法恣意轉換為依法「任用」性質之公務人員，故本法乃將之排除準用之列。

惟舊法將公營事業機構人員全數納入行政中立之規範，未依該人員所掌握之決策權力、行政資源多寡以及影響力大小而為規範，實有未當[29]。故中立法第一次修法乃將本款修正僅限於「對經營政策負有主要決策責任之人員」，方有本法之準用，其餘人員則不在準用之列。同時，本法施行細則第9條第1項亦同步修正條文，明定本款所稱公營事業對經營政策負有主要決策責任之人員，係指公營事業機構董事長、總經理、代表公股之董事、監察人及其他對經營政策負有主要決策責任等人員。

目前國營（中央）事業機構依據行政院國家發展委員會之歸類，其主管機關共有5個部會，而所屬公營事業包括：1.中央銀行：(1)中央造幣廠；(2)中央印製廠；2.財政部：(1)臺灣金融控股股份有限公司；(2)臺灣土地銀行股份有限公司；(3)中國輸出入銀行；(4)臺灣菸酒股份有限公司；(5)財政部印刷廠；3.經濟部：(1)台灣電力股份有限公司；(2)台灣中油股份有限公司；(3)台灣糖業股份有限公司；(4)台灣自來水股份有限公司；4.交通部：(1)中華郵政股份有限公司；(2)臺灣鐵路管理局；(3)臺灣港務股份有限公司；(4)桃園國際機場股份有限公司；5.行政院金融監督管

---

[29] 立法院第8屆第2會期第7次會議議案關係文書，院總第1549號，委員提案第14121號，2012年10月31印發。

理委員會：中央存款保險股份有限公司等[30]。詳如下表4-2。

表4-2　現行國營（中央）事業機構一覽表

主管機關	事業機構	備註
中央銀行	中央銀行	
	中央造幣廠	
	中央印製廠	
財政部	臺灣金融控股股份有限公司	臺灣金控公司條例於2008年11月26日公布，並溯及自2008年1月1日施行，再轉投資臺灣銀行
	臺灣土地銀行股份有限公司	
	中國輸出入銀行	
	臺灣菸酒股份有限公司	
	財政部印刷廠	
經濟部	台灣電力股份有限公司	
	台灣中油股份有限公司	原為中國石油公司，2007年2月9日更名
	台灣糖業股份有限公司	
	台灣自來水股份有限公司	原為台灣省自來水股份有限公司，2007年5月31日更名
交通部	中華郵政股份有限公司	
	臺灣鐵路管理局	
	臺灣港務股份有限公司	於2012年3月1日成立，由基隆港、臺中港、高雄港務花蓮港4個港務局合併成立
	桃園國際機場股份有限公司	於2010年11月1日成立
行政院金融監督管理委員會	中央存款保險股份有限公司	原財政部所屬中央存款保險公司，奉行政院核定自2011年起移撥至金管會

---

[30] https://www.ndc.gov.tw/cp.aspx?n=62BAE2178539778F，最後瀏覽日期：2018年8月10日。

　　至於地方自治團體經營之公營事業，如臺北大眾捷運股份有限公司、桃園大眾捷運股份有限公司、桃園航空城股份有限公司、高雄市輪船股份有限公司、金門酒廠實業股份有限公司等，亦應比照國營事業辦理。亦即只要是「公營」者（官股占50％以上），不論是國家或地方政府經營之事業機構，其所屬董事長、總經理、代表公股之董事、監察人及其他對經營政策負有主要決策責任之人員，皆為中立法準用之對象。

（七）經正式任用為公務人員前，實施學習或訓練人員

　　按參加公務人員考試錄取於學習訓練中之人員，於該階段係為完成考試程序之一部分，須完成考試程序，始為考試及格而取得公務人員之資格，且須經任用審查程序後，始成為正式「依法任用」之公務人員，故於學習訓練階段尚無法送銓敘審查，雖其非為「依法任用」人員，惟其於期間如係占編制職缺而參加學習或訓練者，因仍有執行公務之行為，其職責不下於聘僱人員，亦有執行公權力或握有行政資源，或有違反行政中立之可能，為期周延，納入本法準用對象。因之，凡是經公務人員各項考試錄取人員，不論是在基礎訓練、實務訓練或試用期間，均已屬本法準用之人員。

（八）行政法人有給專任人員

　　行政法人為公法人的一種，乃新公共管理風潮下的產物。為因應公共事務的龐大與複雜性，原本由政府組織負責的公共事務經執行後被普遍認為不適合再以政府組織繼續運作，而牽涉的公共層面又不適合以財團形式為之，遂有「行政法人」的設置。

　　基於行政法人係依法律設立，仍執行特定公共任務，且行政法人之經費多由政府編列預算支應，其有給專任之董（理）事長、首長、董（理）事、監事並掌有行政資源，允宜納入本法準用對象，另其繼續任用人員由於仍具公務人員身分，亦允宜納入本法準用對象。又審酌行政法人以契約進用人員，於其執行職務時，亦掌有一定程度之行政資源，亦有不當動用之虞，故將其併納入本法準用對象。行政法人中如有「原機關聘任人員」，係準用任用及派用人員之處理方式，換言之，其權益是準用「繼續

任用人員」，不僅屬有給專任人員且尚有公職身分。既然繼續任用人員及契約進用人員納入草案規範，繼續聘任人員自宜同時納入行政中立準用範圍。為簡化條文並期能涵蓋行政法人內所有有給專任人員（包括有給專任之董（理）事長、首長、董（理）事、監事、繼續任用人員、繼續聘用人員及契約進用人員）爰將第8款訂定為「行政法人有給專任人員」。而中立法施行細則第9條第2項則進一步解釋：「本法第十七條第八款所稱行政法人有給專任人員，指行政法人有給專任之董（理）事長、首長、董（理）事、監事、繼續任用人員及契約進用人員。」因此，行政法人董（理）事會之董（理）事、董（理）事長，監事會之監察人、常務監察人，以及其所屬人員，只要是有給職且屬專任者，均為本法準用之對象。

目前我國「行政法人法」已於2011年4月27日公布施行，依該法成立之行政法人在中央層級共有四個，均屬「公法人」之性質，並各有其監督機關。此包括國家表演藝術中心、國家運動訓練中心、國家中山科學研究院、國家災害防救科技中心等，其監督機關則分別為文化部、教育部、國防部及科技部。而在行政法人法及各該設置條例中更進一步規定，行政法人之董（理）事、監事及院長若違反公務人員行政中立法之情事，有確實證據者，得予解聘[31]。至於地方層級之行政法人，近年來亦逐步出現。例如高雄市於2017年1月成立第一個由地方政府監督設立的行政法人「高雄市專業文化機構」[32]，又如「臺南市美術館」經文化部於2016年11月2日核可許其以行政法人模式經營等均屬之[33]。

（九）代表政府或公股出任私法人之董事及監察人

本項條文於考試院所提草案中原無此項規定，而係立法院第7屆司法及法制委員會於2009年間審查本法時所增列。主要考量由於銀行民營化之金融控股公司如雨後春筍出現，代表政府或公股出任私法人之董事及監事

---

31 參照行政法人法第6條第4項、國家表演藝術中心設置條例第10條第3項、國家運動訓練中心設置條例第9條第3項、國家中山科學研究院設置條例第18條第3項、國家災害防救科技中心設置條例第17條第3項等規定。

32 http://www.ksml.edu.tw/content/index.aspx?Parser=1,3,1014,22。

33 http://tnmfa.tainan.gov.tw/table/index.php?m2=29&page=2。

也愈來愈多，渠等均握有資源，執行特定任務，爰納入本法準用對象之範圍。另因2007年3月修正通過之公職人員財產申報法已將代表政府或公股出任私法人之董事及監察人，列入財產申報對象。而代表政府或公股出任相關事業體之董事或監察人，既是由政府主管機關所核派，代表政府行使職權，亦可能擔任事業機構主要負責人，掌控甚為豐富之資源，每逢選舉皆有傳出挹注資源輔選、助選的傳聞，影響選風。為避免此類人員繼續成為執政者御用工具，傷害政府形象，故有必要將之納入準用對象。

（十）憲法或法律規定須超出黨派以外，依法獨立行使職權之政務人員

政務人員、民選地方行政首長基於其係政治任命或民選產生，其行政中立事項與常任文官應有不同層次之規範，自應依其身分屬性，於政務人員法制另予規定。惟依法須獨立行使職權之政務人員，如考試委員、監察委員、公平交易委員會專任委員、國家通訊傳播委員會委員、中央選舉委員會委員、公務人員保障暨培訓委員會專任委員等。在憲法或法律層次均規定其職務屬性須超出黨派以外，依法獨立行使職權，甚至被要求在其任職期間不得參加政黨活動[34]，更不能為特定公職候選人助選。是以彼等人員其應遵守行政中立規範之要求，自宜與常任文官之公務人員相同，爰納入本法準用對象，俾臻完備。

（十一）駐衛警察

按公務人員行政中立法第2條規定，其適用對象係指法定機關依法任用、派用之有給專任人員及公立學校依法任用之職員，亦即以常任文官為適用對象。由於駐衛警察係依「各機關學校團體駐衛警察設置管理辦法」所進用之人員，故非本法「適用」對象。又本法第17條及第18條所規定之準用對象並未包括駐衛警察，是以，駐衛警察亦非本法之「準用」對象[35]。另駐衛警察既係依「各機關學校團體駐衛警察設置管理辦法」所進用之人員，渠等權利義務亦於該辦法所規範，因此，是類人員之行政中立

---

34 公平交易委員會組織法第8條、國家通訊傳播委員會組織法第7條、中央選舉委員會組織法第5條參照。

35 銓敘部98年11月30日部法一字第09831298632號書函。

事項，宜由主管機關內政部於各機關學校團體駐衛警察設置管理辦法中妥為訂定[36]。易言之，由於考量駐衛警察所受行政中立事項及規範密度與常任文官之差異性，以及渠等權利義務規範之一致性，乃於其設置管理辦法中訂定相關行政中立事項較為妥適[37]。

　　上述觀點，主要係銓敘部之函釋見解。惟本文認為各機關學校團體之駐衛警察，如係服務於一般行政機關、公立學校，則其職務之執行有時與一般公務員並無太大差異。且其執勤時所著服制亦與警察人員十分近似，就一般民眾而言，著實不易加以區別。如渠等有違反行政中立之情事，則其服務機關是否真能置身其外？甚至於被誤認為係警察人員違反行政中立，亦不無可能。

　　況且，再從立法經濟層面考量，公務人員行政中立法業已就公務人員行政中立事項妥為明定。各機關學校團體駐衛警察之行政中立事項，是否與一般常任文官有重大差異到必須另為立法規定？其規範密度是否確實有重大區別？有無必要於其設置管理辦法中再行重複立法規範？又以法規命令來規範駐衛警察人員之行政中立事項是否妥當？凡此均有待重新檢討評估。

　　基於上開問題綜合分析，本章認為既然公務人員行政中立法業已就公務人員行政中立事項妥為明定。且各機關學校團體駐衛警察之行政中立事項，與一般常任文官相較並無特殊重大差異性，復以國家對駐衛警察行政中立之要求標準如未遠高於或低於一般文官。從立法經濟角度以觀，實無必要另於其設置管理辦法中重複立法規範行政中立事項。因此，在立法技術上，只要於「各機關學校團體駐衛警察設置管理辦法」中，增訂一條「駐衛警察準用公務人員行政中立法之規定」，即可解決駐衛警察行政中立之問題，俾使該等人員之行政中立事項，回歸公務人員行政中立法以為遵循。

　　故內政部乃於2011年2月10日修正公布「各機關學校團體駐衛警察設

---

[36] 銓敘部編印，公務人員行政中立法Q&A專輯，2009年12月，頁6。
[37] 銓敘部99年5月11日部法一字第09931821112號書函。

置管理辦法」，於該辦法中增訂第19條之1規定：「各機關及公立學校駐衛警察行政中立事項，準用公務人員行政中立法規定。」今後駐衛警察人員之行政中立事宜，均準用公務人員行政中立法之規定。惟該辦法規定有中立法之準用者，僅限於各機關及公立學校之駐衛警察，並不及於民營事業機構、團體、私立醫療機構、民營金融機構及私立學校之駐衛警察，允宜留意。

（十二）農田水利會各級專任職員及會長

中立法在公布施行之初，農田水利會之理事長、總幹事等，雖非屬中立法第2條、第17條及第18條之適、準用對象，惟依2018年1月30日新修正之農田水利會組織通則第23條規定：「農田水利會之各級專任職員及會長，視同刑法上之公務員，不得兼任其他公職。前項人員，準用公務人員行政中立法，應嚴守行政中立，依據法令執行職務，忠實推行政府政策。違反者，應按情節輕重，依有關法規規定處理。」故依上開條規定，農田水利會之各級專任職員及會長準用中立法規定，故是類人員仍須受中立法規範。

上開條文修正之主要理由乃在於依據該通則第1條規定，農田水利會係以秉承政府推行農田水利事業為宗旨之公法人，其辦理農田水利事業之事務具高度公共事務性質，會長及各級專任職員參與政治活動及推動會務應以公務人員行政中立法規範之，爰新增第2項，明定會長及各級專任職員準用公務人員行政中立法之相關規定。惟因會長及各級專任職員非屬公務員懲戒法或公務人員考績法適用對象，爰如有違反行政中立之情形，應依農田水利會會長及會務委員考核獎懲辦法、農田水利會人事管理規則等規定處理之[38]。

---

[38] 立法院第9屆第4會期第10次會議議案關係文書，院總第293號，政府提案第16171號，2017年11月22日印發，頁3。

貳、行政中立之時間

公務人員執行職務時，無論何時何地，均應保持行政中立，乃當然之理。斷無所謂假期可言，或謂某一時間應行政中立，另一時間可不必行政中立。果若如此，即非行政中立矣。但如公務人員於下班時間，或未行使職務時，是否仍須保持行政中立？即不無疑問。再者，上開時間與執行職務期間相較，有關行政中立之界限與尺度是否均須一致，即行政中立之標準有無差異，似亦有探究之必要。

公務人員在上班、執勤期間，通常代表國家行使公權，執行法定職務，自應依法行政、執法公正、保持行政中立、政治中立。至於下班、退勤後，其身分便與一般人民無異，似即無行政中立之必要。況且公務人員下班後，既未執行職務，何來行政中不中立問題。上述論點似乎是言之成理，毋庸多論，惟事實上卻不盡然如此。尤其事涉公務人員下班後「政治中立」之議題時，特別敏感且經常引起爭議，茲說明如次。

一、上班（執勤）時間

事實上，一般公務人員利用上班時間從事政治性活動，或者假藉職務上之機會、方法，如巡視考核業務時，行助選、輔選之實，不在少數，尤其是行政機關首長或高階公務人員，問題特別嚴重[39]。由於公務人員身為法律之忠誠執行者，在職務上宜摒棄個人政黨屬性。「平等對待」各政黨或其他政治團體，此乃檢驗公務人員行政中立與否之唯一標準。因此，公務人員執行公務時，如利用上班或勤務時間從事政黨或其他政治團體之活動，均非所宜。

故中立法第7條即明文規定：「公務人員不得於上班或勤務時間，從事政黨或其他政治團體之活動。但依其業務性質，執行職務之必要行為，不在此限。前項所稱上班或勤務時間，指下列時間：一、法定上班時間。二、因業務狀況彈性調整上班時間。三、值班或加班時間。四、因公奉派訓練、出差或參加與其職務有關活動之時間。」本條規定乃有鑑於公務人

---

[39] 聯合報，2004年2月24日，A13版。

員於上班或勤務時間，本應盡忠職守，爲全體國民服務，爰第1項規定公務人員不得於上班或勤務時間，從事政黨或其他政治團體之活動。惟公務人員依其業務性質，執行職務之必要行爲，如執行蒐證任務、環保稽查，以及警察人員依據相關法令（如：國家安全局特種勤務實施辦法、中央政府機關首長及特定人士安全警衛派遣作業規定等）負責安全及秩序維護之行爲等，則不在禁止之列。另所稱上班或勤務時間，爲期明確，爰明定於第2項。

因此，公務人員如非於上班或勤務時間，參加政黨「智庫」部門舉辦有關政策方面之研討活動，而僅就一般性公共議題發表個人看法，尚不生違反行政中立之疑慮，惟應遵守公務員服務法第4條有關嚴守公務機密義務之規定。又倘該等研討活動屬公開性質，公務人員宜自我約束、謹慎低調，避免引致爭議[40]。

二、下班（退勤）時間

公務人員下班後即無行政，自無行政是否中立問題，但是否仍存有「政治中立」問題，則待討論。由於公務人員利用下班時間參與政治活動，如一概予以禁止，就形同把公務人員「去政治化」，剝奪其憲法保障之參政權、結社權或表現自由，是否有必要如此嚴格規範，恐有商榷之餘地，亦有違反比例原則之虞。但如從嚴分析，公務人員下班後其「身分」仍然存在，若僅單純地爲自己支持之政黨散發傳單、拉票、擔任義工等，行爲低調、節制、保守，而未利用其職權、身分或機會，固無禁止之正當性；但如以其「身分」或「刻意突顯」其身分之意義，甚至利用職權，爲特定候選人進行上述行爲，則非所宜[41]。又如利用職務機會，邀集職務相

---

[40] 公務人員保障暨培訓委員會，100年公務人員行政中立訓練講座座談會學者專家提問及銓敘部研處意見彙整表，頁1-2。http://www.csptc.gov.tw/pages/detail.aspx?Node=916&Page=7235&Index=-1。

[41] 過去曾有高階警察首長於休假期間，自行前往某市長「擬參選人」活動場所，並公開舉手爲其呼喊加油！致遭服務機關記申誡處分。雖其支持對象當時尚非「公職候選人」，僅屬「擬參選人」身分，嚴格而言，尚未違反現行公務人員行政中立法之規定。但當事人身爲高階警察首長，公開表態支持特定之擬參選人，則不免引起爭議。參照聯合報導，2010年7月1日，http://www.libertytimes.com.tw/2010/new/jul/1/today-t3.htm；另參陳朝建，行政

關人員或其職務監督對象，表達支持或反對特定政黨、政治團體或候選人之指示，亦應認為有違政治中立之原則。

故銓敘部即曾函釋：「中立法第9條第1項之立法目的係公務人員應注意其身分之特殊性，並考慮其職務上之義務，對政治活動應自制，或採取中立之態度，爰具體規定公務人員不得從事之政治活動或行為。因此，第9條第1項各款行為，無論是否於上班或勤務時間均不得為之[42]。」質言之，有鑑於公務人員於上班或勤務時間，本應盡忠職守，為全體國民服務。依中立法第7條第1項規定，公務人員不得於上班或勤務時間，從事政黨或其他政治團體之活動。至於下班時間、請假或留職停薪期間，除非有違反中立法第9條有關不得從事之政治活動或特定行為等情形外，公務人員本可自由參與政黨或其他政治團體之活動，惟仍應以不違反中立法規定為限。易言之，公務人員即使在下班（退勤）時間或請假期間，仍不得有違反中立法第9條之行為。

以往即曾發生警界高階警官、主管二百餘人，於下班後集體赴臺北市某家聯誼社聚餐。惟餐會中卻出現擁護特定總統候選人之呼聲與言論，被外界質疑違反政治中立原則之案例。因斯時適逢總統大選敏感期間，警察人員是否因不當政治勢力介入而受不利影響，乃成為爭議的話題[43]。而就受邀與會警察主管之個別行為是否違反行政中立原則？應分別就是否濫用公權力及其機會、動用公家資源、利用公務時間，及是否達到使人民喪失對公務員公正執行職務信賴之程度等四個標準，逐一檢驗、審定[44]。

此外，2002年7月間亦曾有部分警界高階警官於下班時間，身著警察制服集體公開加入當時之執政黨，引起警察政治不中立之非議。而警政署則指出，結社權是警察人員之權利，尊重員警個人意願，對加入者並未有任何行政處分[45]。此案涉及警察人員結社權、參政權與政治中立間之分

法教室：公務人員行政中立法案例解析，2010年7月1日，http://blog.sina.com.tw/423/article.php?pbgid=423&entryid=631791。

[42] 銓敘部98年6月18日部法一字第0983077837號電子郵件。

[43] 聯合報，2000年2月28日，第6版。

[44] 臺北縣政府「政治中立事件審議小組」調查報告，2000年4月12日。

[45] 聯合晚報，2002年7月15日，第2版。

際，雖憲法所保障之結社權，警察人員亦應享有之，因此，當然有自由加入政黨之權利，此原本無可厚非。惟警察人員依行政中立之要求，不應在職務上顯示出其對特定政黨或群體之好惡，以免損害國民對警察整體之信賴。故對警察人員之結社自由宜有適當之限制，特別是加入政黨，從事政治性活動。同時，上開警界高官參加入黨儀式時，有多人身著警察制服出席，此恐有違警察服制條例之規定。依該條例規定，警察人員穿著制服之方式、穿著時機與場合，均有明確之規範。如著警察制服前往參加入黨，難道是還在上班時間內嗎？如屬下班時間，卻身著警服參加特定政黨之入黨儀式，即有違警察服制條例之虞，不可不慎[46]。

參、執行公正原則

中立法第4條規定：「公務人員應依法公正執行職務，不得對任何團體或個人予以差別待遇。」本條係規定公務人員應執法公正，於執行職務時，應秉持公正立場對待任何團體或個人，不得有歧視或不平等的對待方式。第12條復規定：「公務人員於職務上掌管之行政資源，受理或不受理政黨、其他政治團體或公職候選人依法申請之事項，其裁量應秉持公正、公平之立場處理，不得有差別待遇。」本條係規定公務人員對其職務上所掌管之場所、房舍等行政資源，受理或不受理政黨、其他政治團體或公職候選人依法申請之事項，其裁量應公正、公平處理，不得有歧視或不平等的對待方式。

此兩項條文乃係要求公務人員應基於「平等原則」來執行公務，對於職務上所掌管之行政資源，在受理或不受理政黨、其他政治團體或公職候選人依法申請之事項，行使裁量權時更應秉持公正、公平之立場處理，不得恣意為差別待遇。而所謂「行政資源」，即為第9條第2項所稱，指行政上可支配運用之公物、公款、場所、房舍及人力等資源。

故如某國民中小學依據主管機關訂定之「某國民中小學校園場所開

---

46 劉嘉發，論選舉期間警察人員行政中立之分際，中央警察大學學報，第41期，2004年8月，頁70-71。

放實施要點」，並秉持公平公正處理原則，將學校場地租借予政治團體或公職候選人，尚不違反公務人員行政中立法之規定。至租借場地之管理人員，如僅於租借場地之政黨、政治團體或公職候選人辦理活動時，基於職責所在單純從事場地設備操作工作，屬本法第7條第1項所稱執行職務之必要行為，自不生違反行政中立之問題[47]。

肆、參與政治活動之權限

中立法第5條規定：「公務人員得加入政黨或其他政治團體。但不得兼任政黨或其他政治團體之職務。公務人員不得利用職務上之權力、機會或方法介入黨派紛爭。公務人員不得兼任公職候選人競選辦事處之職務。」本條第1項係規定公務人員有加入政黨或其他政治團體之權利，因憲法第14條規定人民有集會及結社之自由，故不宜因人民具有公務人員身分，而剝奪其憲法所賦予之集會結社權利。另為使公務人員忠心努力執行職務，爰限制公務人員不得兼任政黨或其他政治團體之職務。第2項係為使公務人員能有嚴守行政中立之環境，爰明定公務人員不得介入黨政派系紛爭。第3項乃考量公職人員選舉活動期間，公務人員兼任各候選人競選辦事處之職務，可能與本身執行公務人員職務之角色混淆，並不當動用行政資源，爰明確規範公務人員不得兼任公職候選人競選辦事處之職務。另依公職人員選舉罷免法第44條規定，候選人於競選活動期間，得在其選舉區內設立競選辦事處，並向受理登記之選舉委員會登記；又總統副總統選舉罷免法第42條規定，同一組候選人於競選活動期間，得設立競選辦事處，並向中央選舉委員會登記。是以「競選辦事處」之法定用語明確。至公職候選人競選總部，係一般通稱，並非現行法律用語，爰採上開法定用語作為選舉組織之通稱。而所稱其他政治團體，指依人民團體法第44條規定：「政治團體係以共同民主政治理念，協助形成國民政治意志，促進國民政治參與為目的，由中華民國國民組成之團體。」成立之政治團體，如

---

47 銓敘部99年12月29日部法二字第0993286422號書函，http://www.csptc.gov.tw/pages/detail.aspx?
    Node=916&Page=7239&Index=-1。

中華民國婦女聯合會、中華民國國家發展策進會、中華會、台灣弱勢民權促進會、憲改聯盟、台灣加入聯合國大聯盟及台灣原住民族自治聯盟等。至於本法所稱公職候選人，包括總統副總統選舉罷免法規定之總統、副總統候選人，以及公職人員選舉罷免法規定之公職人員候選人在內，則另於施行細則中規範。

故中立法施行細則第2條乃進一步規定：「本法所稱政黨，指依政黨法規定完成備案及人民團體法第四十五條規定備案成立之團體；所稱政治團體，指依人民團體法規定經許可設立之政治團體。本法及本細則所稱公職候選人，指依總統副總統選舉罷免法規定申請登記為總統、副總統之候選人，以及依公職人員選舉罷免法規定申請登記為公職人員之候選人。」

因之，中立法第5條之規定即在彰顯並實踐本法第1條「適度規範公務人員參與政治活動」之立法目的。綜合其條文要旨乃在規範公務人員得「適度」參與政治活動，但不應「過度」參與。其重點有四：1.得加入政黨或其他政治團體；2.不得兼任政黨或其他政治團體之職務；3.不得利用職務上之權力、機會或方法介入黨政派系紛爭；4.不得兼任公職候選人競選辦事處之職務。茲進一步說明如下。

一、允許公務人員加入政黨或其他政治團體

首先，公務人員亦屬人民之一，憲法保障一般人民與公務人員之自由權利，並無二致。尤其公務人員在下班或退勤後，即處於不再執行公務之狀態，其與一般人民無異。惟國家若要限制公務人員某些特定之自由權利，亦應遵守法律保留原則。由於憲法第14條明文規定人民有集會及結社之自由，故不宜因特定人民具有公務人員之身分，從而剝奪其憲法所賦予之集會結社權利。故理當允許公務人員自由加入其個人所喜好或支持之特定政黨或其他政治團體，以免過度侵害公務人員憲法所保障之集會結社權。因此，絕大多數的公務人員均得加入政黨或其他政治團體，包括警察人員在內。僅有依前述法官法第2條、第15條及第89條規定，包括司法院大法官、公務員懲戒委員會委員、各法院法官及檢察官等四類人員，依該法特別規定乃明文禁止渠等加入政黨或其他政治團體，允宜留意。

二、禁止公務人員兼任政黨或其他政治團體之職務

其次，中立法禁止公務人員兼任政黨或其他政治團體之職務，其目的乃為使公務人員忠心努力執行職務，避免公務人員身兼數職，分身乏術，一方面要執行公務上之職務，又要處理黨務，兩者無法專心致力於公務人員本職之工作，對其行政事務產生不良的影響，爰限制公務人員不得兼任政黨或其他政治團體之職務。此另參公務員服務法第14條亦規定：「公務員除法令所規定外，不得兼任他項公職或業務。其依法令兼職者，不得兼薪及兼領公費。依法令或經指派兼職者，於離去本職時，其兼職亦應同時免兼。」其目的均在使公務人員能竭力從公，衷心執行職務，以免產生政務與黨務不分之情形，影響公務人員執行職務之公正性與公平性。

三、禁止公務人員利用職務上之權力、機會或方法介入黨派紛爭

再者，中立法禁止公務人員利用職務上之權力、機會或方法介入黨派紛爭。本項規定最初制定公布原條文要求公務人員一律「不得介入黨政派系紛爭」，其主要目的係為使公務人員能有嚴守行政中立之環境，爰明定公務人員不得介入黨政派系紛爭。惟因所謂「不得介入黨政派系紛爭」屬不確定之法律概念，給予行政主管與執法人員過於廣泛之裁量空間，易生對公務員言論自由之不當箝制。且本法既未限制公務人員加入政黨或其他政治團體，於未涉及公務人員職務上之權力、機會、方法而參與政黨運作之情況，應係公務人員受保障之言論自由，並非本法所要規範之對象，爰修正原條文第2項明確規範公務人員不得利用職務上之權力、機會或方法來介入黨派紛爭。

四、禁止公務人員任公職候選人競選辦事處之職務

最後，中立法則是禁止公務人員兼任公職候選人競選辦事處之職務。此乃考量公職人員選舉活動期間，公務人員兼任各候選人競選辦事處之職務，可能與本身執行公務人員職務之角色混淆，並不當動用行政資源，爰明確規範公務人員不得兼任公職候選人競選辦事處之職務。例如公務人員兼任公職候選人競選辦事處之主任委員、總幹事、執行長等職，即有違中立法之虞。但如僅利用下班或勤餘時間，擔任公職候選人競選辦事

處之志工，義務協助公職候選人競選辦事處之事務，則尚未違反中立法之規定。

伍、禁止濫用職權（權力）原則

一、利用職務之禁止行為

中立法第6條規定：「公務人員不得利用職務上之權力、機會或方法，使他人加入或不加入政黨或其他政治團體；亦不得要求他人參加或不參加政黨或其他政治團體有關之選舉活動。」本條規定主要係為維護公務人員執行公權力之威信，爰禁止公務人員利用職務上之權力、機會或方法，使他人加入或不加入政黨或其他政治團體；並具體規範禁止公務人員利用職務上之權力、機會或方法，要求他人參加或不參加政黨或其他政治團體有關之選舉活動，如連署或不連署之行為等。

又施行細則第3條規定：「本法第六條所稱政黨或其他政治團體有關之選舉活動，其範圍如下：一、總統副總統選舉罷免法及公職人員選舉罷免法規定之選舉、罷免活動。二、推薦公職候選人所舉辦之活動。三、內部各項職務之選舉活動。」

二、捐助及募款活動之禁止行為

中立法第8條規定：「公務人員不得利用職務上之權力、機會或方法，為政黨、其他政治團體或擬參選人要求、期約或收受金錢、物品或其他利益之捐助；亦不得阻止或妨礙他人為特定政黨、其他政治團體或擬參選人依法募款之活動。」施行細則第5條則規定：「本法第八條所稱擬參選人，依政治獻金法第二條規定認定之。」

本條係為確保公務人員執行職務不偏不倚，避免其利用職務上之權力、機會或方法，而為政黨、其他政治團體或擬參選人要求、期約或收受利益，或阻止或妨礙其合法之募款活動。至於其所稱「擬參選人」，指政治獻金法第2條第5款所定義，在該法第12條規定期間內，已依法完成登記或有意登記參選公職之人員。依政治獻金法第12條規定，收受政治獻金於登記參選前一定期間即得進行，較選舉罷免法律規定之競選活動期間長。

因此，本條對於公務人員利用職權所進行要求、期約或收受金錢、物品、其他利益之捐助或募款活動等之禁制規範期間，應與政治獻金法所定收受政治獻金之期間一致，爰以擬參選人爲禁制對象；至於本法第5條、第9條、第11條至第13條等條文，因係針對公務人員涉及助選、參選等行爲所作規範，則應配合選舉罷免法律規定，以登記參選之公職候選人爲禁制對象。

三、妨害投票權行使之禁止行爲

中立法第10條規定：「公務人員對於公職人員之選舉、罷免或公民投票，不得利用職務上之權力、機會或方法，要求他人不行使投票權或爲一定之行使。」施行細則第7條則規定：「本法第十條公務人員對於公民投票，不得利用職務上之權力、機會或方法，要求他人不行使投票權或爲一定行使之規定，包括提案或不提案、連署或不連署之行爲。」本條規定係爲落實行政中立，爰規定公務人員對於公職人員之選舉、罷免或公民投票，不得利用職務上之權力、機會或方法，要求他人不行使投票權或爲一定之行使。但公務人員經長官依相關法令（如：卸任總統副總統禮遇條例、中央政府機關首長及特定人士安全警衛派遣作業規定等）指派執行職務，如選務機關公務人員、警察因參與選舉事務或執行勤務，致無法行使投票權者，尚無違反本條之規定。

陸、特定行爲禁止原則

中立法第9條規定：「公務人員不得爲支持或反對特定之政黨、其他政治團體或公職候選人，從事下列政治活動或行爲：一、動用行政資源編印製、散發、張貼文書、圖畫、其他宣傳品或辦理相關活動。二、在辦公場所懸掛、張貼、穿戴或標示特定政黨、其他政治團體或公職候選人之旗幟、徽章或服飾。三、主持集會、發起遊行或領導連署活動。四、在大眾傳播媒體具銜或具名廣告。但公職候選人之配偶及二親等以內血親、姻親只具名不具銜者，不在此限。五、對職務相關人員或其職務對象表達指示。六、公開爲公職候選人站台、助講、遊行或拜票。但公職候選人之配

偶及二親等以內血親、姻親，不在此限。前項第一款所稱行政資源，指行政上可支配運用之公物、公款、場所、房舍及人力等資源。第一項第四款及第六款但書之行為，不得涉及與該公務人員職務上有關之事項[48]。」

中立法施行細則第6條進一步規定：「本法第九條第一項第六款所稱公開為公職候選人遊行，指為公職候選人帶領遊行或為遊行活動具銜具名擔任相關職務。所稱公開為公職候選人拜票，指透過各種公開活動或具銜具名經由資訊傳播媒體，向特定或不特定人拜票之行為。本法第九條第三項所稱職務上有關之事項，指動用行政資源、行使職務權力、利用職務關係或使用職銜名器等。」

本條有關上開政治活動或行為的限制，主要是考量是類行為已屬高度政治性活動，且涉及行政資源、職務權力、職務關係或職銜名器之使用，為避免不當政治力介入，或濫用行政資源等情事，爰予適度限制，惟該條文所列舉之禁止行為，並未就基於公民身分評論政策的權利，以及研究或學術言論自由部分予以限制，因此，並無違反憲法保障言論及講學自由之虞[49]。惟本條之立法目的係公務人員應注意其身分之特殊性，並考慮其職務上之義務，對政治活動應自制，或採取中立之態度，爰具體規定公務人員不得從事之政治活動或行為。因此，第9條第1項各款行為，無論是否於上班或勤務時間均不得為之[50]。

因此，公務人員如請假參加公職人員選舉，無論是否經機關同意，均不得將其服務機關之識別標誌使用於其競選文宣[51]。又本條第1項第3款不得主持集會、發起遊行或領導連署活動之規定，其前提在於上開行為是

---

[48] 本條文第1項第7款原規定：其他經考試院會同行政院以命令禁止之行為，亦在禁止之列。惟因中立法制定施行後，考試院並未曾會同行政院另行發布命令，再予規範禁止公務人員為特定之行為。復因考量對於人民權利義務之規範，應以法律定之，不應以行政命令加以限制，然第7款明訂考試院可會同行政院以命令禁止人民之表意自由，有違法律保障之原則，乃予刪除。參見立法院第8屆第1會期第1次臨時會第1次會議議案關係文書，院總第1549號，委員提案第13144、13179號，2012年7月24日印發。
[49] 銓敘部編印，公務人員行政中立法Q&A專輯，2018年5月，頁2。
[50] 銓敘部98年6月18日部法一字第0983077837號電子郵件，https://www.csptc.gov.tw/explanations/ex_detail.aspx?Node=793&Page=6316&Index=-1。
[51] 銓敘部99年5月11日部法一字第0993182111號書函，http://www.csptc.gov.tw/pages/detail.aspx?Node=916&Page=7241&Index=-1。

否係「為支持或反對特定之政黨、其他政治團體或公職候選人」所為。故公務人員如為慈善公益活動主持集會、發起遊行或領導連署等,均不在禁止之列[52]。同時,公務人員如於下班時間或請假期間,僅「參加」特定政黨、政治團體或公職候選人之集會遊行,或者參與連署活動,只要不擔任集會主持人、遊行發起人或領導連署人,即無違反本條規定之虞。

再者,直轄市、縣(市)政府網站亦屬公物,因此,依公務員服務法第19條規定,直轄市、縣(市)長開設之「噗浪」或「臉書」等個人網站,如與推動市(縣)政或執行職務無涉,則直轄市、縣(市)政府之網站,不得與直轄市、縣(市)長開設之「噗浪」或「臉書」等個人之網站連結[53]。又公務人員得支持特定之政黨、政治團體或公職候選人,惟上班時間不宜從事與執行職務無關之相關網路行為且不得利用職務上權力、機會或方法要求他人加入公職候選人之社交網站,僅下班時間得以非公家電腦上網連結社交網站,從事與執行職務無關之相關網路行為。銓敘部公務人員行政中立法諮詢小組經詳慎討論後,業獲致以下處理原則:一、公務人員不宜於上班時間或以公家電腦上網連結臉書、噗浪等社交網站,從事與執行職務無關之相關網路行為;二、公務人員不得利用職務上權力、機會或方法,要求他人加入公職候選人之「臉書」或「噗浪」之會員,或支持特定之政黨、政治團體或公職候選人;三、公務人員得於下班時間,以非公家電腦上網連結臉書、噗浪等社交網站,加入公職候選人粉絲團,或支持特定之政黨、政治團體或公職候選人,但不得具銜(足資辨識個人身分及職務)或具銜且具名;四、至於個案有無違反中立法相關規定,仍應就具體事實認定。另各機關是否於選舉期間限制或取消所屬人員利用公家電腦連結臉書、噗浪等社交網站之功能,由各機關視實際需要自行權衡處理[54]。此外,公務人員為執行職務,如為推動政策或服務民眾或瞭解民意,於上班時間以公家電腦上臉書、噗浪等社交網站,與行政中立原則無

---

[52] 銓敘部編印,公務人員行政中立法Q&A專輯,2018年5月,頁11-12。

[53] 銓敘部99年12月13日部法一字第0993286608號書函,https://www.csptc.gov.tw/explanations/ex_detail.aspx?Node=793&Page=6322&Index=-1。

[54] 銓敘部99年12月8日部法一字第09932748721號函。

違。民選首長如爲政策推動上之需要，將自己開設的臉書、噗浪等社交網站，與機關網頁相互連結，並不當然違反行政中立。銓敘部前開99年12月8日函釋係認定「公務人員如因執行職務需要，仍得於上班時間或以公家電腦上網連結臉書或噗浪網」，意旨尚屬明確[55]。

此外，如公職候選人競選總部成立時，以機關名義或首長名義，抑或公務人員以私人名義（未具名機關名稱及職銜）致贈花圈（上開均未支用機關公款、公物或動用行政資源），是否有違反中立法相關規範，容有疑義。按中立法第9條第1項第4款僅規定公務人員不得爲支持或反對特定政黨、其他政治團體或公職候選人，在大眾傳播媒體具銜或具名廣告。茲以花籃並非屬大眾傳播媒體，因此，以機關名義或首長名義，抑或公務人員以私人名義致贈花籃，並無違反該款規定。又中立法第9條第1項第6款明定，公務人員不得公開爲公職候選人站台、遊行或拜票，因此，公務人員應避免參與集體掃街拜票，以及挨家挨戶拜票等活動[56]。

由於本條僅規定公務人員不得爲支持或反對特定之「公職候選人」，從事特定之活動或行爲，但是否及於「擬參選人」階段，則有待探究。例如擬參選人於登記爲公職候選人前，公務人員得否公開爲其站台、遊行或拜票？此一問題經銓敘部公務人員行政中立法諮詢小組討論決議認爲：「考量擬參選人於登記爲公職候選人前，尚非中立法第9條第1項第6款所稱之公職候選人，以及如依同項第7款規定，由考試院會同行政院以命令限制，恐有擴張該條限制公務人員參與政治活動或行爲之範圍。因此，擬參選人於登記爲公職候選人前，公務人員得否公開爲其站台、遊行或拜票之行爲，原則上不受中立法第9條第1項第6款之限制，惟仍以儘量避免爲宜[57]。」另本條款所稱公開爲公職候選人拜票，係指透過各種公開活動或具銜具名向特定或不特定人拜票之行爲，故倘非透過各種公開活

[55] 銓敘部100年2月25日部法二字第1003315603號函。
[56] 銓敘部98年11月2日部法一字第0983124311號電子郵件，https://www.csptc.gov.tw/pages/detail.aspx?Node=916&Page=7245&Index=-1。
[57] 銓敘部99年12月8日部法一字第09932748722號函，http://www.csptc.gov.tw/pages/detail.aspx?Node=916&Page=7233&Index=-1。

動，或未具銜具名請託選民支持某候選人，則非本條款規定之範圍[58]。

柒、選舉期間候選人之請假規定

中立法第11條規定：「公務人員登記為公職候選人者，自候選人名單公告之日起至投票日止，應依規定請事假或休假。公務人員依前項規定請假時，長官不得拒絕。」另施行細則第8條規定：「依本法第十一條第一項規定請事假或休假之人員，如於請事假或休假期間，有公務人員請假規則所定其他假別之事由，仍得依規定假別請假。」本條要求公務人員自被公告為公職候選人之日起，應請事假或休假，主要係為避免公務人員登記為公職候選人於經選務機關公告後，運用職權作為競選資源，或因其參選行為影響機關整體工作情緒。以其請事假或休假之期間不長，且請假期間皆有職務代理人代理業務，不致影響機關業務之正常運作，加以本規定明確，易於執行，不易招致紛爭，爰規定第1項文字。又為確保公務人員之參政權，於第2項明定：「公務人員依前項規定請假時，長官不得拒絕。」同時參酌考試院1995年9月7日第8屆第239次會議決議：在政務人員法及公務人員行政中立法公布實施前，凡適用公務人員請假規則之一般公務人員、政務人員及民選行政首長，參加公職人員選舉者，從候選人名單公告之日起至投票日止，均應請事假或休假。此外，公務人員自被公告為公職候選人之日起至投票日止，如具有公務人員請假規則第3條所定事假以外假別之事實者，仍得依其所具事實之假別請假[59]。

本條賦予公務人員得帶職參選公職人員，因此，公務人員如登記為公職候選人者，自候選人名單公告之日起至投票日止，應依規定請事假或休假，不得請公假、病假或其他假別。故基此立法意旨，公務人員於法定上班時間，如欲從事政黨或其他政治團體之活動，必須先請「事假」或「休

---

58 銓敘部98年11月18日部法一字第0983122019號電子郵件，https://www.csptc.gov.tw/explanations/ex_detail.aspx?Node=792&Page=6319&Index=-1。

59 立法院第7屆第2會期第17次會議議案關係文書，院總第1549號，政府提案第11532號，2009年1月7日印發。

假」，不得請其他之假別，方得為之。惟依行政院95年12月5日院授人考字第0950064871號函略以，各機關員工各項補休期限，統一規定於6個月內補休完畢。準此，公務人員登記為公職候選人，依規定自候選人名單公告之日至投票日止應請事假或休假期間，如有符合上開行政院函之補休規定者，亦得以請「補休」方式參加競選活動[60]。又本法施行細則第8條規定：「依本法第十一條第一項規定請事假或休假之人員，如於請事假或休假期間，有公務人員請假規則所定其他假別之事由，仍得依規定假別請假。」因此，公務人員如已依規定請事假或休假參選，惟於請假參選期間遇有生病、結婚、父母喪亡等事由，仍得依公務人員請假規則相關規定，另請病假、婚假、喪假等，以維護其權益。

由於「參政權」乃我國憲法明文保障之公民權利，警察人員雖屬公務人員，但亦屬人民，本應享有參政的權利。惟公職人員選舉罷免法過去曾規定警察人員不得登記為「公職候選人」，如須參選即應辭職，顯已限制乃至於剝奪了警察人員參政之權利與機會。目前該法已修正賦予警察人員參選之權利，取消登記參選即須辭職之規定，進一步保障警察人員之參政權[61]。而依中立法第11條第1項規定：「公務人員登記為公職候選人者，自候選人名單公告之日起至投票日止，應依規定請事假或休假。」因此，警察人員依法可登記參加選舉，成為公職候選人，並以請事假或休假方式「帶職」參選，不再須「辭職」參選。同時依本條第2項規定：「公務人員依前項規定請假時，長官不得拒絕。」故警察人員如登記為公職候選人，因參選而請假時，依法長官不得拒絕之。

---

[60] 銓敘部98年9月17日部法一字第0983105816號書函，https://www.csptc.gov.tw/explanations/ex_detail.aspx?Node=793&Page=6317&Index=-1。

[61] 查現行公職人員選舉罷免法原名稱為「動員戡亂時期公職人員選舉罷免法」，最初於1980年5月14日制定頒行時，其中第35條第1項第1款即規定：現役軍人或警察不得申請登記為候選人。甚至在2003年7月9日修正時，更擴大規定：現役軍人、軍事及警察學校學生或警察，均不得申請登記為候選人。迨至2005年2月5日修法時方刪除警察不得申請登記為候選人之規定，其修法主要理由乃係基於平等原則及維護憲法保障之參政權，無特別限制警察人員參選之必要，爰加以刪除，並一併刪除警察學校學生限制參選規定。參見立法院法律系統，https://lis.ly.gov.tw/lglawc/lawsingle?00163958CD6200000000000000000014000000004FFFFFA00^01177094012000^000E1002001。

　　此外，如公務人員登記為公職候選人者，於候選人名單公告日前，依公務人員請假規則請假期間或下班時間，得否從事競選拜票活動，亦不無疑義。銓敘部就此曾函釋認為：「揆諸中立法第11條立法意旨，除避免公務人員運用職權作為競選資源，或因其參選行為影響機關整體工作情緒，以及各參選人於候選人申請登記後，須待候選人名單公告，始具備該項選舉之候選人資格，取得候選人之法定身分外，亦考量候選人名單公告之翌日始為競選活動開始之日，爰明定公務人員登記為公職候選人者，自候選人名單公告之日起至投票日止，應依規定請事假或休假。」準此，公務人員登記為公職候選人者，於候選人名單公告日前，依公務人員請假規則請假期間或下班時間，得否從事競選拜票等選舉活動期間之準備行為，尚非中立法第11條規範之範圍。又內政部於2009年11月27日以臺內民字第0980222027號書函表示，公職人員選舉罷免法第40條所定各項公職人員候選人之競選活動期間，其目的在於於此期間內，應依該法相關規定從事競選活動，違反者，並依該法規定予以裁罰。至上開競選活動期間之前所從事之準備行為，現行公職人員選舉罷免法並未加以限制，而係依相關法律予以規範，如集會遊行法、社會秩序維護法、噪音管制法等。綜上，公務人員登記為公職候選人者，於候選人名單公告日前，依公務人員請假規則請假期間或下班時間，得否於競選活動期間之前從事相關競選活動，係視其行為態樣，分別依相關法律規定予以規範[62]。

捌、選舉期間辦公處所競選活動之禁止原則

　　中立法第13條規定：「各機關首長或主管人員於選舉委員會發布選舉公告日起至投票日止之選舉期間，應禁止政黨、公職候選人或其支持者之造訪活動；並應於辦公、活動場所之各出入口明顯處所張貼禁止競選活動之告示。」本條主要係規範各機關首長或主管人員於公職人員選舉期間應辦事項及相關限制，以營造公務人員行政中立之環境。旨在避免政黨、

62　銓敘部99年1月5日部法一字第09931384981號書函，http://www.csptc.gov.tw/pages/detail.aspx?Node=916&Page=7230&Index=-1。

公職候選人或其支持者於政府機關辦公處所或活動場所進行拜票競選活動，造成不必要之困擾。雖本條規範課責之對象係以各機關首長或主管人員爲主，然實務上凡是本法適用或準用人員，於選舉期間遇有政黨、公職候選人或其支持者擬進入辦公、活動場所進行造訪活動時，應立即予以勸導制止，並依內部行政程序向其機關首長或主管人員通報，以謀求疏通解決。

惟前開條文於實務運作上，仍存有若干疑義容待討論。例如，公立學校操場於下班或國定及例假日期間，依相關規定租借予不特定人、機關、政黨或政治團體等辦理活動，是時該活動場地是否仍屬中立法第13條所稱供機關學校固定辦公或處理公務之場所？則須加以釐清。

銓敘部就此問題曾函釋認爲：「中立法第13條所稱辦公、活動場所係指供機關學校固定辦公或處理公務之場所；於選舉期間，機關自不得同意身著競選背心之公職候選人進入辦公及活動場所進行造訪，如公職候選人僅是洽公，自毋庸禁止其進入，惟應請其脫掉競選背心；至隸屬於機關學校管轄供不特定人自由使用而非屬上開規定所稱之辦公、活動場所者（如公園等），則不在上開限制範圍內。至政府機關於選舉期間之非上班時間，向公立學校租借操場辦理活動，該活動場地屬性等節；以學校操場於下班或國定及例假日期間，依相關規定租借予不特定人、機關、政黨或政治團體等辦理活動，是時該活動場地即非屬上開中立法第13條所稱供機關學校固定辦公或處理公務之場所，惟政府機關辦理活動時，其所屬公務人員仍不得違反中立法有關規定。另查中立法第9條規定，公務人員不得爲支持或反對特定之政黨、其他政治團體或公職候選人，動用行政資源辦理相關活動，如機關係單純辦理各項活動，而受該活動邀請之公職候選人（不論是現任民意代表或現任長官）未穿戴公職候選人競選徽章、服飾或攜帶旗幟，且未有造勢、拜票之意，即不生違反中立法之疑義，惟主辦單位仍宜先行提醒該公職候選人不宜有任何造勢、拜票行爲，以避免違反中立法相關規定[63]。」

---

63 銓敘部101年3月19日部法二字第1013573193號書函，http://www.csptc.gov.tw/pages/detail.aspx?Node=916&Page=7251&Index=-1。

玖、違反行政中立之處罰與救濟

公務人員若違反行政中立可能依何種法律、受到何種處分？又如長官要求屬官從事違反行政中立之行為，屬官是否仍應予服從？如不服從又應依何法律之規定，加以排除？或者如何自保？凡此議題均屬公務人員行政中立不可迴避之重要課題。

一、違反中立法行為之舉發

中立法第14條規定：「長官不得要求公務人員從事本法禁止之行為。長官違反前項規定者，公務人員得檢具相關事證向該長官之上級長官提出報告，並由上級長官依法處理；未依法處理者，以失職論，公務人員並得向監察院檢舉。」本條係規定長官不得要求公務人員從事本法禁止之行為，如長官違反本條第1項之規定者，公務人員得檢具相關事證向其上級長官提出報告，並由其上級長官依法處理。未依法處理者，以失職論，以保障公務人員之權益。又為有效處理長官違反行政中立時之情形，訂定公務人員得向監察院檢舉之規定。惟原則上，為免監察院是類案件不當激增，公務人員如遇長官違反行政中立規定，仍應優先向該長官之上級長官報告，如該長官之上級長官不處理時，始向監察院提出檢舉。另為避免公務人員隨意提出報告，造成誣控濫告之情形，故適度課予公務人員檢具相關事證之責任。至於公務人員如無上級長官或上級監督機關者，自宜循陳情或申訴等途徑尋求救濟，倘若因此受到不公平對待或不利處分者，亦可循本法第15條之規定請求救濟。本條規定已提供屬官對於長官要求其從事本法禁止之行為時，如何自處與對應之重要依據。

此外，公務人員保障法第17條亦明文規定：「公務人員對於長官監督範圍內所發之命令有服從義務，如認為該命令違法，應負報告之義務；該管長官如認其命令並未違法，而以書面署名下達時，公務人員即應服從；其因此所生之責任，由該長官負之。但其命令有違反刑事法律者，公務人員無服從之義務。前項情形，該管長官非以書面署名下達命令者，公務人員得請求其以書面署名為之，該管長官拒絕時，視為撤回其命令。」

本條條文係於2003年5月28日修正時所新增，主要乃考量公務員服從義務，因公務員服務法第2條與刑法第21條第2項規定內涵並不一致，使判斷責任歸屬時發生疑義。為保障公務人員權益，爰參照德國、奧地利之立法例及立法院審議中之「公務人員基準法草案」第28條之規定，明定公務人員認為長官所發之命令，有違法情事者，應隨時報告，陳述其意見，並得請求該長官以書面命令下達，該長官以書面下達命令時，公務人員即應服從，其因此所生之責任，則由該長官負之，以兼顧公務人員服從義務與所負責任之衡平，保障其權益。嗣後又於2017年6月14日再度修正公布條文增列書面「署名」二字，其修法主因乃在於公務人員有正當理由認長官之命令違法，而提出報告者，受報告之長官如堅持其命令未違法，以書面再次下達時，公務人員即應無異議服從。惟舊法對於長官以書面下達之命令，並未明定應否署名，致生該命令是否確由該管長官所下達之認定疑義。為保障公務人員權益，爰於第1項明定該管長官應以書面署名下達命令，始得課予公務人員應服從之義務。如該管長官非以書面署名下達命令，公務人員亦得請求其以書面署名為之，爰修正第2項條文[64]。

因此，依據前述條文規範意旨，公務人員如遇有長官下達違反中立法之指令時，應先向其長官報告。該管長官如認其命令並未違法，而以書面署名下達時，公務人員仍應服從；但其因此所生之責任，包括行政、刑事及民事責任，均由該長官負責。又若該管長官不以書面署名下達命令，公務人員得請求其以書面署名為之，該管長官拒絕時，視為撤回其命令，此時公務人員即無服從之義務。本條規定業已提供公務人員面對長官違法命令時，能即時有效的因應解決之道。

二、救濟管道及保障

中立法第15條規定：「公務人員依法享有之權益，不得因拒絕從事本法禁止之行為而遭受不公平對待或不利處分。公務人員遭受前項之不公平對待或不利處分時，得依公務人員保障法及其他有關法令之規定，請求

---

[64] 立法院公報，第106卷第60期4462號中冊，2017年6月7日，頁823。

救濟。」本條係規定公務人員依法享有之權益，不得因拒絕從事本法禁止之行為而遭受不公平對待或不利處分。如公務人員因行政中立有關事項，遭受不公平對待或不利處分時，得依公務人員保障法等相關法令之規定，請求救濟，以維護公務人員權益。

三、違反中立法之懲戒或懲處

中立法第16條規定：「公務人員違反本法，應按情節輕重，依公務員懲戒法、公務人員考績法或其他相關法規予以懲戒或懲處；其涉及其他法律責任者，依有關法律處理之。」本條係規定公務人員違反本法之效果，由於違反行政中立規範並非反社會、反國家之行為，除涉及相關法律責任者，依有關法律處理外，仍宜依公務員懲戒法、公務人員考績法及其他相關規定處理，並可避免採刑事罰造成處理時效緩不濟急，以及引致選舉期間濫告等問題，爰規定本條文。

故如警察人員違反本法之相關規定，可按其情節輕重，分別依公務員懲戒法、公務人員考績法、警察人員人事條例、警察人員獎懲標準等法令規定，予以懲戒或懲處；若涉及其他法律責任者，例如貪污罪、瀆職罪等，尚可依相關刑事法律加以處罰。易言之，本條針對公務人員違反中立法之處罰，之所以僅採懲戒罰，而不採刑事罰，主要係考量公務人員及其長官違反公務人員行政中立規範時，雖有加以處罰之必要，惟以其違反事項並非反社會、反國家之行為，僅係服務義務之違反，故依懲戒法課以懲戒責任即為已足。倘若其行為另已觸犯相關選舉、罷免法律或刑事法律時，本應依各該法律處斷之，無需於中立法規定[65]。另如前述中立法準用對象之行政法人，其董（理）事、監事若違反公務人員行政中立之情事，有確實證據者，依行政法人及各該行政法人之設置條例規定，均得予解聘。至如農田水利會會長及各級專任職員如有違反行政中立之情形，因渠等非屬公務員懲戒法或公務人員考績法適用對象，爰應依農田水利會會長及會務委員考核獎懲辦法、農田水利會人事管理規則等規定處理之。

65　銓敘部編印，公務人員行政中立法Q&A專輯，2018年5月，頁18。

第三節 行政中立實務案例研究

壹、警察分局長接見總統參選人案

一、案例事實摘要

　　某總統參選人A（為前任市長），於除夕前往某市政府警察局某分局拜年和致贈紅包（慰問金），該分局長B通知各派出所主管集合，由警備隊長喊口令敬禮，並予以接見。案經該市府調查確認有違反行政中立之情節，市長C即依警察局建議，循前市府往例對該分局長B記申誡兩次處分，該分局長B對處分表示可以接受[66]。

二、案例問題解析

　　上述案例衍生出警察行政中立有關主要問題，約可略歸納成下列數點，頗值吾人深入加以探討分析[67]。

（一）分局長B有無違反行政中立

　　本案事實發生之際，由於公務人員行政中立法尚未制定。因此，在當時任何相關案例之處置作為，均引起社會輿論正反兩面激烈的討論與爭辯。於今公務人員行政中立法已公布施行，參照本法第13條規定：「各機關首長或主管人員於選舉委員會發布選舉公告日起至投票日止之選舉期間，應禁止政黨、公職候選人或其支持者之造訪活動；並應於辦公、活動場所之各出入口明顯處所張貼禁止競選活動之告示。」由此可見，該分局長於辦公處所接見特定候選人，明顯已牴觸本條規定，自有違反行政中立之情形。

（二）接見具有候選人身分之昔日長官是否適法

　　本案該分局長所接見者乃昔日之「長官」，若昔日長官拜訪，一律不予接見，如此是否太不盡人情？當然如在非選舉期間，昔日長官造訪，分

---

[66] 聯合報，2000年2月1日，第8版；聯合報，2000年2月9日，第2版，大選2000特別報導。
[67] 劉嘉發，警察行政中立問題之研究，警政論叢，第10期，2010年11月，頁140以下。

局長予以接見，乃人之常情，自較無爭議。惟該長官若已具有公職候選人或擬參選人身分時，再於辦公處所接見，則有違反公務人員行政中立法之虞。

又若不安排員警列隊鼓掌接送，而係私下進入分局，是否妥當？此觀諸本法第13條前揭規定，不論是公開列隊或私下進入，只要於辦公處所接見公職候選人，皆屬「造訪」活動之一，均有違反本法之虞，故應避免為之，以杜絕爭端。至於昔日長官若不到辦公處所拜訪，而改到家中拜訪能否接見？是否須向其上級長官報告？本章認為如昔日長官不到辦公處所而改至分局長私宅拜訪，此乃私人行為，予以接見當較無疑問。且此種接見亦無須向其上級長官報告，除非機關內部另有更嚴格之規定，或分局長出於自願向其上級長官報告，則不在此限。至如候選人至分局長「職務宿舍」拜訪，因職務宿舍仍屬「廣義」辦公處所之一，若予以接見，則仍有違反本法之嫌，允宜審慎為之。

因此，本案接不接見並非重點，到辦公處所拜訪或到家中拜訪，亦非重點，亦無關其是否為昔日長官。只要具有公職候選人身分者，均應謝絕其至辦公處所之造訪活動，尤其不宜親自予以接見，方能避免爭議。

（三）若採無差別待遇之平等原則，一律接見是否適法

在本案例中，若該分局長無分執政黨或在野黨候選人，採無差別待遇之平等原則，一律予以接見，如此做法是否即無違反行政中立問題？按本章前述行政中立概念之要義，即以平等原則為其主要核心內涵。若該分局長確實以中立超然的心態，不偏袒任何政黨、團體或個人，不論執政黨或在野黨之候選人來訪，一律予以接見，看似符合平等原則。然因本法第13條已明文規定：「選舉期間，應禁止政黨、公職候選人或其支持者之造訪活動。」故即使分局長針對執政黨或在野黨之候選人來訪，採無差別待遇之平等原則，一律予以接見，仍然有違反本法之嫌。因為即使公平對待不同政黨之候選人，一律均予接見，但如接見時間長短不同，負責接見者之層級有別，接見地點有異，造訪形式與談話內容有間，均易再起爭端。故仍應依本法相關規定，謝絕政黨、公職候選人或其支持者之造訪活動為宜。

（四）現任長官競選連任問題

針對現任長官競選連任時，其欲進入警察機關辦公處所，該行為究係造訪拉票，或屬職務上之蒞臨視察？警察機關首長能否接見？得否拒絕？敢拒絕乎？凡此方是警察行政中立問題最主要的困境。

按公務人員行政中立法第13條規定，警察機關在選舉期間，應禁止政黨、公職候選人或其支持者之造訪活動。因此，即使是現任行政首長或相關長官，只要登記參選成為公職候選人者，自候選人名單公告之日起至投票日止，應依規定請事假或休假。故現任長官若競選連任，依本法第11條規定，已進入請假期間，即無職務上之蒞臨視察可言。故現任長官若已登記參選競選連任，依本法第13條規定，亦不得進入警察機關辦公處所造訪拉票。

惟如現任長官已公開宣布擬競選連任，在尚未正式登記成為候選人之期間，以「擬參選人」及「現任長官」雙重身分，單純進入警察機關辦公處所拜訪所屬，不穿戴或標示特定政黨、政治團體或候選人之旗幟、徽章或服飾；不散發、張貼任何文書、圖畫、其他宣傳品或辦理相關活動，則法律規定尚有其模糊與猶豫空間，有待依據個案評析因應。

此外，倘若現任長官欲競選連任時，乃透過職務指揮監督行使之便，要求警察機關內部刊物刊登其照片，登載其政績，如此是否妥當？得否拒絕？有無違反行政中立之虞？亦有待釐清。此參照本法第9條及第14條相關規定，公務人員不得為支持或反對特定之政黨、其他政治團體或公職候選人，而動用行政資源編印製、散發、張貼文書、圖畫、其他宣傳品或辦理相關活動；長官亦不得要求公務人員從事本法禁止之行為。因此，如現任長官競選連任時，要求警察機關內部刊物刊登其照片，登載其政績，此舉自非妥當，而有違反本法相關規定之虞，依法自應予拒絕。

惟警察機關長官恐怕擔心事後遭秋後算帳，予以不利對待而難以抗拒，此則有賴強化相關之保障機制。查本法第15條即規定：「公務人員依法享有之權益，不得因拒絕從事本法禁止之行為而遭受不公平對待或不利處分。公務人員遭受前項之不公平對待或不利處分時，得依公務人員保障法及其他有關法令之規定，請求救濟。」故警察人員如因拒絕服從長官違

反行政中立之指示，而受到不公平對待或不利處分，自得依公務人員保障法相關規定提起救濟。

（五）該分局長若不服機關之懲處，依法如何提出救濟

查本案該分局長遭服務機關記申誡兩次之處分，若不服機關之懲處，應可依公務人員保障法第77條至第84條規定，依法向服務機關提起申訴，如不服申訴之函復者，得向公務人員保障暨培訓委員會提出再申訴，俾保障其權益。至於提起救濟是否有效，則應視個案情節加以判斷。

此外，參照本法第15條規定：「公務人員依法享有之權益，不得因拒絕從事本法禁止之行為而遭受不公平對待或不利處分。」警察人員如因堅守行政中立而遭受不公平對待或不利處分時，亦得依公務人員保障法及其他有關法令之規定，請求救濟。

（六）警察人員能否公開或私下支持特定候選人

按警察人員能否公開或私下支持特定之候選人？此參照公務人員行政中立法相關規定，僅要求公務人員不得為支持或反對特定之政黨、其他政治團體或公職候選人，而主持集會、發起遊行或領導連署活動，亦不得公開為公職候選人站台、遊行或拜票。至於私下支持特定候選人，提供捐款、協助募款，只要在非上班或勤務時間，且未利用職務上之權力、機會或方法為之，則仍屬警察人員廣義參政權或表現自由權之一，而應受到必要之保障。

至於得否具名刊登廣告支持特定候選人問題，依本法第9條規定：公務人員不得在大眾傳播媒體具銜或具名廣告，支持或反對特定之政黨、其他政治團體或公職候選人。因此，警察人員如具銜或具名刊登廣告支持特定候選人，已屬違反行政中立之行為。

貳、軍訓教官著軍服參加紅衫軍活動案

一、案例事實摘要

2006年9月12日18時許，臺北市某私立高級中學的一位佩掛少校階級的軍訓教官，戴墨鏡、口罩，著陸軍軍便服、外披制式雨衣，出現於凱達

格蘭大道的紅衫軍活動現場，並公開展示所謂致國防部長函，內有「若有戰爭，弟兄們肯定槍口向內」等文字。本案經國防部高等軍事法院檢察署主動偵辦，指稱該少校軍訓教官A涉嫌煽惑軍人暴動，觸犯陸海空軍刑法第16條違反效忠國家職責罪，隨後於11月28日將A員約談到案[68]，並向軍事法庭聲請拘押獲准[69]。

二、案例問題解析

（一）私立學校軍訓教官是否為中立法準用對象

本案所涉及的基本問題乃在於私立學校軍訓教官是否為中立法準用對象？若是，則有違反中立法疑慮；若非，自無違反中立法問題。

查中立法第3條規定適用本法者，僅限公立學校依法任用之職員，自不及於私立學校之職員。又第17條第1款規定，公立學校校長及公立學校兼任行政職務之教師有中立法之準用，因此自不及於私立學校校長及其兼任行政職務之教師，更不含未兼任行政職務之教師。惟同條第4款卻規定：各級行政機關具軍職身分之人員及各級教育行政主管機關軍訓單位或各級學校之軍訓教官屬中立法準用之對象。其中所稱「各級學校」之軍訓教官，則涵蓋公立與私立學校在內。因不論公、私立各級學校之軍訓教官，均可能接觸行政機關人員及學校學生等，為免其不當動用行政資源違反行政中立，乃有加以規範之必要。故即使是私立學校的軍訓教官，亦屬公務人員行政中立法第17條第4款規定準用對象之一。因之，本案該私立高級中學少校軍訓教官亦有中立法之準用。

（二）軍人有無參加該活動之權利

按中立法第9條規定：公務人員不得為支持或反對特定之政黨、其他政治團體或公職候選人，從事主持集會、發起遊行或領導連署活動。本條文規範禁止的行為，不僅含上班服勤時間，亦及於下班退勤之後。惟查本案所涉之紅衫軍活動，並非特定政黨、政治團體或特定公職候選人所舉辦

之活動，故即使是軍人身分，如於下班退勤時間參加，理論上並未違反行政中立法相關之規定。而本案值得非議之處，係因該軍訓教官著軍服出席該活動，並公開展示所謂致國防部長函，內稱「若有戰爭，弟兄們肯定槍口向內」等文字，因而遭致非議。

　　此外，於本案事實發生之前一日，即2006年9月11日，某國立大學女教官B未著軍服，陪同母親、兩名子女及三名姪子至凱達格蘭大道「走了一圈」，惟其未著紅衣，也未加入靜坐，只因身影出現於電視畫面中，經國防部辨識後，即通知教育部查辦，後者遂指示其任教大學，針對王女上凱道的行為召開人評會。同月21日，該大學人評會雖決議不予處分，但教育部仍於26日覆函國防部，以B員違反國防法第6條的行政中立規定為由，認定其「已不適任軍訓教官」，要求將之調回軍隊[70]。教育部與國防部之處置，其認事用法恐有商榷。就B案而言有無恣意擴張解釋國防法第6條之規定，過度限制軍人憲法所保障的言論自由與集會遊行權，不無檢討之餘地。

參、國營事業機構內部網站對其員工宣傳特定議題公投案

一、案例事實摘要

　　某日某國營事業機構內部網站，有員工刊登支持某特定議題公民投票案之訊息，並要求其他員工對該案公投案投同意票，該行為是否涉有違反公務人員行政中立法情事？

二、案例問題解析

　　查公務人員行政中立法第10條規定：「公務人員對於公職人員之選舉、罷免或公民投票，不得利用職務上之權力、機會或方法，要求他人不行使投票權或為一定之行使」依上開規定，全國性公民投票案自有上開規定之適用。又公務人員行政中立法第10條之立法目的，係為維持選舉、罷

---

70 教官靜坐倒扁遭調職？教部：違軍人政治中立，中央通訊社記者陳舜協、翁翠萍，臺北2006年9月28日電。

免及公民投票之政治公平與客觀競爭，如公務人員對於表達公民投票之意見或看法，涉及使用政府機關（構）內部公告平台、電子布告欄等公家資源，不論是支持或反對均不妥適，且政府機關（構）之員工依法不應有類似行為。

此等行為似涉有違反行政中立情事，該國營事業機構於媒體批露本案新聞後，隨即發布新聞稿指出，經查該網站中之公告為該機構工會轄下某分會所張貼，該公告已經下架，且相關發言也不代表該國營事業機構或工會總會之看法，該國營事業機構於媒體批露本案新聞後，隨即下架公告，同時要求機構內各單位加強網站管理及電子公告欄之審查機制，又未來將加強該機構電子公告欄之審查機制，並將再加強宣導員工嚴格遵守行政中立，切勿使用機構資源進行非公務活動。由於該國營事業機構對本事件危機處理迅速得宜，遂順利弭平爭議。

惟針對公營事業機構人員，依中立法第17條第6款及其施行細則第9條規定，其中對經營政策負有主要決策責任之人員始為準用對象，包括公營事業機構董事長、總經理、代表公股之董事、監察人及其他對經營政策負有主要決策責任等人員。如非屬上述範疇之公營事業機構人員，則非中立法適用範圍[71]。

第四節　結論

本章作者自2002年起即擔任公務人員保障暨培訓委員會暨其所屬國家文官學院相關公務人員行政中立講座多年，在警察機關及其他諸多行政機關宣導公務人員行政中立之理念。惟每於講課中場休場或課程結束後，履有參加講習學員或同仁反應：「公務人員行政不中立之主要問題，其實並不在基層，而在高層。」如此心聲確實指出若干公務人員行政不中立之

---

[71] 公務人員保障暨培訓委員會編印，公務人員行政中立實務案例宣導手冊，2019年8月，頁10-11。

關鍵所在。蓋因一名小小的基層公務員，何以有能力影響乃至左右到整體公務機關與其他公務員之政治認同與行政作為。問題還不都是長官在做決定，由長官下命實施某些行政不甚中立之措施，故公務人員行政不中立之主要關鍵，問題「不在基層，而在高層[72]」。

事實上，公務人員行政不中立的問題，通常並非出在基層，或者高層的事務官，而是來自於另一階層，其中影響最鉅者，還是在於文官體系之上的政治系統，諸如政務官與地方縣市政府民選首長對一般事務官不當的下達指示。該等長官以其行政指揮監督權，要求公務人員服從其指令，終究影響了公務人員執法的公正性以及對政治問題的中立性。所謂「上游已濁，下游何清？」公務人員行政中立的要求，理應由上而下，以身作則，方有實踐的可能。現階段基層公務人員面對長官要求其違反行政中立之指令時，應可依中立法第14條規定，或者另依公務人員保障法第17條規定加以對抗因應，以求自保。未來則宜在政務人員法（草案）中明定政務官政治中立與行政中立之分際，以利正本清源解決「上游」行政不中立問題。

吾人須知：「過去可以，並不能證明現在可以，更不能推論將來也可以。」因為公務人員行政中立法已經制定，時代環境亦不同以往，人民對於行政機關與公務人員行政中立的要求日漸提升，行政中立之觀念逐步建立，政黨政治漸為常態。以前可以做的，現在就不能做了，更遑論將來。吾人從臺灣民主政治的發展觀察發現，凡是行政愈不中立的執政黨，其離在野黨的日子也就不遠了。亦即，倘若執政黨行政愈不中立，公務員反輔選情況愈高，民意觀感愈不佳，通常在選舉時即易淪為在野黨。歷史的殷鑑不遠，吾人應記取歷史的教訓與經驗，以免重蹈覆轍。期盼以前有錯，現在改過，將來才不會再犯錯。歷史是不會重演的，惟有愚人重演歷史。

綜上所論，公務人員能否堅持行政中立、政治中立、公正執法，展現一個民主法治國家應有的價值與態度，健全文官體制，從而贏得人民的信賴與肯定，遠比受到長官或政治人物的肯定更加重要。進言之，公務人員必須保持行政中立、政治中立，旨在鞏固國家文官體制，使公務員能依法

---

72 劉嘉發，警察行政中立問題之研究，警政論叢，第10期，2010年11月，頁143-144。

行政，確保執法之公正性。倘若公務人員偏倚任何政黨、政治團體或特定候選人，勢必造成人民的疑慮與不信賴，衍生諸多弊端。因此，不僅公務人員本身要有行政中立的自覺，同時期盼任何政黨不論執政者或在野者，均勿再將「黑手」伸進行政體系裡攪和，讓公務人員能貫徹依法行政、行政中立之目標，最終才是國家之幸與全民之福[73]。

劉嘉發，論選舉期間警察人員行政中立之分際，中央警察大學學報，第41期，2004年8月，頁74。

第五章

行政罰法與案例研究

鄭善印

第一節　本法立法目的與沿革

壹、本法之立法目的

　　行政法體系龐大，不但有中央各部會主管的行政法規，並且有各市縣地方自治條例及規則，但在2005年1月14日立法院制定行政罰法之前，並無統一的總則規定，對於違反中央或地方行政法規者，雖通常都訂有處罰規定，惟其名稱繁多，除罰鍰外尚有各種名目的不利益處分，如禁止駕駛、撤銷許可、公告姓名、記點等；其處罰條件及處罰程序亦常不同，如無過失是否得予處罰或是否罹於時效等，致難有公平劃一的準據。雖然法規主管機關或行政法院或大法官常有解釋以爲補充，但仍難定分止爭。法務部爲確保依法行政目的及保障人民權益，乃自1995年1月起，針對應否制定統一性、綜合性之行政罰法問題進行研究。

　　俟經蒐集外國立法例、廣邀行政機關及各界意見後，咸認有制定共通適用之行政罰法典之必要，乃於2000年5月間邀請學者專家及實務人士組成行政罰法研究制定委員會，參考德國、奧國立法例，進行草案之研擬工作。期間歷經22次會議，卒於2001年1月完成草案初稿，後經彙整各方意見後再經12次會議，於2002年3月完成草案二稿，復再審酌各機關不同意見並予修正後，於2002年7月完成草案定稿，再經陳報行政院召開多次審查會議後，終於完成行政罰法草案，並送立法院審查。

貳、本法之制定

　　立法院於2003年9月26日開始審查行政罰法草案，該草案共計九章46條，各章章名爲：法例、責任、共同違法與併同處罰、裁罰之審酌加減及擴張、單一行爲與數行爲之裁罰、時效、管轄機關、裁處程序、附則。前面六章體例類似刑法總則，規定事項與內容亦與刑法總則類似，第七章的管轄機關及第八章的裁處程序，則爲有關程序之規定。整體而言，行政罰法草案與刑法總則及社會秩序維護法的總則及處罰程序體例類似，亦與德

國秩序違反法的體例類似。立法院最後於2005年1月14日三讀通過行政罰法，2005年2月5日經總統明令公布，惟仍遲至公布後1年實施。

立法院於審查該草案時，前立委高育仁曾提出如下重要的七項質疑，但通觀立法經過，法務部及與會立委並未仔細考量，也未做出重要對話，全案即行通過：

一、對於現行違反行政法上義務之行為人，行政機關為確認其身分可以強制其到場之規定，是否違反憲法第8條？因為行政機關不是警察機關。

二、舉發與裁罰為同一機關，如何可能舉證證明行為人有故意或過失？難道不會官官相護自行認定？

三、勒令歇業或停止營業太過嚴重，雖然經過救濟最終沒有裁處，但對大企業或出資經營者影響很大，這種處分是否宜由行政人員執行？

四、限時法乃短期內有效的法律，失效後若還有3年的追訴期（著按：草案規定裁處時效為3年），失之過苛。例如，法規失效後1年，執法人員還來追究，無法令人接受。

五、總統或外交使節有無行政罰的豁免權？刑事罰既可豁免，較輕的行政罰是否亦可豁免，因為舉重以明輕？或者刑事罰雖可豁免但行政罰不行，因為明示其一排除其他？在本法立法前應將此事說清楚。

六、法人之代表人、管理人或職員之故意、過失「視為」法人之故意過失，是否宜改為「推定」為法人之故意、過失，以便讓法人有反證之機會？

七、對於私法人之處罰，除處罰行為人外，並處罰代表人及法人本身之三罰規定，是否過苛？又，三罰規定不適用於公法人組織，明顯是認為公法人必定比私法人好，其實在環保領域即非如此，此種情形是否過度寬待公法人？（著按：通過之法案對公法人僅規定依法律或自治條例處罰而已）。

上述質疑之「限時法」部分，法務部於二讀時刪除該規定[1]；「行政

---

[1] 限時法規定的存在，將使行為之處罰必須「從舊」，亦即溯及既往追究法規有效期間內之違

機關得強制行為人到場」部分，亦經稍作文字修正後，草案即行交由黨團協商，最後大致依法務部原案通過。可謂該行政罰法受到立委極少之杯葛及反覆辯論，即行通過。此與刑法第185條之3在審議時百花齊放之狀況，難以相比。[2]

　　若依本文意見，上述七點質疑確實擲地有聲，茲舉幾則簡例如下：一、警察臨檢有刑事犯之虞的案件時，都需在若干條件下始可請求「同行」到勤務處所，只有行政犯之虞的案件，卻可強制到案？理由為何？真的沒有憲法第8條的問題嗎？警察人員可以用「警察職務執行法」第6條規定，強制到場嗎？警察人員在職務協助但不勝其煩之餘，是否可用「違憲」名目拒絕協助？二、舉發與裁罰若為同一機關，舉發的又是主觀犯意，難有一定標準，則球員兼裁判的方式，難道不會違反憲法第8條？1997年以前，檢察官可簽發押票不就是同一情形？三、2014年12月高雄日月光k7廠遭勒令停工，據說損失美金7,000萬元，難道不需行政機關以外的人員介入？四、限時法的存在，乃彰顯「從舊、從行為時法、清算」等精神，其存在更可成為刑事罰與行政罰區別標準之一，今因其與刑事罰相比究為輕微犯行，同時不宜窮追不捨，故予刪除，應符合行政罰與刑事罰區別之精神；五、總統與外交使節若均不可豁免於行政罰，則行政罰與刑事罰區分之後，其法理與適用原則應有差異，否則無法解釋舉重以明輕；六、自然人之故意過失究應「視為」或「推定」為法人之過失，關係到法人受罰之比率，也牽涉到一事二罰問題，誠有深加檢討之必要；七、三罰規定確有過苛及一事三罰問題，又僅罰私法人不罰公法人，光就「環保及衛生」問題，即不足以服人。

　　法行為。我現行刑法無規定，日本刑法亦無規定，但德國刑法及秩序違反法均有限時法之規定。

2　立法院第5屆第4會期司法、法治委員會第一次聯席會議紀錄，2003年11月19日，http://lis.ly.gov.tw/ttscgi/lgimg?@925603;0197;0215，最後瀏覽日期：2012年9月30日。

參、本法之修正

本法於審查時，立法院另於2002年1月18日通過刑事訴訟法修正案，增訂第253條之1之「緩起訴處分條款」，其中規定檢察官為緩起訴處分時，得命被告「向公庫或指定之公益團體、地方自治團體支付一定之金額」、「向指定之公益團體、地方自治團體或社區提供四十小時以上二百四十小時以下之義務勞務」。此緩起訴處分條款並有確定力問題，同時緩起訴期滿未經撤銷者，緩起訴處分與不起訴處分有同一效力。從而出現，檢察官於緩起訴處分並命被告支付一定之金額，或提供一定之勞務後，是否仍須將違反行政法上義務行為移送管轄機關繼續裁處，或視同已經刑事處罰完畢？若為前者，則人民已繳交之金錢或已提供之勞務如何處理？若為後者，緩起訴機關之命令是否可視為判決？此乃有關緩起訴處分定位之問題。

法務部即曾在2006年12月22日召開之行政罰法諮詢小組第5次會議中指出：「（有關緩起訴處分之定位）各地方法院共有四種看法，第一，緩起訴處分確定視同不起訴處分確定；第二，緩起訴處分期間屆滿且未經撤銷時，視同不起訴處分確定；第三，緩起訴處分為實質刑事處罰；第四，其他。」[3]可見，緩起訴處分所引起之後續問題必須解決。除此之外，緩刑也有類似問題，而免刑、不付保護處分則為立法時遺漏事項，亦一併修正。

從而，立法院乃於2011年02月22日審議修正案，2011年11月08日三讀通過修正行政罰法第26條、第27條、第32條、第45條、第46條共五個條文。主要重點在於將緩起訴處分及緩刑判決所要求繳交的公益金或勞務，視為「非行政罰法上的處罰」，故於緩起訴或緩刑確定後，仍須將原違反行政法上義務之行為，移送管轄之行政機關再行處罰。原違法人將會感受到遭受兩次的財產或勞務剝奪，為防免人民有此感受，故於第26條第2項以下特別規定：「前項行為如經不起訴處分、緩起訴處分確定或為無罪、

3　http://www.moj.gov.tw/lp.asp?ctNode=28001&CtUnit=731&BaseDSD=7&mp=001，最後瀏覽日期：2012年10月2日。

免訴、不受理、不付審理、不付保護處分、免刑、緩刑之裁判確定者，得依違反行政法上義務規定裁處之（第2項）。第一項行為經緩起訴處分或緩刑宣告確定且經命向公庫或指定之公益團體、地方自治團體、政府機關、政府機構、行政法人、社區或其他符合公益目的之機構或團體，支付一定之金額或提供義務勞務者，其所支付之金額或提供之勞務，應於依前項規定裁處之罰鍰內扣抵之（第3項）。前項勞務扣抵罰鍰之金額，按最初裁處時之每小時基本工資乘以義務勞務時數核算（第4項）。」

修正理由為：「二、第二項增訂『緩起訴處分確定』、『不付保護處分、免刑、緩刑』之文字，理由如下：（一）按第一項前段所定『依刑事法律處罰』，係指由法院對違反刑事法律之行為人，依刑事訴訟程序所為之處罰，始足當之。又緩起訴處分之性質，實屬附條件之便宜不起訴處分，檢察官為緩起訴處分時，依刑事訴訟法第二百五十三條之二第一項規定，對被告所為之措施及課予之負擔，係一種特殊之處遇措施，並非刑罰。故一行為同時觸犯刑事法律及違反行政法上義務規定，經檢察官為緩起訴處分確定後，行政機關自得依違反行政法上義務規定裁處，此為現行條文第二項之當然解釋。惟因實務上有不同見解，爰於第二項增訂「緩『訴處分確定』之文字，以杜爭議。（二）依少年事件處理法第四十一條規定，為不付保護處分之裁定確定，對當事人既未為刑事處罰，行政罰之裁處無一事二罰之疑慮，自得依違反行政法上義務規定裁處之，爰於第二項增列『不付保護處分』之文字。（三）第一項行為如經免刑或緩刑之裁判確定，因法院為免刑或緩刑宣告所斟酌者，係情節輕微、自首、難以苛責、行為人年紀尚輕而給予自新機會或維護親屬間家庭和諧關係等因素，毋庸斟酌行為人所違反行政法上義務規定之立法目的。故為兼顧該等法律立法目的之達成，並考量經免刑或緩刑裁判確定者，未依刑事法律予以處罰，與緩起訴處分確定者同，為求衡平，爰於第二項增訂『免刑、緩刑』之文字，俾資完備。（四）本條係有關刑事罰與行政罰競合之處理規定，涉及行政法上義務規定極多，為兼顧該等行政法立法目的之達成及促進行政效能考量，避免行政制裁緩不濟急，失卻處罰目的，一行為如經緩起訴處分確定，不待緩起訴期間屆滿而未撤銷，行政機關即應依違反行政法上

義務規定裁處；亦即本項所定『緩起訴處分確定』，係指當事人已不得聲請再議或交付審判以爭執該緩起訴處分而言（刑事訴訟法第二百五十三條之一第一項後段參照）。同理，為避免行政制裁緩不濟急，失卻處罰目的，對受緩刑宣告部分，亦不待緩刑期滿未經撤銷（刑法第七十六條參照），即應依違反行政法上義務規定裁處。

　　三、第一項行為經緩起訴處分或緩刑宣告確定，且經命向公庫或指定之公益團體、地方自治團體、政府機關、政府機構、行政法人、社區或其他符合公益目的之機構或團體，支付一定金額或於一定期間提供義務勞務者（刑事訴訟法第二百五十三條之二第一項第四款及第五款、刑法第七十四條第二項第四款及第五款參照），因行為人受有財產之負擔或為勞務之付出，為符比例原則，故明定其所支付之金額或提供之勞務，得扣抵罰鍰。至義務勞務扣抵罰鍰之折算標準，按最初裁處時之每小時基本工資乘以義務勞務時數核算，以期明確，爰增訂第三項及第四項。

　　四、第一項行為經緩起訴處分或緩刑宣告確定後，如緩起訴處分或緩刑宣告復被撤銷確定，其已依第二項規定所為之裁處，應如何處理，易滋疑義，爰於第五項增訂處理機制，應由主管機關依受處罰者之申請或依職權撤銷原裁處，已收繳之罰鍰，則無息退還。」

　　本文認為，刑罰與行政罰在法制上雖屬併立體制，但同一行為已經一個體制處理完畢，並由違法行為人繳交公益金，則當無再交由另一體制處理之必要，否則只有公機關觀點而無違法行為人之觀點，實質上與一行為兩罰是相同的。不僅如此，更增加公機關間往返之勞費。尤其，於緩刑或緩起訴處分撤銷後，還要將已折抵之金額等再次回復原狀，實過度堅守兩體制間的不同性質。由此也透露出二元體制的勞費及繁瑣。

肆、本法章節與刑法總則及社會秩序維護法總則之比較

　　由於行政罰法、刑法總則及社會秩序維護法第一編總則及第二編處罰程序，在體例上接近常易混淆，故將三者章節作一簡表比較，以輕易理解行政罰法之體例，併可在比較中瞭解各法性質不同，及其所出現繁簡之別。

表5-1　刑法總則、行政罰法、社會秩序維護法總則及處罰程序章節比較表

項目／法別	刑法總則	行政罰法	社會秩序維護法
法例	第一章法例§1-11	第一章法例§1-6	第一編總則 第一章法例§1-6
責任	第二章刑事責任§12-24	第二章責任§7-13	第一編總則 第二章責任§7-18-1
未遂	第三章未遂§25-27	—	—
共犯	第四章共犯§28-31	第三章共同違法及併同處罰§14-17	—
刑	第五章刑§32-46	—	第一編總則 第三章處罰§19-30
累犯	第六章累犯§47-49	—	—
數罪併罰	第七章數罪併罰§50-56	第五章單一行為及數行為之處罰§24-26	—
刑之酌科及加減	第八章刑之酌科及加減§57-73	第四章裁處之審酌加減及擴張§18-23	—
時效	第十一章時效§80-85	第六章時效§27-28	第一編總則 第四章時效§31-32
管轄機關	—	第七章管轄機關§29-32	第二編處罰程序 第一章管轄§33-38
調查	—	—	第二編處罰程序 第二章調查§39-42
裁處程序	—	第八章裁處程序§33-44	第二編處罰程序 第三章裁處§43-49
執行	—	—	第二編處罰程序 第四章執行§50-54
救濟	—	—	第二編處罰程序 第五章救濟§55-62
附則	—	第九章附則§45-46	—

表5-1 刑法總則、行政罰法、社會秩序維護法總則及處罰程序章節比較表（續）

項目／法別	刑法總則	行政罰法	社會秩序維護法
特色	以處罰違反社會倫理行為為主，故重主觀犯意，以處罰故意為原則，處罰過失為例外，並有未遂犯、正犯與共犯之區別及累犯之規定	以處罰違反行政法上義務行為為主，故重客觀行為，故意與過失兼罰，但無未遂、正犯與共犯區別及累犯之規定，與刑事罰競合時，刑事先行	介於刑罰與行政罰之間，除罰鍰外，尚得處3日以下拘留。但仍偏向行政罰，以行為為處罰重點，如兼罰故意過失，但過失得減輕處罰，且無未遂之規定，但有共同實施與教唆、幫助之區別，再次違反時亦得加重處罰

註：記號—為該法未規定之章節。

第二節 本法重要原則與內容

壹、本法重要原則

立法院審查時，法務部前部長陳定南先生曾在審查會上說明，本法之重要原則與內容如下：

一、揭示「處罰法定主義」，即違反行政法上義務之處罰，以行為時之法律或自治條例有明文規定者為限。

二、採「從新從輕原則」，即行為後法律或自治條例有變動者，依最初裁處時之新規定處罰，但舊規定有利受處罰者，則依舊法；不過對於訂有施行期間之「限時法」，則仍依行為當時有效施行中之規定處罰（著

按：但最後，限時法之規定被刪除）。

三、明定「機關亦得爲受處罰對象」，包含法人、非法人團體、中央或地方機關或其他組織（著按：但依通過後之行政罰法第17條規定，公法人僅依法律或自治條例受罰，並無三罰或兩罰規定）。

四、明定「行政罰之範圍包含廣泛」，除罰鍰、沒入外，尚包含其他種類之行政罰，如剝奪或限制權利等，但不包含懲戒罰、行政刑罰與執行罰。

五、明定「一事（行爲）不二罰」之原則與例外，一行爲同時違反數個行政法上義務規定而應處罰鍰者，從法定罰鍰最高額規定裁處。如一行爲另觸犯刑事法律時，則採「刑事優先」原則。

六、建立「處罰時效制度」，以3年爲期，避免行政機關懈怠，致處罰法律關係長久處於不確定狀態。

七、採「微犯不舉之便宜主義」，對法定最高額新臺幣3,000元以下罰鍰之處罰且情節輕微者，得以糾正或勸導代替。

八、採「有責任始有處罰」原則，明定責任能力與責任條件乃處罰之必要因素。此外，亦規定正當防衛、緊急避難等「阻卻違法事由」。

九、採「全民守法、排除卸責藉口」制度，規定「不知法規亦應處罰」，但可按情節減輕或免除其處罰。

十、規定「防止鑽漏洞條款」，亦即採法人、代表人、行爲人（限於有規定時）三罰主義；另外在一定條件下，對受有財產上利益之行爲人、第三人或物之受移轉人，得就其財產利益或所有物予以追繳、擴大沒入，或追繳價額或差額，以避免公司倒閉董事卻得利等脫法行爲。

十一、明確規定裁處程序及方法：

（一）執法人員應出示證明文件或顯示足資辨別之標誌，並告知違反之法規。

（二）對現行違法者得即時制止其行爲，並確認其身分，無法當場確認身分者，得令其隨同到指定處所，不隨同者得（會同警察人員）強制爲之。

（三）得沒入或可爲證據之物得扣留之，爲達成扣留目的得要求物之

所有人等提出之，否則得施以強制力扣留。

（四）裁處前應給予陳述意見之機會，但仍有許多例外無需給予陳述之機會。

（五）舉辦聽證之要件。

（六）應作成裁處書並送達。

十二、採屬地主義及隔地違法均予處罰之主義。

上述諸原則與內容，除「行政罰之種類、處罰法人、未遂、共同違法、裁處程序」等規定與「刑法總則」不同外，其餘大致與之類似，故理解行政罰法與解釋其法文時，若能參考刑法總則之規定與學理，應較能迅速掌握行政罰法要旨。

貳、本法逐條簡要內容

表5-2　行政罰法逐條簡要內容表

條數	簡要內容
§1	立法目的（為規範罰鍰、沒入、其他種類行政罰，而制定本法）
§2	其他種類行政罰之例示與概括規定（比刑罰種類要多很多）
§3	行為人種類（行為人除自然人外，並含法人及非法人團體）
§4	處罰法定主義（與刑法同）
§5	法律有變更時採從新從輕原則（刑法則採從舊從輕原則，但除限時法外，結論大致相同）
§6	本法效力採屬地原則（與刑法同）
§7	主觀犯意採故意過失兼罰原則（刑法以處罰故意為原則，處罰過失為例外，刑法分則僅臚列出24個過失條款）
§8	行為責任採心理責任說（僅需有故意過失與責任能力即有行為責任，不知法規仍屬違反行政法上義務行為，但得減輕或免除其處罰。刑法則採嚴格責任原則，視不知法律之錯誤能否避免，而決定是否成罪，無法避免而有正當理由者無罪，反之則有罪，但即使有罪亦得減輕其刑）
§9	責任能力（以年齡及精神狀況為準，與刑法規定雷同）
§10	不純正不作為之行政法上義務（與刑法第15條規定相同，但因行政法各論多有規定狀態責任者，又因併罰故意與過失，故容易造成不純正不作為之行政義務違反；本條亦為狀態責任之法律依據）

表5-2 行政罰法逐條簡要內容表（續）

條數	簡要內容
§11	依法令之行為不罰（與刑法第21條規定相同）
§12	正當防衛行為不罰（與刑法第23條規定相同）
§13	緊急避難行為不罰（與刑法第24條規定相同）
§14	故意之共同違法行為（無正犯與共犯之分，與刑法第28條、第29條、第30條規定不同；身分與違法行為之關係，亦相應而與刑法第31條有別，並無擬制身分之規定）
§15	私法人違法之處罰（刑法總則無處罰私法人之規定，但行政刑法則有，一般以兩罰或三罰方式呈現）
§16	非法人團體違法之準用（刑法總則無處罰非法人團體之規定，但行政刑法則有，一般與兩罰或三罰條文併同出現）
§17	公法組織之處罰（刑法無處罰公法人之規定）
§18	罰鍰之審酌、加減及期間（與刑法規定類似）
§19	裁量不罰（在刑法上，此為檢察官或法官之權限）
§20	不當得利之追繳（刑法第38條之1沒收新制有類似規定）
§21	沒入（與刑法第38條第2項規定同，沒入在效果上亦與沒收同）
§22	裁量沒入（與刑法第38條之1規定類似）
§23	沒入物價額或差額之追徵（與刑法第38條之1、第38條之2、第38條之3規定意旨類似）
§24	一行為數違法之處理（與刑法第55條規定之想像競合犯意旨相同）
§25	數行為數違法之處理（與刑法第50條規定之數罪併罰意旨相同）
§26	一行為同時違反刑法及行政法之處理（刑事先行，刑事無罪時再轉交行政機關裁處，緩起訴處分或緩刑確定時，亦同）
§27	裁處權時效（3年，起算時間與刑法同，不作為之時效起算亦與刑法同）
§28	裁處權時效之停止（與刑法時效停止之意旨同）
§29	管轄機關（違反行政法上義務行為，由各行政法規主管機關管轄，並與刑事訴訟法管轄規定之意旨相同）
§30	共同管轄（與刑事訴訟法牽連管轄之意旨相同，目的在求經濟）

表5-2　行政罰法逐條簡要內容表（續）

條數	簡要內容
§31	管轄權競合之處理（與刑事訴訟法處理競合管轄及牽連管轄規定之意旨相同）
§32	一行為同時違反刑法及行政法案件之移送（刑事先行原則）
§33	執行職務時應出示證件（刑事訴訟法除第133條之1執行非附隨於搜索之扣押外，少有出示證件之明文規定）
§34	現行違法人之處理（與刑事訴訟法逮捕現行犯規定之意旨相同）
§35	不服強制到場之異議（刑事訴訟法並無現場異議之救濟規定）
§36	物之扣留（與刑事訴訟法扣押規定之意旨相同）
§37	強制扣留（與刑事訴訟法強制扣押規定之意旨相同）
§38	扣留紀錄及收據（與刑事訴訟法扣押規定之意旨相似）
§39	扣留物之拍賣（與刑事訴訟法扣押物規定之意旨相似）
§40	扣留物之發還（與刑事訴訟法扣押物規定之意旨相似）
§41	扣留之救濟程序（刑事訴訟法並無扣押之救濟規定）
§42	陳述意見之例外（刑事訴訟法無聽證規定）
§43	聽證及例外（刑事訴訟法無聽證規定）
§44	送達（依行政程序裁處之送達，應與刑事訴訟法之送達相同意旨）
§45	裁處時效之過渡條款（有關本法施行前及修正後之裁處時效規定）
§46	施行日（本法自總統公布後1年始施行）

參、違反行政秩序行為之體系及其處罰程序

一、違反行政秩序行為之認定體系

　　刑罰之處罰體系，分為犯罪論及刑罰論（兼及保安處分論），前者為法律構成要件，後者為法律效果，兩者形成一組具有因果對應關係之概念。犯罪論主要論述犯罪成立之各種要件，刑罰論主要論述刑罰種類、量刑、易刑處分、時效等問題，保安處分則論述對於無責任能力或不具違法

意識可能性或期待可能性之行為人，予以矯治或排除危險之各種方法。其中刑罰與保安處分之區別在於，刑罰乃對需負責任之人過去之罪惡行為予以懲罰之作用，保安處分則為對不需負責任之人將來之危險性予以去除之作用，故前者深具報應色彩，後者則以矯治為主要核心。是故，刑罰乃對犯罪人之作用，保安處分則是對非犯罪，但有矯治必要者的作用。

　　犯罪之法律構成要件雖有多種說法，但通說皆採「三要件說」，尤其是以目的行為說為主的三要件說。該說主要認為犯罪之成立需具有「構成要件該當性」、「違法性」、「有責性」。其中「構成要件」指的是刑法分則各本條所規定的「者」以上的那些文字，故故意、過失等主觀要件以及猥褻等若干不確定法律概念，應在構成要件之內，「該當性」指的是具體事實符合法律規定的狀態。例如，殺人罪的構成要件就是刑法第271條第1項規定的「（故意）殺人者」，倘若有甲這個人故意殺死了乙，甲的行為就具有殺人罪的構成要件該當性。但是，僅僅如此尚非犯罪，具有構成要件該當性之後，還須檢討是否具有「違法性」[4]，而有無違法性的基礎概念在於「是否具有阻卻違法事由」？亦即是否符合刑法第21條至第24條之規定，以及其他不成文的超法規的阻卻違法事由。具備構成要件該當性及違法性之後，還須檢討是否具有「有責性」，而是否具有有責性，則以行為人是否具有責任能力、違法意識可能性及期待可能性為準。若予體系化並將刑法總則有關犯罪成立的諸條規定予以整併，則其圖示如下頁。

　　相對於刑法犯罪論體系，行政罰之違反秩序體系則尚非明顯。然而，論者多有比擬刑法犯罪論體系而認為違反秩序行為仍需有「構成要件該當性」、「違法性」要件者，此外行政罰法復有第二章責任，及第三章共同違法（及併同處罰）之章名。故本文以為，應可比照刑法犯罪論體系，而將行政罰法之違反秩序行為予以體系化。此種體系化之作用，除可將行政罰法各條文之規定予以歸類整併外，復可較為清楚地劃分所謂「裁罰性不利處分」之範圍，亦即何種不利處分應適用行政罰法，何種不利處

4　刑法的違法性原應包括「規範違反」及「法益侵害」，但因與行政罰法並論，故「法益侵害」部分可暫置不論。

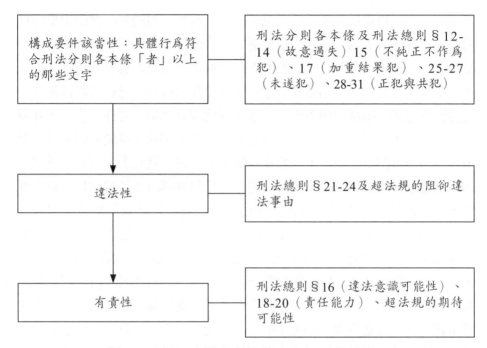

圖5-1　刑法犯罪論體系及刑法總則條文對應圖

分則適用行政程序法或行政執行法即可。甚而，體系化之後的違反秩序行為，更可與刑法犯罪行為較為清楚地劃分，例如有責性部分，行政罰法的規定即明顯與刑法總則不同，此不同可彰顯刑罰與行政罰在區別標準、適用原則、調查程序、裁罰程序、救濟程序上的不同。

　　本文以為，違反秩序行為之成立，仍需有構成要件該當性、違法性及有責性三階段。其中構成要件指的是，各別行政法規上各條文所規定的「者」以上的文字，例如道路交通管理處罰條例第35條第1項規定：「汽機車駕駛人，駕駛汽機車經測試檢定有下列情形之一者，機車駕駛人處新臺幣一萬五千元以上九萬元以下罰鍰……一、酒精濃度超過規定標準。二、吸食毒品、迷幻藥、麻醉藥品及其相類似之管制藥品。」

　　該條項規定中「者」以上的文字，即為「不能安全駕駛違序行為」之構成要件；倘若甲這個人酒後駕車，經攔檢測試結果，其酒精值超過規

定標準，即為具違反秩序行為之構成要件該當性。但倘若醉酒的甲是因為需載運重症患者下山，則其所為仍需給予合法評價，因為甲之違序行為同時是緊急避難的一種義行，此際甲之所為無需再論是否具有有責性，即可予以不違序之評價，因為該當於違序構成要件之行為，已經被阻卻違法，是故緊急避難等阻卻違法事由，乃違序行為成立之第二要件。當然，此種阻卻違法事由亦應包含超法規的阻卻違法事由，例如，駕駛人聞救護車警笛，但因無可閃避之空間，乃將車輛駛上人行道，其駛上人行道之違序行為，應屬超法規的阻卻違法事由。違序行為具備構成要件該當性、違法性之後，尚需檢討是否具備有責性。由於行政罰法併同處罰故意、過失行為，同時即使不具有「違法意識可能性」，亦即不能能意識到自己行為的違法性，亦成立違序行為，至多僅能減免處罰而已。因為該法第8條規定：「不得因不知法規而免除行政處罰責任。但按其情節，得減輕或免除其處罰。」故其責任內容乃屬於所謂的「心理責任論」，只須追究其人對於事實是否有故意與過失即可，而不須追究其人對於己身行為的違法性有無可能意識到，從而違序行為之有責性，其內容應無如同刑法責任要素般的「期待可能性」之存在。

此外，違反秩序行為與刑法犯罪體系之不同，尚有故意與過失的所在位置問題。本文以為，行政罰法既然採取故意與過失行為併罰主義，則故意與過失之位置應在有責性中，而不應在構成要件中，因為在構成要件中區分故意或過失違序行為並無實益，兩者在法律效果上的處罰均相同。反而，重要的構成要件要素應該是「違反行政法上義務之行為」，而所謂行政法上義務，應包含法規規定及行政處分所賦予行為人之義務。行為若非違反行政法上義務之行為，則無所謂「對於過去違反義務行為」之裁罰性不利處分。是故，裁罰性要件應以行政法上義務為前提，該義務行為亦為行政罰與其他不利處分之分水嶺。

　　吾人若將違反秩序行為之成立要件予以體系化，並整併行政罰法各條文規定於其內，則應可圖示如下：

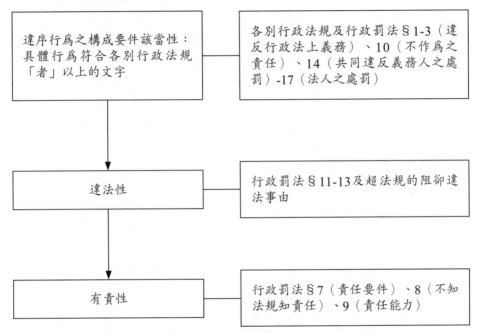

圖5-2　違反秩序行為體系及行政罰法條文對應圖

二、違反行政秩序行為之處罰程序

　　違反行政秩序行為之處罰程序，規定於行政罰法第五章單一行為及數行為之處罰、第六章時效、第七章管轄機關及第八章裁處程序中，其程序有如下頁圖：

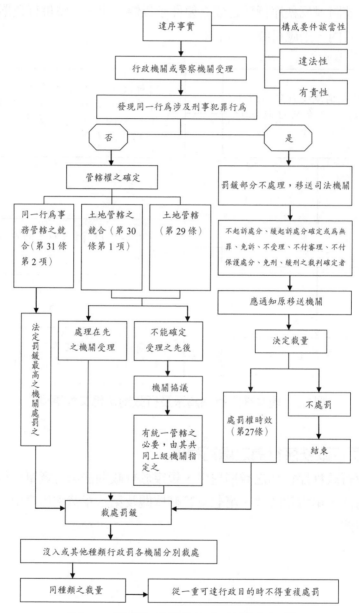

圖5-3 違反行政秩序行為之處罰程序[5]

---

5 引自蔡震榮、鄭善印,行政罰法逐條釋義,新學林出版股份有限公司,2008年5月,二版,頁76。

肆、刑事罰體制與行政罰體制之區分與併行

一、刑事罰體制與行政罰體制之區分

　　依我國現行法制，以「死刑、無期徒刑、有期徒刑、拘役、罰金、褫奪公權、保安處分、沒收」等為處罰名稱的法律，乃所謂的「刑事罰體制」。相反地，以行政罰法第1條「罰緩、沒收」處罰為名，或以同法第2條：「限制或停止營業、吊扣證照、命令停工或停止使用、禁止行駛、禁止出入港口、機場或特定場所、禁止製造、販賣、輸出入、禁止申請或其他限制或禁止為一定行為之處分。」「命令歇業、命令解散、撤銷或廢止許可或登記、吊銷證照、強制拆除或其他剝奪或消滅一定資格或權利之處分。」「公布姓名或名稱、公布照片或其他相類似之處分。」「警告、告誡、記點、記次、講習、輔導教育或其他相類似之處分。」等為名之處罰條款，皆稱為「行政罰體制」。

　　上二體制區分的實益在於，刑事罰體制由司法機關依刑事實體法所規定的構成要件，適用刑事訴訟法，服膺所謂令狀主義、法官保留、審判中心主義、三級三審等原則的拘束，以確認國家刑罰權的有無及其範圍，確認後其執行則適用刑事訴訟法第八篇的執行、監獄行刑法、累進處遇條例等；相反地，行政罰體制，則由行政機關依行政罰法及各別機關主管的行政法規，其規定的行政構成要件，適用行政程序法及行政罰法之管轄、裁處章中規定的行政調查程序，裁處違反行政法上義務行為人各種名目的行政處罰，待確定後，其執行則適用行政執行法。該二體制之區別表有如下述，其充分展現出平行的趨勢，其間應不能出現實體混淆、程序假借、執行紊亂等現象，否則即與法學的邏輯，亦即「不同事務應不同處理」相違：

表5-3 刑事罰體制與行政罰體制之區分

項目／體制	刑事罰體制	行政罰體制
裁判（決）機關	司法機關	行政機關
實體法	普通刑法、單一特別刑法、附屬刑法	行政罰法、個別行政法規
程序法	刑事訴訟法	行政程序法及行政罰法管轄、裁處章
執行法	刑事訴訟法第八編的執行、監獄行刑法、累進處遇條例	行政執行法

　　上述區分，假如以吾人日常在街頭得見的景象爲例，輕易即能明白。警察人員爲稽查汽機車駕駛人是否喝酒開車，本應依「道路交通管理處罰條例」（以下簡稱道交條例）第35條第1項規定：「汽機車駕駛人，駕駛汽機車經**測試檢定**有下列情形之一，機車駕駛人處新臺幣一萬五千元以上九萬元以下罰鍰，汽車駕駛人處新臺幣三萬元以上十二萬元以下罰鍰，並均當場移置保管該汽機車及吊扣其駕駛執照一年至二年；附載未滿十二歲兒童或因而肇事致人受傷者，並吊扣其駕駛執照二年至四年；致人重傷或死亡者，吊銷其駕駛執照，並不得再考領：一、酒精濃度超過規定標準。二、吸食毒品、迷幻藥、麻醉藥品及其相類似之管制藥品。」及同條第4項規定：「汽機車駕駛人有下列各款情形之一者，處新臺幣十八萬元罰鍰，並當場移置保管該汽機車、吊銷其駕駛執照及施以道路交通安全講習；如肇事致人重傷或死亡者，吊銷其駕駛執照，並不得再考領：一、駕駛汽機車行經警察機關**設有告示執行第一項測試檢定之處所**，不依指示停車接受稽查。二、拒絕接受第一項測試之檢定。」執行。

　　因爲該二條項規定，就是給予警察人員爲稽查汽機車駕駛人是否違規喝酒駕駛時的權限。警察人員依該規定稽查後，發現違規即應依法取締。

　　但是，警察在發現駕駛人有刑法第185條之3規定的：「駕駛動力交通工具而有下列情形之一者，處二年以下有期徒刑，得併科二十萬元以下罰金：一、吐氣所含酒精濃度達每公升零點二五毫克或血液中酒精濃度達

百分之零點零五以上。二、有前款以外之其他情事足認服用酒類或其他相類之物，致不能安全駕駛。三、服用毒品、麻醉藥品或其他相類之物，致不能安全駕駛（第1項）。」之所謂「酒後駕駛罪」嫌疑時，也能依「警察職權行使法」第8條規定進行犯罪調查。

亦即在法制上，稽查酒後駕駛的「違規行為」，及調查酒後駕駛罪的「犯罪行為」，本為兩事，其所進行之程序須依實體法之不同而不同。

二、刑事罰體制與行政罰體制之併行

雖然如此，但在實務運作上，卻明顯會出現併行情形。

例如，依現況，警察於道路交通執法時，多先依道交條例第35條，攔停車輛並確認駕駛人有喝酒後，即行要求酒測。只要酒測值超越0.15mg/L，[6]即依道交條例第35條規定告發，並移置保管車輛、吊扣駕照。另外，只要酒測值超越0.25mg/L時，即依現行犯逮捕，並口授米蘭達警告，同時酒測值的單據即為犯罪的文書證據。換言之，警察是先依可處行政罰的法規為依據，並依行政調查的警察「測試檢定（或攔停）權」進行調查，查有行政不法時，即予告發；查有刑事不法時，即予逮捕，不需法官令狀，也不需檢察官拘票；察查犯罪證據，例如吐氣酒測值單據前，不必搜索票或扣押票，查獲後，也無須任何令狀，即可當然扣押，同時，嫌疑犯在實行「緘默權」前，即已自白犯罪，因為已有酒側值。

這種避開刑事訴訟程序約束的犯罪偵查行為，堪稱是兩套體制平行下的必然結論，而且應該也是合法結論，因為在逮捕前確已實行米蘭達警告。不但如此，警察在查獲犯罪證據後，除依法移送外，是否仍然有權「告發違規、移置保管車輛、吊扣駕照」？依本文見解，當然可以。因為雖然不能一事兩罰，但依行政罰法第26條規定：「一行為同時觸犯刑事法律及違反行政法上義務規定者，依刑事法律處罰之。但其行為應處以其他種類行政罰或得沒入之物而未經法院宣告沒收者，亦得裁處之。」其中

---

6 依交通部公告，2014年6月13日起適用新的「酒駕處罰裁罰基準修正對照表」，凡「吐氣酒精濃度達0.15mg/L以上，未滿0.25mg/L者」，均依道路交通管理處罰條例處罰，只是依車型大小罰鍰不同而已。

告發屬尚未裁處前的行政處分，移置保管屬即時強制，吊扣駕照則應屬其他種類行政罰，故當然可以另行告發及強制。從而，違規人尤其是超過酒測值0.25mg/L的駕駛人，乃成為兩套體制下的共同處理客體，雖然地位不利，但依現行法，警察的確也是依法行政。否則，查獲酒側值超過0.25mg/L時，難道要由另一批人來處理犯罪行為？

由此看出，兩套體制平行，很有機會先易後難，也就是先行政調查後刑事偵查，只要在進入刑事偵查階段時，正式向嫌疑人告知「被告四權」即可。此不僅在交通法規上如此，在其他行政法規上亦莫不如此。例如，就業服務法第63條第1項規定「違反第五十七條第一款規定者，處新臺幣十五萬元以上七十五萬元以下罰鍰。五年內再違反者，處三年以下有期刑、拘役或科或併科新臺幣一百二十萬元以下罰金」，而第57條第1款之規定為：「聘僱未經許可、許可失效或他人所申請聘僱之外國人。」換言之，只要從記錄上得知雇主可能是第二次僱用「非法外國移工」，即可先易後難，以行政調查避開刑事偵查的不便。

此外，更有連處罰本身都競合的案例。例如，食品安全衛生管理法第15條規定，「食品或食品添加物有『攙偽或假冒者』，不得製造、加工、調配、包裝、運送、貯存、販賣、輸入、輸出、作為贈品或公開陳列」，違者依同法第44條規定，「處新臺幣六萬元以上二億元以下罰鍰；情節重大者，並得命其歇業、停業一定期間、廢止其公司、商業、工廠之全部或部分登記事項，或食品業者之登錄；經廢止登錄者，一年內不得再申請重新登錄」，並且再依同法第49條規定，同一行為亦得「處七年以下有期徒刑，得併科新臺幣八千萬元以下罰金。情節輕微者，處五年以下有期徒刑、拘役或科或併科新臺幣八百萬元以下罰金」。換言之，一個「攙偽或假冒行為」，既可處以罰鍰及其他種類行政罰，又可處以刑罰。既然如此，則在食品安全衛生的稽查上，該攙偽或假冒行為既可進行行政調查復可進行刑事偵查，所謂兩套體制的區別已不存在。

由於上述規定，故在2015年9月發生頂新油品公司將非食用油混充為食用油之食品安全事件時，管轄的彰化地方法院檢察署即一馬當先，調派轄內司法警察人員進行犯罪偵查，以致於一時之間全國的兩套平行體制改變為「先刑事偵查後行政調查」，其原因應在於行政調查無力進行。

伍、刑事實體法與行政實體法之區別標準

程序上原本應行政、刑事各別進行的邏輯，在實務上卻常產生「先行政後刑事」，或「先刑事後行政」的現象，其基礎原因在於實體法上將國家對人民違法的處罰，分為兩套制度。而這兩套制度，究竟有無合理的劃分標準？殊堪討論。

為瞭解此一標準，吾人應以上述酒後或毒後駕駛汽機車的交通違法行為為案例，再參考同為大陸法系的德國與日本的區別學說。蓋以交通違法行為之區別，曾有兩個標準，一為量的標準，如以酒測質是否0.25mg/L，區分究為行政或刑事罰；另一為質的標準，如以是否吸毒後駕駛，區分行政或刑事罰，此時只有是與否，沒有多與少的問題。

另依傳統德日通說，實體法上刑事罰與行政罰所規範之不法行為（有時稱刑事不法行為及行政不法行為）的區分，通常有三說[7]：

一、量的區別說

本說以為，刑事罰與行政罰所規範的行為，在本質上無區別，主要之區別在於量的差異，亦即二者規範之行為方式，並不存在有質的差異，僅係在行為之輕重程度上有量的差異而已，如以酒測值多寡作為區分標準即為一例。換言之，行政罰規範之不法行為，僅係一種比犯罪行為具有較輕之損害性與危險性之不法行為，或係在行為方式上欠缺如犯罪行為之高度可責性之不法行為。故，行政犯或違警犯在事實上即是一種「輕微罪行」（Bagatelldelikte, reati minimi o nani）。此外，因需求之不同，或因時空

7　鄭善印、王健源，檢肅流氓條例之研究，2004年國科會研究案，頁71-76。

之推移，有時會使量發生變異，故可能有由刑事罰轉變成行政罰者，更常見由行政罰轉變為刑事罰者，例如我國屢次修正刑法第158條之3規定即是。

二、質的區別說

本說以為，刑事罰所規範之行為與行政罰所規範之行為，其區別在於質的差異。亦即二者區別在於「質的價值差異」（qualitatve Wertunterschied）。至於二者質的差異所在為何，由於觀察之著眼點不同，而大致有以下七種見解：

（一）依據羅馬法以行為本質為標準。

（二）以違反者為法律或行政為標準。

（三）依據文化規範理論為標準。

（四）依據社會倫理價值為標準。

（五）依法律所保護的客體為標準。

（六）依法益破壞的種類與方式為標準。

（七）以規範對象為標準。

三、質與量的區別說

此乃量的區別說及質的區別說之綜合說。本說認為，刑事不法行為與行政不法行為二者，不但在行為之量上，而且在行為之質上均有所不同。刑事不法行為在質上顯然具有較深度之倫理非價內容與社會倫理之非難性，而且在量上具有較高度之損害性與社會危險性；相對地，行政不法行為在質上具有較低之倫理可責性，或者不具有社會倫理之非價內容，而且其在量上並不具有重大之損害性與社會危險性。

在質量兼顧條件下，從事不法行為之評價工作，應依據以下三個標準而定：

（一）不法行為在倫理道德上之非難性。此乃對於不法行為本身之價值判斷。

（二）不法行為所破壞與危及之法益之價值與程度。此乃對於不法行為所生結果之價值判斷。通常法益之價值乃依法益在社會秩序與社會共同

生活中之地位來決定，如公法益高於私法益，專屬法益高於財產法益。

（三）不法行爲或不法行爲人之社會危險性。亦即，國家對於該不法行爲或不法行爲人加以制裁之必要性。由於，某種不法行爲就其本質觀之，並不具社會倫理之非價內容，或者對法益的侵害亦不明顯，但因其可能一再出現，故在日積月累後，會逐漸層升爲具有社會倫理之非難性，或者法益之侵害性；此外，有些不法行爲人因爲手段過分激烈或者態度過度執拗，以致於讓原本不具倫理性或法益性的行爲，亦層升爲非以行政罰或刑罰處理不可。

四、本文見解

本文認爲，位於刑事罰體制與行政罰體制兩端的部分，其區別應該是「質的區別」。例如，（2015年以前的）交通法規中有「未帶駕照」者應處罰鍰的規定，因爲未帶駕照難以讓交通稽查人員迅速確認駕駛人是否爲合法駕駛人，如此一來將使道路上可能充斥無資格之駕駛人，故爲維護駕駛人均爲合法之基本交通秩序，對於未帶駕照之人，宜處行政罰。但相反地，未帶身分證或未帶學生證，因在道路交通上既無倫理性復無法益性，在行爲之重複及行爲人之執拗上更無任何社會危險性，故無須處以行政罰。相反地，酒後駕車尤其是超過一定酒測值之人，因其行爲可能造成公共危險，亦即不特定人之危險，故有必要繩之以刑罰。至於酒測值超過一定標準又肇事致人死傷者，當然更應處以刑罰。

只是，超速駕駛或闖紅燈之行爲，或者既超速又闖紅燈者，是否需處以刑罰，則屬於兩體制間的競合部分，其應歸屬於刑事罰領域或行政罰領域，有賴立法者基於上述三個標準，也就是「倫理、（個人）法益、社會危險性（違反次數）」來作決定，故這一部分應屬所謂「量的區別」。從而，合併兩個領域的兩端及競合部分後，乃形成「質與量的區別說」，並且是「先質後量」。若將之以圖表示，有如下述。

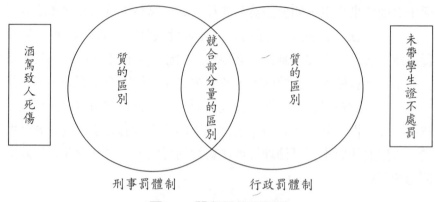

酒駕致人死傷

質的區別

競合部分量的區別

質的區別

未帶學生證不處罰

刑事罰體制　　　　　　行政罰體制

圖5-4　質與量的區別說

　　但由於社會共同生活之錯綜複雜，社會倫理與法益觀念暨社會危險性等均非一成不變，而是會逐漸變遷的，因此將影響不法行為在客觀上之價值判斷。從而，一個不法行為之質，亦非永久不變的，刑事不法行為與行政不法行為之界限範疇也就不是固定而永不變動的，有些行政不法行為會因量變而轉化為刑事不法行為。[8]即使如此，一旦由實證法定位其性質為刑事罰或行政罰後，其構成要件及成罪與否之解釋、取締審理程序及執行程序等均不相同。

陸、本法重要內容

　　由於行政實體法經常與刑事實體法接壤，兩者差異僅在有無「倫理、（個人）法益、社會危險性（違反次數）」上，故行政罰法的實體規範原理當然也會與刑法總則接近，但仍有一些重要的不同；相反地，行政罰法的裁處程序，則與刑事訴訟法差異不大。有鑑於此，以下即特別提出行政罰法實體規範原理與刑法不同之條文，作較為詳細之論述。

8　以上資料主要參考：林山田，論刑事不法與行政不法，刑事法雜誌，第20卷第2期，頁38-45；鄭善印，刑事犯與行政犯之區別—德、日學說比較，1990年4月，頁99-137；洪家殷，行政制裁，翁岳生編，行政法（下冊），2000年，頁711-715。

一、行政罰法併處罰故意與過失

　　早期行政罰不分故意、過失或不可抗力，一律處罰。直至1991年3月8日司法院釋字第275號解釋，才對「行政罰不以故意或過失為責任條件之判例違憲？」這一爭點，明白表示該判例違憲之態度。其解釋文認為：「人民違反法律上之義務而應受行政罰之行為，法律無特別規定時，雖不以出於故意為必要，仍須以過失為其責任條件。但應受行政罰之行為，僅須違反禁止規定或作為義務，而不以發生損害或危險為其要件者，推定為有過失，於行為人不能舉證證明自己無過失時，即應受處罰。行政法院六十二年度判字第三〇號判例謂：行政罰不以故意或過失為責任條件，及同年度判字第三五〇號判例謂：『行政犯行為之成立，不以故意為要件，其所以導致偽報貨物品質價值之等級原因為何，應可不問』，其與上開意旨不符部分，與憲法保障人民權利之本旨牴觸，應不再援用。」

　　本解釋文重要之點有：1.何謂故意過失？2.故意過失如何舉證？3.故意過失由誰舉證？4.何謂推定為有過失？5.何謂「僅須違反禁止規定或作為義務，而不以發生損害或危險為其要件者」？

　　對於第一個問題「何謂故意過失？」，行政罰法本身並未有明文規定，反而刑法第13條明文規定謂，「行為人對於構成犯罪之事實，明知並有意使其發生者，為故意（一般稱為直接故意）（第1項）。行為人對於構成犯罪之事實，預見其發生而其發生並不違背其本意者，以故意論（一般稱為間接故意）（第2項）」。刑法第14條規定謂，「行為人雖非故意，但按其情節應注意，並能注意，而不注意者，為過失（一般稱為無認識過失）（第1項）。行為人對於構成犯罪之事實，雖預見其能發生而確信其不發生者，以過失論（一般稱為有認識過失）（第2項）」。此一故意過失之立法解釋，非但在民法上廣被使用，即使最高行政法院亦常引以為故意過失之正當解釋，例如最高行政法院108年度判字第359號行政判決即是。從而，有關故意過失之文理或論理等解釋，援引刑法學說相關說法及案例應可接受。

　　對於第二個問題「故意過失如何舉證？」，爰以故意過失均藏於行

為人內心，外人僅憑五官無法得知其人內心之思考，必係有行為出現在外後，加上環境與情結，始能判斷其內心之故意過失，若無外在行為，則僅屬內心想像，並非可以舉證，亦無從成為法律規範之對象。故，故意過失應待行為出現後，始能根據行為、環境與情結予以推斷及認定。

然而，行為出現後，根據外在行為可以推論，其人內心「若非故意就是過失或者不可抗力」，即使是對於外在事實或法律的誤認而行為，亦屬過失範疇。而所謂「不可抗力」，依最高法院95年度台上字第1087號判決、最高行政法院101年度裁字第762號裁定得知，乃指「人力所不能抗拒之事由，即任何人縱加以最嚴密之注意，亦不能避免者而言，亦即該事變之發生由於外界之力量，而非人力所能抗拒者，舉凡天災、地變等非人力所能抗拒之原因均屬之，至於個人年老臥病則非屬不可抗力之情形」。除此之外，本文認為依最高法院108年度台上字第3910號刑事判決有關是否「肇事（逃逸）」之見解，非故意過失之情形，除天災地變的不可抗力外，尚須包含「他人所為而本人無法抵抗或注意之不可抗力」。亦即不可抗力應該包含天災與人為兩種，只要行為人無故意或過失而仍出現行為，即屬不可抗力之行為。而所謂舉證責任，雖其基本規則為「主張有利於己之事實者，負舉證責任」，但舉證只能舉證事實，無法舉證心理，心理只能依舉出之事實推論，無從「以無證無」，故只要舉證事實行為，即能證明為該行為之人心理應有故意過失，若主張行為人屬不可抗力，則應由主張者自行舉證不可抗力之事實。因不可抗力為例外情形，「主張例外情形之人應負舉證責任」。從而，第三個問題「故意過失由誰舉證？」，其答案應係，主張有該行為事實即可，故意過失應由該行為推論，若主張係不可抗力，則應自行主張不可抗力之事實。

第四個問題「何謂推定為有過失？」，因證據法上所謂「推定」，指「可以用反證推翻」之事務，若「視為」即不可用反證推翻。舉證者一旦舉證出行為事實，即可推論行為人具備故意過失之心理，即使不接受「主張例外情形之人應負舉證責任」，舉證人也只要證明無其他不可抗力之事實即可。故所謂推定為有過失，實與「舉證有行為事實」幾近同義。

第五個問題「何謂僅須違反禁止規定或作為義務，而不以發生損害

或危險爲其要件者？」所謂「違反禁止規定或作爲義務」，乃違反行政法上規定之「禁止某種作爲」或「命令某種作爲」之義務，前者稱爲「禁止規範」，例如廢棄物清理法第27條規定：「在指定清除地區內，隨地吐痰者，處新臺幣一千二百元以上六千元以下罰鍰。」後者稱爲「命令規範」，例如廢棄物清理法第11條規定：「土地或建築物與公共衛生有關者，由所有人、管理人或使用人清除一般廢棄物，違反者，處新臺幣一千二百元以上六千元以下罰鍰。」該二規範之違反，僅需有行爲即可，均不以「發生損害或危險爲其要件」，行政法上之義務大多爲這類義務，少有需「發生損害或危險」始予處罰，蓋因若然，則多已成爲刑罰客體而非行政罰客體，例如傳染病防治法第63條即規定：「散播有關傳染病流行疫情之謠言或不實訊息，足生損害於公眾或他人者，科新臺幣三百萬元以下罰金。」從而可知，這類學理上稱爲「抽象危險行爲」之違反行政法上義務之行爲，乃不以發生危險爲必要，而行政法上義務少有不是這類義務，故司法院第275號解釋之真意與行政罰法第7條第1項之規定：「違反行政法上義務之行爲非出於故意或過失者，不罰。」其實作用相同，最高法院實無必要一再引用釋字第275號，因而容易讓人誤認兩者功能不同。

二、行政罰法無未遂、累犯之規定，也未區分正犯與共犯。但何謂故意共同實施？

（一）由於行政罰法處罰重點在於客觀行爲，而非主觀犯意，故其責任非難之重心亦在客觀行爲，不在主觀故意。從而，除其責任條件兼罰故意過失外，亦不罰客觀行爲未遂之違反義務行爲，蓋因「無行爲即無行政義務之違反」；又因一併處罰過失，故對以故意違反規範爲非難重心之累犯規定，亦不在意。此外，因構成要件多無結果之規定，而無追究因果關係之必要，也不必將結果完全歸責於某一違反行爲人，故無區分正犯行爲與共犯行爲之必要。

（二）雖然如此，但行政罰法第14條第1項仍規定：「故意共同實施違反行政法上義務之行爲者。依其行爲情節之輕重，分別處罰之。」此所謂「故意共同實施」，究竟處罰哪幾類共犯行爲？

　　若依刑法學理而言，有關刑法共同犯罪之立法例，本有兩種，亦即，「單一正犯概念」與「二元犯罪體系」概念。

　　所謂「單一正犯概念」指的是，不問與犯罪相關之形式如何，只要與犯罪有關，即爲正犯，從而並無正犯與共犯之區別，立法上僅以共同犯罪者來表示，除此之外別無教唆犯或幫助犯之規定。這種立法例有以下五點特色：1.對於犯罪給予任何條件之人，皆爲正犯；2.行爲態樣之區別並非重要；3.有關犯罪之成立，依各個正犯行爲個別論定；4.各個正犯適用同一法定刑；5.量刑依加工之程度與性質決定。但二次大戰後西德刑法學界強烈批判此種概念，認其有以下三個缺點：1.各行爲人與犯罪之相關程度，最後仍須委由法官評價，此不僅表示法官仍須考量行爲人參與犯罪之種類及重要性，且委由法官考量亦有違法治國罪刑法定原則；2.將導致共犯從屬性之放棄，而使共犯之未遂成爲可罰；3.犯罪之本質並非僅止於法益侵害之惹起，行爲之態樣亦屬重要。[9]但行政罰法之故意共同實施違反行政法上義務之行爲，可能因目的、倫理性、法益侵害性與社會危險性與刑法不同，故採取此說。

　　所謂「二元犯罪體系」概念指的則是，正犯與共犯不僅應予區別，並且具有質的不同，因有質的不同故正犯可罰性較高，共犯可罰性則需依附在正犯身上。這種體系的立法方式與我國現行刑法第28條至第30條同，皆區分共同正犯、教唆犯及幫助犯而分別規定。德國與日本現行刑法規定，亦同。

　　本法第14條第1項立法理由有謂：「本條係行政法上共同違法之規定，不採刑法有關教唆犯、幫助犯之概念。」是故本法應無類如刑法般的教唆犯及幫助犯概念才合乎事理。亦即，行政罰法第14條第1項的所謂「故意共同實施」，若比照刑法學理，應係指「單一正犯概念」，只要各行爲間對於行政法上義務之違反有相關，且係故意爲之，即爲「故意共同實施」。從而，本法本條項規定應僅指類如刑法共同正犯般的「故意共同實施違反行政法上義務之行爲」，此名稱似可簡稱爲「故意共同違序行

9　三井誠等編，刑事法辭典，信山社，2003年，頁575。

為」。

其概念內涵基於立法理由所謂「行政罰之不法內涵及非難評價不若刑罰，且為避免實務不易區分導致行政機關裁罰時徒生困擾」，故不必有「間接違序行為」、「共謀共同違序行為」、「實行共同違序行為」、「教唆違序行為」、「幫助違序行為」等比附援引自刑法之概念，但卻可以類推適用。例如駕駛人酒後駕車其酒精濃度超過規定標準，此行為固應依道路交通管理處罰條例第35條第1項規定處罰，但供應酒類之商人、在旁助喝的酒友，並無需處以教唆違序罰；乘坐其車之友人，亦不必以其對駕駛人有精神上之幫助，而處以幫助違序罰；這些與違法有關的外圍行為，本可以依「故意共同違序行為」，予以分別處罰。從而，最高行政法院91年度判字第2310號判決所謂：「……按數人參與實施違反行政法之行為者，並不區分其共犯之身分，即不問其為共同實施、利用他人實施、教唆或幫助等，均直接依其參與行為之作用與可非難性之程度，各別處罰之，與刑法之共同正犯等概念，尚屬有別……。」其中若將「共同正犯」解為「單一正犯概念」的「正犯」，而認所有故意參與共同違序行為之人，不分首從，不論正犯共犯，均應分別依其參與情結處罰，則本判決即具參考價值。

（三）不僅如此，本條項既規定「故意」共同實施違反行政法上義務之行為，則「過失共同違序行為」即不應存在，亦即即使共同實施違反行政法上義務之行為，亦僅能在各共同人間「皆具故意」時，始能論以「故意共同違序行為」。故意共同違序行為最明顯的案例可能是，公平交易法上的聯合行為，該法第14條規定：「本法所稱聯合行為，指具競爭關係之同一產銷階段事業，以契約、協議或其他方式之合意，共同決定商品或服務之價格、數量、技術、產品、設備、交易對象、交易地區或其他相互約束事業活動之行為，而足以影響生產、商品交易或服務供需之市場功能者（第1項）。前項所稱其他方式之合意，指契約、協議以外之意思聯絡，不問有無法律拘束力，事實上可導致共同行為者（第2項）。聯合行為之合意，得依市場狀況、商品或服務特性、成本及利潤考量、事業行為之經濟合理性等相當依據之因素推定之（第3項）。第二條第二項之同業公會

或其他團體藉章程或會員大會、理、監事會議決議或其他方法所爲約束事業活動之行爲，亦爲本法之聯合行爲（第4項）。」由上述可知，聯合行爲需有意思聯絡及行爲分擔，其不僅與刑法「共同正犯」內容相同，並且亦係「共同違序行爲」之典型案例。

（四）又所謂「故意共同實施」，乃規定行爲主體外部之共同實施，在二個以上之自然人間，不生解釋疑義。然於以私法人作爲處罰對象之情形，即不應包含其內部之多數職員。例如上述公平交易法之聯合行爲，係指二以上不同之私法人（處罰主體）共同實施違反行政法上義務之行爲，或私法人與該私法人以外之第三自然人共同實施違反行政法上義務之行爲而言，故僅係基於受處罰主體私法人之內部關係者（如私法人之職員），並不在本條所規定之「故意共同實施」之範圍內。亦即本條所稱之「共同實施」，係指義務主體與該義務主體以外之第三人共同違反行政法上之義務，並不包括義務主體與該義務主體內部之成員共同違反行政法上義務之情形。

（五）另如個別行政作用法中，對於共同違反行政法上義務行爲之處罰，係採「由數行爲人共同分擔」，而非分別均處罰之規定，則依本法第1條但書之規定：「但其他法律有特別規定者，從其規定」，即應優先適用其他規定，而無須依第14條第1項之規定分別處罰之。例如，遺產及贈與稅法第47條規定：「前三條規定之罰鍰，連同應徵之稅款，最多不得超過遺產總額或贈與總額。」亦即，該條規定對於所處之罰鍰設有上限，足見於遺產稅之納稅義務人有多人共同繼承之場合，如有違反該法所課予之納稅義務而受罰鍰之處罰時，該法應係採「由數個納稅義務人共同分擔」之規定，而非對每個繼承人均分別處以漏稅額倍數之罰鍰，否則該法第47條之規定將形同具文。

三、兩罰及三罰規定之法理

行政罰法第15條規定：「私法人之董事或其他有代表權之人，因執行其職務或爲私法人之利益爲行爲，致使私法人違反行政法上義務應受處罰者，該行爲人如有故意或重大過失時，除法律或自治條例另有規定外，

應並受同一規定罰鍰之處罰（第1項）。私法人之職員、受僱人或從業人員，因執行其職務或爲私法人之利益爲行爲，致使私法人違反行政法上義務應受處罰者，私法人之董事或其他有代表權之人，如對該行政法上義務之違反，因故意或重大過失，未盡其防止義務時，除法律或自治條例另有規定外，應並受同一規定罰鍰之處罰（第2項）。」其中第1項稱爲兩罰規定，第2項稱爲三罰規定。這兩種規定與行政刑法中的兩罰規定及三罰規定大致相同，唯一不同者，乃本法特殊規定，眞正行爲人需有「故意或重大過失」始一併處罰，行政刑法則無此規定。其中，兩罰及三罰規定之學理何在？又，規定眞正行爲人或私法人之代表權人需有「故意或重大過失」始受處罰，其原因又爲何？

（一）兩罰或三罰規定之學理

目前我國各別行政作用法上有關「行政處罰之兩罰規定」尚不多見，而多以行政刑法之兩罰規定方式出現，故欲說明本法本條第1項、第2項規定時，不得不藉助於行政刑法上之兩罰規定。例如，我國食品安全衛生管理法第49條第5項規定：「法人之代表人、法人或自然人之代理人、受僱人或其他從業人員，因執行業務犯第一項至第三項之罪者，除處罰其行爲人外，對該法人或自然人科以各該項十倍以下之罰金。」是即刑法上的兩罰規定。

但眞正的行爲人是代表人或其他從業人員，爲何卻可以併處罰法人？有一說認爲是「轉嫁罰」，但基於「任何人不必爲他人之行爲負責」的法理，故轉嫁罰說已不被接受。另外，學理上有兩種說法，其一是「企業組織體責任說」，另一是「法人推定過失責任說」。

所謂「企業組織體責任說」，是將企業體本身當作犯罪主體，而對其組織的活動作整體的觀察。亦即，代表人之行爲固勿論，即工場長，分店長等高級管理人之行爲，甚至生產線末端技術人員或勞工之行爲，只要係企業體組織活動之一部分，即同時爲企業體本身之行爲。例如，勞工因作業疏失致排出有毒物質時，即應視爲係企業體因過失致排出有毒物質之行爲，此外勞工有故意時，亦視爲企業體之故意。

所謂「法人推定過失責任說」，則是指法人在從業人員有違法行為時，應負監督過失的推定責任。此說將組織體之行為與實際行為人之行為分成兩部分，組織體之行為為違反監督義務之行為，實際行為人之行為則為違反行政法上直接規定義務之行為，故法人之推定過失責任仍為法人之自己責任，而非轉嫁或無過失責任。而法人的監督義務依附在代表人的監督義務上，代表人有監督過失責任，法人即有監督過失責任，但法人仍能舉證已盡相當注意義務而免責[10]。

本文以為，上述組織體責任說對於法人之責任要求過多，因為倘若任何職員之行為皆視為組織體之行為，則組織體將無法舉證證明自己對職員之管理監督已盡注意義務而免責，並且把一自然人之行為視為另一法人之行為，與轉嫁罰之法理類似，可能不易被接受。至於法人推定過失責任說，則因無上述缺陷，似可適用在行政罰法本條之兩罰及三罰規定上。

雖然，行政各別作用法至今尚未看到有類似行政刑法之兩罰及三罰規定（日本獨占禁止法有三罰規定，但我國行政刑法似未看過有三罰規定），但吾人不可忘記，行政法所規範之主體有許多都是法人或非法人團體，也就是在政治、經濟或社會層面活躍的主體，不是自然人而是團體，因此行政罰法既已有總則性之兩罰、三罰規定，則不需各別行政作用法有任何規定，即可將團體責任一併加在法人或非法人以及代表人身上，故其處罰範圍將相當龐大。

（二）為何限縮真正行為人或私法人之代表權人需有「故意或重大過失」始受處罰？

所謂的重大過失，依民法學理，係指「欠缺一般人之注意義務」，而非「欠缺與處理自己事務為同一注意之義務（通稱為具體輕過失）」或「欠缺善良管理人之注意義務（通稱為抽象輕過失）」，亦即董事或其他有代表權之人，僅在有故意或「欠缺一般人之注意義務」時始受罰，若僅有「具體輕過失或抽象輕過失責任」，則仍然不必受罰。此顯然係法律有

---

10 鄭善印，公平交易法上兩罰規定之研究，中央警察大學法學論集第一集，中央警察大學，1996年，頁1以下。

意減輕董事或其他有代表權之人之自己責任，亦即其自己責任與法人本身責任仍有輕重之不同。蓋因原本之行政處罰責任以故意、過失為條件，並未設定重大過失門檻，今因設定而造成法人之責任條件為故意或過失，代表人之責任條件為故意或重大過失，故顯然減輕代表人責任。

四、一行為與數行為之區別

行政罰法第24條第1項規定：「一行為違反數個行政法上義務規定而應處罰鍰者，依法定罰鍰額最高之規定裁處。但裁處之額度，不得低於各該規定之罰鍰最低額。」此規定類如刑法第55條之想像競合犯。行政罰法第25條又規定：「數行為違反同一或不同行政法上義務之規定者，分別處罰之。」此規定又類如刑法第50條之數罪併罰。然而，行政罰上的一行為與數行為究應如何區別？始終難有一致的見解，行政罰法之困難可以從中看出。

一行為或數行為之爭議，例如，「一無照營業行為，非但違反商業登記法，並且也違反建築法、都市計畫法、消防法、營業稅法、稅捐稽徵法等，是則一個無照營業行為，究竟應屬幾個行為」？

釋字第503號解釋文認為：「納稅義務人違反作為義務而被處行為罰，僅須其有違反作為義務之行為即應受處罰；而逃漏稅捐之被處漏稅罰者，則須具有處罰法定要件之漏稅事實方得為之。二者處罰目的及處罰要件雖不相同，惟其行為如同時符合行為罰及漏稅罰之處罰要件時，除處罰之性質與種類不同，必須採用不同之處罰方法或手段，以達行政目的所必要者外，不得重複處罰，乃現代民主法治國家之基本原則。是違反作為義務之行為，同時構成漏稅行為之一部或係漏稅行為之方法而處罰種類相同者，如從其一重處罰已足達成行政目的時，即不得再就其他行為併予處罰，始符憲法保障人民權利之意旨。本院釋字第三五六號解釋，應予補充。」依本號解釋，似認行為罰與漏稅罰係「一行為違反數個行政法上義務規定」。

但，最高行政法院94年度第1409號及94年度第1440號判決意旨卻認為：「……一行為分別違反法令所定義務，同時觸犯數個行為罰或漏稅罰

之處罰規定者，有無一事不二罰法理之適用，應視其是否屬同一行為，且其規範之對象及所欲達成之行政目的是否同一而定。稅捐稽徵法第44條規定以營利事業依規定應給與他人憑證而未給與，應自他人取得憑證或應保存憑證而未保存為構成要件，屬行為罰，而營業稅法第51條第1款規定為漏稅罰，以未依規定申請營業登記而營業為構成要件，二者構成要件截然不同，自非屬同一行為。則以個別之行為分別觸犯此二種處罰之規定者，應併予處罰，並無一事不二罰法理之適用。……（釋字第503號解釋）係揭示違反義務之行為同時構成漏稅行為之一部或係漏稅行為之方法而處罰種類相同者，如從其一重處罰已足達成行政目的時，即不得再就其他行為併予處罰。本件上訴人違反稅捐稽徵法第44條規定之行為所處行為罰，與其未依所得稅法規定辦理結算申報而有漏報或短報所得額行為所處漏稅罰，既非因違反作為義務行為（行為罰），同時構成漏稅罰之一部，或該違反作為義務行為係漏稅行為之方法，二者並無方法或結果之牽連。況二者稅目不同、行為態樣、處罰種類及處罰目的不同，自無適用上開解釋所指不得就其行為併予處罰之適用。」亦即，行為罰與漏稅罰係「二行為違反不同行政法上義務」。

接著，大法官釋字第604號解釋文又謂：「道路交通管理處罰條例係為加強道路交通管理，維護交通秩序，確保交通安全而制定。依中華民國八十六年一月二十二日增訂公布第八十五條之一規定（著按，指警察可以對違規停車行為等連續處罰）係對於汽車駕駛人違反同條例第五十六條第一項各款而為違規停車之行為，得為連續認定及通知其違規事件之規定，乃立法者對於違規事實一直存在之行為，考量該違規事實之存在對公益或公共秩序確有影響，除使主管機關得以強制執行之方法及時除去該違規事實外，並得藉舉發其違規事實之次數，作為認定其違規行為之次數，從而對此多次違規行為得予以多次處罰，並不生一行為二罰之問題，故與法治國家一行為不二罰之原則，並無牴觸。……道路交通管理處罰條例第八十五條之一得為連續舉發之規定，就連續舉發時應依何種標準為之，並無原則性規定。雖主管機關依道路交通管理處罰條例第九十二條之授權，於九十年五月三十日修正發布『違反道路交通管理事件統一裁罰標準及處

理細則』，其第十二條第四項規定，以『每逾二小時』為連續舉發之標準，衡諸人民可能因而受處罰之次數及可能因此負擔累計罰鍰之金額，相對於維護交通秩序、確保交通安全之重大公益而言，尚未逾越必要之程度。惟有關連續舉發之授權，其目的與範圍仍以法律明定為宜。……。」亦即本號解釋又將一個違規停車行為，解釋成可以分割成好幾個行為。

　　無怪乎2006年3月15日各相關機關召開的研商行政罰法單一行為或數行為裁罰原則及處理程序，才會對「單一行為或數行為如何認定之問題」，最後決議認為：「因行政機關職能廣泛，行政罰規制之事項態樣繁多，難以作一致性之規範，應由各主管機關（單位）依據個案違規情形，本於職權認定之。亦即，違反行政法上義務之行為，究應評價為一行為或數行為，應參照該處罰規定之立法意旨及行為態樣，予以綜合判斷（最高行政法院89年度判字第3146號判決、法務部91年8月6日法律字第0910029514號函、內政部94年3月15日台內訴字第0940072563號函參照）。」

　　本文以為，若能借用日本刑法司法實務有關一行為與數行為之學說，可能對解決本問題有幫助。日本司法實務對於究屬想像競合犯或數罪併罰，曾出現重要之爭議案例。日本最高法院昭和49年（1974）5月29日之判例認為，「（想像競合犯之）一行為，乃指去除法律評價，捨去構成要件觀點後，在自然的觀察下，行為人的行動依社會見解被評價為一個」，亦即，對於一行為係採自然的一行為概念。同判例乃認為，「無照駕駛罪（日本道路交通法規定該行為為犯罪行為，非僅處行政罰之行為）」與「醉態駕駛罪」乃「想像競合犯」；但同一判例中卻又認為，另一議題的「醉態駕駛罪」與「業務過失致死罪」乃「數罪併罰」。因為，前一議題係兩構成要件行為完全重疊，但後一議題之醉態駕駛，係具有時間之繼續及場所之移動等特質，其因此而生之致死結果，卻係一時點及一場所之現象，亦即僅一部重疊，故依一般社會見解，應予個別認定，而成為二行為，從而乃認定為數罪。由此可知，究係想像競合罪或數罪併罰，可先視該當於兩構成要件之行為是否全部重疊為準，若全部重疊，為自然意義的一行為，若非全部重疊，則為自然意義的二行為。

若該判例值得參考，則「一無照營業行為，非但違反商業登記法，並且也違反建築法、都市計畫法、消防法、營業稅法、稅捐稽徵法等，是則一個無照營業行為，究竟應屬幾個行為？」問題，應該認定為「一行為」，因為其該當於各法規個條款之行為「均屬重疊」。除非有法律另為行為數之規定。

除此之外，例如「在同一地區連續濫貼非法售屋廣告等行為」，究應認定為一行為或數行為之問題，一樣可以參考日本司法實務有關刑法一行為或數行為之案例。蓋因該國司法實務認為：「刑法罪數與行為數關連之問題，應「從罪數看行為數」，而罪數共有四類：

（一）單純一罪：如一槍殺一人。此為單純一行為。

（二）包括一罪：包含狹義之包括一罪（如又行求、又期約、又收受賄賂之一連串行為）、集合犯（如持續販賣猥褻物品罪）、持續犯（如一夜偷同一家或接鄰幾家三次）、營業犯（如持續密醫行為）、吸收一罪（如一槍既殺人又毀物）。此亦為「一罪，一行為」，該一行為，與德國法上的「法律一行為」意義相當，乃自然意義上的數動作或數行為，經由評價後認定為一罪一行為。

（三）裁判上一罪：包含想像競合犯（如一彈殺二人）、牽連犯（如侵入住宅竊盜）。此為某行為雖該當於二以上構成要件而成立兩罪，但因兩罪之行為重疊，故最後仍認為在自然意義上仍僅為一行為，並且只能論以最重之罪。此為上述該當數行政法上構成要件之行為重疊時，仍認為一行為之案例。

（四）除上述三者外，其餘皆屬數罪。亦即皆為數罪，數行為。

若參考上述案例，則「在同一地區連續濫貼非法售屋廣告等行為」，亦應是唯一行為無誤，蓋因相當於包括的一行為。除非如同釋字第604號解釋般，有法律另為行為數之規定。

第三節 本法之爭議問題

壹、狀態責任人是否有故意過失、防止可能、時效等規定之適用

設例：甲兄弟三人5年前繼承父親在鄉下的一塊土地，因無時間回鄉整理讓過路人當成垃圾場，但最近縣政府環保局開了兄弟三人各一張廢棄物清理法的裁罰單，甲應如何主張權利？

本例牽涉到何謂狀態責任？狀態責任人是否有故意過失之適用？狀態責任人是否有作為義務及作為可能之適用？狀態責任人與行為責任人競合時，如何選取處罰對象？狀態責任人全體是否共同違法共同負責？狀態責任是否有時效之適用等六個問題，茲敘述如下。

一、何謂狀態責任？

所謂狀態責任，有別於行為責任。前者指的是物之所有人、使用人須維護物之安全與合法狀態，否則應受處罰；後者指的是，行為人因違反行政法上義務而須受罰。狀態責任，例如廢棄物清理法第11條規定，「一般廢棄物，除應依下列規定清除外，其餘在指定清除地區以內者，由執行機關清除之：一、土地或建築物與公共衛生有關者，由所有人、管理人或使用人清除（第1項）」。違反者，依同法第50條第1項規定處罰：「有下列情形之一者，處新臺幣一千二百元以上六千元以下罰鍰。經限期改善，屆期仍未完成改善者，按日連續處罰：一、不依第十一條第一款至第七款規定清除一般廢棄物。」其中「所有人、管理人或使用人清除一般廢棄物」之義務，即為所謂「狀態責任」[11]；後者「行為責任」，例如廢棄物清理法第27條規定，「在指定清除地區內嚴禁有下列行為：一、隨地吐痰、檳榔汁、檳榔渣，拋棄紙屑、煙蒂、口香糖、瓜果或其皮、核、汁、渣或其他一般廢棄物（第1項）」，違反者，依同法第50條第1項第3款規定處

---

[11] 蔡震榮，土地徵收狀態責任之檢討，月旦法學教室，第46期，2009年9月，頁10-11。

罰,「有下列情形之一者,處新臺幣一千二百元以上六千元以下罰鍰。經限期改善,屆期仍未完成改善者,按日連續處罰:三、為第二十七條各款行為之一」,其中「任何人不得隨地拋棄一般廢棄物」,否則處罰之規定,乃「行為人責任」。

二、狀態責任人之受罰是否亦受須有故意、過失之拘束?

行為責任人須有故意、過失始受罰,故係行政罰法第7條第1項所規定,惟物之所有人、使用人既未為違反行政法上義務之行為,只是由法律規定其必須維護物之安全與合法狀態,則其違反對物之安全與合法狀態之維護,是否亦需具備故意或過失?

最高行政法院108年度判字第359號行政判決認為:「行政罰法第7條規定:『違反行政法上義務之行為非出於故意或過失者,不予處罰(第1項)。法人、有代表人或管理人之非法人團體、中央或地方機關或其他組織違反行政法上義務者,其代表人、管理人、其他有代表權之人或實際行為之職員、受僱人或從業人員之故意、過失推定為該等組織之故意、過失(第2項)。』而所謂『故意』包含『直接故意』與『間接故意』,係指『人民對違反行政法義務行為之事實,明知並有意使其發生者,或預見其發生而其發生並不違背其本意者』;所謂『過失』則涵括『無認識之過失』與『有認識之過失』,意指『人民對於違反行政法義務行為之事實,按其情節應注意,並能注意,而不注意,致其發生,或雖預見其發生而確信其不發生者』而言。」

法務部102年4月11日法律字第10100269850號函,亦曾揭示解釋要旨認為:「行政罰法第14條規定所稱『故意』包括直接故意(對於構成違反行政法上義務事實,明知並有意使其發生)及間接故意(對於構成違反行政法上義務事實,預見其發生而其發生並不違背其本意);或共同實施違反行政法上義務人間,一部分為直接故意,他部分人為間接故意,均屬之。」

由此可知,司法實務對於故意過失之定義,係沿用刑法第13條及第14條,是故除故意、過失之外的所謂「非過失」,亦即「不可抗力」之解

釋，亦應與刑法同，一般以為不可抗力乃指天災、事變等，非行為人應注意能注意之範圍或者應迴避能迴避之範圍。而故意與過失均為內在心理狀態，故其有無，應以客觀事實證明。

但行政法上之狀態責任人，是否亦受該條故意過失規定之拘束，則有不同見解。

反對者以為，狀態責任乃不論行為與結果間因果關係有無之責任，若狀態責任亦受故意、過失有無之拘束，則易使法律歸責落空，例如責任人動輒以本身並無故意、過失而冀求免責；贊成者則以為，「所謂狀態責任係以具備排除危害可能性為重要考量，而物之所有人、管理人、使用人對物的狀態原則上應係最為明瞭把握而能排除危害者，而此等義務本身並無『人的行為』要素存在。然狀態責任之追究仍應以構成故意、過失為前提，而非有此身分者即當然有此責任之『結果責任』，故『狀態責任』及『行為責任』毋寧是一種『狀態義務』或『行為義務』，其重點在於『排除危險、回復安全』之義務」[12]。

本文以為，「結果責任」應該已成為刑罰與行政罰所不採之責任型態，其特色在無論故意、過失或不可抗力，均須由責任人負責，其間亦無須行為（作為與不作為）與結果間之任何因果關係。但行政罰法既有行政罰法定原則，又有行為人須有故意、過失始受罰之法文規定，則處狀態責任人行政罰時，當然應有故意、過失之拘束。設例中之甲等人，若受有縣政府環保局的公函告知「應依規定清理一般廢棄物」而不清理，即能認定有故意或過失。

三、狀態責任人之受罰是否亦須受「有義務」及「有防止危害可能」之拘束？

上述之狀態責任，若依「履行行政法上義務」來看，則其責任之根據在於「對於去除不合法狀態，亦即清理一般廢棄物，具有「作為義務」，

---

[12] 吳志光，行政罰狀態責任界定之實務爭議問題—以行政法院之裁判為核心，財團法人國家研究基金會國政研究報告，2013年5月6日，https://www.npf.org.tw/2/12218，最後瀏覽日期：2019年11月10日。

且「能作爲而不作爲」，始應受罰，否則即是強人所難。行政罰法第10條規定：「對於違反行政法上義務事實之發生，依法有防止之義務，能防止而不防止者，與因積極行爲發生事實者同（第1項）。因自己行爲致有發生違反行政法上義務事實之危險者，負防止其發生之義務（第2項）。」本條規定應屬對有「防止危害之作爲義務者之保障規定」，與刑法第15條所謂「不純正不作爲犯」之規定雷同。

惟刑法上之不純正不作爲犯，首須有「作爲義務」後須有「作爲可能」，而仍不作爲，才會讓其不作爲與作爲同，而須受罰。行政法上之狀態責任、行爲責任，若還原爲「義務之遵守」，則狀態責任人之義務理應受行政罰法第10條規定之拘束。亦即，狀態責任人首須有「防止危險，亦即清理一般廢棄物之作爲義務」，接著須有「防止危險之可能」，而仍不防止，亦即不清理一般廢棄物，始應受罰。否則僅有法律規定而尚無義務之具體化，即令狀態責任人受罰，實有「不較而誅」之憾。

設例之甲等人，若不在國內或未受到充分之清理告知，即屬「無防止危險義務」或「無防止危險可能」，依行政罰法第10條規定，理應不能受罰。

四、狀態責任人與行爲責任人競合時，如何選取處罰對象？

若甲等人主張，縣政府理應取締及處罰任意拋棄一般廢棄物之人，不應處罰所有人，並且提供錄影相片，指明路人隨意拋棄之事實，而要求縣政府依法取締，不得先行處罰所有人時，縣政府應如何處理？此即狀態責任人與行爲責任人競合時，應如何選擇處罰對象之問題。

有關此一爭議，學者有以爲：「對於行爲責任人與狀態責任人競合時，原則上應由行政機關就其查獲違法之事實，爲適當、合理之裁量，並非容許行政機關得恣意選擇處罰之對象，擇一處罰，或兩者皆予處罰。且基於行政罰係處罰行爲人爲原則，處罰行爲人以外之人爲例外，如須對行爲人以外之人科處行政罰，自應具備充分、合理及適當之理由，且行政機

關如對行為人處罰，已足達成行政目的時，即不得對所有權人處罰[13]。」但何謂「適當合理之裁量，實不易確定」，雖然如此，無必要併罰應可贊同。

本文以為，類此狀況在鄉下地方所在多有，造成街坊鄰居與所有權人相當困擾，但行政機關基於人手及經費又無法將行為人取締到案，故折衝之後，本文以為仍應由狀態責任人負首要責任較妥，其對所有物之妥善保管責任，應較取締行為人容易，例如築牆防止偷倒，或自行設置攝錄影機以拍攝偷倒等，倘若均不為此防止危險措施，則應視為其對自有財產之所有權「有防止危險義務」、「能防止」而「不防止」，應負狀態責任人義務而受罰。

至於，縣政府環保局若能以現行違反行政法上義務之名義，或循攝影照片而取締行為責任人，自無一併處罰狀態責任人之必要。蓋因「行為責任人之義務原則上優先於狀態責任人之義務」，應屬合理。

五、狀態責任人全體是否共同違法共同負責？

行政罰法第14條第1項規定：「故意共同實施違反行政法上義務之行為者，依其行為情節之輕重，分別處罰之。」亦即，數故意共同違反行政法上義務之行為人，依其違反情節之輕重，「分別處罰」。依此條文，則甲等兄弟三人，若受到縣政府環保局通知清理後，仍不予理睬，則縣政府可否各別裁罰？

上述規定於行為責任人固屬當然，但於狀態責任人，則因各違法人所負之去除危險義務僅有一個，只要其中一人已開始去除危險，則共同義務即已免除，為何還須處罰其餘二人？雖然如此，但在選擇處罰對象時，行政機關宜如何裁量？本文以為若以職業及所得為準，而三擇其一處罰，應符合正當性。蓋因義務雖僅一個，但各義務人為連帶義務，不可互推，基於行政機關有權裁量處罰對象及處罰輕重，故三人擇一裁罰應無缺憾。故設例之兄弟三人各受6,000元罰鍰，應可請求救濟。

---

[13] 吳志光，同註12。

六、狀態責任是否有時效之適用？

行政罰法第27條第1項規定：「行政罰之裁處權，因三年期間之經過而消滅。」故設例之甲等人，可否主張其繼承已過5年，裁處權失效？

此涉及狀態責任之時效是否與行為責任之時效相同問題。該法該條第2項復規定：「前項期間自違反行政法上義務之行為終了時起算。但行為之結果發生在後者，自該結果發生時起算。」本文以為此條項規定，顯係針對行為責任而定，不及於狀態責任，蓋因狀態責任係不作為責任，違反義務之行為係繼續違反，故其時效之起算在違反行為之繼續中應無始期，直至危險狀態遭清除為止，始開始起算。司法實務亦多同此見解。故遭裁罰之兄弟三人，不得以繼承已經5年而主張罹於時效。若不如此解釋，則違法狀態將持續存在，行政機關亦將無名目予以處理。

貳、本法第14條第1項規定：「故意共同實施違反行政法上義務之行為者，依其行為情節之輕重，分別處罰之。」其所謂「分別處罰」，係就行為人之「個別行為」分別處罰，或係就「一個違反行政法上義務之處罰」，就數行為人情結輕重分別處罰？

事實：某甲為漁船船長，乙、丙則為該船船員，以每月2萬元之薪資受僱於甲。因甲、乙、丙三人共同以漁船走私價值30萬元之貨物，關務機關則依海關緝私條例第36條第1項、第3項規定，除對甲裁處沒入貨物外，對甲、乙、丙三人各裁處貨價一倍之罰鍰各30萬元。

問題：若關務機關已就甲乙丙各裁處法定罰鍰最低額（即貨價一倍，30萬元）後，船員乙、丙認其僅係受僱於甲，未因走私而獲利，其情節及受責難之程度遠較船長為輕，得否主張撤銷原處分？（103年度高等行政法院及地方法院行政訴訟庭法律座談會提案九）

有關此一問題，原共有四個意見，最後絕對多數贊成甲說。

甲說：應予駁回。蓋因依本法第14條第1項規定，本即應對故意共同實施違反行政法上義務之行為人，依其行為情結輕重分別處罰之，而依

（舊）海關緝私條例第36條第1項規定，私運貨物行為之法定罰鍰最低額度即為貨價之一倍。故關務機關已依第18條第1項規定，分別衡量各個行為人之情節後，已裁罰法定罰鍰額之最低額度，如無其他法定得減輕或免責之事由，實無法低於法定罰鍰額度予以裁處。

乙說：應撤銷原處分。蓋因違反行政法上義務之處罰，均須符合「責罰相當原則」，而按行政罰法第18條第1項規定乃授權行政機關裁量。乙、丙二人除受有薪資外，未因走私而獲利，應認為個案上適用法律違反實質正義，有裁量怠惰之違法。

丙說：應撤銷原處分。蓋因行為人如欠缺期待可能性，亦可構成「阻卻責任事由」，乙、丙僅為受僱於甲之船員，如因迫於生計，而接受船長指揮，應認乙、丙欠缺期待其遵守行政法上義務之可能，故應得減輕或免除其責任。

丁說：應撤銷原處分。蓋因第14條第1項所謂之「分別處罰」，係指行政機關應分別就各行為人之情節輕重加以衡量，如其衡量結果認其情節重大，故可就各行為人分別按一定倍數或比例處罰之；惟如衡量結果，其情節輕微，其可罰性較輕，則應容許以違反義務之行為人共同分擔罰額之方式加以處罰。故如本例，乙、丙二人因其可責難性較低，應容許行政機關以甲、乙、丙三人共同分擔一倍罰鍰之方式加以裁處，而甲、乙、丙三人間之內部分擔額，則須依其情節輕重分別定之，以符合行政罰法第14條第1項之規範意旨。

本文以為，行政罰有行為責任與狀態責任之別，若為行為責任，則應將數故意違反行政法上義務之人，依其情結輕重分別處罰，其責任乃個別，不論其是否受僱，故乙、丙仍應處行為責任罰，本爭議問題以甲說為是，縱然對乙並可能過苛，但應修正法規而非曲解法規；至於若係狀態責任，則可能應採丁說，蓋因其係就「一個違反行政法上義務之處罰」，就數行為人情結輕重分別處罰，惟不得超越總罰額。

再者，本案提出後，海關緝私條例於2018年4月13日修正該法第36條第1項，將原文「私運貨物進口、出口或經營私運貨物者，處貨價一倍至三倍之罰鍰」，修正為「私運貨物進口、出口或經營私運貨物者，處貨價

三倍以下之罰鍰」。立法理由爲：「鑑於個案違章情節輕重不一，爲能酌情妥適處罰，以符比例原則，爰刪除原第一項法定罰鍰最低倍數規定，並酌作文字修正。」本文認爲，即便如此，亦無礙於本爭議之結論。

第四節 本法實務案例解析

壹、爭點：狀態責任得否溯及既往？

一、事實

　　上訴人未經申請審查許可，於建築物外牆設置正面型招牌廣告，經被上訴人審認上訴人違反建築法第97條之3第2項規定，命於文到10日內自行拆除。上訴人未遵照辦理，經被上訴人派員現場勘查後，發現上訴人仍未改善或補辦手續，乃依建築法第95條之3規定對上訴人裁處罰鍰新臺幣4萬元，並依行政執行法規定強制拆除系爭廣告物。上訴人不服，提起三審上訴。

二、對立意見

　　上訴人主張：（一）系爭廣告物係上訴人於1997年間執行律師業務時所設置，當時並無建築法規定招牌廣告之設置應向直轄市、縣（市）主管建築機關申請審查許可之規定，亦即上訴人於1997年間爲執行律師業務而設置系爭廣告物時，並無違反任何行政法上作爲義務，而建築法第95條之3及第97條之3第2項規定之增訂，係在上訴人正當合法設置系爭招牌廣告之後，則已合法成立之既成事實，焉能僅因事後法律之修正或增訂，即將該合法成立之既成事實率然指爲違法，遽指上訴人未經申請審查許可而擅自設置招牌廣告，如此認定已明顯違反法律不溯及既往之原則；（二）被上訴人以2003年始增訂之建築法第95條之3規定爲依據，處罰上訴人於1997年間之義務違反行爲，其剝奪上訴人之自由、權利，明顯未依上訴人行爲時之法律或自治條例爲之，不僅有違行政罰法第4條之規定，亦與民

主法治國家之基本原則不符；（三）上訴人倘若於1997年間執行律師業務時設置系爭廣告物之行為有違反任何行政法上義務，依2006年2月5日施行之行政罰法第27條第1項、第2項同法第45條規定，被上訴人之裁處權時效亦已於行政罰法施行之日起算3年，即於2009年2月4日屆滿。

被上訴人則主張：（一）上訴人稱系爭廣告物係設置於建築法第95條之3增訂前，依本院96年度判字第2049號判決意旨，仍屬未經申請審查許可即擅自設置之招牌廣告或樹立之廣告，被上訴人審認違反建築法第95條之3規定並無違誤；（二）建築法第95條之3所裁罰之違規行為，乃未經審查許可擅自設置招牌或樹立廣告，所要求之行為義務即為取得廣告物設置許可，因上訴人違規設置廣告招牌之行為係以持續之行為時間一次實現違反建築法第95條之3之構成要件行為，行為時間持續且在持續時間之內並未有重大改變，其時效於行為終了時（取得設置許可時）起算，故上訴人違反行政法上行為係屬行為之繼續，是以被上訴人裁處權並未罹於時效。

三、相關法條

建築法第77條：「建築物所有權人、使用人應維護建築物合法使用與其構造及設備安全（第1項）。直轄市、縣（市）（局）主管建築機關對於建築物得隨時派員檢查其有關公共安全與公共衛生之構造與設備（第2項）。」

建築法第97條之3規定：「招牌廣告及樹立廣告之設置，應向直轄市、縣（市）主管建築機關申請審查許可，直轄市、縣（市）主管建築機關得委託相關專業團體審查，其審查費用由申請人負擔（第2項）。」

四、最高行政法院判決

最高行政法院101年度判字第180號行政判決：「上訴駁回」。

理由：

（一）人民所負行政法上義務者有二，即：

1.行為責任：包括作為與不作為之行為：

(1)作為：因故意或過失實施違反行政法上義務之行為（行政罰法第7

條參照）。

(2)不作為：其態樣有二：對於違反行政法上義務事實之發生，依法有防止之義務，能防止而不防止者，與因積極行為發生事實者同；因自己行為致有發生違反行政法上義務事實之危險者，負防止其發生之義務（行政罰法第10條第1項、第2項參照）。上開不作為之處罰，亦以出於故意或過失為前提。

2.狀態責任：指對於「物」有所有權或事實上管領力之人，依據法令規定，就該「物」具有維持某種狀態之義務，只要該「物」出現了不符所應維持的狀態時，即構成「狀態責任」義務之違反，故「狀態責任」係屬於一種「結果責任」；倘對於「物」具有所有權或事實上管領力之人不履行此種義務，除可令其排除該未維持之狀態外，於具有可歸責性——即具有故意、過失情形，亦應處以行政罰。又「狀態責任」既屬「結果責任」，則只要未維持該「物」合法使用狀態之情形持續存在，其行政罰之裁處權時效，即無從起算。

（二）建築實施階段負有建築法規定義務者主要是建築物起造人、設計人、承造人、監造人，以及申請許可或申報義務人，其等所承擔之行政法上義務，應屬前開所指的「行為責任」；建築法賦予建築物之所有人、使用人負有應維護建築物合法使用與其構造及設備之安全等義務，此義務乃建築法直接針對建築物之狀態所為義務之課予，而屬上開所稱之「狀態責任」，如未維護建築物合法使用與其構造及設備之安全等義務而具有歸責性時，並應受處罰。

（三）建築物之所有權人或使用人因該建築物存在有未經審查許可而擅自設置之「招牌廣告」，亦即該建築物所有人或其使用人未盡維護建築物合法使用之義務，其等所負者為「狀態責任」。申言之，上開建築物只要存有違規設置「招牌廣告」狀態之情形，不論該廣告物設置在2003年6月5日建築法修正前或後，該建築物所有人或使用人，對該違法狀態之結果，均應負有排除之義務；倘該廣告物（招牌廣告）為其固著之建築物所有人或使用人所擅自設置，亦無論該廣告物（招牌廣告）係設置於2003年6月5日建築法修正前或修正後，該建築物所有人或使用人，皆負有申請許

可之義務，如未經申請而擅自設置，且有故意或過失情事，即屬違反建築法第77條第1項（未盡維護建築物合法使用之義務）與修正後建築法第97條之3第2項（未申請審查許可擅自設置招牌廣告）規定，因建築法就「未經審查許可擅自設置招牌廣告」設有特別規定（違反前開建築法第77條第1項規定者，同法第91條第1項第2款設有處罰規定），自應依同法第95條之3規定處罰。

五、心得

本文以為，本判決具代表性，但所謂狀態責任乃「結果責任」之說，無法贊同。蓋因，若為狀態責任，則無須追究因果關係，同時亦無所謂行為人主觀犯意之故意過失問題，同時，處罰行為人怎可不追究其行為義務即予處罰？本文以為，狀態責任之根據應該是在行政罰法第10條，並須先經確定其作為責任而仍不作為後，始能變更為「行為責任」而予處罰。該條規定，其內涵類似刑法第15條規定之「不純正不作為犯」，刑法該條規定以「有無故意」作為限制，行政罰法本條規定則以「有無確定狀態責任人之作為義務」，以為限制。

貳、爭點：未下手實施是否亦屬「故意共同實施違反行政法上義務之行為」？

一、事實

海巡機關獲報上訴人與訴外人袁○勳等人，基於共同私運貨物出口之意思，欲將未經合法報關的貨物私運至大陸地區，乃組成專案小組，於2015年11月23日17時許查緝，並經控制岸際現場，但大陸漁船在現場搬運工推船協助下向外海逃竄，期間雖經查緝人員對空鳴槍示警，然仍被該大陸無籍快艇脫逃。查緝隊隨即扣押系爭廂型車上的貨物，經清點及查核結果，計有化妝品、奶粉等物，而貨主為上訴人，搬運工計有訴外人袁○勳等12人。關務署高雄關乃按私運貨物的離岸價格處以一倍的罰鍰計1,635,501元，上訴人不服，乃上訴至最高行政法院。

二、對立意見

上訴人主張：（一）其不在現場，其乃聽到槍聲才下去現場，並主張其未雇用搬運工及系爭廂型車的車主，以利用其等共同實施私運貨物行為，尚難僅以其出現在查緝現場且為系爭貨物所有人，即認其與現場搬運工有意思聯絡及共同實施私運貨物的行為；（二）系爭貨物非在海上查扣，而係停放在國境內陸上廂型車內，非屬私貨。

被上訴人則主張：上訴人與十餘名搬運工就上開私運、起卸裝運貨物出口之事實有意思聯絡及行為分擔。故上訴人於主觀上有利用他人行為作為己用，出於共同實施違反行政法上義務行為之故意，且於客觀上已著手實施私運貨物出口之重要階段行為，自已該當海關緝私條例第36條第1項規定之處罰要件甚明。上訴人訴稱其係聽到槍聲始至現場，且系爭貨物係屬臺灣貨，非在海上或船上查扣，而係停放在國境內陸上廂型車內，非屬私貨，上訴人並無私運貨物出口之行為云云，不足為採。

三、相關法條

海關緝私條例海關緝私條例第3條前段規定：「本條例稱私運貨物進口、出口，謂規避檢查、偷漏關稅或逃避管制，未經向海關申報而運輸貨物進、出國境。……」第36條第1項規定：「私運貨物進口、出口或經營私運貨物者，處貨價一倍至三倍之罰鍰。」（本項規定於2018年5月9日已修正為：「私運貨物進口、出口或經營私運貨物者，處貨價三倍以下之罰鍰。」）

四、最高行政法院判決

最高行政法院108年度判字第320號行政判決：上訴駁回。

理由：（一）海關職司邊境管制，運輸貨物進、出口，均應事先向海關申報並接受檢查或查驗，凡未向海關申報即將貨物運輸進、出國境，而有規避檢查、偷漏關稅或逃避管制的違法情事之一者，即屬違反國家邊境管制措施，而構成海關緝私條例第3條私運貨物進出口的行為。又海關緝私條例第36條第1項規定私運貨物出口的處罰，並不以已將貨物運出國境

為必要，如已著手實施私運貨物出境，而達於重要階段的行為，即得予以處罰（另參酌最高行政法院46年判字第54號判例意旨）。

（二）上訴人為系爭貨物的所有人，未依法定程序向海關申報貨物出口，卻在非屬通商口岸的青嶼岸際，藉由岸邊十餘名搬運工，將系爭貨物快速搬運至擅自進入我國禁限制水域的大陸無籍快艇上，規避檢查，可知上訴人與十餘名搬運工就上開私運、起卸裝運貨物出口的事實有意思聯絡及行為分擔，且上訴人主觀上利用他人行為作為己用，出於共同實施違反行政法上義務行為的故意，且客觀上已著手實施私運貨物出口的重要階段行為，已該當海關緝私條例第36條第1項規定的處罰要件等情，經核於法亦無違誤。至於搬運工及系爭廂型車的車主是否受僱於上訴人，均不影響上訴人與其等就私運系爭貨物出口有意思聯絡及行為分擔的認定。

五、心得

本案具代表性，判決認為「雖非下手實施之人，但依刑法間接正犯概念，認定為故意共同實施違反行政法上義務之人」，本文表示贊同。有問題的是，其餘下手實施之12人，究竟要如何處理？若與僱用人的上訴人同樣處貨價一倍之罰鍰，恐怕會造成許多糾紛，因而法條乃於2018年5月9日作修正，以便適應各種共同故意實施之人的不同情節。

參、爭點：一行為與數行為之區別？

一、事實

被上訴人以其所屬臺北市區監理所調查發現，上訴人藉由網路招募司機，分別於原判決附表所示時間、地點，由Uber APP應用程式平台，指揮調度該附表所示之自用小客車營運載客，由上訴人將乘客以信用卡支付之費用，拆帳分配予接受調度之司機，認上訴人未經核准擅自經營汽車運輸業，於2016年6月20日，以原判決附表所示21件違反汽車運輸業管理事件處分書，各裁處上訴人新臺幣15萬元罰鍰。上訴人不服，乃提起本件上訴。

二、對立意見

上訴人主張：上訴人違反行為時公路法第77條第2項規定之行為，發生之時間、地點相近，且該條項禁止未經核准經營之汽車運輸業行為，具反覆性、繼續性特徵，則原判決附表所示21次行為，應評價為一行為。且被上訴人對於上訴人與不同汽車駕駛人共同違法經營汽車運輸業，前已於2016年1月18日等時日，分別作成216件未經核准經營汽車運輸業之裁處，竟於2016年6月20日，再就發生於2015年10月11日等時日，之本件系爭21次違章行為，以原處分裁罰，違反本院98年11月份第2次庭長法官聯席會議決議意旨，有重複處罰之違法。

被上訴人則主張：上訴人與該等汽車駕駛人自係故意共同實施違反行為時公路法第77條第2項及汽車運輸業管理規則第138條所定行政法上義務之行為。且上訴人提供Uber APP平台，與司機共同違反前述行政法上義務，其行為態樣之特徵為上訴人在同一時段不同地點，皆與個別加入Uber APP平台之司機實施違法行為，故非僅具反覆性及持續性，更有個別性，則被上訴人認定上訴人與不同地點之個別司機故意共同實施違反公路法及汽車運輸業管理規則條文所定行為，以原處分分別予以裁罰，無違一行為不二罰原則。

三、相關法條

公路法第2條第14款、第15款規定：「本法用詞，定義如下：……十四、汽車或電車運輸業：指以汽車或電車經營客、貨運輸而受報酬之事業。十五、計程車客運服務業：指以計程車經營客運服務而受報酬之事業。」

行為時同法第77條第2項規定：「未依本法申請核准，而經營汽車或電車運輸業者，處新臺幣五萬元以上十五萬元以下罰鍰，並勒令其停業，其非法營業之車輛牌照並得吊扣二個月至六個月，或吊銷之。」（此項條文已於2017年1月4日修正為：「未依本法申請核准，而經營汽車或電車運輸業者，得依其違反情節輕重，處新臺幣十萬元以上二千五百萬元以下罰鍰，並勒令其歇業，其非法營業之車輛牌照及汽車駕駛人駕駛執照，並得

吊扣四個月至一年，或吊銷之，非滿二年不得再請領或考領。」）

四、最高行政法院判決

最高行政法院107年度判字第581號行政判決：「原判決廢棄，發回臺北高等行政法院。」

理由：

一行為已受處罰後，國家不得再行處罰；且一行為亦不得同時受到國家之多次處罰，故行為人所為違反行政法上義務之行為究為「一行為」或「數行為」，自應予以辨明。依行政罰法第14條規定，故意共同實施違反行政法上義務之行為，構成共同違法行為。而行政罰之處罰，是以行為人之行為作中心，行為人之行為究竟屬於違反行政法上義務行為之一行為或數行為，應以行為人之主觀意思及客觀上與所違反之行政法上義務規定之構成要件判斷之。行為時公路法第77條第2項所定「未依本法申請核准，而經營汽車或電車運輸業」之經營汽車或電車運輸業行為，係集合性概念，一次或反覆多次實施經營運輸行為，均屬之。是以出於違反行為時公路法第77條第2項不作為義務之單一意思，而未申請核准，多次實施運輸行為，係違反同一行政法上義務之接續犯，該多次違反行為，在法律上應評價為一行為，於主管機關處罰後，始切斷違規行為之單一性。

五、心得

本文贊同本判決有關類推適用刑法「持續犯」規定之意見，同時也認為應適用司法院釋字第604號有關行為可以切割之解釋意旨。但，與Uber公司共同故意實施違反行政法上義務行為之諸多司機，究應如何處罰，尚未解決，可能是因此之故，法文乃作修正以便適應各種共同故意實施之人的不同情節。

第五節　結論

　　本文以為，行政罰法之法理與規定，與刑法總則及刑事訴訟法相似，但仍有「是否具倫理性、是否侵犯個人法益、是否一再違反」之差別，因此差別而區分出我國行政罰體系與刑事罰體系之差異；再因此差異而決定究應進行行政調查或刑事偵查；等實體與程序均確定後，尚有執行法上的刑事訴訟法或行政執行法之分別。兩套體系雖壁壘分明，但適用時卻往往先後併用，此對人權之保障及行政機關程序之公正，極端諷刺。

　　本文以為，基於上述認知，在學習行政罰法時，宜運用刑法概念予以類推分析，亦即以自己熟悉之體系去體驗不同卻相似之體系，最能事半功倍。有鑑於此，本文於第二節的重要內容中，以大量刑法概念類推解釋行政罰概念；並於第三節中摘取兩項最具爭議之案例以為代表，一是狀態責任適用各種法條問題，另一是故意共同實施之人如何處罰問題；並於第四節將具代表性的三個最高法院判決所想解決的三個問題，提出作為本文主張之檢討案例。最後得知，有關故意共同實施之人，其如何處罰，恐怕須全面修正相關行政作用法之處罰上下限。

第六章

集會遊行法與案例研究

李錫棟

第一節 本法立法目的與沿革

壹、本法之立法目的

「人民有集會之自由」爲憲法第14條所明定，旨在保障人民以集體行動之方式和平表達意見，與社會各界進行溝通對話，以形成或改變公共意見，並影響、監督政策或法律之制定。主要是本於主權在民之理念，爲實施民主政治以促進思辯、尊重差異，實現憲法兼容並蓄精神，使人民享有自由討論、充分表達意見之權利，方能探究事實，發見眞理，並經由民主程序形成公意，制定政策或法律。因此，集會遊行作爲表現自由，是實施民主政治極爲重要的基本人權。

國家所以保障人民之表現自由，乃以尊重個人獨立存在之尊嚴及自由活動之自主權爲目的。其中集會自由主要係人民以行動表現言論自由，對於一般不易接近或使用媒體言論管道之人，集會自由係保障其公開表達意見之重要途徑，爲人民與政府間溝通之一種方式。人民經由此方式，主動提供意見於政府，參與國家意思之形成或影響政策之制定。從而國家在消極方面應保障人民有此自由而不予干預；積極方面應提供適當集會場所，並保護集會、遊行之安全，使其得以順利進行。又集會自由之保障，不僅及於形式上外在自由，亦應及於實質上內在自由，俾使參與集會、遊行者在毫無恐懼的情況下進行。是以爲使國民能機會均等參與公共事務，國家必須積極制定相關制度，保障人民之表現自由，公意政治方能實現[1]。

另一方面，由於集會、遊行亦具有容易感染及不可控制的特質，對於社會治安可能產生潛在威脅。爲了維護人民集會、遊行的合法權益，並確保社會秩序安寧，自有制定法律，將之限定於和平表達意見範疇之必要。惟以法律限制集會、遊行之權利，主要是本於集會、遊行活動可能有侵害公共秩序之虞，基於維護公益及保障社會大眾人權之衡平，對集會、遊行酌予合理限制，要非賦予公權力對表現自由予以壓制或剝奪爲目的，俾符

---

[1] 大法官釋字第445號解釋理由書。

合憲法保障表現自由所追求探究眞理、健全民主程序、自我實現等基本價值。

基此，爲了避免集會、遊行活動過度侵害公益而對社會大眾之生活安寧與安全，交通秩序、居家品質或環境衛生等產生重大之侵害，國家基於憲法防止妨礙他人自由、維持社會秩序或公共利益之要求，自得依憲法第23條規定，以法律爲必要之限制。除應遵守憲法第23條必要性原則外，尚須符合明確性原則，使主管機關於決定是否限制人民之此項權利時，有明確規定其要件之法律爲依據，人民亦得據此，依正當法律程序陳述己見，以維護憲法所保障之權利。其規範之內容並應衡量表現自由與其所影響社會法益之價值，決定限制之幅度，以適當之方法，擇其干預最小者爲之[2]。集會遊行法第1條第1項開宗明義即揭示其立法目的，在於保障人民集會遊行之自由，並維持社會秩序。一方面維護人民集會、遊行之合法權益，另一方面也確保社會秩序。

貳、本法之立法沿革

1987年7月15日我國爲順應世界潮流、加速推動民主憲政，而解除戒嚴。但當時鑑於國家仍處於動員戡亂時期，爲保障人民集會遊行權利之行使，兼顧社會秩序之維持以及公共利益之增進，對集會遊行活動仍有必要以法律加以適度規範。乃本諸憲法保障人民權利之意旨，衡諸當時解嚴後兩岸關係，中共對我國之敵對狀態並未消除，以武力威脅之危險仍然存在之環境需要，並因應當時社會之變遷，參酌日本、西德、美國等民主國家立法例而於1988年1月20日制定公布「動員戡亂時期集會遊行法」全文35條。

其後因1991年5月1日終止動員戡亂，回復平時憲政，而於1992年7月27日將名稱修正爲集會遊行法，並修正相關規定，以應社會之發展趨勢。

2　同註1。

第二節 本法主要內容

壹、集會遊行之自由與界限

憲法第14條明文規定：「人民有集會之自由」。集會自由作為憲法所保障的表現自由的一種，可認為與言論自由同等重要，但比起言論自由，因集會是以多數人聚集於某處所為前提的表現活動，有時還伴隨集體行進等活動。所以，就有可能與他人的權利、自由發生衝突，因此有加以限制之必要。

一、集會、遊行之意義

（一）集會

所謂「集會」，一般係指特定或不特定的多數人暫時聚集在某個地方，形成具有共同目的的集體意思的活動。其目的可能是諸如政治、宗教、經濟、學術、藝術科學和社交等各式各樣的目的，其聚集的處所可能是公園、廣場、道路等戶外的處所，也可能是室內的場所[3]。茲析述如下：[4]

1.集會是以某處所為前提的暫時性的聚會。這一點與「結社」不同，後者是不特定地點而構成繼續性的團體的行為。不過，集會雖然是以某一個特定的處所為前提，但也包括諸如集體行進（遊行）等行經一定場所的情形。[5]

2.集會原則上是預先決定好組織和計畫的聚會。這一點正是集會與因偶發事故人群聚集的區別所在，街頭發生車禍引起路人圍觀便不屬集會，某人靜坐或絕食抗議引起旁人圍觀也不是集會[6]。同樣的道理，因為興趣、娛樂而去聽音樂會、看戲，或因為廟會慶典、節慶乃至商展等沒有

3　阪本昌成，第一章精神活動の自由，佐藤幸治編，憲法II—基本的人権，1992年，頁242-243，東京：成文堂。

4　芦部信喜，憲法学III人権各論(1)，有斐閣，增補版，2002年，頁479。

5　芦部信喜，同註4，頁479。

6　吳庚，憲法的解釋與適用，自印，初版，2003年，頁236-237。

計畫性而碰巧聚集在一起的人群、觀眾也不是集會。但是，即使是事前沒有通知而碰巧聚集的人群或觀眾，這群人也有可能形成集體的意見，發表其共同的意見，甚至發起行動（例如進行遊行示威）。這種「自然發生的集會」，即使是諸如戲劇表演等活動，如果是「以意見的形成為目標而取得共識」，仍然是「集會」[7]。

3.集會是有共同明確目的的聚會。這一點，與「結社」一樣，形成集體意見，然後將此意見對外發表訴諸輿論，原則上是預定好了的[8]。但是，「集會」有公開與非公開之別，在非公開之情形，很少有發表意見訴諸輿論這樣的要素。在歷史上作為政治自由而發展起來的集會，通常是以公開集會為中心。[9]

不過，集會遊行法第2條第1項對集會所作的立法解釋是：「本法所稱集會，係指於公共場所或公眾得出入之場所舉行會議、演說或其他聚眾活動」。此定義與上述學理上集會的定義並不完全一致，乃是因為其對集會遊行採許可制的緣故，而在立法上做了限縮性的解釋。其實集會並不以舉行會議、發表演說或其他類似活動為限，只要是為了共同目的而聚集人群或靜止一處或集體行進就是一種表達意願的方法，就是所謂的集會。至於場所也無限制，在私人莊園、在非公眾得出入的地方聚眾，仍然是集會的一種。[10]換言之，集會遊行法各條所稱之「集會」與其他法律規定之概念未必相同，例如比起憲法所稱之「集會」顯然較為狹窄[11]。

不過，作為集會遊行法保護的客體，仍應受到上述第2條第1項對集會所作解釋性規定的拘束，此乃因立法解釋具有強制的作用，不容司法作不同的解釋。但刑法第152條：「以強暴脅迫或詐術，阻止或擾亂合法之集會者，處二年以下有期徒刑。」所稱之集會，是否須與集會遊行法第2

7 Stein, Ekkehart著，浦田賢治等譯，ドイツ憲法，早稲田大学比較法研究所，1993年，頁178；芦部信喜，同註4，頁479-480。
8 芦部信喜，憲法学Ⅱ人権総論，有斐閣，1994年，頁170。
9 芦部信喜，同註4，頁480。
10 吳庚，同註6，頁236-237。
11 因為集會自由之保障，不僅限於集會遊行法中所指之集會自由，集會遊行法所未限制之集會遊行，仍是憲法所應保障的範圍。

條第1項作相同的解釋，則不無司法解釋的空間。因為上述第2條第1項的解釋性規定不及於刑法，而刑法也未對集會作解釋性規定。

（二）遊行

遊行係指多數人具有共同目的的暫時性的集體行進的表現形式，[12]與集會的不同，在於空間的變換，即動態與靜態的差別。[13]關於遊行，有把集體的行列行進稱為「遊行」，而將想要公然的表達集體的意思、情感，以誇示其威力稱為「遊行示威」者。[14]

關於遊行的自由，我國憲法與日本憲法一樣都沒有明文的保障規定。雖然在日本有否定說認為日本憲法上並沒有明文保障遊行自由[15]，也有著眼於對外表達意見的性質而認為是屬於「其他的表現自由」[16]，但學說上一般是將遊行自由視為「動態的集會」而理解為集會自由的保障[17]。如果就遊行是多數人暫時性的占有、利用一定的公共設施的表現活動這一點來看，應認為是與集會有相同的性質，因此，將其理解為「動態的集會」應該是妥當的。[18]基此，刑法第152條所稱之集會，在解釋上應可包括遊行，即「動態的集會」。[19]

我國集會遊行法第2條第2項對於遊行則是做了如下的解釋性規定：「本法所稱遊行，係指於市街、道路、巷弄或其他公共場所或公眾得出入之場所之集體行進。」而與同條第1項集會的解釋性規定並列。儘管如此，綜觀整部集會遊行法之規定，集會與遊行幾乎都是並列出現，二者在集會遊行法中之規範，幾無不同。從這樣來看，不論將遊行理解為「動態

12　阪本昌成，同註3，頁249。
13　吳庚，同註6，頁236-237。
14　阪本昌成，同註3，頁249。
15　平賀健太，集団示威運動は自由か，ジュリスト，79号，1955年，頁33。
16　日本憲法第21條第1項規定：「集會、結社及言論、出版等其他一切的表現自由，保障之。」
17　阪本昌成，同註3，頁250。
18　阪本昌成，同註3，頁250。
19　不過，即使是將遊行認為是「動態的集會」，而理解為「集會自由」所保障的自由，是否可以將動態的遊行與靜態的集會並列而等量齊觀，仍有討論的空間。阪本昌成，同註3，頁250。

的集會」還是一種獨立的活動型態，於集會遊行法都沒有太大的不同。

基此，集會遊行法所指的集會、遊行大部分的情形應僅限於同法第2條所稱之集會、遊行，而不及於第2條所稱「集會、遊行」以外之集會遊行。例如刑法第149條的聚眾應不以集會遊行法第2條所稱之集會、遊行為限，只要是聚眾，而且是公然的聚眾，就有可能成為第149條規範的對象。反之，集會遊行法第29條的集會、遊行則應以同法第2條所稱之集會、遊行為限，超出第2條所定義的「集會、遊行」就不是同法第29條所規範的對象，不論其是否需經申請許可，都是一樣的。

二、集會遊行自由的界限

集會遊行自由是廣義的表現自由的一種型態，所以與傳統的言論、出版自由一樣，具有滿足自我實現和自我統治的這兩個價值。亦即具有個人的人格發展和維護民主國家的這二個重要的意義。日本的判例提到「集會是提供國民接觸各種意見和訊息，塑造和發展自我的思想和人格，並且相互傳達、交流意見和訊息等的場合，這是有必要的，此外，由於它是向外界表達意見的有效手段，所以日本憲法第21條所保障的集會自由，作為民主社會的重要基本人權之一，應特別加以尊重」[20]，可以說就是在闡明其具有這兩個價值。在德國，因為集會自由超越了防禦權的內容而具有「參與政治意思形成的權利」這種意義，所以也有基於這一點而將自己統治的功能稱為「民主參與權」（demokratisches Teilhaberecht）[21]。關於是否以政治參與權的形式來理解雖然存有爭議，但是集會（包括集體行進等所謂的「動態的集會」）的自由是提供沒有辦法利用大眾傳播媒體的人可以表達思想，特別是新的意見，少數的意見，或與一般常規相違背的意見等的傳達所不可或缺的手段[22]，其作為這樣的手段，可以說在民主政治的過程

---

20 最高裁判所大法庭平成4年7月1日判決，民事判例集，第46卷5号，頁437。

21 Maunz-Dürig, Grundgesetz Kommentar, Art. 8, Rdn. 10 (Herzog, 1987); M. Kloepfer, Versammlungsfreiheit, in: Handbuch des Staatsrechts der Bundesrepublik Deutschland, Bd. VI, S. 743 (Hrsg. von J. Isensee u. P. Kirchhof, 1989)。引自芦部信喜，同註4，頁480-481。

22 不過，在行動通訊與網路發展的今天，人人可以隨時利用網路表達自己意見的情況下，集會自由的這種價值是不是還具有不可替代性，則有待觀察。

中具有活化思想、文化的功能[23]，而有加以保障之必要。

憲法第14條規定：「人民有集會及結社之自由。」集會遊行法第5條規定：「對於合法舉行之集會、遊行，不得以強暴、脅迫或其他非法方法予以妨害。」同法第31條則規定：「違反第五條之規定者，處二年以下有期徒刑、拘役或科或併科新臺幣三萬元以下罰金。」刑法第152條也規定：「以強暴脅迫或詐術，阻止或擾亂合法之集會者，處二年以下有期徒刑。」凡此可以說是對於憲法所保障的集會自由以法律最直接的保障。此外，刑法第302條、第304條有關妨害自由的規定，其保護的範圍也有可能及於集會、遊行之自由。

（一）憲法層次上之界限

集會自由之保障，不僅限於集會遊行法中所指之集會自由，集會遊行法所未限制之集會遊行，仍是憲法所應保障，例如：文化、經濟、宗教、運動或商業之公共活動，如戲劇及歌劇演出、電影上演、展覽、博覽會、音樂會、演講、彌撒、宗教遊行、足球賽、市集等，通常皆非集會遊行法第2條所稱的集會、遊行概念。然而，這些活動並不被排除於憲法層次的集會之外[24]。此參考集會遊行法第2條及第8條可知。不過，即使在憲法層次上，集會遊行自由仍應受到一定程度的制約。

1. 集會遊行自由與他人權利自由的衝突

如果考慮到上述集會自由的性質和功能，則規範集會自由的立法，其合憲性就應比照言論、出版自由的嚴格標準來審查。不過，集會是以多數人聚集於某處所為前提的表現活動，而且有時還會伴隨有集體行進等活動。所以，在使用公共設施或公共場所進行公開集會的情形，就有可能與他人的權利、自由發生衝突。換句話說，有可能與一般社會生活所不可或缺的要求發生衝突，例如與一般人使用道路，公園的要求發生衝突，也有可能因為集會時間地點的重疊、雙方相互競爭而造成混亂的局面[25]。因

---

[23] 佐藤幸治，憲法，青林書院，三版，1995年，頁544；芦部信喜，同註4，頁481。

[24] 李震山，警察法論─警察任務編，正典出版文化有限公司，初版，2002年，頁260。

[25] 芦部信喜，現代人權論─違憲判斷の基準，有斐閣，1974年，頁105。

此，爲了避免這種情況發生，並調節權利、自由之間的相互矛盾或衝突，儘管集會自由是人權目錄中具有高度價值的權利，也有必要使其受到與言論、出版自由不同的特別規定。換句話說，使集會自由受到必要的最小限制，以保護其他更高價值的合法利益是內在於集會自由所固有的約束[26]。

關於集會自由與交通等一般社會生活上所不可或缺的利益間的衝突，應特別注意衡量二者的利益輕重，前者的利益未必重於後者，後者的利益也未必重於前者，仍需依個別的具體情況而爲衡量。例如作爲意見表達自由的集會遊行已長期大範圍占用重要的公共道路數月甚至數年之久，大眾傳播媒體也已大量的報導而將其所要表達的意見充分的向公眾的社會清楚的表達，如此該集會遊行所要達到的目的已經成就，而使該集會本身的價值遞減，如果再繼續長期而大範圍占用重要的公共道路，恐怕就有超出用以表達意見的集會自由的範圍，而有強制公眾接受其意見之嫌，其合法性即不無討論的空間。

大法官釋字第718號解釋理由書也認爲：「室外集會、遊行需要利用場所、道路等諸多社會資源，本質上即易對社會原有運作秩序產生影響，且不排除會引起相異立場者之反制舉措而激發衝突，主管機關爲兼顧集會自由保障與社會秩序維持，應預爲綢繆，故須由集會、遊行舉行者本於信賴、合作與溝通之立場適時提供主管機關必要資訊，俾供瞭解事件性質，盱衡社會整體狀況，就集會、遊行利用公共場所或路面之時間、地點與進行方式爲妥善之規劃，並就執法相關人力物力妥爲配置，以協助集會、遊行得順利舉行，並使社會秩序受到影響降到最低程度。」故仍須受到必要的限制。

總之，即使允許以法律來加以限制，由於集會自由的限制受到嚴格限制，所以雖然集會是以聚集於某處所爲前提的活動，而必須遵守該處所的所有權人或管理權人所定的使用規則或管理規則，但是在道路、公園等公共場所，因爲這些地方是廣泛開放作爲自由表現的公共論壇的處所，所以集會自由的限制，尤其是場所的拒絕使用或遊行的不許可，必須受到嚴格

---

26 芦部信喜，同註4，頁482。

的限制[27]。

2. 事前報備或許可與集會遊行之禁止、解散

德國基本法第8條第1項規定「所有的德國人，未經報備或許可，在和平且未攜帶武器之情形下，有集會的權利」，同條第2項規定「戶外集會，得依法或基於法律之根據限制之」。關於這兩項，德國憲法法院認爲，鑑於集會自由是作爲集體表達意見的自由，具有保障國民個人人格發展（自我表現）與參與政治意思形成的功能，所以立法者在制定規範時，尤其在保護與集會自由「具有同等重要的其他法益」時，必須嚴格遵守比例原則。基此，對於德國的集會遊行法（1978年）所規定的報備義務與集會的禁止、解散等限制，做了如下的限縮解釋[28]：

(1)報備義務在自然發生集會的情況下，應免除「事前」報備的要件，在緊急集會（Eilversammlung）的情況下，即使沒有滿足「48小時前」報備的要件，只要與公布舉行集會的同時提出報備即可。違反報備義務並不會自動成爲禁止或解散集會的根據。我國大法官釋字第718號解釋理由書似乎也是參照這樣的意旨，認爲：「就事起倉卒非即刻舉行無法達到目的之緊急性集會、遊行，實難期待俟取得許可後舉行；另就群眾因特殊原因未經召集自發聚集，事實上無所謂發起人或負責人之偶發性集會、遊行，自無法事先申請許可或報備。……集會遊行法對於緊急性、偶發性集會、遊行，規定仍須事先申請許可，係以法律課予人民事實上難以遵守之義務，……與憲法第二十三條規定之比例原則有所牴觸，不符憲法第十四條保障集會自由之意旨。」

(2)依比例原則的要求，禁止和解散只有在作爲課予其他適當負擔的手段用盡之後的最後手段才可以被允許，主管機關在作最後決定時所被要求的利益衡量，必須經常考慮到集會自由是與意見表達自由並列的基本權。

(3)不論是室內還是戶外，「和平」被當作是所有集會自由的要件。

---

27 芦部信喜，同註4，頁484。
28 以下有關德國憲法法院對德國集會遊行法之解釋，參照芦部信喜，同註4，頁483-484。

所謂和平是指「不引發暴力或騷亂的結果」而言，所以如果預測到集會的主辦人及其支持者有意圖爲暴力行爲，或至少有容任他人爲暴力行爲的高度可能性時，該集會就變成非「和平」的集會，而應被禁止。但是，如果只是個別參加集會者或（明白的）少數人有違反和平之行爲，原則上對於整體的集會應不構成失去和平性的理由。

　　總之，只要是和平的集會遊行，國家即有義務排除其他困難與障礙，使之順利進行。若無明顯事實足以證明有以暴力、煽動暴動，攜帶武器等對他人自由權利或公益產生立即重大危險等違反和平原則之集會遊行，國家即應予保障[29]。對於集會遊行，只要可以運用其他適當的負擔來維護公共安全或秩序，就不應禁止或解散集會遊行，在沒有被禁止或命令解散的情況下，就應該可以認爲是合法的集會遊行。

（二）集會遊行法上的界限

　　集會遊行法第8條第1項規定：「室外集會、遊行，應向主管機關申請許可。」同法第25條第1項規定：「有左列情事之一者，該管主管機關得予警告、制止或命令解散：一、應經許可之集會、遊行未經許可或其許可經撤銷、廢止而擅自舉行者。二、經許可之集會、遊行而有違反許可事項、許可限制事項者。三、利用第八條第一項各款集會、遊行，而有違反法令之行爲者。四、有其他違反法令之行爲者。」

　　依現行集會遊行法之上述規定，應申請許可之集會、遊行而未經許可或其許可經撤銷、廢止者，應可認爲係不合法之集會、遊行。不過，緊急性、偶發性集會、遊行之事前申請許可，業經大法官釋字第718號解釋爲違反憲法第23條之比例原則，已如前述。故此種情形之集會、遊行自應認爲是不需申請許可的集會、遊行，不可因其未經申請許可而認爲是違法的集會、遊行。

　　至於經許可之集會、遊行而有違反許可事項、許可限制事項或其他違反法令之行爲；或不需申請許可之集會、遊行，而有違反法令之行爲者，未必均可認爲是違法的集會遊行，而應依個別具體的情況做綜合整體的判

---

29 李震山，警察行政法論—自由與秩序之折衝，元照出版公司，四版，2016年，頁293-294。

斷。例如只是個別參加集會者違反法令或違反許可事項，或少數人有違反和平的行為，對整體的集會遊行而言，未必即可認為是違法的集會遊行。

貳、集會遊行之申請與許可

　　依集會遊行法第8條之規定，戶外之集會、遊行原則上應向主管機關申請許可，始得舉行。但下列情形例外的不需申請許可，即可舉行：一、依法令規定舉行者；二、學術、藝文、旅遊、體育競賽或其他性質相類之活動；三、宗教、民俗、婚、喪、喜、慶活動。此外，室內集會無須申請許可。但使用擴音器或其他視聽器材足以形成室外集會者，以室外集會論。換言之，上列集會遊行以外之戶外集會、遊行活動均應向主管機關申請許可，始得舉行，是採事前審查之許可制。以下就相關規定說明之。

一、集會遊行申請權人

　　集會遊行法第7條規定：「集會、遊行應有負責人。依法設立之團體舉行之集會、遊行，其負責人為該團體之代表人或其指定之人。」第10條：「有左列情形之一者，不得為應經許可之室外集會、遊行之負責人、其代理人或糾察員：一、未滿二十歲者。二、無中華民國國籍者。三、經判處有期徒刑以上之刑確定，尚未執行或執行未畢者。但受緩刑之宣告者，不在此限。四、受保安處分或感訓處分之裁判確定，尚未執行或執行未畢者。五、受禁治產宣告尚未撤銷者。」第9條：「室外集會、遊行，應由負責人填具申請書，載明左列事項，於六日前向主管機關申請許可。……」

　　依上述規定可知，應經申請許可之集會遊行的申請權人為該集會遊行的負責人。關於集會遊行的負責人，依上述第10條之規定，設有五款消極條件。亦即應經申請許可之集會遊行的申請權人必須年滿20歲且未受監護宣告（禁治產宣告）之中華民國國民。據此，外國人、無國籍人、受監護宣告未經撤銷之人等均不得申請集會遊行。此外，申請權人尚必須未經法院判處有期徒刑以上之刑確定且未受保安處分或感訓處分之裁判確定，或雖經判處有期徒刑以上之刑確定或受保安處分或感訓處分之裁判確定，但

已執行完畢，始得爲集會遊行之申請人。但已受緩刑宣告者，不在此限，仍得爲集會遊行之申請人。

二、受理申請與許可之主管機關

集會遊行法第3條規定：「本法所稱主管機關，係指集會、遊行所在地之警察分局。集會、遊行所在地跨越二個以上警察分局之轄區者，其主管機關爲直轄市、縣（市）警察局。」第9條第1項規定：「室外集會、遊行，應由負責人填具申請書，……於六日前向主管機關申請許可。」

據此，應申請許可之室外集會、遊行，自應向集會、遊行所在地之警察分局申請，並由該警察分局爲許可與否之決定。若集會、遊行所在地跨越二個以上警察分局之轄區，則向該管警察局申請，並由該警察局爲許可與否之決定，自不待言。

三、申請許可之程序

（一）申請程序

室外集會、遊行，應由負責人填具申請書，載明左列事項，於6日前向主管機關申請許可。1.負責人或其代理人、糾察員姓名、性別、職業、出生年月日、國民身分證統一編號、住居所及電話號碼；2.集會、遊行之目的、方式及起訖時間；3.集會處所或遊行之路線及集合、解散地點；4.預定參加人數；5.車輛、物品之名稱、數量。但因不可預見之重大緊急事故，且非即刻舉行，無法達到目的者，不受6日前申請之限制（集會遊行法第9條第1項）。

由於室外集會、遊行需要利用場所、道路等諸多社會資源，本質上即易對社會原有運作秩序產生影響，且不排除會引起相異立場者之反制舉措而激發衝突，主管機關爲兼顧集會自由保障與社會秩序維持，應預爲綢繆，故須由集會、遊行舉行者本於信賴、合作與溝通之立場適時提供主管機關必要資訊，俾供瞭解事件性質，盱衡社會整體狀況，就集會、遊行利用公共場所或路面之時間、地點與進行方式爲妥善之規劃，並就執法相關人力物力妥爲配置，以協助集會、遊行得順利舉行，並使社會秩序受到影

響降到最低程度。

不過，關於緊急性和偶發性之集會遊行，大法官在釋字第718號解釋理由認為：「就事起倉卒非即刻舉行無法達到目的之緊急性集會、遊行，實難期待俟取得許可後舉行；另就群眾因特殊原因未經召集自發聚集，事實上無所謂發起人或負責人之偶發性集會、遊行，自無法事先申請許可或報備。雖同法第九條第一項但書規定：『但因不可預見之重大緊急事故，且非即刻舉行，無法達到目的者，不受六日前申請之限制。』同法第十二條第二項又規定：『依第九條第一項但書之規定提出申請者，主管機關應於收受申請書之時起二十四小時內，以書面通知負責人。』針對緊急性集會、遊行，固已放寬申請許可期間，但仍須事先申請並等待主管機關至長二十四小時之決定許可與否期間；另就偶發性集會、遊行，亦仍須事先申請許可，均係以法律課予人民事實上難以遵守之義務，致人民不克申請而舉行集會、遊行時，立即附隨得由主管機關強制制止、命令解散之法律效果（集會遊行法第二十五條第一款規定參照），與本院釋字第四四五號解釋：『憲法第十四條規定保障人民之集會自由，並未排除偶發性集會、遊行』，『許可制於偶發性集會、遊行殊無適用之餘地』之意旨有違。至為維持社會秩序之目的，立法機關並非不能視事件性質，以法律明確規範緊急性及偶發性集會、遊行，改採許可制以外相同能達成目的之其他侵害較小手段，故集會遊行法第八條第一項未排除緊急性及偶發性集會、遊行部分；同法第九條第一項但書與第十二條第二項關於緊急性集會、遊行之申請許可規定，已屬對人民集會自由之不必要限制，與憲法第二十三條規定之比例原則有所牴觸，不符憲法第十四條保障集會自由之意旨，均應自中華民國一○四年一月一日起失其效力。」然而，自本號解釋作成迄今已逾5年，仍未見集會遊行法有作任何修正，立法機關之怠惰可見一斑。

此外，集會遊行之申請，關於集會之處所，應檢具處所之所有人或管理人之同意文件；遊行，應檢具詳細路線圖。集會遊行負責人若委由代理人申請許可，並應檢具代理同意書（同法第9條第2項）。

（二）集會遊行申請之審核

室外集會、遊行申請之許可或不許可，主管機關應於收受申請書之日起3日內以書面通知負責人（同法第12條第1項）。主管機關未於上述規定期限內作成決定並通知負責人者，視為許可（同法第12條第3項）。

依第9條第1項但書之規定提出申請者，主管機關應於收受申請書之時起24小時內，以書面通知負責人（同法第12條第2項）。不過，此規定已經大法官釋字第718號解釋認為違反憲法第23條比例原則，不符憲法第14條保障集會自由之意旨，自2015年1月1日起失其效力，已如前述。

申請室外集會、遊行，原則上應予許可，除非有第11條所列之情形，始得不予許可。第11條所列得不予許可之情形，包括：1.有明顯事實足認為有危害國家安全、社會秩序或公共利益者；2.有明顯事實足認為有危害生命、身體、自由或對財物造成重大損壞者；3.同一時間、處所、路線已有他人申請並經許可者；4.於：(1)總統府、行政院、司法院、考試院、各級法院及總統、副總統官邸；(2)國際機場、港口；(3)重要軍事設施地區；(4)各國駐華使領館、代表機構、國際組織駐華機構及其館長官邸等地區及其周邊之禁制區範圍內舉行集會遊行者；5.集會遊行之主要人員、申請人之資格或申請程序不合規定者，例如集會遊行之負責人、負責人之代理人、糾察員不符合第10條所規定之條件；申請人不是集會遊行之負責人或其代理人；申請之程序不符合第9條所規定之程序。只要申請之集會遊行沒有第11條所列之情形，主管機關就應予許可，此被稱為準則性的許可制。

集會遊行之申請，無論許可或不許可，主管機關均應於收受申請書之日起3日內以書面通知負責人，其許可之通知書應載明下列事項：1.負責人姓名、出生年月日、住居所；有代理人者，其姓名、出生年月日、住居所；2.目的及起訖時間；3.集會處所或遊行之路線及集合、解散地點；4.參加人數；5.車輛、物品之名稱、數量；6.糾察員人數及其姓名；7.限制事項；8.許可機關及年月日。不許可之通知書，則應載明不予許可之理由及不服之救濟程序（同法第13條）。

主管機關對於許可之室外集會、遊行，並得就下列事項為必要之限

制：1.關於維護重要地區、設施或建築物安全之事項；2.關於防止妨礙政府機關公務之事項；3.關於維持交通秩序或公共衛生之事項；4.關於維持機關、學校等公共場所安寧之事項；5.關於集會、遊行之人數、時間、處所、路線事項；6.關於妨害身分辨識之化裝事項（同法第14條）。經許可後，因天然災變或重大事故，主管機關為維護社會秩序、公共利益或集會、遊行安全之緊急必要，向得廢止許可或變更原許可之時間、處所、路線或限制事項。其有第11條第1款至第6款不應許可之情事，應予撤銷或廢止許可。撤銷、廢止或變更，應於集會、遊行前以書面載明理由，通知負責人；集會、遊行時發現有應撤銷、廢止或變更之情形時，亦應於撤銷、廢止或變更時以書面載明理由，通知負責人（同法第15條）。

參、集會遊行相關處分之救濟

室外集會、遊行之負責人，於收受主管機關不予許可、許可限制事項、撤銷、廢止許可、變更許可事項之通知後，如有不服者，應於收受通知書之日起2日內以書面附具理由提出於原主管機關向其上級警察機關申復。原主管機關認為申復有理由者，應即撤銷或變更原通知；認為無理由者，應於收受申復書之日起2日內連同卷證檢送其上級警察機關。上級警察機關應於收受卷證之日起2日內決定，並以書面通知負責人（同法第16條）。

上述申復程序之規定，應可認為是訴願先行程序之規定[30]。因此，當事人對於上級警察機關所為申復之決定，如有不服，自得依訴願法及行政訴訟法之規定提起行政爭訟。

除此之外，由於上述申復並不影響原通知之效力（同法第17條），換言之，申復並無阻斷或停止執行之效力。而集會遊行所選擇之時間，往往有其特殊意涵，若該時間一過，即失去意義，而有影響集會遊行之本質與內容。因此，除了申復、訴願和行政訴訟等一般之救濟程序之外，請求

---

[30] 李震山，集會遊行不予許可事件之救濟，月旦法學雜誌，第78期，2001年，頁18。

暫時權利保護之處分亦屬重要之救濟途徑。即依訴願法第93條第2項、第3項或行政訴訟法第116條第3項之規定聲請停止執行。法院若裁定停止執行，依行政訴訟法第116條第5項「停止執行之裁定，得停止原處分或決定之效力、處分或決定之執行或程序之續行之全部或部分」之規定，應即表示集會遊行可照原申請計畫進行[31]。

至於第9條第1項但書及第12條第2項所指緊急性或偶發性集會遊行之事前申請許可規定，因已經大法官釋字第718號解釋宣告違憲而失其效力，故第16條第1項、第2項、第3項但書有關其不予許可、許可限制事項、撤銷、廢止許可、變更許可事項之處分的救濟程序規定已無適用之餘地，立法機關應儘早予以廢止。

肆、集會遊行秩序之維持

一、合法集會遊行之基本條件──和平

不論是室內還是戶外的集會、遊行，「和平」始終被當作所有集會遊行自由的要件。若無明顯事實足以證明有以暴力、煽動暴動，攜帶武器等對他人自由權利或公益產生立即重大危險等違反和平原則之集會遊行，國家即應予保障[32]。如果預測到集會的主辦人及其支持者有意圖為暴力行為，或至少有容任他人為暴力行為的高度可能性時，該集會就變成非「和平」的集會，而為違法的集會、遊行，應被禁止[33]。集會遊行法第23條規定：「集會、遊行之負責人，其代理人或糾察員及參加人均不得攜帶足以危害他人生命、身體、自由或財產安全之物品。」如有攜帶，並得依第33條之規定予以扣留，可認為是基於確保集會遊行之和平所為之規定。

刑法第150條規定：「在公共場所或公眾得出入之場所聚集三人以上，施強暴脅迫者，在場助勢之人，處一年以下有期徒刑、拘役或十萬元以下罰金；首謀及下手實施者，處六月以上五年以下有期徒刑。」即在禁

---

31 李震山，同註31，頁19。
32 李震山，同註29，頁293-294。
33 芦部信喜，同註4，頁484。

止非和平的集會遊行或聚眾。同法第149條甚至對於可能演變成非和平集會的前階行為，亦予以禁止，即規定：「在公共場所或公眾得出入之場所聚集三人以上，意圖為強暴脅迫，已受該管公務員解散命令三次以上而不解散者，在場助勢之人處六月以下有期徒刑、拘役或八萬元以下罰金；首謀者，處三年以下有期徒刑。」因此，集會遊行若已為強暴脅迫之行為，則已非和平的集會遊行，而進入刑法所禁止之範疇。

二、集會遊行法有關秩序維持之規定

（一）負責人、參加人等之秩序維持

集會遊行法第18條規定「集會、遊行之負責人，應於集會、遊行時親自在場主持，維持秩序」，因故不能親自在場主持或維持秩序時，得由代理人代理之。代理人之權責與負責人同（同法第19條）。集會、遊行之負責人，並得指定糾察員協助維持秩序。糾察員在場協助維持秩序時，應佩戴「糾察員」字樣臂章（同法第20條）。集會、遊行之參加人，應服從負責人或糾察員關於維持秩序之指揮。對於妨害集會遊行之人，負責人或糾察員得予以排除。受排除之人，應立即離開現場（同法第21條）。集會、遊行之負責人，宣布中止或結束集會、遊行時，參加人應即解散。宣布中止或結束後之行為，應由行為人負責。但參加人未解散者，負責人應負疏導勸離之責（同法第22條）。集會遊行負責人未盡疏導勸離之責，致集會遊行繼續進行者，處新臺幣3萬元以下罰鍰（同法第28條第2項）。集會、遊行之負責人，其代理人或糾察員及參加人均不得攜帶足以危害他人生命、身體、自由或財產安全之物品（同法第23條），如有攜帶，並得依第33條之規定予以扣留。集會遊行結束後，其集會處所、遊行路線於使用後遺有廢棄物或污染者，集會遊行之負責人或其代理人並應負責清理（同法第18條後段），如未負清理之責，處新臺幣3萬元以下罰鍰（同法第27條）。罰鍰經通知繳納逾期不繳納者，移送法院強制執行（同法第34條）。

由於集會遊行結束後之行為，理應由行為人自行負責，此為集會遊行法第22條所確認，然而同條但書又規定負責人應負疏導勸離之責，未盡疏

導勸離之責,致集會遊行繼續進行者並處以罰鍰。此一規定不但與「每一個人都只為自己的行為負責,不為別人的行為負責」之個人主義精神相違背,而且也有相互矛盾之嫌。

此外,集會遊行結束後,於現場所遺留之廢棄物等,依上述個人主義之精神,理應由廢棄物之拋棄人自行負責,集會遊行法第18條後段規定負責人或其代理人並應負清理之責,顯然是將拋棄行為人之責任轉嫁給負責人,這種責任轉嫁的理由為何,令人費解。

(二)主管機關之秩序維持

集會遊行法第24條規定:「集會、遊行時,警察人員得到場維持秩序。主管機關依負責人之請求,應到場疏導交通及維持秩序。」一方面授權警察於集會遊行時,得到場維持秩序,另一方面,課予警察於集會遊行負責人提出請求時,負有到場疏導交通及維持秩序之義務。

同法第25條並授權警察機關於有下列情事之一者,得予警告、制止或命令解散:1.應經許可之集會、遊行未經許可或其許可經撤銷、廢止而擅自舉行者;2.經許可之集會、遊行而有違反許可事項、許可限制事項者;3.利用第8條第1項各款集會、遊行,而有違反法令之行為者;4.有其他違反法令之行為者。前項制止、命令解散,該管主管機關得強制為之。其中第1款、第2款之規定是因集會遊行法採許可制的關係,對於應經許可之集會、遊行未經許可或有違反許可所應遵守的事項時均視為不合法之集會遊行,而得予警告、制止或命令解散。第3款是於有利用不需經申請許可之集會遊行來違反相關法令時,例如違反集會遊行法的規定,或違反其他行政或刑事之相關法令,授權警察機關得予警告、制止或命令解散。第4款為概括之規定,在解釋上當然包括違反上述刑法第149條、第150條之情形在內。

換言之,除了非和平的集會、遊行,應認為違法之外,因現行的集會遊行法係採許可制,故應申請許可之集會、遊行未經許可而舉行,或雖經許可但違反許可或限制事項者,縱然是和平的集會遊行,也可能被認為違法,而構成命令解散該集會、遊行之事由。不過,上述規定以違反申請許

可等程序事項作爲命令解散之事由，就憲法所保障之集會自由而言，不無過度限制而有違反比例原則之嫌[34]。大法官釋字第718號解釋對緊急性或偶發性集會未申請許可得依上述規定命令解散已作出違憲之判斷。

再者，集會遊行的和平性如上所述是合法集會遊行的基本條件。因此，授權警察得予警告、制止或命令解散之情形，理應是違反集會遊行的和平性才是首要的情形，然而本條卻將其隱藏在概括的規定中，這樣的立法形式，是否妥當，也容有商榷之餘地。

集會遊行經該管主管機關合法命令解散而不解散者，依集會遊行法第28條之規定，處集會、遊行負責人或其代理人或主持人新臺幣3萬元以上15萬元以下罰鍰。同法第29條並規定：「集會、遊行經該管主管機關命令解散而不解散，仍繼續舉行經制止而不遵從，首謀者處二年以下有期徒刑或拘役。」換言之，集會、遊行只要有上述第25條各款情形之一，主管機關就有可能予以命令解散，經合法命令解散而不解散，甚至經制止其繼續舉行而仍不遵從，依上述規定，分別處首謀之人罰鍰或刑罰。

集會遊行時，若已爲強暴脅迫之行爲，則已然破壞社會的和平，而進入刑法第150條所禁止之「公然聚眾，施強暴脅迫」之範疇[35]。換言之，只要公然聚眾施強暴脅迫，無須經公務員爲解散之命令，即可能構成刑法第150條公然聚眾施強暴脅迫罪。

不過，所謂「公然聚眾，施強暴脅迫」，在判斷上，如果只是個別參加集會者或（明白的）少數人有施強暴脅迫之行爲，原則上對於整體的集會應不構成失去和平性的理由，不得對集會遊行之負責人處以刑法第150條首謀之刑罰，而只能就個別的行爲人追究其責任。必須集會遊行的負責人有意或容任參加人爲暴力行爲，才有可能構成刑法第150條首謀之罪。

三、違法集會遊行之處置

集會遊行具有上述第25條各款所定之情形，該管主管機關即可能依該條規定予以警告、制止或命令解散。主管機關作成決定時，應公平合理

---

[34] 李憲人，命令解散之法律性質暨權責歸屬，警政論叢，第14期，2002年，頁30。
[35] 陳煥生、劉秉鈞，刑法分則實用，一品文化出版社，四版，2013年，頁96。

考量人民集會、遊行權利與其他法益間之均衡維護，以適當之方法爲之，不得逾越所欲達成目的之必要限度。於爲利益衡量時，並應經常考量集會自由與意見表達自由係屬憲法所保障之基本權。此外，解散命令必須是有權向聚集的群眾發出解散命令的公務員所爲，亦即必須爲公務員職權範圍內的行爲，且須於有權執行職務的轄區內，方可爲之，否則，如超越職權範圍，即不能認爲是合法的解散命令。

換言之，解散命令除了具備法定之要件外，也必須是合法的命令，包括公務員組織上的職權和決定與執行之程序均應合法，有任何一個環節被評價爲違法，即有可能影響解散命令的合法性，也有可能影響後續的法律效果，諸如是否構成聚眾不解散罪即可能成爲問題。

（一）有合法之職務權限

警告、制止、解散命令必須是有權限的公務員所爲，亦即必須爲公務員職權範圍內的行爲，且須於有權執行職務的轄區內，方可爲之，否則，如超越職權範圍，即不能認爲是合法的警告、制止或解散命令。

由於行政組織爲了能確保行政效能，故有上命下從、分層負責之關係。因此，上級公務員授權所屬下級公務員決定警告、制止或解散命令時，是否合法，所屬下級公務員據以警告、制止或命令解散，是否發生合法的效力，實務上即發生爭議，有關此爭議之討論，請參閱第三節之爭議問題壹，茲不贅述。

（二）合乎正當法律程序之處分

集會遊行經主管機關認定爲違法之集會遊行時，主管之警察機關可能採取警告、制止、命令解散，甚至強制解散等不同之處置。主要是依集會遊行法之規定，賦予主管機關因應各種不同的狀況，得採取不同之處理方式，並非所有違法的集會遊行或聚眾皆必須走上命令解散或強制解散一途[36]。必須該集會遊行有重大違法的情形，警察衡量公共利益與人民集會遊行自由權利的關係後所做的判斷和決定。於爲此判斷和決定時，須衡量

---

36 陳正根，集會遊行許可與命令解散—評最高行政法院100年度3050號裁定，月旦裁判時報，第15期，2012年，頁98-99。

違法的性質、程度,對公共秩序與利益所造成的影響,而依比例原則作判斷和決定[37]。如陳情群眾秩序良好,並未造成維持秩序之疑慮,又無任何明顯且立即之危險發生,縱使未經申請許可,也未必要予以命令解散,而必須衡量以命令解散來限制人民集會自由與因集會遊行而影響民眾通行及社會秩序等利益,只有當後者之利益大於前者,才能命令解散[38]。亦即集會遊行之命令解散,應限於有明顯之事實足認將對公共安全或他人生命、身體或財產造成直接或急迫之危險時,始得作為最後手段而為之[39]。於為利益衡量時,並應經常考量集會自由與意見表達自由係屬憲法所保障之基本權。

「命令解散」係指該管公務員(主管機關)依刑法第149條或集會遊行法第25條之規定命令參與聚眾或集會遊行之人解散及離去之意思表示,受該命令之人即負有解散離開之義務,係屬行政處分之一種[40]。對於行政處分之適法與否,與行為人解散之作為義務是否成立至關緊要[41]。此種解散命令之作成,通常係因該集會遊行已成為非和平之集會遊行,或未經許可而擅自舉行,或有其他違反法令之行為,警察機關決定命其解散,從而剝奪其繼續舉行集會遊行之權利,屬行政罰法第2條所稱之裁罰性不利處分[42],應受行政罰法第4條處罰法定原則之支配。亦即必須符合法律所明文規定的條件,始得為解散之命令。例如必須符合刑法第149條或集會遊行法第25條所規定的條件始可,否則不得任意為之。其不但限制所有參與者的集會遊行自由,而且也成就包括集會遊行法第29條在內的聚眾不解散罪命令解散之條件,成為犯罪之證據,刑事法院對於行政機關解散命令之行政處分是否合法,仍有審認之權[43]。警察為命令解散之程序及方式,均

---

37 陳正根,同註37,頁97-98。
38 新北地方法院102年度簡上字第400號判決。
39 李憲人,同註35,頁29。
40 李憲人,同註35,頁25、28-29。
41 陳煥生、劉秉鈞,同註36,頁95-96。
42 蔡震榮主編,警察法總論,一品文化出版社,2009年,頁276;陳正根,同註37,頁97。
43 陳煥生、劉秉鈞,同註36,頁95-96。

應謹慎及明確[44]。

命令之發布方式爲何並無限制，不論口頭或書面，直接或間接均可，實務上有採用舉牌及廣播的方式，只要能使聚集的群眾瞭解其爲解散命令者，即爲已足[45]。但命令群眾解散之表示必須明確，亦即應明確告知該行爲已違反相關法令規定，應即刻解散，且須對所聚集之群眾發布並已經到達，使參與者處於可得認識瞭解的狀態，參與者始有遵守的可能，也才是合法之解散命令[46]。否則，若解散命令的意思不能爲群眾所得知，即不能發生命令解散之法律效果。

一般而言，此種解散命令，也是警察職權的一種。法律授權警察在遇有符合法定要件，且達必要情況下，得實施此職權。即使是合法舉行的集會，如有演變成暴力集會的情形，除了可能構成刑法第150條公然聚眾施強暴脅迫罪之外，亦得命令解散，禁止該集會之舉行[47]。

其次，所謂「不解散」這種不作爲係指不解放群眾同時聚集在相同處所的狀態而言。在主觀上應「認識」已受有解散命令，卻仍然決意不解散該「聚會」[48]，且僅以「不解散」即有被處罰的可能[49]。在不解散的限度內，即使做其他的任何行爲，「不解散」仍然沒有改變。因有解散命令，而立刻變成是平和的群眾也是一樣（此時該管公務員是否撤銷解散命令使平和的群眾可繼續舉行集會遊行乃屬另一回事）。又，只是轉移場所也不是解散，爲了避免被逮捕而逃走也不能說是解散。一部分解散，但在還有「群眾」不解散的限度內，留下來的「群眾」仍應肯定其爲「不解散」[50]。遵命解散的部分「群眾」，應認爲未違反解散義務[51]。二者互不

---

44 許義寶，論集會自由與警察職權—兼論法院對警察解散命令之審查，警察法學，第9期，2011年，頁142；陳正根，同註37，頁97-98。

45 陳煥生、劉秉鈞，同註36，頁95。

46 林山田，刑法各罪論（下），自印，增訂五版，2005年，頁185；盧映潔，刑法分則新論，新學林，修訂三版，2010年，頁124。

47 參照陳正根，同註37，頁97-98。

48 內田文昭，刑法Ⅰ（總論）争点ノート，法学書院，1977年，頁103、105；內田文昭，刑法各論，青林書院，三版，1997年，頁430。

49 內田文昭，同註49，頁429。

50 大塚仁，刑法概説（各論），有斐閣，1974年，頁287；內田文昭，同註49，頁430。

51 梁恆昌，刑法各論，自印，修正十二版，1988年，頁90-91。

影響，此與共同正犯全部視為一個整體不同。惟尚須視不解散之人是否達到聚眾而影響公共秩序之程度[52]。其次，首謀已遵令宣布解散，盡相當努力勸誘參與者離去，參與者仍不解散，應由參與者各自負擔，不負共同責任，故首謀應無命令所有參與者離去之義務，其既已遵令解散，自應不成立犯罪[53]。但集會遊行法第28條第2項規定，集會遊行負責人未盡疏導勸離之責，致集會遊行繼續進行者，仍處以行政罰鍰。

其次，集會遊行法第29條規定集會、遊行經命令解散而不解散，仍繼續舉行經制止而不遵從，對首謀者處以刑罰。僅受該管主管機關命令解散而不解散，尚不成立犯罪。必須除了違反解散義務之外，還須執拗地繼續舉行而不解散，即使經該管公務員制止仍不遵從解散命令，繼續舉行集會遊行而不解散群眾。

不遵從是指不遵從解散命令而言，故不遵從和不解散都是解散義務的違反，不解散只要知悉已受解散命令而仍決意不解散即可，而所謂的不遵從，在解釋上似乎還須進一步繼續舉行集會遊行經制止而仍執拗地不履行解散義務。換言之，行為人在客觀上必須有受解散命令而不解散且經制止繼續舉行集會遊行而仍不遵從先前之解散命令，亦即不履行解散義務之不作為，始可能滿足不遵從之條件。透過此種不作為，也顯現出其執拗地不履行解散義務的強烈意識。此與刑法第149條以已受解散命令「三次以上」來顯現不履行解散義務的強烈意識是相同的道理。

所謂「制止」乃指行為人正欲實施違法或犯罪行為時，公務員以實力中止其行為之謂[54]。係限制人民自由權利之事實行為，除集會遊行自由之外，也可能干預人身自由、言論自由、財產權等其他自由權利，故公務員「制止」集會遊行之繼續舉行，其方法和程序都應合法，否則可能影響集會遊行法第29條不法構成要件之滿足。

---

[52] 甘添貴，刑法各論（上），五南圖書，1987年，頁136；盧映潔，同註47，頁125。
[53] 褚劍鴻，刑法分則釋論（上），臺灣商務印書館，增訂版，1995年，頁237；盧映潔，同註47，頁125。
[54] 李憲人，同註35，頁27。

伍、集會遊行妨害第三人之責任

集會遊行自由作為憲法所保障的表現自由的一種，此種權利之行使，自有可能與他人的權利、自由發生衝突，例如其言論可能妨害他人之名譽，而構成侮辱或誹謗罪。又集會遊行自由雖與言論自由同屬表現自由之一種，但比起言論自由，因集會是以多數人聚集於某處所為前提的表現活動，有時還伴隨集體行進等活動，甚至偶有脫序失控之情形。所以，就有可能因而侵害他人的權利、自由，而涉及侵權行為之問題。

一、妨害名譽

集會遊行法第30條規定：「集會、遊行時，以文字、圖畫、演說或他法，侮辱、誹謗公署、依法執行職務之公務員或他人者，處二年以下有期徒刑、拘役或科或併科新臺幣六萬元以下罰金。」為刑法第140條侮辱公署與公務員罪及第309條公然侮辱罪、第310條誹謗罪等的特別規定，有優先適用之效力，自不待言。

因該條是針對集會、遊行時之侮辱、誹謗行為所為之特別規定，包括對個人之侮辱行與誹謗行為，以及對公署、公務員之侮辱與誹謗行為之特別規定。因此，涉及言論自由權與作為人格權之一的名譽權保障間的緊張衝突關係，因此，對於這二種基本權利的緊張衝突關係，有必要加以調和，有所取捨選擇。其中涉及價值選擇或價值判斷的成分十分濃厚，難謂何種權利必然輾壓另一種權利，而未必沒有在特定的條件下互有優先和退讓之情形。其次，刑法侮辱罪與誹謗罪規定的成立條件與相關法理，事實上也包括了言論自由與名譽權衝突之調和。凡此均與該條有密切的關係，而有加以說明之必要。

（一）言論自由之保障

言論本身具有「實現自我、溝通意見、追求真理、滿足人民知的權利，形成公意，促進各種合理的政治及社會活動之功能，乃維持民主多元社會正常發展不可或缺的機制，國家應給予最大限度的保障」[55]。另一方

---

[55] 大法官釋字第509號解釋理由書。

面，「本於主權在民之理念，人民享有自由討論、充分表達意見之權利，方能探究事實，發見眞理，並經民主程序形成公意，制定政策或法律。因此，表現自由爲實施民主政治最重要的基本人權」[56]。這是大法官對言論自由在民主社會中所具有之價值的描述。

事實上，允許人民公開發表言論、自由表達其意見，不同之觀念、學說或理想才能自由流通，經由公眾自由之判斷與選擇，去蕪存菁，形成多數人所接受之主張，多元民主社會其正當性即植基於此。即使是特立獨行之士所發之言論，或被視爲離經叛道的言論，都有加以保護之必要。[57]

美國憲法增修條文第1條明文規定：「國會不得制定剝奪言論自由之法律。」可見美國憲法更是將言論自由的價值提到極高的地位。言論不問其議題或內容，公共的或私人的皆在受保障之列。發表言論是基於理性或出自情緒均非所問，言論有無價值、是否發生影響亦不在考慮之內。[58]

（二）名譽權之保障

名譽向來被認爲是在人格權之下，與隱私、生命、身體等有關的利益並列的一項重要的利益，[59]係指個人的人格在社會生活上所受的評價。[60]在概念上，名譽可分爲客觀的名譽和主觀的名譽。後者被稱爲「名譽感情」。客觀的名譽又可分爲內部的名譽與外部的名譽。後者被稱爲「事實的名譽」、「世評」。[61]內部的名譽概念是用以表明人類眞正的價值。

一般所稱之名譽，是被理解爲外部的名譽，即人的社會評價[62]。依此定義，可以說與名譽有關的知識及訊息與隱私的情形不同，其流入思想的自由市場被認爲是當然的前提。從這個意義上說，名譽和言論自由間的衝突，可以說是宿命性的。不過，關於名譽的保護，其評價也會因私人、公眾人物、還是公務員而有所不同。[63]

---

[56] 大法官釋字第445號解釋理由書。
[57] 吳庚，同註6，頁211-212。
[58] 吳庚，同註6，頁211-212。
[59] 蘆部信喜，同註4，頁346。
[60] 林山田，刑法各罪論（上冊），自印，修訂五版，2005年，頁255。
[61] 內田文昭，同註49，頁201。
[62] 五十嵐清、田宮裕，名譽とプライバシー，有斐閣，1968年，頁11以下。
[63] 佐藤幸治編著，憲法Ⅱ基本的人權，成文堂，初版，1992年，頁175。

　　名譽權不僅是刑法上或民法上所保護的人格權之一，也被理解爲憲法上的權利。一般將憲法第22條理解爲保障概括基本權的規定，如果依照這種見解，與隱私權並列的名譽權，也可以被當作由來於人性尊嚴之原理而爲個人自律生存所不可或缺的權利，[64]直接依憲法第22條來加以保障的權利。大法官釋字第656號解釋理由書亦明白表示：名譽權旨在維護個人主體性及人格之完整，爲實現人性尊嚴所必要，受憲法第22條所保障（本院釋字第399號、第486號、第587號及第603號解釋參照）。因此，將名譽權理解爲憲法上的權利，應無疑義。

　　日本也是將名譽權理解爲憲法上的權利，亦即將日本憲法第13條理解爲保障概括基本權的規定，並將名譽權當作由來於人性尊嚴的權利，直接依日本憲法第13條來加以保障[65]。在1986年的「北方期刊」案的判決中[66]，日本最高裁判所即以「作爲人格權的個人名譽保護（日本憲法第13條）」這樣的表現方式，明白的認爲名譽是受日本憲法第13條所保護的權利。此判決認爲「違法侵害有關個人的品性、德性、名聲、信用等人格上的價值，而受到社會客觀評價的名譽」，對於加害者，不只得依民法上的規定請求損害賠償或回復名譽之處分，而且「爲了排除現在進行中的侵害行爲，或預防未來發生的侵害，得請求禁止此等侵害行爲」，就是因爲將名譽權視爲憲法所保障的人格權之一[67]。

　　如上所述，名譽權的保護，在刑事領域，主要是透過妨害名譽罪來加以保護。在民事領域，是以侵權行爲而生損害賠償之責任來加以保護。英美法偏向於以民事的損害賠償來處理；歐陸法則除了民事上的損害賠償之外，另有侮辱罪、誹謗罪等刑事上的制裁。[68]上述集會遊行法第30條是就

---

64 蘆部信喜，同註4，頁347。
65 平川宗信，名譽毀損罪と表現の自由，有斐閣，1983年，頁6、148、151；種谷春洋，生命・自由および幸福追求權，芦部信喜編，憲法Ⅱ人權(1)，有斐閣，1978年，頁154；佐藤幸治，同註23，頁451；樋口陽一、佐藤幸治、中村睦男、浦部法穗，憲法Ⅰ，青林書院，1994年，頁278（佐藤幸治執筆）；阪本昌成，憲法理論Ⅱ，成文堂，1993年，頁250；浦部法穗，憲法学教室Ⅰ（新版），日本評論社，1994年，頁194。蘆部信喜，同註4，頁347。
66 最高裁判所大法庭昭和61年6月11日判決，民事判例集，第40卷4号，頁872。
67 五十嵐清，人格權の侵害と差止請求權，ジュリスト，867号，1986年，頁33-35。
68 林山田，同註61，頁255。

集會遊行時的妨害名譽做特別的規定。

（三）言論自由與名譽權保障之衝突與調和

1.言論對於名譽的損害

雖然名譽是「極重要的法益」，但侵害名譽之行為都是用言詞、書面、或人的表現活動來表現的。換言之，相對於名譽而言，言論是具積極、主動、侵害的性質，而可能對名譽構成一定程度的侵害。但如前所述，言論自由在民主社會中也是具有極為重要的價值，美國憲法增修條文第1條甚至明文規定：「國會不得制定剝奪言論自由之法律。」惟言論自由絕對不受限制，根本不可能，在實際生活中也不是毫無限制。

2.真實陳述之保障

個人發表的言論有可能毀損他人之名譽，因此刑法設有誹謗罪。刑法為了調和言論自由與名譽權之間對立矛盾的緊張關係，乃於誹謗罪中特設「對於所誹謗之事，能證明其為真實者，不罰。但涉於私德而與公共利益無關者，不在此限。」（刑法第310條第3項）的特別阻卻違法事由[69]。依照這項規定於分則的法定阻卻違法事由，使指摘或傳述足以毀損他人名譽之事，於能證明其為真實時，仍舊享有憲法所保障的言論自由，其言論不具違法性。換言之，行為人所誹謗之事必須為虛偽，方具違法性。故行為人雖意圖散布於眾，而指摘或傳述足以毀損他人名譽之事，但其所指摘或傳述之事，能證明其為真實者，則行為人即不具違法性，而不致構成誹謗罪。[70]除非所誹謗之事涉及被害人之私德而與公共利益無關，始例外的不阻卻違法。

所謂「能證明其為真實」，依大法官釋字第509號解釋，認為「刑法第310條第3項前段規定對誹謗之事，能證明其為真實者不罰，係針對言論內容與事實相符者之保障，並藉以限定刑罰權之範圍，非謂指摘或傳述誹

---

69 關於本項規定之性質，學說上另有各種不同的說法，有認為是阻卻刑罰事由者，有認為是阻卻構成要件之事由者。參照甘添貴，體系刑法各論（第1卷）—侵害個人專屬法益之犯罪，自印，修訂再版，2007年，頁431。另日本亦有類似之規定及見解，參照內田文昭，同註49，頁217。

70 林山田，同註61，頁263。

謗事項之行爲人，必須自行證明其言論內容確屬事實，始能免於刑責。惟行爲人雖不能證明言論內容爲眞實，但依其所提證據資料，認爲行爲人有相當理由確信其爲眞實者，即不能以誹謗罪之刑責相繩，亦不得以此項規定而免除檢察官或自訴人於訴訟程序中，依法應負行爲人故意毀損他人名譽之舉證責任，或法院發現其爲眞實之義務。」

3. 眞實但與公益無關之誹謗

行爲人所誹謗之事雖爲眞實，但卻涉及被害人的私德而與公益無關者，仍具違法性，而能構成誹謗罪，必須所指摘或傳述之事，能證明其爲眞實，且不涉及被害人個人的私德而與公益有關者，才不具違法性，而不構成誹謗罪。至於是否涉及被害人的私德，是否與公益有關，則應就案情做客觀的判斷。[71]例如指摘他人之犯罪行爲、或有關公務員或公職人員候選人的事實，應認爲是與公益有關的事實。[72]

名譽與隱私不同，與名譽有關的訊息流入思想的自由市場被認爲是當然的前提。對於名譽的保護，會根據私人，公衆人物，還是公務員而有所不同。對於公衆人物或公務員來說，比起其名譽的保護，眞實的言論流入思想的自由市場往往比保護該人的名譽更有價值。[73]不過，在誹謗私人的情形，不應強調與私人名譽有關的訊息委諸於思想之自由市場的前提。因爲從經驗中可以清楚地看出，私人幾乎沒有反駁的機會，而思想的自由市場在此無法發揮其功能。從這個意義上說，對私人的誹謗可以理解爲屬於「不被保護之言論」的一個領域。不過，在英美，指摘的事實是眞實的被當作是絕對的抗辯。在日本，比起敍述眞實事實的權利是優先保護私人的名譽。[74]在我國，依上述刑法第310條第3項但書之規定，相較於眞實事實的陳述也是優先保護私人的名譽。

畢竟，無關公益且不妨害他人的個人行爲仍屬個人人格發展的一部分，理應予以尊重，如任意指摘批判而減損其在社會上的評價，使其名譽

---

[71] 林山田，同註61，頁263-264。
[72] 日本刑法第230條之2第2項、第3項。佐藤幸治編著，同註64，頁176。
[73] 佐藤幸治編著，同註64，頁175-176。
[74] 佐藤幸治編著，同註64，頁175。

受損，當然可能扼殺其個人的人格發展。儘管自由的言論應予保障，但即使是離經叛道、特立獨行的行為如無關公益而不妨害他人，豈不也應該予以保障。這二者的衝突，後者既然不妨害他人也無關公益，自應予充分的尊重，前者如妨害了後者的名譽，使其行為在社會上的評價受到減損，則其間的價值應如何取捨，即十分清楚。

4.非出於惡意之言論的保障

在美國，對公眾人物或公務員的誹謗，是採「現實惡意」的法理，亦即說話者雖然知道其為虛偽的而仍然加以指摘，或根本無視於是否為虛偽的而予以指摘，都必須由被害者（在刑事案件中是由國家）以「明白且足以使人確信的證明」（clear and convincing proof）來證立說話者具有「現實的惡意」。此法理，被認為是權衡：(1)有關公共的言論具有市民自治的價值，必須受到特別保護；(2)對自由討論而言，虛偽的言論是不可避免的；(3)對虛偽言論適當的對抗手段是反駁的自由等有關公共的言論與公務員的名譽所得到的結論。[75]

在我國，行為人意圖散布於眾，而指摘或傳述足以毀損他人名譽之事，若對於其所誹謗之事，能證明其為眞實，而該眞實的事實僅涉及所誹謗之被害人個人的私德而與公共利益無關，依刑法第310條第3項但書之規定，仍具有違法性而可能構成誹謗罪。但儘管如此，如該足以毀損他人名譽之事的指摘或傳述行為係出於善意而發，依刑法第311條之規定，仍有可能不構成誹謗罪。

由於憲法所明文保障的言論自由與名譽權之間具有宿命性的緊張衝突的關係，又因為刑法有誹謗罪的處罰規定，言論自由即可能受到相當程度的限制。但由於言論自由是憲法所保障的基本權利中極為重要的權利，也是民主憲政所不可或缺的基本自由，所以不宜輕易使其受到限制。因此，立法者乃於刑法第311條特別設置阻卻違法的事由[76]，規定「以善意發表言論，而有下列情形之一者，不罰：(1)因自衛、自辯或保護合法的利益

---

[75] 佐藤幸治編著，同註64，頁176-178。

[76] 另有認為刑法第311條為阻卻構成要件事由，參閱林山田，同註61，頁264-265。

者；(2)公務員因職務而報告者；(3)對於可受公評之事，而爲適當的評論者；(4)對於中央及地方的會議或法院或公眾集會的記事，而爲適當的載述者」。

行爲人出於善意發表言論，而有上述(1)至(4)的情形之一者，即因符合阻卻違法事由，而不具違法性，無由構成誹謗罪。立法者以此規定來進一步調和憲法所同時保障的名譽權與言論自由。[77]

所謂以善意發表言論係指非出於惡意而發表言論。行爲人只要非以損害他人名譽爲主要的目的，即可推定係出於善意[78]。就被指摘或被評論者而言，他人的指摘、傳述或評論，均令其感到不快或自認爲名譽受損，故極易認定指摘者、傳述者或評論者，均非出於善意。因此，是否以善意發表言論，應就具體事件而做客觀判斷。立法者乃特設上述四款之規定，使司法者不必僅就行爲人的主觀意思，而可輔以客觀可見的行爲，較易做出正確的判斷。[79]

總之，言論自由與名譽這二個法益各有其價值，究其本質，言論本身具有實現自我、溝通意見、追求眞理、滿足人民知的權利，形成公意，促進各種合理的政治及社會活動之功能。在性質上是積極的、主動的、作爲的，而具有侵害的性質。相對地，名譽是個人的人格在社會生活上所受的評價。在性質上是累積的、消極的、被動的、不作爲的，而不具有主動的、侵害的性質。換言之，名譽本身不會侵害言論，反而是言論有侵害名譽的可能。因此應將重點放在言論是在何種情況如何侵害個人名譽，再去思考應如何取捨這二個權利的價值。

現行刑法的誹謗罪對於言論自由與名譽權這二個價值相互衝突的取捨，已做了很好的調和。其調和取捨的標準有四：(1)言論是否侵害名譽；(2)言論所指摘的事實是否眞實；(3)言論是否與公益有關；(4)發表言論是否出於惡意。

首先考量所發表之言論是否會侵害個人之名譽，如果不會，則保障言

---

77 林山田，同註61，頁265。
78 參閱93年度台非字第162號判決。
79 林山田，同註61，頁265-266。

論自由；如果會，則基於保障個人人格發展不受言論之干擾，禁止這種足以貶抑其社會評價之言論。不過，所發表之言論，即使會侵害個人之名譽，如果其所指摘的事實是眞實的或有相當理由可相信其爲眞實的，則基於保障眞實言論以追求眞理、實現自我，應例外的不禁止這種眞實或有相當理由可相信爲眞實的但會毀損個人名譽的言論；所指摘的事實非屬可信爲眞實者，則在禁止之列。所發表之可信爲眞實的但會毀損個人名譽之言論，如果涉及公共利益，因與公眾之利害有關，故基於公眾知的權利與多元民主的價值，應又例外的不禁止這種涉及公共利益之眞實但會毀損個人名譽的言論；所指摘之會毀損個人名譽的眞實的事實如不涉及公共利益而屬純粹私人之事，則既與公眾之利害無關，而純屬私人之事，基於保障個人人格之發展，應仍在禁止之列。所發表會毀損個人名譽的眞實但不涉及公共利益而屬純粹私人之事實的言論，如果非出於惡意，即非以損害他人名譽爲主要目的，例如出於自衛、自辯、保護合法利益，則又例外的不禁止這種言論，而成爲例外中的例外；反之，如係出於惡意，則仍在禁止之列。

　　這種原則中有例外，例外中尚有例外的調和，在規範的方法上，可認爲是屬於較細緻的調和方法。可以下圖表示，圖中粗曲線左側白色部分爲言論自由所保障的範圍，粗曲線右側灰色部分則爲言論自由所不保障的領域，每一個曲折都是一個原則中的例外，或例外中的例外。

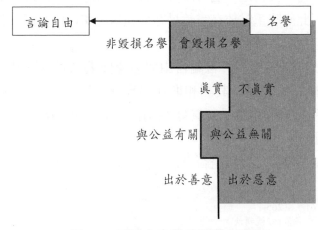

圖6-1　言論自由與名譽權之調和

（四）集會遊行中之言論妨害名譽之禁止

　　集會、遊行（移動的集會）是多數人基於表達共同目的的內在連結而聚集會合於一定場所的活動，其本身即為表現的一種方式，屬於表現自由的範疇。集會、遊行中當然也有可能以言論的表達來作為表現的方法，而有可能涉及誹謗和侮辱的問題。

　　集會遊行法第30條規定：「集會、遊行時，以文字、圖畫、演說或他法，侮辱、誹謗公署、依法執行職務之公務員或他人者，處二年以下有期徒刑、拘役或科或併科新臺幣六萬元以下罰金。」為刑法第140條侮辱公署與公務員罪及第309條公然侮辱罪、第310條誹謗罪等的特別規定，已如前述。為便於分析比較，下表為集會遊行法第30條與刑法相關各侮辱罪、誹謗罪之構成要件要素及法定刑之分析比較。

表6-1　集會遊行法第30條與刑法各侮辱罪、誹謗罪之分析比較

罪名	犯罪行為	行為方法	行為客體	行為時的情狀	法定刑
侮辱公務員（刑法§140Ⅰ前段）	侮辱		依法執行職務的公務員	依法執行職務的當場	6月以下、拘役或100元以下
侮辱職務（刑法§140Ⅰ後段）	侮辱		公務員之職務	公然	6月以下、拘役或100元以下
侮辱公署（刑法§140Ⅱ）	侮辱		公署	公然	6月以下、拘役或100元以下
公然侮辱（刑法§309Ⅰ）	侮辱		一般人	公然	拘役或300元以下
加重公然侮辱（刑法§309Ⅱ）	侮辱	強暴、脅迫	一般人	公然	1年以下、拘役或500元以下

表6-1　集會遊行法第30條與刑法各侮辱罪、誹謗罪之分析比較（續）

罪名	犯罪行為	行為方法	行為客體	行為時的情狀	法定刑
普通誹謗（刑法§310Ⅰ）	誹謗（意圖散布於眾，而指摘或傳述足以毀損他人名譽之事）		一般人		1年以下、拘役或500元以下
加重誹謗（刑法§310Ⅱ）	誹謗	散布文字、圖畫	一般人		2年以下、拘役或1,000元以下
集會遊行時之侮辱與誹謗罪（集會遊行法§30）	1.誹謗 2.侮辱	文字、圖畫、演說或他法	1.一般人 2.依法執行職務的公務員 3.公署	集會遊行時	2年以下、拘役、科或併科6,000元以下

　　從上表之分析比較，大致上可以說集會遊行法第30條是將刑法第140條、第309條、第310條各罪匯集在一起規定，再加上「集會、遊行時」這樣的條件。換言之，集會遊行法第30條之侮辱、誹謗行為都必須是在集會、遊行之時為之，始能成立。否則不能成立本條之罪，而只能依情形適用刑法第140條、第309條或第310條之罪。至於在集會、遊行之時，是否於不特定人或多數人可以共見共聞的公然情形下為之，或是否於公務員執行職務之當場為之，則非所問。於集會、遊行時為侮辱或誹謗行為，除了符合集會遊行法第30條的侮辱、誹謗罪之外，也可能同時符合刑法的第140條、第309條或第310條之罪，此時依特別法優於普通法之原則，理應優先適用集會遊行法第30條之特別法，刑法第140條、第309條或第310條則隱而不用。

　　其次，集會遊行法第30條作為刑法誹謗罪的特別規定，刑法第310條第1項誹謗罪的不法構成要件是規定為「意圖散布於眾，而指摘或傳述足以毀損他人名譽之事者，為誹謗罪」，即行為人出於將所指摘或傳述之事

散布於眾的意圖，而故意指摘或傳述足以毀損他人名譽之事，即為誹謗之行為。本條則僅規定「誹謗」二字，在解釋上應認為本條所稱之「誹謗」行為，即指刑法第310條第1項所稱「誹謗罪」之行為。換言之，本條之誹謗行為，除了客觀上須有指摘或傳述足以毀損他人名譽之事外，主觀上也須有「散布於眾的意圖」及誹謗的故意。若行為人欠缺散布於眾的意圖，應不構成刑法誹謗罪之行為，也不能成立本條之誹謗罪。

由於集會遊行法第30條是匯集了刑法第140條、第309條或第310條各罪的構成要件，所以，相較於刑法第140條、第309條或第310條各罪之法定刑，其法定刑也放寬到可以包含上述各罪的法定刑，即「二年以下有期徒刑、拘役、科或併科六千元以下罰金」，賦予法官較為寬廣的量刑空間，這樣的立法是否妥當，不無討論的空間。

首先，誹謗之方法，刑法第310條是依誹謗行為之方法是用散布文字、圖畫之方法，還是用文字、圖畫以外的方法，分成加重誹謗罪和普通誹謗罪，分別科處高低不同的刑罰，理由是用文字、圖畫為誹謗之行為，對於被害人名譽之妨害較為寬廣、久遠，侵害的程度較嚴重。本條誹謗之方法則包括用文字、圖畫、演說或其他方法，不區分不同方法的誹謗行為所造成不同程度的名譽侵害結果，而一概以一個相同的法定刑來處理，這種含糊的處理方式，固然可以給法官有較寬廣的量刑空間，但是就罪刑相當的原則而言，未必是正確的處理方式。

其次，對於侮辱行為，刑法除了處罰對一般人為公然侮辱之行為外，也處罰對公署、依法執行職務之公務員及公務員依法執行之職務的侮辱行為，前者是妨害個人名譽之行為，後者除了有妨害名譽之成分外，反而更側重於妨害公務之不法行為，二者性質各異，刑罰也不同；相對地，本條將：1.公署；2.依法執行職務之公務員；3.其他一般人並列，如此，侮辱一般人，是妨害個人名譽的罪，自不待言，但侮辱公署及依法執行職務之公務員，是妨害名譽，還是妨害公務，是在保護個人法益，還是保護國家法益，不無疑問。畢竟妨害公務與妨害名譽之不法內涵未必一致，不加區分地將其一概以一個相同的法定刑來處罰，也未必妥當。

第三，刑法關於侮辱行為，除了作為妨害名譽的行為之外也作為妨

害公務的行為而加以規定，分別規定在刑法的妨害名譽罪章（第309條）及妨害公務罪章（第140條）。但關於誹謗行為，則只作為妨害名譽的行為而加以規定，即第310條之規定。集會遊行法第30條將侮辱行為與誹謗行為並列規定，又將被害的客體即：1.公署；2.依法執行職務之公務員；3.其他一般人也予以並列規定。其結果是原本刑法所不處罰的誹謗公署及誹謗依法執行職務之公務員的行為，因為上述並列規定的關係，而將誹謗公署及誹謗依法執行職務之公務員的行為也一併予以入罪化，科處刑罰。然而，這是立法者有意將誹謗公署及誹謗依法執行職務之公務員的行為予以入罪化，還是因為將侮辱與誹謗二行為並列在一起規定而誤將原本沒有要予以入罪化的誹謗公署及誹謗依法執行職務之公務員也一併給入罪化了，不免啟人疑竇。而這樣的疑問，尤其在大唱言論自由和多元民主的世代裡，更加耐人尋味。

二、其他侵權行為之損害賠償責任

除了上述於集會遊行時，侮辱、誹謗公署、依法執行職務之公務員或他人，構成集會遊行法第30條妨害名譽罪，並負損害賠償之責外，如有其他侵權行為，侵權行為人對於被害人應依民法之規定，負損害賠償責任，自不待言。

集會、遊行時，糾察員有不法侵害他人之權利者，糾察員本身自應依民法之規定，對被害人負損害賠償責任。除此之外，集會遊行負責人亦應依集會遊行法第32條之規定，與糾察員即侵權行為人連帶負損害賠償責任。但侵權行為人基於自己意思之行為而引起損害者，則由行為人自行負責。

第三節　本法之爭議問題

壹、集會遊行法對於集會遊行採事前許可制是否違反憲法之比例原則？

大法官釋字第445號解釋中認為：「集會遊行法第八條第一項規定室

外集會、遊行除同條項但書所定各款情形外，應向主管機關申請許可。同法第十一條則規定申請室外集會、遊行除有同條所列情形之一者外，應予許可。其中有關時間、地點及方式等未涉及集會、遊行之目的或內容之事項，為維持社會秩序及增進公共利益所必要，屬立法自由形成之範圍，於表現自由之訴求不致有所侵害，與憲法保障集會自由之意旨尚無牴觸。集會遊行法第十一條第一款規定違反同法第四條規定者，為不予許可之要件，乃對『主張共產主義或分裂國土』之言論，使主管機關於許可集會、遊行以前，得就人民政治上之言論而為審查，與憲法保障表現自由之意旨有違。」是從言論自由雙重標準審查出發。認為與集會、遊行之目的或內容有關之事項，於事前就人民政治上之言論而為審查，與憲法保障表現自由之意旨有違；而集會、遊行之時間、地點及方式等未涉及集會、遊行之目的或內容之事項，縱需事前許可，亦屬立法形成自由。

　　不過，反對意見認為該號解釋並未就時間、地點、方式之表現是否為「言論不可或缺的要件」、是否具有「表達、溝通意義的行為」，以及是否屬「言論」或「行為」等事項而為進一步審查，反而從論證的內容與結果觀之，似乎是採前開不涉表現自由之目的或內容的第一種看法。但若因此貿然下此定論，恐與事實有未盡相符之處。因為如果集會、遊行之時間、地點及方式等涉及集會、遊行之目的或內容之事項，許可制是否仍在立法自由形成之範圍？例如：集會遊行之舉行，時間若選在2月28日具哀悼意義的國定紀念日，地點擇於具高度政治與空間象徵意涵的總統府前凱達格蘭大道，方式採取介於和平與強制灰色地帶的「靜坐封鎖」或更激烈的「絕食靜坐」、「臥軌抗爭」，並穿著特定制服或攜帶特別旗幟標語等，在在都與集會遊行訴求之目的與內容產生合理正當且緊密的關聯。此時之許可審核措施，顯已構成事先抑制人民表現自由，是否能通過立法比例原則之檢驗，值得懷疑[80]。

---

[80] 李震山，同註29，頁308。大法官釋字第718號解釋李震山大法官提出，葉百修、陳春生、陳碧玉大法官加入之部分不同意見書。

貳、刑法第310條第3項與第311條於集會遊行法第30條有無適用之餘地

一、刑法第310條第3項得否適用於集會遊行法第30條之誹謗行為

集會遊行法第30條作為刑法誹謗罪的特別規定，依刑法第310條第3項之規定：「對於所誹謗之事，能證明其為真實者，不罰。但涉於私德而與公共利益無關者，不在此限。」此項規定為刑法第310條第1項普通誹謗罪及同條第2項加重誹謗罪之特別的阻卻違法事由，已如前述。然而，此項規定於作為其特別法的集會遊行法第30條之誹謗行為有無適用的餘地，亦即集會遊行法第30條的誹謗行為能否因已經證明所誹謗之事為真實而得依刑法第310條第3項之規定阻卻違法，不無疑問。

刑法總則依刑法第11條之規定而得適用於刑法以外有處刑罰或保安處分之規定，但刑法分則之規定並不在刑法第11條所指涉之範圍，未必能適用於刑法以外有處刑罰或保安處分之規定。而從體系來看，「對於所誹謗之事，能證明其為真實者，不罰。但涉於私德而與公共利益無關者，不在此限」，此一規定是規定在刑法分則妨害名譽及信用罪章中第310條的第3項，解釋上應適用於同條第1項、第2項之誹謗行為，至於刑法以外有處刑罰的集會遊行法第30條的誹謗行為恐未必當然可以適用刑法第310條第3項之規定，亦即集會遊行法第30條的誹謗行為縱然已經證明所誹謗之事為真實，仍未必得依刑法第310條第3項之規定而阻卻違法。

不過，集會遊行法第30條所指之誹謗行為與刑法第310條第1項及第3項所指之誹謗行為理應同樣都是指「意圖散布於眾而指摘或傳述足以毀損他人名譽之事」的行為，已如前述。另一方面，集會遊行法第1條第2項規定「本法未規定者，適用其他法律之規定」，換言之，本法有特別規定者，適用本法之規定，本法未規定者，則以其他法律作為補充之規定。這裡所稱之法律當然包括刑法在內。如此，關於集會遊行時之誹謗行為，本法已有特別之規定，自應適用本法第30條之規定，但已經證明所誹謗之事為真實得否作為誹謗行為的阻卻違法事由，集會遊行法並無規定。在解釋上未必不能認為是立法者有意的不規定，而要讓諸其他法律（於此即刑

法）規定。如果從這樣的角度來看，刑法第310條第3項阻卻違法事由之規定就有可能透過集會遊行法第1條第2項之規定適用於集會遊行法第30條之誹謗行為，即於能證明所誹謗之事為真實時，得阻卻違法。

二、刑法第310條第3項得否適用於集會遊行法第30條之侮辱行為

刑法第310條第3項：「對於所誹謗之事，能證明其為真實者，不罰。但涉於私德而與公共利益無關者，不在此限。」之規定，於集會遊行法第30條之侮辱行為有無適用的餘地，亦即集會遊行法第30條的侮辱行為能否依刑法第310條第3項之規定阻卻違法。

因為侮辱行為並不以指摘或傳述具體的事實為必要，由於事實沒有被指摘，所以侮辱就沒有「真實的證明」問題，諸如對於身體有缺陷的「人」，指摘其「缺陷」時，在某種意義上就是衝著「真實」的事實而發的侮辱行為，所以只要表示侮蔑的意思，一樣可以構成「侮辱」，[81]而不適用刑法第310條第3項。

集會遊行法第30條作為刑法侮辱罪的特別規定，其所稱之侮辱，當然可以認為與刑法所稱的侮辱相同意義，也就是集會遊行法第30條的侮辱行為並不以指摘或傳述具體的事實為必要，自然就沒有「真實的證明」問題，只要表示侮蔑的意思，即使是針對「真實」的事實而發，也一樣可以構成「侮辱」，如此，刑法第310條第3項之規定就不能成為集會遊行法第30條侮辱行為的阻卻違法事由。

三、刑法第311條得否適用於集會遊行法第30條之誹謗行為

依刑法第311條之規定：「以善意發表言論，而有下列情形之一者，不罰：一、因自衛、自辯或保護合法的利益者。二、公務員因職務而報告者。三、對於可受公評之事，而為適當的評論者。四、對於中央及地方的會議或法院或公眾集會的記事，而為適當的載述者。」如前所述，此條規定亦為刑法第310條第1項普通誹謗罪及同條第2項加重誹謗罪之特別的阻卻違法事由。此條規定固然可適用於刑法第310條的誹謗行為，但能否適

用於集會遊行法第30條之誹謗行為，亦即如果集會遊行法第30條之誹謗行為也符合刑法第311條所規定之情形，得否依該規定阻卻違法，亦有討論之必要。

如前所述，刑法分則之規定，未必能適用於刑法以外有處刑罰或保安處分之規定。規定在刑法分則妨害名譽及信用罪章中的第311條，雖然得適用於刑法第310條之誹謗行為，但於刑法以外有處刑罰的集會遊行法第30條的誹謗行為恐未必當然可以適用，亦即集會遊行法第30條的誹謗行為縱然是出於善意而發表之言論仍未必得依刑法第311條之規定而阻卻違法。

不過，集會遊行法第30條所指之誹謗行為與刑法第310條所指之誹謗行為都是刑法第311條所稱之「發表言論」的行為。另一方面，依集會遊行法第1條第2項「本法未規定者，適用其他法律之規定」，集會遊行時之誹謗行為，自應適用集會遊行法第30條之規定，但如係出於善意發表言論之行為，刑法第311條得否作為誹謗行為的阻卻違法事由，集會遊行法沒有規定，這部分亦可認為是立法者有意的不規定，而要讓諸其他法律（即刑法）。如此，刑法第311條阻卻違法事由之規定就有可能依集會遊行法第1條第2項之規定適用於集會遊行法第30條之誹謗行為，而成為該誹謗行為的阻卻違法事由。

四、刑法第311條得否適用於集會遊行法第30條之侮辱行為

同樣的問題，上述刑法第311條之規定得否適用於集會遊行法第30條的侮辱行為。首先，關於刑法第311條之規定得否適用於刑法第309條侮辱罪的問題，學說上有認為刑法第311條「出於善意發表言論」之阻卻違法事由亦適用於刑法第309條第1項、第2項之侮辱罪[82]。由於刑法第311條規定以善意「發表言論」，所謂發表言論，理應不以誹謗行為為限，而包括以發表言論為方法之侮辱行為[83]，故認為刑法第311條之規定亦得適用於

---

[82] 甘添貴，體系刑法各論（第1卷）—侵害個人專屬法益之犯罪，自印，修訂再版，2007年，頁418-419；盧映潔，同註47，頁562。
[83] 侮辱行為也有可能以非言論的方法來完成。

刑法第309條之侮辱罪的見解應可接受。同樣地，集會遊行法第30條作爲刑法第309條侮辱罪的特別規定，則刑法第311條之規定理應也可以適用於集會遊行法第30條的侮辱行爲，也就是集會遊行法第30條的侮辱行爲也可以因爲也符合刑法第311條之情形而阻卻違法。

因爲集會遊行法第30條之侮辱行爲也有可能非以損害他人名譽爲主要目的，而爲刑法第311條所稱「以善意發表言論」之一種，又依集會遊行法第1條第2項「本法未規定者，適用其他法律之規定」，集會遊行法所沒有規定的出於善意發表言論之阻卻違法事由，理應得適用刑法第311條，亦即集會遊行法第30條之侮辱行爲如符合刑法第311條之規定亦得阻卻違法。

綜上所述，關於刑法第310條第3項與第311條得否適用於集會遊行法第30條，可整理如下表：

	刑法第310條第3項	刑法第311條
集會遊行法第30條之誹謗行爲	可以適用	可以適用
集會遊行法第30條之侮辱行爲	不能適用	可以適用

第四節　實務案例研究

壹、命令解散之權限由主管機關首長授權其下級公務員行使是否合法？

依集會遊行法第29條之規定，對於違法之集會遊行得爲解散命令者爲「該管主管機關」。同法第3條並就主管機關做了解釋性規定：「本法所稱主管機關，係指集會、遊行所在地之警察分局。集會、遊行所在地跨越二個以上警察分局之轄區者，其主管機關爲直轄市、縣（市）警察

局。」因此,集會遊行法第29條所稱之主管機關應僅限於第3條所稱之所在地之警察分局或直轄市、縣（市）警察局。而實際決定是否命令解散者,一般是該機關之代表人,即警察分局長或直轄市、縣（市）警察局長。

實務上有下級法院判決認為,警察派出所所長在集會現場舉牌,固係經警察分局長之預先授權而為之。然依集會遊行法規定,有權為警告、制止、命令解散之處分者,為警察分局長。警察分局長僅於事前概括授權派出所所長,視現場情形逕行決定下達警告、命令解散、制止之行政處分,難認該行政處分係屬合法有效[84]。

但是,依刑法第149條之規定,對於違法之公然聚眾得為解散命令者為「該管公務員」。同法第10條第2項規定:「稱公務員者,謂下列人員:一、依法令服務於國家、地方自治團體所屬機關而具有法定職務權限,以及其他依法令從事於公共事務,而具有法定職務權限者。二、受國家、地方自治團體所屬機關依法委託,從事與委託機關權限有關之公共事務者。」因此,刑法第149條所稱之「該管公務員」應指負有維持治安秩序的職責而有權發佈解散命令的公務員而言[85],例如警察局長、市（縣）長即是。並不以警察分局長或直轄市、縣（市）警察局長為限。可見集會遊行法第29條與刑法第149條關於命令解散之有權限機關的規定並不一致,適用時固應留意,而在立法上,這樣的差異規定並無意義,也不妥當。

集會遊行法第29條將解散命令的權限侷限於該管主管機關,即警察分局或警察局,或為了避免公務員濫用解散命令權,以保障集會遊行自由。但在實際執行上卻顯得窒礙難行,特別是在「遍地開花式」的集會遊行,以分局長一人必將無法分身親自到各個集會遊行現場瞭解狀況以作出命令解散與否的決定。此時如概括授權現場指揮官代理決定是否命令解散,並以分局長名義作成命令解散,則不僅造成作成名義者與實際作成者

---

[84] 新北地方法院102年度簡上字第400號判決。
[85] 林山田,同註47,頁184;盧映潔,同註47,頁124。

權責不明，亦將導致權限之濫用[86]。如由現場指揮官向分局長報告現場聚眾及違法狀況，再由分局長就個別的聚眾案件作成決定，如此，由不在現場且對現場狀況不完全瞭解的分局長決定是否命令解散，也不合理。故集會遊行法第25條、第28條、第29條規定由「該管主管機關」命令解散，應有檢討的空間。

論者有從實際上作成處分之現場性與緊急性著眼，重視警察官之現場判斷，認為應重新檢討授權的對象，將個別的警察官定位為「法律的執行機關」，直接以法律授權個別警察官有作成現場必要處分之權限[87]。亦即使現場分區指揮之警察官具有獨立判斷之權限與責任，得以衡諸現場群眾運動實況，採取防止危險之措施或處分[88]。從組織權責的角度來看，以法律授權現場指揮的警察官並使其負決定責任的說法未必沒有道理，而值得考慮。在立法例上，亦有刑法第149條「該管公務員」之規定，可供參考。

貳、申請借用府前廣場以作為集會遊行之用為公法事件還是私法事件？

某甲向市政府申請利用其府前廣場，以行動劇支持常態編班政策，市政府以適逢上班時間，為免影響公務及洽公人員進出，予以否准，某甲不服，提起訴願，經內政部以該因借用場地所生之法律關係為私法關係，非屬訴願救濟範圍內事項為由決定訴願不受理。

某甲不服，提起行政訴訟，主張申請使用「府前廣場」上演行動劇，依其性質屬行政法上之「公用公物之特殊使用」，市政府無正當理由拒絕申請使用，自屬侵害被上訴人公法上之權利。經臺中高等行政法院以94年度訴字第242號判決：確認臺中市政府所為否准某甲申請利用其府前

[86] 李憲人，同註37，頁34；小林博志，行政組織と行政訴訟，成文堂，初版，2000年，頁125-131。
[87] 宍戶基男等，警察官權限法注解（上卷），立花書房，初版，1983年，頁22；李憲人，同註37，頁34-35。
[88] 李憲人，同註37，頁35-36。

廣場之行政處分違法。

臺中市政府不服，提起上訴，除主張參照司法院釋字第448號解釋，認為否准借用府前廣場，應係屬民法使用借貸之私經濟行為外，並主張府前廣場依國有財產法第4條及臺中市市有財產管理自治條例，為公用財產中之公務用財產，並無借用規定。當民眾提出借用申請時，市政府以影響公務及民眾洽公進出的程度作為准否同意借用之考量，其裁量決定並無違法或不當。本案經最高行政法院以96年度判字第259號判決駁回上訴，維持原判決。判決之理由如下：

（一）市政府府前之廣場，其性質係公共用物。某甲所申請之利用，與公眾之自由利用，自可能發生衝突，故某甲此一申請，屬「特別利用」，為許可利用之範圍，公行政以其公物主之立場所為之許可，為一授益之行政處分。

（二）公共用物之許可利用，行政機關是否准許，行政機關固非無裁量之餘地，然亦非行政機關所得任意自由裁量，而應審酌該公用物之性質、設置之目的，及申請人申請使用之內容、時間及申請人是否有其他之選擇等因素，作為衡酌是否准許之裁量依據。其次，人民對國家政策、公共利害或其權益之維護，依請願法第2條之規定，向職權所屬之民意機關或主管行政機關請願時，以前往該被請願機關，為一定之意見聲明或行為，當屬請願之正當且必要方法。故如人民向被請願機關申請使用其機關所在地前之廣場，以便其為請願之意見表達時，若許被請願機關任意拒絕，將形同對於合法請願之拒絕。再者，於法治國理念下，政府機關對於非屬集會遊行法所不許之集會，人民使用性質上得許可利用之公共用物，作為集會場所時，所有或管理之政府機關，如無充足之理由否准，應有許可利用之義務。

（三）某甲向市政府申請利用其府前廣場，係作為辦理集會之用，其集會之目的及方式，係以行動劇支持常態編班政策。雖未明言係向上訴人為請願，然被上訴人除向上訴人申請許可利用其府前廣場，用以行動劇支持上訴人常態編班政策外，尚請求臺中市長予以接見，被上訴人此一行為之性質，與請願法第2條之規定相符，應屬實質上對上訴人之請願行為。

市政府如無充足之理由，自不得拒絕被上訴人請求許可利用其府前廣場之申請。惟本件市政府以衡酌上班時段避免影響公務及洽公人員進出，作成拒絕被上訴人申請利用之行政處分。然按向主管行政機關請願，於上班時間爲之，應屬必要，而請願時對於人民前往洽公，或該機關之公務員上班造成影響，則屬請願性質上所難免。至某甲申請時，臺中市長若於同一時段另有重要會議主持，確未能到場接見被上訴人所屬人員，亦得由他人代表接見。是本件上訴人僅以「適逢上班時間，爲免影響公務及洽公人員進出」爲理由，否准被上訴人之申請，有濫用裁量權之情事。

（四）司法院釋字第448號解釋係就行政機關代表國庫出售或出租公有財產，屬私法上契約行爲，應循民事訴訟程序解決之解釋，與本件屬否准被上訴人申請利用其公共用物府前廣場之行政處分，二者性質有別，上訴人尚難執該號解釋，資爲本件對其有利之論據。

最高行政法院之判決理由與結論大致上均值得贊同，只是較爲可惜的是對於臺中市政府上訴理由中所提出應參照司法院釋字第448號解釋認爲不同意借用府前廣場應係屬民法使用借貸之主張，判決理由中僅指出本件與行政機關代表國庫出售或出租公有財產之性質有別，而未能就何以個人向行政機關請求買賣公有財產（例如請求買賣府前廣場土地），爲私法上之要約行爲，而請求借用公有財產（例如請求使用借貸府前廣場土地），則非私法上之要約而爲公法上申請處分之行爲，提出具有說服力的說明。

第五節　結語

集會遊行法係我國於解除戒嚴後但仍處於動員戡亂時期所制定的法律，其後動員戡亂終止，回復平時憲政，又修正相關規定，以應社會之演變。法隨時而轉則治，其一方面要維護人民集會、遊行之合法權益，另一方面也要確保社會秩序。因此，爲兼顧集會遊行自由與社會秩序，必須尋求適當的解決方法。而如何將集會遊行自由與社會秩序的動態關係，隨時

依憲法的精神，折衝在一個衡平點上，在多元開放的社會中確是一項挑戰。然而，一個真正追求民主法治的國家，都願為此問題費心，付出相對代價，而且不會輕易以治安理由，限制自由，惟有在自由民主理念上闡釋並保障自由權利，才是以公益為理由，限制人民自由權利目的所在。

第七章

社會秩序維護法與案例研究

洪文玲

第一節 立法目的與沿革

　　1991年6月29日公布，7月1日生效之社會秩序維護法（以下簡稱社維法），規定違反社會秩序行為（以下簡稱違序行為）及其處罰（以下簡稱違序罰）。全文共94條，分為總則、處罰程序、分則、附則等四編，兼具程序法與實體法之性質。因其處罰種類採用拘留、勒令歇業、停止營業、罰鍰、沒入、申誡等非刑名之行政裁罰名稱，故於法律體系上被歸類為行政法。與日、韓、新加坡等國家之輕犯罪法，被歸類為刑事法不同。

壹、立法目的

　　社維法第1條明定立法目的為「維護公共秩序，確保社會安寧」，係以尚未構成犯罪之輕微違反秩序行為作為規範對象，希望藉由取締與處罰手段，達到預防犯罪、維護公共秩序及善良風俗之目的，填補刑法與道德規範之不足。分則有四章，包括妨害安寧秩序（第63-79條）、妨害善良風俗（第80-84條）、妨害公務（第85-86條）及妨害他人身體財產（第87-91條）等。故其不僅以公共領域之秩序為保護對象，亦及於非公共領域私權之維護，例如加暴行於人（第87條）、污濕他人身體衣物（第91條）、未經他人許可擅駛他人車船（第88條）等侵害私權之行為，故其適用範圍十分寬泛。

貳、立法沿革

　　社維法之前身為違警罰法，因違警罰法由警察機關裁罰拘留之相關規定被司法院大法官宣告違憲，為彰顯政府改革決心，故制定社維法取代之。迄今歷經5次修正：2010年5月19日修正公布第79條條文；2011年11月4日修正公布第53條、第80條、第81條、第93條條文；增訂第91條之1；並刪除第47條條文；2016年5月25日修正公布第91條之1；並增訂第18條之1；2016年6月1日修正公布第85條條文；2019年12月31日刪除第21條條

文；並修正第20條條文。分別說明歷次修法理由：

一、取代違警罰法

　　1943年公布施行的違警罰法，乃承襲大陸法系國家行政法的法制特色，賦予警察官署對違反警察法上義務之人民施以制裁並強制執行之權限[1]。其中違警主罰中之拘留、罰役，均係對於人民身體自由所為之處罰，且所有偵訊裁決處罰執行均由警察官署為之，不符合1946年制定公布、1947年施行之中華民國憲法第8條第1項：「人民身體之自由應予保障，……非由法院依法定程序，不得審問處罰。」之規定，侵犯了司法職權。

　　行憲後政府遷臺，為維護公共秩序與社會安定，該法仍繼續沿用，未配合憲法新制而修法。1961年8月監察院依監察委員陶百川等人提案決議聲請司法院解釋[2]。因大法官法律見解分歧，歷經2、3屆，延至第4屆大法官會議仍未解決[3]。

　　行政部門面對社會情勢之變遷，違警罰法賦予警察官署過大權限，侵害人權迭為各界指責，加上分則編交通違警、衛生違警規定已不敷使用，被陸續制定的專業法律取代；違警訴願限制再訴願之規定，致不服違警處分者無司法救濟機會，亦遭詬病，凡此種種爭議，已萌修法之意[4]。適逢1978年中美斷交，執政黨為因應新局，力圖革新，其中政治外交工作小組將「修訂違警罰法，使其內容符合憲法精神」列為重要改革事項之

---

[1] 1850年頒行的普魯士警察行政法第59條第1項規定，警察官署得對轄區內違警行為科處刑罰14日以下拘留或沒收，情節輕微得免除刑罰，代以其他警察處分或訓誡。1871年帝國刑法頒布，將警察犯納入違警罪，與重罪、輕罪並列。違警罪處罰權仍授權由警察官署行使，各邦邦法得在14日以內之拘留或60馬克以下罰金之範圍內自行調整額度。另，奧地利行政罰法第26條規定：「行政上違法行為之調查與處罰，法律未規定其權屬行政官署或法院者，應由縣（區）級行政官署為第一級官署管轄之。聯邦警察官署於其主管職務範圍內具有第一級官署之處罰權。」關於各國違警處罰法制之介紹，請參閱洪文玲，警察罰管轄權之研究，中央警官學校警政研究所碩士論文，1988年6月，頁88-120。

[2] 聲請文：關於違警罰法所規定主罰中之拘留、罰役，均係對於人民身體自由所為之處罰，且所有偵訊裁決處罰執行均由警察官署為之，是否牴觸憲法第8條之規定。此段史料，參見陶百川，困勉強狷八十年，東大圖書公司，1985年再版，頁324-326。

[3] 林紀東，大法官會議憲法解釋析論，五南圖書，1983年，頁139。

[4] 各界批判，請參閱洪文玲，同註1，頁3-5。

一[5]。案經內政部邀集有關機關及學者專家研究結果，以違警罰法關係社會治亂、國家安危，至深且鉅，若僅局部修正，難以滿足各方要求，為求根本解決，宜另行制定新法替代違警罰法，以一新社會耳目。經過46次會議，考量國內治安情況並參酌外國輕犯罪法之立法例，至1980年10月完成新法第一次草案呈送行政院，草案名為「社會安寧秩序維護法」，仍維持行政罰屬性，提高罰鍰金額，廢除罰役，但保留拘留罰，並創設「治安法庭」，管轄拘留與罰鍰易以拘留之處罰裁定與救濟。

司法院第4屆大法官會議旋即於1980年11月7日作成釋字第166號解釋，謂：「違警罰法規定，由警察官署裁決之拘留、罰役，係關於人民身體自由所為之處罰，應迅改由法院依法定程序為之，以符憲法第8條第1項之本旨。」

不料，內政部所擬「社會安寧秩序維護法」草案，卻因其中有關流氓管訓之規定不符人權保障精神，遭行政院擱置[6]。直至1985年，「動員戡亂時期檢肅流氓條例」公布，由地方法院治安法庭審理流氓感訓裁定事項。1987年草案易名為「社會秩序維護法」重行送交立法院審議，關於拘留案件之處罰，與不服違序處罰之救濟，均由地方法院審理，地方法院配合警察分局轄區增設簡易庭及普通庭。

司法院釋字第251號解釋，係1989年受流氓矯正處分之人民劉台生[7]聲請，大法官於1990年1月19日作成之解釋，謂：「違警罰法規定由警察官署裁決之拘留、罰役，係關於人民身體自由所為之處罰，應迅改由法院依法定程序為之，以符憲法第八條第一項之本旨，業經本院於中華民國

---

5 趙守博，法治與革新，幼獅文化事業公司，1986年，頁309-311。

6 草案經送交國民黨中常會討論，鑑於其中將流氓管訓處分交給軍事機關（指警備總部）管轄裁定，太過嚴厲，會中谷正綱中常委力排眾議，堅持應交由法院審判。蔣經國主席乃裁定暫行保留此條文，交由有關部門詳細研究後再做決定。進而促成後來動員戡亂時期檢肅流氓條例之立法。此段史料，參見陶百川，同註2，頁326-327。

7 劉台生在1985年9月17日經臺北市政府警察局以其素行不端，有殺人、妨害自由、走私匪貨等擾亂社會治安行為，有再犯之虞，乃依臺灣省戒嚴時期取締流氓辦法第6條及違警罰法第28條之規定裁決施以矯正處分，因裁決前係由臺灣警備總司令部實施調查訊問，未經警察官署調查，劉氏認該矯正處分係非法拘禁，乃向屏東地方法院聲請提審遭駁回，復向臺灣高等法院花蓮分院抗告遭駁回，乃請求司法院解釋違警罰法第28條由警察官署裁決之矯正處分，非由法院依法定程序所為，係違反憲法第8條。

六十九年十一月七日作成釋字第一六六號解釋在案。依違警罰法第二十八條規定所為『送交相當處所，施以矯正或令其學習生活技能』之處分，同屬限制人民之身體自由，其裁決由警察官署為之，亦與憲法第八條第一項之本旨不符，應與拘留、罰役之裁決程序，一併改由法院依法定程序為之。前述解釋之拘留、罰役及本件解釋之處分裁決程序規定，至遲應於中華民國八十年七月一日起失去效力，並應於此期限前修訂相關法律。本院釋字第一六六號解釋應予補充。」

　　雖然朝野各界對草案內容歧見仍多，但為避免舊法部分條文失效產生法律空窗，影響社會治安，立法院乃透過朝野協商及表決加速審查草案，務使其在1991年6月29日三讀通過，同日送請總統公布，同時公布廢止違警罰法。施行48年的違警罰法，締造了釋憲史上解釋最久的紀錄，經由兩次違憲解釋，終於在1991年7月1日走向歷史。

　　同年7月1日社會秩序維護法生效，全文共94條，分為總則、處罰程序、分則、附則等四編，屬於行政法，兼具程序法與實體法之性質。

二、2010年5月19日第一次修正

　　2010年5月19日修正公布第79條條文刪除第1款「於禁止吸煙之處所吸煙，不聽勸阻者」規定。乃因立法委員費鴻泰、陳福海等29人提案修法[8]。修法理由如下[9]：「一、查菸害防制法已於九十八年一月十一日正式實行新制，該法第十五條、第十六條、第十七條，均敘明全面禁止吸菸、可設吸菸區、指定禁止吸菸場所。同法第三十一條說明違反規定者，處新臺幣二千元以上一萬元以下罰鍰。二、同樣的抽菸行為，卻因引用不同的處罰法條，而互有牴觸。有關吸菸行為之處分，應以菸害防制法為適用。遂提案刪除部分條文，以避免法條適用之扞格。」

三、2011年11月4日第二次修正

　　於2011年11月4日增訂第91條之1條文；刪除第47條條文；修正公布第

8　立法院公報，第99卷第31期上冊（3796）。
9　立法院法律系統，https://lis.ly.gov.tw/。

53條、第80條、第81條、第93條條文。此次修法重點有二：

（一）因應司法院釋字第666號解釋之性交易管制立法

2009年11月6日司法院作成釋字第666號解釋，宣告社維法第80條第1項第1款：「意圖得利與人姦、宿者，處三日以下拘留或新臺幣三萬元以下罰鍰。」處罰私娼而不罰嫖客之規定，與憲法第7條平等原則有違，應自解釋公布之日起至遲於2年屆滿時，失其效力。政府乃修正公布該法第80條、第81條條文；並增訂第91條之1條文。

修正理由如下：「一、為符合司法院釋字第六六六號解釋所示平等原則之意旨，第一項第一款規定修正為從事性交易者，交易雙方均處罰。另拘留涉及人身自由之限制，對從事性交易或在公共場所或公眾得出入之場所，意圖性交易而拉客者處以拘留，並非最小侵害之手段，有違反比例原則之虞；至原第二項送交教養機構習藝之規定，屬處罰性質，實務已不再執行，且依司法院釋字第六六六號解釋意旨，對意圖得利而為性交易之人，應積極施以職業訓練、輔導就業，使其不再需要以性交易作為謀生工具，爰刪除序文處三日以下拘留之規定，並刪除第二項。

二、本於『適度開放，有效管理』之原則，修正條文第九十一條之一授權地方政府得本自治原則，規劃得從事性交易之區域及其管理。惟於上開特定區域及目前依各地方政府娼妓管理自治條例管理之妓女戶之外，仍不得從事性交易，違反者，性交易雙方皆罰，爰增訂第一款但書。

三、為維護公共秩序與社會安寧，原第一項第二款於公共場所或公眾得出入之場所意圖進行性交易而拉客者，仍予處罰；至於在公共場所或公眾得出入之場所意圖媒合性交易而拉客之行為，則移列至修正條文第八十一條第二款規定處罰，爰修正第二款文字。

四、因兒童及少年性交易防制條例第二條對於性交易已有定義，為維法律用語解釋一致性，本法不再另行定義。」

依規定內容分析，新制特點為：

1.在特定區域內且取得性交易服務證照者，得合法從事性交易及媒合行為。

2.性交易服務者即使在特定區域內，若未取得證照，仍不合法，應受罰鍰處罰，惟不處自由罰。廢除收容習藝制度，改由直轄市、縣（市）政府依性交易服務者之申請，提供其輔導轉業或推介參加職業訓練，非屬強制處分之性質。而對在非特定區域內媒合性交易者，提高處罰程度，併處自由罰與金錢罰。

3.禁止拉客及廣告行為。無論是否在專區內，拉客一律依社維法處罰。廣告之處罰則依據自治條例。

4.性交易服務者拉客，只處罰鍰；而媒合者拉客，併處自由罰與金錢罰，有別於舊法選處之體例。且法定罰罰鍰額度為1萬元以上5萬元以下，上限提高至5萬元，超過總則第19條規定之3萬元上限。惟若有法定加重事由，解釋上仍應適用總則第19條規定以6萬元為限，而非適用第30條加重本罰至二分之一。

5.事務管轄方面，違法性交易之處罰改由警察管轄。但對媒合者，則仍移送法院處罰。

（二）配合國際二人權公約保障人身自由之精神，刪除警察機關對違序嫌疑人之留置規定

「公民政治權利國際公約」及「經濟社會文化權利國際公約」（以下簡稱兩公約）施行法自2009年12月10日施行。兩公約施行法第8條規定，各級政府機關應依兩公約規定之內容，檢討所主管之法令及行政措施，有不符兩公約規定者，應於本法施行後2年內，亦即於2011年12月10日前完成法令之制（訂）定、修正或廢止及行政措施之改進。內政部乃於2009年10月13日召開業管法令及行政措施涉及兩公約之檢討及因應審查會議，會議決議社維法第42條強制其到場、第47條留置、第67條第1項第2款不實或拒絕陳述等三條文有牴觸兩公約之虞，列為應修正或改進之項目。經多次討論，認為該等條文皆無違反公約，惟第47條授予警察有24小時留置調查權限，與刑事訴訟法檢警偵查犯罪共用24小時、警察職權行使法第7條查證身分限時3小時相比，似有浮濫且易致侵權之虞，刑事局乃提議修法刪除。

四、2016年5月25日第三次修正

2016年5月25日修正公布第91條之1條文；並增訂第18條之1條文。增訂第18條之1之理由：「公司、有限合夥或商業之負責人、代表人、受雇人或其他從業人員，動輒利用該公司、商業名義犯刑法上妨害風化罪、妨害自由罪、妨害秘密罪，或犯人口販運防制法、通訊保障及監察法之罪，雖經判決有期徒刑以上之刑責，卻仍以原招牌繼續經營，已嚴重影響社會秩序及民眾觀感，必須予以遏止，以避免其死灰復燃。爰增訂本條規定得處該公司、有限合夥或商業勒令歇業之處罰，且不受刑法第七十六條所定之緩刑效力影響。」

修正第91條之1之理由：「一、為配合幼兒教育及照顧法第五十五條自一百零一年一月一日施行，爰修正原條文第二項第三款之『幼稚園』為『幼兒園』。二、另，原條文第二項第五款中『兒童及少年性交易防制條例第二十三條至第二十七條』修正為『兒童及少年性交易防制條例第二十三條至第二十七條、兒童及少年性剝削防制條例第三十二條至第三十七條』。」

五、2016年6月1日第四次修正，增訂無故撥打警察機關報案專線之罰則

2016年6月1日修正公布第85條條文：「有左列各款行為之一者，處拘留或新臺幣一萬二千元以下罰鍰：一、於公務員依法執行職務時，以顯然不當之言詞或行動相加，尚未達強暴脅迫或侮辱之程度者。二、於公務員依法執行職務時，聚眾喧嘩，致礙公務進行者。三、故意向該公務員謊報災害者。四、無故撥打警察機關報案專線，經勸阻不聽者。」

修正理由：「一、現行消防法已有針對無故撥打火警電話（119）者之相關罰則，對於無故撥打報案專線（110）者卻無任何法令有所規範及罰則，造成確有緊急事件之民眾於撥打報案專線時，卻遇到忙線狀況，因此對於濫打報案專線者，實有必要予以裁罰，以達嚇阻之效。二、綜上所述，爰修正原條文第一項，增訂第四款，無故撥打警察機關報案專線，經勸阻不聽者，處拘留或新臺幣一萬二千元以下罰鍰，以嚇阻惡意濫打報

案專線之不肖人士。另為衡平處罰寬嚴，刪除序文中「三日以下」等四字。」

六、2019年12月31日第四次修正，廢除易以拘留制度

刪除第21條條文；並修正第20條條文為：「罰鍰應於裁處確定之翌日起十日內完納。（第1項）被處罰人依其經濟狀況不能即時完納者，得准許其於三個月內分期完納。但遲誤一期不繳納者，以遲誤當期之到期日為餘額之完納期限。（第2項）」

修法理由為：「第二十條、第二十一條有關行為人逾期未完納警察機關裁處之罰鍰，警察機關即得聲請易予以拘留之規定，嚴重侵害人民受憲法保障之人身自由，業已違背大法官釋字五八八號解釋意旨，不符憲法第二十三條比例原則及第八條第一項所保障之正當法律程序之規定；並考量行政執行法關於公法上金錢給付義務之強制執行，已有相當健全的法制規範，社維法涉及罰鍰之執行部分，應全歸適用行政執行法，並應由法務部行政執行署依法執行，以維人權。」[10]

第二節　本法主要規定內容

壹、子法

一、法規命令

依社維法授權而制定發布之法規命令有：違反社會秩序維護法案件處理辦法（以下簡稱處理辦法，行政院、司法院會銜發布，2012年6月21日修正）、沒入物品處分規則、拘留所設置管理辦法（二者皆由行政院發布）。

此等法規命令如有修正，應按行政程序法第150條以下規定之程序預告草案、陳述意見或聽證、核定發布。

---

[10] 立法院第9屆第8會期第13次會議議案關係文書，2019年12月4日印發，頁16。

二、職權命令或行政規則

由社維法主管機關依職權訂定、下達之行政命令有：地方法院與警察機關處理違反社會秩序維護法案件聯繫辦法（行政院、司法院會銜發布，2012年5月29日修正，屬職權命令）、警察機關辦理社會秩序維護法案件應注意事項（警政署2015年9月16日函頒，簡稱警察應注意事項。係取代1993年處理規範，屬行政程序法第159條第2項第2款之行政規則）、法院辦理社會秩序維護法案件應行注意事項（司法院函頒，2011年11月30日修正，簡稱法院注意事項，屬行政規則）。

此外，警察機關針對社維法之適用所為之解釋規定[11]或裁量基準[12]，亦屬行政程序法第159條第2項第2款之行政規則，由於其內容攸關人民之權利義務，間接產生外部規範效力，故依行政程序法第160條之規定，應由首長簽署，登載於政府公報發布之。

例如高雄市政府頒訂「警察局處理違反社會秩序維護法第84條事件裁罰基準」[13]。於非公共場所或非公眾得出入之職業賭博場所，賭博財物，處新臺幣9,000元以下罰鍰。以賭資及賭客人數作為裁罰標準。如附表：「違規態樣與裁罰額度：賭資未滿新臺幣五千元或賭客人數四人以下，裁處新臺幣三千元；賭資新臺幣五千元以上未滿一萬元或賭客人數五至六人，裁處新臺幣四千五百元；賭資新臺幣一萬元以上未滿二萬元或賭客人數七至八人，裁處新臺幣六千元；賭資新臺幣二萬元以上未滿三萬元，裁處新臺幣七千五百元。但若現場有把風、清場、監視器等情形，如已觸犯刑法第二百六十六條賭博罪，則應移送檢察官偵辦。」

---

[11] 例如內政部81年3月28日台內警字第8170541號函：「坊間挫魚、挫鴨、挫鱉、射鴿等行為，如有虐待動物之情事，除法律另有規定應從其規定者外，請依社會秩序維護法有關規定勸阻、取締、處罰。」

[12] 例如內政部警政署82年6月1日警署刑司字第5308號函：「……分則各條款之法定罰鍰額度上下限幅度相差甚大，裁量之空間極為寬廣，為避免同類案件量罰差距過大，於八十一年四月份召開之刑事偵防分區座談會中曾提示：『警察機關於裁處罰鍰時，如無加重、減輕或從重、從輕之特別情狀時，其宣告罰宜以違反條款法定罰上限二分之一至三分之一範圍內予以量定為妥適。……』」

[13] 2012年6月7日高市府警刑字第10170836700號令。

三、框架式規範與地方法規

對於性交易活動之管理，社維法授權由地方立法，中央僅於該法第91條之1設定一框架式規範。規定如下：

「直轄市、縣（市）政府得因地制宜，制定自治條例，規劃得從事性交易之區域及其管理。

前項自治條例，應包含下列各款規定：

一、該區域於都市計畫地區，限於商業區範圍內。

二、該區域於非都市土地，限於以供遊憩為主之遊憩用地範圍內。但不包括兒童或青少年遊憩場。

三、前二款之區域，應與學校、幼兒園、寺廟、教會（堂）等建築物保持適當之距離。

四、性交易場所應辦理登記及申請執照，未領有執照，不得經營性交易。

五、曾犯刑法第二百三十一條、第二百三十一條之一、第二百三十三條、第二百四十條、第二百四十一條、第二百九十六條之一、兒童及少年性交易防制條例第二十三條至第二十七條、兒童及少年性剝削防制條例第三十二條至第三十七條或人口販運防制法之罪，經判決有罪者，不得擔任性交易場所之負責人。

六、性交易場所之負責人犯前款所定之罪，經判決有罪者，撤銷或廢止性交易場所執照。

七、性交易服務者，應辦理登記及申請證照，並定期接受健康檢查。性交易場所負責人，亦應負責督促其場所內之性交易服務者定期接受健康檢查。

八、性交易服務者犯刑法第二百八十五條或人類免疫缺乏病毒傳染防治及感染者權益保障條例第二十一條之罪者，撤銷或廢止其證照。

九、性交易服務者經健康檢查發現有前款所定之疾病者，吊扣其證照，依法通知其接受治療，並於治療痊癒後發還證照。

十、不得有意圖性交易或媒合性交易，於公共場所或公眾得出入之場所廣告之行為。

　　本法中華民國一百年十一月四日修正之條文施行前，已依直轄市、縣（市）政府制定之自治條例管理之性交易場所，於修正施行後，得於原地址依原自治條例之規定繼續經營。

　　依前二項規定經營性交易場所者，不適用刑法第二百三十一條之規定。

　　直轄市、縣（市）政府應依第八十條、本條第一項及第二項性交易服務者之申請，提供輔導轉業或推介參加職業訓練。」

　　據此，各地方政府陸續制定管理自治條例。例如，臺中市性交易服務者及場所管理自治條例（2012年12月6日臺中市議會通過、市政府府授法規字第1010217896號令公布）、臺南市性交易服務者及性交易場所管理自治條例（2013年6月21日臺南市政府公布）、桃園市性交易服務者及場所管理自治條例（2016年3月4日桃園市政府公布）。

貳、處罰法定原則（第2條）

　　「違反社會秩序行為之處罰，以行為時本法有明文規定者為限。」此條揭示下列諸原則：

　　一、禁止溯及既往：應以行為時為判準日，個案之行為事實如與社維法處罰構成要件不該當，即無該法之適用。

　　二、禁止類推解釋。

　　三、習慣法不得為處罰之依據。

　　四、處罰構成要件應力求明確。

參、本法之效力（第3條及第4條）

一、關於時之效力——從新從輕原則

　　「行為後本法有變更者，適用裁處時之規定。但裁處前之規定有利於行為人者，適用最有利於行為人之規定。」

二、關於地之效力──屬地主義

「在中華民國領域內違反本法者，適用本法。」所謂中華民國領域包括[14]：

（一）實質領域：如我國之領土、領海、領空等是。

（二）想像領域：指在中華民國領域外之中華民國船艦或航空器內，又稱浮動領土。在浮動領土上違反本法者，以在中華民國領域內違反論。

三、關於人之效力──屬地主義

除法律另有規定應從其規定者外，不分本國人、外國人、軍人、公務員，均有本法之適用。

法律另有規定之例外情形：

（一）本國人之例外：國家元首（憲法第52條、舉重以明輕原則）、民意代表（憲法第32條、第73條、地方制度法第50條，僅限於有關會議事項所為之言論及表決）

（二）外國人之例外：外國元首、使節及其隨從，以及依「駐華外國機構及其人員特權暨豁免條例」及國際慣例享有豁免權者。

肆、本法用語之解釋

本法所稱以上、以下、以內、滿者，俱連本數計算。稱未滿、逾者，均不含本數。

---

14 最高法院58年度台非字第129號刑事判決：刑法第3條所稱中華民國之領域，依國際法上之觀念，固有其真實的領域及想像的（即「擬制的」）領域之分，前者如我國之領土、領海、領空等是；後者如在我國領域外之我國船艦及航空機與我國駐外外交使節之辦公處所等是。但對於想像的領域部分，同條後段僅明定在我國領域外之船艦及航空機內犯罪者，以在我國領域內犯罪論，對於在我國駐外使領館內犯罪者，是否亦應以在我國領域內犯罪論，則無規定，揆之行為之處罰，以行為時之法律有明文規定者為限之原則，似難比附或擴張同條後段之適用，而謂在我國駐外使領館內犯罪亦應以在我國領域內犯罪論。即純就國際法之觀點言，對於任何國家行使的管轄權，雖無嚴格之限制，惟在慣例上，本國對於本國駐外使領館內之犯罪者，能否實施其刑事管轄權，常以駐在國是否同意放棄其管轄權為斷。是以對於在我國駐外國使領館內之犯罪者，若有明顯之事證，足認該駐在國已同意放棄其管轄權者，固非不得以在我國領域內犯罪論。

本法所稱裁處確定者，係指下列情形（處理辦法第5條）：

「一、經警察機關處分之案件，受處分人未依法聲明異議者，其處分自處分書送達之翌日起，至第五日期滿時確定。

二、地方法院或其分院簡易庭（以下簡稱簡易庭）關於聲明異議案件之裁定，於裁定宣示或送達時確定。

三、簡易庭就本法第四十五條案件所為之裁定，受裁定人及原移送之警察機關未依法提起抗告者，其裁定自裁定書送達之翌日起，至第五日期滿時確定。

四、地方法院或其分院普通庭（以下簡稱普通庭）關於抗告案件之裁定，於裁定宣示或送達時確定。

五、捨棄抗告權、撤回聲明異議或抗告之案件，其裁處於捨棄或撤回書狀到達受理機關或原裁處機關時確定。」

本法所稱查禁物，係指刑法第38條第1項第1款所定違禁物以外，依法令禁止製造、運輸、販賣、陳列或持有之物。

本法第26條所稱再有違反本法行為者，不以前後兩次行為均違反本法同條款之規定為限。

本法分則各章條文中所稱再次違反，係指行為人前次行為與本次行為均違反本法同一條款之規定而言。

本法所稱深夜，係指凌晨0時至5時而言。

本法所稱情節重大，應審酌下列事項認定之（處理辦法第10條）：

「一、手段與實施之程度。

二、被害之人數與受害之程度。

三、違反義務之程度。

四、行為所生危險或損害之程度。

五、行為破壞社會秩序之程度。」

本法第72條第3款所稱噪音，係指噪音管制法令規定之管制標準以外，不具持續性或不易量測而足以妨害他人生活安寧之聲音。

本法第84條所稱職業賭博場所，係指具有營利性之賭博場所而言。

伍、解散命令、禁止及勸阻之方式及主體

一、方式

本法規定之解散命令、檢查命令[15]、禁止[16]或勸阻，應以書面爲之。但情況緊急時，得以口頭爲之（社維法第6條）。

二、主體

由警察機關或該管公務員爲之。因他人違反本法行爲致其權益直接遭受危害之人，亦得爲口頭勸阻（處理辦法第2條）。

陸、違序罰之成立要件

一、構成要件該當性

行爲事實須與分則第63條至第91條構成要件合致，方成立違序行爲。

二、違法性

違序行爲欠缺第11條至第14條所列之阻卻違法事由，即具有違法性。

三、有責性（第7-9條）

（一）責任條件

違反本法行爲，不問出於故意或過失，均應處罰。但出於過失者，不得罰以拘留，並得減輕之。

（二）責任能力

1.無責任能力

(1)未滿14歲人。

---

[15] 社維法分則規定中並無「檢查命令」之例。

[16] 內政部41年8月30日內警字第18103號函釋示：「違警罰法中不聽禁止者之行爲，須經各別禁止，如不聽從，方得處罰；一般禁止之命令，旨在提高人民之注意，未能認爲處罰之要件。」

(2)心神喪失人。

2.限制責任能力

(1)14歲以上未滿18歲人。

(2)滿70歲人。

(3)精神耗弱或瘖啞之人。

（三）行為責任與監督責任

未滿18歲人、心神喪失人或精神耗弱人，因其法定代理人或監護人疏於管教或監護，致有違反本法之行為者，除依前兩條規定處理外，按其違反本法之行為處罰其法定代理人或監護人。但其處罰以罰鍰或申誡為限（社維法第10條）。

法定代理人或監護人雖非行為人，但因疏於監督，應負監督責任。

（四）兩罰責任

經營特種工商業者之代表、受雇人或其他從業人員關於業務上違反本法之行為，得併罰其營業負責人（社維法第18條）。所謂特種工商業，指與社會秩序或善良風俗有關之營業；其範圍，由內政部定之。如表7-1。

負責人雖非行為人，但行為人係因執行業務而違序，得另課責負責人以強化其業務監督責任。

此外，公司、有限合夥或商業之負責人、代表人、受雇人或其他從業人員，因執行業務而犯刑法妨害風化罪、妨害自由罪、妨害秘密罪，或犯人口販運防制法、通訊保障及監察法之罪，經判決有期徒刑以上之刑者，得處該公司、有限合夥或商業勒令歇業（社維法第18條之1）。

表7-1　特種工商業範圍表

種類	範圍備考	備考
爆竹煙火業	指製造、販賣爆竹煙火類物品之營業。	
委託寄售及舊貨業	指接受不特定人委託寄售物品或收售舊貨物之營業。	
汽機車修配保管業	指修配或保管汽、機車之營業。	
公共危險物品及高壓氣體業	指製造、運輸、販賣、儲存、分裝公共危險物品及高壓氣體之營業。	
旅宿業	指設有房間、寢具或提供場所供不特定人住宿或休息之營業。如旅館、旅社、客棧、賓館等。（不包括觀光旅館）	
理髮業	指對不特定人提供理髮、洗髮、修面、理容等服務之營業。如理髮店（廳）、觀光理髮、美容院、視聽理容等。	
當舖業	指經營貸款於客戶，取得質權並收取利息之營業。如當舖等。	
沐浴業	指設有冷、熱水池、洗滌、蒸烤等設備，供不特定人沐浴之營業。如浴室、浴池、澡堂、三溫暖等。	
酒家業	指提供場所，備有服務生陪侍，供應酒菜、飲料物、飲食物之營業。	
酒吧業	指對不特定人提供酒類、飲料及僱用服務生陪侍之營利事業。（不備菜飯）	
特種咖啡茶室業	指對不特定人供應飲料及僱用服務生陪侍之營利事業。（不備茶飯）	
舞廳業	指提供場所，備有舞伴，供不特定人跳舞之營業。	
舞場業	指以營利為目的，提供場所，不僱用舞伴，供不特定人跳舞之場所。	
歌廳、戲劇院業	指經由廣播、電視、電影播映以外之音繳、戲劇、舞蹈、雜藝等演技，公開供人作現場視聽觀賞之營業。如戲劇院、歌廳等。	

表7-1 特種工商業範圍表（續）

種類	範圍備考	備考
視聽歌唱業	指提供場所及伴唱視聽設備，供人唱歌之營利事業。如KTV等。	
隔間式錄影節目帶播映場業	指以營利為目的，提供隔間或視聽室，備置視聽機具，播映錄影節目，供不特定人觀賞之場所。如MTV等。	
電動玩具類遊藝場業	指經營電動玩具、小鋼珠（柏青哥）等供不特定人遊樂之營業。（不包括球類、標射類）	
按摩業	指以輕擦、揉捏、指壓、叩打、震顫、曲手、運動、壓迫及其他特殊手技為不特定人服務之營業。	
妓女戶	指提供場所供登記許可之妓女接客者。	
警械業	指製造、運輸、販賣或陳列警械之營業。	
附記	本表所列各特種工商業，不論登記與否，依其所營業務性質，凡符合各該營業種類與範圍者均屬之。	

1992年6月26日內政部發布。

柒、行為之態樣

一、單純一行為

（一）即成犯（例如第87條加暴行於人）。

（二）繼續犯（例如第70條畜養危險動物）。

二、裁處上一行為

（一）連續犯：於警察機關通知單送達或逕行通知前，違反同條款規定之數行為，以一行為論，並得加重其處罰。

（二）想像競合犯：一行為而發生二以上之結果，違反不同條款之規定者，從一重處罰；其違反同條款之規定者，從重處罰。

三、數行為

違反本法之數行為，分別裁處並分別執行。但執行前之數確定裁

處，依第25條規定合併執行之。

故若兩次行為，犯意各別，行為互殊，應予分論併罰。例如某甲被查獲運輸公告查禁之器械（警棍），數日後再被查獲販賣公告查禁之器械（電擊棒），為二行為，應分別處罰。

但若屬販賣前之運輸行為與之後的販賣行為，為實質上一違序之階段行為，不另論罰。

捌、制裁方法

一、處罰

（一）處罰之種類（第19條第1項）：

「一、拘留：一日以上，三日以下；遇有依法加重時，合計不得逾五日。

二、勒令歇業。

三、停止營業：一日以上，二十日以下。

四、罰鍰：新臺幣三百元以上，三萬元以下；遇有依法加重時，合計不得逾新臺幣六萬元。

五、沒入。

六、申誡：以書面或言詞為之。」

值得注意者，本法第81條法定罰最高為5萬元。即使有依法加重，合計仍不得逾本條新臺幣6萬元之上限。

（二）罰鍰之分期繳納（第20條、處理辦法第56條）：被處罰人依其經濟狀況不能即時完納者，警察機關得准許其於3個月內以15日為一期，以罰鍰總額平均分2至6期完納。但遲誤一期不繳納者，以遲誤當期之到期日為餘額之完納期限。

（三）罰鍰之強制執行：如逾期不繳納，依據行政執行法第11條規定移送行政執行分署強制執行（第20條）。

（四）沒入之標的（第22條）：

1.違反本法行為所用、所生或所得之物，以屬於行為人所有者為限。

惟所用之物，得沒入；所生或所得之物，應沒入。

2.查禁物，不以屬於行為人所有者為限，應沒入之。

例如「招財貓111小瑪莉」為經主管機關公告查禁之賭博性電動玩具，甲擺設在其所經營之公眾得出入之場所檳榔店內，未插電營業，違反社維法第63條第1項第8款公然陳列經主管機關公告查禁之器械之要件規定，法院裁定處行為人甲罰鍰。扣案機具（含IC版）、機具內查扣之新臺幣顯屬違反社會秩序維護法所得之物，應併予宣告沒入。

（五）單獨宣告沒入：沒入，原則上與其他處罰併宣告之。但有下列三種情形之一者，得單獨宣告沒入（第23條）：

1.免除其他處罰。

2.行為人逃逸。

3.查禁物。

（六）處罰之加減事由：

1.加重事由

(1)累犯之加重（第26條）。

(2)連續犯之加重（第24條第1項後段）。

2.減免事由

(1)得減輕之事由（第7條過失、第9條限制責任能力及第17條幫助犯）。

(2)得減輕或免除之事由（第29條情節可憫恕）。

(3)必減輕或免除之事由（第27條自首）。

(4)得免除之事由（第30條第3款、第67條第2項特定身分）。

（七）處罰之加減方法（處理辦法第4條）。

（八）處罰之加減標準（第30條）。

（九）量罰之基準（第28條）。

（十）處罰之消滅：

1.追究時效（第31條）

違反本法行為，逾2個月者，警察機關不得訊問、處罰，並不得移送法院。前項期間，自違反本法行為成立之日起算。但其行為有連續或繼續

之狀態者，自行爲終了之日起算。

2. 執行時效（第32條）

違反本法行爲之處罰，其爲停止營業、罰鍰、沒入、申誡者，自裁處確定之日起，逾3個月未執行者，免予執行；爲拘留、勒令歇業者，自裁處確定之日起，逾6個月未執行者，免予執行。分期繳納罰鍰而遲誤者，前項3個月之期間，自其遲誤當期到期日之翌日起算。

二、保安處分

（一）保安處分之對象（第8條、第9條）：未滿18歲人，心神喪失人或精神耗弱人。

（二）保安處分之種類（第8條、第9條）：

1. 管教、收容。

2. 監護、治療。

玖、管轄

一、警察機關之管轄

（一）事務管轄（第43條第1項、處理辦法第14條）：下列各款案件，警察機關有裁罰處分權：

1. 違反本法行爲專處罰鍰或申誡之案件。

2. 違反本法行爲選擇處罰鍰或申誡之案件。

3. 依第1款、第2款之處分，併宣告沒入者。

4. 單獨宣告沒入者。

5. 認爲對第1款、第2款之案件應免除處罰者。

（二）層級管轄：警察局及其分局，就該管區域內之違反本法案件有管轄權。在地域遼闊交通不便地區，得由上級警察機關授權該管警察所[17]、警察分駐所行使其管轄權。專業警察機關[18]，得經內政部核准就該

---

[17] 此處警察所，例如連江縣警察局設置之警察所。

[18] 專業警察機關之概念與範圍，本法未明定，但依目前內政部依本條所核准之機關來看，似指

管區域內之違反本法案件行使其管轄權（第35條）。

（三）土地管轄：違序案件由行為地或行為人之住居所或所在地之警察機關管轄（第33條及第34條）。

（四）競合管轄（第38條、處理辦法第15條）。

（五）指定管轄（處理辦法第16條）。

（六）無管轄權案件之處理（處理辦法第17條）。

二、法院之管轄

（一）法庭組織（第36條及第37條）：地方法院或其分院為處理違反本法案件，視警察轄區及實際需要，分設簡易庭及普通庭。簡易庭，以法官一人獨任行之；普通庭，以法官三人合議行之。

（二）事務管轄（第45條、處理辦法第45條及法院注意事項第22點）：第43條第1項所列各款以外之案件，警察機關於訊問後，應即移送轄區所屬之地方法院簡易庭裁定。

（三）土地管轄（第33條及第34條）。

（四）競合管轄（法院注意事項第2點）。

（五）無管轄權案件之處理（法院注意事項第2點及第3點）。

三、法律競合之管轄

（一）同一行為或牽連之違序行為涉嫌觸犯刑事法律或少年事件處理法者，警察機關應依本法第38條規定辦理。刑事部分移送該管檢察官；違序部分移送簡易庭或該管警察機關（第38條、處理辦法第18條、警察應注意事項第31點）。

警察法第5條第6款與第6條所稱專業警察機關中有一定管轄區域者，例如4個港務警察總隊、保二總隊、航空警察局、鐵路警察局、國道公路警察局等。惟2019年間國內假訊息充斥網路媒體，不乏該當本法第63條第1項第5款之足以影響公共安寧之謠言，故有主張鑑於刑事局偵9隊方具有網路偵辦專業職能，似可擴大本條專業警察概念，採實質認定，而將刑事警察局納入專業警察機關之範圍。惟本文認為，從立法目的與法體系解釋，社維法係以地方警察機關管轄為原則，中央警察機關為例外，警察法第5條已限定警政署刑事局負責重大犯罪，違序行為只是較犯罪更輕的行政不法，若肯認其有違序管轄權，管轄區域遍及全國，所有分則違序行為無所不能查辦，恐將排擠其偵辦重大刑案之能量，故主張刑事局宜居於技術輔助與指導地位即可。

（二）違序行為同時觸犯本法與其他行政法者，本法未明定處理方式。本文認為可依行政罰法第24條及第31條規定辦理[19]。

拾、調查

一、警察機關之調查程序：

（一）開始調查之原因（第39條及處理辦法第22條）。

（二）調查之實施：

1.對於物之保管（第40條及處理辦法第19條）。

2.對於人之通知（第41條及第42條）：

(1)書面通知訊問（第41條及警察應注意事項第10-20點）。

(2)逕行通知身份不明之現行犯到場訊問（第42條及處理辦法第21條），不服通知得強制到場（警察應注意事項第3-9點）。

二、警察機關之移送程序（第45條第1項及處理辦法第32條、第33條）。

三、法院之審問調查程序（第46條第1項、第41條第5項及法院注意事項）。

拾壹、裁處

一、裁處之時機（第43條第1項及第46條第1項及法院注意事項第5點）。

二、缺席裁處（第44條、第48條及法院注意事項第4點）：

對於情節輕微而事實明確之違反本法案件，警察機關得不經通知、訊問逕行處分。但其處罰以新臺幣1,500元以下罰鍰或申誡為限。

對於違反本法之嫌疑人，經合法通知，無正當理由不到場者，警察機

---

[19] 依內政部警政署函頒「警察機關辦理社會秩序維護法案件應注意事項」第31點第5款規定：「同一行為經依其他行政法上義務規定裁處罰鍰、沒入或其他種類行政罰確定，且其處罰種類及目的與本法相同。」警察機關得「逕行簽結，無須製作處分書」。係採吸收關係，惟未查明比較法定罰之高低，似與行政罰法第24條規定有違。

關與法院得逕行裁處之。

　　三、裁處書之程式（第43條第2項）。

　　四、裁處書之宣告（第49條第1項及處理辦法第38條第1項）。

　　五、裁處書之送達（第49條、處理辦法第38條第2項及法院注意事項第10點）。

　　六、裁處書之更正（處理辦法第39條）。

拾貳、救濟

　　一、救濟之方法：

　　（一）不服警察機關處分之救濟方法（第55條及處理辦法第44條）：

　　被處罰人不服警察機關之處分者，得於處分書送達之翌日起5日內聲明異議。聲明異議，應以書狀敘明理由，經原處分之警察機關向該管簡易庭為之。

　　對簡易庭關於聲明異議所為之裁定，不得抗告（第57條第3項）。

　　（二）不服簡易庭處罰裁定之救濟方法（第58條及第59條第1項）：

　　受裁定人或原移送之警察機關，對於簡易庭就第45條移送之案件所為之裁定有不服者，得於裁定書送達之翌日起5日內，以書狀敘述理由提出於簡易庭，向同法院普通庭提起抗告。

　　對普通庭之抗告裁定不服者，不得再抗告（第58條）。

　　二、救濟之程式（第55條第2項、第59條第2項及處理辦法第40條）：須以聲明異議書或抗告書狀提出。

　　三、原裁處機關之處置（第56條、處理辦法第41條及法院注意事項第12點）：原處分之警察機關認為聲明異議有理由者，應撤銷或變更其處分；認為不合法定程式或聲明異議權已經喪失或全部或一部無理由者，應於收受聲明異議書狀之翌日起3日內，送交簡易庭，並得添具意見書。

　　四、受理救濟之法院之處置（第57條、處理辦法第42條及法院注意事項第12點、第13點、第17點）：先程序審理，再實體審理。程序部分，

簡易庭認為聲明異議不合法定程式或聲明異議權已經喪失者，應以裁定駁回之。但其不合法定程式可補正者，應定期先命補正。實體部分，簡易庭認為聲明異議無理由者，應以裁定駁回之。認為有理由者，以裁定將原處分撤銷或變更之。

　　五、法官之迴避（法院注意事項第15點）。

　　六、救濟之限制（第57條第3項及第58條）：

　　對於簡易庭關於聲明異議所為之裁定，不得抗告。對於普通庭之裁定，不得再行抗告。

　　故本法救濟僅一審級。

　　七、救濟之捨棄（第60條及第62條）：被處罰人或原移送之警察機關，得捨棄其抗告權。捨棄，應以書狀向原裁定機關為之。捨棄抗告權者，喪失其抗告權。不得再提抗告。

　　八、救濟之撤回（第61條及第62條）：

　　被處罰人或原移送之警察機關，於裁定前得撤回聲明異議或抗告。

　　撤回聲明異議或抗告，應以書狀向受理機關為之。但於該案卷宗送交受理機關以前，得向原裁處機關為之。

　　撤回聲明異議或抗告者，喪失其聲明異議或抗告權。

拾參、執行

　　一、執行之機關（第50條、處理辦法第47條及法院注意事項第14點）：違反本法案件之處罰，由原處分或原移送之警察機關執行。

　　二、執行之時機（第51條及第20條第1項）：違反本法案件之處罰，於裁處確定後執行。

　　三、拘留之執行（第52-54條及處理辦法第50-52條）：

　　裁定拘留確定，經通知執行，無正當理由不到場者，強制其到場。

　　拘留之執行，即時起算，並以24小時為1日（注意：與行政程序法期日期間計算方式不同）。

　　有停止執行原因者，得申請停止執行，由警察機關核定，原因消滅後

如未逾時效應繼續執行。

執行拘留，期滿釋放。但於0時至8時間期滿者，得經本人同意於當日8時釋放之。

四、罰鍰之執行（第20條及處理辦法第53條、第55條、第56條）：

罰鍰應於裁處確定之翌日起10日內完納。

被處罰人依其經濟狀況不能即時完納罰鍰者，得於執行通知單送達之日起5日內，向執行之警察機關申請許可分期繳納。

警察機關於接受申請之日起5日內，斟酌被處罰人之經濟狀況，得准許其於3個月內分期完納，以15日為一期，並以罰鍰總額平均分二至六期繳納之。

分期繳納之准駁，應製作通知書送達之；其准以分期繳納者，並應載明每期應繳納之日期、金額及不按期繳納之法律效果。

被處罰人遲誤一期不繳納者，以遲誤當期之到期日為餘額之完納期限。

罰鍰逾期不完納者，警察機關得依行政執行法移送行政執行分署強制執行。

五、申誡之執行（處理辦法第58條）：申誡之執行，被處罰人在場者，以言詞予以告誡；其未在場者，應將處分書或裁定書送達之。

六、停止營業及勒令歇業之執行（處理辦法第57條）：

裁定停止營業或勒令歇業確定之案件，警察機關應於確定後即以執行通知單，命被處罰人於通知送達之翌日起，停止或歇閉其營業。

被處罰人經通知後未停止或歇閉其營業者，得製作公告張貼於營業場所之明顯處或以其他適當方法強制其停業或歇業。

七、沒入之執行（處理辦法第53條及第54條、沒入物品處分規則）：沒入物品，應每3個月處分一次。必要時，得隨時處分之。處分方法有四：

（一）留作公用。應估定價額，報請上級警察機關核定後價購；其為查禁物者，得專案報請上級警察機關核准留用後，依公用物品之規定予以管理。

（二）拍賣或變賣。應預定拍賣日期公告之，其為貴重物品價格不易確定者，應請有專門知識經驗之人鑑定之；其為易腐壞者，得不經拍賣程序，依職權變賣之。

（三）廢棄或銷燬。例如無利用價值之物或查禁物，廢棄或銷燬時，應製作紀錄存案，並請該管簡易庭派員監視。廢棄銷毀之場所，宜協調環保機關為之。

（四）移送有關機關。例如查禁物。

八、保安處分之執行（處理辦法第3條）：依本法第8條第2項、第3項或第9條第2項、第3項規定責由法定代理人、監護人或其他相當之人加以收容、管教或監護者，應以書面通知之。

第三節　本法之爭議問題

壹、違序罰之屬性為何？是刑事不法或是行政不法？違反該法之處罰是刑罰或行政罰？

此問題攸關社維法在法體系中之地位，該法與其他法律之適用關係。

依我國制裁法制，對違反國家法律秩序的行為區分為刑事不法與行政不法。二者之區別實益，在於管轄機關、適用法律與救濟程序的不同；二者之區別標準，是依處罰的種類名稱而定。

所謂刑事不法行為，係指侵害法益的行為，依照法律應當受刑罰處罰者，稱為犯罪，又稱刑事犯，因其反社會性與反道德性常係不待法律規定而存在，故又稱自然犯。所謂刑罰，係指處罰名稱為刑法第32條至第36條所列舉之死刑、徒刑、拘役、罰金（以上為主刑）、褫奪公權（從刑）。對犯罪行為之追緝，由司法警察機關依據刑事訴訟法規定程序調查，檢察官指揮偵查、起訴，刑事法院審判，檢察官執行；而行政不法，大多是違反行政管理秩序，侵害法益相對輕微，依據法律規定應受非刑罰之行政處

罰者，故又稱法定犯、秩序犯、行政犯。行政罰之種類繁多，無法列舉。凡是非前述刑名，且具有裁罰性質之處分均屬之。行政罰法第1條、第2條即採此方式立法[20]。行政不法行為除社維法外，大都由行政機關調查、裁處及執行。不服者，先向行政上級訴願，再由行政法院為終局審判。

至於侵害法益行為，如何評價為刑事不法或行政不法？二者間並無放諸四海皆準且絕對不變的界線。其區別是相對的，界線係流動的，常受所在時空的社會價值認知影響，昨日的行政犯可能是今日的刑事犯，例如酒醉駕車，可能是交通違規處行政罰；當社會感覺其後果程度嚴重時，可能成為公共危險犯罪科處刑罰。又如聚眾抗爭，不遵警察制止，當社會認知其為暴民動亂，集會法以刑罰制裁；當社會理解其為人權捍衛，僅脫軌失序，可修法除罪化改用行政罰。賭博、性交易、飆車、吸毒行為亦是如此。

違序行為，大多屬秩序滋擾，相較於刑法犯罪行為，侵害法益程度輕微，在美國、日本等國屬輕犯罪犯，由治安法庭（簡易法庭）科處罰金等刑罰，但不須檢察官起訴與執行，而係由警察舉發與執行；在德、奧等國，屬於行政犯、秩序犯，由警察或秩序機關裁處罰鍰等行政罰。相對於刑罰適用刑法總則，行政罰適用行政罰法總則，我國之違序罰由於其處罰種類名稱（拘留、罰鍰、沒入、申誡、勒令歇業、停止營業）均迥異於刑罰，依前述分類標準，自應歸屬行政罰[21]。惟因其自定有特別之總則、調查、處罰與執行程序，故可獨立為一類，成為行政罰之旁支分類，若因襲舊法名稱，可稱之為「違警罰」，或依新法名稱改稱為「違序罰」，或以

---

20 行政罰法（2011年11月23日修正公布）第1條規定違反行政法上義務而受罰鍰、沒入或其他種類行政罰之處罰。其他種類行政罰，依第2條定義，係指下列裁罰性之不利處分：「一、限制或禁止行為之處分：限制或停止營業、吊扣證照、命令停工或停止使用、禁止行駛、禁止出入港口、機場或特定場所、禁止製造、販賣、輸出入、禁止申請或其他限制或禁止為一定行為之處分。二、剝奪或消滅資格、權利之處分：命令歇業、命令解散、撤銷或廢止許可或登記、吊銷證照、強制拆除或其他剝奪或消滅一定資格或權利之處分。三、影響名譽之處分：公布姓名或名稱、公布照片或其他相類似之處分。四、警告性處分：警告、告誡、記點、記次、講習、輔導教育或其他相類似之處分。」

21 藍文祥、林富村，社會秩序維護法草案之商榷與建議，律師通訊，第139期，1991年4月，頁59；涂懷瑩，行政罰與行政刑罰問題—由正在審議中的「社會秩序維護法」案的爭議說起，法律評論，第57卷第6期，1991年6月，頁2。

其爲警察機關主管，稱之爲「警察罰」。

惟有認爲社維法之拘留罰，性質屬刑罰，理由爲民主憲政法治國家行政秩序罰不應以剝奪、拘束人身自由作爲制裁手段，進而將社維法定性爲行政秩序罰與行政刑罰混合之行政制裁法規[22]。此見解固有其學理上根據，但限縮行政罰之功能，擴大刑法中刑罰之範圍，顯與我國法制不符。從1979年政府擬議修改違警罰法，不斷有學者[23]提議廢除拘留罰，回歸以罰鍰爲主之行政罰，終未爲立法政策採納。立法者認爲在行政罰與刑事罰之外，對某些違反治安秩序之人，有必要施以金錢罰、資格罰或營業罰以外之自由罰，方能達嚇阻再犯或保護社會之效果，其刻意使用與徒刑、拘役等自由刑名稱相異、程度較輕之處罰種類[24]，且設計與刑罰不同的處罰機關與程序，顯然有意與刑罰相區隔，此乃立法形成之自由，且配套設計由法院裁罰，即無違憲法第8條之要求，亦符合1966年通過的公民與政治權利國際公約第9條第1項：「人人有權享有身體自由及人身安全。任何人不得無理予以逮捕或拘禁。非依法定理由及程序，不得剝奪任何人之自由。」故保障人身自由之重點，在於是否由法院依法定程序審問處罰。無須因此界定其爲刑罰，徒增制裁體系分類之紛擾。行政罰法第24條第3項：「一行爲違反社會秩序維護法及其他行政法上義務規定而應受處罰，如已裁處拘留者，不再受罰鍰之處罰。」特別將社維法之拘留罰獨立列出，具有吸收其他法律罰鍰處罰之效果，且列在第24條而非第26條，係歸類爲行政罰。稱之違序罰，乃彰顯其特別性，由特別法院（地方法院簡易庭）依據特別法（社維法）之特別程序（簡易程序）審理。

社維法之內容，包括總則、處罰程序、分則、附則四大部分，架構完整，從程序法到實體法，從處分前之調查程序到處分後之救濟執行，處罰機關包括警察機關與法院，子法命令與內部規則內容完整體系井然，在我

---

22 段重民，社會秩序維護法施行兩年後之觀察與評析，政大法學評論，第48期，1993年9月，頁294；梁添盛，警察法專題研究（一），二版，2006年9月，頁252。
23 林山田，行政刑法與行政犯的辯正，法令月刊，第40卷第9期，1989年9月，頁28。
24 拘役與拘留之比較：1.拘役，1日以上、60日未滿。但遇有加重時，得加至120日。（刑法第33條）在法務部所屬監獄執行；2.拘留：1日以上、3日以下；遇有依法加重時，合計不得逾5日。（社維法第19條）在警察機關拘留所執行。

國法制中尚無出其右者。

　　而社維法賦予警察機關作成限制或剝奪人民自由權利之行政處分權，既屬行政罰之性質，本應有行政程序法與行政罰法之適用，但因制定社維法時，尚無行政程序法與行政罰法，故相關程序大都準用刑事訴訟法。此從第92條規定之立法理由可證[25]：「本為實體法兼程序法，其處罰程序雖分管轄、調查、裁處、執行、救濟五章，類似刑事訴訟法之一部分，但因違反本法案件，較刑事案件為輕，且其處罰之性質，仍屬於行政罰之範疇，故貴在即決，其程序自宜簡易，立法旨意在便於實用，惟其中涉及人身自由部分，依本法規定均應移送法院裁處，恐因其裁處程序之規定或有不足，發生窒礙情事，故本條規定除依本法規定者外，並得準用刑事訴訟法，以應實際需要。」另處理辦法第64條規定：「警察機關處理違反本法案件，有關文書送達之程序，準用刑事訴訟法之規定。」本文認為，為求論理與體系一致，未來宜修法刪除該準用規定，回歸行政程序[26]。

貳、行政罰法施行後，違序罰有無行政罰法之適用？

　　2005年公布的行政罰法，規範各行政機關裁處行政罰之總則、共通適用的原則及統一標準程序。惟在此之前社維法已有自身的總則、裁罰程序規範，二法之間規定多所不同。制定在後的，行政罰法有不少較社維法完善周延之立法設計，頗值未來社維法修法之參考，特加以分析比較。

一、關於時之效力

　　社維法採從新從輕原則（第3條）：「行為後本法有變更者，適用裁處時之規定。但裁處前之規定有利於行為人者，適用最有利於行為人之規定。」惟所謂裁處，指管轄機關之決定，有處分階段、救濟階段與執行階

---

[25] 立法理由參見立法院法律系統，https://lis.ly.gov.tw/lglawc/。

[26] 例如行政程序法第4條以下規定行政行為應遵守法律及一般法律原則，第32條以下之迴避制度、第36條以下職權調查之鑑定、勘驗、採證法則規定、第46條以下之資訊公開制度、第48條以下之期日期間及第67條以下之送達等規定。

段。本條是否包含救濟機關在救濟程序中所爲之裁處，即有爭議。

相較於行政罰法第5條：「行爲後法律或自治條例有變更者，適用行政機關最初裁處時之法律或自治條例。但裁處前之法律或自治條例有利於受處罰者，適用最有利於受處罰者之規定。」

後者即明定「最初裁處時」，明確排除救濟與執行階段變更條文之適用。

二、關於有責性之規定

社維法第7條明定：「出於過失者，不得罰以拘留，並得減輕之。」及第29條：「情節可憫恕者，得減輕或免除其處罰。」

相較於行政罰法，後者雖未將過失與情節可憫恕列爲裁量減輕之事由，但多了第8條：「不得因不知法規而免除行政處罰責任。但按其情節，得減輕或免除其處罰。」

三、責任主體

社維法除第18條之1增訂對公司及有限合夥或商業勒令局歇業之處罰外，原則上由行爲人負責任。但無責任能力人及限制責任能力人之違序行爲，轉嫁處罰其法定代理人與監護人，「未滿十八歲人、心神喪失人或精神耗弱人，因其法定代理人或監護人疏於管教或監護，致有違反本法之行爲者，除依前兩條規定處理外，按其違反本法之行爲處罰其法定代理人或監護人。但其處罰以罰鍰或申誡爲限。」（社維法第10條）以強化其社會責任，是其特色。行政罰法則無此制度。

其次，關於法人違法的課責機制，對於特種工商業者（有可能是法人組織）之兩罰制度，社維法第18條：「經營特種工商業者之代表、受雇人或其他從業人員關於業務上違反本法之行爲，得併罰其營業負責人。」該法受刑事罰觀念的影響，以罰自然人爲主，故第18條均罰自然人。

行政罰法則擴大責任主體型態，除自然人外，也處罰機關、法人、非法人組織。且公司違法，處罰公司法人與負責人，不罰從業人員，與社維法明顯不同。行政罰法第15條之兩罰制度：「私法人之董事或其他有代表權之人，因執行其職務或爲私法人之利益爲行爲，致使私法人違反行政

法上義務應受處罰者，該行為人如有故意或重大過失時，除法律或自治條例另有規定外，應並受同一規定罰鍰之處罰。私法人之職員、受僱人或從業人員，因執行其職務或為私法人之利益為行為，致使私法人違反行政法上義務應受處罰者，私法人之董事或其他有代表權之人，如對該行政法上義務之違反，因故意或重大過失，未盡其防止義務時，除法律或自治條例另有規定外，應並受同一規定罰鍰之處罰。依前二項並受同一規定處罰之罰鍰，不得逾新臺幣一百萬元。但其所得之利益逾新臺幣一百萬元者，得於其所得利益之範圍內裁處之。」第16條：「前條之規定，於設有代表人或管理人之非法人團體，或法人以外之其他私法組織，違反行政法上義務者，準用之。」

再者，對於共犯之處罰，社維法分別規範第15條間接正犯、第16條教唆犯與第17條幫助犯之罰則，「二人以上，共同實施違反本法之行為者，分別處罰。其利用他人實施者，依其所利用之行為處罰之。」「教唆他人實施違反本法之行為者，依其所教唆之行為處罰。」「幫助他人實施違反本法之行為者，得減輕處罰。」

而行政罰法僅列第14條：「故意共同實施違反行政法上義務之行為者，依其行為情節之輕重，分別處罰之。前項情形，因身分或其他特定關係成立之違反行政法上義務行為，其無此身分或特定關係者，仍處罰之。因身分或其他特定關係致處罰有重輕或免除時，其無此身分或特定關係者，仍處以通常之處罰。」處罰輕重由機關裁量。

四、行為數與處罰數

社維法第24條規定數行為與一行為之處罰規則：「違反本法之數行為，分別處罰。」此與行政罰法第25條：「數行為違反同一或不同行政法上義務之規定者，分別處罰之。」相同。

然而社維法第24條但書又採連續犯制度：「但於警察機關通知單送達或逕行通知前，違反同條款之規定者，以一行為論，並得加重其處罰。」及想像競合犯：「一行為而發生二以上之結果者，從一重處罰；其違反同條款之規定者，從重處罰。」第26條並有累犯加重機制：「經依本

法處罰執行完畢，三個月內再有違反本法行為者，得加重處罰。」及第27條鼓勵自首必減輕機制：「違反本法之行為人，於其行為未被發覺以前自首而受裁處者，減輕或免除其處罰。」均與行政罰法不同。後者未有連續犯、累犯、自首犯之規定。

行政罰法因未明定連續犯制度，致實務上產生連續違規，連續告發，累積一段時間後，才集中一日分別開立數張處分書，引發違反比例原則之爭議。如認為行為數應以告發時點認定，則屬於數行為應分別處罰；若以處分時點切割，則處分前之數告發行為均屬一包括性處分之違規事證蒐集過程，皆為處分之先行程序，違規次數多寡僅係該處分量罰輕重斟酌之因素，若分別作成數個處分，即有重複處罰之瑕疵。

五、一行為不二罰原則之適用爭議

「一行為不二罰」乃法治國家之基本原則（釋字第503號、第604號解釋）。

行政罰法第24條[27]、第26條採吸收（拘留吸收罰鍰、重罰鍰吸收輕罰鍰、刑事罰吸收行政罰）兼併罰（不同種類行政罰）主義。其立法設計原則如下：

（一）行政不法之競合─拘留＞高罰鍰＞低罰鍰，其他併罰（詳見第24條）

一行為違反數個行政法上義務而應處罰鍰，數機關均有管轄權者，由法定罰鍰額最高之主管機關管轄。例如電玩店放任未滿15歲人進入，未盡防止及報告義務，應由電子遊戲場業管理條例主管機關地方政府處負責人新臺幣20萬元以上100萬元以下罰鍰（比社維法高），但若經警察機關移送地方法院簡易庭依社維法第67條裁處拘留，行政機關便不能再處罰鍰。若法院不裁拘留，而認應裁處罰鍰，是否應依行政罰法第31條規定：「應

---

27 行政罰法第24條：「一行為違反數個行政法上義務規定而應處罰鍰者，依法定罰鍰額最高之規定裁處。但裁處之額度，不得低於各該規定之罰鍰最低額。前項違反行政法上義務行為，除應處罰鍰外，另有沒入或其他種類行政罰之處罰者，得依該規定併為裁處。但其處罰種類相同，如從一重處罰已足以達成行政目的者，不得重複裁處。一行為違反社會秩序維護法及其他行政法上義務規定而應受處罰，如已裁處拘留者，不再受罰鍰之處罰。」

處罰鍰，數機關均有管轄權者，由法定罰鍰額最高之主管機關管轄」，移由各該主管機關裁處較高額罰鍰。否則，將形成同一行為重複處罰之困境。實務上即曾發生有旅社服務生賣淫遭警查獲，警察機關移送法院，法院依社維法第80條裁定3,000元罰鍰，繳款執行完畢，後來縣政府又依發展觀光條例（旅社從業人員有妨害風俗行為）處罰3萬元罰鍰，縣政府認為其罰鍰處分係符合行政罰法第24條之規定，而堅持不撤銷。如果法院的罰鍰裁定事後不依職權撤銷，的確屬於同一行為重複處罰，對當事人極不公平。當事人若瞭解箇中矛盾，當時應請求法院裁定一日拘留，便可省下3萬3,000元之罰鍰支出。

由於機關的本位主義文化，各機關只注意本身的法規範，欠缺橫向聯繫機制，鮮少全盤比較其他領域之法制，使行政罰法第24條立法設計不易落實。警察機關遇有上述狀況，宜主動與其他機關聯繫機制，並將有關資料移送有權裁處之機關；為裁處之機關應於調查終結前，通知原有管轄權之警察機關。

（二）行政與刑事競合──刑罰＞罰鍰，其他併罰

行政罰法第26條：「一行為同時觸犯刑事法律及違反行政法上義務規定者，依刑事法律處罰之。但其行為應處以其他種類行政罰或得沒入之物而未經法院宣告沒收者，亦得裁處之。（第1項）前項行為如經不起訴處分、緩起訴處分確定或為無罪、免訴、不受理、不付審理、不付保護處分、免刑、緩刑之裁判確定者，得依違反行政法上義務規定裁處之。（第2項）第一項行為經緩起訴處分或緩刑宣告確定且經命向公庫或指定之公益團體、地方自治團體、政府機關、政府機構、行政法人、社區或其他符合公益目的之機構或團體，支付一定之金額或提供義務勞務者，其所支付之金額或提供之勞務，應於依前項規定裁處之罰鍰內扣抵之。（第3項）前項勞務扣抵罰鍰之金額，按最初裁處時之每小時基本工資乘以義務勞務時數核算。（第4項）依第二項規定所為之裁處，有下列情形之一者，由主管機關依受處罰者之申請或依職權撤銷之，已收繳之罰鍰，無息退還：一、因緩起訴處分確定而為之裁處，其緩起訴處分經撤銷，並經判決有罪

確定，且未受免刑或緩刑之宣告。二、因緩刑裁判確定而爲之裁處，其緩刑宣告經撤銷確定。（第5項）」

行政罰法制定時，受釋字第503號解釋見解影響，依處罰種類或功能來判斷是否重複，如以刑罰處罰已足夠，即不得重複處罰鍰。除了刑罰，更擴及緩起訴所支付之金額或提供之勞務，亦應折抵。

而社會秩序維護法第38條制定當時，認爲行政罰鍰與刑罰本質不同，故不構成重複處罰：「違反本法之行爲，涉嫌違反刑事法律或少年事件處理法者，應移送檢察官或少年法庭依刑事法律或少年事件處理法規定辦理。但處停止營業、勒令歇業、罰鍰或沒入之部分，仍依本法規定處罰。」該條針對違序行爲與犯罪行爲競合或相牽連時規定刑事先理原則，但其中「罰鍰、沒入」可與刑罰併罰，僅拘留與申誡不併罰。故如某刀具行販賣內政部公告查禁之刀械，乃違反社維法63條及槍砲彈藥刀械管制條例14條，行爲人及刀械應即移送地檢署依刑事法律辦理。如查有情節重大或再次違反者，警察機關應另案移送簡易庭裁定罰鍰、勒令歇業或停止營業。而行爲人之刑事責任爲徒刑併科罰金，若於違反社維法部分另處罰鍰，豈非重複處罰；且用來違序之物（刀械）亦是用來犯罪之物，既已隨人案移送檢察官，如何再依社維法沒入。故從法理討論，社維法的規定頗有問題。

本文認爲，此歸結於二者立法基礎理論之差異。對行政不法與刑事不法之區分係採質的差異或量的差異論。制定社維法時，立法理論基礎係採質的差異論，行政罰法之立法理論基礎，則採量的差異論，拘留、罰鍰、沒入，自然被徒刑（或拘役）、罰金、沒收所吸收。相較之下，行政罰法似較周延、對人民有利。然而行政罰法之設計亦有嚴重缺失，一是製造脫罰漏洞：尤其對嚴重行政不法涉及刑責者，因行政程序較迅速，依法卻必須等待刑事程序不罰確定後才能處罰鍰結案，懸而未決，遇有行政人員異動頻繁，業務交接漏失，即可能刑事不罰，行政又漏罰，便使違規人逃過法律制裁，影響效能與懲罰嚇阻效果。對嚴重不法涉及刑責者反而比單純行政不法者處境更爲有利。二是間接鼓勵犯罪：對於某些嚴重行政犯，法定行政罰額高於刑法罰金額之案件，法院宣告低額刑罰，反而讓犯罪人躲

過高額行政罰。例如未經許可採取土石者，處新臺幣100萬元以上500萬元以下罰鍰，若盜採砂石，竊盜罪處5年以下有期徒刑、拘役或500元以下罰金。盜採國有林地之砂石，情節不重，可能輕判500元罰金，即不能再處罰100萬元之罰鍰，比單純採取自家砂石還有利，不啻鼓勵行為人犯更嚴重之犯罪行為。

鑑於此法制缺失，道路交通管理處罰條例第35條酒駕案件在2006年修法時增列：「前項汽車駕駛人，經裁判確定處以罰金低於本條例第九十二條第三項所訂最低罰鍰基準規定者，應依本條例裁決繳納不足最低罰鍰之部分。」為全面解決上述問題，應一併檢討行政罰法第26條、第32條程序及第27條追究權時效等規定，文字改為：「一行為同時觸犯刑事法律及違反行政法上義務規定者，先依行政法律處罰之。行政裁罰後，法院就同一行為另裁處自由刑、或較重之罰金者，前罰鍰處分失其效力。」亦即由較重之後判刑取代前處分，貫徹重罰吸收輕罰之精神。

六、處罰範圍

社維法之罰鍰，新臺幣300元以上，3萬元以下（社維法19條），在分則各條罰鍰數額外另定300元下限，實益何在？處罰之加重或減輕致拘留有不滿1日、罰鍰不滿新臺幣300元之零數者，其零數不算。與因處罰之減輕，致拘留不滿1日、罰鍰不滿新臺幣300元者，易處申誡或免除之。（第30條）假設罰鍰加減後為7,250元，宣告7,000元否？若為7,350元，則宣告7,300元否？造成處罰計算與執行之困擾。

其次，罰鍰遇有依法加重時，合計不得逾新臺幣6萬元。欠缺行政罰法第18條第2項罰鍰之擴張機制：「前項所得之利益超過法定罰鍰最高額者，得於所得利益之範圍內酌量加重，不受法定罰鍰最高額之限制。」

再者，沒入罰部分，依社維法第22條，凡因違反本法行為所生或所得之物，或供違反本法行為所用之物，其沒入皆以行為人所有者為限。僅查禁物之沒入，不問屬於行為人與否，沒入之。相較於行政罰法第21條至

第23條[28]對物沒入的整套規定，包括沒入範圍之擴張與追徵處分，均是社維法沒有，卻更能達成制裁威嚇效果的立法設計，實宜參考納入社維法。

七、裁處權時效之重新起算與停止制度

社維法第31條規定裁處權時效：「違反本法行為，逾二個月者，警察機關不得訊問、處罰，並不得移送法院。前項期間，自違反本法行為成立之日起算。但其行為有連續或繼續之狀態者，自行為終了之日起算。」惟其規定過於簡略，加上採取裁處確定才能執行處罰之設計，故如因救濟或刑事程序之拖延，常致違序罰因罹於時效而不克實現之憾。相較之下，行政罰法裁處權時效有規定因救濟而時效重新起算制度，與時效停止制度之法制設計，值得參考。

行政罰法第27條：「行政罰之裁處權，因三年期間之經過而消滅。前項期間，自違反行政法上義務之行為終了時起算。但行為之結果發生在後者，自該結果發生時起算。前條第二項之情形，第一項期間自不起訴處分或無罪、免訴、不受理、不付審理之裁判確定日起算。行政罰之裁處因訴願、行政訴訟或其他救濟程序經撤銷而須另為裁處者，第一項期間自原裁處被撤銷確定之日起算。」

第28條：「裁處權時效，因天災、事變或依法律規定不能開始或進行裁處時，停止其進行。前項時效停止，自停止原因消滅之翌日起，與停止前已經過之期間一併計算。」

八、調查程序中之強制處置與救濟

社維法第40條證物與應沒入物之保管，規定簡陋，欠缺行政罰法第

---

28 行政罰法第21條：「沒入之物，除本法或其他法律另有規定者外，以屬於受處罰者所有為限。」第22條：「不屬於受處罰者所有之物，因所有人之故意或重大過失，致使該物成為違反行政法上義務行為之工具者，仍得裁處沒入。物之所有人明知該物得沒入，為規避沒入之裁處而取得所有權者，亦同。」第23條：「得沒入之物，受處罰者或前條物之所有人於受裁處沒入前，予以處分、使用或以他法致不能裁處沒入者，得裁處沒入其物之價額；其致物之價值減損者，得裁處沒入其物及減損之差額。得沒入之物，受處罰者或前條物之所有人於受裁處沒入後，予以處分、使用或以他法致不能執行沒入者，得追徵其物之價額；其致物之價值減損者，得另追徵其減損之差額。前項追徵，由為裁處之主管機關以行政處分為之。」

34條強制調查規定及第36條至第40條證物扣留機制,也欠缺行政罰法第35條異議與第41條聲明異議之救濟設計;社維法第42條對現行違序人之強制到場調查,也欠缺如行政罰法第35條之異議救濟制度。本文認為,基於行政罰法為社維法之普通法關係,於特別法無其他規定時,行政罰法可補充社維法之不足,警察機關處理違序案件,仍可適用行政罰法相關規定。

參、違序行為同屬刑事告訴乃論之罪時,二者程序如何進行?

按違反本法之行為,涉嫌違反刑事法律或少年事件處理法者,應移送檢察官或少年法庭依刑事法律或少年事件處理法規定辦理。但其行為應處停止營業、勒令歇業、罰鍰或沒入之部分,仍依本法規定處罰。社維法第38條定有明文。

關於聚眾鬥毆而有違反社維法第87條第2款之規定,雖涉嫌違反刑事法律,然因其屬告訴乃論之罪,故如當事人暫時保留告訴權,警察機關可否逕依社維法處罰?

告訴乃論之罪,如當事人暫時保留告訴權,欠缺訴追條件,檢察官不能起訴,惟因非偵查條件,警察仍應依刑事法律規定移送檢察官進行偵查;如經檢察官確認其屬告訴乃論之罪,且被害人明示不告訴或撤回其告訴,即無第38條之適用,警察及法院可逕就違反社維法部分先予處理,而不須受第38條但書之限制。惟如被害人保留告訴權,警察及法院仍可逕就違反社維法部分先予處理,但須受第38條但書之限制,以有效維護社會秩序,避免罹於同法31條追究時效。萬一違序裁處執行後,被害人就刑事部分提起告訴,則警察應將社維法處理之情形,依「檢察官與司法警察機關執行職務聯繫辦法」第19條後段規定,隨案通知檢察官以為該刑事案件偵查起訴之參考。

反之,如被害人事發後立即提起刑事告訴者,則就違反社維法部分即應依該法第38條但書處理,處以罰鍰、沒入。惟有疑義者,乃但書之併罰規定,關於罰鍰與刑罰併處部分,似有違禁止重複處罰原則,而與行政罰

法第26條規定牴觸。對於此爭議，社維法是否得以特別法之地位排除行政罰法之適用，涉及違序行為的本質，與犯罪行為二者屬量的差異或質的差異等理論爭議，尚無定論。

另有學者建議，可適用行政罰法第27條時效中斷規定，在刑案審理期間，停止違序追究期間之進行，俟刑事處理結果，再決定違序罰之種類。刑罰，吸收拘留罰鍰；刑事不罰，則依分則法定罰宣告拘留或罰鍰，不受第38條但書之限制。

至於1992年6月1日司法院第20期司法業務刑事法律專題研究，司法院第二廳之研究意見，警察機關就一行為違反社會秩序維護法同時涉有刑事法律者，移送法院簡易庭就違反社會秩序維護法部分處罰時，法院應以處停止營業，勒令歇業，罰鍰或沒入部分為限，並不包括拘留在內。故縱該行為有處拘留之規定，法院仍不得為拘留之諭知。此見解適用於一般案件，但對本案爭議（傷害告訴期間與社維追究期間之衝突）似無直接關聯。

關於聚眾鬥毆而有違反社會秩序維護法第87條第2款之規定，礙於社會秩序維護法第38條及傷害告訴期間與社維移送期間之衝突，在移送機關移送後而行為人仍告訴者，認應以社會秩序維護去處罰，方能符合社會之期待。

肆、強制執行機制不足

社維法各種處罰之執行，都是在裁處確定後由警察機關為之。罰鍰逾期不繳納者，舊法第20條得聲請法院轉換為拘留罰之規定，已於2019年12月31日刪除。其修法理由行政執行法關於公法上金錢給付義務之強制執行，已有相當健全的法制規範，社維法涉及罰鍰之執行部分，應回歸適用行政執行法，並應由法務部行政執行署依法執行。然而立法者疏未考量社違法罰鍰執行時效僅有3個月，未若行政執行法所定5年。未來可預見社維法罰鍰的執行率將大打折扣。立法者實應一併刪除第32條執行時效規定，全部回歸行政執行法。

此外，行政執行法是行政執行之基本法，規範公法上金錢給付義務、行為或不行為義務之強制執行及即時強制。對於受法院裁定停止營業或勒令歇業者，係「負有不行為義務而為」者，本得依行政執行法規定採取「怠金」此種間接強制方法，並於符合第32條要件時改採直接強制方法，強制閉歇其營業或斷絕其營業所需之水電能源，以確保其義務之履行。

惟因行政執行法第27條漏列「法院裁定」，導致被法院裁定停止或勒令歇業者，無法適用行政執行法第三章間接與直接強制規定[29]。故當違序受裁定人經警察機關送達執行通知書後未停止或歇閉其營業者，只能採用警力守望站崗方式達成裁定意旨，造成執法效能大打折扣。故宜修改行政執行法第27條填補漏洞，對此種屬「負有不行為義務而為」之情形，警察機關得製作公告張貼於營業場所之明顯處，或依行政執行法規定採取「怠金」此種間接強制方法，於符合第32條要件時改採直接強制方法（例如斷水斷電），以強制其停業或歇業。亦可修改社維法第43條，增列營業罰，由警察機關作成停業或歇業處分。

第四節 案例解析

違反社維法之裁罰案例，包括警察機關移送法院處罰裁定，及不服警察機關處分向法院聲明異議之案例，均可由司法院法學資料庫檢索簡易案件獲得。本文限於篇幅，僅擇其中三則較具參考性的裁判臚列於下：

壹、從新從輕原則

一、出處：2011年11月30日臺灣臺北地方法院100年度北秩字第422號裁定。

---

29 參見法務部93年函釋。

二、事實：曾○於下列時、地有違反社會秩序維護法之行為：

（一）時間：2011年11月5日凌晨3時許。

（二）地點：臺北市○○區○○路○巷○號○樓○○旅館○號房。

（三）行為：於上揭時、地從事性交易，代價新臺幣（下同）2,500元。

涉有違反社會秩序維護法第80條第1項第1款案件，經移送機關臺北市政府警察局北投分局以2011年11月14日北市警投分刑字第10032460700號移送書移送臺北簡易庭審理。

三、裁定主文：曾○從事性交易，處罰鍰新臺幣6,000元。

四、法據、理由及證據：

「上開事實，有下列之事證證明屬實：（一）被移送人於警詢時之自白；（二）證人周○於警詢時之證述；（三）經警當場查獲。

被移送人行為後，社會秩序維護法第80條業於100年11月4日經總統以華總一字第10000249061號令公布，於同年月6日施行。修正前社會秩度序維護法第80條規定：『有左列各款行為之一者，處三日以下拘留或新臺幣三萬元以下罰鍰：一、意圖得利與人姦、宿者。二、在公共場所或公眾得出入之場所，意圖賣淫或媒合賣淫而拉客者。』『前項之人，一年內曾違反三次以上經裁處確定者，處以拘留，得併宣告於處罰執行完畢後，送交教養機構予以收容、習藝，期間為六個月以上一年以下。』修正後則規定為：『有下列各款行為之一者，處新臺幣三萬元以下罰鍰：一、從事性交易。但符合第九十一條之一第一項至第三項之自治條例規定者，不適用之。二、在公共場所或公眾得出入之場所，意圖與人性交易而拉客。』修正後之第80條規定，其中第1款雖放寬處罰條件（除有對價之性交行為外，亦處罰有對價之猥褻行為），惟刪除序文處3日以下之拘留規定，並刪除第2項之規定。本件被移送人係以2,500元之代價與成年男子周○從事性交一節，業經認定如前，依行為時之規定即修正前規定，除處3萬元以下之罰鍰外，尚得處3日以下之拘留；如依修正後之規定，則其行為僅得處3萬元以下之罰鍰，依刑法第2條第2項第1項但書之規定，自應適用修正後規定，較有利於被移送人。」

五、本文分析：社會秩序維護法第80條於2011年11月4日公布，同年月6日施行。故本件行為時11月5日，舊法尚屬有效，法定罰係選處拘留或罰鍰，警察機關應依第45條規定移送法院，法院再適用社維法第3條從新從輕原則，而非適用刑法從舊從輕規定。故本裁定法官引用「刑法第2條第2項第1項但書之規定」乃引據錯誤，殊有不妥。

至於嫖客（即本案證人周○），則應適用社維法第2條處罰法定原則，不必移送法院。

假若該違序行為發生於11月6日新法生效之後，新法第80條既屬專處罰鍰案件，依據社維法43條規定，應由警察機關裁罰性交易服務者（本件曾○）；另亦應處罰嫖客（即本案證人周○）。法院無審判權，警察機關無須移送本件曾○至法院。至於本案若另有某甲為媒介性交易而拉客行為，則應依新法移送拉客者甲至法院簡易庭，依舊法第81條規定裁罰。

貳、數行為分別處罰

一、出處：2019年11月7日臺灣臺北地方法院108年度北秩字第511號裁定。

二、事實：

（一）時間：2019年10月2日16時30分許。

（二）地點：臺北市萬華區昆明○○號。

（三）行為：無正當理由攜帶具有殺傷力之器械折疊刀1把，又攜帶經主管機關公告查禁之器械伸縮警棍1支，置於隨身包包內。

臺北市政府警察局萬華分局以2019年10月17日北市警萬分刑字第1083035189號移送書移送審理。

三、法院裁定主文：林○無正當理由攜帶具有殺傷力之器械，處罰鍰新臺幣3,000元；又攜帶經主管機關公告查禁之器械，處罰鍰新臺幣3,000元。扣案之折疊刀1支及三截式警棍1支沒入。

四、法據、理由及證據：

「上開事實，有下列之事證證明屬實：（一）被移送人於警訊時之自

白；（二）查獲照片5張；（三）經警察當場查獲，並扣得折疊刀1把、三截式警棍1支在卷可稽。

按無正當理由攜帶具有殺傷力之器械、化學製劑或其他危險物品者，處3日以下拘留或新臺幣3萬元以下罰鍰。製造、運輸、販賣、攜帶或公然陳列經主管機關公告查禁之器械者，處3日以下拘留或新臺幣3萬元以下罰鍰，社會秩序維護法第63條第1項第1款、第8款分別定有明文。另警械非經內政部或其授權之警察機關許可，不得定製、售賣或持有，違者由警察機關沒入。但法律另有規定者，從其規定。前項許可定製、售賣或持有之警械種類規格、許可條件、許可之申請、審查、註銷、撤銷或廢止及其他應遵行事項之辦法，由內政部定之。警械使用條例第14條亦定有明文。

查被移送人無正當理由攜帶折疊刀1把，其所為係違反社會秩序維護法第63條第1項第1款之非行，應依法論處。另被移送人本件被查扣案之三截式警棍1支，係屬行政院95年5月30日院臺治字第0950023739號函修正之『警察機關配備警械種類及規格表』中警棍類之鋼（鐵）質伸縮警棍，自屬經主管機關內政部公告列為查禁之器械。被移送人攜帶經主管機關公告查禁之器械即鋼（鐵）質伸縮警棍，其所為係違反社會秩序維護法第63條第1項第8款之非行，亦應依法論處。爰審酌被移送人之違犯情節及年齡智識等一切情狀，量處如主文所示之罰鍰。

扣案之折疊刀1把係被移送人所有，為供違反社會秩序維護法第63條第1項第1款所用之物，併依社會秩序維護法第22條第3項規定予以沒入。另查禁物不問屬於行為人與否，沒入之，且與其他處罰併宣告之，社會秩序維護法第22條第1項第2款、第2項後段、第23條亦有明定。本件扣案之鋼（鐵）質伸縮警棍為查禁物，爰依上開規定宣告沒入之。」

五、本文分析：同意本件裁定主文，但理由論述過於簡略，未論明三截警棍經主管機關公告查禁之法據，警械條例第14條沒入罰與社維法第63條處罰之適用順序關係，亦未說明持有與攜帶之事實與法概念之差異。再者，違序所用之物，係裁量沒入之物，本件折疊刀既非槍砲條例明定管制之刀械，法院裁定沒入，未敘明裁量理由。

參、證據法則——陷害教唆或釣魚辦案

　　警察機關取締性交易違序案件，常採用喬裝顧客之辦案方式，而衍生違法取證之爭議。下列二對比案例可供參考：

一、案例一

　　（一）出處：臺灣桃園地方法院102年度桃秩聲字第3號裁定

　　（二）事實：異議人梁○於2012年10月31日11時50分許，在桃園縣桃園市○○路○○○號「明冠瘦身美容坊」內，向喬裝男客之便衣員警言明從事俗稱「半套」、「打手槍」（搓弄生殖器）之性交易行為，並收取服務費用1,800元，原處分機關桃園縣政府警察局桃園分局以異議人違反社會秩序維護法第80條第1款前段之規定，因而裁處罰鍰3,000元。受處分人不服聲明異議。

　　（三）法院裁定主文：原處分撤銷。梁○不罰。

　　（四）法據、理由及證據：

　　1.按被處罰人不服警察機關之處分者，得於處分書送達之翌日起5日內聲明異議。聲明異議，應以書狀敘明理由，經原處分之警察機關向該管簡易庭為之，社會秩序維護法第55條定有明文。經查，本件移送機關以桃警分刑秩字第0000000000號處分書裁處異議人新臺幣（下同）3,000元（下稱系爭處分），並於民國102年1月4日送達異議人乙節，有送達證書1紙在卷可憑，而異議人業已於102年1月8日向移送機關對系爭處分聲明異議，並經移送機關以102年1月21日桃警分刑秩字第0000000000號移送書移送本院，是本件異議人聲明異議，程序上並無不合，合先敘明。

　　2.本件聲明異議意旨略以：(1)該便衣刑警假扮消費者入該店消費時，其目的在於蒐證及調查該店內之服務小姐是否從事性交易，若如此，則該人員之身上必然具備有錄音機或照相機，倘若原處分機關認定確有該事實存在，依法應提出證據，供裁決認定事實，否則，必屬繳攻誣陷；(2)據刑事警察取締或調查犯罪，依據刑事員警辦案之規定，必須多人同行，不得單獨行動，然此次單獨行動是否該員警於消費按摩完成後，於未

支付按摩服務費前，即以受處分人違反社會秩序維護法，向受處分人告發，又異議人未對之收取服務費；(3)員警意欲取締或調查「明冠瘦身美容坊」內是否違規之事實，其身分應為警察而非一般消費人員，因認原處分機關所認定之人應指一般消費人，何以將取締員警視為一般消費人而裁決，似與社會秩序維護法規定不符；(4)退而言之，**「明冠瘦身美容坊」之按摩服務費，確實為1,800元，此乃店內規定之按摩服務費用消費款，絕非屬於性交易之服務費用**，因認該喬裝員警與經驗法則不符。

3. 按有下列各款行為之一者，處新臺幣3萬元以下罰鍰：(1)從事性交易，社會秩序維護法第80條第1款前段定有明文。而所謂「性交易」，其定義依社會秩序維護法修正理由，與兒童及少年性交易防制條例第2條：**「本條例所稱性交易，指有對價之性交及猥褻行為」**為同一之解釋，故指行為人與顧客間有對價之性交或猥褻行為而言。次按犯罪事實應依證據認定之，無證據不得認定犯罪事實；不能證明被告犯罪者或其行為不罰者，應諭知無罪之判決，刑事訴訟法第154條第2項、第301條第1項分別定有明文，並為社會秩序維護法第92條所準用。

4. 原處分機關認本件異議人於上開時、地從事性交易，無非係以異議人經喬裝為男客之員警當場查獲為據。惟查，本件異議人準備與喬裝為男客之員警**進行半套性交易服務前，即遭該員警表明身分而查獲**等情，業據異議人於警詢時供述甚詳，核與卷附員警職務報告記載大致相符，顯見異議人與喬裝員警於查獲前，**未為任何有對價之性交或猥褻行為**，揆諸前揭說明，自難構成社會秩序維護法第80條第1款「性交易」之行為要件。此外，綜觀卷內**事證，亦不足證明**異議人有移送機關所指稱之從事性交易行為，是移送機關處罰異議人罰鍰，即有未當。

5. 綜上所述，本件既不能證明異議人確有上開違反社會秩序維護法第80條第1款前段從事性交易之處罰行為，自應予不罰。是異議人上開所辯，尚非虛詞，堪予採信。原處分未予詳查，遽予裁罰，尚有未洽，本件異議為有理由，原處分應予撤銷，另諭知異議人不罰。

二、案例二

（一）出處：臺灣桃園地方法院102年度桃秩聲字第5號裁定

（二）事實：異議人黃○於2013年1月3日20時30分許於桃園縣桃園市○○路○號2樓之4美雅生活館內，意圖性交易而向便衣員警言明從事半套性交易，並言明服務費用為1,600元，為原處分機關桃園縣政府警察局桃園分局值勤員警當場查獲，並處以罰鍰3,000元。受處分人不服聲明異議。

（三）法院裁定主文：異議駁回。

（四）法據、理由與證據：

1. 按被處罰人不服警察機關之處分者，得於處分書送達之翌日起5日內聲明異議、聲明異議，應以書狀敘明理由，經原處分之警察機關向該管簡易庭為之、原處分之警察機關認為聲明異議不合法定程式或聲明異議權已經喪失或全部或一部無理由者，應於收受聲明異議書狀之翌日起3日內，送交簡易庭，並得添具意見書、簡易庭認為聲明異議無理由者，應以裁定駁回之。認為有理由者，以裁定將原處分撤銷或變更之，社會秩序維護法第55條、第56條及第57條定有明文。

2. 本件聲明異議意旨略以：異議人於民國102年1月3日20時30分，在桃園市○○路○號2樓之4「美雅生活館」內所從事之工作乃正當按摩服務，並無不法或涉及違反社會維護法之事實。且**本案並無於現場查扣保險套、潤滑液及衛生紙，亦未提出偵查錄音作為證據方法**，為此提出異議。

3. 按「有下列各款行為之一者，處新臺幣三萬元以下罰鍰：一、從事性交易。」社會秩序維護法第80條定有明文，而所謂「性交易」，係指有對價之性交或猥褻行為，此參本法立法理由及兒童及少年性交易防制條例第2條規定自明。另依2011年11月4日修正公布之社會秩序維護法第80條第1款規定，從事性交易之人均應處以罰鍰，而非以意圖賣姦之行為人確實已與嫖客發生姦淫之性交行為為其成立要件。

4. 經查，異議人於2013年1月3日20時30分許於桃園縣桃園市○○路○號2樓之4美雅生活館內，意圖性交易而向便衣員警言明從事半套性交易，

並言明服務費用為1,600元，為原處分機關值勤員警當場查獲，並依社會秩序維護法之規定而對異議人處以罰鍰3,000元在案，此有桃園縣政府警察局桃園分局違反社會秩序維護法102年桃警分刑秩字第0000000000號處分書在卷可稽。雖異議人矢口否認上情，並以前詞置辯，惟證人即值勤員警胡旭成證稱：按摩大約30分鐘，請喬裝員警翻身後即要求褪下喬裝員警所穿之紙內褲，欲對員警從事半套性交易行為等語，此有職務報告、臨檢報告等件在卷可稽，本院衡以證人即值勤員警胡旭成與異議人素不相識，並無嫌隙，且員警於是時係依法執行取締色情勤務，尚無設詞誣陷之理，其證詞應為可採。又異議人原已犯罪或具有犯罪之意思，為司法警察獲悉後為取得證據，僅提供機會，以引誘之方式佯與之為對合行為，使其暴露犯罪事證，待其著手於犯罪行為實行時，予以逮捕、偵辦者而言，實務上稱此為「釣魚偵查」（即「提供機會型之誘捕偵查」），依調查筆錄、員警職務報告及臨檢報告可知本件警方既無主動詢問有無半套性交易服務，並無使異議人產生「是否要從事性交易」之造意，是異議人於2013年1月3日20時30分之**從事性交易行為顯非警方所造意，自非陷害教唆，而係誘捕偵查，員警職務報告及臨檢筆錄應屬可採，而不生違法取證之問題**。是以，本件事證自屬明確，異議人違反社會秩序維護法第80條第1項第1款之行為，堪予認定。

5.綜上，原處分機關之裁罰尚無不合，異議人之異議，顯無理由，應予駁回。

三、本文分析

社維法第80條修法後，性交易雙方均為違序行為人，除非交易發生爭執，有一方向警方報案，否則此類案件極難取締。有人檢舉，警察機關也只能派員喬裝顧客進入探知虛實。而喬裝辦案，取締性交易事件，分寸拿捏十分重要，上述二個對比案例，一則法院認為事證不足，撤銷警察裁罰處分；一則法院認為事證足以採信，維持原處分。關鍵在於違序人要約在前，並於違序行為要件該當之時，警察才表明身分。然從此二案例仍可看出法院審理違序案件，仍本於刑事證據法則，而非從行政程序法第43條

經驗法則或論理法則作爲事實認定之基礎。

第五節　結論

　　本法所規範之違序行爲，有許多是民眾日常生活上感到恐懼、不安的滋擾、威脅或危害，例如無正當理由攜帶開鎖工具或具殺傷力的器械，若不及時遏止，極可能惡化成財產或暴力犯罪，造成社會治安更大危害。故基於犯罪學之破窗理論，警察機關如能善用社維法防微杜漸之功能，對違序行爲進行取締與制裁，可收犯罪預防，讓民眾生活安心的治安成效。

　　不過，雖然社維法係以尚未構成犯罪之輕微違反秩序行爲作爲主要規範對象，然因分則所定之妨害安寧秩序、善良風俗、公務及侵害個人身體財產等違序行爲類型，許多構成要件同時該當於刑法及許多行政法之處罰要件，法律競合之情形不勝枚舉，現行法僅噪音管制以命令定義區別管轄[30]，有必要通盤逐一檢視，將涉及動物保護（虐待動物）、消防（高壓氣體爆竹之製造儲存、謊報災害）、交通（販賣黃牛車票）、兒少福利（放任兒少進入限制級場所）、環保（汙損牆壁、棄置廢棄物）等其他行政機關主管之事務刪除，回歸各該專法規範。

30　社維法第72條第3款：「製造噪音或深夜喧嘩，妨害公眾安寧者。」所稱噪音，依違反社會秩序維護法案件處理辦法第11條之說明，係指噪音管制法令規定之管制標準以外，不具持續性或不易量測而足以妨害他人生活安寧之聲音。

第八章

警械使用條例與案例研究

黃清德

第一節　警械使用條例立法目的與沿革

　　警械使用條例自1933年制定後，歷經1968年、1985年以及2002年多次修正，依制定及修正時間順序，簡單說明如下：

壹、1933年

　　因社會情形日趨複雜，警察使用警械若無一定法規遵守，不僅有礙觀瞻，抑且無以應付社會之環境，為使警械使用有一定法規遵守，應付社會之環境需要，1933年9月15日立法院第3屆第30次會議決議通過警械使用條例，國民政府於1933年9月25日正式公布[1]，全文計11條，主要內容包含警械的種類、使用主體、使用時機、使用程序、使用注意事項、使用警械的責任等。

貳、1968年

　　舊警械使用條例，係行憲前國民政府所公布施行，歷時已久，因為環境已多所變遷，其中若干條文，難以適合時勢的需要，鑑於該條例涉及治安績效與警察人員執行任務之安全，且與人民生命、身體、財產關係密切，1966年10月間先由臺灣省警務處擬具修正意見，後又會同前司法行政部、臺灣省政府及臺北市政府等有關機關一再研商，於1967年8月30日草擬完成修法草案，經行政院會議修正通過，於1968年7月26日函送立法院審議，立法院於1968年11月8日三讀通過，經總統於1968年11月22日公布施行[2]，全文計14條，主要修正內容為：將警官、警士改稱為警察人員；

1　論者有認為1914年3月2日由北京政府公布施行（教令第29號），復於同年8月29日由參政院追認改為「警械使用法」，全文共11條，對於警械規格、使用時機及注意事項、使用程序與結果皆有所規定，北京政府時期即已公布施行，1933年國民政府所頒之「警械使用條例」，僅為北京政府法律制度之延續而已。參見陳孟樵，「警械使用條例」法制史之研究—晚清末年迄民國五十七年之變遷，警學叢刊，第30卷第6期，2000年5月，頁274。

2　邱華君，警察法規，五南圖書，初版，1993年5月，頁175。

修正警械種類；修正警棍使用時機；修正違法使用警械，被害人由各該級政府先給予醫藥費或撫卹費，出於故意之行為，政府得向行為人求償；規定使用警械為依法令之行為。

參、1985年

鑑於暴力犯罪相繼增多，嚴重破壞治安，警察人員執行勤務時屢遭持械抗拒，受害者層出不窮，但警察人員執行勤務使用警械，仍多受該條例之消極性限制，窒礙頗多，使用時多有畏懼之心。為順應時勢之需要，內政部警政署廣求意見，經擬定修正草案，於1984年8月8日呈報內政部，經內政部完成草案，於9月27日函報行政院。行政院於11月22日院會第1910次會議討論決議通過修正草案，於12月6日函請立法院審議，立法院於12月17日初審、1985年1月4日二讀，1月8日第32次院會三讀通過，經總統於1985年1月18日公布施行[3]，全文計14條。此次共修正第3條、第4條、第5條及第12條等4個條文，主要內容為明確規定使用警棍之要件；明確規定使用警刀或警槍要件；明定使用警械時機；增列駐衛警執行職務適用本條例規定。此次的修正，除增加得使用警械之主體，消極性文字亦多予以刪除，進一步積極兼顧警察人員執行任務時之安全，使用警械所受的束縛，亦已顯見較前減少[4]。

肆、2002年

2002年5月29日修正第13條規定，因為凡執行司法警察職務之人皆必須使用警械，原條文第1項僅列舉憲兵執行司法警察、軍法警察職務，適用本條例，顯有掛漏之失，因此修正為本條例於其他司法警察人員及憲兵執行司法警察、軍法警察職務或經內政部核准設置之駐衛警察均為使用主體。又本條例之立法目的，原僅在規範警察人員使用警械之相關事項，其

[3] 邱華君，同註2，頁175-176。
[4] 邱華君，同註2，頁176-177。

他司法、軍法警察人員則各有其隸屬機關，其器械之種類與規格及賠償事項，宜由各該主管機關自行規定，非可一律適用，因此將「適用」修正爲「準用」。

最近一次修正則是2002年6月26日，簡化使用警械後之責任規定，明確規範「支付」對象、項目及由內政部統一訂定支給標準，修正使用警械至人傷亡之醫療費、喪葬費、慰撫金、補償金之規定爲現行條文第11條：「警察人員依本條例規定使用警械，因而致第三人受傷、死亡或財產損失者，應由各該級政府支付醫療費、慰撫金、補償金或喪葬費。警察人員執行職務違反本條例使用警械規定，因而致人受傷、死亡或財產損失者，由各該級政府支付醫療費、慰撫金、補償金或喪葬費；其出於故意之行爲，各該級政府得向其求償。前二項醫療費、慰撫金、補償金或喪葬費之標準，由內政部定之[5]。」

警械使用條例自2002年修正迄今，已超過17年未再修正，規範的內容似仍存在不少問題，而有改進之空間。例如警械使用條例第11條第2項規定，本質屬國家賠償責任，國家應就相對人之損害負全部之塡補責任，但警械使用條例卻限縮賠償範圍，對被害人保障不足，且該條文用語爲「補」償，並不符法理；警察用槍案件調查制度的建立等，都有檢討修正之必要[6]。

第二節　使用警械涉及的基本人權與法律性質

壹、使用警械涉及的基本人權

警械使用屬干預強度較高之強制措施，涉及人民生命、身體或財產之基本權。因此，警械使用條例各種警械使用之要件與原則，必須加以明確

---

[5] 立法院公報，第91卷40期，頁301中有關警械使用條例第11條之修正要點：「爲簡化使用警械後之責任規定，明確規範賠償之對象、項目及由內政部統一訂定支給標準。」

[6] 洪文玲，警察權，警察法學，第7期，2008年11月，頁537。

規範，使警察人員在執勤時能確實遵守**正當法律程序原則**，而受侵害之民眾亦得請求賠償或補償之救濟，如此方能實現**法治國家之精神**[7]。警察使用警械有可能造成人民傷亡或財物損害，而屬對生命權、身體權或財產權之侵犯，簡單說明如下。

一、生命權及身體權

「生命權」與「身體權」的保障係人權保障之基礎，若無此二者，則其他基本權利之保護均屬空談，此兩者本質上毋待明文即應存在[8]。雖然我國憲法並無明文保障「生命權」與「身體權」，但司法院大法官釋字第476號關於毒品危害防制條例死刑及無期徒刑規定是否違憲解釋中，指出死刑之規定與憲法第15條並無牴觸，即係以憲法第15條之「生存權」為「生命保障」之依據[9]。而「身體權」在憲法無明文，解釋上亦無法被其他基本權利的解釋所涵蓋知情況下，有以下二種思考方式：1.以憲法第22條為其依據；2.可認為「生命權」與「身體不可傷害權」對個人而言係一種根本且必要所存在者。警械的使用可能造成人民傷亡，屬對生命或身體之侵犯，應符合比例原則之要求。尤其若係對生命權的侵害，其情節更屬嚴重，國家應當有極度重要之公益事由，手段上亦認為除剝奪該人生命外，已無其他替代方法時，方屬許可[10]。

二、財產權

財產權是制度性保障之權利，國家應對財產權之內容具有予以「形成」之「義務」，而非如其他自由權，國家原則上不予干涉，該基本權即可實現[11]。國家公權力行為侵害，甚至是剝奪財產或權利，即構成對財產權之侵害。例如警察人員於追緝擁有強大火力之危險通緝犯時，合法使用警槍射擊，流彈造成第三人之門窗玻璃或物品損壞，為保障人民之財產

---

7 章惠傑，警察處理群眾活動警械使用範圍之研究，中央警察大學學報，第52期，2015年6月，頁70-71。
8 吳信華，憲法釋論，三民，初版一刷，2011年9月，頁231。
9 吳信華，同註8，頁230。
10 吳信華，同註8，頁233-234。
11 李惠宗，憲法要義，元照出版公司，三版，2006年9月，頁254。

權,按警械使用條例第11條第1項之規定,應由各級政府支付補償金。警察人員使用警械,尤其是開槍射擊行為,難免對犯罪嫌疑人或歹徒之生命、身體或財產產生一定之危害,甚至波及無辜之第三人,乃至共同值勤之人員[12]。

貳、使用警械的法律性質

警察為維持社會秩序及治安,或為達成拘提、逮捕等強制措施,均可能有使用警械之必要,警械使用有可能造成人民傷亡或財物損害,警械使用之法律性質,會影響後續的救濟途徑。以下分成使用警槍及使用其他警械二部分,就其法律性質加以探討。

一、使用警槍

(一) 行政處分說

主張使用警槍為行政處分者認為,依行政程序法第92條第1項及訴願法第3條第1項規定:「本法所稱行政處分,係指行政機關就公法上具體事件所為之決定或其他公權力措施而對外直接發生法律效果之單方行政行為。」警察射擊行為所發生之法律效果並非一般行為所能比擬,即使未對人或物造成傷害,其威嚇之效果亦相當大,射擊行為符合上開條文內容之「決定」或「公權力措施」,具有行政處分之性質[13]。警察射擊行為屬即時性之行政處分,因此在行政程序及行政救濟上所受之規範制約較為深入廣泛,整體而言相對於人民之權益保障較為周延[14]。對於警察使用警槍射擊行為,處分相對人可提起訴願及行政訴訟;惟射擊行為,子彈一經擊

---

[12] 劉嘉發,警械使用裁量基準與課責機制,中央警察大學學報,第52期,2015年6月,頁44。

[13] 陳正根,我國警械使用與警槍管制之行為及其行政救濟途徑,中央警察大學國境警察學報,第7期,2007年6月,頁156。

[14] 陳正根,同註13,頁158;梁添盛,論警察官使用警械所生國家責任之請求權行使問題,中央警察大學警政論叢,第11期,2011年12月,頁17-18。;惟陳敏大法官認為行政程序法第92條第1項及訴願法第3條第1項,有關行政處分定義中所稱「公權力措施」,雖有「決定」及「其他公權力措施」之區分,但所謂「其他公權力措施」並非事實行為,否則即與行政處分為法律行為之本質相違背,陳敏,行政法總論,作者自印,五版,2007年10月,頁313-314。

發，行為即告完成，應屬已執行完畢之行政處分，當事人若有不服，應依行政訴訟法第6條提起確認訴訟。

（二）事實行為說

「行政事實行為」亦稱「單純行政行為」，泛指公行政一切非以發生法律效果為目的，而以發生事實效果為目的之行政措施[15]。使用警槍之射擊行為，性質應屬於物理上之動作，為一種即時性行為，且在短時間完成，只要扣下板機子彈一經射出，射擊行為即告完成，不僅產生威嚇效果，亦有可能干預人民之基本權利，屬干預性或強制性之事實行為。使用警槍射擊行為屬於使用物理強制力者，常發生立即之效果，與其事後補救，不如事前預防，應注意手段與目的間的合宜及適當，例如警械使用條例第5條及第6條即明文規定比例原則，故應確實遵守，所依據之個別法規未有類似規定者，採取強制措施亦須遵守不得逾越必要限度之條件[16]。

（三）即時強制說

即時強制，係指非為強制義務之履行，而係為除去目前急迫障礙、危害之必要，於無暇課予義務時，或依其性質，若經由課予義務恐難達成目的時，直接對人民之身體或財產加諸實力，從而實現行政上必要狀態之作用[17]。行政執行法第36條第2項規定即時強制執行方法計有：1.對人之管束；2.對物之扣留、使用、處置、或限制其使用；3.對於住宅、建築物或其他處所之進入；4.其他依法定職權所為之必要處置。此等緊急強制措施，大多由警察機關為之，例如警械使用條例規定警械使用，因此，又稱為「警察即時強制」或「警察強制」[18]，有學者主張其係即時強制[19]。

（四）直接強制說

直接強制，係指義務人不履行其作為或不作為時，行政機關直接就義

---

15 陳敏，同註14，頁617。
16 吳庚，行政法之理論與實用，三民，增訂十二版，2013年8月，頁447-448。
17 梁添盛，論警察權限之強制手段與任意手段，中央警察大學學報，第48期，2011年6月，頁234。
18 劉嘉發，警察即時強制之研究，中央警察大學警政論叢，第4期，2004年12月，頁226-228。
19 施源欽，警械使用國家責任之研究，警學叢刊，第39卷第4期，2009年1月，頁26。

務人之身體或物施以物理上之實力，以達成與履行義務之同一狀態，而由於直接強制之特點，在直接以物理力壓制義務人抗拒意志，具有行政強制之「最後手段性」，應符合比例原則之要求。行政執行法第28條第2項規定：「前條所稱之直接強制方法如下：一、扣留、收取交付、解除占有、處置、使用或限制使用動產、不動產。二、進入、封閉、拆除住宅、建築物或其他處所。三、收繳、註銷證照。四、斷絕營業所必須之自來水、電力或其他能源。五、其他以實力直接實現與履行義務同一內容狀態之方法。」關於使用警槍之行為，應屬於同法第28條第2項第5款「其他以實力直接實現與履行義務同一內容狀態之方法」之情形。學者亦有認為警察用槍屬「直接強制」[20]。

二、使用其他警械

至於使用其他警械，實務上較常見者為使用警棍驅離群眾，或依據警察職權行使法第20條規定之「使用警銬或其他經核定之戒具」。強制解散群眾之行為，符合上述行政處分之性質。至於該解散處分之相對人得依「一般性特徵而可得確定其範圍者」，乃屬一般處分[21]；而警棍執行方法的使用係事實上的動作，相對人的忍受義務係法律本身的規定使然，而不是可推理出的忍受義務，故其性質屬於事實行為[22]。然而「使用警銬或其他經核定之戒具」措施，不僅屬於人身自由剝奪之措施，且涉及人性尊嚴。學者認為屬「干預性事實行為」，是此種強制手段之採取，只要符合警察職權行使法第20條第1項各款情形，警察即可依本身職權採取「行動」執行之，不必經由當事人之配合，符合即時強制之概念[23]。

有學者將使用警槍區分為：在射擊行為實施之前若有時間予以警告或警告性射擊，則警告可視為先前處分，射擊行為屬直接強制，若時間緊迫

---

[20] 呂阿福，警察使用槍械之正當性研究，臺灣大學法學論叢，第22卷第2期，1993年6月，頁179。

[21] 李震山，已執行完畢之行政處分及其救濟，月旦法學雜誌，第81期，2002年2月，頁22。

[22] 陳英淙，探討延伸與縮短程序之警察強制—兼論警槍使用之性質，憲政時代，第39卷第2期，2013年10月，頁64。

[23] 蔡震榮，論警察職權行使法強制措施之法律性質與救濟，中央警察大學學報，第41期，2004年8月，頁300。

無警告行為，可視為警察之即時強制[24]；區分警械使用屬行政處分或事實行為之實益，是為人民得尋求救濟之方式，就基本權利保障之觀點，將警械使用認定為事實行為，於救濟時毋庸經訴願先行程序，人民能獲得較迅速之救濟[25]。

第三節　警械使用條例的主要內容及爭議問題

壹、警械之種類與規格

一、警械使用條例之規定

警械使用條例第1條第1項規定：「警察人員執行職務時，所用警械為棍、刀、槍及其他經核定之器械。」第3項規定：「第一項警械之種類及規格，由行政院定之。」行政院依授權訂定之「警察機關配備警械種類及規格表[26]」，明定警察人員執行職務時所得使用之警械。

警械使用經常會侵及人民基本權，應屬法律保留事項。因此，就警械使用之相關要點應予適當規定。警械使用條例針對警械之種類、使用時機、使用程序以及相關法律效果均有所規定，惟警械之種類或規格，是否需立法列舉？有認為，依據我國槍砲彈藥刀械管制條例[27]規定，我國禁止

---

24 陳正根，同註13，頁154-158。
25 陳若凡，論警械使用之國家責任，中央警察大學法律學研究所碩士論文，2010年6月，頁30。陳敏大法官認為，在行政訴訟法增加給付訴訟之類型後，在立法政策上，亦無將部分事實行為擬制為行政處分而保障人民訴訟權之必要。參見陳敏，同註14，頁314。
26 警械種類：棍、刀、槍、其他器械。棍的種類與規格：「警棍」木質警棍、膠質警棍、鋼（鐵）質伸縮警棍；刀的種類與規格：「警刀」各式警刀；槍的種類與規格：「手槍」各式手槍、「衝鋒槍」各式衝鋒槍、「步槍」半自動步槍、自動步槍、「霰彈槍」各式霰彈槍、「機槍」輕機槍、重機槍、「火砲」迫擊砲、無後座力砲、戰防砲；其他器械得種類與規格：「瓦斯器械」瓦斯噴霧器（罐）、瓦斯槍、瓦斯警棍（棒）、瓦斯電氣警棍（棒）、瓦斯噴射筒、瓦斯手榴彈、煙幕彈（罐）、鎮撼（閃光）彈；「電氣器械」電氣警棍（棒）（電擊器）、擊昏槍、擊昏彈包；「噴射器械」瓦斯粉沫噴射車、高壓噴水噴瓦斯車、噴射裝甲車；「應勤器械」警銬、警繩、防暴網。
27 槍砲彈藥刀械管制條例第2條：「槍砲、彈藥、刀械，除依法令規定配用者外，悉依本條例之規定。」

一般民眾持有槍砲，容許警察使用槍彈，乃因警察任務需要，因此，使用主體及使用要件應有法律授權或經法律授權之命令予以明定，藉以使人民得事前知悉、在何種情況下、得使用何種警械[28]；但也有不同看法，主張無須以列舉之立法技術定之者。

第2項規定：「警察人員依本條例使用警械時，須依規定穿著制服，或出示足資識別之警徽或身分證件。但情況急迫時，不在此限。」係於2002年6月26日修正增訂，立法理由為：「增訂警察人員依法執行勤務時，必須依警察服制條例規定穿著制服及配帶標識，如穿著便衣應出示足資辨別之警徽或身分證件，以利民眾辨識，避免誤會或造成不幸傷亡。」是其立法目的應係在使民眾從外觀得知係警察人員執行勤務，避免民眾因不知係警察正在執行職務而於誤會中觸法或抗拒時造成傷亡。

二、「應勤器械」與「戒具」之異同

依據「警察機關配備警械種類及規格表」規定，警銬屬警械應勤器械之一種，惟其危險性不若警槍可能立即造成相對人之傷害。但對其使用目的、效果，亦應限制在制止被管束人之抗拒、暴行、危害行為。按警察職權行使法第20條[29]規定，警察使用警銬及其他核定之戒具，其目的在於管束行為人對己身及第三人可能造成之危害，為出自保護之目的[30]。警察職權行使法第20條明訂使用戒具之要件，可以彌補警械使用條例之不足[31]。警察外勤工作中，每當執行拘提、逮捕、解送、羈押、看守人犯等任務時，必須注意戒護人犯之脫逃、自殺、暴行或其他擾亂秩序之行為，其施

---

[28] 陳景發，論警械之種類與範圍，法學新論，第18期，2010年1月，頁107。

[29] 警察職權行使法第20條第1項規定：「警察依法留置、管束人民，有下列情形之一者，於必要時，得對其使用警銬或其他經核定之戒具：一、抗拒留置、管束措施時。二、攻擊警察或他人，毀損執行人員或他人物品，或有攻擊、毀損行為之虞時。三、自殺、自傷或有自殺、自傷之虞時。」

[30] 蔡庭榕、簡建章、李錫棟、許義寶合著，警察職權行使法逐條釋論，五南圖書，二版，2018年12月，頁438。

[31] 林明鏘，警察職權行使法基本問題之研究，台灣本土法學，第56期，2004年3月，頁126。學者梁添盛則認為，「戒具」與「武器」之性質不同，將兩者之使用要件於警械使用條例混為一談，極為不妥，參見梁添盛，我國警察官使用警械權限規範之商榷，中央警察大學學報，第47期，2010年4月，頁229。

用工具，以戒具最為便利而有效[32]。警察職權行使法第20條所稱「戒具」者，係依據監獄行刑法第22條第2項規定，以腳鐐、手梏、聯鎖、捕繩四種為限[33]。

除前述法定警械以外，在處理群眾活動事件中經常使用之拒馬、蛇籠、盾牌，是否屬於前揭規格表之「其他器械」類之警械，依警械使用條例第14條之規定，警械非經內政部或經其授權之警察許可，不得定製、售買或持有，違者由警察機關沒入。因時代進步，警械很難一一列舉，學者主張可考慮增訂概括規定，以避免掛一漏萬[34]，前揭規格表有檢討修正之必要，因應警察任務之需要以及確保職務之執行，也可使警察人員依法令執行職務時，所使用之一般器具或其他器械致人受傷、死亡或財產損失時，亦有本條例之適用，以保障人權。亦有學者引進日本警察官職務執行法第7條有關「性質上之武器」[35]之概念，認為重點應落在是否為「執行職務」而非是否為經核定之器械，亦值參考。

貳、得使用警棍的時機要件

警械使用條例第2條至第3條規定，警察人員得使用警棍之情形，有「指揮」及「制止」兩種情形，說明如下：

一、得使用警棍指揮的情形

警械使用條例第2條規定：「警察人員執行職務時，遇有下列各款情形之一者，得使用警棍指揮：一、指揮交通。二、疏導群眾。三、戒備意外。」指揮交通，係指以警棍表示方向、許可或禁止通行，例如警察於十字路口以警棍指揮交通；或是在範圍大、交通頻繁之肇事現場，指派專人負責指揮交通。疏導群眾，係於人群眾多或秩序欠佳之場合，使用警棍疏

---

32 邱華君，我國警械使用與戒具施用之比較研究，警政學報，第10期，1986年12月，頁20。
33 警察職權行使法逐條釋義，內政部警政署編印，2003年8月，頁77；蔡震榮、黃清德，警察職權行使法概論，五南圖書，四版，2019年11月，頁231。
34 章惠傑，同註7，頁74。
35 陳景發，同註28，頁116、121。

導群眾，便利通行，例如慶典期間，參觀遊行群眾擁塞道路，以致遊行隊伍難以通行，警察以警棍疏導參觀群眾，讓遊行隊伍通過；或是在災害或事故現場疏導群眾。戒備意外係指在執行勤務時，以警棍作為禁止或防止意外之器械，例如執行維護轄內重要官署、外國駐華使領館、駐華外國機構、油、水、電信、電力、油管、橋隧之安全維護，以警棍作為禁止或防止意外之器械。

二、得使用警棍制止的情形

警械使用條例第3條規定：「警察人員執行職務時，遇有下列各款情形之一者，得使用警棍制止：一、協助偵查犯罪，或搜索、扣押、拘提、羈押及逮捕等須以強制力執行時。二、依法令執行職務，遭受脅迫時。三、發生第四條第一項各款情形之一，認為以使用警棍制止為適當時。」使用警棍制止，係使用警棍制止特定人不為某一行為並強制其服從，例如警察在協助偵查犯罪，或搜索、扣押、拘提、羈押及逮捕等需以強制力執行時，依據刑事訴訟法第90條被告抗拒拘提或脫逃、第132條抗拒搜索等相關規定，警察得使用警棍制止。警察依法令執行職務，遭受脅迫時，乃警察代表國家行使公權力之行為，倘以不法行為予以執法者脅迫，當然構成刑法妨害公務罪，允許警察使用警棍制止之。發生警械使用條例第4條第1項各款得使用警刀或槍械情形之一，因為使用警棍之情形，危險性較小，使用警刀、警槍可能造成人民權利較大之侵害，如果認為以使用警棍制止為適當時，得使用警棍制止。至制止的方式，應以遇到得抗拒、脅迫的程度決定之，如有必要，使用警棍打擊脅迫者，應屬適法之行為。

參、得使用警刀或警槍之時機

警械使用條例第4條規定：「警察人員執行職務時，遇有下列各款情形之一者，得使用警刀或槍械：一、為避免非常變故，維持社會治安時。二、騷動行為足以擾亂社會治安時。三、依法應逮捕、拘禁之人拒捕、脫逃，或他人助其拒捕、脫逃時。四、警察人員所防衛之土地、建築物、工作物、車、船、航空器或他人之生命、身體、自由、財產遭受危害或脅迫

時。五、警察人員之生命、身體、自由、裝備遭受強暴或脅迫，或有事實足認爲有受危害之虞時。六、持有兇器有滋事之虞者，已受警察人員告誡拋棄，仍不聽從時。七、有前條第一款、第二款之情形，非使用警刀、槍械不足以制止時。前項情形於必要時，得併使用其他經核定之器械。」由於使用警刀、警槍可能造成人民權利較大之侵害，警械使用條例第4條，規定警察人員得使用警刀或警槍之要件與時機較爲嚴格。

第1款爲避免非常變故，係指於非常事故尚未發生時，預先處理，讓事故不會發生。例如警察據報有多名不法分子，在某大樓製造爆裂物，經派員勘查屬實，奪門進入取締，不法分子見警察前來，正欲將爆裂物投擲，企圖製造事故，警察見狀，先行持槍射擊該不法分子身體適當部位，阻止的適用時機。第2款之適用時機，則需要有騷動行爲足以擾亂社會治安時，例如不法之徒鼓動暴動，足以擾亂社會治安時，自得對暴動之人使用警械予以制止。第3款之適用時機爲依法應逮捕、拘禁之人拒捕、脫逃，或他人助其拒捕、脫逃時。例如人犯脫逃，警方已鳴警笛、包圍喊話或鳴槍示警，如已止步受逮捕，就不可再對其使用警刀、警械或其他器械制止；反之如果人犯仍繼續逃跑或反抗，自得使用警刀、警械或其他器械制止，並加以逮捕。但若只是不服交通稽查而逃逸之單純交通違規事件，不得任意開槍，以免造成人車危險[36]。第4款適用時機爲警察人員所防衛之土地、建築物、工作物、車、船、航空器或他人之生命、身體、自由、財產遭受危害或脅迫時。例如警察奉令防衛禁區，不准外人進出，如有歹徒強行入侵，倘不能用勸導等和平方法，甚至運用腕力或警棍亦不足阻止入侵，自得使用警刀或警槍或其他器械制止，遏止歹徒並保護禁區。又如歹徒意圖刺殺某人，正要舉槍射擊時，因情況急迫，警察應可逕行使用警刀或警槍或其他器械制止。第5款適用時機爲警察人員之生命、身體、自由、裝備遭受強暴或脅迫，或有事實足認爲有受危害之虞時，使用警刀或警槍或其他器械來抵抗或防衛，來排除強暴、脅迫或危害。若除了使用警刀或警槍以外，還有其他辦法足以排除強暴、脅迫或危害，則應使用警刀

---

[36] 內政部警政署，民國72年9月7日警署刑司字第32220號函釋。

或警槍以外警械，或以其他方法。例如歹徒於鐵門外，手持器械，脅迫站立於鐵門內之警察開門，此時警察受到的急迫或危害，尚未達到應使用警刀或警槍程度。

實務認為，警察人員執行職務，而得使用槍械時，仍應基於急迫之需要，且不得逾越必要之程度，以防止濫用槍械而侵害人民權益。至於是否合於急迫之需要及必要之程度，則須綜合全部之主、客觀情況資以判斷，而非僅以事後察知之客觀事實以檢討判斷其是否合於槍械之正當使用[37]。關於用槍時機的認定，多以是否為防衛警察或他人生命、身體，而有「急迫需要」為基本原則，換言之，人之生命、身體受到「急迫威脅」時，才可動用警槍[38]，最高法院最近判決有認為，被告員警於有警械使用條例第4條第1項第3款、第4款之使用警械之情形，復經喝令黎○維下車未果，且車輛仍處於隨時可加速移動情況，基此急迫需要，自得合理使用警用配槍；被告員警已克盡槍枝訓練要求，於用槍之際亦盡力避免傷及其人致命部位之注意義務，且無逾越必要程度，其後因射擊角度及車輛材質特性產生之彈道偏向，致使傷及黎○維，顯非被告用槍當時之注意義務所能及，不得認有何注意義務之違反[39]，此判決認為被告員警客觀上並無違反注意義務，主觀上亦已盡其注意之能事，自難認有何過失可言，此判決見解的動向值得觀察。

肆、執行取締、盤查等勤務得採取之措施與警職法交叉適用

警械使用條例第5條規定：「警察人員依法令執行取締、盤查等勤務時，如有必要得命其停止舉動或高舉雙手，並檢查是否持有兇器。如遭抗

---

[37] 最高法院96年度台上字第5765號刑事判決。

[38] 鄭善印，警械使用條例與警察用槍之研究—以警光雜誌、司法實務及日本法制為素材，警學叢刊，第41卷第5期，2011年3月，頁12-13。例如，臺灣高等法院95年度上訴字第2406號判決、91年度上訴字第2687號判決、高雄高分院98年度上重訴字第5號判決等均為適例。

[39] 臺北地方法院106年度訴字第462號刑事判決、臺灣高等法院107年度上訴字第242號刑事判決、最高法院108年度台上字第1017號刑事判決。

拒，而有受到突擊之虞時，得依本條例規定使用警械。」本條係2002年6月26日修法新增，因為警察人員依警察職權行使法第6條、第7條規定進行人之身分查證，依第8條規定進行之車輛查證，或依道路交通管理處罰條例規定攔停稽查車輛，取締告發違規車輛時，常須對可疑人加以盤詰檢查，為避免突遭襲擊，本條明定執勤人員得命受檢人停止任何舉動，或高舉雙手，接受檢查是否持有兇器或其他違禁物，如有違背或進而抗拒，得依本條例規定使用警械。如有凶器，依警察職權行使法第21規定，對凶器為預防危害之必要，得扣留之。凶器的種類並無限制，凡客觀上足對人之生命、身體、安全構成威脅，具有危險性之凶器均屬之。本條規定係指警察依法執行勤務，遭抗拒，而有受到突擊之虞時，始得依警械使用條例使用警械，如果僅是單純逃逸，則不適用。學者有認為如果將警察定位為「勇敢執法者」，亦即若遇到抗拒且現場情況混亂壓制不下時即可開槍，則警械使用條例第5條後段之「如遭抗拒，而有受到突擊之虞時，得依本條例規定使用警械」，其中「而有受到突擊之虞時」一句即應刪除，若不刪除，則開槍的警察雖無刑責，恐亦難免有行政責任。倘若定位警察為「聰明處理者」，則警察似應等待支援人力抵達後，才開始強力執法，因為以優勢警力即足以控制場面，而不必再以槍聲造成鎮懾效果，結果實際上可能不必開槍，是該條後段中的「而有受到突擊之虞」，即不必刪除[40]。

伍、使用警械應遵守的程序與注意事項

一、警械使用的正當程序與比例原則

　　警械使用條例第6條與第7條係警械使用比例原則的規定，旨在強調使用警械時，「不得為達目的而不擇手段」，是從「方法」與「目的」之關連性，來檢視使用警械行為是否具備合憲性，其目的乃在於保護人民之自由與權利，免於遭受國家行為的過度侵害，「殺雞焉用牛刀」、「不必

---

[40] 鄭善印，同註38，頁2。

以大砲打小鳥」皆可以用來說明比例原則的真義。比例原則是一個上位概念，可以分為三個下位原則：1.適當性原則，限制基本權利之措施必須能夠達到所預期之目的。因此使用警械必須是可以達到警察目的之適當手段，警察才可以使用警械；2.必要性原則，在適合達到目的之多種手段中，應選擇對人民侵害最小的手段，又稱侵害最小原則。因此，所使用的警械是眾多可以達成警察目的中侵害最小的手段，不得過當；3.狹義比例原則又稱權衡原則，對於基本權利之侵害程度，與所欲達到之目的間，必須處於一種合理且適度的關係，主要著重於「受限制之利益」與「受保護之的強度、犯罪者惡性之大小、犯罪手法是否凶狠、時間是否急迫、使用警械是否已達到任務，而不會造成過度侵害。

警械使用條例第6條規定：「警察人員應基於急迫需要，合理使用槍械，不得逾越必要程度。」本條係2002年6月26日修正原第5條：「警察人員使用警械，應基於急迫需要為之，不得逾越必要程度，並應事先警告。但因情況危急不及事先警告者，不在此限。」修正理由為「原條文規定警察人員槍械應基於急迫需要為之，又附加須事先警告，卻又設情況危急不必事先警告，文義反覆重疊，其真意實等於不必警告，設此警告規定，反使警察人員觀念混淆，往往因而延誤使用時機，使歹徒有機可乘，造成警察人員不必要的犧牲，且實質上預先警告似僅針對『槍械』而言，使用其他警械則毋庸受此程序限制，故予刪除」。

高等法院認為，員警係於嫌犯棄車往花蓮市國福大橋西端逃逸時，開槍制止，惟嫌犯仍然繼續往前跑，員警始攔截曾某所駕之車而追捕到案等情，為上訴人花蓮縣警察局所不爭執，即員警在開槍前，嫌犯已棄車往橋上逃跑，橋上又無其他叉路可走，嫌犯應在員警視線控管範圍內，有無開槍之必要，即有疑慮，何況警員之開槍成效不彰，嫌犯並未停止逃跑，反倒是攔車始追捕到案，足見以當時情狀，員警之開槍並無必要。員警用槍並不符合修正前警械條例第4條、第7條所定之「必要性」及「不傷及無辜」等要件[41]。

---

[41] 臺灣高等法院花蓮分院95年度重上國更（一）字第1號民事判決，https://db.lawbank.com.tw/

　　警械使用條例第7條規定：「警察人員使用警械之原因已消滅者，應立即停止使用。」本條係警械使用的必要性原則的規定，爲原條文第6條移列，警械使用條例第6條原規定：「警察人員使用警械時，其得以使用警械之原因，行將消滅或已消滅者，應立即停止使用。」因爲使用警械原具急迫性，其使用原因是否「行將消滅」認定難免有所出入，殊屬不必要之限制規定，2002年6月26日修正，刪除「行將消滅」要件。除了前述行政程序法第7條規定外，警察職權行使法第3條第2項也規定：「警察行使職權已達成其目的，或依當時情形，認爲目的無法達成時，應依職權或因義務人、利害關係人之申請終止執行。」警察人員使用警械之原因已消滅者，應立即停止使用。例如，持有凶器歹徒，經告誡已拋棄凶器。

　　高等法院認爲，員警在開槍前，嫌犯已棄車往橋上逃跑，橋上又無其他叉路可走，嫌犯應在員警視線控管範圍內，有無開槍之必要，即有疑慮，何況警員之開槍成效不彰，嫌犯並未停止逃跑，反倒是攔車始追捕到案，足見以當時情狀，員警之開槍並無必要[42]。當時已有優勢之警力部署，衡諸告訴人在現場並未對警方施以任何攻擊之行爲，且又空手未攜帶槍械，上訴人與其他同時執行逮捕之同仁並未受到任何立即之危害，若欲執行逮捕，應斟酌情形使用不致危及人命之追捕方式達成，實無必要使用槍枝，然卻連開四槍，認其使用槍械已逾越必要程度[43]。

二、使用警械應遵守的程序與注意事項

　　使用警械應注意勿傷及其他之人以及勿傷及其人致命之部位。警械使用條例第8條規定：「警察人員使用警械時，應注意勿傷及其他之人。」警械使用容易侵害人的生命、身體，尤其使用警槍、警刀，應特別謹慎小心使用，應注意勿傷及其他之人。所謂其他人，是指路人、鄰人以及執行職務之人或便衣埋伏等無辜之人。本條係規定警察使用警械應注意之義

FINT/FINTQRY04.aspx?id=J%2cG%2c95%2c%e9%87%8d%e4%b8%8a%e5%9c%8b%e6%9b%b4%ef%bc%88%e4%b8%80%ef%bc%89%2c1%2c001&ro=3&dty=J&lc1=FL0044697&ty=C%2cD%2cF%2cG%2cH%2cK%2cO%2cP%2cQ%2cI%2cJ%2cR%2cL%2cS%2cT%2cU%2cV。

[42] 同註41。
[43] 最高法院96年度台上字第5765號刑事判決。

務。第9條則規定:「警察人員使用警械時,如非情況急迫,應注意勿傷及其人致命之部位。」使用警械時,除遇有情況急迫情況,應注意勿傷及其人致命之部位,致命部位例如頭部,胸部及腹部等。是否已盡注意義務,臺北地方法院判決認為,若用槍時機符合警械使用條例相關規範,確有使用警用配槍之急迫需要,並已注意勿傷及其人致命之部位,無逾越必要程度,是被告員警客觀上並無違反注意義務,主觀上亦已盡其注意之能事,自難認有何過失可言[44]。當警察人員之生命、身體遭受危害或脅迫,非使用警刀或槍械,不足以抵抗或自衛時,得使用警刀或槍械。又警察人員使用警械時,如非情況急迫,應注意勿傷及其人致命之部位。警察人員依警械使用條例使用警械之行為,為依法令之行為,被告執行職務時,遭受圍殺,頭部受傷甚重,曾某及死者沈某猶分持酒瓶、扁鑽追殺不捨,在距離一、二公尺內,被告員警之生命遭受危害,情況急迫,其於昏倒前,非使用所攜帶之槍械,實不足以抵抗或自衛,雖不幸射中沈某之左眼下至腦部,致沈某不治死亡,以其開槍射擊時身受重傷,血流滿面,視覺模糊,在情況急迫下,已無從注意是否傷及其人致命之部位[45]。

最高法院認為,警察人員執行職務,而得使用槍械時,仍應基於急迫之需要,且不得逾越必要之程度,以防止濫用槍械而侵害人民權益。至於是否合於急迫之需要及必要之程度,則須綜合全部之主、客觀情況資以判斷,而非僅以事後察知之客觀事實以檢討判斷其是否合於槍械之正當使用[46]。

陸、警察人員用槍案件調查制度

警械使用條例第10條規定:「警察人員使用警械後,應將經過情

---

44 臺北地方法院106年度訴字第462號刑事判決。
45 最高法院74年度台上字第7108號刑事判決,https://db.lawbank.com.tw/FINT/FINTQRY04.aspx?id=J%2cG%2c95%2c%e9%87%8d%e4%b8%8a%e5%9c%8b%e6%9b%b4%ef%bc%88%e4%b8%80%ef%bc%89%2c1%2c001&ro=2&dty=J&lc1=FL00446910&ty=C%2cD%2cF%2cG%2cH%2cK%2cO%2cP%2cQ%2cI%2cJ%2cR%2cL%2cS%2cT%2cU%2cV。
46 最高法院96年度台上字第5765號刑事判決。

形，即時報告該管長官。但使用警棍指揮者，不在此限。」警察人員用槍案件常引起社會以及媒體矚目，甚至指控警察用槍不當，傷亡者家屬往往會嚴詞控訴，使用槍械的員警更是備感委屈與壓力。警察人員使用警械後，應將經過情形，即時報告該管長官，以利後續調查。因此，應該建立一套明確完整的警察用槍案件調查制度，查明真相，釐清責任歸屬。

有學者認為，當警察面臨急迫不正之侵害時或危難時，判斷是否該當使用武器之要件，係屬專門性、專業性之認定，苟無重大瑕疵，檢察官及法官應對使用槍械的見解加以尊重。因為警察對於開槍的時機之決定，與法院法官作成死刑判決，二者之間有很大的差異，即當警察面臨真實且急迫之危險時，必須於千鈞一髮之際立下決定是否用槍，由於法律規定之用槍時機概念籠統不明確，僅能以武器作為最後的執法憑藉，警察人員使用警械的行為，很難由局外人之角度發現事實，並加以合理評價；反之，法官則是在安全的法院內審慎地認事用法，方做出死刑宣判，故要求警察謹慎考慮後才使用槍械，似乎不切實際，且強人所難。因此，為提供法院對此類案件是否適法之判斷之參考，可參考公路法第67條，授權成立車輛行車事故鑑定組織之先例，透過立法，授權設置「警察官使用武器責任鑑定」組織，專責辦理警察使用武器是否適法之鑑定事項[47]，委員會中成員應包含心理學、法學、刑事鑑識學、警學等專家學者及公正人士參與共同鑑定，以公正、科學的蒐證程序認證，訂定鑑定標準作業程序，使鑑定結論具有「判斷餘地」，供法院起訴或判決之參考，以昭信社會大眾[48]，從法律中建構對於員警用槍公正判斷的機制。2019年內政部警械使用條例修正草案也增訂設置「警械使用調查小組」，主動或接受院檢機關委託，調查警察人員使用警械致人死亡或重傷的爭議案件，以協助釐清真相，保障當事人權益[49]。

---

47 梁添盛，同註14，頁16；吳峻瑋，警械使用之國家賠償責任之研究，東海大學法律學研究所碩士論文，2016年，頁39。

48 施源欽，同註19，頁44-45。

49 內政部表示，為釐清警察使用警械的妥適性及適法性，警械使用條例修正草案也增訂設置「警械使用調查小組」，主動或接受院檢機關委託，調查警察人員使用警械致人死亡或重傷的爭議案件，以協助釐清真相，保障當事人權益；也明定警察為達成任務，於緊急情況時，

柒、警察人員使用警械所生之國家賠償責任

警械使用條例第11條規定：「警察人員依本條例規定使用警械，因而致第三人受傷、死亡或財產損失者，應由各該級政府支付醫療費、慰撫金、補償金或喪葬費。警察人員執行職務違反本條例使用警械規定，因而致人受傷、死亡或財產損失者，由各該級政府支付醫療費、慰撫金、補償金或喪葬費；其出於故意之行為，各該級政府得向其求償。前二項醫療費、慰撫金、補償金或喪葬費之標準，由內政部定之。」本條區分警察合法與違法使用警械賠償責任，第1項規定警察人員合法使用警械，因而造成無辜第三人之傷亡者，應由各該級政府支付醫療費、慰撫金、補償金或喪葬費。第2項明定「違反本條例」使用警械規定，因而致人受傷、死亡或財產損失者，由各該級政府支付醫療費、慰撫金、補償金或喪葬費；其出於故意之行為，各該級政府得向其求償。警察人員違法使用警械，其行政、刑事責任則依公務員懲戒法、刑法定之。警械使用條例性質為國家賠償法之特別法，於對行為人求償要件、賠償程序及賠償範圍，均有特別規定應優先適用，與法理不符之處，有檢討修正之必要[50]。

一、違法使用警械致人傷亡或財產損失

警察人員執行職務違反警械使用條例使用警械規定，致人受傷、死亡或財產損失者，本質屬國家賠償責任，國家應就相對人之損害負全部之填補責任，但警械使用條例限縮賠償範圍在醫療費、慰撫金、補償金或喪葬費，對被害人保障不足，且該條文用語為「補」償，並不符法理。員警用槍不符合警械條例要件，受害人補（賠）償範圍究僅得求償「醫療費、慰撫金、補償金或喪葬費」？或另得求償其他依國家賠償法、民法規定的項目，例如：勞動能力之減損、不能工作的損失、看護費等？有法院認為警械使用條例為特別法，優先適用於普通法國家賠償法，因而限制被害人請求賠償項目與金額，例如最高法院判決認為：「國家賠償法第6條規定：

得使用警械以外的各種物品，以彈性靈活符合實需。參見警械使用條例修正草案糾紛回歸國賠員警免訟累，2019年1月24日，https://www.cna.com.tw/news/aipl/201901240302。
[50] 洪文玲，警察權，警察法學，第7期，2008年11月，頁537。

國家損害賠償，本法及民法以外其他法律有特別規定者，適用其他法律。又警械使用條例第11條第1項規定：警察人員依本條例規定使用警械，因而致第三人受傷、死亡或財產損失者，應由各該級政府支付醫療費、慰撫金、補償金或喪葬費。第2項規定：警察人員執行職務違反本條例使用警械規定，因而致人受傷、死亡或財產損失者，由各該級政府支付醫療費、慰撫金、補償金或喪葬費；其出於故意之行為，各該級政府得向其求償。第3項規定：前2項醫療費、慰撫金、補償金或喪葬費之標準，由內政部定之。此為關於警察人員於執行職務使用警械致人傷亡時應負損害賠償責任及範圍之特別規定，於此類事件，其適用應優先於國家賠償法第2條、第5條、民法第192條第1、2項、第194條之規定。」[51]

但也有法院認為警械使用條例第11條第2項規定的目的，應係在使被害人得向各級政府協調取得救急金，不在於限制被害人僅得向各級政府（而不得向警員所屬之警察機關）請求賠償、更不在於限制被害人僅得求償「醫療費、慰撫金、補償金或喪葬費」而剝奪其他依國家賠償法、民法規定本得請求的項目（例如：勞動能力之減損、不能工作之損失），由各級政府「先給予」醫藥費或撫卹費，亦即在使被害人或被害人的家屬有一筆金錢可先予處理醫療或喪葬事宜，被害人若將來提起國家賠償訴訟時，各級政府先給予的醫療費、慰撫金則視為損害賠償的一部分而可予以扣抵；員警用槍不符合警械條例所定的要件，而違反保護他人之法律致生損害，依警械使用條例，國家賠償法第2條第2項，民法第184條第1項、第2項、第186條規定，請求○○縣警察局賠償，即屬有據[52]。由警械使用條例第11條第2項規定：「警察人員執行職務違反本條例使用警械規定，因而致人受傷、死亡或財產損失者，由各該級政府支付醫療費、慰撫金、補償金或喪葬費；其出於故意之行為，各該級政府得向其求償。」對照國家賠償法第9條第1項規定：「依第2條第2項請求損害賠償者，以該公務員所屬機關為賠償義務機關。」可知，國家賠償法規定的賠償義務機關為該

---

[51] 最高法院94年度台上字第672號刑事判決。
[52] 臺灣高等法院花蓮分院95年度重上國更（一）字第1號民事判決；最高法院87年度台上字第1310號民事判決。

公務員所屬機關，通常為任用機關，亦即公務員任職及支領俸給的行政機關，而警械使用條例則規定由「各該級政府」支付「醫療費、慰撫金、補償金或喪葬費」。基此授權，內政部訂有「警察人員使用警械致人傷亡財產損失醫療費慰撫金補償金喪葬費支給標準」。然而，觀察警械使用條例之修正沿革，有關於使用警械後的責任及賠（補）償規定的條文，2002年6月26日修正前警械使用條例第10條第1項規定由各級政府「先給予」醫藥費或撫卹費，是以，當初立法目的似乎為救急之用，並非係損害賠償範圍之特別規定（即應無排除國家賠償法及民法侵權行為規定之適用），亦即在使被害人或被害人之家屬有一筆金錢可先予處理醫療或喪葬事宜，被害人若將來提起國家賠償訴訟時，各級政府先給予之醫療費、慰撫金則視為損害賠償之一部分而可予以扣抵。警察人員執行職務違法使用警械致人受傷、死亡或財產損失，其本質上，即是國家賠償法所指之公務員因執行職務行使公權力，因故意或過失不法侵害人民之權利之國家賠償責任，在法理上殊無由國家自定統一賠償標準之理由，且應無藉由另立警械使用條例第11條第2項規定，而限制人民得請求賠償之項目僅限於「醫療費、慰撫金、補償金或喪葬費」，及限制得受償數額之用意[53]。

二、適法使用警械致人傷亡或財產損失

　　警察依法執行職務使用警械，依警械使用條例第11條第1項之規定，其請求權主體僅限於第三人，故若致可歸責之歹徒受傷、死亡或財產損失者，國家則不負賠償責任。法院實務對於依法使用槍械致第三人死傷，一般是評價為合法的，認為「員警如依警械使用條例規定用槍致發生死傷結果，係屬合法行為，並不會成立侵權行為，是警械使用條例第11條第1項之規定係補償責任[54]」。「警械使用條例第11條規定，係各級政府於警察人員依規定執行職務，致第三人傷亡時，負給付責任，為公法上之給付性質[55]」。就理論上而言，警察人員依法執行職務使用警械，為依法令之行

---

[53] 臺北地方法院106年度重國字第6號民事判決。
[54] 板橋地方法院95年度國字第25號民事判決。
[55] 最高法院98年度台上字第1572號民事判決。

為，得阻卻違法，警察個人無需負擔法律責任。但論者也有主張，即使是罪大惡極之槍擊要犯，國家亦應實施逮捕，使其接受法律制裁，犯罪人亦有接受法律審判之權利，何況某些犯罪尚不至達死刑之程度，警械使用條例授權警察用槍射擊，冒著當場擊斃人犯或流彈致無辜路人喪命之危險，乃立法者為保全公益，而犧牲少數人接受法律審判之權利或承擔流彈誤射之風險，無論是依社會保險、風險分擔理論或公益犧牲理論，國家仍應負起補償責任，相對人有請求國家補償之權利，僅法院得減免其金額[56]，此看法值得重視。

三、警察人員使用警械致人傷亡財產損失醫療費慰撫金補償金喪葬費支給標準

內政部依據警械條例第11條之授權，於2002年12月25日訂定發布「警察人員使用警械致人傷亡財產損失醫療費慰撫金補償金喪葬費支給標準」，其中第2條規定：「警察人員執行職務依本條例規定使用警械致第三人受傷或死亡者，其醫療費、慰撫金及喪葬費依下列規定辦理：一、受傷者：除支付醫療費外，並給與慰撫金，最高以新臺幣五十萬元為限。二、身心障礙者：除支付醫療費外，並依下列規定給與一次慰撫金：（一）極重度障礙者：新臺幣二百五十萬元。（二）重度障礙者：新臺幣一百五十萬元。（三）中度障礙者：新臺幣一百萬元。（四）輕度障礙者：新臺幣七十萬元。三、死亡者：除給與一次慰撫金新臺幣二百五十萬元外，並核實支付喪葬費，最高以新臺幣三十萬元為限。四、因受傷或身心障礙死亡者，依前款規定補足一次慰撫金差額，並支付喪葬費。前項第一款、第二款醫療費，除病房費以保險病房為準外，核實支付。第一項第二款所稱障礙等級之鑑定，依身心障礙者保護法及相關規定辦理。」依警械使用條例所訂定之支給標準，雖有比照國家賠償案件之額度再予調高，但至今以十餘年未曾修正，期間人民之生活水準、物價比率及其他的賠償額度均已有別於當時的狀況，將固定額度之支給標準定位為對受損害

---

56 施源欽，同註19，頁33。

人民之即時處理金,使人民在案發後能取得一筆相當之款項,以處理醫療或喪葬事宜,至於額度及項目不足之部分,再依個案狀況以國家賠償法請求之,如此不但可以解決警械使用條例與國家賠償法競合之問題,亦能貫徹國家責任之精神,提升對人民的保障,也可免去對警察人員不合理之壓力[57],此一見解,頗值得參考。

捌、使用警械阻卻違法事由

警械使用條例第12條規定:「警察人員依本條例使用警械之行為,為依法令之行為。」雖然有學者指出,本條例係由立法院制定經總統公布,其名稱既為條例,故在法的體系上為「法律」,其地位在命令之上,而在憲法之下,並認為警械使用條例第12條之規定,略嫌畫蛇添足。因刑法第21條第1項規定:「依法令之行為,不罰。」只要係依法律或命令之行為即可不罰,亦即阻卻了行為的違法性,不成立犯罪。然依據最高法院73年台上字第4994號刑事判例之裁判要旨認為:「原判決既認為被告使用槍枝擊斃死者之行為,係符合警械使用條例第4條第1項第5款、第8條之規定,即依同條例第11條規定為依法令之行為,是被告之行為係依刑法第21條第1項之規定為不罰,核與第一審判決認為被告開槍擊斃死者係正當防衛且未過當,依刑法第23條之規定其行為不罰,適用法則顯屬不同,乃原判決未依法撤銷改判,竟予維持,自難謂無不適用法則之違誤。[58]」該判決,依循著1968年「警械使用條例」之立法,將警察人員使用警械之行為由傳統實務所定位之正當防衛行為,確立為依法令之行為。惟警察人員使用警械之行為究係正當防衛之行為,抑或依法令之行為,於學理上似乎尚有疑義,致使在理解歷年來之相關實務見解以及法制上,亦顯得紛紛擾擾,1968年「警械使用條例」第11條立法背景,對於此一議題提供些許思考的途徑,本條規定有保障警察人員依法使用警械之功能[59]。警務人員持

---

[57] 桑維明,警械使用國家責任之法實證研究,警學叢刊,第40卷第6期,2010年5月,頁72-74。

[58] 最高法院73年台上字第4994號刑事判例。

[59] 參照陳孟樵,警察人員使用警械之法律史──由正當防衛到依法令之行為的變遷,臺灣大學國家發展研究所碩士論文,2004年,有詳細論述,值得參考。

法院所核發之搜索票依法執行搜索職務時，且已表明警察身分，惟死者仍取槍作勢射擊，令該二警務人員確有生命安全顯受有危害之虞，因情況急迫，先採取反制行動，以確保性命安危，均堪認其槍械之使用，符合警械使用條例第4條之規定，且其使用槍械均未逾越必要程度，亦無並未注意勿傷人致命部位之情事，故應認為刑法第21條規定，依法令行為而阻卻違法[60]。

玖、使用警械之主體

　　警械使用條例第13條規定：「本條例於其他司法警察人員及憲兵執行司法警察、軍法警察職務或經內政部核准設置之駐衛警察執行職務時，準用之。駐衛警察使用警械管理辦法，由內政部定之。」本條例原規定「本條例於憲兵執行司法警察職務時適用之」，鑑於凡執行司法警察職務之人皆必須使用警械，原條文第1項僅列舉憲兵，顯有掛漏之失。又警械使用條例之立法目的原僅在規範警察人員使用警械之相關事項，其他司法、軍法警察人員則各有其隸屬機關，其器械之種類與規格及賠償事項，宜由各該主管機關自行規定，非可一律適用，爰將「適用」修正為「準用」。因此除了警察人員以外，其他司法警察人員，例如移民署人員、調查局人員、廉政署人員及憲兵執行司法警察、軍法警察職務或經內政部核准設置之駐衛警察，均為警械使用條例規定的使用警械之主體。

　　駐衛警察，係指各機關學校團體依據內政部頒訂之「各機關學校團體駐衛警察設置管理辦法」規定，自行遴用執行各駐在單位安全及秩序人員。駐衛警察依駐衛警察使用警械管理辦法第3條及第4條規定，得攜帶並使用警械，並以使用警棍為原則，其需要其他警械者，應由駐在單位向警政機關申請配發。其使用警械之訓練、監督、考核，由當地警察局（分

60　最高法院98年度台上字第1572號刑事判決，https://db.lawbank.com.tw/FINT/FINTQRY04.asp x?id=J%2cC%2c98%2c%e5%8f%b0%e4%b8%8a%2c1572%2c001&ro=32&dty=J&lc1=FL0101 086&ty=C%2cD%2cF%2cG%2cH%2cK%2cO%2cP%2cQ%2cI%2cJ%2cR%2cL%2cS%2cT%2 cU%2cV。

局）辦理。其使用警械因而致人傷亡者，由駐在單位依警械使用條例第11條及依該條所定之標準辦理[61]。

服警察役役男，依替代役實施條例第58條規定：「依本條例規定服警察役之役男，於執行職務時，得使用必要之警械；其使用辦法，由主管機關定之。」依該條授權所訂定之「警察役役男使用警械管理辦法」第2條及第3條之規定，警察役役男執行勤務，遇有警械使用條例第2條至第4條所定情形時，得使用警械。警察役役男執行勤務時，以使用警棍為原則。同管理辦法第6條規定：「警察役役男使用警械，因而致人傷亡者，準用警械使用條例第十一條規定辦理。」

拾、警械之種類與規格

警械使用條例第14條規定：「警械非經內政部或其授權之警察機關許可，不得定製、售賣或持有，違者由警察機關沒入。但法律另有規定者，從其規定。前項許可定製、售賣或持有之警械種類規格、許可條件、許可之申請、審查、註銷、撤銷或廢止及其他應遵行事項之辦法，由內政部定之。」可知如果未經內政部的許可而「定製」、「售賣」或「持有」之警械，警察機關得予以沒入。此一沒入行為，係行政處分。距離2006年年最後一次修正「警察機關配備警械種類及規格表」已時隔13年未再予以修正，隨著科技之日新月異，人權之節節高漲，部分器械已不合時宜，許多新型器械亦相繼發明，因現行法令無法概括列舉所有警械之態樣，造成警察人員在使用警械上產生疑慮，常遭民眾質疑甚至提告使用非種類及規格表中明定之警械，而面臨違法使用警械之官司。從而，警械使用條例、警械種類及規格表及相關法制，有修正之必要。其他法律另有規定者，例如監獄行刑法第24條第1項規定，監獄管理人員得使用攜帶之警棍或槍械，自衛槍枝管理條例第3條規定，機關團體因警衛必要，得向當地警察機關請求派駐警衛，其有置槍必要者，應先檢同員工名冊，報由當地警察

---

61 蔡進閱，論駐衛警察，警學叢刊，第29卷第1期，1998年7月，頁11。

機關核轉內政部核准;其置槍數量,不得超過實有人數五分之一。但負有治安任務之機關所需槍枝,得不受限制。同條例第6條規定,人民自衛槍枝,每人以甲乙種各一枝為限,每戶不得超過甲乙種各二枝,並應申請查驗給照。依此等法律規定,則上述監獄管理人員,機關團體及人民,可依法持有規定之警械或槍枝。

第四節 案例研究

法院對於員警使用警械合法性的審查,攸關員警使用警械後的刑事責任與國家賠償責任,以下分別依合法使用警械與違法使用警械責任,舉幾則案例說明:

壹、合法使用警械

一、員警開槍擊斃駕車拒捕竊賊案刑事判決——臺灣高等法院107年度上訴字第242號判決[62]

(一)事實摘要

竊賊黎○○遭人舉報涉嫌在新北市中和區地下停車場竊取同社區住戶車輛內汽油,中和第一分局警員多次前往社區尋訪未遇,嗣警員接獲通知黎○○在社區之行蹤,因而前往查訪,警員由社區監視器畫面得知黎○○正搭乘電梯前往地下2樓停車場,警員即分工執行攔查,警員見黎○○坐入自小客車駕駛座,警員站立在黎○○車輛前方,打汽車引擎蓋示意黎○○下車,黎○○未予理會,竟趁隙駕車逃離,並於停車場出口處撞倒停放在車道口之警用機車,警員騎乘警用機車在後追緝,緊追黎○○車輛,一路行至台北市萬華區西門町區域。

被告警員張○○於同日晚間9時至12時許,擔任攤販整理勤務,因接獲通報,前往處理路倒民眾勤務。被告跑步跟隨在黎○○車輛後,黎○○駕車不慎撞擊,因人行道上之石製阻車擋而無法前進,被告得以追至黎○○車輛,並站立在黎育維車輛右前方約1至2公尺處,被告取出警用配槍指向黎○○車輛,大聲喝令「停車、下車」等語,黎○○拒不聽從,被告持槍朝行進中之自小客車射擊2槍,致其中1發子彈貫穿前擋風玻璃右側進入車內,往駕駛座方向,先造成黎○○右肘小擦傷,再從右下腹進入腹腔,嵌於黎○○左側腸骨,黎○○之車輛停止,被告上前將黎○○自駕駛座拉出車外並壓制在地,其後因發現黎育維右腹部流血不止,遂請先前至現場救護之救護車將黎○○送往臺北市立聯合醫院和平院區急救,惟黎○○仍於同日晚間11時36分許因出血性休克而死亡。

(二)檢察官起訴理由

檢察官依證人陳述,認為被告警員張○○,明知警察人員使用警槍應基於急迫需要,合理使用槍械,不得逾越必要程度,且警察人員使用警械時,如非情況急迫,應注意勿傷及其人致命之部位。而依當時情形,並無不能注意之情事,黎○○欲「倒車」駛離現場時,張○○朝該「往後行進」中之車輛陸續射擊兩槍,竟疏未注意避免射擊黎○○之身體,因出血性休克而死亡,涉有上開業務過失致人於死罪嫌。

(三)判決無罪理由

臺灣臺北地方法院106年度訴字第462號判決被告無罪理由:

1. 證人許○○就被告究竟係在何時開槍、被告開槍時與黎○○車輛相對位置之陳述內容,前後實有明顯差異,與進入車內造成死者右腹部槍傷之事實,並不合致,是證人許○○前開歷次陳述,難認可信。

2. 檢察官所舉證據,尚無從確認被告係在起訴書所指黎○○車輛欲倒車駛離現場時,朝該往後行進中之車輛射擊。

3. 黎○○有拒捕且駕車疾駛危及民眾安危,有警械使用條例第4條第1項第3款、第4款之使用警械之情形,復經喝令黎○○下車未果,且車輛仍處於隨時可加速移動情況,基此急迫需要,自得合理使用警用配槍;被

告係持槍朝黎○○右前輪胎方向射擊，顯已盡力減低子彈可能會造成之危害。

4.被告開槍行為固未達預期之效果，但被告已克盡槍枝訓練要求，於用槍之際亦盡力避免傷及其人致命部位之注意義務，且無逾越必要程度，其後因射擊角度及車輛材質特性產生之彈道偏向，致使傷及黎○○，顯非被告用槍當時之注意義務所能及，不得認有何注意義務之違反。

檢察官不服一審判決提出上訴，臺灣高等法院認為，原審所為無罪之諭知，其結論並無不合，上訴駁回。臺灣高等法院認為，本案案發當時確有使用警用槍械制止黎○○拒捕倒車行為之急迫需要，被告用槍時機符合前揭警械使用條例相關規範，屬合理使用，且已注意勿傷及致命之部位，並未逾越必要程度，是被告客觀上並無違反注意義務，主觀上亦已盡其注意之能事，自難認有何過失可言。本案一、二審均獲判無罪，依刑事妥速審判法規定，除非判決適用法令牴觸憲法，或判決違背司法院解釋、判例，檢察官才能提起上訴。最高法院認為，檢察官上訴第三審並未指出原判決違背判例、解釋，因此予以駁回，全案確定。

二、最高法院102年度台上字第810號判決國家賠償判決[63]

（一）事實摘要

許○○於2008年12月21日晚間，搭乘徐○○所駕駛車號○○○○-DS之自小客車行經新北市中和區興南路二段119巷時，遭新北市政府警察局中和分局警員彭○○以槍口敲打車窗喝令下車否則將開槍，徐○○拒絕並衝撞，彭○○朝副駕駛座開槍射擊，造成許○○第一胸椎骨折併脊髓損傷，下肢機能嚴重受損。

（二）當事人之攻擊防禦方法

上訴人許○○主張：伊於2008年12月21日晚間，搭乘訴外人徐○○所駕駛車號○○○○-DS之自小客車行經新北市中和區興南路二段119巷

---

63 歷審判決：新北地方法院99年度國字第25號民事判決、新北地方法院99年度國字第25號民事判決、臺灣高等法院100年度上國字第18號民事判決、最高法院102年度台上字第810號民事判決。

時，遭被上訴人之中和分局警員彭○○以槍口敲打車窗喝令下車否則將開槍，卻未給下車之時間與機會，亦無鳴槍示警或朝輪胎開槍，旋即朝伊所坐副駕駛座開槍射擊，造成伊第一胸椎骨折併脊髓損傷，下肢機能嚴重受損。伊因彭○○之故意或重大過失，未依警械使用條例規定使用警械致受傷害，被上訴人自應負賠償之責，伊已於2009年3月9日以書面向被上訴人請求賠償遭拒絕等情，爰依國家賠償法第2條第2項、警械使用條例第11條第2項之規定，求為命被上訴人給付伊醫藥費、養護費及精神慰撫金賠償。

被上訴人新北市政府警察局則以：彭○○係受命對徐○○駕駛系爭車輛執行人車查扣職務時遭拒，更遭徐○○駕車衝撞危及其生命、身體，其依警械使用條例規定使用警槍，瞄準右前車輪射擊，並無不合，當時因處於車輛、身體移動且重心不穩之瞬間，始擊中上訴人，此非其開槍時所明知或可得預見。況時值夜間，車窗又貼有隔熱紙，其不知副駕駛座坐有上訴人，難認有使上訴人受傷之故意或過失，亦不能期待彭○○有注意之可能，此業經檢察官為不起訴處分及駁回再議確定，上訴人請求賠償，洵屬無據等語，資為抗辯。

（三）本件上訴為無理由，上訴駁回

最高法院認為本件上訴無理由，駁回上訴，判決理由如下：

1. 警察人員警械使用條例第4條、第5條規定所列之情形，如有急迫需要時，並已盡同法第8條、第9條規定之注意義務後，即得在必要之範圍內使用警械，該行為即屬依法令之行為。

2. 依據刑事訴訟法第88條第1項、第3項第1款規定，徐○○被追呼為犯罪人，應以現行犯論，且拒捕脫逃中，彭○○持槍喝令車內人員下車，亦合於警械使用條例第4條第1項第3款規定得使用槍械之情形。

3. 案發當時係晚上20時許，上訴人乘坐之副駕駛座位車窗黏有隔熱紙，有照片可稽，車內未開燈，實無法辨識該座位是否有人乘坐，彭○○應無認識副駕駛座有人乘坐，及有開槍傷人之故意。又槍擊現場之騎樓地面高出水平，彭○○突遭徐○○駕車逼進，而在向後閃避過程中，因現

場地面不平，重心無法平衡，致其無法於穩定狀態中開槍，以致擊中上訴人，槍擊過程發生於一瞬間，並無足夠時間供彭○○思考及判斷如何防止誤射車內乘客，更難認為有過失。

4.上訴人依據警械使用條例第11條第2項規定，請求被上訴人賠償無依據。

貳、違法使用警械

一、新竹地方法院107年度訴字第119號判決業務過失致死[64]

（一）事實摘要

陳○○為新竹縣政府警察局竹北分局鳳岡派出所警員，越南籍移工阮○○（遭雇主於2014年10月3日通報為行方不明）於2017年8月31日上午9時許前某時，在不詳地點飲用酒類及施用甲基安非他命後，因不明原因將衣物褪除全身赤裸於同日上午9時許在新竹縣竹北市中華路1150巷底之鳳山溪河床處，無故擊破胡○○使用而停放該處之車牌號碼○○○○-○○號自小貨車之前擋風玻璃，並爬進該自小貨車駕駛座，將車內物品丟出，旋張○○駕駛車牌號碼○○○-○○○號重型機車行經該自小貨車駕駛座旁，阮○○從該自小貨車車窗伸手抓住張○○並欲出手毆打，張○○掙脫後即通知在附近工作之胡○○，胡○○前往查看時遭阮○○持拆下之自小貨車雨刷攻擊，阮○○復將張銀池上開重型機車推進附近水溝內，胡○○見狀於同日上午9時51分許撥打110報處理。

適員警陳○○於同日上午8時至10時輪值備勤勤務，接獲勤務指揮中心之通報後，因警力不足而商請民防人員李○○一同前往現場，由陳○○駕駛新竹縣政府警察局竹北分局車牌號碼○○○-○○○○○號巡邏車，搭載李○○前往報案地點處理。陳○○與李○○於同日上午10時許抵達新竹縣竹北市中華路1150巷底之報案地點後，見阮○○坐在車牌號碼

○○○○-○○號自小貨車內，確認阮○○即為胡文龍報案砸毀該自小貨車玻璃之準現行犯，且經在場之胡○○及張銀池說明經過，並在附近水坑內看到張○○上開重型機車後，陳○○與李○○即至該自小貨車前，阮○○即以非中文之語言對陳○○與李○○講話，陳○○與李○○得知阮○○非本國籍人士後仍以中文要求阮○○下車，阮00突從該自小貨車之前擋風玻璃破裂處躍下車，旋向李○○揮拳攻擊，陳○○與李○○見狀分別取出甩棍欲壓制阮○○，過程中李○○欲蹲下撿拾掉落地面之甩棍時，遭阮○○以腳踢中臉部鼻樑部位，當場受有鼻骨閉鎖性骨折及鼻樑、左臉部挫擦傷等傷害，陳○○續以甩棍欲制伏阮○○程中，甩棍亦受損彎曲而不堪使用，李○○隨即取出辣椒水對阮○○臉部多次噴灑，欲制止阮○○之攻擊行為，阮○○數次躍入附近水溝清洗臉部，並從水溝內撿拾石塊丟擲攻擊岸上之陳○○、李○○及附近民眾。

陳○○見阮○○之行動能力未受影響，認附近民眾之生命、身體及安全有遭受危害之虞，有依法使用槍械並逮捕阮○○之必要，且李○○已因傷而無法提供協助，遂於阮○○最後一次爬出水溝上岸後，取出配帶之警用制式手槍上膛警戒，並對阮○○以中文喝令「趴下」，詎阮○○仍全身赤裸未持械向陳○○所停放之巡邏車走去，陳○○知悉巡邏車電門尚插有鑰匙，為制止阮○○而當時朝阮○○開槍射擊時，於阮○○全身赤裸、未持械情況下於開啓巡邏車駕駛座車門之際，並無對陳○○或在場之他人有衝撞或攻擊之迫切危害舉動，於同日上午10時42分25秒至33秒間，朝正開啓巡邏車駕駛座車門及移動入車內駕駛座之阮○○下半身接續射擊6槍，旋陳○○於同日上午10時42分34秒，再以中文喝令阮○○「下來」後，又貿然於同日上午10時42分35秒至37秒間朝阮○○下半身接續射擊3槍，阮○○仍於同日上午11時32分許，因兩側氣血胸、兩肺扁塌、血腹、右大腿骨股粉碎性骨折和肌肉軟組織出血而多重創傷性休克死亡。

（二）判決有罪理由

1. 被害人阮○○其於上開時、地遭被告射擊9槍後，於胸腹部、下背腰部和左臀部有18處槍彈傷口，致其因多重創傷性休克而死亡，被告本件

槍擊行爲與被害人之死亡結果間，具有相當因果關係甚明。

2.依法逮捕犯罪嫌疑人之公務員，遇有抵抗時，雖得以武力排除之，但其程度以能達逮捕之目的爲止，如超過其程度，即非法之所許，不得認爲依法令之行爲。又按警察人員執行職務時，遇有依法應逮捕、拘禁之人拒捕、脫逃時，得使用槍械，固爲警械使用條例第4條第1項第3款所明定。惟同條例第6條亦規定：「警察人員應基於急迫需要，合理使用槍械，不得逾越必要程度。」觀其內涵即爲「比例原則」之展現，包括「適合性原則」，即使用槍械必須基於急迫需要，且能有效達成行政目的；「必要性原則」，即依當時情況，必須沒有其他侵害法益較小之方式時，始得使用槍械，並非警察人員爲逮捕拒捕或脫逃之現行犯即得毫無限制使用槍械，且縱有使用之需要，仍應選擇侵害人民法益最小之方式爲之；利益相當原則」，即所欲達成之行政目的，必須與不得不侵害之法益輕重相當。

3.被害人於站立在巡邏車駕駛座車門時，係全身赤裸，雙手並無任何器械，亦無任何踢警車、車門或攻擊被告及在場人之舉動，而被害人於接續遭射擊9槍期間仍係全身赤裸上半身大部分進入警車駕駛座內，左腿仍踩在地上，左手或抓著警車駕駛座之方向盤，無任何攻擊被告及在場人之舉動及啓動警車電門等情。

4.被告欲將被害人逮捕，既遇被害人攻擊拒捕後，復走向巡邏車欲開啓巡邏車駕駛座車門，於此急迫情形下，雖得依上開條例第4條第1項第3款規定使用槍械，且使用槍械亦能有效達成逮捕被害人之目的，惟被告接續射擊9槍之際，被害人未持械且全身赤裸，也未對被告施以任何攻擊之行爲，復無啓動警車電門駕車攻擊或衝撞被告、他人之急迫情狀，被告實際上未受到任何立即之危害，則被告欲使用槍械執行逮捕，本應斟酌情形使用不致危及人命之方式達成，並非有立即使用槍械、近距離接續對人身射擊9槍之必要。

5.任何情況使用槍械，均可能導致不可預料之後果，況接續開槍9次甚易因槍法失準而誤擊人體背胸腹部諸多重要器官，而背部內有重要臟器，下半身亦有動脈血管，且臟器出血及動脈血管破裂大量出血時，仍有

致命之虞，自為受過警察專業訓練之被告所知，此外被告使用槍械之目的僅在消除被害人之脫逃能力以遂行逮捕，相較被告使用槍械對被害人9次接續射擊時，被害人於遭受被告射擊第4槍時，其左腰臀處已開始出血，再於被害人遭受被告射擊第6槍時，其左腰臀處出血處明顯持續出血，且血量不斷變大，右下背腰處出血處持續出血，左大腿臀處開始出血，右大腿內側出現大片血跡及不斷出血，已嚴重侵害被害人之生命法益，即其所欲達成之行政目的，難謂與侵害之法益輕重相當，是難認被告使用槍械對被害人多達9次射擊並未逾越必要程度及符合利益相當原則。

6.新竹縣政府警察局調查被告使用槍械致人於死之分析：四、適法性評估：（二）案發後，陳員（即被告）使用槍械共計射擊9發子彈，似與警械使用條例第6條規定：「警察人員應基於急迫需要，合理使用槍械，不得逾越必要程度」，此部分因屬陳員現場之判斷，故允宜依現場情境及阮嫌（即被害人）之行止能力綜合觀之，本案使用槍械射擊9槍確易令人質疑過當之嫌，惟考量陳員之生理、心理因素及開槍後阮嫌之行動能力等狀況，加以列入衡量，應可體認渠射擊多發之情，雖無故意，但判斷上可能構成過失」。

7.被告因積極執行職務以求行政目的之達成，其出發點固無不當，然其未選擇對被害人侵害最小之方式，即貿然於12秒內、近距離接續對被害人連開9槍，用槍之方式及次數逾越必要程度，致所欲達成之行政目的，與侵害之法益輕重失衡，是被告使用槍械之行為未合乎上揭警械使用條例第6條之規定，不為法律所容許，不得以依法令之行為主張阻卻其違法性。被告在依法令執行逮捕而用槍之情形下，應注意、能注意採侵害人民法益最小之方式為之，卻未注意，而貿然近距離對被害人連開9槍，致被害人兩側氣血胸、兩肺扁塌、血腹、右大腿骨股粉碎性骨折和肌肉軟組織出血而多重創傷性休克死亡，被告應負過失致死罪責。

二、太陽花學運國家賠償案——臺北地方法院106年度重國字第6號判決[65]

(一)事實摘要

原告等人起訴主張,原告等人於2014年3月23日至24日間在行政院區內外遭被告臺北市政府及臺北市政府警察局所屬警察人員使用警械攻擊,受有身體及自由權利之損害,被告臺北市政府應依警械使用條例第11條第2項前段,被告臺北市政府警察局則應依警械使用條例第11條第2項前段及國家賠償法第2條第2項規定,對原告負損害賠償責任。

(二)國家賠償理由

1. 本件原告起訴主張被告所轄員警執行職務違反警械使用條例之規定使用警械致原告受傷,依警械使用條例第11條第2項及國家賠償法第2條第2項規定,請求被告為國家賠償,並向本院行政訴訟庭提起行政訴訟,本院行政訴訟庭認訴訟標的金額已逾新臺幣40萬元,於2016年3月31日以105年度簡字第89號裁定移送臺北高等行政法院,臺北高等行政法院認原告並無行政訴訟合法繫屬中,應依民事訴訟程序向普通法院民事庭請求救濟,乃於2016年11月22日以105年度訴字第607號裁定將本件訴訟移送至本院民事庭審理。警械使用條例係國家賠償的特別法,本件訴訟於性質上既屬國家賠償事件,適用民事訴訟程序,臺北地方法院就本件自有管轄權。

2. 行政院院區及周邊係集會遊行法第6條所定集會遊行之禁制區,然於禁制區之非法集會,於制止、命令解散,進而強制驅離時,仍應考量比例原則。在禁制區進行之非法集會,主管機關雖得命令解散,且得以強制為之,惟仍應公平合理考量人民集會、遊行權利與其他法益間之均衡維護,以適當方法為之,不得逾越所欲達成目的之必要限度。

3. 需以強制力執行驅離時,應以使民眾離開禁制區作為所欲達成之目的,所採取之方法,係包含以強制力促使不配合離開之民眾離開所在處所(禁制區)之一切行為(例如:將手勾手民眾之身體分開、將躺著、坐著

之民眾拉離、抬離等），惟不應包括基於教訓、洩憤、報復等逸脫前述目的而攻擊民眾身體之行為。

4.對於非法「和平」集會之驅離，警察人員本應避免使用強制力，俾以避免發生寒蟬效應，惟由於此等集會畢竟係屬非法，倘於以柔性勸說命令解散等方式無從達解散目的時，施用強制力進行之驅離，係不得已之決定，且既然係以強制力進行驅離，於警察實施強制力之過程中，難免會有發生摩擦、碰撞、拉扯等而使民眾之身體受傷或財物受損，如有因此而造成受驅離民眾之身體、財產之損傷者，在不逾比例原則之範圍內，仍屬依法行政之行為，國家不負損害賠償責任，惟若係逾越比例原則之過當行為，既已超出依法行政之範圍，國家自仍應負損害賠償責任。

5.原告亦已正式對於被告臺北市政府警察局提出請求並提起國家賠償訴訟，則使賠償責任歸由被告臺北市政府警察局作為賠償義務機關，本即於法有據（國家賠償法第9條第1項），且不至於出現同一被害人之不同求償項目必須由不同機關賠償之情況，致使求償途徑趨於複雜而對於請求權人滋生困擾。何況，依行政院發布之「警察機關配備警械種類及規格表」所示，警棍、高壓噴水車均屬警械之範圍，惟原告另提及之警盾、警靴並非行政院所定警械之範圍。必須是「警察機關配備警械種類及規格表」核定之警械，方有警械使用條例之適用。

6.警察持警械所造成之損害，始能依警械使用條例之規定求償，警察非持警械（例如徒手徒腳）所造成之損害，則必須依國家賠償法之規定求償，倘身上同時有此二種傷勢，難道要區分造成各傷勢之原因，分別向「各級政府」及「各級政府所屬警察局」求償？益徵若將警械使用條例認定為國家賠償法之特別法，且就賠償之「主體」及「範圍」優先適用警械使用條例相關規定，係治絲益棼。

7.各原告之求償，經本院認定確有遭受警察逾越比例原則執法過當致權利受侵害而得求償之部分，係因警察執行職務行使公權力有逾越比例原則而施以暴力所發生。

參、警械使用的合法要件

　　從以上判決分析，法院仍以警械使用條例第4條至第9條規定，作爲認定使用警械之合法性要件，包括：1.「需客觀上存有使用武器之情勢」，亦即客觀上存在急迫不正之侵害、對自己或他人之生命、身體、自由、財產之緊急危難暨其他依法令規定得使用武器之情形。警械使用條例第1條第1項各款之規定，即係使用警械之客觀上情狀之規範；2.「所使用之手段必須具備相當性」，亦即需符合警械使用條例第6條：「警察人員應基於急迫需要，合理使用槍械，不得逾越必要程度。」第8條：「警察人員使用警械時，應注意勿傷及其他之人。」及第9條：「警察人員使用警械時，如非情況急迫，應注意勿傷及其人致命之部位。」之規定；3.「客觀上需無違反注意義務，主觀上亦已盡其注意之能事」。警政署爲迅速排除對社會治安及人民之急迫危害，並保障警察人員執勤安全，使警察人員合理、合法使用槍械，於2016年訂定的「警察人員使用槍械規範」，雖然只是行政規則位階，無拘束法院效力，惟仍可作爲法院判斷員警用槍是否合法參考，該規範區分員警「持槍警戒」「鳴槍制止」「逕行射擊」分別加以規範，情形如下：1.持槍警戒：警察人員執行各項職務時，研判自身或他人可能遭受襲擊時，得持槍警戒；2.鳴槍制止：警察人員執行職務時，遇有下列各款情形之一者，得鳴槍制止：(1)發生暴力犯罪且持續進行時；(2)群眾聚集挑釁、叫囂、互毆或意圖包圍警察人員，情勢混亂時；(3)犯罪嫌疑人意圖逼近、挾持、攻擊警察人員或他人，或有其他不當舉動時；(4)犯罪嫌疑人意圖駕駛交通工具攻擊警察人員或他人，或駕駛行爲將危及其他人、車時；(5)犯罪嫌疑人持有兇器或其他危險物品，受警察人員告誡拋棄，仍不遵從時；(6)警察人員防衛之重要設施有遭受危害之虞時；(7)其他治安事件於警察人員或他人有遭受危害之虞時；3.逕行射擊：警察人員執行職務時，遇有下列各款情形之一者，得逕行射擊：(1)持有致命性武器或危險物品或以暴力、交通工具等攻擊、傷害、挾持、脅迫警察人員或他人時；(2)有理由認爲犯罪嫌疑人持有致命性武器或危險物品或以暴力、交通工具等意圖攻擊警察人員或他人，不

及時制止將危及警察人員或他人生命或身體安全時；(3)持有致命性武器或危險物品之犯罪嫌疑人拒捕脫逃，將危及警察人員或他人生命或身體安全時；(4)意圖奪取警察人員配槍或其他可能致人傷亡之裝備時；(5)其他危害警察人員或他人生命或身體安全，情況急迫時。

第五節　結論

警械使用條例自1933年制定後，歷經1968年、1985年以及2002年多次修正，惟自2002年修正迄今，已超過17年未再修正，規範的內容似仍存在問題，有檢討修正之必要。

警械使用屬干預強度較高之強制措施，涉及人民生命權、身體權或財產權。因此，警械使用條例各種警械使用之要件與原則，必須加以明確規範，使警察人員在執勤時能確實遵守正當法律程序原則與合乎比例原則，而受侵害之民眾亦得請求賠償或補償之救濟，方符法治國家之精神。

警械使用有可能造成人民傷亡或財物損害，警械使用的法律性質，會影響後續的救濟途徑。使用警槍的法律性質有行政處分、即時強制、事實行為、直接強制等不同解；至於使用其他警械，較常見者為使用警棍驅離群眾，或依據警察職權行使法第20條規定之「使用警銬或其他經核定之戒具」。

因為公益維持治安等原因的需要，允許警察使用警械，然警械使用條例規定，警械使用的要件、時機、程序，以及使用後的賠補償，均應妥適加以規範。警械使用條例第4條至第9條規定使用警械之要件，包括：1.「需客觀上存有使用武器之情勢」；2.「所使用之手段必須具備相當性」；3.「客觀上需無違反注意義務，主觀上亦已盡其注意之能事」。法院實務也以此作為審查警察使用警槍合法性的標準，增設「警械使用調查小組」，主動或接受院檢機關委託，調查警察人員使用警械致人死亡或重傷的爭議案件，可增加證據認定的客觀性，協助釐清真相與責任，保障員警與相關當事人權利。

第九章

家庭暴力防治法與案例研究

鄧學仁

第一節　本法立法目的與沿革

壹、本法之立法背景與立法目的

一、本法立法背景

　　家庭暴力事件經常包含家庭成員間之非理性的感情或利益糾葛在內，其施虐與受虐原因非常複雜並無定論，且在性質上與一般的刑事暴力事件又不盡相同。另一方面，家庭成員間發生紛爭後，其嚴重程度有時已超過彼此的自主解決能力與修復能力，常使家庭暴力事件當事人只能坐視對立與衝突繼續擴大，使彼此陷於情緒不安甚至危及人身安全，並殃及未成年子女無法健全成長，於耳濡目染家庭暴力的相處模式後，竟產生代間傳遞使子女在不自覺的情形下，亦成為未來的施虐者或受虐者，導致「不幸複製不幸」之惡性循環，對於社會治安與國家發展造成不良影響，然而傳統的處理方式及民刑事法律制度卻不能提供有效的解決之道。

　　於此情形，國家即有必要另設特別的法律制度，提出有效的解決之道或防治方法。亦即，如上所述，家庭暴力問題不僅是個人或家庭問題而已，國家機關應藉由警察、司法、醫療、社工、教育等社會資源適時介入此類家庭，引導當事人重新認識自己的生活處境，並幫助被害人選擇符合自己利益的生存方式，此即為公權力機關介入私人家庭之正當性基礎。

二、本法立法目的

　　自古以來家庭暴力問題雖然早已普遍存在，但是過去以家庭和諧為重的觀念，仍然深植人心，一味要求被害人忍讓，導致家庭暴力問題未受到世人應有的重視。更甚者，過去於處理家庭暴力事件之過程中，因防治家庭暴力及保護被害人之措施等，經常導致家人彼此對立或破壞家庭和諧，在學說上亦引起爭議；於實務運作上也產生困擾。因此，過去經常勉強被害人應「以和為貴，家和萬事興」，在息事寧人後與加害人共同生活，但此乃對於暴力之姑息，並無助於問題之解決，甚至造成彼此相殘的可怕結局。因此，家庭暴力防治法之立法目的，究竟應以「促進家庭和諧與完

整」爲優先，或應以「防治家庭暴力行爲及保護被害人權益」爲優先？過去最高法院對此亦未作明確區分[1]，才有後來2007年之修法。

由於近代法律制度係以「個人爲單位」，並以「權利爲本位」；個人的人性尊嚴成爲近世最受重視的普世價值。基於此價值使得社會上既得利益的優勢者必須認知無論其爲老人、兒童、婦女、勞工，甚或是身心障礙者、同性戀者等，都應受到社會尊重；此價值也鼓勵這些社會的弱勢者，對內要重視自己本身的存在意義，同時對外要積極爭取權利以獲得保障。基於此意義，「防治家庭暴力行爲及保護被害人權益」，應置於「家庭和諧與家庭完整」之上。亦即，家庭和諧與完整不能僅靠被害人忍讓姑息來成全，只有加害人停止施暴行爲，始能造就家庭和諧與完整。

因此，2007年修正後的家庭暴力防治法於修法理由中，即說明：「家庭暴力防治法之主要目的，在於防治家庭暴力行爲、保護遭受家庭暴力之被害人人身安全及保障其自由選擇安全生活方式與環境之尊嚴。」至於促進家庭和諧與完整，並非家庭暴力防治法之主要目的，充其量僅能作爲次要目的或保障被害人權益後之附隨效果。

貳、本法之立法沿革

一、本法之制定

1993年臺灣發生鄧如雯殺夫案，引起社會大眾重視家庭婚姻及性侵害暴力，進而推動民法親屬編、性侵害犯罪防治法、家庭暴力防治法之修訂。其中，家庭暴力防治法於1995年9月完成第1次草案，經過許多民間婦女團體、專家學者、立法委員及政府相關部門多年之共同努力，逐於1998年5月28日通過家庭暴力防治法，同年6月24日總統公布，成爲亞洲第一部有關家庭暴力之專法，之後共經歷5次修法，現行版本爲2015年1月23日修正，同年2月4日總統公布。

現行家庭暴力防治法共有66條共分爲七章，第一章通則、第二章民

---

[1] 最高法院92年度台抗字第110號民事裁判：「按家庭暴力防治法之立法目的，係爲促進家庭和諧，防治家庭暴力行爲及保護被害人權益。……」

事保護令、第三章刑事程序、第四章父母子女（含和解、調解程序）、第五章預防與處遇、第六章罰則、第七章附則。其中第二章民事保護令下設有聲請及審理與執行兩小節。

我國家庭暴力防治法特色為參考美國各州、紐西蘭、澳洲等先進國家之法規，並經過各界專家學者組成之制定委員會內化為適合我國民情之法律，且為跨越不同領域以求內容與執行之完備的綜合立法[2]。然而，工商社會迅速變遷，人力資源與經費之限制也使得法律執行遭遇許多困難，因此家庭暴力防治法仍為因應社會需求而多次調整修正。

二、本法之修正

家庭暴力防治法於2007年3月28日修正時，將同居關係擴大納入家庭成員，加強被害人保護措施，釐清保護令各款內容執行機關與相關執行規定，使保護令之執行得以更加落實，增列犯家庭暴力罪嫌疑重大者予以逕行拘提規定、加強家庭暴力通報處理，及明定中小學每年一定時數之家庭暴力防治課程，以期防治家庭暴力行為教育向下紮根。

之後，家庭暴力防治法再為小幅度修正。亦即，繼於2008年1月9日修正公布第10條，關於保護令之聲請、撤銷、變更、延長及抗告，均免繳裁判費等。2009年4月22日修正公布第50條，將與新住民配偶經常接觸，主責移民業務之相關人員列為責任通報人員之一。2009年4月29日修正公布第58條，放寬家庭暴力被害人申請補助之限制，俾更周延保護被害人權益。近年來，各界對於家庭暴力防治法之功能有更深刻之期待，針對原有法制保護家庭暴力被害人仍有不足之部分，倡議修法。於是在2015年2月4日，再為較大幅度之修正。

三、現行法之重大修正內容

家庭暴力防治法自實施以來，我國家庭暴力通報件數持續成長，依修法當時衛生福利部保護服務司之統計，案件數由2007年之94,927件，增

2　高鳳仙，家庭暴力防治法規專論，五南圖書，修訂四版，2018年9月，頁76。

長至2013年之152,680件[3]，即自第4次修法後5年內，案件量漲幅仍高達六成，足見家庭暴力問題之嚴重性與持續修法之必要性。2011年開始，台灣防暴聯盟積極號召民間團體各單位投入修法，經過3年努力，於2015年1月立法院三讀通過，現行法66條中，總共新增訂了8條條文，修訂25條條文。

依修法當時衛福部之統計指出，在第4次修法後，家暴案件中，增加比例最高之類型為兒少保護，由2009年之17,476件倍增至2013年之40,597件，兒童少年保護相關之議題不可忽視，成為本次修法之一大重點。因此，現行法之重大修正內容如下：

（一）保護令核發對象包括目睹家暴兒童及少年，使得以往因未受肢體暴力而無法報案獲得協助之兒童及少年得以受到保護或輔導（第14條、第17條）。

（二）增加「經濟上」之不法侵害及用「電子通訊」方式「跟蹤」之家庭暴力定義，以因應加害人未必明顯之暴力型態呈現，或利用現代科技實行高壓控管之行為態樣（第2條第1款、第5款）。

（三）年滿16歲之未同居親密關係暴力入法，以因應與日俱增的恐怖情人暴力事件，而有別於以往僅保護同居之親密關係暴力，本次修法亦納入非同居之親密關係暴力被害人保護（第63條之1）。

（四）加強保護未成年子女權益，增列法院於暫定未成年子女親權及會面交往相關事宜之裁定前，應考量未成年子女之最佳利益，必要時並得徵詢未成年子女或社工人員之意見（第14條第2項）。

（五）法院得逕命相對人接受認知教育輔導、親職教育輔導及其他輔導；處遇計畫之裁定應載明完成期限（第14條第3項、第4項）。

（六）通常保護令（含延長）之有效期間改為2年，聲請延長無次數限制，以充分發揮保護令保護當事人之效力（第15條）。

（七）法院審理通常保護令時，得不經審理程序即依職權核發暫時與

3　衛福部統計處，https://dep.mohw.gov.tw/DOS/lp-2981-113.html，最後瀏覽日期：2019年5月7日。

緊急保護令（第16條第2項）。

（八）民事保護令事件亦適用家事事件法（第20條）。

（九）強化刑事程序對被害人之保護，法院對於犯家庭暴力罪及違反保護令之緩刑宣告，增列「除顯無必要者外」，應命被告於保護管束期間內遵守一款或數款之附帶條件命令，俾維護被害人人身安全；另配合保護令核發對象之修正，增列對目睹家庭暴力兒少之適用（第31條、第38條）。

（十）禁止於媒體公開被害人及其未成年子女身分資訊，及違反時之罰則（第50條之1、第61條之1）。

第二節　本法主要規定內容

壹、家庭暴力防治機關與業務

一、中央政府防治機關與業務（第4條）

2013年「衛生福利部」正式成立，2015年家庭暴力防治法修法後，將主管機關改為「衛生福利部」，下設「保護服務司」以辦理家庭暴力、性侵害、性騷擾防治與老人、身心障礙者、兒少保護及兒少性交易防治政策規劃、法規研訂與被害人保護服務方案、教育宣導及研究發展之規劃、推動及督導事項，業務範圍涵蓋原內政部家庭暴力及性侵害防治委員會、社會司及兒童局之保護性業務。

二、地方政府防治機關與業務（第4條、第7條）

地方政府防治機關在直轄市為直轄市政府；在縣（市）為縣（市）政府，為協調、研究、審議、諮詢、督導、考核及推動家庭暴力防治工作，應設家庭暴力防治委員會。另外，直轄市政府、縣（市）政府應整合所屬警政、教育、衛生、社政、民政、戶政、勞工、新聞等機關、單位業務及人力，設立家庭暴力防治中心，並協調司法、移民相關機關，辦理家庭暴力防治有關之事項。

貳、相關行為態樣用詞定義

一、本法之名詞定義（第2條）

（一）**家庭暴力**：係指家庭成員間實施身體、精神或經濟上之騷擾、控制、脅迫或其他不法侵害之行為。

（二）**家庭暴力罪**：係指家庭成員間故意實施家庭暴力行為而成立其他法律所規定之犯罪。

（三）**目睹家庭暴力**：係指看見或直接聽聞家庭暴力。

（四）**騷擾**：係指任何打擾、警告、嘲弄或辱罵他人之言語、動作或製造使人心生畏怖情境之行為。

（五）**跟蹤**：係指任何以人員、車輛、工具、設備、電子通訊或其他方法持續性監視、跟蹤或掌控他人行蹤之及活動之行為。

（六）**加害人處遇計畫**：係指對於加害人實施之認知教育輔導、親職教育輔導、心理輔導、精神治療、戒癮治療或其他輔導、治療。

二、家庭成員之範圍（第3條）

稱家庭成員者（家庭成員間並不以同財共居為必要，甚至所謂同居，以有雙宿同眠之事實為已足，無須同住一處[4]。範圍較民法家長、家屬範圍廣[5]），包括下列人員及其未成年子女（該未成年人不以與加害人間有血緣關係存在為前提，亦可認屬家庭成員）：

（一）配偶或前配偶。

（二）現有或曾有同居關係（同居係指以共同生活之意思同居一處，包含同志關係[6]）、家長家屬或家屬間關係者。

---

[4] 最高法院105年度台簡抗字第63號民事裁判：「家庭暴力防治法所稱家庭暴力者，謂家庭成員間實施身體、精神或經濟上之騷擾、控制、脅迫或其他不法侵害之行為；所稱家庭成員，包括現有或曾有同居關係者。該法第二條第一款、第三條第二款分別定有明文。上開規定所謂同居，以有雙宿同眠之事實為已足，無須同住一處。」

[5] 最高法院92年度台抗字第284號裁定。

[6] 洪遠亮，評同性戀適用家庭暴力防治法爭議─兼論修法建議，法學叢刊，第196期，2004年10月，頁73-99。有關同志關係，因為2019年施行之司法院釋字第七四八號施行法，已承認同志締結婚姻關係，因此同志配偶當然屬於家庭暴力防治法之適用範圍。

（三）現為或曾為直系血親或直系姻親。

（四）現為或曾為四親等以內之旁系血親或旁系姻親。

（五）具有親密關係之未同居伴侶（新增第63條之1）。

參、保護令之相關規定

所謂保護令之相關規定包含：「民事保護令種類」、「法院辦理保護令事件程序上應注意事項」、「民事保護令內容」、「違反民事保護令之效果」、「民事保護令之執行機關」、「對於執行保護令之方法、程序之聲明異議」，茲分述如下：

一、民事保護令種類（第9條）

（一）緊急保護令：有事實足認被害人有受家庭暴力之急迫危險者，應於4小時內以書面核發緊急保護令（第16條第4項）

1.聲請人：檢察官、警察機關、主管機關之社工人員。

2.聲請時間及方式：24小時以書面、言詞、電信傳真或其他科技設備傳送之方式提出聲請；並不限時間，得於夜間或休息日為之，於非上班時間可向法警室遞狀。

3.管轄法院：由被害人之住居所地、相對人之住居所地或家庭暴力發生地之地方法院管轄；於設有少年及家事法院地區，則為少年及家事法院。

4.生效期間：於緊急保護令核發時起生效，而非送達後始生效力；並於失效前均有效（第16條第6項）。

5.失效原因：(1)聲請人撤回通常保護令之聲請；(2)法院准許發通常保護令；(3)法院駁回通常保護令之聲請；(4)保護令失效前，法院依當事人或被害人之聲請撤銷之；(5)保護令失效前，當事人或被害人之聲請變更，經法院裁定者，被變更部分失效；(6)經抗告法院廢棄，另為裁定（第15條第1項、第16條第6項）。

（二）暫時保護令：法院為保護被害人，得於通常保護令審理終結前，依聲請或依職權核發暫時保護令（第10條第1項、第2項）。

1.聲請人：被害人、法定代理人（被害人爲未成年人、身心障礙者或因故難以委任代理人者，其法定代理人、三親等內之血親或姻親得爲其聲請）、檢察官、警察機關、主管機關之社工人員。

2.聲請時間及方式：寫好聲請狀後，在法院上班時間，以書面文件提出申請。

3.管轄法院：由被害人之住居所地、相對人之住居所地或家庭暴力發生地之地方法院管轄；於設有少年及家事法院地區，則爲少年及家事法院。

4.生效期間：於暫時保護令核發時起生效，而非送達後始生效力（第16條第6項）；並於失效前均有效。

5.失效原因：(1)聲請人撤回通常保護令之聲請；(2)法院准許發通常保護令；(3)法院駁回通常保護令之聲請；(4)保護令失效前，法院依當事人或被害人之聲請撤銷之；(5)保護令失效前，當事人或被害人之聲請變更，經法院裁定者，被變更部分失效；(6)經抗告法院廢棄，另爲裁定（第15條第1項、第16條第6項）。

（三）通常保護令：（第10條第1項、第2項）

1.聲請人：被害人、法定代理人（被害人爲未成年人、身心障礙者或因故難以委任代理人者，其法定代理人、三親等內之血親或姻親得爲其聲請）、檢察官、警察機關、主管機關之社工人員。

2.聲請時間及方式：寫好聲請狀後在法院上班時間，以書面文件提出。又聲請人於聲請通常保護令前聲請暫時保護令或緊急保護令，其經法院准許核發者，視爲已有通常保護令之聲請（第16條第5項）。

3.管轄法院：由被害人之住居所地、相對人之住居所地或家庭暴力發生地之地方法院管轄；於設有少年及家事法院地區，則爲少年及家事法院。

4.有效期間：自通常保護令核發時起2年以下；聲請延長無次數限制；延長保護令之聲請，每次延長期間爲2年以下。

5.失效原因：(1)期間屆滿；(2)保護令失效前，當事人或被害人聲請撤銷，經法院裁定撤銷；(3)通常保護令所定之命令，於期間屆滿前，經

法院另爲裁定確定者，該命令失其效力；(4)保護令失效前，當事人或被害人聲請變更，經法院裁定者，被變更部分失效；(5)經抗告法院廢棄，另爲裁定（第15條第2項）。

二、法院辦理保護令事件程序上應注意事項[7]

（一）法院得依職權調查證據，必要時得採隔離訊問方式審理

依家庭暴力防治法第13條第2項規定，法院得依職權調查事實及證據，並得命聲請人、相對人及其他利害關係人到場；亦得囑託調查。亦得考量非由當事人所提出但以其他方式所獲知之事實，並得訊問當事人、警察人員、知悉事件始末之人或其他關係人，必要時得行隔別訊問（法院辦理家庭暴力案件應行注意事項第14點）。另得請警察人員協助調查或以電話或到庭陳述家庭暴力之事實，警察人員不得拒絕。

（二）法院應注意保護令事件中之當事人有無新住民、原住民或其他不通中文之人

保護令事件中之當事人爲新住民或其他不通中文之情形時，法院開庭時應以通譯傳譯之。

（三）審理不公開

依家庭暴力防治法第13條第5項規定，保護令事件之審理不公開。

（四）法院得運用程序監理人、家事調查官及請社工、相關主管機關及社會福利機構協助

符合家庭暴力防治法第15條、第109條規定者，法院得依聲請或依職權爲被害人或其未成年子女選任程序監理人（法院辦理家庭暴力案件應行注意事項第16點、第22點）。按民事保護令事件爲丁類家事事件，是以其程序於家庭暴力防治法未規定者，適用家事事件法有關規定（家事事件法第3條第4項第13款、家庭暴力防治法第20條第1項），如於保護令事件中有選任程序監理人、命家事調查官或委託社會工作人員訪視、調查之必要

7　法院辦理民事保護令事件參考手冊，司法院編印，2015年11月，頁150。

時，法院應依家事事件法相關規定辦理。

（五）聲請人得委任代理人到場

依據家事事件法第13條第1項、法院辦理家庭暴力案件應行注意事項第16點規定，保護令（含通常、暫時及緊急）事件之聲請人得任代理人到場；但聲請人為被害人者，法院認為有必要時得命本人到場，即委任代理人及本人均到場。

（六）保護令事件不得調解、和解及延緩核發

依據家庭暴力防治法第13條第7項規定，就保護令事件，法院不得進行調解或和解，如保護令事件之當事人於審理中併提出離婚、酌定子女親權或其他調解先行之家事事件之請求，應另分案辦理，不得於保護令事件逕予調解或和解。

另外，依據家庭暴力防治法第13條第8項規定，法院不得以當事人間有其他案件偵查案件繫屬為由而延緩核發保護令[8]。

（七）法院應提供出庭安全環境與措施

依據家庭暴力防治法第19條第1項規定，法院應提供被害人或證人安全出庭之環境與措施。此乃為降低與司法系統相關之壓力，以及提升作證之能力。

（八）保護令事件卷宗當事人得聲請閱卷，但應注意確保被害人之人身安全及資料保密

依據家庭暴力防治法第20條第1項、家事事件法第97條準用非訟事件法第48條、民事訴訟法第242條規定，當事人得聲請閱覽保護令事件卷宗，惟法院應注意確保被害人之人身安全及資料保密。

---

8 最高法院91年度台抗字第286號民事裁判：「法院不得以當事人間有其他案件偵查或訴訟繫屬為由，延緩核發保護令，家庭暴力防治法第十二條第五項定有明文。準此可知，核發保護令與其他民刑訴訟各有不同之法律規範，自不能以被害人得對加害人提起民刑訴訟或有民刑案件繫屬於法院為由，延緩或拒發保護令。又因避免被害人遭受家庭暴力之危險，而有核發保護令，命加害人遷出住居所之必要者，乃依家庭暴力防治法保護被害人之當然結果，縱被害人得藉以取回其名下財產（房屋），亦係核發保護令之反射利益，自難因此即認其無保護之必要。」

（九）法院辦理保護令事件，涉及未成年子女、受監護或輔助宣告、身心障礙之人時，應特別注意保護措施

例如，法官於審酌家庭暴力防治法第14條第1項第6款、第7款定暫時對未成年子女權利義務之行使負擔及會面交往之保護令時，應切實考量未成年子女之最佳利益，必要時並得徵詢未成年子女或社工人員之意見，亦得命家事調查官或委請社工人員訪視調查，或為未成年子女選任程序監理人；子女為滿7歲以上之未成年人，除有害其身心健康發展或有其他礙難情形者外，宜聽取其意見。

（十）當事人撤回保護令時，應注意其後續安全等

聲請人如係當庭表明撤回保護令之聲請者，法院宜以懇切之態度詢明其撤回之理由；被害人如遞狀聲請撤銷已核發之保護令者，法院宜開庭，如認聲請人仍有受家庭暴力之虞者，宜詳加闡明並確認聲請人係出於自由意志撤回聲請，並轉介駐法院家庭暴力事件服務處社工人員提供即時之輔導及協助。

（十一）法院核發保護令之內容，不受當事人聲明之拘束；除當事人無爭執者外，保護令應附理由

法院核發保護令之內容，不受當事人聲明之拘束，可核發聲請人所聲請之保護令，亦可依職權核發聲請人所未聲請之保護令。但於通常保護令事件核發聲請人所未聲請之保護令前，應令聲請人、相對人及被害人有陳述意見之機會。

（十二）保護令事件係以寬鬆的自由證明法則取代嚴格證明

暫時保護令為緊急、暫時之命令，其所要求證明家庭暴力事實之證據，不以經嚴格證明為必要，僅須聲請人釋明有正當理由足認被害人有受相對人（加害人）家庭暴力之急迫危險，法院即得核發一定內容之暫時保護令，以收迅速保護被害人之效。而法院於核發暫時保護令後，應即進行通常保護令事件之審理，就是否確有家庭暴力之事實及有無核發通常保護令之必要，再為調查審酌，俾兼顧相對人（加害人）權益之保障[9]。有家

9　最高法院93年度台抗字第42號民事裁判。

庭暴力之事實且有必要，同時又有繼續發生家庭暴力之危險而有必要者，即符合核發通常保護令之要件。亦即，以寬鬆的自由證明法則取代嚴格證明。是以通常保護令聲請人之舉證標準，以達到優勢證據之「蓋然性」證明程度，亦即有超過50%之可能性，法院即應為有利於聲請人之認定。惟仍須依警察人員到庭或電話陳述家庭暴力之事實，有正當理由足認被害人有受家庭暴力之急迫危險者始得核發[10]。

（十三）家庭暴力防治法修正施行前已繫屬之事件，其審理程序自應依修正後之規定

按本於程序從新原則，非訟事件法修正前已繫屬之非訟事件，地方法院未為終局裁定者，應依修正後之規定審理，此觀非訟事件法第197條第1款規定自明。依家庭暴力防治法第20條第1項、家事事件法第97條規定，上開規定於民事保護令程序準用之。是家庭暴力防治法修正施行前已繫屬之事件，其審理程序自應依修正後之規定[11]。

三、民事保護令內容

依據家庭暴力防治法第14條之規定，法院於審理終結後，認有家庭暴力之事實且有必要者，應依聲請或依職權核發包括下列之通常保護令。

（一）禁止令：禁止相對人對於被害人、目睹家庭暴力兒童及少年或其特定家庭成員（以下簡稱被害人等）再度實施家庭暴力。禁止相對人對於被害人等為騷擾、接觸、跟蹤、通話、通信，或其他非必要之聯絡行為。

（二）遷出令：命相對人遷出被害人等之住居所；必要時，並得禁止相對人就該不動產為使用、收益或處分行為。

（三）遠離令：命相對人遠離被害人等之住居所、學校、工作場或其他經常出入之特定場所或保持特定距離。

---

[10] 最高法院91年度台抗字第359號民事裁判：「暫時保護令為緊急、暫時之命令，其所要求證明家庭暴力事實之證據，固不以經嚴格證明為必要，惟仍須依警察人員到庭或電話陳述家庭暴力之事實，有正當理由足認被害人有受家庭暴力之急迫危險者始得核發。」
[11] 最高法院105年度台簡抗字第74號民事裁判。

（四）酌定物品使用權：定汽車、機車及其他個人生活上、職業上或教育上必需品之使用權；必要時，並得命交付之。

（五）暫定親權：定暫時對未成年子女權利義務之行使或負擔，由當事人之一方或雙方共同任之、行使或負擔之內容及方法；必要時，並得命交付子女。

（六）暫定探視權：定相對人對未成年子女會面交往之時間、地點及方式；必要時，並得禁止會面交往。

（七）給付扶養費：命相對人給付被害人住居所之租金或被害人及其未成年子女之扶養費。

（八）交付財物損害費：命相對人交付被害人或特定家庭成員之醫療、輔導、庇護所或財物損害等費用。

（九）命完成處遇計畫：命相對人完成加害人處遇計畫。例如，命相對人接受戒癮、精神治療、心理輔導或其他治療輔導。

（十）負擔律師費：命相對人負擔相當之律師費用。

（十一）禁止查閱令：禁止相對人查閱被害人及其暫時監護之未成年子女戶籍、學籍及所得來源相關資訊。

（十二）其他必要之命令：其他必要措施。司法實務上曾核發本款其他必要之命令者，列舉如下[12]：

1.相對人另應於○○年○○月○○日○時，到本院第二辦公大樓六樓，接受由○○市政府警察局婦幼警察隊先期接受安排之認知課程（內容：權利義務告知、處遇計畫課程內容）（本件法官另依同條項第10款諭知處遇計畫，上開命令係屬處遇計畫之前置作業，非處遇計畫本身）。

2.選定聲請人○○○（被害人之祖母）擔任未成年人即被害人○○○之監護人。

3.本保護令有效期間，暫由○○○（被害人之阿姨）擔任被害人之監護人。

4.暫定關係人○○○（祖母）為聲請人○○○（未成年）之監護人。

---

12 法院辦理民事保護令事件參考手冊，司法院編印，2015年11月，頁150。

5. 相對人在依法院裁判取得對○○○之監護權或探視權之前，相對人未經聲請人同意，不得擅自帶走未成年子女○○○。

6. 其他保護被害人及其特定家庭成員之必要命令；相對人如有飲酒或食用攙有酒精成分之物品，即不得進入或留在門牌號碼○○號住處內。相對人在門牌號碼○○號住處內，不得有飲酒或食用攙有酒精成分物品之行為。

7. 相對人不得在○○號之處所內含有酒精之飲料，或飲用含有酒精之飲料後亦不得進入前址。

8. 相對人應偕同聲請人向○○石油氣股份有限公司辦理「（地址）」之瓦斯回復使用手續。

9. 禁止相對人以行動電話或網路發送被害人隱私或裸露之照片或影像予第三人。

10. 相對人不得撥打電話至被害人學校（○○大學）。

11. 相對人不得與被害人○○○單獨相處。

12. 相對人於保護令有效期間，不得遷移被害人○○○之戶籍、學籍。

13. 聲請人與相對人之子女○○○，得自行選定與聲請人同住或相對人同住，聲請人與相對人均不得阻撓或妨礙。

14. 相對人應允許及協助被害人至○○號及○○號（地址）取回其所有之物品。

15. 相對人自每日上午8時至晚上9時止，禁止將兩造住居所（地址）之門鎖自屋內反鎖。

16. 聲請人應完成如附表所示之處遇計畫（本件兩造係夫妻，法官依第14條第10款裁定命相對人完成處遇計畫，復認聲請人身為配偶，亦應積極參與）。

四、違反民事保護令之民刑事責任

首先依家庭暴力防治法第61條：「違反法院依第十四條第一項、第十六條第三項所為之下列裁定者，為本法所稱違反保護令罪，處三年以下

有期徒刑、拘役或科或併科新臺幣十萬元以下罰金：一、禁止實施家庭暴力。二、禁止騷擾、接觸、跟蹤、通話、通信或其他非必要之聯絡行為。三、遷出住居所。四、遠離住居所、工作場所、學校或其他特定場所。五、完成加害人處遇計畫。」

實務認為法院依法核發之民事保護令，既經公權力之強力介入，而具有公共利益之強制力，顯非被害人所得任意處分；則命相對人遷出住居所之保護令，縱得被害人之同意不遷出或於保護令有效期間內遷回住居所，相對人既就保護令之內容已有認識而仍不遠離或進入被害人之住居所，不問其目的為何，均構成該法第61條第4款之違反保護令罪[13]。

又違反保護令並非全部構成違反保護令罪，只有違反上述五種關於通常保護令或暫時保護令之裁定，始應負擔責任。再者，依據家庭暴力防治法第21條第1項及第24條規定，違反保護令時，可能必須接受警察機關、法院、社政機關或其他相關機關之強制執行。若違反保護令另構成民事責任，例如法院核發禁止實施家庭暴力行為之保護令後，相對人違反該命令仍繼續對被害人實施暴力行為時，如因而使被害人受有身心傷害或財產損害，相對人可能必須依法負擔侵權行為損害賠償等民事責任。

五、民事保護令之執行機關

依據家庭暴力防治法第21條規定：

（一）外國法院關於家庭暴力之保護令：依同法第28條規定，外國法院關於家庭暴力之保護令，經聲請中華民國法院裁定承認後，得執行之。

（二）不動產之禁止使用、收益或處分行為及金錢給付之保護令：得為強制執行名義，由被害人依強制執行法聲請法院強制執行，並暫免徵收執行費。

（三）未成年子女會面交往及監督保護令：於直轄市、縣（市）主管機關所設處所為未成年子女會面交往，及由直轄市、縣（市）主管機關或

---

[13] 臺灣新北地方法院102年度易字第3015號刑事裁判。

所屬人員監督未成年子女會面交往保護令，由相對人向直轄市、縣（市）主管機關申請執行。

（四）完成加害人處遇計畫之保護令：由直轄市、縣（市）主管機關執行。

（五）禁止查閱相關資訊之保護令：由被害人向相關機關申請執行。

（六）其他保護令之執行：由警察機關為之。例如，同法第22條規定，警察機關應依保護令，保護被害人至被害人或相對人之住居所，確保其安全占有住居所、汽車、機車或其他個人生活上、職業上或教育上必需品。這些必需品，相對人應依保護令交付而未交付者，警察機關得依被害人之請求，進入住宅、建築物或其他標的物所在地解除相對人之占有或扣留取交被害人。

六、對於執行保護令之方法、程序之聲明異議

依同法第27條規定，當事人或利害關係人對於執行保護令之方法、應遵行之程序或其他侵害利益之情事，得於執行程序終結前，向執行機關聲明異議。執行機關認其有理由者，應即停止執行並撤銷或更正已為之執行行為；執行機關認其無理由者，應於10日內加具意見，送原核發保護令之法院裁定之，但對於法院之裁定，不得抗告。

七、對於保護令履行勸告之審酌

保護令事件為家事事件法第3條所定丁類事件，依同法第186條、家庭暴力防治法第21條第1項第1款、第24條及第25條規定，不動產禁止使用、收益或處分及金錢給付、交付未成年子女寄及與其會面交往之保護令，得為執行名義，依家事事件法第187條規定，債權人亦得聲請法院調查義務之履行狀況，並勸告債務人履行債務之全部或一部。

債權人依家事事件法第187條規定，聲請法院調查保護令事件之義務履行狀況並勸告債務人履行債務之全部或一部時，法院決定是否進行前，宜斟酌下列事項（法院辦理家庭暴力案件應行注意事項第32點）：

（一）被害人、其未成年子女及特定家庭成員之安全。

（二）未成年子女之最佳利益。

（三）被害人是否充分瞭解調查及勸告之程序，以及對其安全及權益可能造成之影響。

（四）被害人、相對人與未成年子女間之互動狀況及可能受影響之程度。

（五）相對人之狀況是否適合進行調查及勸告。

（六）調查及勸告之急迫性及實效性。

法院認有進行調查及勸告之必要時，應採取保護被害人及其未成年子女、特定家庭成員及所有參與調查及勸告人員安全之適當必要措施，並準用法院辦理家庭暴力案件應行注意事項第10點第2項（住居所保密暨資料密封）及家庭暴力防治法第47條（得進行和解或調解之情形），處理過程中有危害安全之虞者，應隨時停止處理。

肆、家庭暴力罪與違反保護令罪之刑事程序與加害人處遇計畫

一、逮捕、逕行拘提、羈押

依據家庭暴力防治法第29條規定，警察人員發現家庭暴力罪或違反保護令罪之現行犯時，應逕行逮捕之，並依刑事訴訟法第92條規定處理。檢察官、司法警察官或司法警察偵查犯罪認被告或犯罪嫌疑人犯家庭暴力罪或違反保護令罪嫌疑重大，且有繼續侵害家庭成員生命、身體或自由之危險，而情況急迫者，得逕行拘提之。其非由檢察官執行拘提者，應即報請檢察官簽發拘票。如檢察官不簽發拘票時，應即將被拘提人釋放。

另依據家庭暴力防治法第30條之1規定，被告經法官訊問後，認為犯違反保護令者、家庭成員間故意實施家庭暴力行為而成立之罪，其嫌疑重大，有事實足認有反覆實行該犯罪之虞，而有羈押之必要者，得羈押之。

二、具保、責付、限制住居、釋放、停止羈押得附之條件（即命被告應遵守之事項）

家庭暴力防治法第31條第1項規定，家庭暴力罪或違反保護令罪之被

告經檢察官或法院訊問後，認無羈押之必要，而命具保、責付、限制住居或釋放者，得附以下一款或數款條件命被告遵守。檢察官或法院亦得依當事人之聲請或依職權撤銷或變更依前述規定所附之條件：

（一）禁止實施家庭暴力。

（二）禁止為騷擾、接觸、跟蹤、通話、通信或其他非必要之聯絡行為。

（三）遷出住居所。

（四）命相對人遠離其住居所、學校、工作場所或其他經常出入之特定場所特定距離。

（五）其他保護安全之事項。

另依據家庭暴力防治法第33條規第1項定，於羈押中之被告，經法院裁定停止羈押者，準用第31條第1項之規定。

三、違反附加條件之效果

依據家庭暴力防治法第32條規定，被告違反檢察官或法院依第31條第1項規定所附之條件者，檢察官或法院得命撤銷原處分，另為適當之處分；如有繳納保證金者，並得沒入其保證金。於此情形，犯罪嫌疑重大，且有事實足認被告有反覆實施家庭暴力行為之虞，而有羈押之必要者，偵查中檢察官得聲請法院羈押之；審判中法院得命羈押之。

另依據家庭暴力防治法第33條第2項規定，停止羈押之被告違反法院所附之條件者，法院於認為有羈押必要時，得命再執行羈押。

四、受緩刑宣告及假釋出獄之保護管束與應命遵守事項

依據家庭暴力防治法第38條規定，犯家庭暴力罪或違反保護令罪而受緩刑宣告者，在緩刑期內應付保護管束。法院為緩刑宣告時，除顯無必要者外，應命被告於緩刑付保護管束期間內，遵守以下一款或數款事項：

（一）禁止實施家庭暴力。

（二）禁止為騷擾、接觸、跟蹤、通話、通信或其他非必要之聯絡行為。

（三）遷出住居所。

（四）命相對人遠離其住居所、學校、工作場所或其他經常出入之特定場所特定距離。

（五）完成加害人處遇計畫。

（六）其他保護安全之事項。

另外，法院為此情形之緩刑宣告時，應即通知被告、被害人及其住居所所在地之警察機關。而受保護管束人違反保護管束事項情節重大者，撤銷其緩刑之宣告。再者，於受刑人經假釋出獄付保護管束者，準用應命遵守事項之規定（第39條）。

依據家庭暴力防治法第40條規定，檢察官或法院依第31條第1項、第33第1項、第38條第2項或第39條規定所附之條件，得通知直轄市、縣（市）主管機關或警察機關執行之。

五、加害人處遇計畫之訂定及執行

依據家庭暴力防治法第41條規定，法務部應訂定並執行家庭暴力罪或違反保護令罪受刑人之處遇計畫。且處遇計畫之訂定及執行之相關人員，應接受家庭暴力防治教育及訓練。

而所謂加害人處遇計畫，依據家庭暴力防治法第2條規定，係指對於加害人實施之認知教育輔導、親職教育輔導、心理輔導、精神治療、戒癮治療或其他輔導、治療。

六、預定出獄日期或脫逃事實之通知義務

依據家庭暴力防治法第42條規定，矯正機關應將家庭暴力罪及違反保護令罪受刑人預定出獄之日期通知被害人、其住居所所在地之警察機關及家庭暴力防治中心。但被害人之所在不明者，不在此限。受刑人如有脫逃之事實，矯正機關應立即為相同之通知。

七、被害人在司法程序上之人權保障

依據家庭暴力防治法之規定，被害人在司法程序上之人權保障如下：

（一）得於庭外受訊問或詰問：對於被害人之訊問或詰問，得依聲請

或職權在法庭外為之，或採取適當隔離措施（第36條第1項）。

（二）得受適當之保護及隔離措施：警察機關於詢問被害人時，得採取適當之保護及隔離措施（第36條第2項）。

（三）偵查中得有人陪同在場並陳述意見：依同法第36條之1、第36條之2規定，被害人於偵查中受訊問時或受訊問前，得自行指定其親屬、醫師、心理師、輔導人員或社工人員陪同在場，該陪同人員並得陳述意見。且被害人之請求，檢察官除認其在場有妨礙偵查之虞者，不得拒絕之。

（四）受告知得自行選任陪同人員之權利：依同法第36條之2規定，被害人受訊問前，檢察官應告知被害人得自行選任符合第36條之1資格之人陪同在場。

（五）受文書送達之權利：依同法第37條規定，對於家庭暴力罪或違反保護令罪案件所為之起訴書、聲請簡易判決處刑書、不起訴處分書、緩起訴處分書、撤銷緩起訴處分書、裁定書或判決書，應送達於被害人。

（六）法院於裁定前聽取意見、社工協助：依據同法第14條第2項規定，為加強保護未成年子女權益，增列法院於暫定未成年子女親權及會面交往相關事宜之裁定前，應考量未成年子女之最佳利益，必要時並得徵詢未成年子女或社工人員之意見。

（七）法院提供出庭安全環境：依據同法第19條規定，法院應提供被害人或證人安全出庭之環境與措施。此乃為降低與司法系統相關之壓力，以及提升作證之能力。

（八）預定出獄日期或脫逃事實之受通知權利：依據同法第42條規定，矯正機關應將家庭暴力罪及違反保護令罪受刑人預定出獄之日期通知被害人、其住居所所在地之警察機關及家庭暴力防治中心。但被害人之所在不明者，不在此限。受刑人如有脫逃之事實，矯正機關應立即為相同之通知。

（九）不負具結責任：依據家事事件法第51條準用民事訴訟法第314條規定，以未滿16歲或因精神障礙不解具結意義及其效果之人為證人者，不得令其具結。

（十）聲請人得委任代理人到場：依據家事事件法第13條第1項、法院辦理家庭暴力案件應行注意事項第16點規定，保護令（含通常、暫時及緊急）事件之聲請人得任代理人到場；但聲請人為被害人者，法院認為有必要時得命本人到場，即委任代理人及本人均到場。

伍、親權與和解調解程序

依據家庭暴力防治法第43條至第47條規定有關已發生家庭暴力者之親權行使與負擔及其和解調解程序，說明如下：

一、不利於未成年子女之推定

家庭暴力防治法第43條規定，法院依法為未成年子女酌定或改定權利義務之行使或負擔之人時，對已發生家庭暴力者，推定由加害人行使或負擔權利義務不利於未成年子女。

二、親權人之改定

家庭暴力防治法第44條規定，法院依法為未成年子女酌定或改定權利義務之行使或負擔之人或會面交往之裁判後，發生家庭暴力者，法院得依被害人、未成年子女、直轄市、縣（市）主管機關、社會福利機構或其他利害關係人之請求，為子女之最佳利益改定之。

三、加害人會面交往其未成年子女之審酌與命令

家庭暴力防治法第45條規定，法院依法准許家庭暴力加害人會面交往其未成年子女時，應審酌子女及被害人之安全，並得為下列之一款或數款命令：

（一）於特定安全場所交付子女。

（二）由第三人或機關、團體監督會面交往，並得定會面交往時應遵守之事項。

（三）完成加害人處遇計畫或其他特定輔導為會面交往條件。

（四）負擔監督會面交往費用。

（五）禁止過夜會面交往。

（六）準時、安全及交還子女，並繳納保證金。

（七）其他保護子女、被害人或其他家庭成員安全之條件。

法院如認有違背上述命令之情形，或准許會面交往無法確保被害人或其子女之安全者，得依聲請或依職權禁止之。如違背上述第6款命令，並得沒入保證金。另外，法院於必要時，得命有關機關或有關人員保密被害人或子女住居所。

四、會面交往處所之設立與委辦

家庭暴力防治法第46條規定，各直轄市及縣（市）政府應設未成年子女會面交往處所或委託其他機關（構）、團體辦理。而該處所應有受過家庭暴力安全及防治訓練之人員，其設置、監督會面交往與交付子女之執行及收費規定，由各直轄市及縣（市）主管機關定之。

五、不得進行和解或調解之情事與例外

家庭暴力防治法第47條規定，法院於訴訟或調解程序中如認為有家庭暴力之情事時，不得進行和解或調解，但有下列情形之一者，不在此限：

（一）行和解或調解之人曾受家庭暴力防治之訓練並以確保被害人安全之方式進行和解或調解。

（二）准許被害人選定輔助人參與和解或調解。

（三）其他行和解或調解之人認為能使被害人免受加害人脅迫之程序。

陸、家庭暴力之預防與治療

家庭暴力防治法第48條至第60條規定有關家庭暴力之預防與治療，說明如下：

一、警察人員處理家庭暴力案件之方法

家庭暴力防治法第48條規定，警察人員處理家庭暴力案件，必要時應採取下列方法保護被害人及防止家庭暴力之發生：

（一）於法院核發緊急保護令前，在被害人住居所守護或採取其他保護被害人及其家庭成員之必要安全措施。

（二）保護被害人及其子女至庇護所或醫療機構。

（三）告知被害人其得行使之權利、救濟途徑及服務措施。

（四）查訪並告誡相對人。

（五）查訪被害人及其家庭成員，並提供必要之安全措施。

警察人員處理家庭暴力案件，應製作書面紀錄，其格式由中央警政主管機關定之。

二、相關人員得請求警察機關提供必要之協助

家庭暴力防治法第49條規定，醫事人員、社會工作人員、教育人員、保育人員為防治家庭暴力行為或為保護家庭暴力被害人之權益，有受到身體或精神上不法侵害之虞者，得請求警察機關提供必要之協助。

三、暴力嫌疑者之通報

家庭暴力防治法第50條第1項規定，醫事人員、社會工作人員、教育人員、保育人員、警察人員、移民業務人員及其他執行家庭暴力防治人員，在執行職務時知有疑似家庭暴力，應立即通報當地主管機關，至遲不得逾24小時。而依本法第62條第1項規定，違者處新臺幣6,000元以上3萬元以下之罰鍰，但醫事人員為避免被害人身體受緊急危難而違反者，不罰。且此通報人之身分資料應予保密。

主管機關接獲通報後，應即行處理，並評估有無兒童及少年目睹家庭暴力之情事；必要時得自行或委託其他機關（構）、團體進行訪視、調查。主管機關或受其委請之機關（構）、團體進行訪視、調查時，得請求警察機關、醫療（事）機構、學校、公寓大廈管理委員會或其他相關機關（構）協助，被請求者應予配合。

四、禁止於媒體公開被害人及其未成年子女身分資訊

家庭暴力防治法第50條之1規定，宣傳品、出版品、廣播、電視、網際網路或其他媒體，不得報導或記載被害人及其未成年子女之姓名，或其

他足以識別被害人及其未成年子女身分之資訊。但經有行為能力之被害人同意，犯罪偵查機關或司法機關依法認為有必要者，不在此限。而依本法第61條之1規定，違者處新臺幣3萬元以上15萬元以下之罰鍰，並命其限期改正；屆期未改正者，得按次處罰。

五、主管機關追查電話號碼及地址

家庭暴力防治法第51條規定，直轄市、縣（市）主管機關對於撥打依第8條第1項第1款設置之24小時電話專線者，於有下列情形之一時，得追查電話號碼及地址。

（一）為免除當事人之生命、身體、自由或財產上之急迫危險。

（二）為防止他人權益受重大危害而有必要。

（三）無正當理由打專線電話，致妨害公務執行。

（四）其他為增進公共利益或防止危害發生。

又依本法第63條規定，違反第51條第3款規定，經勸阻不聽者，直轄市、縣（市）主管機關得處新臺幣3,000元以上1萬5,000元以下之罰鍰。

六、無故拒絕診療或開立診斷書之禁止

家庭暴力防治法第52條規定，醫院、診所對於家庭暴力之被害人，不得無故拒絕診療或開立診斷書。依本法第62條第2項規定，違者處新臺幣6,000元以上3萬元以下之罰鍰。

七、衛生教育宣導計畫

家庭暴力防治法第53條規定，衛生主管機關應擬訂及推廣有關家庭暴力防治之衛生教育宣導計畫。

八、加害人處遇計畫規範之訂定

家庭暴力防治法第54條規定，中央衛生主管機關應訂定家庭暴力加害人處遇計畫規範；其內容包括下列各款：

（一）處遇計畫之評估標準。

（二）司法機關、家庭暴力被害人保護計畫之執行機關（構）、加害人處遇計畫之執行機關（構）間之連繫及評估制度。

（三）執行機關（構）之資格。

中央衛生主管機關應會同相關機關負責家庭暴力加害人處遇計畫之推動、發展、協調、督導及其他相關事宜。

九、處遇計畫執行機關得為之事項及應為之事項

家庭暴力防治法第55條規定，加害人處遇計畫之執行機關（構）得為下列事項：

（一）將加害人接受處遇情事告知司法機關、被害人及其辯護人。

（二）調閱加害人在其他機構之處遇資料。

（三）將加害人之資料告知司法機關、監獄監務委員會、家庭暴力防治中心及其他有關機構。

（四）加害人有不接受處遇計畫、接受時數不足或不遵守處遇計畫內容及恐嚇、施暴行為時，加害人處遇計畫之執行機關（構）應告知直轄市、縣（市）主管機關；必要時並得通知直轄市、縣（市）主管機關協調處理。

十、直轄市、縣（市）主管機關應製作並提供被害人權益、救濟及服務之書面資料

家庭暴力防治法第56條規定，直轄市、縣（市）主管機關應製作家庭暴力被害人權益、救濟及服務之書面資料，供被害人取閱，並提供醫療機構及警察機關使用。醫事人員執行業務時，知悉其病人為家庭暴力被害人時，應將該資料交付病人；而該資料亦不得記明庇護所之住址。

十一、直轄市、縣（市）主管機關應提供家庭暴力防治資料

家庭暴力防治法第57條規定，直轄市、縣（市）主管機關應提供醫療機構、公、私立國民小學及戶政機關家庭暴力防治之相關資料，俾醫療機構、公、私立國民小學及戶政機關將該相關資料提供新生兒之父母、辦理小學新生註冊之父母、辦理結婚登記之新婚夫婦及辦理初生登記之人。該資料內容應包括家庭暴力對於子女及家庭之影響及家庭暴力之防治服務。

十二、直轄市、縣（市）主管機關得核發家庭暴力被害人之補助

家庭暴力防治法第58條規定，直轄市、縣（市）主管機關核發家庭暴力被害人下列補助：

（一）緊急生活扶助費用，對於目睹家庭暴力兒童及少年，亦得補助之。

（二）非屬全民健康保險給付範圍之醫療非用及身心治療、諮商與輔導費用；對於目睹家庭暴力兒童及少年，亦得補助之。

（三）訴訟費用及律師費用。

（四）安置費用、房屋租金費用。

（五）子女教育、生活費用及兒童托育費用。

（六）其他必要費用。

（七）家庭暴力被害人年滿20歲者，得申請創業貸款。

十三、勞工主管機關應提供就業服務

家庭暴力防治法第58條之1規定，對於具就業意願而就業能力不足之家庭暴力被害人，勞工主管機關應提供預備性就業或支持性就業服務。

十四、防治家庭暴力在職教育及學校教育之辦理

家庭暴力防治法第59條規定，社會行政主管機關應辦理社會工作人員、居家式托育服務提供者、托育人員、保育人員及其他相關社會行政人員防治家庭暴力之在職教育。

警政主管機關應辦理警察人員防治家庭暴力在職教育；司法院及法務部應辦理相關司法人員防治家庭暴力在職教育。

衛生主管機關應辦理或督促相關醫療團體辦理醫護人員防治家庭暴力在職教育。

教育主管機關應辦理學校、幼兒園之輔導人員、行政人員、教師、教保服務人員及學生防治家庭暴力在職教育及學校教育。

另外，亦本法第60條規定，高級中學以下學校每學年應有4小時以上之家庭暴力防治課程。但得於總時數不變下，彈性安排於各學年實施。

十五、增訂年滿16歲之未同居親密關係暴力入法

增訂家庭暴力防治法第63條之1規定，年滿16歲之未同居親密關係暴力入法，以因應與日俱增的恐怖情人暴力事件，而有別於以往僅保護同居之親密關係暴力，2015年修法亦納入非同居之親密關係暴力被害人保護。

十六、行政機關執行保護令及處理家庭暴力案件辦法之訂定

家庭暴力防治法第64條規定，行政機關執行保護令及處理家庭暴力案件辦法，由中央主管機關定之。

表9-1　本法主要內容

規範項目	內容及條文
名詞定義	1. 家庭暴力之相關名詞定義（第2條） 2. 家庭成員之範圍（第3條）
主管機關及辦理事項	1. 主管機關及其職掌（第4條、第5條） 2. 家庭暴力防治委員會之設置（第7條） 3. 家庭暴力防治中心辦理事項（第8條）
民事保護令之聲請及審理	1. 保護令之分類（第9條） 2. 保護令之聲請人（第10條） 3. 保護令之管轄法院（第11條） 4. 保護令之聲請、審理與核發（第12條、第13條、第14條） 5. 保護令之有效期間及延長（第15條） 6. 暫時保護令之核發及視為通常保護令之聲請（第16條） 7. 保護令不因遷出或遠離失其效力（第17條） 8. 保護令之發送期限（第18條） 9. 被害人及證人之保護（第19條） 10. 抗告與相關程序之準用（第20條）
民事保護令之執行	1. 當事人及相關機關應確實遵守保護令（第21條） 2. 警察機關辦理保護令事件及取交相關物品（第22條、第23條） 3. 未成年子女之交付、會面交往與暫定親權（第24-26條） 4. 保護令執行方法之異議（第27條） 5. 外國法院保護令之效力（第28條）

表9-1 本法主要內容（續）

規範項目	內容及條文
刑事程序	1. 家庭暴力犯之逮捕、拘提（第29條、第30條） 2. 反覆違反保護令之虞者之羈押（第30條之1） 3. 無羈押必要者得附條件及違反之效果（第31條、第32條） 4. 釋放被告應即通知被害人或其家庭成員（第34條之1） 5. 訊問被害人之保護措施（第36條、第36條之1、第36條之2） 6. 被告於付緩刑保護管束期間內得命遵守事項（第38條） 7. 處遇計畫之訂定及執行（第41條） 8. 加害人出獄日期與逃脫之通知（第42條）
父母子女	1. 不利未成年子女之推定（第43條） 2. 發生家庭暴力改定親權（第44條） 3. 加害人會面交往未成年子女之審酌予命令（第45條） 4. 會面交往處所之設立與委辦（第46條） 5. 不得進行和解與調解及其例外（第47條）
預防及處遇	1. 警察人員處理之方法及請求警方之協助（第48條、第49條） 2. 暴力嫌疑者之通報與處理（第50條） 3. 被害人及其未成年子女身分資訊之保護（第50條之1） 4. 追查電話號碼及住址（第51條） 5. 無故拒絕診療或開立診斷書之禁止（第52條） 6. 衛生教育宣導計畫（第53條） 7. 加害人處遇計畫規範之訂定及得為事項（第54條、第55條） 8. 家庭暴力防治資料之提供（第56條、第57條） 9. 被害人之補助與支持性就業服務（第58條、第58條之1） 10. 在職教育之辦理與家庭教育防治課程（第59條、第60條）
罰則	1. 違反保護令之處罰（第61條） 2. 違反被害人及未成年子女資訊保護之處罰（第61條之1） 3. 違反通報義務及拒絕就診之處罰（第62條） 4. 無故撥打專線電話之處罰（第63條） 5. 加害未滿16歲而有親密關係者之處罰（第63條之1）
附則	1. 執行保護令及處理家庭暴力防治辦法之訂定（第64條） 2. 施行細則之訂定（第65條） 3. 本法自公布日施行（第66條）

第三節　本法主要爭議問題

家庭暴力防治法之爭議問題，比較具有代表性者，如下；

壹、民事保護令之執行機關是否適合分散？

2015年修正通過之家庭暴力防治法採用行政院版本，將民事保護令之執行機關由舊法之警察機關與法院，擴充為法院、警察機關、社政機關、戶政機關及其他相關機關，讓執行機關變成多頭馬車。亦即：

（一）法院執行部分：除舊法所定之金錢給付令由法院執行外，不動產禁止使用收益處分之保護令改由法院執行。

（二）社政機關執行部分：家暴中心主責之會面交往，完成加害人處遇計畫均改由社政機關執行。

（三）相關機關執行部分：禁止查閱資訊由相關機關執行。

（四）戶政機關執行部分：戶籍遷徙登記由戶政機關執行。

（五）警察機關執行部分：其他命令由警察機關執行。

關於此，有學者批評[14]欠缺統一執行窗口，當事人於執行民事保護令時，難免要花費更多時間與精力。再者，警察機關執行保護令時，必須視情況而採取逮捕、強制進入處所、取交物品、申請變更或核發憑證等方式，對於擅長辦理刑事案件之警察機關，是一項極大的挑戰。另外，交付子女之命令改由法院而非警察執行，在法律適用可能產生一些困境，因為法院所定探視權之交付子女之命令，常應在週末為之，法院與警察不同，週末不上班，法院如何執行非上班時間之交付子女之命令，將是有待解決之難題。

14　高鳳仙，同註2，頁98。

貳、民事保護令之相關費用應否徵收？

被害人向法院聲請核發或執行民事保護令時，常無資力繳納聲請費或執行費，且費用之繳納常延誤核發與執行保護令之時間，不能迅速達到保護被害人之目的。關於此，在修法過程中產生歧異與爭議，因此現行法第10條第3項修正為：「保護令之聲請、撤銷、變更、延長及抗告，均免徵裁判費、並準用民事訴訟法第七十七條之二十三第四項規定。」亦即，郵電送達費及法官、書記官、執達員、通譯於法院外為訴訟行為之食、宿、舟、車費，不另徵收。

參、家庭暴力防治人員可否為自己聲請保護令？

民事保護令制度在英美法系國家行諸多年，在家庭暴力相關法令制定前即已開始施行，並非家庭暴力相關法令所特有之制度。因此，非家庭暴力之被害人亦可聲請民事保護令而獲得保障。然而，我國只有在家庭暴力防治法中採行民事保護令制度，依該法之規定僅有被害人及其子女可以受到保護令之保護，其他人都不可以為自己聲請保護令。關於此，司法機關並不同意將家庭暴力防治人員納入保護範圍，其理由為：

（一）社工人員如受委託執行家庭暴力防治業務，依新修正之刑法係屬公務員，可受保護，不必聲請保護令。

（二）家庭暴力防治人員與加害人不共同生活，聲請保護令與家庭暴力防治法之規範不合。

（三）其他執法人員（如環保人員）常受威脅亦未有保護令之設計，不能獨厚家庭暴力防治人員。

因此，修正後之本法第21條第2項規定，社政機關執行未成年子女會面交往或加害人處遇計畫之保護令，必要時得請求警察機關協助。至於醫事人員、社會工作人員、教育人員及保育人員為防治家庭暴力行為或保護家庭暴力被害人之權益，有受到身體或精神上不法侵害之虞者，得請求警察機關提供必要之協助（本法第49條）。

肆、家庭暴力防治法應否採責任通報制？

反對責任通報制者認為責任通報制剝奪被害人自主之權利，使其無法為自己及子女做自己認為最好的決定，容易使被害人不願接受救援，致被害人被曝光而有危害其安全之虞。然而，贊成者認為採用責任通報制，可以加強對於被害人之保護與照顧，並有助於資料之蒐集、檔案之建立，且使公權力易於介入，幫助被害人向外求援，並使加害人負擔法律責任等。

我國家庭暴力防治法第50條第1項規定，醫事人員、社會工作人員、教育人員、保育人員、警察人員、移民業務人員及其他執行家庭暴力防治人員，在執行職務時知有疑似家庭暴力，應立即通報當地主管機關，至遲不得逾24小時。而依本法第62條第1項條規定，違者處新臺幣6,000元以上3萬元以下之罰鍰，但醫事人員為避免被害人身體受緊急危難而違反者，不罰。且此通報人之身分資料應予保密。

因此，我國家庭暴力防治法係採全面通報制，但許多人未依法通報，且不通報者亦常未受到法律所規定之處罰。如何使責任通報制度確實發揮保護被害人安全之功能，又能保護其隱私，仍是重要的課題。

伍、加害人應否接受強制治療或輔導？

反對強制治療或輔導者認為，加害人接受強制治療或輔導頂多只有20%具有效果，治療或輔導效果很低，故不應建立加害人應否接受強制治療或輔導制度，以免浪費社會資源。然而，贊成強制治療或輔導者認為，強制治療對於加害人所產生之影響與改變，並無定論，尚待更進一步研究。因此，不宜貿然認定強制治療效果很低，並以此作為反對強制治療之理由。

由於家庭暴力防治法對於家庭暴力之處理，並非採用嚴刑峻罰之治標方法，而是採用預防與治療之治本方法，其中加害人處遇計畫之建立，即是非常重要之防治措施。因為只有當加害人能夠改變施暴習性時，家庭暴力才能得到根本解決。然而，加害人絕大多數均不願意接受治療或輔導，

唯有依法強制實施一途。因此，縱然強制治療或輔導效果很低，亦值得實施，絕對不會浪費社會資源。

陸、加害人處遇計畫實施成效不彰之原因如何？

一、衛生福利部訂定之「家庭暴力加害人處遇計畫規範」尚未周全

家庭暴力防治法自實施以來，我國家庭暴力通報件數持續成長，中央主管機關之衛生福利部雖已依家庭暴力防治法規定訂定加害人處遇計畫規範，然此規範內容仍相當簡陋，且對於家庭暴力防治法第54條第1項第1款所定之「處遇計畫之評估標準」並未加以規定，致使現在實施之各種加害人處遇計畫，究竟合乎何種標準，並無法規可循。且對於各種執行者所施行之處遇計畫並未建立定期評估制度，無法控管及提升加害人處遇計畫之成效。

二、醫療院所參與意願不足

依據前述「家庭暴力加害人處遇計畫規範」第2點規定，不僅特定之醫院或醫療機構有執行資格，經地方政府指定之非醫療機關、機構或民間團體，亦有可能具備執行資格，然執行者仍以醫療院所為主，需要許多精神醫師與心理師高度參與。但此類心理治療與輔導工作幾無利潤可言，故醫療院所參與意願不足。

三、法院核發意願低落

關於通常保護令之加害人處遇計畫令核發件數，依司法院所公布之統計資料，2018年各地方法院所准許核發之民事保護令共計4,168項，其中加害人處遇計畫令僅3,206項，僅占7.6%，隔年2019年1月至9月各地方法院所准許核發之民事保護令共計30,802項，其中加害人處遇計畫令僅2,486項，雖然比例微幅上升，但亦僅占8%[15]，顯然法院針對處遇計畫令之核發仍採較保守之態度。

---

[15] https://www.judicial.gov.tw/juds/report/Sf-13.htm，最後瀏覽日期：2019年11月23日。

四、加害人接受意願不高

在法院已核發加害人處遇計畫令之案件中，許多加害人不願意依法院所核發之命令接受並完成治療輔導。有研究顯示[16]，約有六成機構之加害人報到率達75%以上，57.1%的機構處遇之加害人流失率在25%以下，有八成的機構可達50%以上之完成率。處遇計畫之個案困境包括：否認與防衛態度、無法繳交治療費、出席狀況差、不遵守治療規定與沉默不說話等。工作人員之困境包括：人力不足、意願不高、增加工作負擔與訓練不足等。特別是法官爲使加害人接受認知教育輔導、親職教育輔導及其他輔導以外之處遇計畫，可以命加害人先完成鑑定程序，將鑑定結果作爲核發加害人處遇計畫令之參考。然而，加害如果不願意接受鑑定，家庭暴力防治法並無任何處罰規定。且警察機關亦不宜以強制方法執行此種命令，因此加害人之鑑定程序目前仍是困難重重。

五、處遇計畫成效有待加強

目前我國缺乏對於家庭暴力加害人類型之深入研究，迄今尚未發展適合各種不同加害人之治療輔導方案，對於各個處遇計畫之效能評估亦付諸闕如。因此，目前加害人處遇計畫成效尚待加強。

柒、警察人員之逕行逮捕權限應否擴大？

反對警察拘捕權限擴大者認爲，有關警察拘捕權限之規定應設置於刑事訴訟法中，且警察素質不高，爲免侵害被告人權，不應有特別之拘捕權限規定。然而，贊成警察拘捕權限擴大者認爲，家庭暴力常發生於夜間或其他非上班時間，如果警察無逕行拘提權，將難以當場將加害人進行逮捕。警察拘捕權限之擴大，係家庭暴力防治法之重要精神，與保護令制度相互配合，更加發揮保護被害人之功能。

因此，依據現行家庭暴力防治法第29條規定，警察人員發現家庭暴力罪或違反保護令罪之現行犯時，應逕行逮捕之，並依刑事訴訟法第92條

---

16 高鳳仙，同註2，頁150。

規定處理。檢察官、司法警察官或司法警察偵查犯罪認被告或犯罪嫌疑人犯家庭暴力罪或違反保護令罪嫌疑重大,且有繼續侵害家庭成員生命、身體或自由之危險,而情況急迫者,得逕行拘提之。其非由檢察官執行拘提者,應即報請檢察官簽發拘票。如檢察官不簽發拘票時,應即將被拘提人釋放。

捌、保護令可能遭到濫用?

由於家庭暴力往往發生於家庭密閉空間,欲舉證加害人之暴力行為通常並非容易,因此通常保護令事件係以寬鬆的自由證明法則取代嚴格證明。亦即有超過50%之可能性,法院即應為有利於聲請人之認定。再加上法院依法為未成年子女酌定或改定權利義務之行使或負擔之人時,對已發生家庭暴力者,推定由加害人行使或負擔權利義務不利於該子女,家庭暴力防治法第43條定有明文,保護令可能被用於主張離婚或酌定子女親權之工具。經檢索最高法院判決後發現,確實以非實施家庭暴力之一方擔任親權人為多數,但此推定非不得因法院之職權調查而推翻。依據最高法院91年度台抗字第209號民事判決:「……惟此僅係法律推定,依民事訴訟法第579條第2項、第575條之1規定,法院非不得斟酌具體資料,為相反之認定。原法院參酌上述訪視報告,並考量未成年子女成長心理及滿足父母子女親情,依具體情況,認宜由相對人與兩造長子胡○○同居,及行使、負擔對於胡○○之權利義務,自未違背上述家庭暴力防治法之規定。……。」由此可知,涉及家暴者原則上不宜擔任親權人,但有反證者,則不在此限。

依筆者訪談法官表示:於其承辦之案件中,夫認為妻管帳有疑問,妻不好好跟丈夫交代,夫憤而不提供生活費,妻因此聲請保護令,聲請內容非常多款,包含遷出、暫時親權、遠離很多場所、禁止會面交往、給付生活費、加害人之處遇等,然後就翻很多舊帳,包含曾打罵小孩、罵妻子等舊事,把保護令當婚字案處理,妻此舉反而惹惱夫,決定提前離婚訴訟,一個家庭未好好經雙方努力改善,瞬間崩解,加速家庭的分裂。處理類似

案件建議當事人要循序漸進解決家庭紛爭，比如先發簡訊邀請對方懇談，若不行再聲請調解，調解不成再提告，不要立刻激怒對方。

甚至對夫提起性侵子女之告訴[17]，於刑事審理期間提起暫保護令之聲請，提高父親探視子女之難度，讓非同住方無法順利探視子女。亦有利用暫時保護令聲請不可接觸和聯絡目睹兒童（家裡的未成年子女），以達到不讓非同住方之父或母無法探視子女之目的。因為暫時保護令不用開庭，由司法事官辦理，通常也會核發，暫時保護令抗告也不太容易成功，只好等通常保護令開庭，等通常保護令結案，可能與子女隔離半年以上，建議此種情形，司法事務官以開庭審理為宜。

此外，外國人於居留期間內，居留原因消失者，移民署應廢止其居留許可；但有下列情形之一者，得准予繼續居留外國人為臺灣地區設有戶籍國民之配偶，其本人遭受配偶身體或精神虐待，經法院核發保護令（入出國及移民法第31條第4項），不排除亦有外配欲繼續居留臺灣，而虛偽聲請保護令之可能，因此如何兼顧當事人權益，又避免保護令被濫用，成為法官頭痛之根源。

第四節 實務案例研究

壹、鄧如雯殺夫案[18]

一、事件經過

鄧如雯被林阿棋性侵得逞，在長子2歲時，因害怕家人繼續受害及遭人指點，只能被迫嫁給強暴她的林阿棋。1993年10月27日下午，鄧如雯接獲其妹之電話，得知其妹2人均遭林阿棋騷擾及強暴未果，頓覺激憤。當日下午6時許，林阿棋酒後返家又對鄧如雯冷嘲熱諷，並恐嚇要殺害鄧如

---

17 臺灣新北地方法院108年度聲判字第39號刑事裁定。
18 https://ohsir.tw/4376/，最後瀏覽日期：2019年10月16日。

雯及娘家家人，且動手毆打鄧如雯，2人劇烈爭吵後，林阿棋於7時許進入臥房睡覺。此刻，鄧如雯忍無可忍，身為母親、也身為女兒，多年來面對丈夫永無止盡的傷害與恐嚇，終於忍到了極點，而極點的那頭是憤怒。因此，長期累積的壓力，讓她在絕望之際，求生的意志壓過理智，在丈夫入睡後，先持鐵鎚猛擊林阿棋頭部，再持水果刀猛刺其頭部、左肩、背部等處，林阿棋大量出血而當場死亡，她親手結束了這場4年多的惡夢。鄧如雯選擇自首，這可能是活到22歲以來，少數屬於她自己的選擇，鄧如雯在面對記者黃福其的專訪時，如此回顧過往。

二、歷審判決

（一）第一審法院判

臺灣板橋地方法院（現為臺灣新北地方法院）1994年2月23日，82年度重訴字第43號判決認為，鄧如雯成立普通殺人罪，僅符合自首之減刑要件，判處5年6個月有期徒刑。法官依據證據，衡量鄧如雯婚後的悲慘處境及殺夫時之心理狀態，認定鄧如雯與其家人受辱情節屬實，但鄧如雯仍應訴諸正當法律途徑解決其困境，不得以不諳法律為名脫免罪責。此外，她趁林阿棋熟睡時行兇，亦與正當防衛要件要求的「防衛情狀」不符。

辯護律師王如玄等人極力想要抗辯鄧如雯的殺夫是出於義憤，但一審法院調查後，認為鄧如雯在受辱後2小時趁林阿棋熟睡時時下手行兇，不符合刑法第273條義憤殺人罪的條件。法院甚至認為鄧如雯行兇後有明確記憶，在當場死亡的丈夫上蓋好棉被，並清洗血跡與事後自首種種行為，表示當時神智清楚，並非精神耗弱，最後只用了「亦無必要」四個字駁回了辯護律師對鄧如雯進行精神鑑定的請求。最終以殺人罪判處鄧如雯有期徒刑5年6個月。

第一審法院宣判後，法官以鄧如雯不便行使親權為由，判由死者林阿棋的二哥，為其子女監護人。絲毫不在乎小孩之後會活在一個有家暴歷史的家庭裡，永遠承受著童年的創傷，無人協助化解。

（二）第二審法院判決

對於第一審法院判決，婦女團體可沒有這麼好打發，像是晚晴婦女協

會、婦女新知協會、民進黨婦展會，她們聯合起來聲援，並要求比照美國羅瑞娜（Lorena Bobbitt）閹夫案，讓鄧如雯接受精神鑑定。到了第二審程序，法院終於允許讓鄧如雯接受鑑定，由三軍總醫院精神科出具的鑑定證明鄧如雯在案發時精神極度耗弱，並處於短暫而似失智性之低度偏差化行為，縱使鄧如雯案在殺夫後能清楚陳述案件細節，依舊符合精神耗弱的條件，於是臺灣高等法院1994年8月2日，83年度上訴字第1970號殺人案刑事判決認為，鄧如雯符合自首及精神耗弱兩項減刑條件，將第一審原判決撤銷，改判有期徒刑3年。法官並准羈押於臺北看守所之鄧如雯以30萬元交保，因鄧如雯無錢交保，法官特准其律師以書面具保。

（三）第三審確定判決之理由

鄧如雯提起第三審上訴，最高法院1995年3月23日，84年度台上字第1342號判決駁回上訴。其理由如下：

1.鄧如雯於行兇後委託消防隊員向該管警員自首犯罪並接受審判，依刑法第62條前段之規定應減輕其刑。

2.臺灣高等法院將鄧如雯送請三軍總醫院精神醫學部心理衡鑑會診精神狀態結果，認定鄧如雯在案發當時之精神狀態顯然處於短暫而似失智性之低度和偏差化行為，雖其後尚能清晰陳述案發前後之大部分事宜，並欲自裁同死，仍舊符合「精神耗弱」標準，宜依刑法第19條第2項規定減輕其刑，並依法遞減之。

3.刑法第23條規定正當防衛之行為不罰，須以對於現在不法之侵害為條件，鄧如雯自己承認係趁林阿棋熟睡之際行兇，與正當防衛之構成要件未符。

4.鄧如雯案發後，對行兇過程仍有明確記憶，且於行兇後表示自首之意，以獲得減輕其刑之寬典。再加上本件經送三軍總醫院精神醫學部心理衡鑑會診結果，及鑑定醫師江漢光之補充說明函件1份觀之，鄧如雯於案發時，辨別是非和外界事物之能力並無障礙，僅為無法依其辨別而控制自己之行為，是不足認其已達心神喪失程度。

5.案發當天下午，鄧如雯接獲其妹之電話，得知其妹2人均遭林阿棋

騷擾及強暴未果，惟均屬林阿棋為不義行為之過去事實。至同日下午林阿棋返家後，固以言詞激怒，並動手毆打鄧如雯，然因鄧如雯行兇時間，係在林阿棋入房睡覺之後，是尚非林阿棋實施不義行為之當場，核與刑法第273條所定「當場激於義憤」之構成要件不符，應無該條適用之餘地。

6.刑法第57條所列各款：為量刑時應行注意之事項並非為減刑之依據，鄧如雯犯罪之動機，法院已依該規定審酌後量刑，自無依同法第59條酌量減輕其刑之餘地，是不得據以減輕其刑。

三、家庭暴力防治法應運而生

2014年世界婦女高峰會在臺北市舉行，這給鄧如雯案一個大量曝光的機會，藉此能被社會重視。有了輿論的推波助瀾，報紙也開始大篇幅報導家庭暴力問題，包括知名小說《殺夫》作者李昂也出面響應。最後，透過庭外和解，林阿棋二哥將小孩帶回給鄧如雯。鄧如雯服刑1年半後表現良好，假釋出獄。鄧如雯改名，帶著兩個兒子，離開傷心地而遠走高飛。從此這世上，再也沒有鄧如雯，但「家庭暴力防治法」卻應運而生。

四、對於本案之檢討

（一）因家庭暴力尋求救濟之法令不足

林阿棋與鄧如雯的悲劇起點，是來自於非經同意的性行為。而很遺憾的，1990年代當時，多數國家並沒有把婚內暴力納入法規，婚內暴力不僅止在肉身虐待，也包含脅迫和精神暴力。而鄧如雯雖長期遭受丈夫各種凌虐，在那個時候，臺灣少有法律允許在婚內起訴強暴與暴力，社會普遍帶有「妻子從屬丈夫」的文化期待；打人不對，但一般認為老公打老婆就是家務事。

因為當時相關法令規定不足，使鄧如雯不能於事前求助以防止悲劇發生。再者，於事後審理本案之合議庭法院甚至也認為，就算鄧如雯不堪同居之虐待，也應該訴請法院認定，而不能拿刀殺人。合議庭法院所以不採信鄧如雯情堪憫恕之辯解，乃深恐會變相鼓勵受虐婦女可以不循正當法律途徑尋求救濟，單以殺夫作為解決之道。然而，所幸因為鄧如雯殺夫案之

悲劇，讓社會大眾重視日漸嚴重的家庭暴力問題，臺灣的家庭暴力防治法終於應運而生。

（二）因家庭暴力長期受虐後精神狀態之鑑定請求

本案第一審臺灣板橋地方法院（現為臺灣新北地方法院）1994年2月23日，82年度重訴字第43號判決認為，鄧如雯於行兇後委託消防隊員向該管警員自首犯罪並接受審判，依刑法第62條前段之規定應減輕其刑，但仍成立普通殺人罪。且認為鄧如雯在受辱後2小時趁林阿棋熟睡時時下手行兇，不符合刑法第273條義憤殺人罪的條件。法院甚至認為鄧如雯行兇後有明確記憶，在當場死亡的丈夫上蓋好棉被，並清洗血跡與事後自首種種行為，表示當時神智清楚，並非精神耗弱，並駁回其接受精神鑑定的請求。

關於此，經許多婦女團體聲援，強烈要求比照美國羅瑞娜（Lorena Bobbitt）閹夫案，讓鄧如雯接受精神鑑定。到了第二審程序，法院終於允許讓鄧如雯接受鑑定，由三軍總醫院精神科出具的鑑定證明鄧如雯在案發時精神極度耗弱，並處於短暫而似失智性之低度偏差化行為，縱使鄧如雯案在殺夫後能清楚陳述案件細節，依舊符合精神耗弱的條件，於是臺灣高等法院1994年8月2日，83年度上訴字第1970號殺人案刑事判決認為，鄧如雯符合自首及精神耗弱2項減刑條件，將第一審原判決撤銷，改判有期徒刑3年。

鄧如雯上訴第三審，主張自己的精神狀態屬於「心神喪失」程度。第三審最高法院1995年3月23日，84年度台上字第1342號判決駁回上訴。其理由如下：鄧如雯案發後，對行兇過程仍有明確記憶，且於行兇後表示自首之意，以獲得減輕其刑之寬典。再加上本件經送三軍總醫院精神醫學部心理衡鑑會診結果，及鑑定醫師江漢光之補充說明函件1份觀之，鄧如雯於案發時，辨別是非和外界事物之能力並無障礙，僅為無法依其辨別而控制自己之行為，是不足認其已達心神喪失程度。

鄧如雯殺夫案若非眾多婦女團體聯合起來聲援，強烈要求讓鄧如雯接受精神鑑定，而第二審法院也終於允許讓鄧如雯接受鑑定，雖然其鑑定結

果爲「精神耗弱」，而非被害人所主張的「心神喪失」，但至少讓長期深受家庭暴力虐待之當事人，可以主張關於精神狀態之鑑定，因此藉由正當程序之審理後，獲得符合人權的司法待遇。今後，對長期深受家庭暴力虐待之當事人，於司法實務上，基於當事人私益之要求；或基於社會公益之要求，法院應如何主動依職權或依請求允許其接受精神鑑定，將是審理家庭暴力案件的重要課題。

貳、遭遇來自恐怖情人的情緒勒索案[19]

一、案件事實

小薰是高中二年級的學生，與同社團的同學阿和交往1年多。由於接下來將面對升大學的考試壓力，小薰希望專心讀書，好好準備考試，與阿和約會談天的時間變少，兩人時常爲此爭執不休。阿和時常抱怨小薰不重視他，覺得自己被小薰拋棄。他曾經激動的揚言想自殺，試圖讓小薰感受到他的重要。面對阿和異常激烈的反應，小薰既驚又怕，想要提出分手，又怕阿和不能接受，不知該如何是好？

這幾天，阿和不斷打電話給小薰，卻在小薰接起電話後默不作聲，甚至無預警的騷擾小薰，跟蹤小薰。阿和這些不當舉動，不禁讓小薰想起上個月在電視上看到大學生因分手糾紛而被潑硫酸事件，她害怕阿和也做出類似舉動。小薰覺得很不安，不知道該怎麼辦才好？[20]

二、如何證明「現有」或「曾有」親密關係

如前所述，2015年2月修正「家庭暴力防治法」新增第63條之1，提供16歲[21]以上未同居的親密關係，面對有跟蹤、騷擾或脅迫行爲的伴侶

---

[19] https://hre.pro.edu.tw/special/2575，https://www.mdnkids.com/law/detail.asp?sn=1774，最後瀏覽日期：2019年11月1日。

[20] https://vote2020.chinatimes.com/news?chdtv，最後瀏覽日期：2019年11月1日。

[21] 立法理由認爲：按國內外相關研究均指出，未同居之親密關係暴力被害者多盛行於16至24歲女性族群；另查我國「刑法」及「民法」之相關規定，年滿16歲之人即得依自主意願而與他人發生合意之性行爲；又查我國「家事事件法」第14條規定，年滿7歲以上之未成年人具程序能力。據此，爰定被害人之年齡下限爲16歲，並於第2項訂定親密關係伴侶定義。

時，可以聲請保護令。因此，若身邊的親友、同學遭遇危及人身安全的狀況，可以到警察局或家防中心請求協助向法院聲請保護令。至於如何證明「現有」或「曾有」親密關係？關於此，只要提出親密照片或是LINE等通訊軟體對話紀錄、臉書感情狀態、友人證詞等任何證據即可。另外，各縣市政府在地方法院都設有處理家庭暴力暨家事事件聯合服務中心，亦可直接在法院就近提供協助。

三、於防治家庭暴力課程中提示恐怖情人之人格特質與判斷警訊

（一）恐怖情人之人格特質

依據臺北市警局婦幼隊按照以往案例分析，歸納出恐怖情人之人格特質有[22]：

1.「多疑」：對另一半極度不信任，常會懷疑對方欺騙自己或對自己不忠。

2.「極端」：挫折容忍度低，情緒起伏大，容易因為小事而情緒失控甚至出手打人。

3.「自我」：以自我為中心思考，認為自己才是對的，不願與他人溝通。

4.「掌控」：執著於掌控另一半日常行蹤、交友狀況及金錢使用等，不願給對方任何自由空間。

5.「濫用」：對於藥物或酒精上癮，導致精神不濟、情緒不穩。

6.「傷害」：對另一半施以精神或肢體上的暴力行為，使對方的身體產生損害、心理感到壓迫。

（二）恐怖愛情警訊

依據康健網站編輯歸納出「恐怖愛情」具有的七大警訊[23]：

1.警訊1：旋風般的激烈開端

愛情開始於瘋狂的追求，讓人毫無招架之力。但過度瘋狂的追求與奉

---

[22] https://wpd.police.gov.taipei/News_Content.aspx?n=FA9E2D63C51221B2&sms=72544237BBE4C 5F6&s=CFCFC1528D5697C8，最後瀏覽日期：2019年11月1日。

[23] https://www.commonhealth.com.tw/article/article.action?nid=73798，最後瀏覽日期：2019年11月1日。

承討好，可能都潛藏危機，代表對方想不擇手段，快速達到目的。代表一方不尊重另一方的隱私與感受，在日後可能會成為施虐者。

2. 警訊2：占有欲強

一方想操控另一方的時間、空間、身體、穿著、居住環境、情緒和人際關係。在他們的世界中「只有我倆」，排除其他人事物的存在。操控者的需求得擺在第一位，而另一方的感受與自主性總是被忽略。

3. 警訊3：激烈的情緒轉變

強烈的情緒轉變常讓人措手不及，行為也有很大的變化，如原本好好的人，會突然大吼大叫或兇暴無理。雖然每個人都有情緒起伏的時候，但他們的反應與變化過於誇大，和正常人不相稱。

4. 警訊4：什麼事都怪罪別人

他會把所有的錯誤或自身的挫敗，都怪罪到別人身上，特別是另一半。他的感受與情緒最重要，不管怎麼樣，他都會讓自己的感受成為焦點，但是，他對於造成別人的痛苦卻漠不關心，這在關係發展的初期會愈來愈明顯。

5. 警訊5：言語暴力

貶抑、輕視、潑冷水、打擊另一半的弱點，在暴力關係的發展中，會先出現語言暴力，之後才是肢體攻擊。通常是施虐者缺乏安全感，他們不懂得用愛把人留在身旁，而是用破壞的方式控制另一半。

6. 警訊6：對別人的反應與需要冷漠

不在乎對方過得好不好，也對別人的痛苦無動於衷，缺乏同理心。會忽視或虐待小動物或小孩，也不在乎別人的財物，甚至會破壞，這些都代表他沒辦法尊重別人。

7. 警訊7：過去與現在曾發生暴力行為

要看到他未來會不會有家暴或分手暴力，就是看他過去或現在有沒有發生過，這是最準確的預測，但不幸地，很多受虐者不願承認對方的施虐現象，讓狀況惡化下去。踹人、丟東西、手足罰牆、或將人逼到牆角，都是蛛絲馬跡與開端。

參、家庭暴力罪與妨害保護令罪

一、案件事實

遭受甲丈夫毆打之乙女,因其遭毆打之慘叫聲為隔壁鄰居聽見,鄰居唯恐其有生命危險乃報警處理,於警察到達時,施暴者甲男已停止暴行,此時警察只見遍體鱗傷的乙女,以及驚慌失措的小孩,警察並未直接目擊甲男之犯行,然由現場狀況判斷,顯然乙女遭受甲男家庭暴力之可能性極大,而甲男可能再度對乙女施暴。

二、警察之處置

警察對於家庭暴力罪之現行犯,應逕行逮捕(本法第29條第1項)。然因本案甲男已經停止家庭暴力,警察人員認為甲男犯家庭暴力罪,且有侵害乙女身體之危險者,得逕行拘提之(本法第29條第2項)。倘不符合拘提之要件,但認為被害人有受家庭暴力急迫之危險者,警察人員得以言詞、電信傳真或其他科技設備之方式為其聲請暫時緊急保護令,而法官應依警察人員的陳述,認定被害人有受家庭暴力之急迫危險者,應於4小時內以書面核發暫時緊急保護令,而並應於24小時內發送被害人與當事人(本法第12條與第16條)。在聲請暫時緊急保護令過程中,警察人員應依本法第22條規定,採取相關保護措施,如在被害人住居所守護、保護被害人及其子女至醫療處所或其他安全地,以及告知被害人相關的後續救濟途徑及服務措施。

若警察研判被害人沒有急迫的危險,依本法第10條,警察或被害人本身均得向法院聲請通常保護令。法官將視被害者的需要,裁定應有的保護措施。通常保護令之有效期間為2年以下,自核發起生效,通常保護令失效前,當事人或被害人得聲請變更撤銷或延長之。延長保護令之聲請,每次延長期間為2年以下(本法第15條)。又保護令一經核發,命加害人加害人遷出或遠離被害人之住居所時,縱使事後被害人同意加害人進入其住居所,仍構成違反保護令罪。依實務之見解認為:「按家庭暴力防治法之立法目的在於防治家庭暴力行為、保護遭受家庭暴力之被害人人身安全及保障其自由選擇安全生活方式與環境之尊嚴;該法為確實落實防治家庭

暴力事件，乃強制規定中央及地方政府機關應研擬各項政策、成立防治基金、防治委員會，並統合警政等機關設立防治中心，執行各項防治家庭暴力事件措施，及藉由法院核發要求加害人遵守各項保護被害人及其家庭成員處遇之民事保護令及違反保護令罪之刑事處罰等機制，以保護被害人之身心安全，降低家庭暴力事件對於社會之傷害程度，期使家庭暴力事件不再發生。是家庭暴力防治法所規範之家庭暴力事件，其保護之法益顯非僅被害人之人身安全，且及於國家或社會之公共利益甚明。此依該法第17條之規定：命相對人遷出被害人住居所或遠離被害人之保護令，不因被害人同意相對人不遷出或不遠離而失其效力，益臻明確。準此，由法院依法核發之民事保護令，而經公權力之強力介入，即具有保護公共利益之強制力，顯非被害人所得任意處分；則命相對人遷出住居所之保護令，縱得被害人之同意不遷出或於保護令有效期間內遷回住居所，相對人既就保護令之內容已有認識而仍不遠離或進入被害人之住居所，不問其目的為何，均構成該法第61條第4款之違反保護令罪。[24]」因此，除非保護令到期失效，或依聲請或依職權撤銷或變更（本法第15條、第16條），否則縱使乙女事後同意甲男返回乙女之住所，甲男仍構成違反保護令罪。

施暴者若違反法院所核發之通常保護令或暫時保護令之裁定者，包含：1.禁止實施家庭暴力；2.禁止騷擾、接觸、跟蹤、通話、通信或其他非必要之聯絡行為；3.命遷出住居所；4.命遠離住居所、工作場所、學校或其他特定場所；5.命完成加害人處遇計畫等行為時，為違反保護令罪，可處3年以下有期徒刑、拘役或科或併科新臺幣10萬元以下罰金（本法第61條），法官對於違反保護令者、家庭成員間故意實施家庭暴力行為而成立之罪，其嫌疑重大，有事實足認為有反覆實行前開犯罪之虞，而有羈押之必要者，得羈押之（本法第30條之1）。對於無羈押必要之被告得附加條件，如禁止實施家庭暴力、禁止騷擾、遷出居所等命其遵守（本法第31條），對於違反附加條件者，如有繳納保證金者，並得沒入其保證金，若有羈押之必要者，得聲請法院羈押之（本法第32條）。

---

[24] 臺灣高等法院高雄分院100年度上易字第491號判決。

三、最高法院91年度台抗字第505號民事裁判

按家庭暴力防治法之立法精神在於保護處於家庭暴力危險中之被害人免受家庭暴力行爲之傷害，故保護令是否核發之斟酌重點，在於法院審理時曾實施家庭暴力行爲之加害人是否有對於被害人實施家庭暴力之危險中，如果被害人於「審理時」確實處於受暴之危險，而被害人也確實感受暴力之精神威脅時，該被害人即家庭暴力防治法第2條第1項所稱受身體或精神上不法侵害之被害人，法院即可斟酌核發保護令以保護被害人。本件相對人前對再抗告人實施家庭暴力之行爲，雖經臺灣板橋地方法院於2001年1月15日核發相對人不得對再抗告人及子女實施身體上或精神上不法侵害行爲，不得直接或間接對於被害人爲騷擾行爲，其保護令有效期間爲1年之通常保護令（修正後之第15條已將有效期間修改爲2年）。相對人在板橋地院於2001年1月15日核發保護令之有效期間內及該有效期間屆滿後迄今，既持續對於再抗告人實施精神上虐待並對其子女有恐嚇、騷擾行爲，而令再抗告人及其子女確實處於受暴之危險並感受暴力之精神威脅，依上說明，即難謂再抗告人不得再聲請核發保護令以請求保護之必要。原法院見未及此，遽以再抗告人就保護令有效期間內之家庭暴力行爲，再行聲請通常保護令，不應准許，進而爲不利於再抗告人之裁定，自未有合。

四、對於本案之檢討

警察在處理乙女遭受暴力傷害時，於法院核發緊急保護令前，應在被害人乙女住居所守護，或採取其他保護被害人或其家庭成員之必要安全措施（本法第48條），並應通報當地主管機關之家庭暴力防治中心（本法第50條），並要求共同協助受害人。

警察協助乙女之項目包括就醫、驗傷、聲請民事保護令、接受心理諮商及準備法律訴訟相關事宜。亦即，當乙女的鄰居打電話通知警察前來處理時，乙女即應自動進入家庭暴力防治中心所提供的整體服務網絡，乙女無需自行摸索需要接受何種協助，以及應該去向那些單位求助，均應獲得即時之協助。

乙女僅須向相關機構，例如醫事人員、社會工作人員、教育人員、保

育人員、警察人員、移民業務人員、法院或其他家庭暴力防治相關人員等尋求協助，家庭暴力防治中心的人員應迅速使求助者進入系統化的服務流程，此流程（參考附錄四）應自動啓動家庭暴力防治之整套措施，而使受害者得到全面的輔助與支持。危機處理完後，有關被害人之相關協助與補助，例如，緊急生活扶助費用、訴訟費用及律師費用、安置與房屋租金、非屬全民健保給付之醫療費用與心理諮商、輔導費用等（本法第58條）、對於有就職意願者提供預備性或支持性之就業協助（本法第58條之1），均應繼續提供或轉介，使乙女能早日擺脫家庭暴力，重新開始新的人生。

第五節 結語

　　家庭暴力問題不僅是個人或家庭問題而已，國家機關應藉由警察、司法、醫療、社工、教育等社會資源適時介入此類家庭，引導當事人重新認識自己的生活處境，並幫助被害人選擇符合自己利益的生存方式，然而傳統的處理方式及民刑事法律制度卻不能提供有效的解決之道。國家有必要另設特別的法律制度，提出有效的解決之道或防治方法，家庭暴力防治法確有其制定之必要。

　　家庭暴力防治法之主要目的，在於防治家庭暴力行爲、保護遭受家庭暴力之被害人人身安全及保障其自由選擇安全生活方式與環境之尊嚴。至於促進家庭和諧與完整，並非家庭暴力防治法之主要目的，充其量僅能作爲次要目的或保障被害人權益後之附隨效果。因此整部家庭暴力防治法置重於被害人之保護，針對民事保護令之聲請及審理、執行占有極大之比例，同時對於違反保護令罪嫌疑重大者得逕行拘提，並對於有事實足認爲有反覆實行犯罪者得羈押之，其無羈押必要者，得命一定條件要求加害人遵守，同時對於家庭暴力發生之預防亦多所著墨。

　　與此相對地，本法亦明定中央衛生主管機關應訂定家庭暴力加害人處遇計畫規範，依據家庭暴力防治法第2條規定，處遇計畫係指對於加害人

實施之認知教育輔導、親職教育輔導、心理輔導、精神治療、戒癮治療或其他輔導、治療。由此可知，家庭暴力防治法不僅保護被害人，亦強調加害人之修復過程，俾使家庭關係回復常態。

為保障被害人家庭暴力防治法設計民事保護令制度，保護令之核發具有急迫性因此通常法院大多以同意為原則，不同意為例外，但不容否認者，當事人為確保離婚或取得未成年人親權人地位，保護令可能有濫用之情形，如何保護被害人權益免於家暴，同時又不致遭到濫用，此部分考驗法官之智慧。

總之，家庭暴力之施虐者與受虐者將來可能成為反社會者，影響國家發展與社會治安，事實上大部分的刑事案件都是從家庭成員毀壞開始，因此為避免不幸複製不幸，需要藉由本法以防治家庭暴力一再發生，進而使家庭回復正常功能，如此方能成為國家社會長治久安。

附錄一：警察機關處理家庭暴力流程[25]

分駐（派出）所社區家庭暴力防治官（以下簡稱社區家防官）負責協助受（處）理員警辦理以下事項：

一、受理報案

（一）派員處理或轉報（通報）轄區分駐（派出）所派員前往處理。

（二）案發後報案應填製「家庭暴力事件通報表」，協助評估有無聲請保護令之必要；涉及刑事案件，另依處理家庭暴力罪及違反保護令罪逮捕拘提作業程序辦理。

（三）受理非本轄案件，不得拒絕或推諉，應依前項規定辦理，並於24小時內至警政婦幼通報系統（以下簡稱本系統）通報，相關案卷資料陳報分局函轉管轄分局處理；已聲請保護令者，應敘明受理單位。

---

25 臺北市政府警察局婦幼專區，https://wcp.police.gov.taipei/News_Content.aspx?n=C13A0370AAD30C10&sms=B9D976F309687239&s=2483DE272C54FEAD，最後瀏覽日期：2019年11月13日。

二、處理階段

（一）應以適當方法優先保護被害人及其家庭成員之安全；發現有傷病時，應緊急協助就醫。

（二）視現場狀況，通知鑑識人員到場照相、採證。

（三）縝密蒐證並製作處理家庭暴力案件現場報告表；受理案件24小時內，於本系統填輸家庭暴力事件通報表，並填寫工作紀錄簿備查。

（四）提供被害人安全計畫書，並妥為告知其得行使之權利、救濟途徑及服務措施。

（五）被害人有安置需求時，應通知社政單位；必要時，保護被害人及其子女至庇護所或醫療機構。

三、協助被害人或依職權聲請保護令

（一）依定型稿範例協助被害人填寫通常或暫時保護令聲請書狀。

（二）被害人有受家庭暴力之急迫危險者，應即通知分局家防官代依職權聲請緊急保護令，並得於夜間或休息日為之。

（三）於法院核發緊急保護令前，必要時，在被害人住居所守護，或採取其他保護被害人或其家庭成員之必要安全措施。

四、結果處置

檢具告訴筆錄、家庭暴力事件通報表、現場報告表、保護令聲請書狀、相片、驗傷單、戶籍資料及TIPVDA量表等相關資料，以陳報單報請分局家庭暴力防治官（以下簡稱分局家防官）聲請保護令，另按「處理家庭暴力案件作業程序檢核表」項目逐一檢核，該表並附於卷宗之首，併案陳核。

一、分局家防官收受分駐（派出）所陳報單，應檢視所附各項文件資料有無缺漏。

二、協助聲請民事保護令案件，應以書面儘速函送地方法院，以保護被害人安全。但被害人有受家庭暴力之急迫危險者，得以言詞、電信傳真或其他科技設備傳送之方式聲請緊急保護令，並得於夜間或休息日為之。

附錄二：婚姻暴力被害人之安全計畫[26]

婚姻暴力具有慢性、重複發生之特性，因此暴力惡化時，若能及早辨識暴力惡化的徵兆，可以避免致命性暴力的發生。

一、婚姻暴力惡化的徵兆

（一）猛力攻擊頭部。

（二）掐脖子或使用可能造成窒息的方法。

（三）暴力衝突中，使用刀械或其他可能致命的武器。

（四）出現情緒失控、行為失常的狂亂現象。

（五）虐待子女狀況達到令人擔心子女身心安危之嚴重程度。

（六）揚言同歸於盡，並且已經著手準備工具。

（七）飲酒或使用毒品的程度明顯惡化。

二、所受婚姻暴力已經有導致生命危險的可能，為了避免致命性暴力的發生，可能需要即刻離開暴力環境，若一時無法離開，需做好下列準備，以尋求生命安全保護

（一）準備好自己的安全住所，而且對於自己的安全住所要能保密。

（二）瞭解自己的婚姻暴力發生之危險情境及發展模式，對於如何適時離開危險情境或終止暴力發展預做準備，以有效避免生命遭受危害。

（三）避免激怒對方的言行。

（四）就醫資料、驗傷診斷書，或其他婚暴相關資料應該收好，若對方會搜查私人物件，則上述資料應避免拿回家。

（五）把家中可能被用來作為武器的器具盡可能收起來，包括：鎮紙、板凳、球具、掃把、小家電、花瓶、剪刀、菜刀等。

（六）事先計畫當面對危險時，如何逃離危險現場。

（七）避免造成對方拉扯，留短髮、不佩戴項鍊耳環等飾品、盡量穿褲裝及無衣襟之衣服。

---

[26] 沈瓊桃編，離婚父母親職教育手冊，國立臺灣大學發行，2016年5月。

（八）準備一個袋子，裡面裝有身分證件、健保卡、零錢、提款卡、通訊錄等。將袋子放在安全處或寄放在友人家中。

（九）手機隨時都在開機狀態，若有危急，則趕快通知110。

（十）告訴鄰居、親友，若聽到呼叫求救聲或暴力叫喊、傷痛哀嚎時，趕快通知110。

（十一）以自己生命安全為第一優先考量，在自己獲得安全的第一時間內，可以馬上透過社政及警政系統介入，以維護子女安全。

（十二）緊急離家時，可以到居家附近的派出所或便利商店尋求警察局及社會局家暴中心的協助。

附錄三：家庭暴力防治法與警察機關相關之法條規定

一、警察人員執行職務知有家庭暴力之犯罪嫌疑者，應通報當地主管機關（第50條第2項）。

二、警察人員得為被害人聲請保護令（第10條），或聲請延長保護令（第12條）。

三、警察應逕行逮捕家暴嫌疑犯或逕行拘提家暴嫌疑犯或違反保護令嫌疑重大者（第29條）。

四、警察機關應依保護令，保護被害人至住居所，確保其占有住居所或個人必需品（第22條第1項）。

五、非關於金錢給付或子女交付之保護令，由警察機關為之（第21條）。

六、保護令除緊急保護令應於4小時外，其餘應於核發後24小時內發送警察機關（第16條第4項、第18條第1項）。

七、義務人不依保護令交付未成年子女時，權利人得聲請警察機關限期命義務人交付（第24條）。

八、家庭暴力罪或違反保護令罪之被告認無羈押之必要，而命具保、責付、限制住居或釋放者，或羈押中之被告，經法院撤銷或停止羈押者，警察機關及家庭暴力防治中心於接獲通知後，應立即通知被害人或其家庭成員（第34條之1）。

九、警察人員發現被告違反第31條所附條件時，得逕行逮捕或逕行拘提之（第35條）。

十、警察機關於詢問被害人時，得採取適當之保護及隔離措施（第36條）。

十一、犯家庭暴力罪或違反保護令罪而受緩刑之宣告者，法院應即通知被害人及其住居所所在地之警察機關（第38條）。

十二、矯正機關應將家庭暴力罪或違反保護令罪受刑人預定出獄之日期通知被害人、其住居所所在地之警察機關及家庭暴力防治中心（第42條）。

十三、警察人員處理家庭暴力案件之方法（第48條第1項）。

（一）於法院核發緊急保護令前，在被害人住居所守護或採取其他保護被害人及其家庭成員之必要安全措施。

（二）保護被害人及其子女至庇護所或醫療機構。

（三）告知被害人其得行使之權利、救濟途徑及服務措施。

（四）查訪並告誡相對人。

（五）查訪被害人及其家庭成員，並提供必要之安全措施。

十四、矯正機關應將家庭暴力罪或違反保護令罪受刑人預定出獄之日期通知被害人、其住居所所在地之警察機關及家庭暴力防治中心（第42條）。

十五、警察人員處理家庭暴力案件，應製作書面紀錄（第48條第2項）。

十六、醫事人員、社會工作人員、教育人員及保育人員為防治家庭暴力行為或保護家庭暴力被害人之權益，有受到身體或精神上不法侵害之虞者，得請求警察機關提供必要之協助（第49條）。

十七、直轄市、縣（市）主管機關應製作家庭暴力被害人權益、救濟及服務之書面資料，供被害人取閱，並提供醫療機構及警察機關使用（第56條）。

十八、警政主管機關應辦理警察人員防治家庭暴力之在職教育（第59條第2項）。

附錄四：警察機關處理家庭暴力案件流程圖

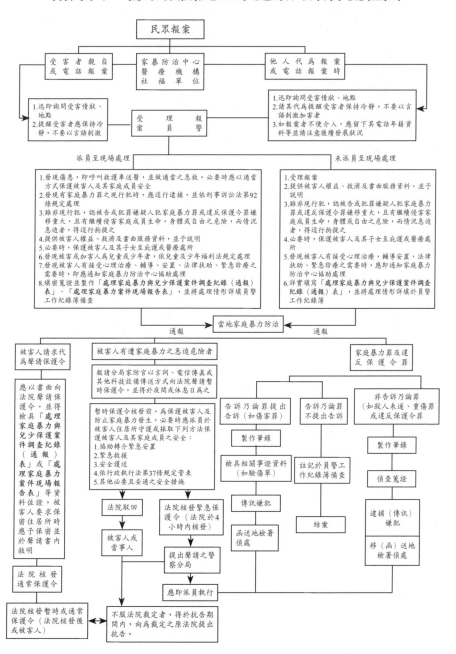

第十章

性騷擾防治法與案例研究

傅美惠

第一節　本法立法背景、緣由、目的與沿革

壹、本法之立法背景、緣由與立法目的

一、本法之立法背景

性騷擾問題源自於對性別意識之漠然，隱忍與掙扎導致被害人生理、心理及生活品質層面受到影響，連帶波及其生存空間與人格尊嚴。1970年代以降，女性逐漸爭取參與公領域事務，面對多元價值評斷或資源分配，因而促使人權、性別平等，以及身體自主權等爭議受到檢視[1]。性騷擾問題起源於傳統父權文化對性別意識之漠視，無所不在之性騷擾，對被害人之生理、心理及生活品質影響至鉅[2]。自1980年代以來，人權及性別歧視議題日益受到重視，性騷擾相關立法運動也在世界各國漸次展開，致力於破除性騷擾之文化迷思，建置全面之性騷擾防治體系[3]。

性騷擾問題是一個自古存在之問題，但直到20世紀下半葉才逐漸受到世人之重視。關於性騷擾之立法運動雖然已展開一段時間，但綜觀世界各國立法例，卻很難找出一部規模完善之法典，足為各國立法之典範[4]。

性騷擾條款雖源於性別工作平等法規，但性騷擾行為未必是性別歧視行為，性騷擾問題宜定位為人身安全問題而非性別平權問題，且性騷擾法規不應僅限於工作場所，對於工作場所以外之場所發生之性騷擾事件亦應適度加以規範，再者，性騷擾法規應增設性騷擾防治規定，因此，性騷擾規定顯然已超出性別工作平等法之規範許多，性別工作平等法依其法規性

---

[1] 性騷擾問題是一個自古存在之問題，現今性騷擾之嚴重性及普遍性已得到重視，應得到法律之保護。參照高鳳仙，性騷擾防治法之立法問題探究，萬國法律，第105期，1999年6月，頁57-65；性騷擾，社團法人台灣防暴聯盟，http://office.wrp.org.tw/Uploads/%7BE05F7F6C-DCEB-4ECC-99E2-793E309DB90B%7D_%E6%80%A7%E9%A8%B7%E6%93%BE.pdf，最後瀏覽日期：2019年11月13日。

[2] 內政部手冊／性騷擾防治Q&A手冊（序文），2006年11月，頁3。

[3] 李永然、田欣永，職場性騷擾之防制及因應之道，永然聯合法律事務所，專欄文章，2012年10月25日，http://www.law119.com.tw/newdesign/comptaipei/personview.asp?kname=%A7%F5%A5%C3%B5M&ktop=%C2%BE%B3%F5%A9%CA%C4%CC%C2Z%A4%A7%A8%BE%A8%EE%A4%CE%A6%5D&idno=6447&keywords=，最後瀏覽日期：2019年11月13日。

[4] 高鳳仙，同註1，頁57-65。

質及立法目的已無法將性騷擾之規定完全容納其中，性騷擾有關規定有獨立於性別工作平等法之外，單獨立法之必要[5]。

　　本法法條，乃是由許多民間團體和各黨立法委員共同努力下，歷經長達約6年之立法審議程序後催生出來的。2004年11月18日立法院第5屆第6會期衛生環境及社會福利委員會第4次全體委員會討論本法之立法必要，4位女性委員包括黃昭順與張蔡美、葉宜津、秦慧珠等分別提出3個版本之本法草案，但內政部與法務部反對另立專法，認現行法架構已滿足需求，性騷擾行為可由刑法與社會秩序維護法規範，法務部堅稱性騷擾行為可由刑法強制猥褻罪包含論罪，且性騷擾為不確定法律概念[6]，未來無法執法，制定本法前，性騷擾法條散見刑法、性別工作平等法、性別平等教育法、社會秩序維護法、家庭暴力防制法[7]等，內政部與法務部認為應以修上開法律為先，而非另立專法，且性騷擾概念模糊尚待社會形成共識，而民眾對性騷擾他人尚無尊重意識，有待社會教育[8]。

　　雖內政部與法務部反對另立性騷專法，但近年來在我國，由於性別意識逐漸抬頭，在婦女團體之努力推動下，各類防治性騷擾之立法紛紛制定。以工作場所為例，在2002年公布並自3月8日施行之「性別工作平等法」中，即曾以第三章明文規定職場性騷擾之類別及雇主防治此類事件之法律責任[9]。在2004年公布施行之「性別平等教育法」中，也以第四章來規範有關校園性騷擾（及性侵害）防治之事項[10]。至於在2005年制定，並

5　高鳳仙，同註1，頁57-65。
6　高鳳仙，性騷擾之法律概念探究，法令月刊，第52卷第4期，2001年4月，頁24-44。
7　家庭暴力防治法1998年6月24日公布施行，2007年、2008年、2009年、2013年、2015年修正5次。第2條第1項第4款：騷擾：指任何打擾、警告、嘲弄或辱罵他人之言語、動作或製造使人心生畏怖情境之行為。第2條第1項第1款：家庭暴力指家庭成員間實施。第3條：本法所定家庭成員。第9條：民事保護令分為通常保護令、暫時保護令及緊急保護令。第14條：禁止相對人對於被害人、目睹家庭暴力兒童及少年或其特定家庭成員為騷擾之行為。
8　張安箴，性騷擾防治法解析，臺北地檢署檢察官，https://www-ws.gov.taipei/001/Upload/306/relfile/31500/4384674/4e814f12-8d2c-42cd-8046-d0335505034c.pdf，最後瀏覽日期：2019年11月13日。
9　關於對兩性工作平等法中這些規定之評析，參見焦興鎧，兩性工作平等法中性騷擾相關條款之解析，律師雜誌，第271期，2002年4月，頁45-47。
10　關於性別平等教育法中這些規定之評析，參見羅燦煐，政策面vs.執行面：校園性侵害及性騷擾防治之政策分析、現況檢視及實務芻議，國家政策季刊，第4卷第1期，2005年4月，頁114-

自2006年2月5日正式施行之「性騷擾防治法」（以下稱「本法」）中，更將防治保障範圍擴大至職場及教育場域以外，並以保護此類事件被害人之人身安全及個人尊嚴為重心[11]，使我國成為全世界在這方面投注最大心力與資源的國家之一，雖然是一相當進步之立法，但究屬首創之舉，是否得以有效執行，仍實值進一步加以觀察[12]。

二、本法之立法緣由

性騷擾問題目前仍普遍存在於職場、校園及公共場所，而性騷擾問題對於受害者所造成之壓力和傷害，往往超出我們之想像。根據研究發現，約百分之九十之人，在遭受性騷擾後，會出現「壓力創傷症候群」，受害者常常會有頭痛、胃病、睡眠失調、疲累、緊張等生理症狀。另外，約有百分之七十五之受害者，因性騷擾之打擊，而影響到他們之工作表現與生涯發展。鑑於性騷擾問題嚴重地威脅著人民之工作權、身體自主權、經濟安全權與學生之受教權，但是制定本法前，除了性別工作平等法、性別平等教育法中有少數條文約束職場及校園性騷擾，及設立申訴管道之外，並無有關性騷擾防制之專門立法[13]。從世界各國對於性騷擾之立法趨勢來看，性騷擾條款已從性別歧視之概念獨立出來，其本質已是人身安全問題而非性別平權問題，其規範範圍宜擴張至職場及教育場域以外之場所。因此，期望藉由本法之訂定，使社會中之性騷擾問題得以規範和預防，讓民眾之人身安全能夠進一步得到保障[14]。

三、本法之立法目的

本法第1條明定其立法目的為：「為防治性騷擾及保護被害人之權

116，因該法與本文之討論主題並無直接關聯，故未作進一步之探討。

[11] 關於此點，參照高鳳仙，同註1，頁61-63。

[12] 焦興鎧，性騷擾防治法與兩性工作平等法相關規定之異同，台灣勞工雙月刊，勞動論壇，創刊號，2006年5月，頁10。

[13] 性騷擾防治立法初探研究，內政部委託研究（研究主持人：盧映潔教授，協同主持人：焦興鎧教授），2004年1月，頁163。

[14] 立法院委員張蔡美等37人、委員葉宜津等71人及委員秦慧珠等60人，分別擬具「性騷擾防制法草案」案等三案，立法院第五屆第六會期第十五次會議議案關係文書，頁207-208。

益，特制定本法。」此規定明揭該法之立法目的主要在於保護人身安全，對於性騷擾問題建立整體防治網路，使被害人之權益得到確實之保護。因此，該法對於被害人所保護之權益並不以性別平等權益為限，任何人之任何權益因他人實施性騷擾行為而受到侵害時，均有該法之適用，可受該法之保護[15]。

　　本法第1條確認其立法目的在於防治性騷擾及保護被害人之權益[16]；申言之，本法之立法目的：1.防治性騷擾；2.保護被害人之權益。另本法第1條明定本法之法律適用範圍與順序，其法律適用範圍與順序「有關性騷擾之定義及性騷擾事件之處理及防治，依本法之規定；本法未規定者，適用其他法律。但適用性別工作平等法及性別平等教育法者，除第12條、第24條及第25條外，不適用本法之規定[17]」。是以，本法首先在總則章中第1條明定，除第12條、第24條及第25條外，特別排除性別工作平等法及性別平等教育法相關條文之適用，藉以與工作場所及校園性騷擾事件之處理加以區隔[18]。

貳、本法之立法沿革

　　本法於2005年2月5日公布，並自公布後1年施行，期間歷經2006年1月18日一次修法稍做調整，復於2009年1月23日修正本法第1條，本法之立法沿革，分述如下：

一、2005年之制定

　　本法是一部中華民國法律，於2005年2月5日公布施行，其立法目的

---

[15] 「性騷擾防制法草案」案1.第1條之立法目的與宗旨，均照各提案通過，立法院第五屆第六會期第十五次會議議案關係文書，頁210-211。

[16] 本法第1條明定其立法目的為「為防治性騷擾及保護被害人之權益，特制定本法」。

[17] 有論者認為除本法第12條、第24條及第25條外，排除本法之適用，但適用性別工作平等法與性別平等教育法之被害人，受到較少之保護，屬立法上之缺失。參照高鳳仙，同註1，頁41。

[18] 關於性騷擾防治法第1條第2項之規定。參照焦興鎧，同註12，頁11。

是爲了補足「性別工作平等法」及「性別平等教育法」之不足[19]。性別工作平等法只處理雇主與受僱者之間之關係,而性別平等教育法則是處理校園內之性騷擾、性侵害問題。雖然「社會秩序維護法」適用範圍較廣,但也只能進行行政裁罰,「社會秩序維護法」第83條第3項所規定「以猥褻言語、舉動或其他方法,調戲異性」,其成立要件與性騷擾不盡相同,對被害人保護有限,也缺乏對加害者之制裁、矯正以及性騷擾之預防。爲了讓一般人在工作場所、學校以外之公共場所受到性騷擾時能夠受到保障,以本法擴大保護之領域,保障受害者之權益。

性騷擾事件牽涉多元複雜之個人、社會與文化等因素,需要各相關體系專業人員、社會大眾共同投入防治工作,以建立綿密之防治網絡[20]。本

---

[19] 爲有效處理性騷擾議題,立法院陸陸續續通過了「性別工作平等法第三章性騷擾之防治」、「性別平等教育法第四章校園性侵害或性騷擾之防治」及「性騷擾防治法」,規範雇主事前預防及事後善後責任,希望能透過事前預防、加重雇主責任、採用申訴手段,以快速及減少被害人成本支出之方式來澈底處理性騷擾問題。這三個法律是以性騷擾事件中被害人與加害人間之關係作爲區分點,將發生在不同人之間、不同場域之性騷擾事件加以區別,而有不同處理方式。大體上來說,性別工作平等法從保障員工工作權角度出發,主要處理職場性騷擾;性別平等教育法從保障學生受教權觀點出發,主要處理校園性騷擾;而性騷擾防治法從人身安全角度出發,主要處理前二法以外之性騷擾(如公共場所)。有關性騷擾防治三法間之解釋與適用及相關整合議題之比較,參照性騷擾防治三法整合研修建議計畫,內政部委託研究(計畫主持人:吳志光副教授,協同主持人:陳宜倩副教授),2010年8月24日,頁57、63以下。

[20] 有關性騷擾事件之防處,及建立綿密之防治網絡之詳細敘述,參照內政部手冊/性騷擾防治Q&A手冊(序文),2006年11月,頁3;尤美女、王如玄、張晉芬、嚴祥鸞、劉梅君、陳美華合著,1999催生男女工作平等法手冊,財團法人婦女新知基金會,1999年;徐卿廉、張逸平、陳惠琪、王金蓉、卓玉梅編輯,性別平權之路—臺北市職場性別歧視申訴訴願暨行政訴訟案例彙編,臺北市政府勞工局,2002年;曹愛蘭、尤美女、林明珠、黃碧芬、賴玉梅編輯,臺北縣就業歧視V.S就業場所性騷擾案例實錄,臺北縣政府,2002年;黃文鐘、陳爾嘉、林佳慧、鄧懿賢編輯,臺北市政府勞工局就業歧視暨性別平等相關實例介紹暨法令研討專輯,臺北市政府,2005年;王淑珍,新女性聯合會呂秀蓮策劃出版,匍匐前進—昂首對抗性騷擾,書泉出版社,1993年;黃碧芬、莊麗卿、吳湘媚編輯,保護你手冊—職場性騷擾,中華民國新女性聯合會,1999年;行政院勞工委員會中部辦公室編印,就業歧視防制—相關問答彙編;行政院勞工委員會編印,性別工作平等宣導手冊;陳麗娟、陳爾嘉、陳惠琪、陳寶如、林佳慧編輯,職場天秤的擺盪—性別平權與就業平等專刊,臺北市政府,2004年;焦興鎧,性騷擾爭議新論,元照出版公司,2003年;焦興鎧,向工作場所性騷擾問題宣戰,元照出版公司,2002年;焦興鎧,工作場所性騷擾就是就業上性別歧視嗎?臺灣高等行政法院91年簡字第851號判決評析,2002年;黃富源,向企業性騷擾說再見—工作場所性騷擾防治手冊,中華民國勞資關係協進會,1997年;焦興鎧,工作場所性騷擾答案問集(雇主篇),財團法人婦女權益促進發展基金會網站;高鳳仙,性騷擾防治法之立法問題探究,全國婦女人身安全會議:引言,財團法人婦女權益促進發展基金會網站;臺灣婦女資訊網:女性人身

法於2006年2月5日正式上路，繼性別工作平等法針對職場性騷擾、性別平等教育法針對校園性騷擾加以規範之後，我國法制對於性騷擾之防治又向前邁進了一大步。本法本於保護人身安全與尊重個人身體自主權之理念，特別對機關、部隊、學校、機構或僱用人課以防治義務，期待透過集體之力量，提升人民對他人身體自主權之尊重，使社會大眾對性騷擾防治與相關議題建立正確、基礎之觀念。另外，本法為嚇阻性騷擾事件之發生，亦新增性騷擾行為之行政制裁與強制觸摸罪之刑事處罰[21]。

現行有關性騷擾防治相關法令主要有性騷擾防治法、性別工作平等法[22]、性別平等教育法，簡稱「性騷擾防治三法[23]」，惟前揭三法就性騷擾（及性侵害）防治而言，其立法目的及防治手段均有所差異。按性別工作平等法主要在於保障受僱者及求職者免於性騷擾之工作或求職環境，以維護其工作權益，並由僱用人負擔主要之防治責任；性別平等教育法主要保障學生之受教育權，並由學校負擔主要之防治責任；本法則旨在保障一般人在職場及校園領域外免於性騷擾之人身安全維護，並視行為人之身分及性騷擾發生之場所，由機關、部隊、學校、機構、僱用人或主管機關負擔主要之防治責任。

本法於2005年2月5日總統華總一義字第09400016851號令制定公布，全文計28條；並自公布後1年施行。其主要內容包含：第一章「總則」、第二章「性騷擾之防治與責任」、第三章「申訴及調查程序」、第四章

安全、工作場所性騷擾；畢恆達，空間就是性別，心靈工坊，2004年。

21 內政部手冊／性騷擾防治Q&A手冊，2006年11月，頁5。性騷擾行為是否應受法律制裁？美國最早於1986年的Meritor Savings Bank, FSB v. Vinson一案中，確立了這是民權法案第7條所禁止之性別歧視。但這個規定早期只適用在工作場所，近來才擴及其他生活層面。在我國，「性騷擾防治法」立法，歷時6年，在2005年1月間終於完成三讀立法程序，於2006年2月5日正式上路。參照妳／你有權利說不—性騷擾防治法網氏／罔市女性電子報：焦點話題「性騷擾防治法上路了」，第207期，2006年1月30日；焦興鎧，美國雇主對工作場所性騷擾事件之法律責任及預防之道，歐美研究，第27卷第4期，1997年12月，頁85；焦興鎧，美國最高法院對工作場所性騷擾事件雇主法律責任之最新判決—Pennsylvania State Police V. Suders一案之評析，國政研究報告，頁197。

22 焦興鎧，兩性工作平等法中性騷擾相關條款之解析，律師雜誌，第271期，2002年4月，頁40-56。

23 有關性騷擾防治三法間之規範競合關係、解釋與適用及相關整合議題之比較，參照性騷擾防治三法整合研修建議計畫，同註19，頁57、63以下。

「調解程序」、第五章「罰則」、第六章「附則」等。

二、2006年之修正

鑑於現行本法因未配合鄉鎮市調解條例之修正,而造成部分條文之規定無法確切落實立法本意,爰擬具本法第18條及第26條條文修正草案[24]。照黨團協商條文通過,是以,2006年1月18日總統華總一義字第09500005861號令修正公布第18條、第26條條文。

本次修正係配合修正鄉鎮市調解條例修法將本法第22條至第26條舊條文之規定移至第25條至第29條規定,以解決本法之調解制度因所準用之鄉鎮市調解條例條文變更而產生調解書不具執行力等問題[25]。

另依原條文規定,性侵害之加害人應依第9條第2項規定對被害人為回復名譽之適當處分時,雇主、機構、學校等負有提供適當協助之義務。然依本法第26條規定,第9條規定於性侵害犯罪並無準用,因此性侵害之加害人不可能依第9條第2項規定對被害人為回復名譽之適當處分,雇主、機構、學校因而不可能負有提供適當協助之義務,性侵害犯罪準用第11條之規定即形同具文。為避免性侵害犯罪準用第11條之規定形同具文,並解決較輕微之性騷擾被害人不僅可以依民法侵權行為等規定請求加害人負損害賠償責任,還可以依本法第9條規定請求加害人負損害賠償責任及回復名譽適當處分,而較嚴重之性侵害被害人卻只能依民法侵權行為等規定求償之輕重失衡及不公平現象,應修正本條規定,明定第9條規定於性侵害犯罪準用之[26]。

三、2009年之修正

茲配合性別工作平等法因應社會變遷、性別多元化,於2008年1月16日其名稱修正公布為「性別工作平等法」,爰修正本法第1條第2項但書引據之法律名稱[27]。是以,2009年1月23日總統華總一義字第09800015961號

---

[24] 參照立法院國民黨黨團,立法院議案關係文書院總第1774號,委員提案第6446號。
[25] 本法第18條修正理由說明。
[26] 本法第26條修正理由說明。
[27] 本法第1條修正草案總說明。

令修正公布第1條條文。

　　另2013年7月19日行政院院臺規字第1020141353號公告第4條所列屬「內政部」之權責事項，自2013年7月23日起改由「衛生福利部」管轄。

第二節　本法性騷擾之定義、特性與類型

壹、本法性騷擾之定義

　　廣義之性騷擾，意指「本質為性且不受歡迎之口語或身體之行為」，有可能發生於同性或異性之間。廣義之「性騷擾」舉凡以明示或暗示方式從事不受歡迎之性接近、性要求或其他具有性意味之言語或肢體行為者，或意圖以性邀約影響他人工作機會、僱用條件者；以及採脅迫、恫嚇、暴力、藥劑或催眠方法，使他人不能抗拒而遂行其性接觸意圖或行為者，如性攻擊或強暴，均屬於性騷擾。一般而言，性騷擾較易發生於權力不對等之兩方之間，例如上司對下屬、老師對學生或學長姊對學弟妹等；但亦有可能發生於同儕之間，因此同學或同事之間之口語貶抑或猥褻行為也都屬於性騷擾之一環。

　　很多男性跟女性談話時，喜歡故做親密，以手搭對方肩膀、拍打背部或拉拉小手，只要對他人實施違反其意願而與性或性別有關之行為，即使加害人辯稱碰觸受害人是表達關心，但只要讓對方感覺到被冒犯、不舒服，而不當影響對方正常生活之進行，就有可能構成性騷擾。由此可知，界定性騷擾之最重要因素是被害人之感覺與意願，因此同樣一種行為發生在不同人之身上，可能就是「性騷擾」與「不是性騷擾」之區別。因此，違反他人意願而向他人實施與性或性別有關之行為，若造成對方之嫌惡與厭惡，不當影響其正常生活進行的，都算是「性騷擾」。

　　值得一提的是，性別騷擾也算是性騷擾之態樣之一。所謂性別騷擾，係指帶有性別歧視或偏見之言論，特別侮辱、貶抑或敵視特定性別之言詞或態度，例如「女人是花瓶，從來就做不好工作的」、「女人是情緒

之動物，碰到事情就只會哭，根本只適合在家裡被人家養」，類似這種言論或態度，如果讓對方覺得不舒服、被冒犯，也算是一種性騷擾。在具體個案發生時，性騷擾之認定，應就個案審酌事件發生之背景、環境、當事人之關係、行為人之言詞、行為及相對人之認知等具體事實為之。

性騷擾事件態樣涉及之法令甚為繁多，相關定義及執行問題皆容易造成混淆，性騷擾之定義，因場域及對象之不同，法律依據不同，而有些許不同之解釋，有以校園作為教育場所（例如：性別平等教育法第2條）[28]，亦有以校園作為工作場所（例如：性別工作平等法第12條）[29]，而本法係以校園作為公共場所，至於對性騷擾之定義方面，則也與前述二法略有不同，除排除性侵害犯罪以外，主要仍大體區分為所謂「交換」及「敵意環境」性騷擾兩大類型。

性騷擾可區分為交換利益性騷擾（quid pro quo sexualharassment，以順服性要求作為給與工作利益之條件）及敵意工作環境性騷擾〔hostile work sexual environment harassment，因為性之歧視（discrimination based on sex）而造成敵意或辱罵之（hostile or abusive）工作環境〕兩種[30]。這種分類之方式，主要是沿襲歐美各國（尤其是美國[31]）之經驗而來，其目

---

[28] 以校園作為教育場所，依據性別平等教育法第2條第4款：性騷擾：指符合下列情形之一，且未達性侵害之程度者：1.以明示或暗示之方式，從事不受歡迎且具有性意味或性別歧視之言詞或行為，致影響他人之人格尊嚴、學習、或工作之機會或表現者；2.以性或性別有關之行為，作為自己或他人獲得、喪失或減損其學習或工作有關權益之條件者。

[29] 性騷擾在理論上各有不同之定義，惟依性別工作平等法第11條第3項規定：所謂「性騷擾，係指工作場所中或勞動契約履行過程中意圖挑逗或滿足性慾，違背他方之意思，以肢體或明示、暗示之語言、圖畫、影片或其他方法，施予他方，致其人格、尊嚴、人身自由或工作受侵犯或干擾之行為」。以校園作為工作場所，依據兩性工作平等法第12條：本法所稱性騷擾，為下列兩款情形之一：1.受僱者於執行職務時，任何人以性要求、具有性意味或性別歧視之言詞或行為，對其造成敵意性、脅迫性或冒犯性之工作環境，致侵犯或干擾其人格尊嚴、人身自由或影響其工作表現；2.雇主對受僱者或求職者為明示或暗示之性要求、具有性意味或性別歧視之言詞或行為，作為勞務契約成立、存續、變更或分發、配置、報酬、考績、陞遷、降調、獎懲等之交換條件。

[30] Catharine A. MacKinnon, Sexual Harassment of Working Women: A case for Sex Discrimination 191-192(1979); Deborah N. McFarland, supra note 1, at 510-511. MacKinnon將性騷擾定義為「在不平等權力之關係中，施加違背意願之性要求。此概念之重點在於使用某一社會階層之權力以獲取另一社會階層之利益或使其遭受損害。參照焦興鎧，同註9，頁44。

[31] 焦興鎧，美國最高法院與工作場所性騷擾之爭議，收錄於性騷擾爭議新論，元照出版公司，2003年，頁87-183。

的是要決定雇主所負法律責任（employer liability）之輕重[32]，但在我國此二法中，雇主並不因此類行爲種類及對象不同而負不同之法律責任，而僅有在兩性工作平等法中，有雇主在受僱者因性騷擾而受有損害時，得提出免責抗辯之規定（affirmative defense）而已[33]。

依據「性騷擾防治法」第2條，針對性騷擾定義爲：本法所稱性騷擾，係指性侵害犯罪[34]以外，對他人實施違反其意願而與性或性別有關之行爲，且有下列情形之一者：

1. **交換型**：以該他人順服或拒絕該行爲，作爲其獲得、喪失或減損與工作、教育、訓練、服務、計畫、活動有關權益之條件。

2. **敵意環境型**：以展示或播送文字、圖畫、聲音、影像或其他物品之方式，或以歧視、侮辱之言行，或以他法，而有損害他人人格尊嚴，或造成使人心生畏怖、感受敵意或冒犯之情境，或不當影響其工作、教育、訓練、服務、計畫、活動或正常生活之進行。

依據本法規定，「性騷擾」不同於「性侵害」，乃指「性侵害犯罪」以外，違反他人意願，而與「性」或「性別」有關之行爲。但除了與「性侵害犯罪防治法」及「刑法」之相關規定有所重疊或衝突之規定之外，本法其餘規定，如性騷擾之防治與責任及其相關之罰則等，在性侵害犯罪也準用之，以求其周延。

貳、本法性騷擾之特性

依據以上對於性騷擾之定義，其共同之特點爲：

一、敵意之環境或交換式性騷擾。

二、與性或性別偏見或歧視有關。

---

32 關於此點，參照焦興鎧，美國雇主對工作場所性騷擾事件之法律責任及預防之道，歐美研究，第27卷第4期，1997年12月，頁114-153，有極詳盡之說明。

33 關於此點，參見兩性工作平等法第27條第1項之規定，在此應注意者是，在性騷擾防治法中，僱用人並沒有負連帶賠償責任之問題。

34 所謂性侵害，係指性侵害犯罪防治法第2條所定之犯罪，即刑法第221條至第229條及第233條犯罪行爲。

三、違反他人之意願，且不受歡迎。

四、對他人造成身心之影響。

參、本法性騷擾之類型

性騷擾之涵蓋範圍相當之廣泛，從帶有性意味、性暗示或性別歧視之言語、文字，到不受歡迎之肢體觸碰；或以性或性別有關之行為，作為自己或他人獲得、喪失或減損其學習或工作有關權益之條件者，都是性騷擾。

性騷擾之類型，分為以下四種：

一、言語之騷擾（verbal harassment）

在言語中帶有貶抑任一性別之意味，包括帶有性意涵、性別偏見或歧視行為及態度，甚或帶有侮辱、敵視或詆毀其他性別之言論。例如：過度強調女性之性徵、性吸引力，讓女性覺得不舒服；或者過度強調女性之性別特質及性別角色刻板印象，並加以貶損（或明褒暗貶）。

二、肢體上騷擾（physical harassment）

任一性別對其他性別（通常較多出現在女性）做出肢體上之動作，讓對方覺得不受尊重及不舒服。例如：擋住去路（要求外出約會、做出威脅性之動作或攻擊）、故意觸碰對方之肢體（掀裙子、趁機撫摸胸部及其他身體之部分或暴露性器等）等俗稱「吃豆腐」之行為。

三、視覺之騷擾（visual harassment）

以展示裸露色情圖片或是帶有貶抑任一性別意味之海報、宣傳單，造成當事人不舒服者。

四、不受歡迎之性要求（unwanted sexual requests）

以要求對方同意性服務作為交換利益條件之手段。例如：教師以加分、及格等條件，要求學生約會或趁機占性便宜等。

附帶一提，除了本法性騷擾之四種類型外，還有校園性騷擾及職場性

騷擾之類型，分述如下：

（一）校園性騷擾

校園性騷擾係指事件之雙方當事人為校園之教職員工及學生，或事件發生於學校中者。其雖然可能發生在校園之各種人際關係之間，但在性別與階層雙重權力關係運作之下，通常以男對女、男教師對女學生、男上司對女下屬（適用於兩性工作平等法之範圍）等模式最為常見[35]。校園性騷擾，一般可分為兩類：

1.交換型性騷擾

指一方利用職權以學業成績或工作為要脅，明示或暗示要求另一方提供性服務作為交換。

2.敵意環境型騷擾

任何針對校園教職員工生所為、影響其學習或工作環境之性騷擾行為[36]。

（二）職場性騷擾

職場性騷擾之種類，一般可分為四類：

1.交換型之性騷擾

(1)性賄賂：以利誘方式要求被行為人提供性服務。

(2)性脅迫：以威脅方式要求被行為人提供性服務。

2.敵意工作環境性別騷擾

嘲諷、羞辱或貶抑被行為人之生理性別，性別特質或性取向之價值或尊嚴（如：「太平公主」、「娘娘腔」、「男人婆」等評語，或貶抑某性

---

[35] 美國法院對於同性間之性騷擾（same-sex sexual harassment，男性對於男性或女性對於女性為性騷擾）可否構成民權法案第七章所定之性別歧視問題，則見解分歧。直至1998年聯邦最高法院才在Oncale v. Sundowner Offshore Services, Inc.一案中提出見解，認為同性間之性騷擾可以構成民權法案第七章所定之性別歧視。參照焦興鎧，美國工作場所性騷擾判決之最新發展趨勢—兼論對我國相關立法之啟示，1998年婦女人身安全學術研討會，現代婦女基金會、中央警察大學犯罪防治系、中華民國犯罪學學會主辦，1998年5月16日，頁85-86。

[36] 性侵害或性騷擾之定義，性別平等教育委員會，https://gender.ntunhs.edu.tw/ezfiles/21/1021/img/403/Gender05.pdf，最後瀏覽日期：2019年11月13日。

別之黃色笑話）。性挑逗：挑逗或侵擾被行為人之身體或性態（如：「吃豆腐」言行，或探詢性隱私等）。

3.性之徇私

4.非受僱員工之性騷擾[37]

第三節　本法之主要規定內容與特色

壹、本法之主要規定內容

本法2005年2月5日制定，2006年2月5日施行，全文28條。2006年1月18日修正第18條、第26條，2009年1月23日修正第1條，本法制定是為補足性別工作平等法[38]第12條（以校園作為工作場所，2002年制定）與性別平等教育法[39]第2條（以校園作為教育場所，2004年制定），未涵蓋之所有其他場所之性騷擾防治；性騷擾是指性侵害犯罪以外，對他人實施違反意願而與性或性別有關之行為，包括交換性騷擾與敵意環境（本法第2條第1項）；性騷擾其判斷基準以被害人主觀認知及客觀合理標準為主[40]；性騷擾行為違反者有民事（財產及非財產）賠償責任（本法第9條）、行政罰鍰（本法第20-24條）與刑事責任（本法第25條）；性騷擾之被害人在事件發生1年內可向加害人所屬單位申訴，性騷擾之加害人不明者或不

---

[37] 參照焦興鎧，工作場所性騷擾問題與法律對策，元照出版公司，2002年。該書對有關職場性騷擾之種類、問題與法律對策之有詳細之敘述。

[38] 性別工作平等法，2002年1月16日公布，2002年3月8日實施，2008年、2009年、2011年、2013年、2014年共修正7次。

[39] 性別平等教育法，2004年4月23日公布施行，2000年、2011年、2013年共修正3次，2002年改名為性別平等教育法，2004年行政院院會通過。

[40] 性騷擾之立法界定雖在字義上略有不同，但所強調者均是以此類行為被害人本身之感受為認定標準，也就是只要她（或他）主觀上認為不舒服或不歡迎此類行為，即足以構成觸犯性騷擾，至於加害人之動機及想法等，則不在考慮之列。參照焦興鎧，同註9，頁48；高鳳仙，同註6，頁39-40。此二法此一認定標準，主要是根據美國之經驗而來，對美國最高法院在相關判決中所採取之主、客觀認定標準，有甚詳盡之說明。參照焦興鎧，美國最高法院與工作場所性騷擾之爭議，收錄於性騷擾爭議新論，2003年，頁133-139。

知有無所屬單位時，由發生地警察機關調查（本法第13條）；所屬單位或雇主應對員工為教育訓練（本法第8條）；僱用10人以上場所，應設申訴管道協調處理（本法第7條）等[41]。

本法共有六章28條條文，其主要規定內容包含：第一章「總則」、第二章「性騷擾之防治與責任」、第三章「申訴及調查程序」、第四章「調解程序」、第五章「罰則」、第六章「附則」等，分述如下：

一、性騷擾事件之組織

（一）名詞定義（第3條）

本法在總則章中，就本法為適用之公務員、機關、部隊、學校及機構加以定義，本法第3條明定：「本法所稱公務員者，指依法令從事於公務之人員。本法所稱機關者，指政府機關。本法所稱部隊者，指國防部所屬軍隊及學校。本法所稱學校者，指公私立各級學校。本法所稱機構者，指法人、合夥、設有代表人或管理人之非法人團體及其他組織[42]。」

（二）明定各級主管機關（第4條）

本法第4條明定：「本法所稱主管機關：在中央為內政部；在直轄市為直轄市政府；在縣（市）為縣（市）政府。」本法在總則章中，明定內政部、直轄市及各縣（市）政府等各級主管機關，為中央及地方之主管機關。

（三）明定中央主管機關之掌理事項（第5條）

本法在總則章中，本法第5條明定：「中央主管機關辦理下列事項。但涉及各中央目的事業主管機關職掌者，由各中央目的事業主管機關辦理：一、關於性騷擾防治政策、法規之研擬及審議事項。二、關於協調、督導及考核各級政府性騷擾防治之執行事項。三、關於地方主管機關設立性騷擾事件處理程序、諮詢、醫療及服務網絡之督導事項[43]。四、關於推

---

41 張安葳，同註8。
42 本法第3條制定理由，參酌行政罰法草案第3條之規定，明定機構之定義。
43 在醫療及服務網絡建構之詳細敘述。參照焦興鎧，同註37，頁220-221。

展性騷擾防治教育及宣導事項。五、關於性騷擾防治績效優良之機關、學校、機構、僱用人、團體或個人之獎勵事項。六、關於性騷擾事件各項資料之彙整及統計事項。七、關於性騷擾防治趨勢及有關問題研究之事項。八、關於性騷擾防治之其他事項。」

（四）性騷擾防治委員會之設立及職掌（第6條）

為減少訟源及保護當事人不受二度傷害，明定性騷擾事件得採申訴程序及調解程序，由地方主管機關設立性騷擾防治委員會辦理有關性騷擾防治業務、性騷擾事件之調查、調解及移送法院等各項防治業務之執行事項[44]。本法在總則章中，第6條明定性騷擾防治委員會之設立及職掌：「直轄市、縣（市）政府應設性騷擾防治委員會，辦理下列事項。但涉及各直轄市、縣（市）目的事業主管機關職掌者，由各直轄市、縣（市）目的事業主管機關辦理：一、關於性騷擾防治政策及法規之擬定事項。二、關於協調、督導及執行性騷擾防治事項。三、關於性騷擾爭議案件之調查、調解及移送有關機關事項。四、關於推展性騷擾防治教育訓練及宣導事項。五、關於性騷擾事件各項資料之彙整及統計事項。六、關於性騷擾防治之其他事項。（第1項）性騷擾防治委員會置主任委員一人，由直轄市市長、縣（市）長或副首長兼任；有關機關高級職員、社會公正人士、民間團體代表、學者、專家為委員；其中社會公正人士、民間團體代表、學者、專家人數不得少於二分之一；其中女性代表不得少於二分之一；其組織由地方主管機關定之。（第2項）」

直轄市、縣（市）政府應設置性騷擾防治委員會，實際處理本法有關爭議之調查、調解及移送有關機關等事宜。依本法之規定，此類委員會設主任委員1人，由直轄市市長、縣（市）長或副首長兼任，委員則是由機關高級職員、社會公正人士、民間團體代表、學者及專家出任，其中非機關高級職員以外委員之人數不得少於二分之一，而女性代表亦不得少於二分之一。

本法除明定直轄市、縣（市）政府性騷擾防治委員會之組織及成員比

---

[44] 本法第6條制定理由一。

例，且因性騷擾被害人多爲女性，而地方主管機關爲第一線實際執行防治事項之機關，爲保障女性權益，爰明定女性代表不得少於二分之一[45]。

二、性騷擾之防治與責任範圍

（一）相關措施之訂定（第7條）

其次在第二章中，本法明定性騷擾之防治與責任範圍，是全法最主要之部分，本法責成機關、部隊、學校、機構及僱用人，應防治性騷擾行爲發生，並在知悉有此類情形時，即應採取立即有效之糾正及補救措施。在組織成員、受僱人或受服務人員人數達10人以上者之情形，還另應設立申訴管道協助處理，而在人數達30人以上者，則更要訂定性騷擾防治措施，並要公開揭示。

本法第7條明定：「機關、部隊、學校、機構或僱用人，應防治性騷擾行爲之發生。於知悉有性騷擾之情形時，應採取立即有效之糾正及補救措施（第1項）。前項組織成員、受僱人或受服務人員人數達十人以上者，應設立申訴管道協調處理；其人數達三十人以上者，應訂定性騷擾防治措施，並公開揭示之（第2項）。爲預防與處理性騷擾事件，中央主管機關應訂性騷擾防治之準則；其內容應包括性騷擾防治原則、申訴管道、懲處辦法、教育訓練方案及其他相關措施（第3項）。」

本法訂定相關措施之理由有二：一、提供安全之工作、學習或服務環境乃爲工作、教育訓練或服務場所之責任，而工作、教育訓練及服務場所發生性騷擾之頻率最高，爲保障當事人之權益，爰明定機關、學校、機構或雇主對性騷擾事件，應採取適當之預防及補救措施；二、對於職場中有公務員、學生、受訓學員或僱用受僱人或提供服務之對象達10人以上者，對性騷擾事件，除應採取適當之預防及懲處措施外，並應設立申訴制度協調處理之。其人員達30人以上者，並應訂定性騷擾防治措施，並公開揭示之[46]。

---

[45] 本法第6條制定理由二。
[46] 本法第7條制定理由一、二。

（二）定期舉辦或參與相關教育訓練（第8條）

　　為提升性別平權觀念，本法第8條所定機關、部隊、學校、機構或僱用人應定期舉辦或鼓勵所屬人員參與防治性騷擾之相關教育訓練。其訂定理由：明定機關、學校、機構及僱用人應舉辦或鼓勵所屬人員參與防治教育訓練，以提升性別平權觀念。

（三）故意或過失者之損害賠償責任（第9條）

　　至於對他人為性騷擾行為者，本法明定應負賠償責任，雖非財產上之損害，被害人亦得請求賠償相當之金額，而在名譽被侵害之情形，並得請求回復名譽之適當處分。本法第8條規定：「對他人為性騷擾者，負損害賠償責任（第1項）。前項情形，雖非財產上之損害，亦得請求賠償相當之金額，其名譽被侵害者，並得請求回復名譽之適當處分（第2項）。」亦即，本法為保障性騷擾行為被害人之權益，爰明定故意或過失對他人為性騷擾行為者，應負財產上及非財產上損害賠償[47]。

（四）差別待遇者之損害賠償責任（第10條）

　　此外，本法還特別訓令機關、部隊、學校、機構及僱用人等，在性騷擾事件申訴、調查、偵查或審理程序中，對為申訴、告訴、告發、提起訴訟、作證、提供協助或其他參與行為之人，不得為不當之差別待遇，否則即應負賠償責任。本法第10條規定：「機關、部隊、學校、機構、僱用人對於在性騷擾事件申訴、調查、偵查或審理程序中，為申訴、告訴、告發、提起訴訟、作證、提供協助或其他參與行為之人，不得為不當之差別待遇（第1項）。違反前項規定者，負損害賠償責任（第2項）。」

　　為避免對於在性騷擾事件申訴、調查、偵查或審理程序中，為申訴、告訴、告發、提起訴訟、作證、提供協助或其他參與行為之人為差別待遇或其他侵害行為，致無法發現真實，且亦不能保障該等人員之權益，爰明定其為差別待遇者之民事責任[48]。

---

[47] 本法第9條制定理由。
[48] 本法第10條制定理由。

（五）請求回復名譽提供適當協助（第11條）

在受僱人或機構負責人利用執行職務之便而對他人爲性騷擾，而對被害人爲回復名譽之適當處分時，本法還規定雇主及機構應提供適當之協助，而在學生、接受教育或訓練之人在學校、教育或訓練機構接受教育或訓練時對他人爲性騷擾，而對被害人爲回復名譽之適當處分時，學校、教育或訓練機構亦應提供適當之協助。

本法第11條規定：「受僱人、機構負責人利用執行職務之便，對他人爲性騷擾，依第九條第二項對被害人爲回復名譽之適當處分時，雇主、機構應提供適當之協助（第1項）。學生、接受教育或訓練之人員於學校、教育或訓練機構接受教育或訓練時，對他人爲性騷擾，依第九條第二項對被害人爲回復名譽之適當處分時，學校或教育訓練機構應提供適當之協助（第2項）。前二項之規定於機關不適用之（第3項）。」亦即本條明定雇主、機構、學校、教育訓練機構對性騷擾事件被害人爲回復名譽之處分時，應提供適當協助[49]。

（六）大眾傳播媒體不得報導或記載被害人身分之資訊（第12條）

爲進一步保障此類事件被害人之隱私權，本法還特別規定廣告物、出版品、廣播、電視、電子訊號、電腦網路或其他媒體，不得報導或記載被害人之姓名，或其他足資識別被害人身分之資訊。但經有行爲能力之被害人同意，或犯罪偵查機關依法認爲有必要者，不在此限。

本法第12條規定：「廣告物、出版品、廣播、電視、電子訊號、電腦網路或其他媒體，不得報導或記載被害人之姓名或其他足資識別被害人身分之資訊。但經有行爲能力之被害人同意或犯罪偵查機關依法認爲有必要者，不在此限。」

本法訂定大眾傳播媒體不得報導或記載被害人身分之資訊之理由有二：

1.爲保護性騷擾事件被害人之隱私，明定大眾宣傳媒體不得報導或記載性騷擾被害人之姓名或其他足以識別身分之資訊，但經被害人同意，或

---

[49] 本法第11條制定理由。

偵查犯罪機關因偵查犯罪認有必要者，不在此限。

2. 性騷擾事件之被害人其身分已為眾所周知者，雖難以約束限制大眾傳播媒體報導或記載，惟性侵害犯罪被害人，於遭受性侵害後，其身心所受傷害非其他類型性騷擾事件所能相比，縱然性侵害犯罪被害人之身分已為眾所周知者，為保護其不受二度傷害，仍應限制大眾傳播媒體報導或揭露其身分相關資訊[50]。

三、性騷擾事件之申訴及調查程序

（一）提出申訴、再申訴（第13條）

本法第三章則是明定此類事件之申訴及調查程序，其中申訴之程序共有兩種：一般之申訴程序是指被害人在性騷擾事件發生後1年內，除可依相關法律請求協助外，得向加害人所屬之機關、部隊、學校、機構、僱用人或直轄市、縣（市）主管機關提出申訴。直轄市或縣（市）主管機關在受理此類申訴後，即應將該案件移送加害人所屬機關、部隊、學校、機構或僱用人調查，並錄案列管；在加害人不明或不知有無所屬機關、部隊、學校、機構或僱用人之情形，則應移請事件發生地警察機關調查。至於機關、部隊、學校、機構或僱用人，則應在申訴或移送到達之日起7日內開始調查，並應在2個月內完成調查程序，必要時得延長一個月，並應通知當事人。而此項調查之結果，應以書面通知當事人及直轄市、縣（市）主管機關。

再申訴程序是在機關、部隊、學校、機構或僱用人逾期未完成調查，或當事人不服其調查結果，則得在期限屆滿或調查結果通知到達之次日起30日內，向直轄市或縣（市）主管機關在受理此類再申訴案件後，即應由性騷擾防治委員會主任委員在7日內，指派委員3人至5人組成調查小組，並推選1人為小組召集人進行調查，至於再申訴之調查期限，則與申訴之程序相同。同時，在當事人逾期提出申訴或再申訴之情形，直轄市或縣（市）政府得不予受理。此外，在性騷擾事件已進入偵查或審判程序

---

[50] 本法第12條制定理由一、二。

之情形，則直轄市或縣（市）政府性騷擾防治委員會認為有必要時，得議決在該程序終結前，停止對該事件之處理。為讓此類事件之爭議得以採用所謂「替代性紛爭解決途徑」（Alternative Dispute Resolutions, ADRs）處理[51]。

　　本法第13條規定：「性騷擾事件被害人除可依相關法律請求協助外，並得於事件發生後一年內，向加害人所屬機關、部隊、學校、機構、僱用人或直轄市、（市）主管機關提出申訴（第1項）。前項直轄市、縣（市）主管機關受理申訴後，應即將該案件移送加害人所屬機關、部隊、學校、機構或僱用人調查，並予錄案列管；加害人不明或不知有無所屬機關、部隊、學校、機構或僱用人時，應移請事件發生地警察機關調查（第2項）。機關、部隊、學校、機構或僱用人，應於申訴或移送到達之日起七日內開始調查，並應於二個月內調查完成；必要時，得延長一個月，並應通知當事人（第3項）。前項調查結果應以書面通知當事人及直轄市、縣（市）主管機關（第4項）。機關、部隊、學校、機構或僱用人逾期未完成調查或當事人不服其調查結果者，當事人得於期限屆滿或調查結果通知到達之次日起三十日內，向直轄市、縣（市）主管機關提出再申訴（第5項）。當事人逾期提出申訴或再申訴時，直轄市、縣（市）主管機關得不予受理（第6項）。」

　　本法訂定提出申訴、再申訴之理由有三：

　　1.明定性騷擾事件被害人得向加害人任職場所設立之申訴單位，提出申訴，亦得向直轄市、縣（市）主管機關提出申訴。性騷擾案件之處理，為避免行政資源浪費，且該等案件由任職場所處理，其效果直接，爰明定性騷擾主管機關於受理性騷擾案件後，加害人任職場所設有申訴單位者，應即移由該申訴單位處理，其無申訴單位者，則應即移送發生地警察機關處理。

　　2 為免申訴單位拖延不予處理，爰明定應於申訴或移送之日起7日內

---

[51] 本法第四章「調解程序」規定，至於性騷擾事件調解辦法則另有13條條文，大多屬程序及效力之規定；有關調解程序、及替代性紛爭解決途徑之詳細敘述，參照焦興鎧，同註9，頁48。

開始處理，並應於2個月內處理完成；必要時，得延長1個月，並應通知申訴人及相對人。

3.加害人任職場所逾期不處理或當事人不服其處理時，被害人得向直轄市、縣（市）主管機關提出再申訴[52]。

（二）組成調查小組（第14條）

本法第14條規定：「直轄市、縣（市）主管機關受理性騷擾再申訴案件後，性騷擾防治委員會主任委員應於七日內指派委員三人至五人組成調查小組，並推選一人為小組召集人，進行調查。並依前條第三項及第四項規定辦理。」

本法訂定組成調查小組之理由：明定各級地方政府主管機關受理性騷擾再申訴案件後，應即組成調查小組進行調查，並依第13條第3項及第4項之程序辦理[53]。

（三）停止偵查或審判程序（第15條）

本法第15條規定：「性騷擾事件已進入偵查或審判程序者，直轄市或縣（市）性騷擾防治委員會認有必要時，得議決於該程序終結前，停止該事件之處理。」

本法訂定停止偵查或審判程序之理由：為免刑事偵查或民、刑事裁判結果與直轄市、縣（市）政府性騷擾防治委員會調查結果互有出入，爰參酌公務員懲戒法第31條規定，明定直轄市或縣（市）性騷擾防治委員會，得議決於程序終結前，停止處理性騷擾事件[54]。

性騷擾事件提出申訴、再申訴之流程，如下頁圖[55]。

---

[52] 本法第13條制定理由一、二、三。
[53] 本法第14條制定理由。
[54] 本法第15條制定理由。
[55] 內政部手冊／性騷擾防治Q&A手冊，2006年11月，頁82-86。

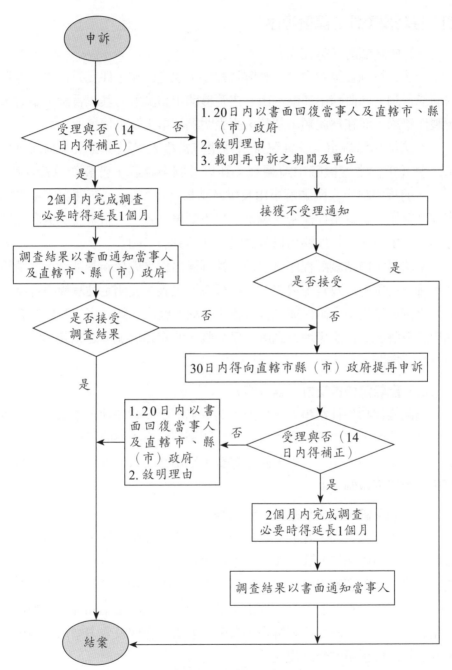

圖10-1 申訴流程

四、性騷擾事件之調解程序

（一）申請調解（第16條）

本法還特別在第四章列有調解之程序，規定此類事件雙方當事人得以書面或言詞，向直轄市或縣（市）主管機關申請調解，其以言詞申請者，應製作筆錄，而在為此類申請時，應表明調解事由及爭議情形。

本法第16條規定：「性騷擾事件雙方當事人得以書面或言詞向直轄市、縣（市）主管機關申請調解；其以言詞申請者，應製作筆錄（第1項）。前項申請應表明調解事由及爭議情形（第2項）。有關第一項調解案件之管轄、調解案件保密、規定期日不到場之效力、請求有關機關協助等事項，由中央主管機關另以辦法定之（第3項）。」

本法訂定申請調解程序之理由：性騷擾事件之態樣涵蓋甚廣，案情極為複雜，為避免行政資源浪費，宜採行調解主義，爰明定性騷擾事件當事人得直接或於提出申訴作成調查報告後，向直轄市、縣（市）政府主管機關申請調解。又為避免地方調解程序分歧，明定關於調解之相關辦法，由中央主管機關定之。

（二）勘驗費核實支付（第17條）

為減輕此類事件當事人之負擔，明定調解不收費原則，本法還特別規定除勘驗費應由當事人核實支付外，此類調解程序不得收取任何費用或報酬。本法第17條規定：「調解除勘驗費，應由當事人核實支付外，不得收取任何費用或報酬。」

（三）調解書之作成及效力（第18條）

至於調解之效力，在成立之情形，除應作成調解書外，並準用鄉鎮市調解條例第25條至第29條之規定。本法第18條規定：「調解成立者，應作成調解書。前項調解書之作成及效力，準用鄉鎮市調解條例第二十五條至第二十九條之規定。」其訂定理由：參酌消費者保護法第46條立法體例，明定調解成立者，應作成調解書，有關調解書之作成及效力準用鄉鎮市調解條例第22條至第27條之規定。

（四）調解不成移送司法機關（第19條）

在不成立之情形，當事人得向該管地方政府性騷擾防治委員會申請將調解事件移送該管司法機關，並暫免徵收第一審裁判費。本法第19條規定：「調解不成立者，當事人得向該管地方政府性騷擾防治委員會申請將調解事件移送該管司法機關；其第一審裁判費暫免徵收。」其訂定理由：性騷擾爭議案件，當事人得採申訴、調解程序尋求救濟，惟當事人亦得循司法救濟程序救濟，爰參酌鄉鎮市調解條例規定，明定調解不成立者，當事人得請求移送該管司法機關，且為減輕當事人之負擔，明定暫免收裁判費用。

五、性騷擾事件之罰則

（一）罰則一（第20條）

在本法第五章罰則中，共對四種情形科處罰鍰，並對情節特別嚴重之肢體性騷擾科以刑罰。其中對他人為性騷擾者，由直轄市或縣（市）主管機關科處新臺幣1萬元以上10萬元以下之罰鍰。

本法第20條規定：「對他人為性騷擾者，由直轄市、縣（市）主管機關處新臺幣一萬元以上十萬元以下罰鍰。」其訂定理由：明定地方主管機關得對性騷擾行為人科處罰鍰。

（二）罰則二（第21條）

對因教育、訓練、醫療、公務、業務、求職或其他相類關係受自己監督、照護之人，利用權勢或機會為此類行為者，則得加重科處罰鍰至二分之一。本法第21條規定：「對於因教育、訓練、醫療、公務、業務、求職或其他相類關係受自己監督、照護之人，利用權勢或機會為性騷擾者，得加重科處罰鍰至二分之一。」其訂定理由：雇主或負有監督管理照護責任之人，利用職權或機會為性騷擾，係屬人身侵犯，除得依民法及刑法相關規定處理外，因已影響人民之工作權、接受教育、醫療、照護等權利，爰明定應加重科處罰鍰，以加重其責任。

（三）罰則三（第22條）

在機關、部隊、學校、機構或僱用人知悉有性騷擾而未採立即有效之

糾正及補救措施,或未設立申訴管道及訂定性騷擾防治措施者,由直轄市或縣（市）主管機關科處新臺幣1萬元以上10萬元以下之罰鍰,如經通知限期改正仍不改正者,得按次連續處罰,以收警示嚇阻之效。

本法第22條規定:「違反第七條第一項後段、第二項規定者,由直轄市、縣（市）主管機關處新臺幣一萬元以上十萬元以下罰鍰。經通知限期改正仍不改正者,得按次連續處罰。」其訂定理由:明定對性騷擾事件,未採取適當之糾正及補救措施、設立申訴制度協調處理及訂定性騷擾防治措施且公開揭示者,應科處之罰鍰。

（四）罰則四（第23條）

至於在機關、部隊、學校、機構或僱用人對提出此類事件之申訴人、證人或其他相關當事人為不當差別待遇情形者,本法亦規定由直轄市或縣（市）主管機關科處新臺幣1萬元以上10萬元以下之罰鍰,經通知限期改正仍不改正者,得按次連續處罰。

本法第23條規定:「機關、部隊、學校、機構或僱用人為第十條第一項規定者,由直轄市、縣（市）主管機關處新臺幣一萬元以上十萬元以下罰鍰。經通知限期改正仍不改正者,得按次連續處罰。」其訂定理由:明定機關、學校、機構或僱用人,對於在性騷擾事件申訴、調查、偵查或審理程序中為申訴、告訴、告發、提起訴訟、作證、提供協助或其他參與行為之人為差別待遇或其他侵害行為者之行政處罰,以發現真實及保障當事人之權益。

（五）罰則五（第24條）

在違反本法第12條規定之情形,亦即以廣告物、出版品、廣播、電視、電子訊號、電腦網路或其他媒體,報導或記載被害人之姓名,或其他足資識別被害人身分之資訊者,亦得由各該目的事業主管機關科處新臺幣6萬元以上30萬元以下罰鍰,並得沒入該條所列之物品,或採行其他必要之處置,而在經通知限期改正仍不改正者,亦得按次連續處罰。

本法第24條規定:「違反第十二條規定者,由各該目的事業主管機關處新臺幣六萬元以上三十萬元以下罰鍰,並得沒入第十二條之物品或採

行其他必要之處置。其經通知限期改正，屆期不改正者，得按次連續處罰。」其訂定理由：明定大眾宣傳媒體違反禁止報導或記載性騷擾事件被害人身分資訊之處罰。

（六）罰則六（第25條）

有鑑於某些肢體性騷擾行為情節特別重大，對受害人極為不利，又不易與刑法上某些涉及性侵害之犯罪區別，本法第25條特別規定：「意圖性騷擾，乘人不及抗拒而親吻、擁抱或觸摸其臀部、胸部或其他身體隱私處之行為者，處二年以下有期徒刑、拘役或科或併科新臺幣十萬元以下罰金。」但須告訴乃論，以免羅織過度。

其訂定理由：狼吻及其他強制觸摸行為現行刑法並未有明文處罰之規定，故明定「強制觸摸罪」之犯罪構成要件及刑罰。

六、性騷擾事件之附則

最後，本法在附則中，除前述本法自公布後1年施行，以及有關訂定施行細則之規定外，還特別明示在性侵害犯罪之情形，本法前述第7條至第11條有關防治、糾正及補救措施、教育訓練、損害賠償（包括回復名譽）、免受不當差別待遇及在回復名譽處分時提供適當之協助之相關規定，以及第22條及第23條有關機關、部隊、學校、機構或僱用人未能採取相關作為，或對當事人採取不利行動之相關規定等，都能加以準用，但有關行政罰鍰之科處，則是由性侵害犯罪防治之主管機關，也就是性侵害犯罪防治法第3條所定之中央及地方主管機關為之。為考量本法施行之緩衝期，明定本法自公布後1年施行。

（一）性侵害犯罪準用規定（第26條）

第7條至第11條、第22條及第23條之規定，於性侵害犯罪準用之（第1項）。前項行政罰鍰之科處，由性侵害犯罪防治主管機關為之（第2項）。

（二）施行細則（第27條）

本法施行細則，由中央主管機關定之。

（三）施行日（第28條）

本法自公布後1年施行。

表10-2 本法主要內容

項目	內容及條文
名詞解釋	名詞定義（第3條）
性騷擾事件之組織部分	1. 明定各級主管機關（第4條） 2. 明定中央主管機關之掌理事項（第5條） 3. 性騷擾防治委員會之設立及職掌（第6條）
性騷擾之防治與責任範圍部分	1. 相關措施之訂定（第7條） 2. 定期舉辦或參與相關教育訓練（第8條） 3. 故意或過失者之損害賠償責任（第9條） 4. 差別待遇者之損害賠償責任（第10條） 5. 請求回復名譽提供適當協助（第11條） 6. 大眾傳播媒體不得報導或記載被害人身分之資訊（第12條）
性騷擾事件之申訴及調查程序部分	1. 提出申訴、再申訴（第13條） 2. 組成調查小組（第14條） 3. 停止偵查或審判程序（第15條）
性騷擾事件之調解程序部分	1. 申請調解（第16條） 2. 勘驗費核實支付（第17條） 3. 調解書之作成及效力（第18條） 4. 調解不成移送司法機關（第19條）
性騷擾事件之罰則	1. 罰則一（第20條） 2. 罰則二（第21條） 3. 罰則三（第22條） 4. 罰則四（第23條） 5. 罰則五（第24條） 6. 罰則六（第25條）
性騷擾事件之附則	1. 性侵害犯罪準用規定（第26條） 2. 施行細則（第27條） 3. 施行日（第28條）

貳、本法之特色

一、性騷擾定義不包括性侵害

　　性侵害之定義依性侵害犯罪防治法，主要包括強制性交、強制猥褻、乘機性交、乘機猥褻等。性騷擾不包括性侵害，所以，除了性侵害犯罪外，狼吻、襲胸、偷摸臀、暴露狂、性賄賂、性脅迫等可以構成性騷擾。至於講黃色笑話、張貼色情圖片，或做出其他含有性別或色情之歧視或侮辱言行，並非全部構成性騷擾，必須這些言行有損害他人人格尊嚴，或使人心生畏懼、感受敵意或冒犯之情境，或不當影響其工作、教育、訓練、服務、計畫、活動或正常生活之進行，才可能構成性騷擾[56]。

二、保護適用性平二法以外之各種場所被害人

　　適用性別工作平等法及性別平等教育法（性平二法）者，不適用性騷擾防治法，但這並不意謂性騷擾防治法在職場及校園中不適用。由於性別工作平等法和性別平等教育法僅保護在職場或校園中具有勞工、學生、學校之教職員及工友身分之被害人，其餘被害人均屬性騷擾防治法保護之範圍。因此，凡是在公園、捷運、客運、飛機、教堂、寺廟、育幼機構、老人安養機構、庇護所、教練場、訓練班、演藝場所、醫院、餐廳、遊樂場、百貨公司、大賣場、部隊、工地及其他公私立機關機構所發生之性騷擾，都屬該法規範範圍。因此，一旦發生醫生性騷擾病人、病人性騷擾病人、非學生或非學校教職員在學校圖書館受到性騷擾，都適用該法。為了讓一般人在工作場所、學校之外之公共場所受到性騷擾時能夠受到保障，以本法擴大保護之領域，保障受害者之權益。

三、強制機關機構負起性騷擾之防治責任

　　性騷擾事件發生時，機關機構應負起第一線之防治責任，不僅要有申訴管道，還要適當處理已經發生之性騷擾事件，以保護被害人。如果機關

56　有關性騷擾應否包括性侵害，參照高鳳仙，性侵害及性騷擾之理論與實務，五南圖書，二版，2019年2月25日，頁197以下。該書第四章「性騷擾防治法立法期間爭議問題研究」、第四節「性騷擾應否包括性侵害」，有詳細說明。

機構不依法負防治責任，不僅要負行政責任而被處罰鍰，可能還要負民事連帶賠償責任。從此，該法保護被害人不必單打獨鬥，而且可以避免因提出申訴或作證而遭受報復或處罰。雖然性騷擾之概念不包括性侵害，但性騷擾防治法所定之機關機構防治責任，對於性侵害犯罪仍有準用。

四、建立調解制度，避免訟累及二度傷害

被害人不僅可以提出申訴、提起民刑事訴訟，也可以選擇更溫和之調解制度，由具有專業知識之地方政府調解委員會進行調解，所成立之調解與判決書有同樣之效力，既不必與加害人對簿公堂，避免造成曠日費時或審判二度傷害之不良後果，又可以保密當事人之身分，避免兩敗俱傷[57]。

五、明定強制觸摸罪之刑責

強制猥褻及乘機猥褻是否包括狼吻、襲胸等，曾引起實務認定上之爭議。強制猥褻罪或乘機猥褻罪為6個月以上5年以下有期徒刑（刑法第224條、第225條第2項），通常無法易科罰金。性觸摸行為通常較其他強制或乘機猥褻行為之惡性低，但較公然猥褻高，有另訂罪刑之必要。因此，本法明定狼吻及強制觸摸身體隱密處者，構成強制觸摸罪，處2年以下有期徒刑、拘役或科或併科新臺幣10萬元以下罰金。

第四節　本法之爭議問題

由於本法從開始制定到通過立法之時間過長，長達6年，在此期間立法院已先後通過性別工作平等法與性別平等教育法。因此，在立法期間引起許多爭議，過程中也經過諸多協調，所以，最後通過之法條存有不少瑕疵，以下列出其中較為重要之規範瑕疵及爭議問題[58]，分述如下：

---

[57] 有論者基於「修復式正義」之理念，倡議於性別平等教育法中採取調解制度，參照羅燦煐，修復式正義之校園性騷擾處理模式，發表於第三屆亞太地區性別平等教育論壇，2009年10月17、18日，國立高雄師範大學性別教育研究所主辦。

[58] 焦興鎧，性騷擾爭議新論，元照出版公司，2003年。

壹、多種法令之互相競合與混淆

實務判斷可能涉及性騷擾議題之法規，已廣泛地擴張至刑法或社會秩序維護法，因而容易造成多種法令之互相競合與混淆，在缺乏明確評判標準之情形下，反而導致被害人遭受二次傷害，或是權益受損[59]。

性騷擾在我國法律有關處罰規定，依社會秩序維護法第83條第3款之規定，以猥褻之言語、舉動或其他方法，調戲異性者，得處新臺幣6,000元以下之罰鍰。有關刑法之規定，性騷擾之程度如達到以強暴、脅迫、藥劑、催眠術或他法，至被害人不能抗拒而為猥褻之行為者，將構成強制猥褻罪（刑法第224條參照）。所謂「猥褻」係指性交（姦淫）以外有關風化之一切色慾行為。此項行為，在客觀上足以誘起他人之性慾，在主觀上足以滿足自己之性慾者而言。

另外對於利用親屬關係、監護關係、救濟關係、教養關係、公務關係、業務關係之優勢而對服從自己監督之人而為性交或猥褻行為者，可能構成「利用權勢或機會性交猥褻罪」。其中師長對學生為因教養關係而為監督之人，另外學校之校長、主任等對老師有因公務關係所生上、下服從之權力服從關係，均屬之（刑法第228條參照）。

又猥褻之行為如係足使不特定人或多數人得共見共聞，經告訴權人告訴，可能另構成刑法之公然猥褻罪（刑法第234條參照）。常見之案例如：摸胸、摸大腿、摸臀部、強抱親吻、貼身、裸露生殖器官、雞姦等。比較有爭議的是，講不堪入耳之黃色笑話是否可解釋為猥褻之行為？通說認為猥褻專指動作而言，不包括言語在內，故黃色言語攻擊，在現今刑法下，並不成立猥褻罪。本罪不管是男性對女性，女性對男性，甚或男性對男性，女性對女性亦均可能成立，所以女性亦應注意避免。性騷擾如行動上之毛手毛腳、口頭上之穢言穢語，只有在符合前述法律上猥褻之定義時，刑法才會加以制裁，除此之外，在現行刑法上並無加以處罰之法律依據。

---

[59] 高鳳仙，性騷擾防治法之規範精神與實施願景（上），台灣本土法學，第79期，2006年2月，頁40-44。另於此點，參照該防治準則第6條至第9條之規定。

貳、法院判決之差異

　　性別平等教育法與本法分別於2005年、2006年實施，2007年前述之兩性工作平等法更名爲性別工作平等法[60]，該三項法律則成爲防治性騷擾之重要規範（性騷擾防治三法），是以防治性騷擾之領域涵括工作環境、校園以及公共場所。然而，無論綜觀該三項性騷擾法令之實踐，或近年來法院審理、判決之角度，諸多重大爭議已然造成民眾理解上之困難或觀感層面之難以接受。

表10-3　性騷擾防治三法（性平三法）之比較[61]

	性別工作平等法	性別平等教育法	性騷擾防治法
主管機關	1. 中央：行政院勞工委員會。 2. 直轄市：直轄市政府。 3. 縣（市）：縣（市）政府。	1. 中央：教育部。 2. 直轄市：直轄市政府。 3. 縣（市）：縣（市）政府。	1. 中央：內政部。 2. 直轄市：直轄市政府。 3. 縣（市）：縣（市）政府。
主要規範對象	1. 雇主，即僱用受僱公私立各級學校者之人、公私立機構或機關。代表雇主行使管理權之人或代表雇主處理有關受僱者事務之人，視同雇主。 2. 本法於公務人員、教育人員或軍職人員，亦適用之。	公私立各級學校。	政府機關、國防部所屬軍隊及學校、公私立各級學校、法人、合夥、設有代表人或管理人之非法人團體及其他組織。

60　焦興鎧，同註9，頁40-56。
61　邱美月（台南市女性權益促進會秘書長），性騷擾之相關法規及案例解析，取自https://www.ccd.mohw.gov.tw/public/news/handouts/2f4caf9af23f94fc864f5bfe535a853a.pdf，最後瀏覽日期：2019年11月13日。

表10-3 性騷擾防治三法（性平三法）之比較（續）

	性別工作平等法	性別平等教育法	性騷擾防治法
主要規範對象之防治義務	1. 防治性騷擾行為之發生。 2. 知悉性騷擾之情形時，主管應採取立即有效之糾正與補救措施。 3. 僱用30人以上之雇主，應特別訂定性騷擾防治措施、申訴及懲戒辦法，並在公共場所公開揭示。	1. 設置性別平等教育委員會。 2. 依校園性侵害或性騷擾防治準則訂定防治規定，並公告週知。 3. 積極推動校園性侵害及性騷擾防治教育以提升教職員工生尊重他人與自己性或身體自主之知能。	1. 防治性騷擾行為之發生，採取適當之預防、糾正、懲處及其他措施，並確實維護當事人之隱私。 2. 每年定期舉辦或鼓勵所屬人員參與性騷擾防治相關教育訓練，並予以公差登記及經費補助。 3. 知悉有性騷擾之情形時，應採取立即之糾正及補救措施。 4. 定期舉辦或鼓勵所屬人員參與防治性騷擾之相關教育訓練。 5. 組織成員、受僱人或受服務人員人數達10人以上者，應設立受理性騷擾申訴之專線電話、傳真、專用信箱或電子信箱，並規定處理程序及專責處理人員或單位。 6. 組織成員、受僱人或受服務人員人數達30人以上者，應訂定並公開揭是性騷擾防治措施。
申訴對象（管轄）	被害人之雇主。	行為人於行為發生時所屬學校、學校所屬主管機關。	申訴時加害人所屬機關、部隊、學校、機構、僱用人或直轄市、縣（市）主管機關。

表10-3　性騷擾防治三法（性平三法）之比較（續）

	性別工作平等法	性別平等教育法	性騷擾防治法
申訴程式	被害人得以言詞或書面向雇主提出性騷擾事件申訴。	1. 校園性騷擾事件被害人或其法定代理人、檢舉人得以書面向行為人於行為發生時所屬學校申請調查；學校首長為加害人時，應向學校所屬主管機關申請調查；申請調查亦得以言詞為之。 2. 任何人知悉校園性騷擾事件時，得依其規定程序向學校或主管機關檢舉之。	1. 性騷擾事件被害人除可依相關法律請求協助外，並得於事件發生後1年內，向申訴時加害人所屬機關、部隊、學校、機構、僱用人或直轄市、縣（市）主管機關提出申訴。 2. 加害人機關首長、部隊主管（官）、學校校長、機構之最高負責人、僱用人時，應向該機關、部隊、學校、機構或僱用人所在地之直轄市、縣（市）主管機關提出申訴。
申訴時效	事件發生後10年內。	無時效限制。	事件發生後1年內。

　　性騷擾議題逐漸受到重視，其重要內涵之一在於維護個人身體自主權，對於不受歡迎且涉及性或性別之言語或肢體行為有權加以拒絕。依據最高法院判決指出：「所謂其他身體隱私處為不確定之法律概念，其法規範涵攝外延之確定，應依社會通念及被害人個別情狀，並應參酌立法理由關於使人感受『性別冒犯』之立法意旨等，綜合判斷之……。」[62]；縱使尊重法官獨立審判之原則，法官仍須針對個案狀況予以論理判斷。

　　該案之一審雖為有罪判決，但其中就摸肩、摟腰直接認定為性騷擾防治法第2條中「性騷擾行為」並無說明上述行為與性騷擾間之關聯，相形之下，二審判決不但就「其他身體隱私處」有其論理依據，且該案被告亦否認對原告有摸肩、摟腰之行為。二審判決亦指出，即使真有摸肩、摟腰

---

[62]　參照最高法院97年度上易字第3276號判決。

之事實，不應構成刑事犯罪，頂多觸犯者是行政罰，由於現今社會肢體碰觸之意義相當多元，若逕將所謂「逾矩」之肢體碰觸一律論為刑事制裁，不但將使人際交往動輒得咎，亦有違比例原則。而基於行為態樣所作出之相異判定，即便並非不當，亦有可能與社會大眾期待不盡相符。

參、性騷擾定義狹隘

世界各國之法規及學說大多都是將性侵害納入性騷擾定義中，性侵害係性騷擾行為之最嚴重類型。我國原本亦將性侵害定義在性騷擾防治法其中，不過在立法過程之協商與討論之後，把性侵害完全排除在性騷擾之定義之外，原因是性侵害防治法已經規範性侵害犯罪，所以就不重複規範。就因為如此，性騷擾防治法對於性騷擾之定義是狹隘的，沒有包括性侵害犯罪，因而造成下列幾項缺失：

一、觀念混淆適用不易

我國性騷擾防治法是仿照外國立法及參考各國學說見解「東拼西湊」而制定之拼裝車，但在性騷擾之定義卻與外國之法規與各國見解學說多不相同，難免會造成觀念混淆和適用不易之困境。

二、性侵害被害人保護不周

性侵害犯罪防治法第26條雖規定性侵害犯罪準用性騷擾防治法之部分規定，但卻未準用全部規定，故造成對性侵害被害人保護較不周之缺失。例如：性侵害被害人不能依性騷擾防治法第三章申訴及調查程序之規定，向機關（構）或僱用人提出申訴，亦不能向地方主關機關提出再申訴，機關（構）或僱用人及地方主管機關不必依該章規定負調查責任。例如：性侵害被害人不能依性騷擾防治法第四章調解程序之規定，向地方主管機關申請調解，如欲取得賠償或回復名譽，大多只能採取訴訟途徑。

肆、法規適用範圍狹窄

在經過朝野協商所通過之性騷擾防治法，第1條但書中有規定：「但

適用性別工作平等法及性別平等教育法者，除第十二條、第二十四條及第二十五條外，不適用本法之規定。」依此規定，本法之適用範圍變得相當狹窄，也產生了下列缺失：

一、無法統一性騷擾之定義

本法、性別工作平等法及性別平等教育法（性騷擾防治三法）都有定義性騷擾之條文，但是不僅對於性騷擾之定義與適用對象不同，所規定之法定要件如：是否已違背意願或不受歡迎為要件、是否包括性侵害等等均不相同。此外，所使用之詞語如：性有關行為、性要求或性意味、性別有關行為、性別歧視行為、有損人格尊嚴、侵犯或干擾人格尊嚴、影響人格尊嚴等等，亦不相同。目前這三法無統一之性騷擾定義，將造成某些行為是否構成性騷擾，因適用不同之法規而有不同認定結果之不公平現象[63]。

在本法未制定前，性騷擾之概念，雖然已散見於「性別工作平等法」、「性別平等教育法」，但並有相關防治規範，主要針對職場、校園性騷擾情形，但其中仍有若干不足。例如，非雇主與員工關係之人員無法適用、公共場所性騷擾事件對被害人保護不周全，也缺乏對性騷擾加害人制裁、賠償之罰則。此外，即使社會秩序維護法適用範圍較上述廣，但也僅止於行政裁罰性規定，「以猥褻言語、舉動或其他方法，調戲異性」之要件，也與性騷擾不盡相同，概念抽象難以掌握[64]。

二、對不適用本法之被害人保護不周

本法對於性騷擾問題做全盤規定之專法，性別工作平等法及性別平等教育法並非全部為規範性騷擾之法規，僅以專章規範，所以本法有不少性別工作平等法及性別平等教育法所無之規定。由於本法與性別工作平等法及性別平等教育法並無特別法與普通法之關係，所有適用性別工作平等法及性別平等教育法之人均無法適用本法，造成適用性別工作平等法及性別

63　陳鶴齡，性騷擾三法適用所衍生爭議問題之研究，淡江大學，公共行政學系公共政策碩士班，2009年6月。

64　高鳳仙，同註1，頁57-65；妳／你有權利說不—性騷擾防治法，https://women.nmth.gov.tw/information_122_40129.html，最後瀏覽日期：2019年11月13日。

平等教育法之被害人所受到之保護較適用本法之人更爲不足。

例如：適用性別工作平等法及性別平等教育法之人，均不適用本法之調解制度，對加害人無法科處行政罰鍰，對違反規定經通知改正仍不改正之雇主或學校無法按次連續處罰；對未採取有效之性騷擾防制措施之學校無法科行政罰；不服學校及性別平等教育法主管機關之申復結果除工友及私立學校教職員外，均不能向地方政府主管機關提出再申訴；學校對申訴案件或訴訟案件之被害人及證人爲報復行爲不得科處罰鍰等等。

伍、條文規定產生適用問題

本法立法過程經過許多協商，而且在本法通過之後，立法院再通過鄉鎮市調解條例，卻未配合修正本法，導致於本法之某些條文會有適用上之問題[65]，分述如下：

（一）性侵害犯罪準用第11條之規定形同具文

性騷擾防治法第26條規定，第11條規定於性侵害犯罪準用之。依據第11條規定，性侵害之加害人應依第9條第2項規定對被害人爲回復名譽之適當處分時，雇主、機構、學校等附有提供適當協助之義務。問題是依本法第26條規定，第9條規定於性侵害犯罪並無準用，所以性侵害之加害人不可能依第9條第2項規定對被害人爲回復名譽之適當處分，雇主、機構、學校因此不可能附有提供適當協助之義務，性侵害犯罪準用第11條之規定形同具文。

（二）調解準用鄉鎮市調解條例條文變更

性騷擾防治法第18條第1項規定：「調解成立者，應作成調解書。」第2項規定：「前項調解書之作成及效力，準用鄉鎮市調解條例第二十二條至第二十六條之規定。」本法是在2005年1月14日立法院三讀通過。然而，之後鄉鎮市調解條例完成修法，並於在2005年5月18日公布施行修正

---

[65] 有學者主張透過法律解釋即可擴大本法之適用範圍，參照蔡宗珍，性騷擾事件之法律適用與救濟途徑之分析，第九屆行政法實務與理論學術研討會會議論文集，臺大法律學院主辦，2009年12月5日，頁232。

條文，原本之鄉鎮市調解條例第22條至第26條經過稍微修正並且移至第25條至第29條。於是在本法配合修正之前，關於調解書效力之第27條、第28條規定，及關於調解無效或撤銷調解之訴之第29條規定均無準用，調解書之效力因而產生問題。

（三）法案施行前完成修法程序

為了解決前面所提到之問題，在法案施行前，本法之「第26條第1項」及「第18條第2項」均已修法，並在2006年1月3日經立法院三讀通過，完成立法程序。修正條文如下：

1. 修正前第26條第1項規定

第7條、第8條、第10條、第11條、第12條及第23條之規定，於性侵害犯罪準用之。修正為：第7條至第11條、第22條及第23條之規定，於性侵害犯罪準用之。

2. 為配合鄉鎮市調解條例，將第18條第2項規定

前項調解書之作成及效力，準用鄉鎮市調解條例第22條至第26條之規定。修正為：前項調解書之作成及效力，準用鄉鎮市調解條例第25條至第29條之規定。

陸、強制觸摸罪刑罰規定過輕

刑法第224條規定強制猥褻罪：「對於男女以強暴、脅迫、恐嚇、催眠術或其他違反其意願之方法，而為猥褻之行為者，處六月以上五年以下有期徒刑。」刑法第225條第2項規定乘機猥褻罪：「對於男女利用其精神、身體障礙、心智缺陷或其他相類之情形，不能或不知抗拒而為猥褻之行為者，處六月以上五年以下有期徒刑。」由於強制猥褻罪及乘機猥褻罪是否包括狼吻、襲胸、襲臀等行為，在實務上引起爭議，所以在本法中，第25條第1項規定：「意圖性騷擾，乘人不及抗拒而為親吻、擁抱或觸摸其臀部、胸部或其他身體隱私處之行為者，處二年以下有期徒刑、拘役或科或併科新臺幣十萬元以下罰金。」

　　事實上，在本法未通過前，對於狼吻、襲胸、襲臀等行為之實務見解，有人認為應該構成強制猥褻罪或乘機猥褻罪，縱使有人認為不構成強制猥褻罪或乘機猥褻罪，其亦認為構成刑法第304條之強制罪，強制罪規定：「以強暴、脅迫使人行無義務之事或妨害人行使權利者，處三年以下有期徒刑、拘役或三百元以下罰金。」所以，強制罪之刑度也比本法第25條第1項之強制觸摸罪高。在強制觸摸罪通過後，強制行為雖構成犯罪，但其法定刑因該罪之創設而降低，顯然並非本法起早者之本意；而且性觸摸行為本含有妨害自由之強制行為，其刑度卻遠低於強制猥褻罪或乘機猥褻罪，亦低於強制罪，這樣顯然有刑度失衡之情形。

柒、申訴管轄適用上常生混淆及爭議

　　因全球「Me too」運動之浪潮，許多受害人對於性騷擾事件已願意挺身而出。依本法第13條第1項規定，性騷擾事件被害人除可依相關法律請求協助外，並得於事件發生後1年內，向加害人所屬機關、部隊、學校、機構、僱用人或直轄市、縣（市）主管機關提出申訴。惟實務上，本法所定申訴管轄適用上常生混淆及爭議，分述如下：

一、應向何單位提出申訴疑義

　　本法第13條於2005年2月5日制定，其後雖於2006年1月18日、2009年1月23日修正，但本條內容並未修正，而依制定當時之立法理由，係謂：「性騷擾案件之處理，為避免行政資源浪費，且該等案件由任職場所處理，其效果直接，爰明定性騷擾主管機關於受理性騷擾案件後，加害人任職場所設有申訴單位者，應即移由該申訴單位處理，其無申訴單位者，則應即移送發生地警察機關處理。」

二、何為加害人所屬單位疑義

　　本法第13條由內政部98年11月3日台內防字第0980205026號、衛生福利部105年3月28日衛部護字第1050005856號等函闡釋，略謂本法第13條之立法目的係考量性騷擾加害人所屬與加害人間存有僱用、從屬關係，對

其有追蹤、考核及監督之權，其發揮約制加害人效果最直接；並針對案例提出說明，謂專門職業人員（如律師、會計師）依法加入公會為執業會員，因加害人個人性騷擾行為與各該公會規範間似無直接關聯，尚難課以相關防治責任，爰與本法第13條規定受理性騷擾申訴之加害人所屬機關、部隊、學校、機構、僱用人等未盡相同。

依本法第13條第2項及性騷擾防治準則第8條規定，加害人不明或不知有無所屬機關、部隊、學校、機構或僱用人者，應移送性騷擾事件發生地警察機關處理。而有關加害人不知有無所屬機關、部隊、學校、機構或僱用人乙節，依內政部95年5月11日台內防字第09500080992號函所釋，係包括：1.不知加害人有無所屬單位；2.加害人無所屬單位。準此，若加害人不明或不知有無所屬，為保護被害人權益，避免時效延宕，即應循此規定移送性騷擾事件發生地警察機關調查。至於加害人為機關首長、部隊主官（管）、學校校長、機構之最高負責人、僱用人時，依性騷擾防治準則第5條第2項規定，應向該機關、部隊、學校、機構或僱用人所在地直轄市、縣（市）主管機關提出，經受理後即應進行調查。

三、加害人所屬單位法律關係形態多樣

本法第13條規定「加害人所屬機關、部隊、學校、機構、僱用人」之認定，應係著重在對於加害人具有考核、監督及懲戒之權限者，若不具有此種權限，即無從發揮本條所定由加害人所屬受理申訴之立法目的。

本法有關性騷擾事件申訴之管轄，雖已有層層規定，惟實務上加害人與機關、部隊、學校、機構間可能法律關係型態多樣。為期明確，有關加害人所屬單位之認定，建議於本法第13條增訂：「所稱加害人所屬機關、部隊、學校、機構、僱用人，係指該機關、部隊、學校、機構、僱用人對加害人有考核、監督、懲戒或其他相類權限者。」之規定，以杜爭議。

四、警察單位對性騷擾認定之抗拒及承受壓力

性騷擾案件之申訴，理應審酌被害人當時身處之環境，於校園、職場、加害人所屬機關或縣市主管機關直接為之。然而，由申訴案件統計分析，反而有高達87.58%之案件由警察機關調查，而加害人所屬單位調查

件數則約占11%，主管機關自行調查者僅爲1%；其中由警察機關所受理調查之案件，約有87.8%調查性騷擾申訴事件成立，而由加害人所屬單位受理調查之案件中，僅10.89%調查性騷擾成立。

以目前數據觀察，警察機關傾向成爲民眾遭遇性騷擾事件時，首先求助之對象，與前述法令所規範訴求有所不同。然而，依據報載指出：「長期以來，警察單位對性騷擾認定之抗拒及承受壓力[66]……如果認爲當事人沒有性騷擾事實，又會引起被害人不滿，免不了把警察痛罵一頓，讓警察飽受委屈；其實，性騷擾認定很主觀，警方只能依雙方筆錄初步認定，影響民眾權益很大。」關於性騷擾申訴案件之成立與否，對於警察機關而言，便必須面對事實眞相之釐清以及後續處理方向之選擇，一旦涉及當事人對於還原事件之陳述與警方公正性之質疑，則事件失焦或受到渲染之危險性便可能提升。

捌、未有給予雇主性騷擾教育之規範

性別工作平等法處罰對象是雇主，很多受害人不是想懲罰雇主，而是行爲人，但實務上雇主因不予調查而受處罰者不多，建議可以給受害者選擇性，讓他可以選擇到性騷擾防治委員會去申訴。另外也建議除了處罰雇主外，也可設計強制輔導措施，給予雇主性騷擾教育。

玖、缺乏對加害者之制裁、矯正以及性騷擾之預防

近年來，我國在婦女團體之推動之下，陸續通過許多防治性騷擾之法規。包含2002年1月公布施行之「性別工作平等法[67]」、2004年公布施行「性別平等教育法」及2005年制定並自2006年2月施行之「性騷擾防治法」。我國雖於「性別工作平等法」、「性別平等教育法」及「社會秩序維護法」等法律中，針對職場、校園及其他場域性騷擾情形定有防治條

---

[66] 呂素麗，如何認定性騷擾—教員警太沉重，中國時報，A5版，2010年8月2日。
[67] 性別工作平等法於2008年修正更名，修正前爲兩性工作平等法。

文，然因其中仍有若干不足，例如：非僱傭關係之人員並無法適用，或對公共場所性騷擾事件被害人之保護不周等，經各界爭取另立專法作全面性妥善之規範，於多年努力後，本法終於在2005年2月5日公布，並自2006年2月5日起正式施行[68]。

性別工作平等法只處理僱主與受僱者間之關係，性別平等教育法則是處理校園內之性騷擾、性侵害問題。雖然社會秩序維護法適用範圍較廣，但也只能進行裁罰，社會秩序維護法第83條第3項所規定「以猥褻言語、舉動或其他方法，調戲異性」，其成立要件與性騷擾不盡相同，對被害人保護有限，也缺乏對加害者之制裁、矯正以及性騷擾之預防。

第五節　實務案例研究

壹、摸胸案

一、案例事實

夏天來臨，美美和朋友出遊到海邊，身材絞好之美美換上泳裝後，吸引眾人之目光，使美美害羞得只敢坐在沙灘默默的看朋友在玩水，終於在朋友之說服下，美美和朋友一同到海邊玩水，未料，有人竟乘海浪湧進時觸摸美美之胸部，美美很氣憤卻不知道該如何是好。

二、法條規定

（一）性騷擾防治法部分

1.性騷擾防治法第25條規定

(1)意圖性騷擾，乘人不及抗拒而為親吻、擁抱或觸摸其臀部、胸部或其他身體隱私處之行為者，處2年以下有期徒刑、拘役或科或併科新臺幣10萬元以下罰金。

---

68 民間團體和各黨立法委員共同努力下，歷經長達約6年之立法審議程序後催生出來的。

(2)前項之罪，須告訴乃論。

2.性騷擾防治準則第7條規定

(1)性騷擾事件被害人向警察機關報案者，警察機關應依職權處理並詳予記錄。知悉加害人所屬機關、部隊、學校、機構或僱用人者，應移請該所屬機關、部隊、學校、機構或僱用人續為調查，並副知該管直轄市、縣（市）主管機關及申訴人。

(2)加害人不明或不知有無所屬機關、部隊、學校、機構或僱用人者，應即行調查。

(3)前項性騷擾事件涉及本法第25條第1項所定情事者，警察機關應即行調查，並依被害人意願移送司法機關。

3.性騷擾防治法第13條規定

加害人不明或不知有無所屬機關、部隊、學校、機構或僱用人時，應移請事件發生地警察機關調查。本案例中，美美不知道加害人為誰，可就近向警察機關提出申訴，警察機關會調查性騷擾行為是否屬實。

（二）刑法強制猥褻罪

刑法第224條規定：「對於男女以強暴、脅迫、恐嚇、催眠術或其他違反其意願之方法，而為猥褻之行為者，處六月以上五年以下有期徒刑。」

三、爭論焦點

加害人乘海浪湧進且美美不及抗拒時觸摸美美之胸部，可能違反本法第25條，加害人可處2年以下有期徒刑、拘役或科或併科新臺幣10萬元以下罰金，但須告訴乃論，故美美亦可向警察機關提出告訴，警察機關即會依性騷擾防治準則第7條第2項規定移送司法機關。

（一）大法官對猥褻之定義

1.釋字第407號解釋

猥褻，指客觀上足以刺激或滿足性慾，其內容可與性器官、性行為及性文化之描繪與論述聯結，且須以引起普通一般人羞恥或厭惡感而侵害性

之道德感情，有礙於社會風化者爲限。

2. 釋字第617號解釋（憲法第11條言論及出版自由）

係指對含有暴力、性虐待或人獸性交等而無藝術性、醫學性或教育性價值之猥褻資訊或物品爲傳布，或對其他客觀上足以刺激或滿足性慾，而令一般人感覺不堪呈現於眾或不能忍受而排拒之猥褻資訊或物品（針對刑法第235條猥褻物品）。

（二）法院對猥褻之定義

1. 最高法院63年度台上字第2235號裁判要旨：刑法上之猥褻罪，係指姦淫以外，足以興奮或滿足性慾之一切色情行爲而言，若行爲人意在姦淫，而已著手實行且已達於用強程度，縱令未達目的，仍應論以強姦未逐，不得論以猥褻。

2. 最高法院93年度台上字第5559號裁判要旨：「猥褻」係指姦淫以外足以興奮或滿足性慾之一切色情行爲而言，凡在客觀上足以誘起他人性慾，在主觀上足以滿足自己性慾者，均屬之。

3. 性交：謂非基於正當目的爲之下列性侵入行爲：(1)以性器進入他人之性器、肛門或口腔，或使之接合之行爲；(2)以性器外之其他身體部位或器物進入他人之性器、肛門，或使之接合之行爲（刑法第10條第5項參照）。

（三）法院對性騷擾之定義

1. 最高法院97年度台上字第4621號裁判要旨：性騷擾防治法第25條所規定之強制觸摸罪，係指行爲人對於被害人之身體爲偷襲式、短暫性之不當觸摸行爲，而不符刑法第224條強制猥褻罪之構成要件，始足當之。

2. 高等法院97年度上訴字第531號裁判要旨：該條所規定之「性騷擾」，係指帶有性暗示之動作，具有調戲之含意，讓人有不舒服之感覺，行爲人具有性暗示而調戲被害人之意，以滿足調戲對方之目的，屬性騷擾之犯意。

3. 最高法院100年度台上字第4745號刑事裁判：違反意願猥褻罪與性騷擾罪雖均出於違反被害人意願之方法，但前者非僅短暫之干擾，而須已

影響被害人性意思形成與決定之自由，且不以身體接觸為必要，例如強拍被害人裸照等足以誘起、滿足、發洩性慾之行為亦屬之，而後者則係於被害人不及抗拒之際，出其不意乘隙為短暫之觸摸。各異其旨，不容混淆。行為人基於滿足性慾之目的，對被害人所為之侵害行為，苟於客觀上不足認係為發洩情慾，或尚未至妨害被害人性意思自由，刑法上雖無處罰猥褻性侵害犯罪未遂之明文，然其對被害人有關性之平和狀態，不能謂無干擾，得論以性騷擾罪，固不待言。

（四）法院對身體隱私處之定義

臺灣高等法院97年度上易字第3276號刑事裁判：性騷擾防治法第25條規定，係以行為人主觀上須具性騷擾之不法意圖，且乘被害人不及抗拒之情況下，客觀上為親吻、擁抱或觸摸其臀部、胸部或其他身體隱私處之行為為其構成要件，當中所謂「其他身體隱私處」係屬不確定法律概念之概括性補充規範，應依社會通念、事發經過、被害人感覺，並應參酌保障被害人身體決定自由權之立法意旨下，綜合判斷之[69]。

四、強制猥褻與強制觸摸界限──最高法院108年度台上字第1800號判決

刑法第224條之強制猥褻罪和性騷擾防治法第25條第1項之強制觸摸罪，雖然都與性事有關，隱含違反被害人之意願，而侵害、剝奪或不尊重他人性意思自主權法益。但兩者既規範於不同法律，構成要件、罪名及刑度並不相同，尤其前者逕將「違反其（按指被害人）意願之方法」，作為犯罪構成要件，依其立法理由，更可看出係指強暴、脅迫、恐嚇、催眠術等傳統方式以外之手段，凡是悖離被害人的意願情形，皆可該當，態樣很廣，包含製造使人無知、無助、難逃、不能或難抗情境，學理上乃以「低度強制手段」稱之。從大體上觀察，二罪有其程度上的差別，前者較重，後者輕，而實際上又可能發生犯情提升，由後者演變成前者情形。從而，其間界限，不免產生模糊現象，自當依行為時、地的社會倫理規範，及一

---

69 有關猥褻、性騷擾之定義、身體隱私處司法實務之見解，參照張安箴，同註8。

般健全常識概念，就對立雙方的主、客觀因素，予以理解、區辨[70]。

五、心得

按性騷擾防治法第25條規定之「性騷擾」，指對被害人之身體為偷襲式、短暫性、有性暗示之不當觸摸，含有調戲意味，而使人有不舒服之感覺而言（最高法院99年度台上字第2516號判決參照）。而女性之臀部、胸部或其他身體隱私處之行為，為衣著覆蓋遮隱之處，非所得任意碰觸之身體部位，未經本人同意而由他人刻意加以撫摸碰觸，足以引起本人嫌惡之感，應認係身體隱私處無疑。

倘若被害人是兒童及少年，依兒童及少年福利與權益保障法第112條第1項前段規定：「成年人教唆、幫助或利用兒童及少年犯罪或與之共同實施犯罪或故意對其犯罪者，加重其刑至二分之一。」其中成年人對兒童及少年犯罪之加重，係對被害人為兒童之特殊要件予以加重處罰，乃就犯罪類型變更之個別犯罪行為予以加重，即屬刑法分則加重之性質（最高法院92年度第1次刑事庭會議決議、96年度台上字第6128號判決參照）。

倘若行為人係已滿20歲之成年人，而被害人為未滿18歲之少年，行為人係觸犯兒童及少年福利與權益保障法第112條第1項前段、性騷擾防治法第25條第1項之成年人故意對少年犯性騷擾防治法第25條第1項之罪，並應依兒童及少年福利與權益保障法第112條第1項前段規定，加重其刑。

另按所謂接續犯之包括一罪，係指數行為於同時同地或密切接近之時地實施，侵害同一法益，各行為之獨立性極為薄弱，依一般社會健全概念，在時間差距上，難以強行分開，在刑法評價上，以視為數個舉動之接續施行，合為包括之一行為予以評價，較為合理，則屬接續犯，而為包括之一罪（最高法院86年台上第3295號判例意旨參照）。倘若行為人係於數秒之短時間內對被害人為多次觸摸胸部之性騷擾犯行，所為係在密切接近之時、地實施，並侵害同一法益，各行為之獨立性極為薄弱，依一般社會健全概念，在時間差距上，難以強行分開，在刑法評價上，以視為數個舉

---

[70] 有關強制猥褻與強制觸摸之界限、及最新實務判決之詳細評析敘述，參照本書第十一章之貳、三、。

動之接續施行，合為包括之一行為予以評價，較為合理，應論以接續犯之一罪。行為人逞一己私欲，乘人不及抗拒而任意觸摸被害人胸部，不尊重他人對於身體之自主權利，造成被害人身心鉅大傷害，及被害人心理之不安全感，惡性非輕，且對社會治安亦有不良影響，認為不僅與國家重視性別平權，杜絕性騷擾意旨相違，構成性騷擾防治法第25條第1項之強制觸摸罪。

貳、摸腿案

一、案例事實

週末貞貞下班後到美麗華百貨公司逛街，當貞貞逛到一間運動用品專櫃時，店員A一直對著貞貞之大腿看，還對貞貞說：「妳的腿好白，好想摸一下。」使貞貞感覺非常不舒服，趕緊向警方報案。

二、法條規定

（一）性騷擾防治法部分

1.性騷擾防治法第2條規定

本法所稱性騷擾，係指性侵害犯罪以外，對他人實施違反其意願而與性或性別有關之行為，且有下列情形之一者：

(1)他人順服或拒絕該行為，作為其獲得、喪失或減損與工作、教育、訓練、服務、計畫、活動有關權益之條件。

(2)以展示或播送文字、圖畫、聲音、影像或其他物品之方式，或以歧視、侮辱之言行，或以他法，而有損害他人人格尊嚴，或造成使人心生畏怖、感受敵意或冒犯之情境，或不當影響其工作、教育、訓練、服務、計畫、活動或正常生活之進行。

2.性騷擾防治準則第7條規定

(1)性騷擾事件被害人向警察機關報案者，警察機關應依職權處理並詳予記錄。知悉加害人所屬機關、部隊、學校、機構或僱用人者，應移請該所屬機關、部隊、學校、機構或僱用人續為調查，並副知該管直轄市、

縣（市）主管機關及申訴人。

(2)加害人不明或不知有無所屬機關、部隊、學校、機構或僱用人者，應即行調查。

(3)前項性騷擾事件涉及本法第25條第1項所定情事者，警察機關應即行調查，並依被害人意願移送司法機關。

3. 性騷擾防治準則第10條規定

(1)性騷擾之申訴經依本法第13條移由警察機關調查者，警察機關應於申訴或移送到達之日起7日內查明加害人之身分；未能查明加害人之身分者，應即就性騷擾之申訴逕為調查，並於2個月內調查完成；必要時，得延長1個月，並通知當事人。

(2)前項調查結果應通知當事人及直轄市、縣（市）主管機關。警察機關經查明加害人有所屬機關、部隊、學校、機構或僱用人者，應即移送該加害人所屬機關、部隊、學校、機構或僱用人處理，並副知加害人所屬機關、部隊、學校、機構或僱用人所在地之直轄市、縣（市）主管機關。

4. 性騷擾防治法第25條規定

意圖性騷擾，乘人不及抗拒而為親吻、擁抱或觸摸其臀部、胸部或其他身體隱私處之行為者，處2年以下有期徒刑、拘役或科或併科新臺幣10萬元以下罰金。前項之罪，須告訴乃論。

（二）刑法強制猥褻罪

刑法第224條規定：「對於男女以強暴、脅迫、恐嚇、催眠術或其他違反其意願之方法，而為猥褻之行為者，處六月以上五年以下有期徒刑。」

三、爭論焦點

店員A之言語使貞貞感受到被冒犯，明顯違反性騷擾防治法第2條。故貞貞向警方報案後，警方依貞貞之意願調查並詳予記錄。如於7日內查明店員A確實為美麗華百貨公司員工，應移送美麗華百貨公司續行調查。

參、騎車尾隨案

一、案例事實

一日小玲下班後，晚間8點獨自騎車返家，途中遭一名男子騎車尾隨，她刻意變換行進方向及速度，該名男子仍緊追在後，騎經十多公里遇某路口，她乘機向路人求救，路人將他攔下，發現他是一名渾身酒味且胡言亂語之男子，於是立即報警處理。

二、法條規定

（一）性騷擾防治法第2條規定

本法所稱性騷擾，係指性侵害犯罪以外，對他人實施違反其意願而與性或性別有關之行爲，且有下列情形之一者：

1. 該他人順服或拒絕該行爲，作爲其獲得、喪失或減損與工作、教育、訓練、服務、計畫、活動有關權益之條件。

2. 以展示或播送文字、圖畫、聲音、影像或其他物品之方式，或以歧視、侮辱之言行，或以他法，而有損害他人人格尊嚴，或造成使人心生畏怖、感受敵意或冒犯之情境，或不當影響其工作、教育、訓練、服務、計畫、活動或正常生活之進行。

（二）性騷擾行爲之構成要件

性騷擾行爲之構成與否，主觀上是由被害人之立場認知有無違反其之意願；在客觀要件上，如該行爲已冒犯或侵擾被害人個人之人格尊嚴、生活活動或正常工作表現時，即已構成性騷擾。

（三）性騷擾行爲之認定

性騷擾防治法施行細則第2條：性騷擾之認定，應就個案審酌事件發生之背景、環境、當事人之關係、行爲人之言詞、行爲及相對人之認知等具體事實爲之。

三、爭論焦點

（一）本案被害人遭人尾隨跟蹤確實讓被害人感到不舒服，該行爲已

侵擾被害人個人之正常活動，可依法向警方提出性騷擾申訴。

（二）另依據社會秩序維護法第89條第2款規定：無正當理由跟追他人經勸阻不聽者，將處新臺幣3,000元以下罰鍰或申誡。因此，如本案被害人在路人協助攔下跟蹤者時已有「勸阻」跟蹤者之動作，而對方仍置之不理時，即可依法報警處理[71]。

第六節　結語

如果遭遇騷擾、性騷擾對所有人來說，不管是男性或女性，絕對都會是一個極不愉快之經驗。以往，許多受害者礙於顏面、成績表現或是害怕可能丟掉工作，飯碗不保，常常選擇忍氣吞聲，息事寧人，默默地將痛苦藏於心中，夜闌人靜時獨自拭淚，形成莫大壓力。就算被害人選擇與加害人對簿公堂、提起告訴，也常會因多種法令之互相競合與混淆，法院判決歧異，難以將加害人定罪。縱使在民事訴訟上獲得勝訴判決，賠償數額通常也不多，但訟累讓被害人飽受折磨，甚至二度傷害。

因此，繼已經施行多年之家庭暴力防治法、性侵害犯罪防治法、性別工作平等法及性別平等教育法後，再訂性騷擾防治專法，無疑象徵我國對人身安全方面之保障又往前邁進一大步。當然，世上沒有一部法律能完美無缺，本法自亦不例外。其間包含之缺失、規範不完備處，仍待政府相關單位去填補法律漏洞，確實執法。

總而言之，除了法律能保護我們外，每個人也應當學習嚴肅面對性騷擾此一議題。究竟什麼是性騷擾？還有自己或是親朋好友不幸遇到性騷擾時，要如何應對，怎麼尋求法律途徑上之救濟等等。由於性騷擾隨時可能發生在我們周遭，不能等閒視之！

---

[71] 性騷擾案例解析，性別主流化，臺中市政府警察局豐原分局，人事室，案例宣導專區，2017年12月12日，https://www.police.taichung.gov.tw/fengyuan/home.jsp?id=34&parentpath=0,3,32&mcustomize=multimessages_view.jsp&dataserno=201712120096&t=InfoPublic&mserno=201712120016，最後瀏覽日期：2019年11月13日。

第十一章

性侵害犯罪防治法與案例研究

許福生

第一節 本法立法目的與沿革

壹、本法之立法目的

性侵害犯罪始終是有很高的犯罪黑數及較低的定罪率，之所以如此，乃是性侵害犯罪的被害人，在遭受侮辱蹂躪，身心受到極大的摧殘損害，會出現精神醫學家所言「創傷後壓力失調症」（Post-Traumatic Stress Disorder，簡稱PTSD）的一些不良適應[1]；況且深怕名譽受損，影響婚姻或家庭生活，諸多顧慮而遲不報案或遲延報案，造成調查取證相當困難。再者，性侵害犯不只反覆再犯性高，且其犯行亦會有漸漸升高的趨勢，從過去案例觀之，曾有過公然猥褻（暴露狂）的男性，因這樣的行為漸不能獲得滿足時，會逐漸發展而從事強制猥褻行為，又逐漸升高而朝向強制性交行為，進而會引起性侵殺人等，然性侵害犯罪是屬於一種接觸犯，因而在現場和人身上可能留下種種痕跡和其他物證，成為據以確定性犯罪的重要證據，更重要的是，性侵害犯罪的被害人絕大多數為女性，因而性侵害犯罪與性別議題是相互關聯而不能任意切割[2]。

有鑑於此，國內婦女團體為了解決婦女人身安全等相關問題，乃於1990年組成「婦女人身安全問題之研究—從法律觀點探討強姦、性騷擾、婚姻暴力及人口買賣、婦女賣淫」等研究小組。歷經多年討論，針對性侵害部分，於1994年曾草擬「性侵害犯罪防治法草案」，期望藉由制定此法律，而能對性犯罪有一較完善的處理方式。由於本草案具有導致「特別刑

---

[1] PTSD是一種精神障害之術語，是指被害人在經歷強烈的心理傷害體驗後，所呈現的一種精神障害症狀，該症狀很明顯而且會持續一個月以上，使被害人充滿痛苦。PTSD具有下列三大症狀：1.「侵入」，是指被害情形的記憶，會在被害人日常生活中不經意的出現；2.「迴避」，乃因侵入症狀充滿痛苦，故被害人會儘量迴避會激起侵入的機會；迴避的範圍包括感情之迴避、記憶之迴避及行動之迴避等。因其大幅度限制日常生活，導致帶來環境的不適應；3.「亢奮」，是指精神緊張，不時四處張望。除上述PTSD之三大症狀外，犯罪被害人尚具有下列十項症狀，即：1.羞恥；2.自責；3.無主見；4.對加害人的病態憎恨；5.反諷的感謝；6.自感污穢；7.性的壓抑；8.絕望；9.二次受傷；10.社會經濟狀況的低下。參照盧秋生，談被害人之心理創傷及其復健方法，法務通訊，第1898期，1999年9月24日。

[2] 許福生，犯罪學與犯罪預防，元照出版公司，修訂二版，2018年9月，頁483-485。

法肥大症」之疑慮，以及包含諸如夫妻間有無成立強姦罪可能等爭議性條文，以致受到擱置的命運，直至1996年12月1日，民進黨婦女發展部主任彭婉如女士遇害之後，性侵害防治的議題又受到媒體的關注成為焦點[3]。

在立法委員極力推動下，認為性侵害犯罪是一種極嚴重的犯罪，除了其罪行本身之可怕，被害人所承受的社會異樣眼光、污點及司法體系中之不平等對待，更非身歷其境者所能想像。為能落實保護被害人之權益，並避免受到「二度傷害」，有關之訴訟程序、醫療、出版法規等之配合修正實有必要。惟性侵害犯罪牽涉之相關法規層面相當廣泛，同時配合修正有所困難，從速制定保護性侵害犯罪被害人之法律，已屬當前之要務，性侵害犯罪防治法（以下簡稱本法）有立法之必要[4]。因而立法院於1996年12月31日三讀通過性侵害犯罪防治法，於1997年1月22日總統令制定公布性侵害犯罪防治法全文20條。

至於本法立法目的，乃認為性侵害犯罪在當時我國之法制下是社會善良風俗，在立法尚未修正前，本法立法目的一方面在落實保護被害人之權益，他方面在減少案件之發生，爰明定「為防治性侵害犯罪及保護被害人權益」，特制定本法。

貳、本法之立法沿革

一、1997年之制定

我國在1994年以前，在法制上將性侵害犯罪當作是一般的犯罪行為，法制對於性侵害加害人的處遇方式，與對其他犯罪類型加害人的處遇方式並無二致。然而，隨著女性權益意識之抬頭，以及1990年代後多起重大的性暴力犯罪事件的發生，而引起社會廣泛的關注，1994年刑法之修正納入強制診療之規範，首度將性罪犯應經「診療」的觀念引進國內，1997年制定公布性侵害犯罪防治法，以為防治性侵害犯罪及保護被害人權益，另外1997年修正監獄行刑法以及1999年再度修正刑法，以強化性侵害犯罪

3　許福生，性侵害犯罪防治法立法之探討，警大法學論集，第5期，2000年3月，頁59。
4　立法院公報第86卷第2期，1996年12月31日，頁231。

之防治。綜觀1994年至1999年我國對性侵害防治之立法，有別於其他人犯之處遇型態，建立起相當特殊之「刑前鑑定治療」、「獄中治療輔導」及「刑後社區治療輔導」制度[5]。

　　至於1997年制定公布之性侵害犯罪防治法全文計20條，其主要內容包含：1.本法制定目的；2.性侵害犯罪定義；3.主管機關權責及防治福利法規部分含：(1)明定主管機關；(2)設立性侵害防治委員會；(3)設立性侵害防治中心；(4)教育性侵害防治課程；(5)對性侵害被害人之補助；(6)對性侵害犯罪加害人實施身心治療及輔導教育；(7)中央主管機關應建立全國性侵害加害人檔案資料；(8)醫療院所不得無故拒絕診療及開立驗傷診斷書；4.程序保障部分含：(1)禁止新聞及文書揭露被害人身分資訊；(2)相關機關制定性侵害事件之處理準則及指定專業人員辦理；(3)強化性侵害犯罪告訴代理人權能；(4)設陪同陳述人制度；(5)禁止揭露被害人過去性歷史；(6)承認對幼兒及殘障被害人得採法庭外藉雙向電視系統訊問方式；(7)審判原則不公開等。

二、2002年之二次修正

　　2002年4月25日修正本法第3條，乃配合臺灣省政府功能業務與組織調整，將省主管機關刪除。又同年5月17日增訂本法第6條之1及第6條之2，乃配合行政程序法之施行，將性侵害犯罪防治法施行細則第4條第1項及第2項、第5條第1項規定移列修正。

三、2005年之修正

　　按性侵害犯罪加害人社區身心治療與輔導教育，其目的係引進外在社會監督力量，及內在管理自己之能力，以達預防再犯。惟在當時制度下，欲達此功能，是有其困難處，有待積極就性侵害犯罪加害人社區身心治療與輔導教育，作全面性、整體性修法之必要[6]。特別是美國Vermont州性罪犯處遇方案更提出一新名稱「性罪犯之社區監督鑽石圖」（supervision

---

5　許福生，性侵害防治法制之變革與發展，收錄於林明傑主編，家庭暴力與性侵害的問題與對策，元照出版公司，2013年，頁355。
6　張秀鴛，性侵害犯罪面面觀，婦女與性別研究通訊，第61期，2001年12月，頁3。

diamond），該模式認爲性罪犯之社區處遇之生活監督，應該有如菱形鑽石之四個元素且缺一不可，此四個元素即爲觀護人之社區監控、社區之輔導治療師、案主之支持網絡及定期之測謊，如此才能有效防治再犯[7]（如圖11-1所示）。

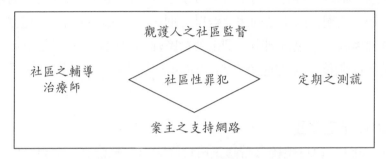

圖11-1　性罪犯之社區監督鑽石圖

　　再加上本法自1997年公布施行已逾7年，各機關、單位依據本法推展性侵害防治業務所遭遇之困難已陸續浮現，現行法確有再檢討修正必要，特別是1999年刑法修正，將第十六章章名修正爲「妨害性自主罪章」，並增列第十六章之一「妨害風化罪章」，對於性侵害犯罪已有諸多修正，以及2003年刑事訴訟法修正兼採當事人進行主義，實施交互詰問制度，爲保護被害人權益及避免二次傷害，本法亦有另爲特別規定必要[8]。

　　爲與相關法制銜接、調和，並使本法更周延及促進性侵害防治之進展，本法於2005年2月5日總統公布修正全文25條，並自公布後6個月施行。此次修正除配合刑法妨害性自主罪章之修正及妨害風化罪章之增列，修正本法所稱性侵害犯罪之範圍，並將刑法、特別刑法有關妨害性自主罪之罪名一併納入，且刪除刑法第233條使未滿16歲之男女與他人爲性交或猥褻之行爲而引誘容留或媒介罪，因其與性侵害犯罪係違反他人意願而對其爲性交或猥褻之本質仍具差異性，明定以觸犯之罪名爲準，不以法院處

7　林明傑、張晏綾、陳英明、沈勝昂，性侵害犯罪加害人之處遇──較佳方案及三個爭議方案，月旦法學雜誌，第96期，2003年5月，頁182。
8　立法院公報第93卷第31期，2004年5月24日，頁319。

斷之罪名爲限，且增列規定本法所稱加害人之定義；以及訴訟上爲避免性
侵害被害人於交互詰問之過程受到二度傷害，檢察官於進行交互詰問之前
或進行過程中，依職權或依被害人、告訴人、告訴代理人之請求，認被告
或其辯護人之詰問有致被害人因心智障礙或身心創傷而不能自由陳述或爲
完全陳述之虞時，得聲請由法官、軍事審判官以訊問方式代之。另本法此
次之再修正及配合同年度刑法及監獄行刑法之修正，爲加害人建立全面強
制治療輔導制度（包含刑中、刑後及社區強制治療）、社區監控制度以及
登記及查閱制度，以便能整合治療與司法處遇來治療及監控性侵害犯罪
者[9]。

四、2010年之修正

2010年1月13日總統公布修正第11條、第25條條文，並自2009年11月
23日施行。此乃配合2008年5月23日修正公布之民法總則編（禁治產部
分）、親屬編（監護部分）及其施行法部分條文，已將「禁治產宣告」修
正爲「監護宣告」，爰將原條文之「禁治產」，修正爲「受監護宣告」。
另配合民法及其施行法修正條文自2009年11月23日施行，本法本次修正之
條文亦定自同日施行。

五、2011年之修正

按我國爲性侵害加害人所建立之全面強制治療輔導制度、社區監控
制度以及登記查閱制度，如能確實執行，當可發揮一定防止再犯及防治性
侵害之功能。然而，2011年3月13日，發生性侵害累犯林○○姦殺國二女
學生葉姓少女案後，引發社會悲憤。林○○曾因2次性侵案入獄，1996年
他性侵未成年少女，被判刑5年8個月，2000年假釋出獄，又在2002年持
刀在斗六一處工業區性侵女子，被判刑9年。林○○在臺中監獄服刑9年期
間，曾進行18次矯正，全數沒有通過，再犯機率很高，原安排他在4月初
報到再評估與輔導，必要時即配戴電子腳鐐，然而他卻在2011年3月的空
窗期、出獄1個多月就犯下姦殺案。基於林○○案，引發國內婦幼團體推

9 　許福生，同註5，頁376。

動「性侵害犯罪防治法部分條文修正案」又稱為「白玫瑰運動」，希望藉此加強性罪犯的監控進而降低再犯風險[10]。

是以，2011年11月9日總統公布性侵害犯罪防治法部分條文修正案，為更加完善性侵害防治的相關規定，保障人民的人身安全，使性侵累犯不再成為社會的潛在威脅，修正第4條、第7條至第9條、第12條至第14條、第20條、第21條、第23條及第25條條文；增訂第22條之1及第23條之1條文；並刪除第5條條文，並自2012年1月1日施行。另2013年7月19日行政院公告第3條、第20條第7項、第22條之1第5項所列屬「內政部」及「行政院衛生署」之權責事項，自2013年7月23日起改由「衛生福利部」管轄。

本次修正除第4條為中央主管機關應辦理事項；第7條各級中小學所應舉辦各性侵害防治教育課程；第8條醫事、社工人員相關條款；第9條中央主管機關應建立全國性侵害加害人之檔案資料；第12條對被害人之保密條款；第13條宣傳品、出版品等不得報導或記載被害人資訊；第14條法院、檢察署等機構應由經專業訓練之專人處理性侵害事件等外，最重要修正為：1.修正第20條及第21條：(1)將科技設備監控列為獨立處遇方式，不須以宵禁或指定居住處所為前提，使實務運作得以符合社會期待；又擴大預防性測謊實施對象，配合科技設備監控及身心、治療，保障婦幼安全，維護社會治安；(2)明定經評估認有治療、輔導之必要者，於易服社會勞動期間內亦應接受身心治療或輔導教育，以避免治療、輔導之空窗期；(3)將違反性騷擾防治法第25條及少年犯性侵害犯罪之犯罪納入接受身心治療或輔導教育之範圍；(4)增訂性侵害犯罪加害人經易服社會勞動，違反接受身心治療輔導教育之規定者，得由檢察官撤銷易服社會勞動；2.增訂第22條之1：對於2006年6月30日以前犯性侵害犯罪之加害人，於接受獄中治療或社區身心治療或輔導教育後，經鑑定、評估，認有再犯之危險者，增加得聲請法院裁定強制治療之規定；3.修正第23條：增訂犯刑法強制猥褻罪、利用權勢性交或猥褻罪及曾對未成年人性侵害再犯之加害人一併納入登記、報到範圍，並依最輕本刑之不同，修正登記、報到之期間；

---

[10] 許福生，同註5，頁382。

4.增訂第23條之1：對於第21條第2項之被告或判決有罪確定之加害人逃亡或藏匿經通緝者，該管警察機關得將其身分資訊登載於報紙或以其他方法公告之。從而可知，此次修正，更加完善地對加害人建立起全面強制治療輔導措施，以及社區處遇銜接機制（如圖11-2所示）。

至於各界關注以性激素藥物治療（即俗稱化學去勢）作為性侵犯治療選項部分，由於未達共識，並未納入本次修正，惟立法院附帶決議，請行政院衛生署、法務部及內政部邀集相關專家召開公聽會，就其適法性、醫學倫理、人權及社會公義與相關執行配套等，廣泛蒐集意見進一步研酌。另外，立法院也附帶決議請內政部研議參酌直轄市、縣（市）轄區幅員大小，分區公布具高再犯危險之性侵害加害人人數之做法，並持續積極檢討改進，以提醒民眾注意防範，提高警覺（參照2011年10月25日法務部新聞稿）。

六、2015年之修正

本法自1997年1月22日公布施行，其間歷經6次修正，對防治性侵害犯罪及保護被害人權益多所助益，惟為解決相關機關推展性侵害犯罪防治工作所遭遇問題，本法中央主管機關邀集相關機關及民間團體研修法規，期周延法治、強化被害人司法保護措施、落實加害人社區處遇機制，以保障人民身心安全為目標。是以本法又於2015年12月23日總統公布修正第2條、第3條、第8條、第13條、第17條、第20條、第22條之1及第25條；增訂第13條之1、第15條之1、第16條之1及第16條之2條文，除第15條之1自2017年1月1日施行外，餘自公布日施行。

此次修正最大突破是鑑於實務上兒童及智能障礙者因年齡、認知、記憶及語言能力等限制，常造成詢問案情與製作筆錄困難，再加上專家證人之法律地位不明，使得特殊情況之性侵害被害人在偵審階段無法透過專業予以適當協助，除不利於釐清案情、事實外，亦將影響其司法訴訟權益，故增訂專業人士在偵審階段得協助被害人詢（訊）問，並賦予該詢問筆錄具有證據能力等規定，以及確立專家證人之法定地位，積極維護兒童及智能障礙者之司法權益。此外，為避免被害人遭受二度傷害，亦明定司法審

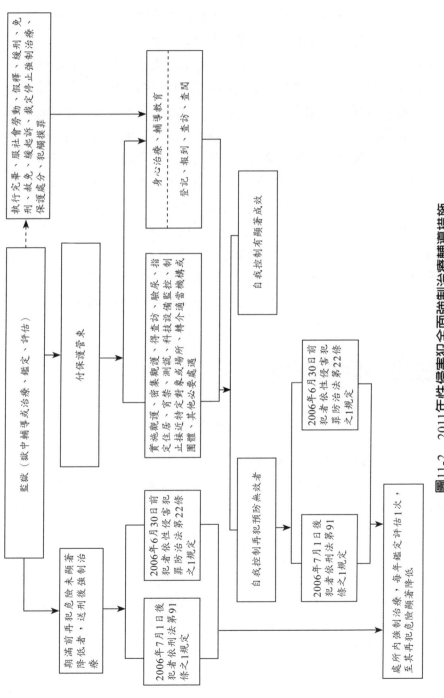

圖11-2 2011年性侵害犯全面強制治療輔導措施

資料來源：作者自繪。

判過程禁止被告、辯護人對被害人有性別歧視之陳述及舉止。另外，近年來性侵害案件被害人個資遭網友及媒體大量播送屢見不鮮，例如喧騰一時的李宗瑞案件、牙醫性侵被害人等案件，對被害人造成嚴重的身心創傷，因此修正現行條文，除媒體外，任何人亦不得以媒體或其他方法公開或揭露被害人姓名及其他足資識別身分之資訊，違反而無正當理由者最高可處以新臺幣10萬元罰鍰，積極維護被害人隱私權益。又矯正機關為特殊收容處所，收容人與職員不對等之權力關係及收容人間之關係易受外界質疑，而疑似性侵害犯罪通報案件仍以發生於18歲以下者為多，為能適時保護及協助被害人取得相關服務資源，爰於第8條增列「司法人員」、「矯正人員」及「村（里）幹事人員」之通報義務，以及為使有限的社工人力優先運用在緊急及危急案件上，增列有關通報案件分級分類等規定，另鑑於性侵害犯罪防治業務涉及範圍廣泛，爰增訂各中央目的事業主管機關權責事項，藉以強化網絡分工合作共識（參照2015年12月8日衛福部新聞稿）。

第二節　本法主要內容

壹、名詞定義

一、性侵害犯罪之定義（第2條）

　　本法為保護個人性自主決定權，以及未滿16歲者之身心健全發展，特參考刑法及其特別法之罪名，明定性侵害犯罪之範圍，係指：「觸犯刑法第二百二十一條至第二百二十七條、第二百二十八條、第二百二十九條、第三百三十二條第二項第二款、第三百三十四條第二款、第三百四十八條第二項第一款及其特別法之罪。」因此，舉凡觸犯強制性交、強制猥褻、乘機性交猥褻、性交猥褻幼年、利用權勢性交猥褻、詐術性交、強盜強制性交、海盜強制性交、擄人勒贖強制性交等罪名者，均屬性侵害犯罪，不以法院處斷之罪名為限。

二、加害人之定義（第2條）

本法所稱加害人，係指觸犯本法第2條第1項各罪經判決有罪確定之人。另犯本法第2條第1項各罪經緩起訴處分確定者及犯性騷擾防治法第25條判決有罪確定者，雖非本法前者所稱加害人，但為擴大本法防治對象，除本法第9條（建立侵害加害人之檔案資料）、第22條、第22條之1（刑後強制治療）、第23條（登記、報到、查閱）規定外，亦適用本法關於加害人之規定。

貳、主管機關權責及防治福利法規部分

一、主管機關及其權責範圍（第3條、第4條）

性侵害防治，常涉及社政、衛政及警政單位，因應政府組織改造，明定中央主管機關為衛生福利部；在直轄市為直轄市政府；在縣（市）為縣（市）政府。且中央主管機關應辦理下列事項：1.研擬性侵害防治政策及法規；2.協調及監督有關性侵害防治事項之執行；3.監督各級政府建立性侵害事件處理程序、防治及醫療網絡；4.督導及推展性侵害防治教育；5.性侵害事件各項資料之建立、彙整、統計及管理；6.性侵害防治有關問題之研議；7.其他性侵害防治有關事項。

再者，中央主管機關辦理性侵害防治事項，應遴聘專家學者、民間團體及相關機關代表提供諮詢；且為配合性別主流化政策，任一性別代表人數不得少於三分之一；學者專家、民間團體代表之人數不得少於二分之一。

此外，本法所定事項，主管機關及目的事業主管機關應就其權責範圍，針對性侵害防治之需要，尊重多元文化差異，主動規劃所需保護、預防及宣導措施，對涉及相關機關之防治業務，並應全力配合之，其權責事項如下：1.社政主管機關：性侵害被害人保護扶助工作、性侵害防治政策之規劃、推動、監督及定期公布性侵害相關統計等相關事宜；2.衛生主管機關：性侵害被害人驗傷、採證、身心治療及加害人身心治療、輔導教育

等相關事宜；3.教育主管機關：各級學校性侵害防治教育、性侵害被害人及其子女就學權益之維護等相關事宜；4.勞工主管機關：性侵害被害人職業訓練及就業服務等相關事宜；5.警政主管機關：性侵害被害人人身安全之維護、性侵害犯罪偵查、資料統計、加害人登記報到、查訪、查閱等相關事宜；6.法務主管機關：性侵害犯罪之偵查、矯正、獄中治療等刑事司法相關事宜；7.移民主管機關：外籍人士、大陸地區人民或港澳居民因遭受性侵害致逾期停留、居留及協助其在臺居留或定居權益維護與加害人為外籍人士、大陸地區人民或港澳居民，配合協助辦理後續遣返事宜；8.文化主管機關：出版品違反本法規定之處理等相關事宜；9.通訊傳播主管機關：廣播、電視及其他由該機關依法管理之媒體違反本法規定之處理等相關事宜；10.戶政主管機關：性侵害被害人及其未成年子女身分資料及戶籍等相關事宜；11.其他性侵害防治措施，由相關目的事業主管機關依職權辦理。

二、設立性侵害防治中心（第6條）

為根本防治性侵害及確實保護被害人，直轄市、縣（市）主管機關應設性侵害防治中心，辦理下列事項，以保護被害人之權益並防止性侵害事件之發生：1.提供24小時電話專線服務；2.提供被害人24小時緊急救援；3.協助被害人就醫診療、驗傷及取得證據；4.協助被害人心理治療、輔導、緊急安置及提供法律服務；5.協調醫院成立專門處理性侵害事件之醫療小組；6.加害人之追蹤輔導及身心治療；7.推廣性侵害防治教育、訓練及宣導；8.其他有關性侵害防治及保護事項。

再者，性侵害防治中心應配置社工、警察、醫療及其他相關專業人員。又直轄市、縣（市）政府性侵害防治中心之組織，依地方制度法及地方行政機關組織準則，宜由地方政府自行彈性規劃決定之，且地方政府應編列預算辦理性侵害防治事宜，不足由中央主管機關編列專款補助。

三、性侵害防治教育課程（第7條）

據統計性侵害犯罪被害人60%為未滿18歲之人，而輪姦加害人之年齡與其相仿，故為加強各級中小學學生之性侵害防治教育，各級中小學每學

年應至少有4小時以上之性侵害防治教育課程，且此教育課程，學校應運用多元方式進行教學。又機關、部隊、學校、機構或僱用人之組織成員、受僱人或受服務人數達30人以上，應定期舉辦或鼓勵所屬人員參與性侵害防治教育訓練。

　　至於性侵害防治教育課程應包括：1.兩性性器官構造與功能；2.安全性行為與自我保護性知識；3.性別平等之教育；4.正確性心理之建立；5.對他人性自由之尊重；6.性侵害犯罪之認識；7.性侵害危機之處理；8.性侵害防範之技巧；9.其他與性侵害有關之教育等。

四、相關人員之通報義務（第8條）

　　任何人知有疑似性侵害情事發生，本諸個人良知，原即應通報有關單位，以保障社會及個人人身安全。惟為使較容易知悉或接觸性侵害被害人之相關單位於知有疑似性侵害事件發生時，能及時通報，以適時保護被害人並提供及時協助，本法明定通報時限及通報義務人，故規定醫事人員、社工人員、教育人員、保育人員、警察人員、勞政人員、司法人員、移民業務人員、矯正人員、村（里）幹事人員，於執行職務時知有疑似性侵害犯罪情事者，應立即向當地直轄市、縣（市）主管機關通報，至遲不得超過24小時。且通報內容、通報人之姓名、住居所及其他足資識別其身分之資訊，除法律另有規定外，應予保密。

　　又直轄市、縣（市）主管機關於知悉或接獲通報時，應立即進行分級分類處理，至遲不得超過24小時。至於通報及分級分類處理辦法，由中央主管機關定之。目前中央主管機關訂有性侵害案件通報及分級分類處理辦法，將所受理通報案件依下列方式進行分級：1.第一級：有立即救援、就醫診療、驗傷、取得證據之緊急情形者；2.第二級：前款以外情形者。另進行分級後，應依被害人身分別及通報事由進行下列分類：(1)第一類：被害人為兒童、少年或身心障礙者；(2)第二類：被害人為18歲以上，且非身心障礙者；(3)第三類：前二款以外之情形者。

五、建立全國性侵害加害人檔案資料（第9條）

　　為提供性侵害犯罪之相關研究與防治，中央主管機關應建立全國性

侵害加害人之檔案資料；其內容應包含姓名、性別、出生年月日、國民身分證統一編號、住居所、相片、犯罪資料、指紋、去氧核醣核酸紀錄等資料。

又有關加害人檔案資料之建置，涉及人民隱私權應有保密義務，非依法律規定，不得提供；至於其內容管理及使用等事項之辦法，由中央主管機關定之。

六、醫療院所不得無故拒絕診療及開立驗傷診斷書（第10條）

以往有不少的醫院或醫師有拒絕為性侵害犯罪被害人診療驗傷之情形，為避免此類事件再次發生，故規定醫院、診所對於被害人，不得無故拒絕診療及開立驗傷診斷書，且違反此規定者，由衛生主管機關處新臺幣1萬元以上5萬元以下罰鍰。

另為保護性侵害被害人隱私避免二度傷害，醫院、診所對被害人診療時，應有護理人員陪同，並應提供安全及合適之就醫環境。至於驗傷診斷書之格式，由中央衛生主管機關會商有關機關定之。

七、對性侵害被害人之補助（第19條）

性侵害犯罪之被害人所承受之身、心傷害等皆非常鉅大，對其人格影響更大，為使其早日恢復正常，並勇於出面檢舉犯罪，國家應給予補助，惟如其醫療費用及心理復健費用屬全民健康保險給付範圍者，自應由全民健康保險予以給付，其非屬給付範圍者，始由直轄市、縣（市）主管機關予以補助。故直轄市、縣（市）主管機關得依被害人之申請，核發下列補助：1.非屬全民健康保險給付範圍之醫療費用及心理復健費用；2.訴訟費用及律師費用；3.其他費用。至於補助對象、條件及金額等事項之規定，由直轄市、縣（市）主管機關定之。

參、程序保障部分

一、被害人驗傷及取證之同意（第11條）

按性侵害案件相關跡證，大多存在於被害人身體上，為尊重當事人身

體自主權，進行驗傷採證應徵得被害人之同意，惟被害人為禁治產人或未滿12歲之人時，其智識尚未充分發達，為保障其權益並兼顧法定代理人權限之行使，於此情形，應經法定代理人之同意。又依刑事訴訟法、軍事審判法規定而對被害人為驗傷採證，屬刑事案件證據調查及保全之範圍，自不須再經被害人之同意。

倘若性侵害犯罪被害人因年紀幼小或受傷、昏迷等原因，事實上無意識或無法表達其意思時，乃無法取得其同意進行驗傷採證，考量性侵害證據保全具時效性，且為保障被害人權益，如被害人有法定代理人者，應僅經其法定代理人之同意為驗傷、採證，如法定代理人之有無不明、通知顯有困難或為該性侵害犯罪之嫌疑人時，更得逕行驗傷及取得證據。

取得證據後，應保全證物於證物袋內，司法、軍法警察並應即送請內政部警政署鑑驗，證物鑑驗報告並應依法保存。依目前實務，性侵害犯罪案件證物之採集，係將證物採集於內政部規定之制式格式證物袋內，性侵害犯罪案件倘為告訴乃論案件，尚未提出告訴或自訴時，內政部警政署應即將證物移送犯罪發生地之直轄市、縣（市）主管機關保管。惟相關證物必須存放在低溫狀態，造成直轄市、縣（市）主管機關在保存證物空間之困擾，且被害人並不欲對被告提出告訴，而相關檢體送請內政部警政署鑑驗時，均會作成鑑驗報告或紀錄，另案存放，尚非此所定證物所涵蓋。故直轄市、縣（市）除未能知悉犯罪嫌疑人外，證物保管6個月後得逕行銷毀；惟在此所指「銷毀」，係指銷毀證物袋及直轄市、縣（市）主管機關保存之相關證物，自不包括送請鑑驗之鑑驗報告或紀錄。

二、知悉被害人身分之保密及不得揭露（第12條）

為保護被害人之隱私，以及對被害人身分之保密，因職務或業務知悉或持有性侵害被害人姓名、出生年月日、住居所及其他足資識別其身分之資料者，除法律另有規定外，應予保密。又為施以被害人必要之保護措施，警察人員必要時應採取保護被害人之安全措施。行政機關、司法機關及軍法機關所製作必須公示之文書，不得揭露被害人之姓名、出生年月日、住居所及其他足資識別被害人身分之資訊。

三、禁止宣傳品或媒體揭露被害人身分資訊及罰則（第13條、第13條之1）

為保護性侵害犯罪被害人名譽，避免二度傷害，宣傳品、出版品、廣播、電視、網際網路或其他媒體不得報導或記載有被害人之姓名或其他足資辨別身分之資訊。但經有行為能力之被害人同意、檢察官或法院依法認為有必要者，不在此限；另於被害人死亡經目的事業主管機關權衡社會公益，認有報導或揭露必要者，亦同。又任何人亦不得以媒體或其他方法公開或揭露被害人之姓名及其他足資識別身分之資訊。

由於廣播及電視事業屬性異於宣傳品、出版品、網際網路等其他媒體，故本法分別規定其處罰以臻明確。又因網路生活化，除傳統媒體外，新傳媒日漸盛行，故有必要將宣傳品、出版品、網際網路或其他媒體之負責人及行為人皆列為處罰對象。故廣播、電視事業違反禁止揭露規定者，由目的事業主管機關處新臺幣6萬元以上60萬元以下罰鍰，並命其限期改正；屆期未改正者，得按次處罰。宣傳品、出版品、網際網路或其他媒體違反禁止揭露規定者，由目的事業主管機關處負責人新臺幣6萬元以上60萬元以下罰鍰，並得沒入此規定之物品、命其限期移除內容、下架或其他必要之處置；屆期不履行者，得按次處罰至履行為止。上述以外之任何人違反禁止揭露規定而無正當理由者，處新臺幣2萬元以上10萬元以下罰鍰。宣傳品、出版品、網際網路或其他媒體無負責人或負責人對行為人之行為不具監督關係者，依所定之罰鍰，處罰行為人。

四、指定專業人員辦理（第14條）

為能有效制裁性侵害犯罪，並避免被害人二度傷害，以確實保護被害人權益，法院、檢察署、軍事法院、軍事法院檢察署、司法、軍法警察機關及醫療機構，應由經專業訓練之專人處理性侵害事件。然考量醫療機構之規模及業務，並非所有醫療機構皆有人力及資源可由專人處理性侵害事件，故應設有處理性侵害事件醫療小組之醫療機構，係由中央衛生主管機關指定。

五、設陪同陳述人制度（第15條）

為協助被害人穩定情緒及法院發現眞實，被害人之法定代理人、配偶、直系或三親等內旁系血親、家長、家屬、醫師、心理師、輔導人員或社工人員得於偵查或審判中，陪同被害人在場，並得陳述意見。惟為保護被害人及避免影響偵查或審判之正確性，於得陪同在場之人為性侵害犯罪嫌疑人或被告時，不適用之。被害人為兒童或少年時，除顯無必要者外，直轄市、縣（市）主管機關應指派社工人員於偵查或審判中陪同在場，並得陳述意見，以保障被害人係兒童及少年之權益。

六、專業人士在場協助詢問（第15條之1）

為提升兒童及身心障礙者司法對性侵害案件特殊性之專業，並維護弱勢證人之司法程序權益及證言可憑信，爰依兒童權利公約第12條暨身心障礙者權利公約第12條及第13條意旨，本法增列專家擔任司法詢問員之制度。故兒童或心智障礙之性侵害被害人於偵查或審判階段，經司法警察、司法警察官、檢察事務官、檢察官或法官認有必要時，應由具相關專業人士在場協助詢（訊）問。但司法警察、司法警察官、檢察事務官、檢察官或法官受有相關訓練者，不在此限。又專業人士於協助詢（訊）問時，司法警察、司法警察官、檢察事務官、檢察官或法官，得透過單面鏡、聲音影像相互傳送之科技設備，或適當隔離措施為之；且當事人、代理人或辯護人詰問兒童或心智障礙之性侵害被害人時，準用之。

七、利用聲音影像傳送之科技設備或其他適當隔離措施（第16條）

為保障被害人安全及勇於作證，對被害人之訊問或詰問，得依聲請或依職權在法庭外為之，或利用聲音、影像傳送之科技設備或其他適當隔離措施，將被害人與被告或法官隔離。

又性侵害被害人於遭受性侵害後，時常因身心狀況致無法於加害人面前自由陳述或為完全陳述，為避免性侵害被害人於交互詰問之過程受到二度傷害，且考量刑事訴訟程序中訊問證人乃調查證據方法之一種，當事人固有質問權及詰問權，惟其作用係在調查證據，我國刑事訴訟法係採職權

主義兼採當事人主義，非如英美法係採當事人主義必須由當事人發問，故不論係採交互詰問或由法院訊問，在發現眞實之功能上並無二致，故檢察官於進行交互詰問之前或進行過程中，依職權或依被害人、告訴人、告訴代理人之請求，認被告或其辯護人之詰問有致被害人因心智障礙或身心創傷而不能自由陳述或爲完全陳述之虞時，得聲請由法官、軍事審判官以訊問方式代之。另法官、軍事審判官以訊問代替詰問，係對於被告詰問權之限制，宜賦予被告或其辯護人陳述意見之機會；惟經法官斟酌被害人之身心狀況，認爲採行前項之隔離措施進行詰問較爲適當時，得不以訊問方式代替交互詰問，以避免過度限制加害人對質詰問權，並兼顧被害人權益之保障。

八、禁止揭露被害人過去性歷史（第16條）

性侵害犯罪此審判者應是加害人的加害行爲，與被害人貞潔無關，揭露被害人過去性歷史，反使得實際受審判者爲被害人，爲避免對被害人造成二度傷害，性侵害犯罪中之被告或其辯護人不得詰問或提出有關被害人與被告以外之人之性經驗證據，但法官或檢察官如認有必要者，不在此限。

九、專家證人之指定或選任（第16條之1）

爲提升性侵害案件之定罪率，降低犯罪黑數，避免以傳統性別刻板印象所致偏見或性別歧視文化檢視被害者證詞或證據評價，提升司法對性侵害案件特殊性之專業，於偵查或審判中，檢察官或法院得依職權或依聲請指定或選任相關領域之專家證人，提供專業意見。

至於有關專家證人之地位及證據力，本法特別規定「經傳喚到庭陳述，得爲證據」，並準用刑事訴訟法第163條至第171條、第175條及第199條不得拘提之規定。

十、審判中有任何性別歧視之陳述與舉止之即時制止（第16條之2）

依CEDAW第2條規定，國家應爲婦女確立與男子平等權利的法律保護，且各國的主管法庭及其他公共機構，需保證切實保護婦女不受任何歧

視，故性侵害犯罪之被告或其辯護人於審判中對被害人有任何性別歧視之陳述與舉止，法官應予即時制止，以建立性別平等之司法環境。

十一、調查中之陳述得為證據情形（第17條）

考量被害人與被告或其他證人之性質不同，幾無發生逼供或違反其意願迫其陳述情事之可能，倘被害人其身心已受到創傷致無法陳述，或被害人到庭後因身心壓力於訊問或詰問時無法為完全之陳述或拒絕陳述，被害人於檢察事務官、司法警察官或司法警察之調查過程中所為之陳述，具有可信之特別情況，認筆錄內容可信，且所述內容係為證明犯罪事實之存否所必要者，此項陳述應得採為證據，以避免被害人必須於詢問或偵訊過程中多次重複陳述，而受到二度傷害。同樣地，在司法詢問員協助詢問下的筆錄，亦應得採為證據。

十二、審判原則不公開（第18條）

為保護被害人之名譽及隱私，性侵害犯罪之案件，審判不得公開。但有下列情形之一，經法官或軍事審判官認有必要者，不在此限：1.被害人同意；2.被害人為無行為能力或限制行為能力者，經本人及其法定代理人同意。

肆、治療、輔導、監控與強制治療

一、對加害人實施治療、輔導及其處分（第20條、第21條）

由於性侵害犯罪加害人之犯罪類型特殊，再犯率高且治療成效不易顯現，先進國家經多年研究肯認對性侵害加害人執行身心治療及輔導教育之必要性，且須建立評估機制，依個案差異性而為治療輔導與否之認定。故加害人有下列情形之一，經評估認有施以治療、輔導之必要者，直轄市、縣（市）主管機關應命其接受身心治療或輔導教育：1.有期徒刑或保安處分執行完畢。但有期徒刑經易服社會勞動者，於准易服社會勞動時起執行之；2.假釋；3.緩刑；4.免刑；5.赦免；6.經法院、軍事法院依本法第22條之1第3項裁定停止強制治療。另對於有觸犯本法第2條第1項行為，經依少

年事件處理法裁定保護處分確定而法院認有必要者，得準用之。此之執行期間為3年以下，但經評估認有繼續執行之必要者，直轄市、縣（市）主管機關得延長之，最長不得逾1年；其無繼續執行之必要者，得免其處分之執行。此項之評估，除徒刑之受刑人由監獄或軍事監獄、受感化教育少年由感化教育機關辦理外，由直轄市、縣（市）主管機關辦理。其評估之內容、基準、程序與身心治療或輔導教育之內容、程序、成效評估等事項之辦法，由中央主管機關會同法務主管機關及國防主管機關定之。

又為對加害人能產生約制力量，並落實身心治療或輔導教育之實施，若加害人有下列情形之一者，得處新臺幣1萬元以上5萬元以下罰鍰，並限期命其履行：1.經直轄市、縣（市）主管機關通知，無正當理由不到場或拒絕接受評估、身心治療或輔導教育者；2.經直轄市、縣（市）主管機關通知，無正當理由不按時到場接受身心治療或輔導教育或接受之時數不足者。加害人屆期仍不履行者，處1年以下有期徒刑、拘役或科或併科新臺幣5萬元以下罰金。

另該管檢察機關於接獲通報後，對於假釋、緩刑或緩起訴處分中付保護管束之性侵害犯罪加害人，得通知該管監獄報請法務部、國防部核准撤銷假釋，或向法院、軍事法院聲請強制治療或撤銷緩刑。

直轄市、縣（市）主管機關對於假釋、緩刑、受緩起訴處分或有期徒刑經易服社會勞動之加害人為此罰鍰之處分後，應即通知該管地方法院檢察署檢察官、軍事法院檢察署檢察官。該管檢察機關接獲通知後，得通知原執行監獄典獄長報請法務部、國防部撤銷假釋或向法院、軍事法院聲請撤銷緩刑或依職權撤銷緩起訴處分及易服社會勞動。

二、觀護人之社區監督處遇（第20條）

有鑑於性侵害犯類型之特異性行為，除了應於監獄中進行嚴謹之身心矯治及治療外，加害人在出獄回到社區後，更須持續進行監控與治療，才能有效且根本地達到再犯預防之效果。因此，觀護人對於付保護管束之加害人，得採取下列一款或數款之處遇方式：1.實施約談、訪視，並得進行團體活動或問卷等輔助行為；2.有事實足認其有再犯罪之虞或需加強輔導

及管束者，得密集實施約談、訪視；必要時，並得請警察機關派員定期或不定期查訪之；3.有事實可疑爲施用毒品時，得命其接受採驗尿液；4.無一定之居住處所，或其居住處所不利保護管束之執行者，得報請檢察官、軍事檢察官許可，命其居住於指定之處所；5.有於特定時間犯罪之習性，或有事實足認其有再犯罪之虞時，得報請檢察官、軍事檢察官，命於監控時段內，未經許可，不得外出；6.得報請檢察官、軍事檢察官許可，對其實施測謊；7.得報請檢察官、軍事檢察官許可，對其實施科技設備監控；8.有固定犯罪模式，或有事實足認其有再犯罪之虞時，得報請檢察官、軍事檢察官許可，禁止其接近特定場所或對象；9.轉介適當機構或團體；10.其他必要處遇。至於採驗尿液之執行方式、程序、期間、次數、檢驗機構及項目等，以及有關測謊及科技設備監控，其實施機關（構）、人員、方式及程序等事項之辦法，由法務主管機關會商相關機關定之。

三、警察之登記報到查訪及查閱與其處分（第21條、第23條）

爲防止性犯罪者經釋放後於社區中再犯罪，有必要對性犯罪者採取登記報到查訪查閱制度，以維護社會大眾之安全。故犯刑法第221條、第222條、第224條之1、第225條第1項、第226條、第226條之1、第332條第2項第2款、第334條第2款、第348條第2項第1款或其特別法之罪之加害人，有本法第20條第1項各款情形之一者，應定期向警察機關辦理身分、就學、工作、車籍及其異動等資料之登記及報到；其登記、報到之期間爲7年。至於犯刑法第224條、第225條第2項、第228條之罪，或曾犯刑法第227條之罪再犯同條之罪之加害人，有本法第20條第1項各款情形之一者，亦適用之；其登記、報到之期間爲5年，但這些規定於犯罪時未滿18歲者，不適用之。

又鑑於警察機關對於性侵害加害人之定期或不定期查訪，對於性侵害加害人心理發生極大之外部約制力量，爲落實性侵害加害人社區監督，加害人於登記報到期間應定期或不定期接受警察機關查訪及於登記內容變更之7日內辦理資料異動。另登記期間之事項，爲維護公共利益及社會安全之目的，於登記期間得供特定人員查閱。至於登記、報到、查訪之期間、

次數、程序與供查閱事項之範圍、內容、執行機關、查閱人員之資格、條件、查閱程序及其他應遵行事項之辦法，由中央警政主管機關定之。

又未依本法第23條第1項、第2項及第4項規定定期辦理登記、報到、資料異動或接受查訪者，得處新臺幣1萬元以上5萬元以下罰鍰，並限期命其履行。加害人屆期仍不履行者，處1年以下有期徒刑、拘役或科或併科新臺幣5萬元以下罰金。

四、依刑法第91條之1聲請之強制治療（第22條）

參酌刑法第91條之1屬保安處分之刑後強制治療，加害人依本法第20條第1項規定接受身心治療或輔導教育後，經鑑定、評估其自我控制再犯預防仍無成效者，直轄市、縣（市）主管機關得檢具相關評估報告，送請該管地方法院檢察署檢察官、軍事檢察署檢察官依法聲請強制治療。在此之強制治療，是依刑法第91條之1之規定為之。

五、不適用刑法第91條之1之（民事）強制治療（第22條之1）

為解決2006年6月30日以前犯性侵害犯罪之加害人，於接受獄中治療或社區身心治療或輔導教育後，經鑑定、評估，認有再犯之危險者，因不能適用2006年7月1日修正施行後之刑法第91條之1有關刑後強制治療規定，而產生防治工作上之漏洞，導致具高再犯危險之性侵害加害人於出獄後不久即再犯性侵害犯罪，衍生法律空窗之爭議，若加害人於徒刑執行期滿前，接受輔導或治療後，經鑑定、評估，認有再犯之危險，而不適用刑法第91條之1者，監獄、軍事監獄得檢具相關評估報告，送請該管地方法院檢察署檢察官、軍事法院檢察署檢察官聲請法院、軍事法院裁定命其進入醫療機構或其他指定處所，施以強制治療[11]。

又對於接受本法第20條之身心治療或輔導教育後，如經鑑定、評估

---

11 在此之強制治療，係以治療為目的而非刑罰目的，係源自美國民事監護制度，故此概況類似「民事強制治療」，但美國之民事監護與我國之民事監護其法制度及規範目的均不同，一為具有拘束自由之社會防衛目的，另一為具有保護受監護人之保護目的，因而可否稱為「民事強制治療」確實有爭議，本文建議更名為「安置治療」，藉以突顯以醫療治療為目的之安置，而非以「再犯危險」為考量基準。

其自我控制再犯預防仍無成效者，該管地方法院檢察署檢察官、軍事法院檢察署檢察官或直轄市、縣（市）主管機關均可向法院提出強制治療聲請。如直轄市、縣（市）主管機關社政人員考量人力負荷與對法院聲請程序之熟稔度及實務運作之銜接便利性，亦可檢具資料送由檢察官提出聲請。

對性侵害犯罪加害人之強制治療，必須至顯著降低其再犯危險為止，惟為避免人身自由之不必要拘束，以保障受治療人之權利，執行期間應每年至少一次鑑定、評估有無停止治療之必要。其經鑑定、評估認無繼續強制治療必要者，加害人、該管地方法院檢察署檢察官、軍事法院檢察署檢察官或直轄市、縣（市）主管機關得聲請法院、軍事法院裁定停止強制治療。

又為落實強制治療之執行，加害人經通知依指定期日到場接受強制治療而未按時到場者，處1年以下有期徒刑、拘役、科或併科新臺幣5萬元以下罰金。另因強制治療涉及人身自由之限制，有關聲請程序、強制治療之執行機關（構）、處所、執行程序、方式、經費來源及停止強制治療之聲請程序、方式、鑑定及評估審議會之組成等，由法務主管機關會同中央主管機關及國防主管機關定之。

六、加害人逃亡或藏匿經通緝者之公告（第23條之1）

有關是否參酌美國梅根法案之規定引入公告制度，在本法修正時一直引起很大爭議，最後本法於2011年修正時照黨團協商條文通過，即觸犯本法第21條第2項之被告或判決有罪確定之加害人逃亡或藏匿經通緝者，該管警察機關得將其身分資訊登載於報紙或以其他方法公告之；其經拘提、逮捕或已死亡或顯無必要時，該管警察機關應即停止公告，但此規定於犯罪時未滿18歲者，不適用之。

表11-1　本法主要內容

項目	内容及條文
名詞解釋	1. 性侵害犯罪之定義（第2條） 2. 加害人之定義（第2條）
主管機關權責及防治福利法規部分	1. 主管機關及其權責範圍（第3條、第4條） 2. 設立性侵害防治中心（第6條） 3. 性侵害防治教育課程（第7條） 4. 相關人員之通報義務（第8條） 5. 建立全國性侵害加害人檔案資料（第9條） 6. 醫療院所不得無故拒絕診療及開立驗傷診斷書（第10條） 7. 對性侵害被害人之補助（第19條）
程序保障部分	1. 被害人驗傷及取證之同意（第11條） 2. 知悉被害人身分之保密及不得揭露（第12條） 3. 禁止宣傳品或媒體揭露被害人身分資訊及罰則（第13條、第13條之1） 4. 指定專業人員辦理（第14條） 5. 設陪同陳述人制度（第15條） 6. 專業人士在場協助詢問（第15條之1） 7. 利用聲音影像傳送之科技設備或其他適當隔離措施（第16條） 8. 禁止揭露被害人過去性歷史（第16條） 9. 專家證人之指定或選任（第16條之1） 10. 審判中有任何性別歧視之陳述與舉止之即時制止（第16條之2） 11. 調查中之陳述得為證據情形（第17條） 12. 審判原則不公開（第18條）
治療、輔導、監控與強制治療	1. 對加害人實施治療、輔導及其處分（第20條、第21條） 2. 觀護人之社區監督處遇（第20條） 3. 警察之登記報到查訪及查閱與其處分（第21條、第23條） 4. 依刑法第91條之1聲請之強制治療（第22條） 5. 不適用刑法第91條之1之（民事）強制治療（第22條之1） 6. 加害人逃亡或藏匿經通緝者之公告（第23條之1）

第三節 本法之爭議問題

壹、司法詢問員制度之問題

一、必要性之判斷

　　兒童及心智障礙者因心智狀態未臻成熟，或心智狀態有所缺陷，常淪為性侵害犯罪被害人，尤其是兒童及心智障礙者之認知、記憶及語言表達等能力均不如常人，無從透過一般溝通或表達將案情完整呈現出來，導致檢警人員於偵辦時常受挫，加上此類案件經常錯失通報黃金時間，以致未能及時保全相關物證作為補強證據，造成只有兒童及心智障礙者之片面指證之詞；再加上目前司法實務普遍認為兒童證詞內容可信性有待商榷，仍應佐以其他補強證據以擔保被害人指訴之真實性，始能作為論斷被告有罪之依據，因而如何維護弱勢證人之司法程序權益及證言可憑信，便相當重要。有鑑於此，2015年本法為提升兒童及身心障礙者司法對性侵害案件特殊性之專業，並維護弱勢證人之司法程序權益及證言可憑信，爰依兒童權利公約第12條及暨身心障礙者權利公約第12條、第13條意旨，參酌英美關於弱勢證人之規定，增列專家擔任司法詢問員之制度，並自2017年1月1日開始施行。

　　依據本法第15條之1之規定：「兒童或心智障礙之性侵害被害人於偵查或審判階段，經司法警察、司法警察官、檢察事務官、檢察官或法官認有必要時，應由具相關專業人士在場協助詢（訊）問。但司法警察、司法警察官、檢察事務官、檢察官或法官受有相關訓練者，不在此限。」至於何種案件「有必要」請司法詢問員協助詢（訊）問，目前實務則委諸員警、檢察官或法官依具體個案衡酌決定，並會考量如下條件：1.未滿12歲（亦有9歲以下）；2.中重度智能障礙；3.家內案件；4.被害人有發展遲緩之疑義；5.被害人疑有創傷反應；6.社工之意見及建議；7.現場綜合研判而認有必要性。然而，日前有案主至台灣防暴聯盟申訴表示，該案案女4歲疑似家內亂倫案件，該案於司法調查程序中，社工建議案女接受早期鑑定或專家學者詢（訊）問，但該案主責檢察官未採行社工之建議而親自訊

問，故案主申訴缺乏專業人員協助釐清案女疑似遭受猥褻之案情[12]。

針對此申訴，如何釐清檢察官究竟依循何種標準判斷「有必要」，確實有必要。縱使考量偵查之機動性及本制度實施至今僅2年多，實務上或許會認為何種案件有必要請司法詢問員協助詢（訊）問，應委諸員警、檢察官或法官依具體個案衡酌決定較彈性，但為使專業人員啟動機制未來更趨制度化及明確化，確實有必要釐清其判斷標準，以免裁量之不一。

二、司法詢問員之定位

本法第15條之1定義司法詢（訊）問員之工作為「在場協助詢（訊）問」，而「協助詢（訊）問」具有「通譯」之概念，最初司法詢（訊）問員之身分定位，確實涵蓋通譯的角色，因其被視為一溝通的橋梁，協助理解兒童的語言。但實務上許多法官會讓司法詢問員於庭前先與兒童當事人建立關係，亦即對法官而言，司法詢問員不僅是協助溝通的通譯角色，亦具有對兒童心理層面進行評估與瞭解之功能，惟條文上司法詢（訊）問員卻不具「證人」或「鑑定人」之規定，以致於其身分定位究竟是「通譯」或「證人」或「鑑定人」常混淆不清。

現若參照「檢察機關行專家諮詢要點」中「專家諮詢」的概念，可知此「專家」之定義，為具備檢察官、法官的法律教育中未能涵蓋的專業知識，故須請其來提供專業意見，但案件的偵辦與審理，仍依據檢察官、法官於法律上的專業判斷。特別是現於刑事訴訟法中，僅有「鑑定人」之概念，另訂定「檢察機關行專家諮詢要點」，便是認定此有別於「鑑定人」之「專家」角色，而此「專家」主要提供的，為其所具備之專業知識，非其親見親聞之案情，故此「專家」即非「證人」或「鑑定人」。因此，本條條文未來須更明確定義其身分定位，宜在透過修法明確定義專業人員之

---

12 台灣防暴聯盟為一社福組織，長期關注性別暴力議題，在脫離暴力陰影的路上，有「貓頭鷹防暴申訴專線」並設有評議委員會。評議委員會成員含括警政、社政、教育、犯罪防治、檢察官、律師、諮商師、藥師、精神科醫師、婦產科醫師等領域專家學者，每個月評議委員定期開會，針對案件進行分析與評議。筆者目前擔任台灣防暴聯盟常務理事並兼任此評議委員會召集人，針對此申訴案，除於評議委員會討論外，亦加開一場專家座談會，並請吳怡明主任檢察官報告「司法詢（訊）問員的現況與問題」，上述資料即由吳主任所彙整。

職責爲「在場協助訊問並陳述專業意見」，如此可確立協助司法詢（訊）問人員之「專家」身分定位。亦即檢察官單純諮詢專業人員，則其主要爲「專家」之角色；倘若檢察官聘請專業人員協助，並請其出具鑑定報告，則其亦具「鑑定人」之角色[13]。

貳、運用科技設備監控之問題

一、科技設備監控之概念

「科技設備監控」（Electronic surveillance），係透過電子科技遠距離監控技術，進行判斷以確定受監控者是否在預先所指定的時間、地點出現，並掌握受監控者的行蹤位置，亦即爲了在社區內監控犯罪者，所使用的一種高科技技術。其設備主要包含三部分：1.電子訊號發射裝置（配戴於受監控者身上，如手腕、腳踝或頸項）；2.電子訊號接收裝置（裝置於受監控者家中）；3.監控中心電腦監視系統（裝置於監控中心）等三項基本裝置所組成。以往臺灣在翻譯上，大部分以「電子監控」（Electronic monitering）爲主，但爲因應科技日新月異，在此將慣用之「電子監控」以「科技設備監控」之名詞取代[14]。

另目前依照「性侵害犯罪付保護管束加害人科技設備監控實施辦法」第3條所稱「科技設備監控」，係指運用工具或設備系統輔助查證受監控人於監控時段內是否遵守有關指定居住處所、禁止外出、接近特定場所或對象等命令，及蒐集其進出監控處所、監控時段內之行蹤紀錄等情形，並藉由訊號之傳送，通報地方檢察署或地方軍事法院檢察署。

在國外應用初期並非用來追蹤受監控者的行蹤，而是藉由辨別受監控者是否離開指定居住處所，來達到判斷受監控者是否違反宵禁令或在家

---

[13] 司法院爲釐清司法詢問員及專家證人制度在實務運作上的問題，特於2019年10月9日及11月15日召開二場意見交流座談會，與會人員大多建議宜釐清司法詢問員之定位，亦即法制面應建立更高密度規範，且應與社工角色有所區隔；並認爲司法詢問員於最早之調查階段即須介入，且參與過程應全程錄影音，以確保被害人陳述之可信性，至於專家證人與司法詢問員亦有轉換運用之可能。參照司法周刊，第1974期，2019年10月18日，頁1；司法周刊，第1979期，2019年11月22日，頁1。

[14] 許福生，刑事政策學，元照出版公司，三版，2017年2月，頁417。

監禁判決的目的；也就是說，受限於監控設備的功能限制，一旦受監控者離開指定居住處所，科技設備監控並無法追蹤掌握受監控者身在何處。科技設備監控並沒有給予受監控者加諸身體上的自由限制，一旦受監控者決定違反宵禁令或在家監禁判決，監控設備最多也只能記錄下受監控者違反命令的時間，並將之傳送給監控者。因此科技設備監控是一種輔助措施，宵禁令或在家監禁若要成功執行，仍須仰賴科技設備監控後續的人為介入措施，惟科技設備監控可協助監控者判斷後續所可採取的措施。然而，隨著電子通訊科技的日新月異，科技設備監控也融入了衛星全球定位系統（Global Position System, GPS）、手機定位技術、個人數位助理器（Personal Digital Assistant, PDA）行動導航、體內皮下晶片植入、體外皮膚黏貼晶片等先進科技，使得現今的科技設備監控具備了更強大的功能，監控者得以具體掌握受監控者的行蹤位置，而監控者在對於受監控者的監控條件設定上，其具有多種型態，並可依據分級分類執行。甚且新一代的監控系統，兼具監控與懲罰的功能，可將發射器繫於腰或胸間，除了發射功能外，尚具有電擊功能，即當被監視者進入禁制區時，監控中心可立即以遙控方式電擊被監視者，以使其痙攣，以利警方的逮捕[15]。

二、設備本身之運作

從科技設備監控之發展沿革可發現美國於1980年代開始運用是為解決監獄過度擁擠而作為短期自由刑之替代措施，藉以強化社區處遇之功能，之後逐漸被利用在確認罪犯是否離開被限制的住居所，而作為再犯預防工具。臺灣也在此思潮之下，於2005年本法修正時，首次納入作為性侵害犯付保護管束配合宵禁或指定居住處之輔助措施，以預防性侵害犯再犯。2011年再次修法將科技設備監控列為獨立處遇方式，不須以宵禁或指定居住處所為前提，促使科技設備監控功能由原本居家（定點）監控提升至可24小時行蹤軌跡記錄監控，而其監控方式也從第一代視訊過渡方案發展至第二代「RF無線射頻電子監控設備」，演變至現今的4G通訊行蹤定

---

15 周文虎，運用科技設備監控性侵害犯罪者之研究，國防大學國防管理學院法律研究所碩士論文，2006年6月，頁86。

位。從而可知，臺灣科技設備監控目的並非在減少監禁刑以促進罪犯再社會化，而是出於「再犯預防」之社會防衛思考，藉由科技設備監控以確認被監控者行蹤，以產生受監控的心理威嚇來消除現有風險以防衛社會[16]。

然而，就以澎湖地檢署於2017年辦理性侵害付保護管束個案蕭○昌乙案而言，由於未即時啟動再犯通知與撤銷假釋無縫衛接機制，致蕭員不僅破壞電子腳鐐，更順利出海逃回臺灣，造成社會恐慌而言，本案顯示目前第三代GPS改良後之監控設備訊號精確度及穩定度，仍有持續改良之必要[17]。從而可知現行科技監控設備仍具不穩定性，如此一來不只造成第一線監控同仁負擔，對受監控人也是干擾，況且對於要判斷是否真正違規亦造成困擾，而喪失科技設備監控產生心理威嚇再犯預防功能。

面對此問題，法務部除需尋求立即改善，提供穩定性更高設備外，更需利用目前新興第四次產業革命時代的尖端技術，如藉由尖端IoT（Internet of Things，物聯網）技術的適用讓科技監控設備裝置更智慧化、小型化，並活用AI和大數據建構先制型再犯防止系統，即此系統會分析被監控對象的犯罪手段、移動模式、生活環境等，確認再犯發生時的徵候，提供危險等級的變化內容；甚且發展顧及被害人保護系統的促進禁止接近被害人的兩方向科技監控設備，以及開發符合人權的外出限制命令裝置，建構「以人為中心的公正價值」而兼具再犯預防、便利與人權的未來願景[18]。

---

[16] 許福生，運用科技設備監控在性侵害犯司法處遇之探討，警大法學論集，第37期，2019年10月，頁90。

[17] 參照監察院林雅鋒、江明蒼委員106司調0027調查報告，2017年11月16日公告，頁17。惟就筆者私下請教觀護人看法時，其表示有關蕭員撤銷假釋過程並非如此，事實上該員於保護管束期間再犯竊盜案，判處拘役確定，又有施用毒品呈陽性反應，觀護人認為違反保護管束情節重大，依法報請撤銷假釋，並於報請撤銷假釋前，依法給予陳述意見之機會。由於蕭員為無期徒刑案件，擔心撤銷後恐再次入監刑，是以破壞科技監控設備，觀護人於其破壞設備後，再次檢具相關事證報請撤銷假釋，並啟動無縫衛接機制。換言之，蕭員因本案為無期徒刑假釋案件，觀護人考量撤銷假釋影響其權益重大，為周延其人權，因此依法給予陳述意見之機會，使蕭員萌生破壞設備之念頭，此為人權保障及再犯風險之兩難，並非觀護人欠缺危機意識，在此需表明觀護人之立場。

[18] 尹炫鳳，韓國電子監控制度的現況與發展之展望—以尖端物聯網技術的適用為中心，收錄於2019司法保護與犯罪預防論壇—觀護制度的探索會議手冊，2019年1月23日，頁194-200。

三、擴大監控對象與警察權限

依據現行性侵害犯罪防治法第20條規定，觀護人得報請檢察官、軍事檢察官許可，實施科技設備監控，只限於付保護管束之性侵害犯罪加害人。然而，就以現行之科技設備監控法制規範而言，仍可發現下列不足之處：1.僅及於緩刑或假釋中之性侵害犯罪付保護管束人，至犯性侵害案件經檢察官爲緩起訴處分未確定者、刑罰執行完畢出監所、免刑，均無科技設備監控之適用；2.未經判決確定之性侵害犯，若有再犯之虞，因非屬判決確定之性侵害加害人，亦不得爲之；3.適用範圍僅及於性侵害犯罪，不及於其他犯罪，仍顯不足等問題，未來有必要再檢討逐步納入規範，另也可依據特定犯罪類型其再犯危險性採分類分級規範之。

另外，目前觀護人於接獲性侵害犯人破壞電子腳鐐之訊號協請警方協助時，需由觀護人報請檢察官核發拘票，過程緩不濟急，未來確實有必要修法授予警察逕行拘捕權，以確保執法合作之成效。

四、朝向以社會復歸為主社會防衛為輔

降低罪犯再犯率，除了實施科技設備監控外，還需要強化其心理諮商及治療輔導的配套措施，增加罪犯的內在控制力量，多管齊下，才能發揮「再犯預防」成效。再者，科技設備監控即爲一種新型態的社區處遇，便須發揮社區處遇原本具有再復歸社會的精神，縱使科技設備監控要兼具社會防衛及社會復歸有其兩難處，但未來的理想仍應朝向以社會復歸爲主社會防衛爲輔方向前進，並逐步擴大其適用範圍，惟要朝此方向前進，制度設計上須有二項重要配套措施：1.監控中心的設立；2.加強觀護部門的資源[19]。然台灣現況不只無設立獨立監控中心，台高檢也只有1位調辦事觀護人，統籌全國科技設備監控預算、招標、執行、審查、協助督導全國地檢署執行監控，當觀護人接獲異常之監控訊號或通報，應即進行判讀及查證，認爲監控人有脫離監控處所；進入禁止接近之特定場所、接觸禁止接近之特定對象或違反應遵守事項之虞時，應爲適當之處理；必要時，得請

---

[19] 張麗卿，電子監控作爲犯罪預防之手段—與談韓國電子監控制度的現況與發展之展望，收錄於2019司法保護與犯罪預防論壇—觀護制度的探索會議手冊，2019年1月23日，頁220。

警察機關協助；另地方檢察署應指定法警、地方軍事法院檢察署應指定值日人員負責接收科技設備監控訊號，並於接獲異常之監控訊號後立即通報觀護人，觀護部門的資源可說相當不足[20]。

反觀目前韓國的做法，監控中心保護觀察官的角色任務，除了實施電子監控以確認行動路徑及24小時全時無休的快速反應外，還包含監督及支持社會復歸，對犯罪人提供指導及心理治療促進行為改變，因而電子監控不只是防止再犯或是減省經費，也讓監督對象透過教化改善再復歸社會，具有正面的效果。況且韓國在運作電子監控的組織，是屬於法務部犯罪政策局的特定犯罪者管理課，由全國57個保護觀察所，2個位置追蹤管制中心所構成。管制中心是一個專門執行電子監控業務的專門機構，而在管制中心管理資訊收發的管制職員共有52人[21]。

相較於韓國的做法及投入的資源，我國科技設備監控要發揮以社會復歸為主社會防衛為輔方向前進，並逐步擴大其適用範圍，確實還有很大的改進空間值得我們再努力。因此，目前除了持續加強觀護部門的資源外，配合此次刑事訴訟法針對法院許可停止羈押時，經審酌人權保障及公共利益之均衡維護，認有必要者，得定相當期間，命被告接受適當之科技設備監控之修正，增設監控中心是有必要且該著手進行的。

參、登記、報到、查訪之問題

一、警察在性侵害犯社區處遇之角色

警察除了偵辦性侵害犯罪外，對於離開監獄之後的性罪犯社區監控工作，亦扮演著相當關鍵的一環，可藉由登記報到查訪，以達到威嚇、預防及教化作用[22]。

---

20 柯嘉惠，科技設備監控—從性侵害付保護管束人談起，收錄於2019司法保護與犯罪預防論壇—觀護制度的探索會議手冊，2019年1月23日，頁226。

21 尹炫鳳，同註18，頁187-193。

22 婦幼案件，警察最主要的角色與定位為：1.案件處理者：警察人員處理婦幼案件時，應確保婦幼被害人安全為首要，以熱忱的服務態度，積極受理性別暴力案件，為當事人進行調查蒐證、製作筆錄、並視案件需要協助驗傷採證、辦理保護令申請；同時針對被害人案件特性，提供被害人安全資訊，具救援者、安全維護者，以及決定當事人能否獲得協助的案件

依據「性侵害犯罪加害人登記報到查訪及查閱辦法」規定，本辦法所稱加害人，指本法第23條第1項、第2項所列觸犯刑法或其特別法之罪，有本法第20條第1項各款情形之一，且犯罪時年齡為18歲以上之人，均應前往戶籍所在地之各直轄市、縣（市）警察局辦理登記。辦理登記時，戶籍所在地之直轄市、縣（市）政府警察局應記載身分、就學、工作、車籍等事項。辦理登記後，應當面告知並以書面通知加害人，自登記日起每6個月向指定警察分局報到，並提供所規定資料，辦理登記資料確認及異動登記。加害人未依規定辦理登記、報到，或未於登記資料發生異動之日起7日內辦理異動登記者，管轄警察局（分局）應檢齊相關資料函請所屬直轄市、縣（市）主管機關依性侵害犯罪防治法第21條第1項規定處罰，並由直轄市、縣（市）主管機關以書面命其於指定之期日、地點履行。如加害人屆期仍不履行者，管轄警察局（分局）應檢齊相關資料函請所屬直轄市、縣（市）主管機關敘明具體事實函送管轄地方法院檢察署或軍事法院檢察署偵辦。

另加害人登記報到期間，管轄警察局（分局）應每個月對加害人實施查訪一次，並得視其再犯危險增加查訪次數。倘若加害人未依規定接受查訪，管轄警察局（分局）應檢齊相關資料函報所屬直轄市、縣（市）主管機關依性侵害犯罪防治法第21條第1項規定處罰，並由直轄市、縣（市）主管機關以書面命其於指定之期日、地點履行。加害人屆期仍不履行者，管轄警察局（分局）應檢齊相關資料函請所屬直轄市、縣（市）主管機關敘明具體事實函送管轄地方法院檢察署或軍事法院檢察署偵辦[23]。

處理者的角色功能；2.資訊告知者：主要為聆聽被害人陳述，告知被害人得以行使權益、救濟途徑、服務措施，以及視被害人狀況轉介相關單位，提供後續服務，具有網絡結合者的角色；3.通報者：依法警察人員為責任通報者，在案件受理後通報縣市家庭暴力暨性侵害防治中心，或視案件需要通報相關主管單位；4.保護令執行者：家庭暴力案件保護令執行，由警察機關執行；5.約制加害人的執法者：對經交保、飭回的加害人，加強約制告誡，特別是家庭暴力施暴者，讓其瞭解自己應對犯罪行為負責，以強化施暴者行為改變動機；6.宣導教育者：結合犯罪預防宣導，提高自我與民眾危機意識，提早介入處理防止暴力行為發生與惡化。參照張錦麗、顏玉如等，性別平等與暴力防治，臺灣警察專科學校，2011年，頁34。

23 目前對性侵害加害人之查訪，除可依「性侵害加害人登記報到查訪及查閱辦法」之查訪工作外，亦可依警察職權行使法第15條相關規定查訪，惟警察職權行使法並未賦予警察任何強制力或罰則，性質上係屬一無強制力的任意性調查措施，性罪犯若對登門造訪的警察拒絕或不

此外，為加強性侵害加害人社區監控，明確律定登記、報到及查訪作業，期以落實登記報到及查訪工作預防再犯，內政部警政署依據性侵害犯罪防治法、性侵害犯罪加害人登記報到查訪及查閱辦法、警察職權行使法、治安顧慮人口查訪辦法及警察勤務區家戶訪查辦法，訂定「內政部警政署性侵害加害人登記報到及查訪執行計畫」，規定警察局（婦幼警察隊）建立加害人管制名冊、辦理登記、列管加害人、查訪加害人之密度：1.高再犯危險者，每週至少2次；2.中高再犯危險者，每週至少1次；3.中低以下再犯危險者，每月查訪1次。警察分局偵查隊辦理第1次（含）以後加害人報到，分駐（派出）所依警察局（婦幼警察隊）規劃，執行加害人訪查工作，並將查訪結果登錄於家戶訪查處理系統。

再者，依據法務部所頒布「法務部所屬檢察、矯正機關強化監控及輔導性侵害付保護管束行動方案」，觀護人擬定個別處遇計畫時，得協調警察機關婦幼隊（單位）等，擬定複數監督計畫，而執行保護管束地之警察機關婦幼隊（單位）等，得於受保護管束人出監報到當日，派員至地檢署，送達報到登記通知書予受保護管束人簽收。又依據法務部「性侵害案件受保護管束人社區監督輔導網絡」實施計畫，警察機關（婦幼隊、管區警員）為「社區監督輔導小組」成員，應於會議提出複數監督定期查訪紀錄及其他相關資料及作成建議。再者，當觀護人依實際需求對於被保護管束人予以科技設備監控後，遇監控設備訊號回復異常時，觀護人亦會協請轄區警察局勤務指揮中心調度線上警力立即前往訪視，並回覆訪視結果。因此，雖然在相關法令中並無充分且具體的工作授權，但在網絡聯結前提之下，警察之於性罪犯仍是一個主要的公權力代表。從而可知，警察再此仍扮演著登記、報到、查訪及複數監督的角色（如圖11-3所示），以約制加害人[24]。

配合時，警察的查訪即無法實施，但若依性侵害犯罪防治法之相關查訪規定，因有處罰依據，因而執行成效相較於警察職權行使法較佳，警察好好利用，定可發揮較強的威嚇、預防作用。參照蔡震榮，警察職權行使法第十五條修正及相關法規比較，月旦法學，第211期，2012年，頁20。

[24] 許福生，同註2，頁503。

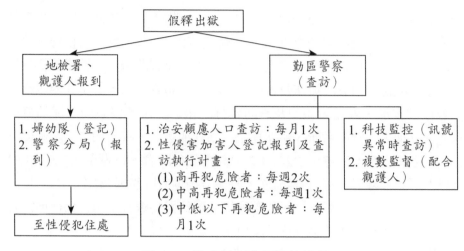

圖11-3　警察社區處遇監控流程

資料來源：作者自繪。

二、強化專業素養與落實資料建檔

　　根據沈勝昂教授等的研究，警察要發揮此嚇阻功能，大前提是員警要對性罪犯的犯罪成因、發展與歷程有深入瞭解才行，這當中教育訓練便相當重要。縱使依內政部警政署函示表示，性侵害犯罪防治法第14條所稱處理性侵害專責人員，每年應至少接受性侵害防治專業訓練課程6小時以上，係指各直轄市、縣（市）警察局婦幼警察隊員警、各警察分局婦幼業務承辦人、分局家庭暴力防治官、分局性侵害案件專責處理小組人員（含負責警詢人員）及各分駐（派出）所社區家庭暴力防治官等人員。但針對此複雜的性侵害犯罪類型，每年6小時以上仍是不足，更不用說一般的勤區員警，沒有辦法每人都有6小時的訓練課程，惟查訪則由一般勤區員警負責，以致於專業素養不足而無法深入。換言之，目前警察實務上面臨之困擾包含：1.工作繁重不易落實；2.調動頻繁難以深入；3.查訪未落實落差大；4.評估標準不一等問題[25]。

---

[25] 沈勝昂、鄭善印、謝文彥、許福生等，性罪犯假釋審查制度及銜接處遇機制之研究，法務部委託研究計畫，2013年4月，頁274-275。

面對此困境，沈勝昂教授等的研究建議，除整體社區處遇銜接機制須強化專業人力的補充、專業素養的提升、評估指標的更統一化外，更重要的是警察單位應強化下列作為：1.落實查訪工作：警政單位，仍應依警察職權行使法、治安顧慮人口查訪辦法及最新修定之性侵害犯罪防治法等相關規定及函示，確實要求員警定期查訪加害人，並依複數監督表及社區監督檢索表的內容收集與加害人再犯有關之訊息，才能發揮查訪之警示作用；2.強化專業素養及落實資料建檔：警察人員若能熟悉性犯罪成因／發展／歷程的角度，來監督查訪性罪犯，不只能更有效率掌握其動向，也能更準確地降低加害人落入再犯危險的情境；再者，平時即應要求負責承辦員警對個案資料進行準確、清楚的記錄，以便將來交接時能將此資料傳承下去，確實是值得強化之處[26]。

此外，本法有關登記、報到、查訪之對象並未涵蓋所有觸犯刑法妨害性自主罪章之罪名，如刑法第227條及第228條尚未納入，基於健全防制再犯機制，未來修法可考量將此納入，並依加害人所犯法條本刑刑期之不同，而訂定不同之登記、報到期間。

肆、加害人登記公告制度之問題

一、增訂登記公告制度之正反意見

本法於2011年修正時，民間團體強烈主張應採取對「性侵害加害人登記公告制度」，其訴求相當簡單，即我家社區住一匹狼，總要讓我社區居民知曉。為解決此爭議，當時內政部家防會曾針對是否增訂「性侵害加害人登記公告制度」，彙整相關意見，贊成者認為：1.性侵害加害人經評估具高再犯危險者，將其身分資訊公布，民眾可以事先查閱性侵害加害人照片檔案，確認鄰居、雇工、同事、朋友中有無性侵害犯罪紀錄，以防範可疑人物；2.加害人既經評估鑑定其再犯危險極高，為保護公眾安全，雖有損加害人名譽，惟為維護潛在被害人權益，自得對加害人權利予以適

26 沈勝昂、鄭善印、謝文彥、許福生等，同註25，頁309-312。

當限縮，公告並未構成對他們自由權的剝奪；3.兒童乃為遭受性侵害之族群，將高再犯危險之加害人身分資訊公告，可提升再犯預防效果。反對者認為：1.我國國情民風保守且幅員不大，公告制度對性侵害加害人之人權影響極大。公告制度設計勢必使得現行對於性侵害犯罪加害人之特別預防概念，轉變為由社會大眾進行一般犯罪預防，考量我國社會大眾尚無此能力，且易造成民眾對此制度有過多期待；2.加害人身分資訊檔案資料（包含查詢之學校、機構所查得之加害人檔案資料）之保存、塗銷及保密等，如無完善配套，將造成加害人無法復歸社區，且一旦公告加害人身分，依現時我國國情，勢必對於加害人及其家屬造成嚴重衝擊及不利影響；3.兒童性侵害案件約有八成乃為熟人所為，公告加害人身分資訊對於此類案件之再犯預防並無實質助益[27]。

二、調和正反意見之思維

立法院最後考量人權及再犯預防之實益，並沒將此制度納入，只針對觸犯本法第21條第2項之被告或判決有罪確定之加害人逃亡或藏匿經通緝者，該管警察機關得將其身分資訊登載於報紙或以其他方法公告之；其經拘提、逮捕或已死亡或顯無必要時，該管警察機關應即停止公告，但於犯罪時未滿18歲者，不適用之。另外立法院也附帶決議請內政部研議參酌直轄市、縣（市）轄區幅員大小，分區公布具高再犯危險之性侵害加害人人數之做法，並持續積極檢討改進，以提醒民眾注意防範，提高警覺。

確實，為調和社區防範警覺與加害人復歸社會，明定公告制度僅適用於觸犯本法第21條第2項之被告或判決有罪確定之加害人逃亡或藏匿經通緝者是有其道理，惟對於「未依規定執行強制治療之受處分人」，因其具有高危險性，未來修法時也有必要將其納入公告對象。另為避免公告制度波及無辜，明定不得對於受公告者之配偶、一定親屬者為揭露個人身分資訊，或騷擾或危害行為，否則將課予行政裁罰，也有必要在未來修法時納入。

---

[27] 許福生，同註5，頁409。

伍、刑後強制治療之問題

一、本條定位與合憲性之爭議

按性侵害犯罪防治法制之變革，如何強化性侵害加害人之處遇監督及再犯預防機制，一直成為討論重點，特別是我國加害人再犯預防一直存在著「偏處遇、輕監控」及「行政處分性質處遇之拘束力不足」等困境。因此，1994年至1999年我國對性侵害防治之立法，有別於其他人犯之處遇型態，建立起相當特殊之「刑前鑑定治療」、「獄中治療輔導」及「刑後社區治療輔導」制度；2005年修訂了相關法律規定，為加害人建立全面強制治療輔導制度、社區監控制度以及登記及查閱制度，特別是於刑法第91條之1建構刑後強制治療之保安處分。此外，2011年3月間發生「林○政性侵殺害女童案件」，為填補刑法第91條之1刑後空窗期的漏洞，再次修正性侵害犯罪防治法，而將刑後強制治療溯及擴大至2006年6月30日以前犯性侵害犯罪之加害人，充分表現出朝向「管理」、「監控」、「隔離」的趨勢發展。

2011年性侵害犯罪防治法再修法過程中，最大的共識便是須填補刑法第91條之1刑後強制治療空窗期的漏洞，至於要如何修正剛開始各方意見不一。白玫瑰社區關懷協會最早提出刑後強制治療之本質為治療而非刑罰，故建議立法適用修法後之在監者，不涉一罪二罰與刑罰不溯既往，而主張刑後強制治療得適用裁判時之法律，即可溯及既往至目前在監與在社區輔導治療之高危險性罪犯（修改刑法第2條）；之後又參考各方意見，擬將原刑後強制治療從修改刑法第2條，改為增訂性侵害犯罪防治法第22條之1，而引用精神衛生法對嚴重病患強制住院之概念。至於有關劉建國委員版本主張增例本法第22條第2項：「前項強制治療以治療為本質，實施對象含及本條文通過後釋放之性侵害犯罪加害人」，即增訂「溯及適用」之規定。劉建國委員此版本卻遭來法務部的書面報告答覆之反對，認為「罪刑法定主義」是法治國基礎，「禁止溯及既往」使刑法效力只能及於法律生效後發生的行為，而不得追溯處罰法律生效前業已發生之行為。其目的在於貫徹法治主義，保障人權，避免因法律溯及既往而致人民行為

失所準據。參諸刑法第1條修正理由認：「拘束人身自由之保安處分（如強制工作），係以剝奪受處分人之人身自由為其內容，在性質上，帶有濃厚自由刑之色彩，亦應有罪刑法定主義衍生之不溯及既往原則之適用，爰於後段增列拘束人身自由之保安處分，亦以行為時之法律有明文規定者為限，以求允當。」則縱依性侵害犯罪防治法第22條聲請依刑法第91條之1之刑後強制治療，亦將因屬具有拘束人身自由之保安處分，而有「罪刑法定主義」所衍生之「禁止溯及既往」問題，故在本條第2項增訂「溯及適用」之規定，仍無法因此即可溯及適用。故為求妥善解決法理爭議，並避免防治上之漏洞，法務部參考美國民事監護精神，建議性侵害犯罪防治法主管機關，於該法增訂非屬保安處分性質之安置治療規定[28]。

同樣地，在中國國民黨立法院黨團於2011年7月14日舉辦「性侵害犯罪防治法」修法公聽會上，法務部代表吳陳鐶次長表示，2006年6月30日以前的性侵害行為，可不可以在刑法中用刑後強制治療制度來加以規範的問題，應該是不能溯及既往，此乃因縱使是保安處分，如果是涉及剝奪人身自由的，是有罪刑法定主義原則的適用，也有不溯及既往原則及從舊從輕原則的適用。但如果參考了美國制度，美國刑後強制治療，目前最高法院的見解是認為，如果是定位為民事或行政的性質，而不是刑事性質的話，是可以容許的，但是必須要符合正當法律程序，因為這是美國憲法的規定。相同地，司法院代表陳明富副廳長也表示，刑後強制治療到底是民事還是刑事？假如政策決定是民事監護行政，就不會牴觸到人權公約這一塊，但如果是刑事性質的話，就必須要很審慎，因為這群人有不溯及既往的問題，我們定一個法律把這些人再重新抓回去，那恐怕有違溯及既往的原則，所以罪刑法定主義跟不溯及既往，還有法律安定性跟法律可預測性這四個原則一定要做深層的考慮，全世界會來檢視我們。再者，筆者也應邀出席此會議，特別指出本法行政院版第22條之1是否會有違憲之虞？有幾個觀察指標：1.定位何在？2.處所在哪？3.程序為何？4.再犯如何評

---

[28] 立法院議案關係文書院總第1642號，2011年6月10日印發，頁22。

估？若未好好處理，恐將走向釋憲甚至可能會被宣告違憲[29]。

最後，立法院為解決性侵害犯罪加害人，因不能適用2006年7月1日修正施行後之刑法第91條之1有關刑後強制治療規定，而產生防治工作上漏洞，衍生法律空窗之爭議，三讀通過本法第22條之1強制治療規定。然而，本條在立法過程中，大家均知若將性侵害犯罪防治法第22條之1第1項之規定定位為保安處分，將有違「罪刑法定主義」之「禁止溯及既往」問題，而有違憲之虞，因而特別強調本條是規範在具行政法性質的性侵害犯罪防治法上，其立法目的乃為對加害人進行「處遇」，而非對其施以「懲罰」。

縱使如此，周佳宥教授指出本條問題的關鍵不在強制治療是否屬於刑罰，而係強制治療係一種拘束人身處分。現若為解決法律適用問題，透過修正行政法方式，改變刑法適用之條件，此舉不正是間接破壞罪刑法定主義；況且性侵害犯罪防治法縱屬行政法，惟增訂本法第22條之1無論在功能或目的上，均在彌補刑法第91條之1之漏洞，故其屬性應屬刑法規範，該條規範係違反溯及既往禁止原則且有違憲之虞。周佳宥教授更指出，縱使不將本法第22條之1定位為刑法規範，而屬行政法規範，且此規範係屬對尚未完全發生之事件進行規範，即性侵害犯加害人出獄後是否仍有高度再犯危險，係屬尚未完全發生之事件，故類型上應屬不真正溯及既往之規範類型，現若對性侵害犯加害人溯及既往是否損害其信賴保護原則，在此可以比例原則衡量信賴利益與公益二者衝突。修法前對性侵害犯加害人係先採預防性管理方式，若無法達成預防犯罪目的時，才能進一步採取強制治療手段，惟新法修正結果導致對具有再犯之虞之受刑人採取強制治療手段，剝奪其再社會化可能，儘量上述手段可以達到防止再犯目的，但在手段選擇上似已逾必要程度，畢竟對性侵害犯加害人之管理，尚有其他如科技設備監控等其他措施可實施，而非直接採取最嚴屬之手段，故本條之規定是無法通過合憲性檢驗[30]。

---

29 中國國民黨立法院黨團公聽會紀錄，2011年7月14日於立法院群賢樓101會議室。
30 周佳宥，性侵害犯罪防治法第二二條之一第一項規定之合憲性研究—以溯及既往禁止原則為討論中心，法學新論，第44期，2013年10月，頁38-43。

二、重新定位為治療安置並增訂輔導監督制度

確實，為避免本條有違憲之虞，本條現行之規定似是直接移植刑法第91條之1的規定，將產生是否屬於保安處分之疑慮，畢竟如認為此條之原意是以治療為出發點，卻賦予其「再犯之危險」的條文字眼，將可能定位為保安處分，而產生以治療為名，行監禁之實，而侵害人身自由。以日本為例，其2003年實施的「醫療觀護法」，當初立法時對精神病患治療的定位就引起很大爭議，草案是將「不繼續治療便有再犯對象行為之危險」作為入院的要件，但很多反對者認為將「再犯之危險」作為要件，便是認可了保安處分，因而最後通過的「醫療觀護法」第42條第1項第1款條文規定：「是為改善實施對象行為時所具有的精神疾病，並不再實施同樣的行為，促使其再復歸社會，在確認有必要讓其入院接受本法所規定的治療時，讓其接受治療的決定。[31]」無非強調強制醫療的正當化事由，乃是透過醫療改善對象人的精神病，使其再復歸社會，而非以有「再犯之危險」而施以保安處分。

現行性侵害犯罪防治法第22條之1雖不定位成保安處分，而是治療改善性侵害加害人的性侵行為，但條文中「……認有再犯之危險，……」，又具有濃厚的再犯預防的味道，仍不能脫離屬於保安處分之虞慮，而遭受本條定位解釋的問題。因此，建議可以參考法務部當初在委員會審查時的口頭報告中所說「……在法律中增訂非屬保安處分性質的『安置治療』規定」。「治療安置」乃以醫療為目的，而非以「認有再犯之危險」為考量，如此定位及用語確實比「強制治療」好，值得未來修正時使用。

另為使本條之規定能通過合憲性檢驗，以比例原則來衡量信賴利益與公益二者衝突確有必要，故對於性侵害犯加害人預防性管理方式之手段應接其危險程度不同而採取不同預防措施，以避免手段選擇上逾必要程度。因而性侵害加害人進入社區應參加身心治療輔導教育此為社區第一道防線，但仍不免有再犯危險高之加害人需要輔導治療卻已無觀護人之監督之可能，所以對次高或中高危險而經評估有需要者，應補強訂定「輔導監

---

31 大谷實，刑事政策講義，弘文堂，2009年新版，頁429。

督」，即刑後輔導監督是對中高或次高危險性侵害犯罪者進入社區的第二道防線，惟國內目前無此法制，而美國與德國均已立法，確實有必要引入[32]。最後，對最高危險者，才能實施刑後強制治療。此外，針對處所之選定應依個案類型不同分別安置於不同處所，且應安置在醫療院所而儘量避免附設在監所中的醫院，畢竟其治療心理及效果還是有所不同。再者，為避免假科學之名的治療改善行剝奪人身自由之實，應明定每次安置治療之期限為3年，必要時得延長之，以避免過度限制受安置治療人之人權[33]。

陸、採用性激素藥物治療法之問題

一、增訂性激素藥物治療法之正反意見

性侵害犯罪加害人再犯之防治，除強化內控之治療輔導及外控之監督外，各界亦關注採用性激素藥物治療法（即俗稱化學去勢）作為性侵犯治療選項。因此，本法於2011年修正時，民間團體亦強烈主張採取「性激素藥物治療法」，以降低加害人之性衝動和性慾。為解決此爭議，當時內政部家防會曾針對是否採用「性激素藥物治療法」，彙整相關意見，贊成者認為：1.宜增條件交換自願參加式之性激素治療法，此在美加德均以條件交換為條件，且均發現以固著型兒童性侵害成效最佳，因其確實傾向以兒童為性欲與情感依附之對象，該療法在降低其性慾，使案主在心理治療同時並用後才多見到減少再犯之效果。經評估為高再犯危險之性侵害兒童加害人，得建議交換減少2年之監督自願參加性激素治療法；2.韓國則明

---

32 有關是否增訂刑後輔導監督機制，當時內政部家防會曾彙整相關意見，贊成者認為：1.對最高危險有刑後強制治療，對次高或中高危險而經評估有需要者，應補強訂定刑後輔導監督；2.身心治療輔導教育此為社區第一道防線，刑後輔導監督是對中高或次高危險性侵害犯罪者進入社區的第二道防線，且美國與德國均已立法。反對者認為：1.有關「終身保護管束」制度之規範目的、內容及法律效果，核與憲法保障之人身自由等權利及現代法治國家保障人權之精神有違；2.欠缺周延配套、無執行之可行性、不宜率爾片斷移植。最後立法院考量國情及執行面上的困難，並未通過此立法。許福生，同註5，頁412。

33 許福生，我國性侵害犯刑後強制治療之檢討，收錄於法務部司法官學院編印，刑事政策與犯罪研究論文集（17），2014年10月，頁236-240。

文規定只有兒童性侵害經評估適用者。韓國從2011年7月24日開始允許對性侵16周歲以下未成年人的罪犯實施「化學去勢」，通過注射藥物來消除性衝動和性慾。韓國政府和國會去年7月制定了「對性暴力罪犯的性衝動進行藥物治療的相關法律」，並決定於1年後的7月24日開始實行「化學去勢」制度。「化學去勢」對象是對16周歲以下未成年人實施性犯罪的罪犯中很有可能重犯的性變態患者。進行藥物治療的情況包括：法院下令進行化學閹割；具備假釋條件的人同意接受藥物治療後，法院下令治療；進行強制治療的過程中，法務部「強制治療審議委員會」下令進行藥物治療等。反對者認為：1.有關使用性激素藥物治療以降低加害人性慾而預防再犯性侵害犯罪，如係經加害人同意後為之者，則不具強制性，非屬限制人民權利義務之強制作為，無法律保留原則之適用，毋須以法律明定；2.至於得否使用性激素藥物治療法進行治療，係屬醫療專業，且性侵害加害人之犯罪並非僅係性激素所造成的攻擊行為，而多屬心理問題，其成因具有複雜的心理、生物、家庭、社會等因素，性激素藥物治療法並未能達到預防再犯效果，國外對於性激素藥物治療法之再犯預防成效相關研究呈現兩極化的結論，國內治療界對該治療法尚無共識；3.性激素藥物治療乃藉由定期、長期藥物注射以降低血液中的睪脂酮濃度，來達到減少性幻想與性衝動之目的，惟該等藥物對人體之影響、副作用等，尚未明確；又加害人如未按時用藥，會否因荷爾蒙異常升高而有更嚴重之犯行，尚乏實證。以性激素藥物治療方法預防性罪犯再犯，在國內醫療專家仍有反對意見及疑慮之情形下，尚不宜貿然採行[34]。

二、調和正反意見之思維

立法院最後考量有關性激素藥物治療法，尚未能達成共識而未納入此次修正。惟立法院附帶決議，請行政院衛生署、法務部及內政部邀集相關專家召開公聽會，就其適法性、醫學倫理、人權及社會公義與相關執行配套等，廣泛蒐集意見進一步研酌。

34　許福生，同註5，頁410。

　　確實，對於性侵害犯罪加害人再犯之預防，除強化內控之治療輔導及外控之監督外，採用性激素藥物治療法亦可作為性侵犯治療選項，未來修法時可考量納入；惟為避免該藥物對人體副作用之影響，須明定適用對象及要件為成年、自願同意以及醫師專業評估；另為避免醫師疑慮，亦須明定進行本項藥物治療，對受治療者造成的性能力或使之喪失功能的結果，不負刑事責任。

第四節　實務案例研究

壹、撫摸中度智障8歲女童性器案

一、案例事實

　　B與C（即B之妹，B原為C的堂哥，後為C的父母親收養）及C受託照顧之A女3人，共同居住在某地。B已知悉A女乃未滿8歲之兒童，且係多重重度肢障及中度智障者，先於某日晚上某時，利用其與A女同睡一房之機會，在其上開房間內，以手撫摸A女之性器，並要求A女撫摸其性器，違反A女之意願，對A女為猥褻之行為；又於某日晚上某時，在上開房間內，再以上開方式，違反A女之意願，對A女為猥褻之行為。期間因A女在某智能發展中心上課時，出現異常行為，經該中心教師及組長詢問A女後，懷疑A女有遭受性侵害的情形，遂於隔日通報當地社會局，經該局承辦社工瞭解後報警處理。

二、法條規定

　　刑法第224條：「對於男女以強暴、脅迫、恐嚇、催眠術或其他違反其意願之方法，而為猥褻之行為者，處六月以上五年以下有期徒刑。」第224條之1：「犯前條之罪而有第二百二十二條第一項各款情形之一者，處三年以上十年以下有期徒刑。另相關條文，尚有性侵害犯罪防治法第六條、第七條、第八條、第十條、第十二條。」

三、爭論焦點

（一）性侵被害幼童之證言應有補強證據？

（二）兒童性侵害偵訊輔助娃娃係記憶誘導或是虛偽誘導？

（三）警詢與審判中前後陳述不符時其可信性與必要性之判斷？

四、最高法院101年度台上字第4674號判決與其歷審裁判

（一）性侵被害幼童之證言非無證據能力，但應有補強證據要求之必要性。此之補強證據，必須係與被害幼童陳述被害之經過有關聯性，但與幼童證言不具同一性之別一證據，始具適格性。故如以被害幼童之父母、家屬或老師等關係人為證據方法，以其等具結之證詞，資為補強被害幼童之證言者，即應就該證人之「證詞組合」分別其內容類型而為不同之評價，其被評定為與被害幼童之陳述具有同一性或重複性之「累積證據」（如轉述幼童陳述其被害經過之傳聞供述），即非適格之補強證據。但就其等自己之經歷見聞，或肩負輔導學生實施性侵害防治教育課程及通報疑似性侵害犯罪情事義務之各級中小學校（含依特殊教育法實施之特殊教育）老師針對所輔導個案之直接觀察及以個人實際經驗為基礎所為之證詞，則具其補強證據之適格。

（二）兒童性侵害偵訊輔助娃娃係被複製成人體各部位器官之柔軟布娃娃，司法調查或偵、審機關人員使用此偵訊輔助娃娃作為輔助被害兒童陳述之工具，在於利用此類無生命之道具，藉由適當之線索與問題，俾改善年幼之被害者（尤其是2歲半至5歲半之幼童或智能有缺陷之兒童）對於所遭遇之性侵害事件描述或表達能力之不足，並緩和其驚窘之情緒，使被害兒童得以回想或重演過往事情之經過，經由簡單之口語對話或非口語之方式而為意思之表達。旨在引起被害兒童之記憶，進而為事實之陳述，在類型上屬於記憶誘導，參照刑事訴訟法第166條之1第3項第3款規定於行主詰問階段，關於證人記憶不清之事項，為喚起其記憶所必要者，得為誘導詰問之相同法理，應予容許。此與取證規範所禁止之虛偽誘導或錯覺誘導，尚屬有別。

（三）刑事訴訟法第159條之2所定之傳聞例外，即英美法所稱之

「自己矛盾之供述」，必符合被告以外之人於檢察事務官、司法警察官、司法警察調查中所爲之陳述，「與審判中不符」，且其先前之陳述，具備「可信性」及「必要性」二要件，始例外得適用上開規定，認其先前所爲之陳述，爲有證據能力。此所謂「與審判中不符」，係指該陳述之主要待證事實部分，自身前後之供述有所不符，導致應爲相異之認定，此並包括先前之陳述詳盡，於後簡略，甚至改稱忘記、不知道或有正當理由而拒絕陳述（如經許可之拒絕證言）等實質內容已有不符者在內。所謂「可信性」要件，則指其陳述與審判中之陳述爲比較，就陳述時之外部狀況予以觀察，先前之陳述係在有其可信爲眞實之特別情況下所爲者而言。例如先前之陳述係出於自然之發言，審判階段則受到外力干擾，或供述者因自身情事之變化（如性侵害案件，被害人已結婚，爲婚姻故乃隱瞞先前事實）等情形屬之，與一般供述證據應具備之任意性要件有別。至所謂「必要性」要件，乃指就具體個案案情及相關證據予以判斷，其主要待證事實之存在或不存在，已無從再從同一供述者，取得與先前相同之陳述內容，縱以其他證據替代，亦無由達到同一目的之情形。

五、心得

性侵害犯罪案件因具有隱密性，通常僅有被告及被害人2人在場，如此證據上往往缺乏獨立於加害人、被害人以外之證人或證物，難免淪爲各說各話之局面；倘若被害人爲兒童及心智障礙者，其證詞的可信用性更有待商榷；又被害人與被告存有一定之親屬或照護關係，更令被害人陷入親情抉擇之兩難困境，因而常出現先後陳述不一致或矛盾的現象。以致於有罪判決之證據能否達到所謂「Beyond Reasonable Doubt」、「眞實確信」的要求，其實甚爲可疑，如此也造成法官在審理性侵害案件時，需反覆思考被害人之指證是否可信？被告辯解是否不可採？還有什麼方法可以加強法官的心證？法官在判決資料（證據）缺乏的情形下，仍然要行神的工作，也造成法官常常在有罪、無罪之間擺盪不已，其心理壓力可見一斑。

因此，爲防治性侵害犯罪及保護被害人權益，性侵害犯罪防治法特別規定設立性侵害防治中心（第6條）、性侵害防治教育課程（第7條）、相

關人員之通報義務（第8條）、醫療院所不得無故拒絕診療及開立驗傷診斷書（第10條）、知悉被害人身分之保密及不得揭露（第12條）、設陪同陳述人制度（第15條）、專業人士在場協助詢問（第15條之1）及專家證人之指定或選任（第16條之1）等。故本案相關人員係就其所輔導個案經過之直接觀察及個人實際經驗為基礎所為之書面或言詞陳述，即該當於證人之性質，自屬法定之證據方法，非不得經由渠等之證述，以供為判斷被害人陳述憑信性之補強證據[35]。且本案相關人員之說明，足以認定該補強證據具有補強A女證詞信用性之效果，從而足以使法院認定A女證詞確與事實相符，最後認定B連續對14歲以下身心障礙之女子，以違反其意願之方法，而為猥褻之行為。

貳、強拉女子之手碰觸其生殖器案

一、案例事實

B係某人力仲介公司負責人C之配偶，B在該人力仲介公司擔任業務，A女則在該公司擔任行政助理。某日B邀A女外出，並駕車載A女至某處停車場停車後，在車內要求A女握其雙手並擁抱，A女未予拒絕後，B竟趁A女不及抗拒時，趁機舐拭A女耳朵，並欲順勢親吻A女，惟因A女受驚並將其推開而停止，B因此已知A女不願與之為類似甚或更進一步之親密接觸；惟竟於回程途中駕車行至某郵局前停等紅燈時，突向A女表示「有反應了」，同時趁A女不及防備，強拉A女左手隔著褲子碰觸其生殖器，終於再遭A女縮手拒絕後，B此時才停止。

二、法條規定

刑法第224條規定：「對於男女以強暴、脅迫、恐嚇、催眠術或其他違反其意願之方法，而為猥褻之行為者，處六月以上五年以下有期徒

---

35 供述證據，又可分為體驗供述與意見供述。前者，係就其自己所體驗之事實而為供述，依法自具證據能力；至後者，則指就某事項陳述其個人意見。證人所提供之意見或所推測之事項，如與其體驗之事實無關者，依刑事訴訟法第160條之規定，固無證據能力；但如其陳述係以其實際之經驗為基礎時，既非單純之個人意見或推測之詞，亦非間接傳聞自他人之陳述，仍得作為證據（參照臺灣高等法院臺中分院101年度重侵上更（三）字第1號判決）。

刑。」性騷擾防治法第25條規定：「意圖性騷擾，乘人不及抗拒而為親吻、擁抱或觸摸其臀部、胸部或其他身體隱私處之行為者，處二年以下有期徒刑、拘役或科或併科新臺幣十萬元以下罰金。前項之罪，須告訴乃論。」

三、爭論焦點

強制猥褻與強制觸摸界限為何？

四、最高法院108年度台上字第1800號判決

刑法第224條之強制猥褻罪和性騷擾防治法第25條第1項之強制觸摸罪，雖然都與性事有關，隱含違反被害人之意願，而侵害、剝奪或不尊重他人性意思自主權法益。但兩者既規範於不同法律，構成要件、罪名及刑度並不相同，尤其前者逕將「違反其（按指被害人）意願之方法」，作為犯罪構成要件，依其立法理由，更可看出係指強暴、脅迫、恐嚇、催眠術等傳統方式以外之手段，凡是悖離被害人的意願情形，皆可該當，態樣很廣，包含製造使人無知、無助、難逃、不能或難抗情境，學理上乃以「低度強制手段」稱之。從大體上觀察，兩罪有其程度上的差別，前者較重，後者輕，而實際上又可能發生犯情提升，由後者演變成前者情形。從而，其間界限，不免產生模糊現象，自當依行為時、地的社會倫理規範，及一般健全常識概念，就對立雙方的主、客觀因素，予以理解、區辨。具體以言：

（一）從行為人主觀目的分析：強制猥褻罪，係以被害人作為行為人自己洩慾的工具，藉以滿足行為人自己的性慾，屬標準的性侵害犯罪方式之一種；強制觸摸罪，則係以騷擾、調戲被害人為目的，卻不一定藉此就能完全滿足行為人之性慾，俗稱「吃豆腐」、「占便宜」、「毛手毛腳」、「鹹濕手」即是。

（二）自行為手法觀察：雖然通常都會有肢體接觸，但於強制猥褻罪，縱然無碰觸，例如強拍被害人裸照、強令被害人自慰供賞，亦可成立；強制觸摸罪，則必須雙方身體接觸，例如對於被害人為親吻、擁抱、撫摸臀部、胸部或其他身體隱私處，但不包含將被害人之手，拉來碰觸行

為人自己的性器官。

（三）自行為所需時間判斷：強制猥褻罪之行為人，在加害行為實施中，通常必需耗費一定的時間，具有延時性特徵，無非壓制對方、滿足己方性慾行動進展所必然；強制觸摸罪則因構成要件中，有「不及抗拒」乙語，故特重短暫性、偷襲性，事情必在短短數秒（甚至僅有一、二秒）發生並結束，被害人根本來不及或無餘暇予以抗拒或反對。

（四）自行為結果評價：強制猥褻罪之行為人所造成的結果，必須在使被害人行無義務之事過程中，達至剝奪被害人性意思自主權程度，否則只能視實際情狀論擬他罪；強制觸摸罪之行為所造成的結果，則尚未達至被害人性意思自由之行使，遭受壓制之程度，但其所應享有關於性、性別等，與性有關之寧靜、和平狀態，仍已受干擾、破壞。

（五）自被害人主觀感受考量：強制猥褻罪之被害人，因受逼被性侵害，通常事中知情，事後憤恨，受害嚴重者，甚至出現創傷後壓力症候群現象；強制觸摸罪之被害人，通常是在事後，才感受到被屈辱，而有不舒服感，但縱然如此，仍不若前者嚴重，時有自認倒楣、懊惱而已。

（六）自行為之客觀影響區別：強制猥褻罪，因本質上具有猥褻屬性，客觀上亦能引起他人之性慾；強制觸摸罪則因行為瞬間即逝，情節相對輕微，通常不會牽動外人的性慾。

誠然，無論強制猥褻或強制觸摸，就被害人而言，皆事涉個人隱私，不願聲張，不違常情（後者係屬告訴乃論罪），犯罪黑數，其實不少，卻不容因此輕縱不追究或任其避重就輕。尤其，對於被害人有明示反對、口頭推辭、言語制止或肢體排拒等情形，或「閃躲、撥開、推拒」的動作，行為人猶然進行，即非「合意」，而已該當於強制猥褻，絕非強制觸摸而已。

五、心得

按目前實務上認為強制猥褻係指「性交以外，基於滿足性慾之主觀犯意，以違反被害人意願之方法所為，足以引起一般人性慾，而使被害人感到嫌惡或恐懼之一切行為而言」；相對強制觸摸罪即在規範被害人不及防

備、未能及時反應並抗拒的瞬間、短暫身體碰觸行為，如「對被害人之身體爲偷襲式、短暫式、有性暗示之不當觸摸，含有調戲意味，而使人有不舒服之感覺，但不符合強制猥褻之構成要件之行爲而言」。考其犯罪之目的，前者乃以其他性主體爲洩慾之工具，俾求得行爲人自我性慾之滿足，後者則意在騷擾觸摸之對象，不以性慾之滿足爲必要；究其侵害之法益，前者乃侵害被害人之性自主權，即妨害被害人性意思形成、決定之自由，後者則尙未達於妨害性意思之自由，而僅破壞被害人所享有關於性、性別等，與性有關之寧靜、不受干擾之平和狀態。

特別是本判決指出強制猥褻罪與強制觸摸罪，雖然都與性事有關，隱含違反被害人之意願，而侵害、剝奪或不尊重他人性意思自主權法益，因而其間界限，不免產生模糊現象。惟兩者既規範於不同法律，且構成要件、罪名及刑度均不相同，自當依行爲時、地的社會倫理規範，及一般健全常識概念，就對立雙方的主、客觀因素，予以理解、區辨。尤其是強制猥褻罪將「違反其（按指被害人）意願之方法」，作爲犯罪構成要件，故學界多數見解則主張違反意願要素應受本條前導例示概念（強暴或脅迫）所拘束，限於被害人性自主受到強制壓迫情形（所謂「強制性質必要說」）。然在此大方向下，又有不同主張區分爲：1.限於足使相對人陷入不能抗拒的手段，限於與例示概念（強暴或脅迫）強度相當的強制手段（高度強制手段說）；2.類似優越支配的低度強制手段（低度強制手段說）；3.將違反意願理解成行爲人利用被害人難以逃脫、反抗的無助狀態（利用無助情境說）；4.行爲人利用被害人所處的（物理或心理上之）強制狀態來遂行性侵害目的（利用既存強制狀態說）[36]。因而所謂的「違反意願」，應指被害人是否從事該次具體性行爲的選擇自由被剝奪而完全沒有選擇的餘地，倘若被害人倘可決定而被評價爲自我選擇的結果，該決定即屬自主作成，自然沒有違法其意願可言[37]。如此也可與刑法第228條之

---

[36] 蔡聖偉，最高法院關於性強制罪違反意願要素的解釋趨向，月旦法學雜誌，第276期，2018年5月，頁6-7。

[37] 蔡聖偉，同註36，頁19。

規定，做一合理區別[38]。

本判決在此採取「低度強制手段說」，認為違反意願要素，除指強暴、脅迫、恐嚇、催眠術等傳統方式以外之手段，凡是悖離被害人的意願情形，皆可該當，態樣很廣，包含製造使人無知、無助、難逃、不能或難抗情境均是，類似學說上的「低度強制手段說」或「利用無助情境說」或「利用既存強制狀態說」。故本案事發時，B已有相當社會閱歷，且與A女僅純為同事關係，縱因A女初始未拒絕牽手、擁抱，B順勢舐耳，已然踰矩，存有性騷擾之意，嗣更於A女排拒後，猶強行拉手，以碰觸B（已勃起）的生殖器，終於再遭A女縮手拒絕，此時才停止。縱使A女之手接觸到B性器的時間雖不長，但此乃A女抵抗、排拒之結果，非B行為之本然，要與性騷擾之「不及防備」、「短暫接觸」之行為要件不同，何況B並不否認當時陰莖已經勃起，此時已堪認B為滿足自身之性慾，違反A女意願，自應該當於強制猥褻罪名。

第五節　結語

本法自1997年1月22日公布施行後，如何強化防治性侵害犯罪及保護被害人權益，一直是修法的重點，尤其是針對怎樣再加強性侵害加害人之處遇監督及再犯預防機制，更是重中之重。2005年本法修正及配合同年度刑法及監獄行刑法之修正，為加害人建立全面強制治療輔導制度（包含刑中、刑後及社區強制治療）、社區監控制度以及登記、查閱制度，以便能整合治療與司法處遇來治療及監控性侵害犯罪者。然而，2011年發生性

---

[38] 按刑法第228條之利用權勢性交或猥褻罪，乃因行為人與被害人間具有親屬、監護、教養、教育、訓練、救濟、醫療、公務、業務或其他類似之關係，且被害人在此種不對稱關係居於劣勢地位，因而欠缺完全之性自主判斷能力，未能為成熟、健全、正確之性意思決定，而行為人則利用此種權勢或機會對被害人為性交或猥褻行為，並造成形式上雖未違背被害人之意願，甚或已得被害人同意，但實質上被害人之性自主決定權卻因受一定程度之壓迫而不得不屈從之假象。亦即被害人除須在親屬、業務等關係中處於劣勢地位外，尚須因被告利用此種權勢或機會，導致其性自主決定權受到一定程度之壓迫而不得不屈從。參照臺灣高等法院106年度侵上訴字第229號刑事判決。

侵害累犯林〇〇姦殺國二女學生葉姓少女案後，不只反映本法防治之漏洞外，亦顯示防治網絡聯繫與交流之不足，促使本法2011年之再修正，不只將科技設備監控列為獨立處遇方式，且增訂民事強制治療及對特定人之公告制度，以便更加完善地對加害人建立起全面強制治療輔導及監控措施。況且在修法過程中，政府部門也提出一系列強化無縫接軌作為，如法務部在2011年5月召開會議，提示統一相關無縫銜接工作之「性侵害加害人出監後與社區身心治療及輔導教育銜接精進作為」；另又於2011年9月1日頒布「法務部所屬檢察、矯正機關強化監控及輔導性侵害付保護管束行動方案」，針對性侵害受保護管束人提前建立評估及分級處遇機制，以建構完善的社區處遇銜接機制。期以暢通防治網絡聯繫與交流，建構社會安全防護網，加強外控及提升支持系統力量，並保障婦幼人身安全，防治性侵害再犯（如圖11-4所示）[39]。

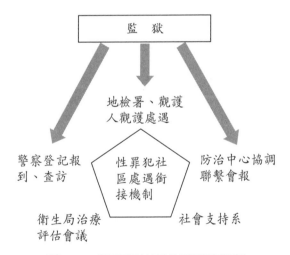

圖11-4 性罪犯社區處遇銜接機制

資料來源：作者自繪。

---

[39] 銜接處遇機制，係指介於機構內與社區（機構外），作為犯罪人出獄後，一方面預防再犯，一方面復歸社會之銜接橋樑之機制，所實施的半開放式監督、輔導或治療等一切的改善措施，使更生人得以降低再犯危險性與機構化對回歸社會所造成之衝擊，逐步進行再社會化。目前臺灣性罪犯社區處遇銜接機制，最重要的是監獄、地檢署、觀護人之觀護處遇、警察登記報到、查訪、防治中心之協調聯繫會報、衛生局之治療評估會議及社會支持系統（如圖11-3所示）。參照許福生，同註2，頁496。

　　然而，很不幸地2017年又發生「南港姦殺女模案」，可發現加害人縱使前科累累又與未成年合意性交，但一旦判處緩刑，當事人一般不會進入各地性侵害防治中心的再犯評估系統，如此只看單一案件輕重程度，卻未評估加害者成長歷程等再犯相關因素，這也可能成為防治性侵害犯罪的隱憂。因此，如何擺脫我國性侵害加害人再犯預防一直存在著「偏處遇、輕監控」及「行政處分性質處遇之拘束力不足」等困境，便成為往後修法之重點所在。換言之，本文所討論之爭議問題如「司法詢問員制度」、「運用科技設備監控」、「登記、報到、查訪」、「加害人登記公告制度」、「刑後強制治療」及「採用性激素藥物治療法」，仍是本法未來修正時所關注的議題。

國家圖書館出版品預行編目資料

警察法學與案例研究／劉嘉發等著；許福生主
編. ——初版. ——臺北市：五南，2020.02
面； 公分
ISBN 978-957-763-871-7（平裝）

1.警政法規 2.論述分析 3.個案研究

575.81   109000936

1RB5

警察法學與案例研究

主　　　編 ― 許福生

作　　　者 ― 劉嘉發、蔡庭榕（377.2）、蔡震榮（378.1）
　　　　　　鄭善印、李錫棟、洪文玲、黃清德、鄧學仁
　　　　　　傅美惠（276.4）、許福生

發 行 人 ― 楊榮川

總 經 理 ― 楊士清

總 編 輯 ― 楊秀麗

副總編輯 ― 劉靜芬

責任編輯 ― 林佳瑩、呂伊真

封面設計 ― 姚孝慈

出 版 者 ― 五南圖書出版股份有限公司

地　　　址：106台北市大安區和平東路二段339號4樓

電　　　話：(02)2705-5066　　傳　　　真：(02)2706-6100

網　　　址：http://www.wunan.com.tw

電子郵件：wunan@wunan.com.tw

劃撥帳號：01068953

戶　　　名：五南圖書出版股份有限公司

法律顧問　林勝安律師事務所　林勝安律師

出版日期　2020 年 2 月初版一刷

定　　　價　新臺幣600元